Die elektronische Welt
mit Raspberry Pi entdecken

D1727864

Erik Bartmann

O'REILLY®

Beijing · Cambridge · Farnham · Köln · Sebastopol · Tokyo

O'Reilly Verlag
Balthasarstr. 81
50670 Köln
E-Mail: kommentar@oreilly.de

Copyright:
© 2013 by O'Reilly Verlag GmbH & Co. KG
1. Auflage 2013

Bibliografische Information der Deutschen Nationalbibliothek
Die Deutsche Nationalbibliothek verzeichnet diese Publikation in der Deutschen Nationalbibliografie; detaillierte bibliografische Daten sind im Internet über *http://dnb.d-nb.de* abrufbar.

Lektorat: Volker Bombien, Köln
Fachliche Unterstützung: Holger Lübkert, Carlow
Korrektorat: Dr. Dorothée Leidig, Freiburg
Satz: III-Satz, Husby; www.drei-satz.de
Umschlaggestaltung: Michael Oreal, Köln
Produktion: Karin Driesen, Köln
Belichtung, Druck und buchbinderische Verarbeitung:
Druckerei Himmer AG, Augsburg

ISBN 978-3-95561-109-5

Dieses Buch ist auf 100 % chlorfrei gebleichtem Papier gedruckt.

Inhalt

Einleitung

Vor einiger Zeit bin ich von einem guten Freund fast nebenbei auf eine Sache aufmerksam gemacht worden, die mich unmittelbar in ihren Bann gezogen hat. Er hatte bei Facebook einen Kommentar eingestellt, der auf eine *YouTube*-Seite verwies. Dieser Drei-Minuten-Clip hatte es aber in sich. Er zeigte eine kleine, mit einer Handvoll Bauteilen bestückte Platine, deren Größe der einer Checkkarte glich. Zuerst dachte ich, es läge an der Kameraeinstellung, doch das Teil war wirklich klein. Es wurde hier ein Minicomputer mit enormem Potential präsentiert. Dieses Artefakt menschlicher Kreativität entpuppte sich dann als vollwertiger Computer, an dem alles für den Betrieb notwendige, was wir auch bei unserem heimischen PC verwenden, angeschlossen werden konnte, also ein Monitor, eine Tastatur, eine Maus, ein Netzwerkkabel, eine Stromversorgung sowie eine SD-Karte und noch einiges andere mehr. Da fragt sich der eine oder andere sicherlich, wie das denn alles auf einer Platine von der Größe einer Checkkarte Platz findet. Und bisher habe ich lediglich ein paar nach außen führende Anschlüsse genannt. Da ist noch weitaus mehr drauf bzw. drin. Aber jetzt ist es wohl erst einmal an der Zeit, dass ich den Namen dieses unglaublichen Riesen im Zwergenformat nenne. Wie, der steht doch schon auf dem Cover des Buches drauf? Ok, ok. Voll erwischt! Trotzdem. Der Name lautet *Raspberry Pi* und klingt zunächst einmal genauso unscheinbar, wie das Board auf den ersten Blick aussieht. Das hört sich fast wie in einer Werbeveranstaltung an, doch ich möchte niemanden überreden, lediglich überzeugen oder auch verblüffen. In der Werbung läuft das meistens genau andersherum. Da ist man später immer schlauer als vorher und ärgert sich. Das wird hier mit sehr hoher Wahrscheinlichkeit nicht passieren. Bevor ich jetzt noch weiter schwärme, sollte ich wohl erst einmal das Objekt der Begierde – und ich war und bin immer noch sehr begierig – aus dem Sack lassen. Das Board wird in einem sehr unscheinbaren Karton mit einer kurzen Beschreibung geliefert. Die Verpackung kann je nach Anbieter variieren.

Abbildung 1 ▶
Der Lieferkarton des Raspberry Pi Boards mit einer Kurzbeschreibung

Nach dem Auspacken kommt das folgende Board zum Vorschein, welches aber noch in einem Antistatik-Folienbeutel verpackt ist.

Abbildung 2 ▶
Das Raspberry Pi Board (Rev 2)

Den größten Raum auf diesem Board nehmen wirklich die einzelnen Anschlüsse ein, denn sie sind nun einmal genormt. Das Entwickeln neuer Anschlüsse speziell für eine derart kleine Platine, die dann keinem allgemeinen Standard entsprächen, wäre sicherlich nicht der richtige Weg gewesen. Es sollten all die Komponenten Verwendung finden können, die heutzutage auch standardmäßig an allen Rechnern in unseren Haushalten angeschlossen sind. Die Kosten, um den Minicomputer zu betreiben, werden auf diese Weise sehr gering gehalten. Es ist sogar eine ganz normale Video-Out-Buchse vorhanden, die in unserer heutigen Zeit mehr und mehr von der Bildfläche verschwindet und durch *DVI* und *HDMI* verdrängt wird. Das hat aber durchaus seine Bewandtnis. Dieser Computer soll auch in einem Umfeld betrieben werden können, in dem noch ganz normale Fernseher vorhanden sind. Dadurch wird auch solchen Personen die Möglichkeit eröffnet, sich mit der betreffenden Materie auseinander zu setzen, die es sich unter Umständen nicht leisten können, immer wieder den neuesten Elektronik-Schnickschnack zu kaufen. Eine sehr kluge Entscheidung, wie ich finde, die auf jeden Fall von der Weitsicht der Entwickler zeugt. Die hier auf dem Board verwendete Hardware entspricht fast der eines heutigen Smartphones. Das *Raspberry Pi-Board* ist quasi ein Smartphone ohne Tastatur bzw. Display. Das Board hat schon vor der Auslieferung, die sich aufgrund der enormen Nachfrage verzögerte, einen atemberaubenden Hype ausgelöst. Mittlerweile ist auch das *Revision 2 Board* erschienen, das einige Modifikationen erfahren hat. Sei also gespannt, was sich auf diesem Gebiet noch so tun wird, denn langweilig wird es garantiert nicht. Tauche ein in die wundersame Welt des *Raspberry Pi*. Es handelt sich bei diesem Buch um eine erweiterte Ausgabe meines ersten Raspberry-Pi-Buches. Du wirst jetzt sicherlich fragen, was ich mit *erweitert* meine. Der Titel des Buches lässt vermuten, dass es sich etwas mit der Elektronik zu tun hat und so ist es auch. Ich werde viel mehr auf Elektronik-Grundlagen eingehen, die wir in späteren Kapiteln sicherlich gut gebrauchen können. Du wirst einiges über die Ansteuerung von elektronischen Schaltungen über eine Schnittstelle erfahren, die der Raspberry Pi besitzt. Darüber hast du die Möglichkeit, eigene Schaltungen zu entwickeln und sie über selbst programmierte Software anzusteuern. Wir verwenden dabei die unterschiedlichsten Programmiersprachen, so dass du auch auf diesem Gebiet viel Interessantes kennenlernen wirst. Aber auch hinsichtlich des Einsatzes als Server werden wir einiges entwickeln.

Wir werden u.a. Themen wie *Samba*, *Apache Web-Server* oder auch *NAS* behandeln. Sei also gespannt.

Aufbau des Buches

Vielleicht hast du bemerkt, dass ich den Stil des Buches ein wenig anders gewählt habe, als du dass möglicherweise von anderen Fachbüchern gewohnt bist. Ich habe mich für eine sehr lockere und leserbezogene Sprache entschieden. Wenn du vielleicht meine vorherigen Bücher über den Arduino bzw. die Programmiersprache Processing gelesen hast, dann weißt du, was auf dich zukommt und was dich erwartet. Das meine ich natürlich im positiven Sinn. Auch in diesem Buch wirst du von einem Kollegen begleitet, der an bestimmten Stellen des Buches ein paar Fragen stellt, die dir möglicherweise auch gerade durch den Kopf gegangen sind. Du wirst dich vielleicht – und das hoffe ich wirklich – ein wenig mit ihm identifizieren, denn eigentlich sind es Fragen, die sich sicherlich fast jeder hier und da stellt. Auf diese Weise wird es in meinen Augen etwas leichter, durch die manchmal doch recht komplexe Materie zu manövrieren. Wenn ich persönlich etwas nicht besonders schätze, dann sind das Bücher mit Lehrbuchcharakter. Vielleicht rührt diese Abneigung noch von meiner Schulzeit her, denn die Schulbücher zu meiner Zeit wurden anscheinend von Pädagogen geschrieben – habe ich wirklich die Bezeichnung Pädagoge verwendet? – die von der Lehrstoffvermittlung so viel Ahnung hatten wie die besagte Kuh vom Eierlegen. Es war einfach grauenhaft, und das möchte ich hier nicht wiederholen. Ich versuche die einzelnen Buchkapitel nicht streng voneinander zu trennen, so dass die Dinge fließend ineinander übergehen. Das ist leider nicht immer machbar, doch die Hoffnung stirbt ja bekanntlich zuletzt. Innerhalb des Textes findest du immer wieder einmal ein paar Piktogramme, die je nach Aussehen eine abweichende Bedeutung haben.

Innerhalb des Textes findest du immer wieder einmal ein paar Piktogramme, die je nach Aussehen eine abweichende Bedeutung haben.

Das könnte wichtig für dich sein

Die Information hat nicht unmittelbar etwas mit dem Thema zu tun, das ich gerade anspreche, doch man kann ja mal über den Tellerrand schauen. Es ist allemal hilfreich, ein paar Zusatzinformationen zu bekommen.

Achtung

Wenn du an eine solche Stelle gelangst, solltest du den Hinweis aufmerksam lesen, denn es ist ggf. Vorsicht angesagt. Nicht dass es um dein Leben geht, aber vielleicht um das Leben des *Raspberry Pi* Boards.

An dieser Stelle möchte ich auch auf meine Internetseite *www.erik-bartmann.* de hinweisen, auf der du u.a. einiges zum Thema Raspberry Pi findest. Schau einfach mal vorbei, und es würde mich sehr freuen, wenn du bei dieser Gelegenheit auch ein wenig Feedback (positiv wie negativ) geben würdest. Die entsprechende E-Mail-Adresse lautet raspi@erik-bartmann.de, sie ist aber auf der Internetseite noch mal aufgeführt.

Voraussetzungen

Um mit dem Raspberry Pi arbeiten zu können, musst du lediglich ein paar persönliche Voraussetzungen mitbringen. Du solltest offen für Neues sowie experimentierfreudig sein und Freude am Frickeln haben. Du musst kein Elektronik-Freak sein und auch kein Computerexperte. Auf jeden Fall solltest du aber das folgende primäre Ziel haben: Es soll Spaß machen. Der Spaßfaktor ist das Wichtigste überhaupt und das gilt ja für alle Situationen im Leben. Ok, ein Zahnarztbesuch fällt nicht gerade in diese Kategorie. Aber eben fast alle... Wenn das Arbeiten mit diesem Board Spaß macht, und das ist definitiv der Fall, dann wäre es doch sicherlich auch etwas für Kinder und Jugendliche, denen hiermit ein geeigneter bzw. kostengünstiger Einstieg in die Informatik eröffnet werden könnte. Lasse dich nicht durch Fehlschläge beim Experimentieren entmutigen, denn du bist in bester Gesellschaft. Wenn es um die Software des Raspberry Pi geht, dann kannst du nichts falsch bzw. kaputt machen. Wenn du es beim Herumprobieren bzw. –konfigurieren soweit gebracht hast, dass nichts mehr geht, dann schreibe einfach ein frisches Betriebssystem-Image auf deine SD-Karte und das Spiel kann von neuem beginnen. Hinsichtlich der Hardware sieht die Sache schon etwas anders aus. Wir werden einige Experimente mit dem Board durchführen und da musst du schon sehr genau aufpassen, was du machst. Ich spreche die Besonderheiten an den jeweiligen Stellen aber noch einmal an.

Benötige Komponenten

Dann wollen wir also einmal kurz zusammenfassen, was du alles so an Hardware bzw. Software benötigst, damit das Frickeln auch in die Spaß-Kategorie fällt. Das *Raspberry Pi-Board* hast du ja gerade schon gesehen. Ohne das geht es beim besten Willen nicht.

> Was kostet denn solch ein *Raspberry Pi* Board überhaupt? Lohnt es sich dann nicht doch, sich einen richtigen Computer zu kaufen?

Hallo RasPi, schön, dass du dich auch mal zeigst! Wenn ich mich recht entsinne, dann bist du doch der Bruder von *Ardus*, der aus dem *Arduino-Buch* – richtig!? Deine Frisur ist aber ganz anders! Seid ihr wirklich Geschwister? Ok, zurück zu deiner Frage, die genau an der richtigen Stelle gestellt wurde. Ich hätte schon viel früher mit dem Preis rausrücken sollen. Das hat aber nichts damit zu tun, dass der Minicomputer so teuer wäre. Ganz im Gegenteil. Das Ding ist richtig günstig! Du bekommst das Board (*Modell B*) für um die *40€*, teilweise auch darunter. Das ist doch wirklich preiswert, nicht wahr!? Kommen wir also zum Rest, also dem Drumherum. Ich komme nun zu zwei Listen, von denen die erste das enthält, was du unbedingt benötigst (*Must-Have*), und die zweite das umfasst, was das Leben mit dem Board erleichtert, jedoch nicht unbedingt erforderlich ist (*Nice-To-Have*).

Must-Have

- USB-Tastatur (*PS2 auf USB*-Adapter geht auch)
- SD-Karte
- Linux-Betriebssystem (*als Image*)
- TFT-Display mit *HDMI*- bzw. *DVI*-Anschluss oder Monitor mit *Composite*- oder *Scart*-Eingang
- *HDMI*-Kabel für TFT-Display oder *Video*-Kabel für Monitor
- USB-Netzteil (*5V* mit *1000mA*)

Nice-To-Have

- USB-Maus (für grafische Benutzeroberfläche aber ein Muss)
- Netzwerkanschluss und Netzwerkkabel
- USB-HUB (aktiv oder passiv)
- Gehäuse (*Case*)

Ich werde Dir an passender Stelle natürlich die einzelnen Komponenten genauer vorstellen und auch ein paar Anschlussbeispiele präsentieren. Es gibt hier und da einiges zu beachten, doch ich denke, dass wir das schon hinbekommen werden.

Danksagung

Wenn ich die Unterstützung für mein Buch nicht von den hier gleich genannten Personen bzw. Firmen in der Form erhalten hätte, wären wohl einige Kapitel einfach auf der Strecke geblieben oder nicht in der Qualität umgesetzt worden, wie ich mir das vorgestellt hatte.

Schaltplan-Designer sPlan

Einen herzlichen Dank an die Firma *Abacom*, die mir zur Erstellung meiner Schaltpläne den Schaltplan-Designer *sPlan 7.0* zur Verfügung gestellt hat. Ich habe noch keinen Designer dieser Art kennengelernt, mit dem ich schneller und einfacher meine Schaltpläne erstellt hätte. Die Bedienung ist derart einfach und intuitiv, dass es mir sehr viel Spaß bereitet hat, damit zu arbeiten. Nähere Informationen findest du unter der Internetadresse

http://www.abacom-online.de/

LC-Display

Vielen Dank für das LC-Display an die Firma *Watterott*. Viele weitere sehr nützliche Komponenten für das Arbeiten mit unterschiedlichen Plattformen wie z.B. dem Arduino findest du unter

http://www.watterott.com/

Erweiterungsboards von Quick2Wire

Für mein Kapitel über Erweiterungsboards habe ich von der Firma *Quick2Wire* eine ganze Handvoll von sehr interessanten Platinen zugeschickt bekommen, die allesamt den Raspberry Pi um sehr viele bisher vermisste Funktionen erweitern. Vielen Dank an *Romilly Cocking*, für das unermüdliche Beantworten meiner Mails zu technischen Fragen. Du findest weitere Informationen unter der folgenden Internetadresse

http://quick2wire.com/

Ein Erweiterungsboard von Cooking Hacks

Wenn es um Arduino geht, dann sind die sogenannten Shields eine Möglichkeit, die Funktionalität des Mikrocontrollers fast beliebig zu erweitern. Für den Raspberry Pi habe ich von der Firma *Cooking Hacks* eine Arduino-Shield Bridge spendiert bekommen, die es erlaubt, eine Verbindung zwischen der Welt des Raspberry Pi und der des Arduino herzustellen. Vielen Dank an *David Bordonada Esquinas*, dem Manager der Firma. Die Internetadresse lautet

http://www.cooking-hacks.com/

Ein Erweiterungsboard des WyoLum Team

Ein weiteres sehr interessantes Board, das ebenfalls ein Bindeglied zwischen Arduino und Raspberry Pi herstellt, ist das *AlaMode-Board*, das mir freundlicherweise von *Justin* und *Amy Shaw* zur Verfügung gestellt wurde. Die Reise des Boards zu mir war schon ein Abenteuer, denn es galt zwischenzeitlich als verschollen und tauchte dann wie aus dem Nichts wieder auf. Danke für die Großzügigkeit! Weitere Informationen sind auf der folgenden Internetseite zu finden.

http://wyolum.com/projects/alamode/

Ein Erweiterungsboard der University of Manchester

Das sogenannte *PiFace-Board* der *University of Manchester* (School of Computer Science) wurde mir von *Andrew Robinson* schon zum zweiten Mal in einer Neuauflage zur Verfügung gestellt. Schon für mein erstes Raspberry Pi Buch habe ich von Andrew das erste PiFace-Board erhalten und war beeindruckt von den Möglichkeiten. Vielen Dank noch einmal. Weitere Informationen findest du unter

http://pi.cs.man.ac.uk/interface.htm

Nützliche Erweiterungen von Adafruit

Die Firma *Adafruit* hat eine ganze Sammlung von nützlichen Erweiterungen u.a. für den Raspberry Pi in ihrem Angebot. *Phillip Torrone* hat mir bereitwillig einige nette Spielereien zukommen lassen, von denen ich hier im Buch einige vorgestellt habe. Da sind zum Beispiel der *Pi Cobbler* oder das *Prototyping-Board*, die einem das Arbeiten – habe ich *Arbeiten* gesagt??? – das *Frickeln* mit dem Raspberry Pi wirklich erleichtern und Spaß bereiten. Du findest viele weitere Informationen unter

http://adafruit.com/

Kompassmodul

Herr *Jörg Pohl* hat mir das Kompassmodul *CMPS10* zur Verfügung gestellt. Es hat viel Spaß gemacht, darüber ein eigenes Kapitel zu verfassen. Vielen Dank dafür. Weitere Informationen findest du unter

http://www.roboter-teile.de/

Die Software NI Multisim

Vielen Dank auch an die Firma *National Instruments*, im Speziellen an Frau *Eva Heigl*, die mir gestattet hat, Screenshots der Software *NI Multisim* zur Buchveröffentlichung zum Thema Raspberry Pi zu verwenden.

Mein Fachgutachter

Ohne einen ambitionierten und sehr motivierten Fachgutachter läuft man mit angrenzender Sicherheit gegen die Wand, denn man ist in seiner Sichtweise auf die Dinge manchmal – ja ich will es mal auf den Punkt bringen – beschränkt, dass man die Nadeln an der Tanne nicht erkennt, obwohl man schon längst im Baum hängt. *Holger »Fribbe« Lübkert* hat mich bei meinen Kapiteln von vorne bis hinten sehr professionell unterstützt und mir mit seinem Fachwissen zur Seite gestanden. Was soll ich sagen... Danke!

Meine Korrekturleserin

Wenn ich im Schreibfieber bin und mein Augenmerk lediglich auf der technischen Ebene liegt, dann kann es schon mal hier und da zu Textpassagen kommen, die ich im Nachhinein selbst nicht mehr verstehe. Wie sollte da erst ein Leser den Durchblick wahren? Gut, dass ich auf die Erfahrung einer Korrekturleserin zugreifen konnte, die selbst Autorin und Fachlektorin ist. Frau *Dr. Dorothée Leidig* hat mein Manuskript in die Mangel genommen, so dass daraus ein lesbares Buch entstanden ist. Vielen Dank für die Hilfe!

Last but not Least

Zu guter Letzt möchte ich ganz herzlich meinem Lektor *Volker Bombien* für seine unermüdliche Unterstützung bei allen Hochs und Tiefs, die beim Schreiben dieses Buches so in Erscheinung getreten sind, danken. Durch sein Engagement auf allen Ebenen –

also auch Ebene *Hoch* und Ebene *Tief* – hatte ich nie auch nur ansatzweise das Gefühl, alleine auf weiter Flur zu stehen.

Viel Spaß und viel Erfolg mit Deinem *Raspberry Pi* wünscht Dir *RasPi* und

Erik Bartmann

Das Raspberry Pi-Board

Wir wollen in diesem Kapitel einen geeigneten Einstieg für das *Raspberry Pi-Board* finden, so dass du einen Überblick über die Hardware bekommst. Die Themen werden folgende sein:

- Unterschiede bei den vorhandenen Boards
  (*Model A* und *B + Rev 2*)
- Welche Chips sind auf dem Board verbaut?
- Die einzelnen Anschlüsse im Detail
- Welche unterschiedlichen Anschlussmöglichkeiten bestehen?
- Was ist bei *SD-Karten* zu beachten?
- Die Spezifikationen
- Bisher nicht unterstützte Anschlüsse

Dann wollen wir mal

In der Einleitung habe ich mich ja sehr zurückhaltend über die Details des Raspberry Pi-Boards geäußert. Das wird jetzt anders. Die meisten von euch fiebern sicherlich Informationen entgegen, die Aufschluss über die Funktionsweise des Minicomputers geben. Der Fachbegriff für einen solchen Rechner lautet *Single-Board-Computer* – kurz *SBC*. Wir wollen also einen genaueren Blick auf die Oberseite des Boards werfen und die schon erwähnten Anschlüsse lokalisieren. Ich sollte euch darauf hinweisen, dass das Board in unterschiedlichen Varianten angeboten wird:

- Model A
- Model B (*Rev 1*)
- Model B (*Rev 2*)

Der Unterschied besteht darin, dass *Modell A* keinen Netzwerkanschluss besitzt und nur einen einzigen USB-Anschluss aufweist.

Ansonsten sind die Boards absolut baugleich. Wenn ich in diesem Buch vom Raspberry Pi spreche, dann verwende ich immer das *Modell B* mit Netzwerk- und 2 USB-Anschlüssen. Wegen des geringen preislichen Unterschieds zwischen *Modell A* und *Modell B* bzw. der grundsätzlich geringen Anschaffungskosten sollte die Wahl in meinen Augen immer zugunsten von *Modell B* ausfallen. Ich muss gestehen, dass ich noch nie ein *Modell A* zu Gesicht bekommen habe, und das wird wohl auch in Zukunft nicht der Fall sein. Jetzt, wo das *Modell B* in *Revision 2* auf dem Markt ist, sind alle Vorgängermodelle wohl nicht mehr käuflich zu erwerben. Der Vollständigkeit halber habe ich aber *Modell A* bzw. *Modell B* in *Revision 1* erwähnt. Funktionell sollen sich *Modell B* in *Revision 1* bzw. *2* gleich verhalten, wobei die neuere Version statt über *256MB* SDRAM nun über *512MB* verfügt.

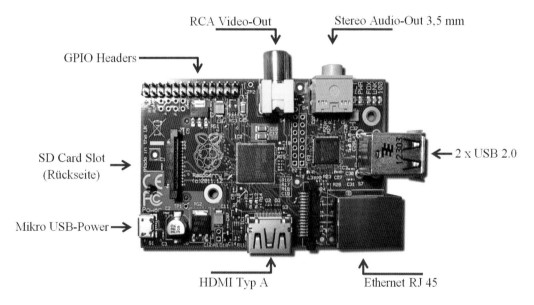

Abbildung 1-1 ▲
Die Anschlüsse des Raspberry Pi-Boards

Es existieren zwar noch weitere Anschlüsse, auf die ich aber im Moment noch nicht eingehen möchte. Ich komme später darauf zurück. Die hier genannten Anschlüsse stellen also die Verbindung zur Außenwelt dar, derer wir uns bedienen können, um mit dem Board zu kommunizieren.

Wenn du von der Kommunikation des *Raspberry Pi*-Boards mit der Außenwelt sprichst, dann muss es ja eigentlich auch eine Innenwelt geben. Wie schaut die denn aus?

Kapitel 1: Das Raspberry Pi-Board

Ok, *RasPi*, diese Aussage ist natürlich korrekt. Wenn du so darauf brennst, werde ich jetzt ein paar einführende Worte über die Innenwelt des Boards verlieren. Dazu sollten wir wieder einen Blick auf das Board werfen, damit du siehst, wo sich die richtig wichtigen Bauteile befinden. Natürlich ist alles wichtig, doch wie im richtigen Leben sind manche Dinge eben *wichtiger als andere*. Das Zugpferd des *Raspberry Pi-Boards* ist der Prozessor Broadcom *BCM2835*. Du findest ihn relativ mittig auf dem Board. Er entwickelt im laufenden Betrieb nur mäßig Wärme, so dass die spätere Unterbringung in einem Gehäuse eigentlich kein Problem darstellen sollte. Wenn du einen Finger auf ihn legst, wirst du es spüren. Der zweite Baustein ist der *LAN-Controller*, der für den Netzwerkbetrieb verantwortlich ist. Er befindet sich rechts neben dem Prozessor und ist in seinen Ausmaßen etwas kleiner.

Broadcom
BCM2835
ARM11 700 MHz

LAN
Controller

▲ **Abbildung 1-2**
Die Chips des Raspberry Pi-Boards

Die Anschlüsse im Detail

Damit beim Versuch, das *Raspberry Pi-Board* in Betrieb zu nehmen, nichts schiefgeht, möchte ich ein wenig auf die oben genannten Anschlüsse eingehen. Es gibt in meinen Augen nichts Schlimmeres bzw. Nervenaufreibenderes, als schon zu Beginn mit vermeidbaren Problemen konfrontiert zu werden, nur um überhaupt die erforderlichen Rahmenbedingungen zu erfüllen, damit das Board funktioniert. Fangen wir doch einmal mit dem Grundlegendsten an: der *Spannungsversorgung*.

Die Spannungsversorgung

Damit das Board überhaupt in Betrieb genommen werden kann, ist eine passende Spannungsversorgung erforderlich. Die einfachste Art der Realisierung, ohne sich mit Unmengen an proprietären Steckern bzw. Buchsen herumschlagen zu müssen, bietet heutzutage der *USB-Anschluss*.

Hey, mein PC hat doch eine Menge von USB-Anschlüssen. Da ist sicherlich noch einer frei, den ich für die Versorgung des Boards nutzen kann.

Diese Idee, lieber *RasPi*, hatte auch ich zu Beginn. Doch ich möchte dir dazu etwas Wichtiges sagen. Zum einen möchtest du sicherlich den *Raspberry Pi* unabhängig vom PC betreiben. Oder willst du etwa immer deinen PC mit dir herumschleppen, nur um das Board mit Spannung zu versorgen? Das wäre also geklärt! Zum anderen ist ein USB-Anschluss an einem PC nur in der Lage, maximal *500mA* Strom zu liefern. Das reicht für das *Raspberry Pi-Board* nicht aus. Es kann gut gehen, doch warum solltest du dich am Limit bewegen, wenn es eine viel elegantere Lösung gibt, die zudem überhaupt nicht teurer ist. Das *Modell B* Board benötigt zum Betrieb um die *700mA*, wohingegen das *Modell A* sich mit *500mA* begnügt. Es gibt kostengünstige USB-Netzgeräte, die zum Laden von MP3-Playern oder Smartphones genutzt werden. Am besten nutzt du ein solches Netzgerät mit *1000mA* und *5V* Versorgungsspannung. Dann kann nichts schiefgehen. Andernfalls hast du ggf. mit unterschiedlichen Symptomen wie Tastatureingaben, die nicht erkannt werden, einem ruckelnden und hakenden Mauszeiger oder instabilen Netzwerkverbindungen zu kämpfen.

Abbildung 1-3 ▶
Ein USB-Netzteil

Du musst jedoch auf den korrekten Anschluss achten. Es existieren zwei unterschiedliche Stecker in Miniformat.

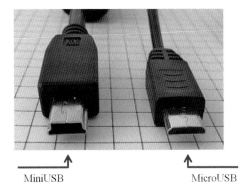

◀ **Abbildung 1-4**
Die unterschiedlichen USB-Stecker im Miniformat

MiniUSB   MicroUSB

Unser *Raspberry Pi-Board* kann nur den *MicroUSB*-Stecker aufnehmen, den du auf der rechten Seite siehst. Er findet auch bei den meisten Smartphones Verwendung. Eine weitere Alternative besteht in der Verwendung von *4 x AA Batterien*.

Das Videosignal

Damit du auch siehst, was dein Board so treibt, benötigst du eine Möglichkeit, einen *Fernseher* oder einen *Monitor* bzw. ein *TFT-Display* anzuschließen. Das Board stellt dafür zwei Buchsen zur Verfügung.

* RCA Video-Out
* HDMI

Wenn du einen Fernseher der älteren Generation anschließen möchtest, kannst du die *Video-Out-Buchse* verwenden. Über einen *Composite-To-Scart-Adapter* kann ebenfalls der ggf. vorhandene Scart-Anschluss am Fernseher verwendet werden. Für den Ton wird dann die sich direkt daneben befindende 3,5mm Klinken-Buchse verwendet. Bei aktuellen TFT-Displays ist sicherlich ein HDMI-Anschluss vorhanden, so dass du dann die HDMI-Buchse *Typ A* (full-size) nutzen kannst. Darüber wird dann auch gleich der Ton übertragen. Bei dem Kabel sollte es sich um HDMI-Versionen *1.3* oder *1.4* handeln, wobei die Letztere empfohlen wird. Diese Version unterstützt ein Video-Format von *2160p*.

▲ **Abbildung 1-5**
HDMI-Stecker eines Hochgeschwindigkeitskabels von 2m Länge der Version 1.4

Diese Variante ist natürlich die modernste, und wie der Name *HDMI* schon sagt, handelt es sich dabei um ein High Definition Multimedia Interface, das natürlich auch Formate in der Qualität von *BluRay* übertragen kann. Ja, du hast richtig gehört! Das *Raspberry Pi-Board* kann solche hochauflösenden Formate verarbeiten und darstellen. Ebenso können Grafiken in *2D* und *3D* dargestellt werden, und das sogar bei Spielen. Eine Auflösung *Full HD* mit *1920 × 1080* ist demnach kein Problem, was dazu führt, dass einem Anschluss an ein modernes HD-TV-Gerät nichts im Wege steht.

 Das könnte wichtig für dich sein

> Es besteht keine direkte Möglichkeit, einen älteren Monitor mit einem *VGA*-Anschluss (*Sub-D Buchse*) zu betreiben.

Schauen wir uns die einzelnen Anschlussmöglichkeiten einmal genauer an.

Anschluss über HDMI (Raspberry Pi) auf HDMI (TFT)

Abbildung 1-6 ▶
Der Anschluss über den HDMI-Ausgang des Boards und den HDMI-Eingang am TFT

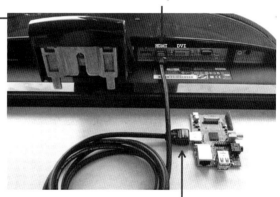

Anschluss über HDMI (Raspberry Pi) auf HDMI / DVI-Adapter (TFT)

Falls du über keinen *HDMI*-Anschluss an deinem TFT-Display verfügen solltest, ist noch nicht alles verloren, denn alle TFT-Displays verfügen über einen *DVI*-Eingang. Zwar weist dein *Raspberry Pi-Board* keinen DVI-Ausgang auf, doch wozu gibt es Adapter? Für schlappe *2,00 €* kannst du dir einen passenden Adapter besorgen, den du einfach an das *HDMI*-Kabel anschließt.

◀ **Abbildung 1-7**
HDMI-DVI-Adapter

Jetzt kannst du problemlos das Board mit deinem TFT-Display über den *DVI*-Eingang betreiben.

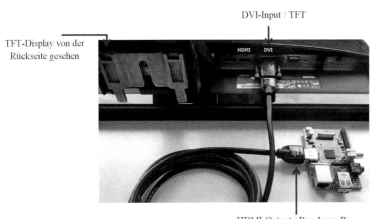

◀ **Abbildung 1-8**
Der Anschluss über den HDMI-
Ausgang des Boards und den
DVI-Eingang am TFT

Anschluss über RCA-Video Out auf SCART-Adapter

Das Board verfügt über einen Video-Ausgang, das älteren Datums ist, was aber durchaus seinen tieferen Sinn hat. Es handelt sich um die nicht zu übersehende gelbe Buchse mit der Bezeichnung *RCA-Video Out*. In der folgenden Abbildung siehst du den Anschluss, über den das Board mit einem handelsüblichen Fernseher verbunden wird.

Abbildung 1-9 ▶
Der Anschluss über den RCA-Aus-
gang des Boards und den SCART-
Eingang am Fernseher

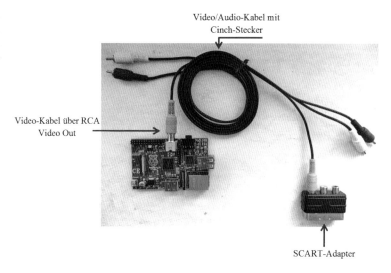

Video/Audio-Kabel mit
Cinch-Stecker

Video-Kabel über RCA
Video Out

SCART-Adapter

Das Video-Kabel, das ich hier verwende, hat zusätzlich noch *zwei* Audio-Anschlüsse, die aber im Moment noch nicht verwendet werden. Wenn du trotzdem den Ton übertragen möchtest, kannst du den Audio-Ausgang verwenden, der sich direkt neben der *RCA-Video-Out-Buchse* befindet. Ich werde näher darauf eingehen, wenn wir in Kürze zum Thema Audio kommen. Im Folgenden siehst du das Bild auf meinem Fernseher, das natürlich nicht mit der Qualität aufwarten kann, wie sie bei einem TFT-Display vorliegen würde. Man kann aber trotzdem damit arbeiten.

Abbildung 1-10 ▶
Das Raspberry Pi-Board wird über
den Fernseher betrieben

Kapitel 1: Das Raspberry Pi-Board

Das Netzwerk

Wenn du dich für das *Modell B* entschieden hast, und es spricht ja wirklich kaum etwas dagegen, dann verfügst du über einen sogenannten *RJ-45*-Anschluss.

◀ **Abbildung 1-11**
RJ-45 Anschluss des Raspberry Pi-Boards

Network-Connection RJ45

Dieser ermöglicht es dir, den *Raspberry Pi* mit dem Netzwerk zu verbinden. An deinem Router ist möglicherweise noch ein Port frei, so dass du mit einem *Patchkabel* eine Verbindung herstellen kannst. Verwende auf keinen Fall ein sogenanntes *Crosskabel*, denn darüber funktioniert die Verbindung nicht.

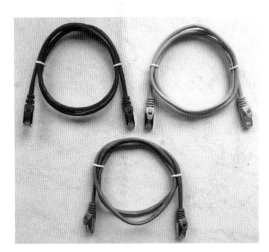

◀ **Abbildung 1-12**
Netzwerkkabel in unterschiedlichen Farben (hier mit der Länge von 1 Meter)

Der Anschluss erfolgt einfach über einen – hoffentlich noch freien – Netzwerkanschluss am *Router*, der ja die Verbindung zum *Internet* ermöglicht.

Abbildung 1-13 ▶
Das Raspberry Pi-Board wird mit dem Netzwerk bzw. Internet verbunden

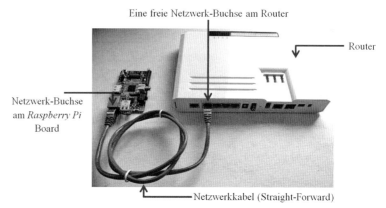

Eine freie Netzwerk-Buchse am Router

Router

Netzwerk-Buchse am *Raspberry Pi* Board

Netzwerkkabel (Straight-Forward)

Durch die gezeigten Anschlüsse kannst du mit deinem *Raspberry Pi-Board* eine Verbindung zum Internet aufnehmen.

⏩ Das könnte wichtig für dich sein

Verbindest du deinen *Raspberry Pi* über das Netzwerkkabel mit deinem *Router*, dann wird über das eingestellte *DHCP-Protokoll* (*Dynamic Host Configuration Protocol*) dem Board eine freie *IP-Adresse* zugewiesen. Zudem werden Informationen über das *Gateway* – in der Regel der Router selbst – bzw. den *DNS-Server* übermittelt. Du musst dich also nicht um diese Einstellungen kümmern.

Auf der Speicherkarte, zu der wir gleich noch kommen werden, sind je nach Linux-Distribution unterschiedliche Programme vorinstalliert. Dort findest du einen Internet-Browser, der es dir gestattet, eine Verbindung zum World Wide Web aufzunehmen. Auf dem gleichen Weg kannst du dir neue Software herunterladen und – sofern es der Speicherplatz deiner SD-Karte zulässt – auch installieren.

USB-Tastatur und Maus

Was wäre ein richtiger Computer ohne eine Eingabemöglichkeit? Es muss also eine Tastatur bzw. eine Maus her. Beide müssen jedoch den mittlerweile durchgesetzten USB-Standard erfüllen. Wenn du dich – ich kann's nicht oft genug erwähnen – für das *Modell B* entschieden hast, stehen dir 2 USB-Ports zur Verfügung, im Gegensatz zum *Modell A*, das nur einen einigen Port besitzt. Das wäre auch kein Beinbruch, denn über einen sogenannten *USB-HUB* kannst du diesen Anschluss entsprechend erweitern. Wenn du noch über eine Tastatur mit *PS2*-Anschluss verfügst, kannst du es mit einem *PS2/USB*-Adapter probieren.

◀ **Abbildung 1-14**
Maus und Tastatur an den beiden USB-Anschlüssen

Es spielt dabei keine Rolle, mit welchem USB-Anschluss die Maus bzw. die Tastatur verbunden wird. Du kannst sie also auch getrost andersherum anschließen. Ach ja, bevor ich es vergesse, hier der schon erwähnte *PS2/USB*-Adapter:

◀ **Abbildung 1-15**
Ein PS2/USB-Adapter zum Anschluss von PS2-Maus und -Tastatur

Die *PS2*-Buchsen haben unterschiedliche Farben mit folgender Bedeutung:

- *Lila*: Tastatur
- *Grün*: Maus

Auf diese Weise sparst du sogar einen USB-Anschluss und kannst ihn für andere Zwecke nutzen. Es gibt neben Tastatur und Maus die unterschiedlichsten USB-Geräte, die du an dein Board anschließen kannst:

- Wifi-Adapter
- Web-Cam
- Speicherstick usw.

Ich möchte dir aber auch noch eine weitere Anschlussmöglichkeit von Maus und Tastatur zeigen. Neben kabelgebundenen Mäusen bzw. Tastaturen werden funkgestützte, also kabellose Geräte, z.B. mit *Smartlink Technologie 2,4 GHz*, angeboten. Du verbindest einfach den beigefügten Adapter mit einem der USB-Anschlüsse des *Raspberry Pi-Boards,* und schon hast du Maus und Tastatur an deinem System angeschlossen. Linux erkennt in der Regel diesen Adapter automatisch, so dass keine weitere Treiberinstallation erforderlich ist. Und schon wieder hast du einen USB-Anschluss gespart, den du für weitere externe Geräte nutzen kannst.

Abbildung 1-16 ▼
Maus und Tastatur sind per Funkmodul am Raspberry Pi angeschlossen

In der folgenden Abbildung siehst du dieses Funkmodul einmal aus der Nähe.

2.4 GHz wireless

◀ **Abbildung 1-17**
Das Funkmodul steckt in einem
USB-Anschluss des Raspberry Pi

Achtung

Wenn dein Netzgerät zu schwach dimensioniert ist, dann kann es zeitweise zu Problemen mit der Tastatur kommen. Tastendrücke werden entweder nicht bzw. verzögert angenommen, oder es hagelt gleich mehrere identische Zeichen in Folge. Ich rate deswegen auf jeden Fall zu einem Netzgerät von min. *1000 mA*, wenn nicht noch mehr. Lasse dir von niemandem etwas anderes erzählen, denn früher oder später erwischt es dich! Außerdem solltest du im laufenden Betrieb nach Möglichkeit keine USB-Geräte abziehen und wieder anstecken. Das kann gut gehen, doch es gibt Geräte, die einen relativ hohen Anlaufstrom haben und das Netzteil dadurch beim erneuten verbinden kurzzeitig überlasten. Das bedeutet einen Reset, und alle nicht gespeicherten Daten wären verloren.

Audio

HDMI Audio-Ausgang am TFT-Display

Wenn du den *HDMI*-Anschluss verwendest, wird das Audiosignal darüber geleitet. Es gibt sicherlich *TFT*-Displays, die schon über eingebaute Lautsprecher verfügen, so dass du sofort einen Ton erhältst. Mein Gerät besitzt lediglich zwei Audio-Ausgänge, an denen ich Lautsprecherboxen und/oder einen Kopfhörer anschließen kann.

Abbildung 1-18 ▶
Die Audio-Ausgänge an meinem
TFT-Display

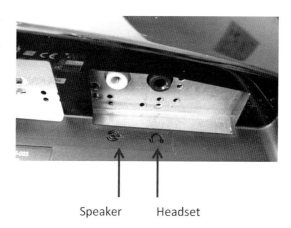

Speaker   Headset

Stereo-Buchse

Wenn du nicht den *HDMI*-Anschluss, der auch gleichzeitig für das Audiosignal verantwortlich ist, sondern die *RCA-Video-Buchse* nutzt, musst du für das Audiosignal die *3,5mm*-Stereo-Buchse verwenden.

Abbildung 1-19 ▶
Audio-Kabel mit 3,5mm
Klinken-Stecker

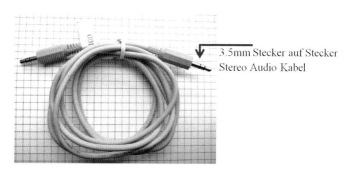

3.5mm Stecker auf Stecker
Stereo Audio Kabel

Kapitel 1: Das Raspberry Pi-Board

Ich habe dir eben die Video-Anschlussmöglichkeit über einen *SCART*-Adapter gezeigt, jedoch das Audiosignal außen vor gelassen. Das möchte ich an dieser Stelle nachholen. Was nützt dir ein Videosignal ohne die Audio-Komponente, wenn du z.B. ein Spiel spielst oder einen Film anschauen möchtest. Darum bietet das *Raspberry Pi-Board* auch einen Stereo-Audio-Ausgang über eine *3,5mm*-Buchse. Um darüber z.B. eine Verbindung zu einem *SCART-Adapter* herstellen zu können, musst du einen passenden *Audio-Adapter* verwenden. Es gibt ihn in unterschiedlichen Ausführungen.

3.5 mm Stecker
(Stereo)

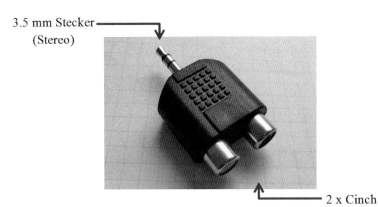

2 x Cinch

◀ **Abbildung 1-20**
Audio-Adapter von 3,5mm Klinke
auf 2 x Cinch

Auf diese Weise gelingt es dir, eine passende Verbindung herzustellen.

SCART (Stecker)

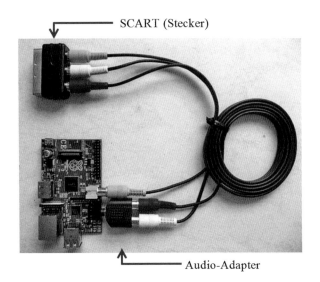

Audio-Adapter

◀ **Abbildung 1-21**
Audio-Adapter mit Verbindung zum
SCART-Anschluss

Der gelbe Stecker wird in der Regel für das Videosignal verwendet, wohingegen der weiße bzw. rote Stecker für das Audiosignal genutzt wird.

 Achtung

> Es werden unterschiedliche SCART-Stecker angeboten, deren Ausstattung hinsichtlich der zur Verfügung stehenden Pins abweichen kann. Es gibt Stecker, deren Signalflussrichtung vorgegeben ist, oder auch solche, bei denen sie über einen kleinen Schiebeschalter verändert werden kann. Im nachfolgenden Bild zeige ich dir einen Stecker, der über einen solchen Schalter verfügt.

Abbildung 1-22 ▶
SCART-Stecker mit Schiebeschalter
für Ein- bzw. Ausgang

Achte auf die richtige Schalterstellung. Wenn du nichts auf deinem Fernseher siehst, liegt der Verdacht nahe, dass der Schalter in der falschen Position steht. Schalte einfach um. Du kannst auf diese Weise nichts kaputt machen.

Der externe Speicher

Da dein *Raspberry Pi-Board* über keine Festplatte verfügt, auf dem sich das Betriebssystem befinden könnte, muss es eine andere Möglichkeit geben, dieses zu speichern. Was liegt näher, als eine handelsübliche Speicherkarte zu verwenden, die auch in zahlreichen anderen elektronischen Geräten zu finden ist. Fotoapparate oder Camcorder nutzen zur Speicherung ihrer Daten *SD-Karten*. Es handelt sich dabei um ein Speichermedium, das ähnlich wie ein *EEPROM*-Baustein arbeitet und in die Kategorie der Flash-Speicher, die die Daten auch nach Entfernung der Betriebsspannung beibehalten, fällt.

▸ **Abbildung 1-23**
SD-Karte (hier von SanDisk mit 8 GB
Speichervolumen)

Du hast gerade erwähnt, dass das *Betriebssystem* auf einer solchen *SD-Karte* gespeichert wird. Kann denn z.B. das *Windows-Betriebssystem* auf einer *SD-Karte* gespeichert werden?

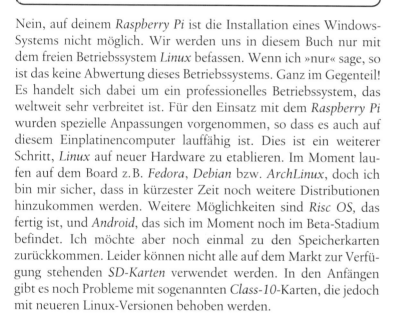

Nein, auf deinem *Raspberry Pi* ist die Installation eines Windows-Systems nicht möglich. Wir werden uns in diesem Buch nur mit dem freien Betriebssystem *Linux* befassen. Wenn ich »nur« sage, so ist das keine Abwertung dieses Betriebssystems. Ganz im Gegenteil! Es handelt sich dabei um ein professionelles Betriebssystem, das weltweit sehr verbreitet ist. Für den Einsatz mit dem *Raspberry Pi* wurden spezielle Anpassungen vorgenommen, so dass es auch auf diesem Einplatinencomputer lauffähig ist. Dies ist ein weiterer Schritt, *Linux* auf neuer Hardware zu etablieren. Im Moment laufen auf dem Board z.B. *Fedora*, *Debian* bzw. *ArchLinux*, doch ich bin mir sicher, dass in kürzester Zeit noch weitere Distributionen hinzukommen werden. Weitere Möglichkeiten sind *Risc OS*, das fertig ist, und *Android*, das sich im Moment noch im Beta-Stadium befindet. Ich möchte aber noch einmal zu den Speicherkarten zurückkommen. Leider können nicht alle auf dem Markt zur Verfügung stehenden *SD-Karten* verwendet werden. In den Anfängen gibt es noch Probleme mit sogenannten *Class-10*-Karten, die jedoch mit neueren Linux-Versionen behoben werden.

Ich habe solch eine *SD-Karte* für meinen Camcorder. Kann ich die vielleicht auch verwenden?

Das ist eine gute Frage, *RasPi*! Dein *Raspberry Pi* kann mit den unterschiedlichsten SD-Karten arbeiten, doch leider nicht mit allen. Hier erst einmal die grundlegenden Karten, die für uns im Moment relevant sind:

- SD-Karten (*8MB* bis *2GB*)
- SDHC-Karten (*4GB* bis *32GB*)

Zudem haben wir es mit abweichenden Bauformen zu tun.

- SD
- microSD

Abbildung 1-24 ▶
Unterschiedliche Bauformen von
SD-Karten

microSD   SD

> So eine kleine Karte passt aber wohl nicht in den SD-Karten-Slot meines *Raspberry Pi-Board*s. Wie soll das funktionieren?

Das stellt kein wirkliches Problem dar, denn es gibt für diesen Fall passende Adapter, die in der Lage sind, eine *microSD*-Karte aufzunehmen. Die meisten *microSD*-Karten werden schon mit einem passenden Adapter ausgeliefert. Schau her:

Abbildung 1-25 ▶
Ein Adapter für microSD-Karten

Da aber, wie ich schon kurz erwähnte, nicht alle SD-Karten in deinem *Raspberry Pi* funktionieren, musst du vorsichtig sein und dich

Kapitel 1: Das Raspberry Pi-Board

diesbezüglich auf dem Laufenden halten. Es gibt im Internet Listen mit getesteten Karten. Auf meiner Internetseite bzw. im Anhang werde ich ein paar Links veröffentlichen. Das hat sicherlich mehr Sinn, denn auf diese Weise wirst du immer mit den aktuellsten Informationen versorgt. Abschließend zu diesem Thema will ich dir noch die unterschiedlichen Geschwindigkeitsklassen nennen, wobei die Zahl hinter der Klasse immer die Geschwindigkeit in *MB/s* angibt.

- Class 2
- Class 4 *(bereitet in der Regel keine Probleme, ist aber langsam)*
- Class 6 *(möglicherweise problematisch!)*
- Class 10 *(möglicherweise problematisch!)*

Achtung

> Für den Einsatz einer *SD-Karte* in deinem *Raspberry Pi* benötigst du mindestens eine Karte mit einer Kapazität von *2GB*. Mehr ist natürlich besser, denn dann kannst du auch mehr Programme abspeichern. Vorsicht bei *Class-6-* bzw. *-10-*Karten. Sie sind nicht immer kompatibel mit deinem Board. Informiere dich im Internet über die Verwendbarkeit dieser *SD-Karten*. Auf dem Board befinden sich mehrere Status-LEDs. Wenn lediglich die rote *PWR-LED (Power)* leuchtet und nicht zusätzlich die grüne *ACT-LED*, hast du ein Problem mit der verwendeten *SD-Karte*.

Ok, das habe ich soweit verstanden. Die Frage, die sich mir jetzt stellt, ist folgende: Wie bekomme ich das Linus-Betriebssystem auf meine *SD-Karte*? Dazu kann ich ja nicht meinen *Raspberry Pi* nutzen. Oder habe ich da etwas missverstanden?

Das ist eine gute Frage, *RasPi*, und sie kommt genau zum richtigen Zeitpunkt. Es gibt zwei unterschiedliche Möglichkeiten, die ich hier ansprechen möchte.

1. Möglichkeit

Du kannst dir eine fertig beschriebene SD-Karte im Internet bestellen, auf der schon ein vorinstalliertes Linux-Betriebssystem vorhanden ist. Dann ist es sehr einfach: Du musst lediglich diese SD-Karte in den Karten-Slot deines *Raspberry Pi-Boards* stecken und fertig. Ich werde im Anhang des Buches eine Liste der möglichen Anbieter anfügen. Aber das ist natürlich eine recht statische Angelegenheit, und deswegen lohnt sich ein Blick ins Internet bzw. auf meine Internetseite allemal.

2. Möglichkeit

Du kannst dir das Linux-Betriebssystem auch von einer Internet-seite herunterladen und dann lokal auf deinem Rechner speichern. Dies kann jede Art von Rechner sein, die sich heute im Einsatz befinden, also ein Windows-PC, ein Linux-Rechner oder auch ein *Mac* von *Apple*. Darauf werde ich aber noch im Detail zu sprechen kommen. Mache dir deswegen also keine Sorgen. Ich persönlich verwende für meine Beispiele einen Windows-PC. Ok, so weit, so gut. Wenn du das Linux-Betriebssystem in Form eines Images her-untergeladen hast, musst du es über ein spezielles Programm (z.B. *USB Image Tool*) auf die SD-Karte übertragen. Für dieses Vorhaben benötigst du ein SD-Kartenlesegerät oder ein sogenanntes *All-In-One-Lesegerät*, das die unterschiedlichsten Speicherkartenformate lesen kann. Die folgende Abbildung zeigt ein solches *All-In-One-Lesegerät*.

Abbildung 1-26 ▶
All-In-One-Lesegerät mit einge-steckter SD-Karte

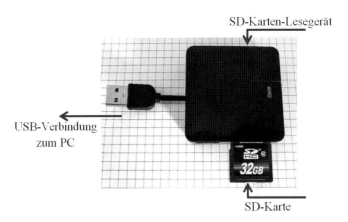

SD-Karten-Lesegerät

USB-Verbindung zum PC

SD-Karte

Du musst das Lesegerät lediglich über den USB-Anschluss mit dei-nem Rechner verbinden, und schon hast du Zugriff auf die einge-steckte SD-Karte. Nun kannst du aber die heruntergeladene Linux-Datei nicht einfach auf die SD-Karte kopieren, da es sich – wie ich schon erwähnte – um eine Image-Datei handelt.

Was ist denn ein *Image*?

Oh ja, *RasPi*, das hatte ich dir noch nicht erklärt. Bei einem Image handelt es sich um ein Speicherabbild ähnlich einer *ISO-Datei* für eine CD-ROM. Dieses Abbild beinhaltet alle notwendigen Dateien und ist quasi ein Backup des Dateisystems. Wie das mit dem Image im Detail funktioniert, wirst du in einem separaten Kapitel erfah-

Kapitel 1: Das Raspberry Pi-Board

ren. Die Anbieter der unterschiedlichen Linux-Distributionen für deinen *Raspberry Pi* findest du ebenfalls wieder im Anhang bzw. im Internet. Wenn du dein *Raspberry Pi-Board* jetzt mit einer vorbereiteten SD-Karte bestücken möchtest, musst du das Board umdrehen, denn auf der Rückseite befindet sich der SD-Karten-Slot.

◀ **Abbildung 1-27**
Der (noch leere) SD-Karten-Slot

Hier schiebst du deine *SD-Karte* hinein, und zwar in *der* Form, dass die Beschriftung der Karte sichtbar ist und die Kontakte nach unten bzw. vorne weisen. Auf dem nächsten Bild siehst du das Board mit der eingefügten *SD-Karte*.

SD-Karten Abschrägung von 45°

◀ **Abbildung 1-28**
Eingesteckte SD-Karte

Du kannst die Karte *theoretisch* nicht verkehrt herum einstecken, denn sowohl der Karten-Slot als auch die Karte selbst haben eine abgewinkelte Ecke, so dass beide nur in einer Position zusammenpassen. Also keine Gewalt anwenden, denn das flutscht auch ohne größere Kraftanstrengung.

Die Chips

Auf dem Board befinden sich zwei Chips, die die ganze Arbeit verrichten. Sehen wir uns dazu ein paar Detailinformationen an.

Der Prozessor

Fangen wir mit dem Prozessor an, der vom Typ *Broadcom BCM2835* ist. Es handelt sich dabei um keine normale Recheneinheit (*CPU*), wie wir das z.B. aus unseren PCs kennen, sondern um eine Integration von *CPU*, *GPU* und *RAM*. Diese drei Komponenten befinden sich allesamt auf einem einzigen, hochintegrierten Chip, der auch *SoC* (*System-On-A-Chip*) genannt wird. Ein solcher Baustein findet u.a. Verwendung in Smartphones oder MP3-Playern und ist aufgrund seiner geringen Ausmaße hervorragend für derartige kleine Geräte geeignet. Hier eine kurze Liste mit ein paar Zusatzinformationen:

- CPU: *ARM11* mit *700 MHz*
- GPU: Broadcom VideoCore IV, OpenGL ES *2.0*, OpenVG *1080p30*
- RAM: *256 MB SDRAM (Rev 1), 512 MB SDRAM (Rev 2)*

An Betriebssystemen kommen alle in Frage, die die *ARM11*-Architektur unterstützen, wozu auch einige Linux-Derivate gehören. Die *GPU*, die für die Grafikausgabe zuständig ist, kann *Blu-Ray*-Qualität verarbeiten und nutzt den *H.264*-Standard für hocheffiziente Videokompression mit einer Übertragungsgeschwindigkeit von *40MBits/s*. Es werden die *OpenGL ES 2.0-* und *OpenVG*-Bibliotheken unterstützt. Der Prozessor hat einen Speicher von *256Mbyte* in der *Revision 1* bzw. *512MB* in der *Revision 2*, der fest und nicht erweiterbar ist und von *CPU* und *GPU* gemeinsam genutzt wird. Es gibt jedoch die Möglichkeit, über ein *System-Setup* festzulegen, zu welchen Teilen *CPU* bzw. *GPU* diesen Speicherbereich nutzen. Wir werden noch darauf zu sprechen kommen.

> Wenn ich mir den zur Verfügung stehenden Speicher anschaue, dann sind *256Mbyte* ganz schön wenig. Also mein PC ist mit *6 GByte* ausgestattet, und die benötige ich auch manchmal. Wie soll das funktionieren?

Das stimmt natürlich, *RasPi*. Das mutet auf den ersten Blick recht wenig an, doch wir haben es nicht mit einem speichervernichtenden Betriebssystem wie *Windows* zu tun, sondern mit *Linux*. Und außerdem stellt das *Revision-2*-Board den doppelten Speicher zur Verfügung. Das Betriebssystem *Linux* geht zudem sparsam mit den Speicherressourcen um, und im Zusammenspiel mit dem *ARM*-Prozessor klappt die Speicherverwaltung relativ gut. Aber ich gebe dir recht, dass der knappe Hauptspeicher nicht dazu beiträgt, ein flottes Arbeiten mit dem Desktop zu gewährleisten. Wenn du dann auch noch eine relativ langsame SD-Karte hast, kommt ein weiterer Flaschenhals hinzu. Aber ich denke, dass du abwägen solltest, was du mit deinem *Raspberry Pi-Board* erreichen möchtest. Ich sehe den Raspberry Pi als eine geniale Möglichkeit, erste Programmier-Experimente mit unterschiedlichen Programmiersprachen durchzuführen, auf die wir noch zu sprechen kommen werden. Auch Bastler bzw. Frickler, die gerne mit elektronischen Schaltungen experimentieren, kommen hier auf ihre Kosten. Die *GPIO*-Schnittstelle (*General Purpose Input Output*) bietet einiges an Funktionalität, die wir ebenfalls unter die Lupe nehmen werden. Ich würde mich also an deiner Stelle nicht von den Leuten beeinflussen lassen, die meinen, dass es sich um eine wirklich lahme Gurke handelt. Du kannst das Board leistungstechnisch nicht mit einem PC vergleichen.

Der Netzwerk-Controller

Der Netzwerk-Controller, auch Ethernet-Controller genannt, ist vom Typ *LAN9512* der Firma *SMSC* und nur beim *Modell B* vorhanden. Über die *RJ-45-Buchse* kann dein *Raspberry Pi* in ein Netzwerk integriert werden. Ich hatte ja im Abschnitt über die Anschlüsse schon ein paar Worte über das Thema Netzwerk verloren.

Die Erweiterbarkeit

Das *Raspberry Pi-Board* verfügt über eine Schnittstelle, über die du Erweiterungen anschließen kannst. Sicherlich sind dir die vielen Pins auf einer Seite des Boards schon aufgefallen. Diese Schnittstelle nennt sich *GPIO* (*General Purpose Input Output*). Es handelt sich um nach außen führende Anschlüsse (*26 Pins*), an die sich eigene Schaltungen anschließen lassen, über die das Board dann mit neuen Funktionen versehen werden kann. Wir werden in späteren Kapiteln noch interessante Schaltungen aufbauen und z.B. eine *Analog/Digital-Wandler*-Schaltung entwickeln. Zudem steuern wir über einen *Port-Expander* Leuchtdioden an oder fragen die Zustände von Tastern oder Schalter ab. Dazu später mehr.

Abbildung 1-29 ▶
GPIO-Anschlüsse auf dem Board

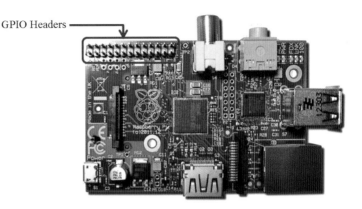

Wir verbinden alles miteinander

Aufgrund der unterschiedlichen Anschlussmöglichkeiten, die der *Raspberry Pi* bietet und von denen du ja schon ein paar gesehen hast, möchte ich dir im Folgenden eine typische Verkabelung zeigen. Doch zuvor möchte ich noch auf einen wichtigen Punkt eingehen, der für dich ganz sicher interessant, wenn nicht sogar überlebenswichtig ist.

Ein Gehäuse

Standardmäßig wird der *Raspberry Pi* ohne ein Gehäuse ausgeliefert. Das stellt auf den ersten Blick kein großes Problem dar, denn auf diese Weise offenbart sich die wunderbare Kompaktheit des Boards und außerdem wird der Kaufpreis gesenkt. Du solltest nur ein paar wesentliche Dinge beherzigen, denn aus Unachtsamkeit oder auch Unwissenheit kann es zu Situationen kommen, die eine Gefahr für das Board darstellen. Wenn du dein *Raspberry Pi-Board* einmal umdrehst, so dass du die Unterseite siehst, kannst du wunderbar die einzelnen Lötpunkte erkennen, die die einzelnen Bauteile auf der Platine fixieren und untereinander verbinden. Es liegt in der Natur der Sache, dass diese Lötpunkte elektrisch leitende Stellen sind. Wenn du eine metallene Unterlage oder irgendetwas anderes, was den Strom leitet, auf deinem Tisch liegen hast, z.B. Kabelreste, deren blanke Enden frei herausragen, wird es kritisch. All das kann dazu führen, dass du nicht lange etwas von deinem *Raspberry Pi-Board* hast, denn ein Kurzschluss auf deinem Board kann es im schlimmsten Fall irreparabel zerstören. Und du kennst doch sicherlich Murphys Gesetz, oder!? Ein weiterer sehr wichtiger und nicht zu unterschätzender Aspekt hat etwas mit deinen Schuhen bzw. einem ggf. vorhandenen Teppich zu tun.

Kapitel 1: Das Raspberry Pi-Board

> Ich hatte schon die ganze Zeit ein merkwürdiges Gefühl in der Magengegend. Es handelt sich hier anscheinend doch um eine Verkaufsveranstaltung. Du willst mir jetzt schon Schuhe und einen Teppich andrehen!

Also *RasPi*, jetzt ist's aber genug. Worauf ich eigentlich hinaus möchte, ist die Tatsache, dass manche Schuhsohlen in Kombination mit bestimmten Teppichen einen unerwünschten Effekt hervorrufen können. Es kommt zu einer elektrostatischen Entladung, auch *ESD* genannt. Durch das Laufen über einen Teppich kann sich durch die Reibung dein gesamter Körper statisch aufladen. Das bedeutet für dich selbst bzw. deine Person keine Gefahr. Doch für elektronische Bauteile, wie z.B. einen Mikrocontroller, kann eine derartige Entladung, bei der zwar keine hohen Ströme fließen, aber ein hohes Spannungspotential herrscht, durchaus das Ende bedeuten. Bevor du dich also näher mit deinem *Raspberry Pi-Board* beschäftigst, solltest du dich adäquat erden, so dass die ggf. vorhandene statische Energie abgeleitet wird. Das kann z.B. über einen Griff an ein blankes Heizungsrohr geschehen. Bevor du also das Board aus dem Beutel nimmst, in dem es geliefert wird, beherzige unbedingt diesen Rat.

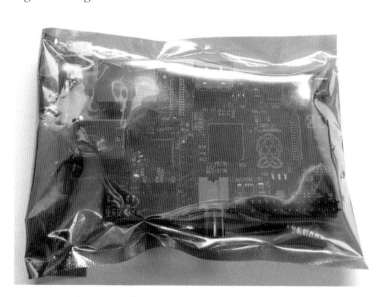

◄ **Abbildung 1-30**
Raspberry Pi in einem
Antistatik-Folienbeutel

Wenn du dein Board auch in Zukunft ein wenig von äußeren schädlichen Einflüssen schützen möchtest, ist es sicherlich besser und auch irgendwie cool, das Board mit einem passenden Gehäuse zu versehen. Auf diese Weise ist es mehr oder weniger geschützt, und etwaige

Kurzschlüsse durch Unachtsamkeit oder Entladungsblitze gehören der Vergangenheit an. Ich werde den möglichen Gehäusen ein eigenes Kapitel widmen und auch im Anhang einige Anbieter nennen. Du kannst dir aber auch selbst eines bauen. Ich zeige dir, wie.

> Also über eine Sache habe ich mir besonders den Kopf zerbrochen. Wo um Himmels willen befindet sich der *Ein/Aus*-Schalter?

Haaa, den gibt es nicht! Wenn du deinen *Raspberry Pi* einschalten möchtest, versorge ihn einfach über die USB-Power-Buchse mit Spannung. Das Ausschalten geschieht dann über die Trennung dieser Verbindung. Für einen angehenden Linux-Spezialisten, der du ja in Kürze sein wirst, sollte aber das korrekte Runterfahren die Standard-Prozedur sein. Jedes Linux-Betriebssystem bietet einen sogenannten *Shutdown* an. Darauf werde ich noch zu sprechen kommen. Das war's schon. Ok, dann wollen wir einen Blick auf die komplette Beschaltung des Boards werfen.

Eine typische Verkabelung

Abbildung 1-31 ▼
Ein typisches Anschlussbeispiel Da ich das *Model B Board* verwende, werde ich nahezu alle vorhandenen Anschlussmöglichkeiten nutzen.

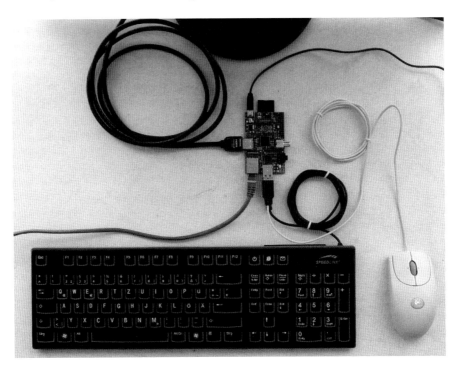

Du solltest eine bestimmte Reihenfolge für die Inbetriebnahme deines *Raspberry Pi-Board*s einhalten, dann sollte es auch keine Probleme mit dem Start des Betriebssystems geben. Eines musst du aber immer beherzigen. Schließe noch nicht die Spannungsversorgung an, wenn die notwendigen Komponenten wie *Tastatur*, *Maus* bzw. *SD-Karte* noch *nicht* mit dem Board verbunden wurden! Den Netzwerkanschluss kannst du ggf. auch später hinzufügen, doch es ist immer besser, alle Verbindungen im Vorfeld herzustellen. Halte dich am besten an die folgende Checkliste:

· *SD Karte* mit Betriebssystem einstecken

· *Tastatur* und *Maus* verbinden

· *HDMI* oder *Video-Out* mit dem Anzeigegerät verbinden

· Netzwerkverbindung herstellen (falls notwendig)

· Audio-Ausgang anschließen (falls notwendig und nicht schon über *HDMI* erfolgt)

· Spannungsversorgung anschließen

· *Spaß haben* ☺

Folgende Anschlüsse habe ich für mein Anschlussbeispiel verwendet:

• USB-Maus

• USB-Tastatur

• Netzwerkanschluss

• HDMI-Ausgang

• USB-Power-Anschluss

• SD-Karte

Auf dem Board habe ich in einer Ecke ein paar Leuchtdioden gesehen. Kannst du mir bitte deren Bedeutung sagen.

Stimmt, *RasPi*. Das hätte ich beinahe vergessen! Wir haben es da mit folgenden LEDs zu tun:

• AKT (*Activity*)

• PWR (*Power*)

• FDX (*Full Duplex*)

• LNK (*Link*)

• 100 (*100Mbps*)

Ich zeige dir einmal die normale Leuchtkombination, wenn du dein Board *ohne* Netzwerkanschluss betreibst.

Es leuchten lediglich *ACT* und *PWR*. *PWR* steht für *Power* und leuchtet immer dann, wenn du das Board mit der externen Spannungsversorgung verbunden hast. Das ist hier der Fall. *ACT* blinkt im Rhythmus des Speicherkartenzugriffs. Wenn du erfolgreich eine Verbindung über das Netzwerkkabel zu deinem Router hergestellt hast, dann zeigen sich dir folgende LEDs:

Es leuchten alle. Also zusätzlich zu den o.g. noch *FDX*, was für *Full Duplex* steht, *LNK* für Link, was für eine erfolgreiche Netzwerkverbindung steht, und *100* für eine *100Mbps* Übertragungsrate.

▶▶ Das könnte wichtig für dich sein

Hast du Probleme mit dem späteren Netzwerkzugriff, dann überprüfe zuerst, ob die *LNK-LED* bei eingestecktem Netzwerkkabel leuchtet. Diese LED zeigt dir an, ob ein *Link* – also eine Verbindung – zum Router besteht. Wenn das nicht der Fall ist, hast du es auf jeden Fall mit einem Anschlussproblem zu tun und brauchst auf der Softwareseite nicht mit der Fehlersuche zu beginnen.

Was tun, wenn die USB-Ports knapp werden?

Dein *Raspberry Pi-Board* (*Modell B*) verfügt ja über zwei USB-Ports, die für den Anschluss von Tastatur und Maus vollkommen ausreichend sind. Es kann jedoch vorkommen, dass du weitere Anschlüsse benötigst, z.B. wenn du einen USB-Stick oder einen *Wifi*-Adapter – um nur ein paar Beispiele zu nennen – anschließen möchtest. Dann kannst du dich eines USB-Hubs bedienen, der einen vorhandenen USB-Anschluss erweitert. Es gibt unterschiedliche Varianten:

- *Passiver HUB* (ohne Netzteil)
- *Aktiver HUB* (mit Netzteil)

Hier ein Beispiel für einen passiven HUB.

◀ **Abbildung 1-32**
Passiver HUB

Der Anschluss eines oder zweier USB-Sticks ist hierüber durchaus möglich. Wenn es aber z.B. um den Betrieb von externen Festplatten, deren Stromversorgung lediglich über den USB-Anschluss erfolgt, oder eines Wifi-Adapters geht, sind die Probleme in greifbarer Nähe, und es treten Störungen auf. Dann solltest du lieber einen *aktiven HUB* verwenden, der über eine eigene Stromversorgung verfügt.

◀ **Abbildung 1-33**
Aktiver HUB mit eigener
Stromversorgung über ein Netzteil

Entscheide dich notfalls immer für einen aktiven HUB, der zwar etwas mehr kostet als ein passiver, jedoch über genügend Ressourcen verfügt, damit auch stromhungrigere Endgeräte mit ausreichend Energie versorgt werden, um einen sicheren Betrieb zu gewährleisten.

(▶▶) Das könnte wichtig für dich sein

Es kann passieren, so auch mir, dass sogar bei der Verwendung eines aktiven USB-HUBs sich z.B. die Tastatur sehr merkwürdig verhält. Zuerst reagiert sie ganz normal und nimmt die Tastendrücke korrekt an. Doch auf einmal passiert nichts mehr oder die Tastendrücke werden verzögert oder unvollständig angenommen. Plötzlich erscheinen ganz viele gleiche Zeichen, ganz so, als wenn man den Finger ständig auf einer Taste liegen hätte. Es gehört also auch ein wenig Glück dazu, die richtige Hardware zusammenzustellen. Aber das Frickeln gehört irgendwie dazu, und es macht eben auch Spaß. Ganz so wie in den Anfängen der Heimcomputer zu Zeiten von *Commodore C64*, *Apple II*, *ZX81*, um nur einige zu nennen. Die Leser neueren Baujahres kennen diese Computer – wenn überhaupt – vielleicht nur aus zufälligen Besuchen auf *Retro*-Internetseiten oder vielleicht auch von ihren Eltern, die das eine oder andere Schmuckstück noch im Keller oder auf dem Dachboden horten.

Spezifikationen im Überblick

Abbildung 1-34 ▼
Die Spezifikationen des Raspberry Pi-Boards

In der folgenden Tabelle findest du die Spezifikationen deines *Raspberry Pi*-Boards aufgelistet.

	Model A	Model B (Rev 1)	Model B (Rev 2)
Prozessor	Broadcom BCM2835 (CPU, GPU, DSP und SDRAM)		
CPU	ARM11 / 700 MHz		
GPU	Broadcom VideoCore IV		
RAM	256 MB (shared mit GPU)		512 MB (shared mit GPU)
USB 2.0	1	2	
Video-Output	RCA Composite (Pal & NTSC), HDMI (Version 1.3 & 1.4)		
Audio-Output	HDMI & 3.5mm Audio Buchse		
Boot-Medium	SD-Card / MMC über SD-Card-Slot		
Network	Nicht verfügbar	10/100 Ethernet über RJ-45	
Interfaces	8 x GPIO, UART, I²C, SPI, +3.3V, +5V, Masse		
Power consumption	500 mA (2.5 W)	700 mA (3.5 W)	
Power supply	5V über MicroUSB-Connection		
Dimension	85.60 mm x 53.98 mm		

Model A bzw. *B* haben schon in manchen Punkten abweichende Spezifikationen, die jedoch auf einen elementaren Punkt gebracht

werden können. *Model A* besitzt keinen Netzwerkanschluss. Der
einzelne USB-Anschluss kann über einen angeschlossenen *USB-
HUB* erweitert werden und stellt keine allzu große Einschränkung
dar.

Ungenutzte Anschlüsse

Auf dem Board existieren noch zwei weitere Anschlüsse, die für
zukünftige Anwendungen vorhanden sind.

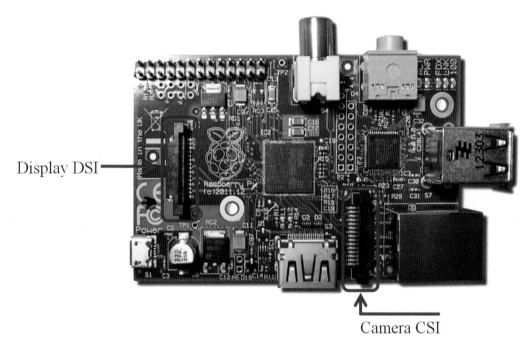

Display DSI

Camera CSI

Da ist zum einen der auf der linken Seite der Display-DSI-Anschluss,
an dem ein LC-Display angeschlossen werden kann. Die Software
dafür ist noch in Planung. Des Weiteren befindet sich weiter rechts
der Camera-CSI-Anschluss. Mit ihm wird ein Kamera-Interface
bereitgestellt. Zum Zeitpunkt der Manuskripterstellung wurde
gerade an einem Kamera-Modul gearbeitet. Um die neuesten Informationen zu erhalten, lohnt sich ein Blick ins Internet allemal.

▲ **Abbildung 1-35**
Ungenutzte Anschlüsse

Das Betriebssystem installieren und die Firmware aktualisieren

2

Dieses Kapitel befasst sich mit der Installation eines Linux-Betriebssystems auf einer *SD-Karte*, von der später gebootet wird. Die Themen werden folgende sein:

- Welche unterschiedlichen Linux-Distributionen werden angeboten?
- Beschaffung und Dekomprimierung einer gepackten Image-Datei
- Die Linux-Betriebssystem-Installation über Windows mit dem *USB-Image-Tool*
- Die Linux-Betriebssystem-Installation über Windows mit dem *Win32DiskImages*-Tool
- Das komplette Löschen einer SD-Karte mittels *SDFormatter* unter Windows
- Die Linux-Betriebssystem-Installation über ein grafisches Frontend eines Ubuntu-Hostsystems
- Berechnung des *Hashwertes* einer Datei über das *sha1sum*-Kommando
- Die Linux-Betriebssystem-Installation über die Linux-Kommandozeile eines Ubuntu-Hostsystems mittels *dd*-Kommando
- Anzeigen von Linux-Partitionen über das *df*-Kommando
- Wie kannst du die Firmware aktualisieren?

Jetzt haben wir lange genug über theoretische Dinge gesprochen, so dass es Zeit wird, ein Betriebssystem auf unserer *SD-Karte* zu etablieren, denn ohne das ist dein *Raspberry Pi* nichts weiter als ein schönes Stück Hardware, mit dem nichts anzufangen ist. Die Wahl des Betriebssystems ist für den *Raspberry Pi* zugunsten des freien *Linux* ausgefallen, was natürlich die einzig richtige Entscheidung war, denn für *Windows* würden u.a. nicht unerhebliche Lizenzkosten anfallen. Außerdem ist *Linux* für jedermann *quelloffen* und kann nach Belieben verändert oder erweitert werden. Die meisten unter euch arbeiten wahrscheinlich momentan mit *Windows,* und deshalb beginne ich einfach einmal mit der Beschreibung des *SD-Karten-Setups* unter diesem Betriebssystem. Du benötigst eine *SD-Karte* mit mindestens *2 GByte* Speichervolumen, womit aber eigentlich kein richtiges Arbeiten möglich ist. Deshalb solltest du eine Kapazität von wenigstens *4 GByte* – wenn nicht mehr – ins Auge fassen. Sehen wir uns also die einzelnen notwendigen Schritte einmal genauer an.

SD-Karten-Setup unter Windows

Unter Windows stehen einige nette Tools zur Verfügung, mit denen sich ein *SD-Karten-Setup* recht einfach bewerkstelligen lässt. Mit ihnen kann ein vorbereitetes Image auf ein externes Medium übertragen werden, um dort ein oder mehrere Dateisysteme anzulegen. Ich möchte dir zwei Varianten zeigen. Der »normale« Anwender, wenn ich ihn einmal so nennen darf, arbeitet unter *Windows* in der Regel mit Applikationen, die eine grafische Benutzeroberfläche haben. Das ist meistens einfacher und der Frustfaktor wird ein wenig reduziert, was gerade für Einsteiger ein wichtiges Argument ist. Arbeitet man schon etwas länger mit seinem Rechner, dann wächst die Lust nach mehr und man geht tiefer in die Details, so dass früher oder später auch das Arbeiten mit der Kommandozeile keine Hürde mehr bedeutet und richtig Spaß bereitet. Gerade, wenn du mit *Linux* arbeitest, wirst du nicht umhin kommen, dich mit der Shell auseinanderzusetzen. Die *Shell* ist ein sogenannter Kommandozeileninterpreter, der die eingegebenen Befehle anhand einer vorgegebenen Syntax interpretiert und dann ausführt. Sie stellt quasi eine direkte Schnittstelle zwischen dir und dem Betriebssystem dar. Es existieren unterschiedliche *Shell-Interpreter*, die je nach den Erfordernissen ausgetauscht und genutzt werden können. Die wohl bekannteste ist die *Bash* (*Bourne again Shell*), wobei aber jeder Anwender sicherlich seine Lieblings-Shell hat. Hier eine kurze und nicht vollständige Liste der möglichen Shells:

- sh: *Bourne Shell* (Urshell)
- bash: *Bourne Again Shell* (erweiterte Urshell mit vielen nützlichen Erweiterungen)
- csh: *C Shell* (an der C-Syntax orientierte Shell)
- ksh: *Korn Shell* (mit Erweiterungen der C Shell)

> Muss ich denn beim Herunterladen des Linux-Images für meinen *Raspberry Pi* auf etwas Besonderes achten? Wird da zwischen *Windows* bzw. *Linux* unterschieden?

Nein, *RasPi*. Für das *SD-Karten-Setup* macht das keinen Unterschied. Es existieren keine abweichenden Image-Dateien, denn es kommt auf das Zielsystem an, und das ist weiterhin *Linux*. Wie wir die *SD-Karte* vorbereiten, also unter welchem Betriebssystem, das ist eigentlich egal.

Achtung

Wenn du die nachfolgend genannten Tools benutzt, vergewissere dich auf jeden Fall mindestens *dreimal*, ob du auch das richtige *Ziel (Device)* ausgewählt hast, auf dem das Betriebssystem installiert werden soll. Eine kleine Unachtsamkeit kann sehr viel Schaden anrichten, wenn z.B. Daten auf einer Festplatte überschrieben werden. Nur nicht hektisch werden! Das ist das Problem mit Programmen, die eine grafische Benutzeroberfläche haben. Man hat schnell irgendwo hingeklickt, wo man es eigentlich nicht vorhatte. Da kommt der Vorteil von Kommandozeilen zum Vorschein. Du musst *das* eintippen, was ausgeführt werden soll, und beim Tippen fällt dir dann hoffentlich auf, dass möglicherweise etwas nicht stimmt, weil du es bewusst machst und mehr darüber nachdenken musst.

Download von Debian Wheezy

Der erste logische Schritt ist natürlich das Herunterladen des sogenannten *Images*. Es existieren die unterschiedlichsten Linux-Distributionen für deinen *Raspberry Pi*, doch ich konzentriere mich auf die offiziell vorgeschlagene Debian-Distribution mit dem Namen *Debian Wheezy*, auch *Raspbian* genannt. Du findest dieses Image und noch weitere unter der folgenden Internetadresse:

http://www.raspberrypi.org/downloads

Es werden in relativ kurzen Zeitabständen neuere Versionen zum Download angeboten, so dass die hier gezeigte beim Erscheinen des Buches schon veraltet sein kann.

Abbildung 2-1 ▶
Der Downloadbereich für Debian
Wheezy

Torrent	2012-10-28-wheezy-raspbian.zip.torrent
Direct download	2012-10-28-wheezy-raspbian.zip
SHA-1	3ee33a94079de631dee606aebd655664035756be
Default login	Username: pi Password: raspberry

Wir sehen hier, dass zwei unterschiedliche Möglichkeiten des Downloads angeboten werden:

- Torrent
- Direkt

Entscheidest du dich für einen *Torrent*, so benötigst du eine zusätzliche *Client-Software*, um an die Daten heranzukommen. Ich habe den *Direkt-Download* gewählt, wobei die Datei in *dem Verzeichnis* gespeichert wird, das ich in meinem Internet-Browser definiert habe.

Abbildung 2-2 ▶
Speichern der Debian Wheezy-Datei

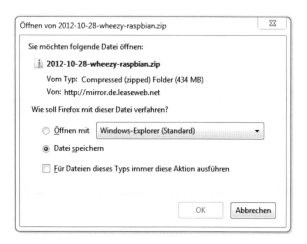

Natürlich musst du diese Datei noch entpacken, denn sie wurde im *Zip*-Format komprimiert. Nutze dazu einen Entpacker deiner Wahl. Ich habe sehr gute Erfahrungen mit *7-Zip* gemacht.

USB Image Tool

Das erste Tool nennt sich *USB Image Tool* von *Alexander Beug* und erleichtert die Handhabung ungemein.

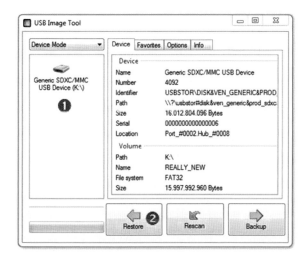

◀ **Abbildung 2-3**
Das USB Image Tool

Hier die einzelnen notwendigen Schritte, um die *SD-Karte* vorzubereiten (lass die Voreinstellung auf *Device-Mode* stehen):

1. Wähle auf der linken Seite die *SD-Karte* aus (hier genauestens hingucken!!!).
2. *Restore-Button* anklicken und das heruntergeladene und entpackte Image auswählen.

Im Anschluss beginnt sofort die Erstellung der Dateisysteme (*Restoring image*) auf der ausgewählten *SD-Karte*.

Nach erfolgreicher Erstellung kannst du die *SD-Karte* entfernen und in deinem *Raspberry Pi* verwenden. Beachte, dass du deine SD-Karte *sicher* vom System entfernst, so dass auch wirklich alle Daten übertragen wurden. Wie es dann weitergeht, erfährst du im nachfolgenden Kapitel.

Win32 Disk Imager

Das folgende Tool ist gleichermaßen einfach zu bedienen. Der *Win32 Disk Imager* besitzt ebenfalls eine grafische Benutzeroberfläche, und die fertige *SD-Karte* ist nur wenige Mausklicks entfernt.

Abbildung 2-4 ▶
Der Win32 Disk Imager

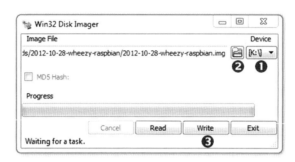

Um die *SD-Karte* vorzubereiten, führst du die nachfolgenden Schritte aus:

1. Unter *Device* wählst du deine *SD-Karte* aus (hier genauestens hingucken!!!).
2. Mit einem Klick auf das *Ordner*-Symbol selektierst du das heruntergeladene und entpackte Linux-Image.
3. Über einen Mausklick auf den *Write-Button* wird der Schreibvorgang gestartet, wenn du den nachfolgenden Dialog bestätigst.

Eine SD-Karte löschen

Möchtest du auf deiner *SD-Karte* einmal ein anderes Betriebssystem als das ausprobieren, das du gerade installiert hast, ist es u.U. sinnvoll, die *SD-Karte* in den Auslieferungs-Urzustand zu versetzen. Unter *Windows* wird nach der *Linux*-Betriebssystem-Installation lediglich eine einzige Partition (*Boot*-Partition mit *fat32*) angezeigt, die du zwar formatieren kannst, doch die andere vorhandene Partition erreichst du auf diese Weise nicht. Es existiert ein nützliches Tool, das eine *SD-Karte* komplett formatiert und alle Daten löscht. Es nennt sich *SDFormatter* und ist frei verfügbar. Schaue auf der folgenden Internetseite nach einem Download:

https://www.sdcard.org/downloads/formatter_3/

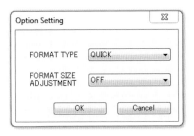

Wähle auch hier das richtige *Device* aus! Über den *Option*-Button kannst du noch einige Parameter einstellen, die ich für meine Aktion wie folgt gewählt habe:

Den *Format-Type* habe ich auf *QUICK* gesetzt, was eine sehr schnelle Formatierung erwirkt. Die vorher auf dem *Device* vorhandenen Daten werden dabei *nicht* gelöscht, sondern es wird nur der Katalogeintrag entfernt. Falls dir eine sauberere Löschung sinnvoller erscheint, musst du diese Auswahl ggf. anpassen und auf *FULL* stellen. Über den Punkt *Format Size Adjustmen*t kann die Formatierung angepasst werden, falls es Probleme geben sollte. Standardmäßig steht diese Auswahl auf *OFF*, und du solltest es zuerst mit dieser Einstellung probieren. Es ist sicherlich ratsam, sich das *User-Manual* des *SDFormatters* anzuschauen. Nach einem Mausklick auf den *Format-Button* im Hauptfenster des Tools startet die Formatierung, wenn du die nachfolgenden Dialoge allesamt bestätigst. Wurde die Formatierung erfolgreich durchgeführt, erhältst du einen abschließenden Dialog mit einigen *Volume-Informationen*.

SD-Karten-Setup unter Windows ─────────────────────────

Abbildung 2-7 ▶

Der abschließende Dialog des
SDFormatters

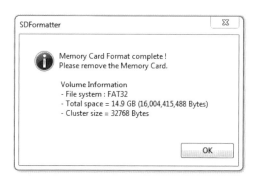

Ich habe eine *16GB-Karte* formatiert, was du am Wert der *Total
space* sehen kannst. Ein weiterer Blick auf die *Windows-Eigenschaften* der *SD-Karte* bestätigt diese Information.

Abbildung 2-8 ▶

Windows-Eigenschaften der gerade
formatierten SD-Karte

SD-Karten-Setup unter Linux

Kommen wir jetzt zum *SD-Karten-Setup* unter *Linux*. Du kannst
dafür einen Rechner nehmen, auf dem nur ein *Linux*-Betriebssy-
stem installiert ist, oder – wie in meinem Fall – *Linux* in einer *virtuellen Umgebung* betreiben. Ich nutze dafür *Oracle VM VirtualBox*.
Diese *Virtualisierungs*-Software gestattet es dir, unterschiedliche
Gastsysteme zu installieren und zu betreiben. Du kannst also z.B.
unter *Windows 7* (*Wirtssystem*) ohne weiteres *Linux*, *Windows XP*,
Windows 98 etc. (*Gastsysteme*) betreiben, ganz so, als wären sie
dort als alleiniges Betriebssystem installiert. Das hat z.B. den entscheidenden Vorteil, Testsysteme zu betreiben, um Software zu
entwickeln bzw. zu testen, ohne das eigentliche Haupt-Betriebssy-
stem in irgendeiner Weise zu gefährden. Gerade beim Surfen im
Internet auf unbekannten Seiten lauern so manche Gefahren
(*Viren*, *Trojaner*, *Malware* etc.), die das Betriebssystem derart
manipulieren können, dass ggf. eine Neuinstallation erforderlich

ist. Geht auf der virtuellen Maschine etwas schief, dann kehrt man entweder zu einem vorher erstellen Sicherungspunkt zurück oder installiert das Betriebssystem einfach neu. Dabei kann ein Betriebssystem auch *geklont* werden. Erstelle also einfach eine frische Installation, klone sie und arbeite dann ausschließlich mit dem *Klon*. Geht etwas ganz Gravierendes schief, erstelle einfach einen neuen Klon. So musst du nicht immer wieder das benötigte Betriebssystem neu aufsetzen.

Um das *Linux*-Betriebssystem auf dem *Raspberry Pi* zu installieren, müssen wir uns für eine Distribution entscheiden. Es werden dabei unterschiedliche Distributionen zum Download angeboten, wobei sich die Liste in nächster Zeit sicherlich noch erweitern wird.

- Debian Wheezy (Raspbian)
- Fedora Remix
- ArchLinux
- QtonPi
- Raspbmc

Wenn ich hier die eine bestimmte Linux-Version vorstelle, dann wird es möglicherweise beim Erscheinen des Buches schon eine aktuellere Version geben. Lass dich also diesbezüglich nicht verunsichern und verwende immer die neueste, denn dort sind mit Sicherheit aufgetretene Fehler behoben und ggf. neue Features hinzugefügt worden. Die folgende sehr interessante Internetseite liefert dir einen Überblick über die verschiedenen Images.

http://raspberrypidiskimages.com/

Installation von Debian Wheezy

Ok, dann wollen wir uns einmal die Installation von *Debian Wheezy* auf eine SD-Karte anschauen. Es ist in meinen Augen das im Moment stabilste System und gerade für Anfänger einfach zu installieren bzw. zu bedienen und eben auch die offiziell empfohlene Distribution für deinen *Raspberry Pi*. Wie gehen wir in diesem Fall vor?

Download von Debian Wheezy

Der erste logische Schritt ist natürlich, wie unter *Windows*, das Herunterladen des sogenannten *Images*.

Abbildung 2-9 ▶
Der Downloadbereich für Debian
Wheezy

Torrent	2012-10-28-wheezy-raspbian.zip.torrent
Direct download	2012-10-28-wheezy-raspbian.zip
SHA-1	3ee33a94079de631dee606aebd655664035756be
Default login	Username: pi Password: raspberry

Ich habe auch hier den *Direkt-Download* gewählt, wobei die Datei in meinem *Home-Verzeichnis* gespeichert wird, wenn ich den Punkt *Save File* beim sich zeigenden Dialog gewählt habe.

Abbildung 2-10 ▶
Was soll mit der Datei passieren?

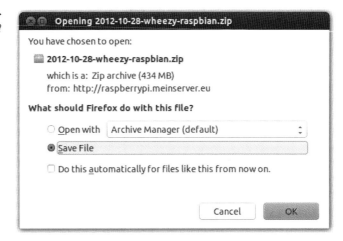

Überprüfen der Datei

Bevor du jetzt jedoch weitermachst, solltest du den Download auf *Korrektheit* überprüfen. Bei der Übertragung kann so einiges schiefgehen, oder die Datei ist u.U. mit Schadsoftware versehen worden. Um die *Echtheit* bzw. die *Korrektheit* von Software zu gewährleisten, ist ein Verfahren entwickelt worden, bei dem ein sogenannter *Hashwert* von der Ursprungsdatei erstellt wird. Ein spezieller Algorithmus (*Secure Hash Algorithm*) schaut in die Datei hinein und berechnet aufgrund von vorhandenen Werten eine Zeichenfolge, die für diese Datei bezeichnend ist. Quasi ein *Fingerabdruck*. Für unsere Datei lautet er

| SHA-1 | 3ee33a94079de631dee606aebd655664035756be |

Würde sich auch nur ein einzelnes Bit der Ursprungsdatei ändern, hätten wir einen anderen *Hashwert* als Ergebnis. Wie gehst du also weiter vor? Um den *Hashwert* einer Datei zu ermitteln, kannst du den Befehl *sha1sum <Dateiname>* verwenden. Folgende Schritte sind notwendig:

- Ein *Terminal-Fenster* z.B. über die Tastenkombination *Strg-Alt-T* öffnen
- Über *cd Downloads* in das Download-Verzeichnis wechseln
- Mit *ls –l* den Dateinamen der gepackten Datei feststellen
- Mit *sha1sum <Dateiname>* den Hashwert ermitteln und dann vergleichen

Der folgende Screenshot zeigt die einzelnen Schritte innerhalb des *Terminal-Fensters* noch einmal.

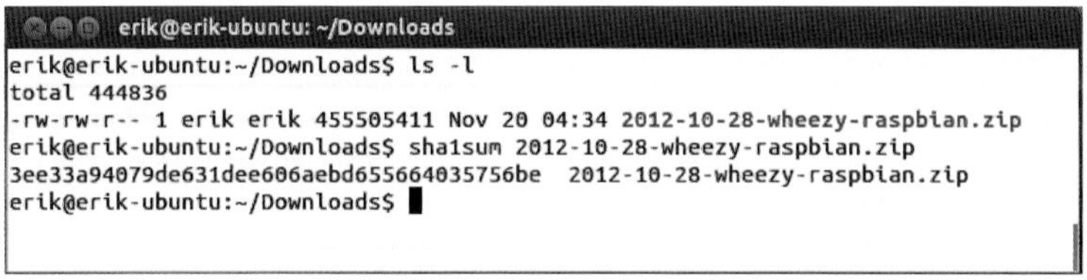

```
erik@erik-ubuntu: ~/Downloads
erik@erik-ubuntu:~/Downloads$ ls -l
total 444836
-rw-rw-r-- 1 erik erik 455505411 Nov 20 04:34 2012-10-28-wheezy-raspbian.zip
erik@erik-ubuntu:~/Downloads$ sha1sum 2012-10-28-wheezy-raspbian.zip
3ee33a94079de631dee606aebd655664035756be  2012-10-28-wheezy-raspbian.zip
erik@erik-ubuntu:~/Downloads$ 
```

◀ **Abbildung 2-11**
Feststellen des Hashwertes mit sha1sum

Wie du siehst, stimmt dieser Wert im *Terminal-Fenster* mit dem Wert, der auf der Internetseite gezeigt wurde, überein. Der Download ist also korrekt.

Entpacken der Datei

Da es sich bei der heruntergeladenen Datei um eine mit der Endung *zip* handelt, kannst du daraus schließen, dass sie gepackt wurde. Um an die eigentliche *Image-Datei* zu gelangen, muss diese gepackte Datei entpackt werden. Du musst jetzt die folgenden Schritte durchführen:

- Ein *Terminal-Fenster* z.B. über die Tastenkombination *Strg-Alt-T* öffnen
- Über *cd Downloads* in das Download-Verzeichnis wechseln
- Mit *ls –l* den Dateinamen der gepackten Datei feststellen
- Mittels *unzip <Image-Dateiname>* die Datei entpacken
- Mit *ls –l* schauen, was erstellt wurde

Hier siehst du auch noch einmal die einzelnen Schritte innerhalb des *Terminal-Fensters*.

Abbildung 2-12 ▶

Entpacken der gepackten zip-Datei
über unzip

```
⊙ ⊙ ⊙   erik@erik-ubuntu: ~/Downloads
erik@erik-ubuntu:~/Downloads$ ls -l
total 444836
-rw-rw-r-- 1 erik erik 455505411 Nov 20 04:34 2012-10-28-wheezy-raspbian.zip
erik@erik-ubuntu:~/Downloads$ unzip 2012-10-28-wheezy-raspbian.zip
Archive:  2012-10-28-wheezy-raspbian.zip
  inflating: 2012-10-28-wheezy-raspbian.img
erik@erik-ubuntu:~/Downloads$ ls -l
total 2339240
-rw-r--r-- 1 erik erik 1939865600 Oct 28 19:01 2012-10-28-wheezy-raspbian.img
-rw-rw-r-- 1 erik erik  455505411 Nov 20 04:34 2012-10-28-wheezy-raspbian.zip
erik@erik-ubuntu:~/Downloads$ ▌
```

Nach dem Ausführen des *unzip*-Befehls dauert das Entpacken ein paar Sekunden. Also nicht hecktisch werden, wenn der *Eingabe-Prompt,* also der *Cursor,* nicht sofort wieder erscheint. Über *ls -l* haben wir uns danach über das Ergebnis informiert, und du siehst, dass sich dort jetzt die gewünschte Image-Datei mit der Endung *.img* befindet, die wir gleich zur Erstellung des Linux-Filesystems auf der *SD-Karte* benötigen.

Ok, jetzt kann ich dir sagen, wie es weitergeht. Diese entpackte Datei wird auf meine *SD-Karte* kopiert und dann kann ich sie in meinem *Raspberry Pi* verwenden und von ihr booten.

Tja, das wird wohl nicht ganz so funktionieren, wie du es vorhast. Ich sagte dir ja schon, dass ein *Image* quasi ein Backup eines bestimmten Filesystems darstellt, und wenn du diese *Image-Datei* einfach auf die *SD-Karte* kopierst, sieht dein *Raspberry Pi* nur diese *Image-Datei* und kein Filesystem, von dem er ja eigentlich booten möchte.

Stimmt, das hatte ich vergessen. Aber wie kann ich aus der *Image-Datei* denn wieder ein Dateisystem herausholen?

Nun, da gibt es mehrere Ansätze, und ich fange mit dem einfachsten an. Ich habe mir eine von *Raspberry Pi* unterstützte *SD-Karte* besorgt, die in diesem Fall *32 GByte* Speicherkapazität besitzt.

Abbildung 2-13 ▶

SD-Karte mit 32GB
Speicherkapazität

Kapitel 2: Das Betriebssystem installieren und die Firmware aktualisieren

Stecke ich diese Karte in mein Kartenlesegerät und verbinde dieses mit meinen *Windows-PC*, dann bekomme ich beim Aufruf der Eigenschaften des Wechseldatenträgers folgende Informationen angezeigt:

◄ **Abbildung 2-14**
SD-Karte mit 32GB
Speicherkapazität

Hey, da werden wirklich *32 GByte* Speicherkapazität angezeigt. Ok, unter *Windows* ist das schon einmal richtig erkannt worden. Jetzt wird es aber Zeit, die *SD-Karte* unter *Linux* zu prüfen. Nach dem Einstecken des Lesegerätes wird die *SD-Karte* bei der Verwendung von *Linux* in der virtuellen Umgebung von *VirtualBox* erst einmal nur von *Windows* erkannt. Sicherlich geht dazu das folgende *Dialog-Fenster* auf.

◄ **Abbildung 2-15**
Automatischer Wiedergabe-Dialog
beim Einstecken der SD-Karte

Schließe das Fenster mit dem rechts oben befindlichen *Schließen*-Button, denn wir möchten die Karte ja unter *Linux* betreiben. Wie bekommst du aber die *SD-Karte* in das *Linux*-Gastsystem eingebunden? Ganz einfach! Wenn du dich nicht im Vollbildmodus von *VirtualBox befindest*, geh über das Menu *Geräte|USB-Geräte* und selektiere den angezeigten Massenspeicher.

Abbildung 2-16 ▶
Auswahl der SD-Karte (Hier Generic Mass Storage Device)

Im Anschluss öffnen wir ein *Terminal-Fenster*. Dort gibst du das Kommando *df* ein.

Abbildung 2-17 ▶
Eingabe des df-Kommandos

```
erik@erik-ubuntu: ~/Downloads
erik@erik-ubuntu:~/Downloads$ df
Filesystem      1K-blocks     Used Available Use% Mounted on
/dev/sda1       28833788  5414268  21954844  20% /
udev              505816        4    505812   1% /dev
tmpfs             205424      776    204648   1% /run
none                5120        0      5120   0% /run/lock
none              513552       80    513472   1% /run/shm
none              102400       76    102324   1% /run/user
/dev/sdd1       31689728       32  31689696   1% /media/erik/B163-2F93
erik@erik-ubuntu:~/Downloads$
```

Das Kommando *df* ist die Abkürzung für *disk free* und zeigt dir den Speicherplatz auf der Festplatte bzw. einem anderen angeschlossenen Datenträger an. Welches Dateisystem dem der *SD-Karte* entspricht, ermittelst du auf sehr einfache Weise. Führe dieses Kommando einmal ohne und einmal mit eingestecktem Kartenlesegerät durch, und du wirst ganz einfach sehen, welcher Eintrag hinzugekommen ist. In meinem Fall ist das der letzte Eintrag in der Liste. Der entsprechende *Gerätename*, der auch *Device* genannt wird, lautet bei mir */dev/sdd1*.

⏩ Das könnte wichtig für dich sein

> Seit es *SATA-Festplatten* gibt, beginnen die Partitionen mit *sd* und einem folgenden Buchstaben bzw. einer fortlaufenden Nummerierung. Zu Zeiten von veralteten *IDE-Festplatten* lautete die Bezeichnung *hd* (*Hard Drive*).

Damit du auch weißt, wo dieses Device im Dateisystem eingehängt ist, musst du dir lediglich den Pfad auf der rechten Seite anschauen, der hier */media/erik/B163-2F93* lautet und uns erst einmal nicht weiter interessiert. Bei dir wird er sicherlich anders lauten. Wir haben es hier also mit einer einzigen *Partition* zu tun, die einen zusammenhängenden Speicherbereich eines Datenträgers repräsentiert.

Image aufspielen (Möglichkeit 1)

Da die *SD-Karte* von *Linux* korrekt erkannt wurde, können wir uns jetzt an die Arbeit machen, das Image aufzuspielen. Dazu verwenden wir im einfachsten Fall – jeder *Linux*- bzw. *Unix*-User wird mich jetzt massakrieren, steinigen und vierteilen, denn für ihn ist die Steuerung seines Rechners via *Terminal-Fenster* das Nonplusultra – ein spezielles Programm, das sich *Imagewriter* nennt und eine grafische Benutzerschnittstelle hat.

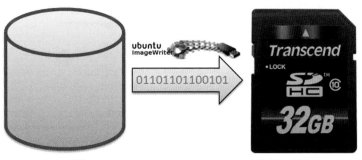

◀ **Abbildung 2-18**
Image-Aufspielung: Möglichkeit Nummer 1 über den ImageWriter

Image-Datei   SD-Karte

Installiere es über das *Ubuntu Software-Center* nach, indem du einfach in der Suchmaske den Programmnamen *ImageWriter* eingibst und dann auf die *Installieren*-Schaltfläche klickst.

◀ **Abbildung 2-19**
Installation von ImageWriter

Wenn du das Programm nach der erfolgreichen Installation startest, musst du zwei Dinge beachten:

- Wo liegt mein *Raspberry Pi*-Linux-Image?

- Habe ich meine *SD-Karte* schon mit meinem Linux-Rechner verbunden?

Startest du das Programm ohne eingesteckte *SD-Karte*, bekommst du die folgende Fehlermeldung angezeigt:

Wenn du alles bedacht hast, führe die folgenden Schritte durch:

Image auswählen ➊

SD-Device ➋

Fortschritt beobachten ➍

Schreiben starten ➌

1. Image auswählen (befindet sich im Download-Verzeichnis unterhalb von Home)

2. *SD-Karten*-Device auswählen (hier wieder gut aufpassen!)

3. Auf *Write to device* klicken und den nachfolgenden Dialog mit *OK* bestätigen

4. Der Fortschrittsbalken beobachten

Der Schreibvorgang kann ein paar Minuten dauern, so dass du dich etwas gedulden musst. Nach erfolgreichem Schreiben des Images bekommst du den folgenden Dialog angezeigt:

Ich habe sofort nach dem Abschluss dieses Vorgangs einmal das Kommando *df* eingegeben. Was mich jetzt doch sehr erstaunt, ist die Tatsache, dass die *SD-Karte* überhaupt nicht mehr in der Liste erscheint. Was ist schiefgegangen?

Hey, *RasPi*, du musst schon lesen, was der letzte Dialog dir gesagt hat. Da steht zwar *nur*, dass du das Gerät jetzt entfernen *kannst*, aber das solltest du auf jeden Fall auch tun. Danach verbindest du es wieder mit deinem Rechner (Einbinden des USB-Devices in *VirtualBox* nicht vergessen!). Schau einmal, was dann passiert. *Ubuntu* verwendet schon etwas länger die Standardoberfläche *Unity*, die auch bei mir aktiv ist. Nach dem Abziehen und neuerlichen Verbinden der *SD-Karte* mit meinem Rechner hat *Unity* das bemerkt und öffnet zwei Fenster, die ein paar Dateien anzeigen. Was hat das zu bedeuten? Wir wollen der Sache auf den Grund gehen. Gib in einem *Terminal-Fenster* einmal das schon bekannte *df* Kommando ein:

▼ **Abbildung 2-23**
Das Kommando df

```
erik@erik-VirtualBox: ~
erik@erik-VirtualBox:~$ df
Filesystem      1K-blocks     Used Available Use% Mounted on
/dev/sda1       28833788  5403248  21965864  20% /
udev              505816        4    505812   1% /dev
tmpfs             205424      780    204644   1% /run
none                5120        0      5120   0% /run/lock
none              513552       76    513476   1% /run/shm
none              102400       44    102356   1% /run/user
/dev/sdd1          57288    16872     40416  30% /media/erik/8B12-9112
/dev/sdd2        1804128  1256004    456476  74% /media/erik/29b6c2f5-5469-49f2-abd5-daa9149021cc
erik@erik-VirtualBox:~$
```

Die SD-Karte hat jetzt zwei Partitionen

- /media/erik/8B12-9112
- /media/erik/29b6c2f5-5469-49f2-abd5-daa9149021cc

Was es mit den einzelnen Partitionen auf sich hat, erkläre ich später.

Du hast zu Beginn gesagt, dass es in deinen Augen einfacher ist, das Aufspielen des Images über ein Programm mit grafischer Benutzerschnittstelle zu machen. Mich würde aber trotzdem auch die andere Variante über die Kommandozeile interessieren.

Image aufspielen (Möglichkeit 2)

Nun gut, *RasPi*. Wenn's denn unbedingt sein muss. Du willst wohl auch ein *Hardcore*-Programmierer werden, was? Sei es drum. Aber

SD-Karten-Setup unter Linux

so schwer ist es nun auch wieder nicht. Ich werde dich jetzt mit den notwendigen Kommandos vertraut machen. Diesmal wird alles über das *Terminal-Fenster* realisiert.

Abbildung 2-24 ▶
Image-Aufspielung: Möglichkeit 2
über ein Terminal-Fenster

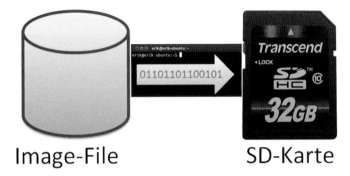

Image-File   SD-Karte

Das Kommando, das die ganze Arbeit der Image-Verarbeitung und Erstellung der einzelnen Partitionen bewerkstelligt, lautet kurz und knapp *dd*. Diese zwei Buchstaben stehen für *dump device*. Beim Ausführen von *dd* wird eine bitgenaue Kopie z. B. von *Dateien*, *Festplatten* oder *Partitionen* erstellt. Die zuvor generierte *Image-Datei*, die die beiden Partitionen beinhaltet, die du eben schon gesehen hast, wird über *dd* Bit für Bit auf deiner *SD-Karte* wieder hergestellt. Das Kommando erwartet in dem Fall eine *Quell-* und eine *Zielangabe*, die *Input-File* (kurz: *if*) bzw. *Output-File* (kurz: *of*) genannt werden.

(II)   **Eine Bemerkung am Rande**

Die Ausführung des *dd*-Kommandos nimmt schon einige Zeit in Anspruch und währenddessen ist dein *Terminal-Fenster* gesperrt, so dass du keine weiteren Aktionen ausführen kannst. Leider liefert *dd* keine Statusinformationen während des Schreibvorgangs zurück, so dass du keine Hinweise darüber erhältst, zu wie viel Prozent der Vorgang abgearbeitet ist. Werde deswegen nicht ungeduldig und warte so lange, bis der *Eingabe-Prompt, also der Cursor,* wieder zurückgekehrt ist.

Abbildung 2-25 ▶
Das dd-Kommando erwartet eine
Quell- bzw. Zielangabe

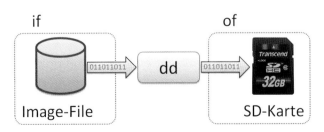

Im folgenden *Terminal-Fenster* siehst du die notwendigen Eingaben, um das Image über das *dd*-Kommando auf die *SD-Karte* zu übertragen.

▼ **Abbildung 2-26**
Die Ausführung des dd-Kommandos

```
⊗ ⊖ ⊜   erik@erik-VirtualBox: ~/Downloads
erik@erik-VirtualBox:~$ cd Downloads/
erik@erik-VirtualBox:~/Downloads$ ls -l
total 2339240
-rw-r--r-- 1 erik erik 1939865600 Oct 28 19:01 2012-10-28-wheezy-raspbian.img
-rw-rw-r-- 1 erik erik  455505411 Nov 20 04:34 2012-10-28-wheezy-raspbian.zip
erik@erik-VirtualBox:~/Downloads$ sudo dd bs=1M if=2012-10-28-wheezy-raspbian.img of=/dev/sdd
[sudo] password for erik:
1850+0 records in
1850+0 records out
1939865600 bytes (1.9 GB) copied, 343.854 s, 5.6 MB/s
erik@erik-VirtualBox:~/Downloads$ sync
erik@erik-VirtualBox:~/Downloads$ ▊
```

Das nachfolgende *sync*-Kommando stellt sicher, dass auch wirklich alle Daten auf die *SD-Karte* übertragen wurden. Entferne die *SD-Karte* anschließend von deinem Rechner und verbinde sie erneut. Mit dem *df* Kommando kannst du dir wieder die gerade angelegten Partitionen anzeigen lassen.

▼ **Abbildung 2-27**
Anzeigen der Partitionen mit df

```
⊗ ⊖ ⊜   erik@erik-VirtualBox: ~/Downloads
erik@erik-VirtualBox:~/Downloads$ df
Filesystem     1K-blocks     Used Available Use% Mounted on
/dev/sda1      28833788  5400548  21968564  20% /
udev             505816        4    505812   1% /dev
tmpfs            205424      776    204648   1% /run
none               5120        0      5120   0% /run/lock
none             513552       76    513476   1% /run/shm
none             102400       52    102348   1% /run/user
/dev/sdd1         57288    16872     40416  30% /media/erik/8B12-9112
/dev/sdd2       1804128  1256004    456476  74% /media/erik/29b6c2f5-5469-49f2-abd5-daa9149021cc
erik@erik-VirtualBox:~/Downloads$ ▊
```

Die Namen von *sdd1* bzw. *sdd2* sind zwar auch hier etwas kryptisch, doch das sollte dich nicht weiter stören.

> Da ist mir aber etwas überhaupt nicht klar. Du schreibst für das Zielsystem lediglich */dev/sdd*. Muss das nicht *sdd1* oder *sdd2* lauten?

Nun, *RasPi*, dass verhält sich unter *Linux* folgendermaßen. Ein Datenträger bekommt, so wie ich das eben schon gesagt habe, bei *SATA-Festplatten* die Bezeichnung *sd*, wobei eine *SD-Karte* ähnlich gehandhabt wird. Der *dritte* Buchstabe hinter *sd* gibt an, um welche

Festplatte es sich handelt. Schau einmal her, ich zeige dir das an einem Beispiel:

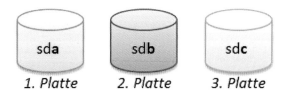

Wenn eine Festplatte mehrere Partitionen besitzt, dann wird noch eine fortlaufende Nummer angehängt, um genau zu unterscheiden, welche Partition gemeint ist. Schauen wir uns doch einfach einmal die 2. *Platte* genauer an und sagen einfach, dass sie in *3 Partitionen* unterteilt ist. Dann würde sich das wie folgt darstellen:

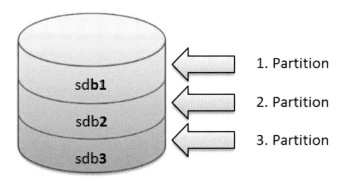

Da du das Image auf die gesamte *SD-Karte* übertragen möchtest, wird als Ziel *sdd* angegeben und nicht etwa eine bestimmte Partition. Die innerhalb des Images gespeicherten Meta-Daten *wissen* genau, welche und wie viele Partitionen in ihm vorhanden sind und erstellen sie automatisch.

▶▶ Das könnte wichtig für dich sein

Wenn du oft in einem *Terminal-Fenster* Kommandos eingibst, kannst du eine wirklich gute Unterstützung in Anspruch nehmen. Alle eingegebenen Kommandos wandern nach der Bestätigung in eine sogenannte *Historie*. Möchtest du einen gerade eingegebenen Befehl noch einmal ausführen, musst du ihn nicht erneut eingeben. Nutze die *Pfeil-Rauf-Taste*, um an den zuletzt eingegebenen Befehl zu gelangen. Je öfter du die Taste drückst, desto weiter gehst du innerhalb der Historienliste in die Vergangenheit zurück. Über die *Pfeil-Runter-Taste* wanderst du wieder in Richtung Gegenwart bis hin zum letzten eingegebenen Kommando. Du kannst sogar eine Stichwortsuche durchführen. Gib dazu *Strg-R* ein und tippe dann z.B. *sh*, um ein zuvor eingegebenes *sudo shutdown -h now* zu finden, was du dann mit der *RETURN*-Taste bestätigen könntest. Ein weiteres sehr nützliches Feature ist die *Autovervollständigung* über die *TAB*-Taste. Gib nur die bekannten Anfangsbuchstaben eines Verzeichnisses bzw. einer Datei ein und drücke dann die *TAB*-Taste. Ist die Eingabe eindeutig, wird sofort der komplette Pfad bzw. Dateiname angezeigt. Falls mehrere Ergebnisse existieren, wird nur bis zu *der* Stelle vervollständigt, die eindeutig ist. Danach musst du weitere Zeichen eingeben, bis entweder eine Eindeutigkeit erreicht ist oder der komplette Pfad bzw. Name von dir eingegeben wurde.

> Wenn die Installation des Linux-Betriebssystems nun also fertig ist, kann ich doch meine vorbereitete SD-Karte in den Karten-Slot meines *Raspberry Pis* stecken. Somit müsste mir doch z.B. bei der Verwendung einer SD-Karte mit der Größe von *32 GByte* eine Menge Speicherplatz für meine weiteren Programme zur Verfügung stehen.

Nun ja, *RasPi*, das stimmt nicht ganz, denn dir steht auch bei einer *32 GByte* großen SD-Karte nicht der ganze Speicherbereich zur Verfügung. Schau mal her: Ich habe das *df*-Kommando mit dem Schalter *–h* aufgerufen. Das *h* steht für *Human-Readable*, so dass die Werteangaben für uns Menschen besser zu verstehen sind.

▼ **Abbildung 2-28**
Anzeigen der Partitionen mit df -h

```
erik@erik-VirtualBox: ~/Downloads
erik@erik-VirtualBox:~/Downloads$ df -h
Filesystem      Size  Used Avail Use% Mounted on
/dev/sda1        28G  5.2G   21G  20% /
udev            494M  4.0K  494M   1% /dev
tmpfs           201M  776K  200M   1% /run
none            5.0M     0  5.0M   0% /run/lock
none            502M   76K  502M   1% /run/shm
none            100M   52K  100M   1% /run/user
/dev/sdd1        56M   17M   40M  30% /media/erik/8B12-9112
/dev/sdd2       1.8G  1.2G  446M  74% /media/erik/29b6c2f5-5469-49f2-abd5-daa9149021cc
erik@erik-VirtualBox:~/Downloads$
```

Werfen wir jetzt also noch mal einen Blick auf die Werte in der Size-Spalte der */dev/sdd*-Partitionen.

- /dev/sdd1: *56 MByte*
- /dev/sdd2: *1,8 GByte*

In Summe macht das knapp *2 GByte* Speicher. Das entspricht der ungefähren Größe der Imagedatei, was bedeutet, dass sie – wie angekündigt – auf eine SD-Karte mit *2 GByte* Speicher Platz finden würde. Da ist es wohl nichts mit den *32 GByte* Speicher meiner großen SD-Karte. Etwas mehr als *30GByte* dümpeln demnach ungenutzt in der Gegend herum. Doch keine Bange! Das Manko werden wir im kommenden Kapitel beheben, wenn es darum geht, deinen *Raspberry Pi* das erste Mal mit der frisch installierten SD-Karte zu booten.

Die Firmware aktualisieren

Wenn du das Wheezy-Betriebssystem installiert hast, dann wird auch gleich eine sogenannte *Firmware* mitgeliefert und installiert.

Ich dachte immer, dass Betriebssystem und Firmware das Gleiche wären. Da scheint es ja doch einen Unterschied zu geben.

Das scheint nicht nur so, *RasPi*, es ist so. Was ein Betriebssystem ist, dazu brauche ich ja wohl nichts mehr zu sagen. Aber bei einer Firmware handelt es sich um eine Software, die mehr oder weniger fest in unterschiedlichen elektronischen Komponenten gespeichert ist. Der Speicherinhalt, der z.B. in einem nicht flüchtigen Flash-Speicher untergebracht ist, geht auch nach dem Ausschalten nicht wie beim Betriebssystem verloren. Nimm z.B. dein DVD-Laufwerk, mit dem das Betriebssystem kommuniziert, wenn es darum geht, eine DVD zu lesen oder zu brennen. Die Firmware übernimmt die Aufgabe auf unterster Ebene und steuert z.B. den Laser oder sorgt für die Dekodierung der Track-Informationen. Darum muss sich das Betriebssystem nicht kümmern. Von Zeit zu Zeit kann es sicherlich sinnvoll sein, die Firmware auf den neuesten Stand zu bringen, denn dort sind u.a. auch die Informationen über die Rohlinge der unterschiedlichen Hersteller mit den erforderlichen Parametern für ein problemloses Beschreiben der DVD hinterlegt. Ähnlich ist es bei der Firmware für deinen Raspberry Pi. Wenn es z.B. um eine Aktualisierung in der Ansteuerung einer angeschlossenen Kamera über den CSI-Anschluss geht oder die Ansteuerung eines Displays über den DSI-Anschluss, ist sicherlich ein Firmware-Update erforderlich. Dennoch gibt es eine Datei, in der die Firmware hinterlegt ist. Bei jedem Neustart wird nachgeschaut, ob es eine aktuellere Datei gibt, die dann ggf. geladen wird. Ihr Name lautet *start.elf* und sie befindet sich im */boot*-Verzeichnis. Dort befindet sich u.a. auch die Kernel-Datei mit dem Namen *kernel.img*.

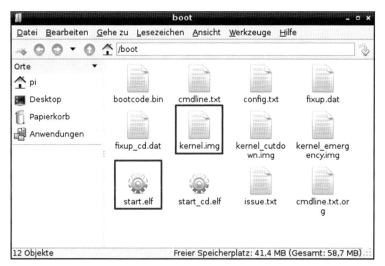

Schauen wir uns die Kommandos im Terminal-Fenster an, mit denen wir die Betriebssystem- bzw. Firmware-Version abfragen können.

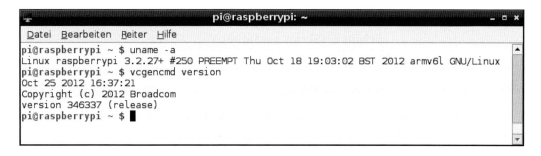

Jetzt ist es aber nicht unbedingt ratsam, die genannten Dateien manuell gegen evtl. neuere zu ersetzen, da dieser Vorgang etwas tricky ist. Zu diesem Zweck wurde ein Tool geschrieben, das uns die Aufgabe abnimmt. Führe folgende Schritte durch:

Schritt 1 (git-core installieren)

Bei *Git* handelt es sich um ein Versionsverwaltungssystem, das wir auch später immer mal wieder gebrauchen. Führst du die folgende Zeile aus, wird die benötigte Software installiert. Wenn in späteren Kapiteln diese Aufforderung kommt, kannst du sie getrost ignorieren. Falls du sie dennoch ausführst, bedeutet das kein Problem. Es

Die Firmware aktualisieren —————————————————————

kommt lediglich die Nachricht, dass du ggf. schon über die neueste Version verfügst. Also keine Panik!

```
# sudo apt-get install git-core
```

Schritt 2 (rpi-update herunterladen)

Das Tool, das das Firmware-Update durchführt, lautet *rpi-update*. Du kannst es über den *wget*-Befehl über die Angabe einer speziellen Adresse (URL) herunterladen. Gib dazu die folgende Zeile ein:

```
# sudo wget http://goo.gl/1BOfJ -O /usr/bin/rpi-update
```

Schritt 3 (Kopieren der Update-Datei nach /usr/bin)

```
# sudo cp rpi-update /usr/bin
```

Schritt 4 (Skript ausführbar machen)

Da es sich um ein Skript handelt, musst du es vor der Ausführung ausführbar machen. Es wurde beim Herunterladen in den angegebenen Pfad gespeichert. Gib also die folgende Zeile ein:

```
# sudo chmod +x /usr/bin/rpi-update
```

Schritt 5 (Skript ausführen)

Nun kannst du das Skript ausführen.

```
# sudo rpi-update
```

Abbildung 2-31 ▼
Die letzten Hinweise nach dem
Firmware-Update

Die Ausführung nimmt einige Zeit in Anspruch, und du siehst eine Menge Zeilen, die über das Terminal-Fenster huschen. Wenn alles beendet wurde, liest du die folgenden abschließenden Hinweise.

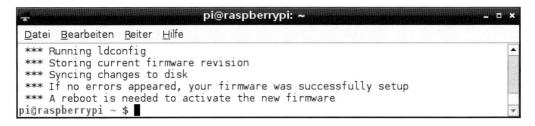

Die letzte Zeile bringt es ans Licht: Ein Reboot ist erforderlich. Gib also abschließend folgende Zeile ein und sichere zuvor alle offenen Dateien bzw. Dokumente.

```
# sudo reboot
```

Sehen wir uns doch nach dem Reboot einmal die neue Firmware-Version an.

◀ **Abbildung 2-32**
Die Abfrage der Firmware-Version

Stimmt, da hat sich was getan. Vorher hatte ich die Version *346337 (release)* und nach dem Update die *377915 (release)*. Bei dir kann das hinsichtlich der Versionsnummer wieder völlig anders aussehen, denn da ist Leben drin, und es erscheinen in kurzen Abständen immer neue Versionen.

Grundlegende Vorbereitungen

3

Das folgende Kapitel befasst sich mit dem ersten Booten deines *Raspberry Pi*, nachdem du das *Wheezy-Image* auf deiner SD-Karte installiert hast. Wenn du zum ersten Mal deinen *Raspberry Pi* mit der Spannungsversorgung verbindest – beachte auf jeden Fall die Reihenfolge der Komponentenverbindung, die ich in *Kapitel 1* über die *Hardware* genannt habe –, dann laufen zu Beginn eine Menge Linux-Boot-Informationen über deinen Bildschirm, die dich erst einmal nicht zu interessieren brauchen. Alles läuft aber darauf hinaus, dass du an einen Punkt angelangst, der dir die Möglichkeit gibt, dein System zu konfigurieren. Und was wäre ein besserer Zeitpunkt dafür als der erste Systemstart? Nach kurzer Zeit wird dir ein Dialog-Fenster angeboten, über das du die unterschiedlichsten Einstellungen vornehmen kannst, die wir hier im Detail besprechen wollen. Hier die wichtigsten Themen dieses Kapitels:

- Was passiert beim ersten Booten?
- Wie kann ich den Speicherplatz der SD-Karte vollständig nutzbar machen?
- Wie kann ich das Tastaturlayout nach meinen Bedürfnissen anpassen?
- Wie kann das Passwort des Users *pi* angepasst werden?
- Wie kann ich die Standorteinstellungen für meine lokale Position anpassen?
- Wie kann ich den zur Verfügung stehenden Arbeitsspeicher zwischen *CPU* und *GPU* optimal aufteilen?
- Ist das Übertakten des *Raspberry Pi* möglich?

- Wie wird der *SSH*-Server beim Booten automatisch gestartet?
- Wie kann ein System-Update gestartet werden?
- Ein paar erste Linux-Kommandos wie z.B. *df*, *free*, *sudo* bzw. *apt-get*
- Wie kann das einmal erstellte SD-Karten-Image gesichert werden?

Der erste Boot-Vorgang

Nach erfolgreicher Installation von *Debian-Wheezy* – auch *Raspbian* genannt – wirst du zu einem Konfigurationsdialog geführt, der automatisch beim ersten Booten aufgerufen wird. Darüber werden gewisse Parameter definiert, die das Verhalten deines Linux-Systems beeinflussen. Ist dieser Vorgang erstmalig abgeschlossen, erfolgt das darauffolgende Booten ohne den Aufruf dieses Dialogs. Das bedeutet aber nicht, dass du dann nicht mehr in der Lage wärst, gewisse Parameter bei Bedarf später anpassen zu können. Das Konfigurationsprogramm mit dem Namen *raspi-config* kann zu jeder Zeit wieder aufgerufen werden. Folgende Punkte werden durch das Konfigurationsprogramm abgehandelt:

- *info*: eine kurze Information über das Konfigurationstool
- *expand_rootfs*: die Root-Partition erweitern
- *overscan*: das Overscan anpassen
- *configure_keyboard*: Anpassen des Tastatur-Layouts
- *change_pass*: Anpassen des Passwortes für den Benutzer mit Namen pi
- *change_locale*: Anpassen der lokalen Standorteinstellungen für das entsprechende Land, wie Sprache und Zeichensatz
- *change_timezone*: Anpassen der Zeitzone, die für unseren Standort (Region, Stadt) passend ist. Das sind in der Regel Europa und Berlin.
- *memory_split*: Der zur Verfügung stehende Arbeitsspeicher, wie groß er auch immer sein mag (*256MB* bzw. *512MB*), wird von der *CPU* (Recheneinheit) bzw. der *GPU* (Grafikeinheit) gemeinsam genutzt. Hier kannst du den beiden Komponenten bestimmte Speichergrößen zuweisen.
- *overclock*: Eine Anpassung der erlaubten Übertaktung des Systems kann über diesen Punkt erfolgen.

- *ssh*: Eine Aktivierung bzw. Deaktivierung des *ssh*-Servers ist über diesen Menüpunkt möglich.
- *boot_behaviour*: Möchtest du nach dem Booten mit der grafischen oder der textbasierten Oberfläche arbeiten? Hier kannst du dies festlegen.
- *update*: An dieser Stelle ist es dir möglich, deinen *Raspberry Pi* softwaremäßig auf den aktuellen Stand zu bringen. Die Voraussetzung ist natürlich, dass eine funktionierende Netzwerkverbindung hergestellt ist.

RasPi-Config

Ok, dann wollen wir einen genaueren Blick auf die Konfiguration werfen. Nach dem erfolgreichen Booten wirst du mit dem folgenden Dialogfenster konfrontiert.

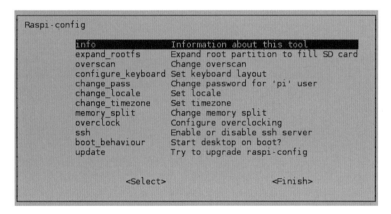

◀ **Abbildung 3-1**
RasPi-Config Start-Dialog

Hier siehst du die einzelnen Punkte ausgeführt, die ich auch schon in der eben gezeigten Liste genannt habe. Um zu den einzelnen Dialog-Punkten zu gelangen, verwende einfach die *Pfeil-Rauf/Pfeil-Runter-Tasten*. Falls du den Konfigurationsdialog später noch einmal aufrufen möchtest, schreibe Folgendes in ein *Terminal-Fenster*:

```
# sudo raspi-config
```

Du musst natürlich nicht jeden Menüpunkt aufrufen, um den oder die entsprechenden Parameter anzupassen. Ist die angebotene Konfiguration von vorne herein ok, erübrigt sich ein Aufruf.

Info

Der *Info-Menu* Punkt teilt dir lediglich mit, dass das Konfigurations-Tool, in dem du dich gerade befindest, *straight-forward* – also hinsichtlich der einzelnen Menüpunkte, logisch von oben nach unten – genutzt werden kann.

Erweiterung der Root-Partition

Der Menüpunkt *expand_rootfs* ist ein überaus wichtiger Punkt, der je nach vorhandener Speichergröße der verwendeten SD-Karte sicherlich sehr sinnvoll ist.

Abbildung 3-2 ▶
Expand RootFs-Dialog

```
Raspi-config

            info                Information about this tool
            expand_rootfs       Expand root partition to fill SD card
            overscan            Change overscan
            configure_keyboard  Set keyboard layout
            change_pass         Change password for 'pi' user
            change_locale       Set locale
            change_timezone     Set timezone
            memory_split        Change memory split
            overclock           Configure overclocking
            ssh                 Enable or disable ssh server
            boot_behaviour      Start desktop on boot?
            update              Try to upgrade raspi-config


                    <Select>                    <Finish>
```

Das hat folgenden Hintergrund. Das Linux-Image von *Debian-Wheezy* hat eine bestimmte Größe und passt natürlich auf jede SD-Karte, die *2 GByte* oder mehr besitzt. Natürlich passen bei einer *2 GByte*-Karte aus Mangel an Speicherplatz keine weiteren Programme drauf. Es macht also wenig Spaß, mit derart geringem Speicherplatz zu arbeiten. Also kaufst du dir am besten eine größere Karte mit z.B. *8, 16* oder *32 GByte*. Doch Vorsicht! Nicht jede SD-Karte kann genutzt werden. Ein Blick auf die folgende Internetseite könnte bei der Auswahl helfen:

http://elinux.org/RPi_VerifiedPeripherals#Which_SD_Card.3F

Hast du z.B. das *Wheezy-Image* auf einer *32 GByte* großen SD-Karte installiert, stehen dir lediglich die *2 GByte* zur Verfügung, die jedoch vom Betriebssystem und einigen Grundprogrammen in Beschlag genommen werden. Ca. *30 GByte* dümpeln demnach ungenutzt in der Gegend herum. Das ist eine enorme Platzverschwendung, die du über diesen Menüpunkt jedoch der *Root-Partition* hinzufügen kannst. Wählst du diesen Punkt aus, bekommst du die folgende Meldung zurück.

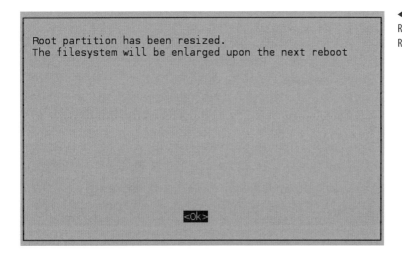

◄ **Abbildung 3-3**
Root-Partition wird beim nächsten Reboot erweitert

```
Root partition has been resized.
The filesystem will be enlarged upon the next reboot



                              <Ok>
```

> *Whow*, das ist ja eine Geschwindigkeit, mit der die Partition vergrößert wurde!

Also wirklich, du musst schon genau lesen. Der Prozess zum Vergrößern der *Root-Partition* wurde lediglich veranlasst. Erst beim nächsten *Reboot* wird das Filesystem angepasst, was je nach Größe der verwendeten SD-Karte schon einige Zeit in Anspruch nehmen kann. Aber ich gebe zu, dass die erste Zeile in der Meldung schon fälschlicherweise darauf hindeutet, dass die Partitionsgröße verändert wurde.

Der Overscan

Was mag wohl *Overscan* bedeuten? Nun, es hat etwas mit der Darstellung des Bildes zu tun. Hat man einen älteren Fernseher, an den der *Raspberry Pi* angeschlossen ist, kann es durchaus Sinn machen, den *Overscan* zu aktivieren, weil dann bestimmte Bildbereiche nicht angesprochen werden und somit ein schwarzer Rahmen um den Desktop entsteht. Bei modernen TFTs sollte der Overscan jedoch deaktiviert sein. Hast du es also bei deinem TFT mit einem schwarzen Rand zu tun, deaktiviere diesen Modus.

Abbildung 3-4 ▶
Overscan-Dialog

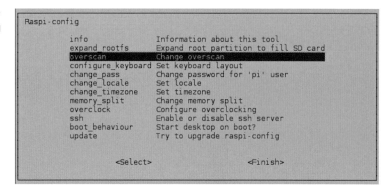

Im Anschluss kannst du das Overscanning *deaktivieren* bzw. *aktivieren*.

Abbildung 3-5 ▶
Disable Overscanning

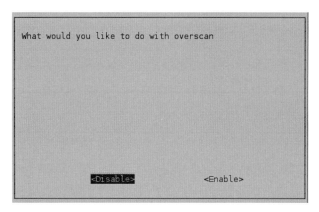

Um zwischen den beiden Optionen *Disable* bzw. *Enable* hin und her zu wechseln, verwende die *TAB*-Taste.

Das Tastaturlayout konfigurieren

Kommen wir zu einem Punkt, der es dir ermöglicht, das *Tastaturlayout* anzupassen. Du möchtest doch sicherlich nicht mit einer englischen Tastaturbelegung arbeiten. Rufe dazu den Punkt *configure_keyboard* auf und wundere dich nicht darüber, dass es ein bisschen dauert, bis sich das Menü zurückmeldet. *Es ist alles in Ordnung!* Danach musst du dich durch zahlreiche Menüfenster quälen, um alles so zu konfigurieren, dass es auch passt.

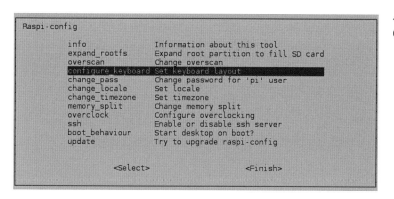

Dieser Prozess erstreckt sich über mehrere Dialogfenster.

Das Tastatur-Modell auswählen

Zu Beginn musst du dein *Tastatur-Modell* auswählen, wobei das wohl recht schwierig sein sollte, denn es werden nicht alle Modelle angeboten. Das macht aber auch nichts. Wähle dazu im einfachsten Fall das folgende generische Modell.

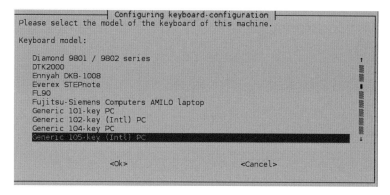

Die Tastaturbelegung für den Rechner wählen

Als Nächstes kommt die *Tastaturbelegung* dran. Falls dein gewünschtes Layout für deine Maschine nicht dabei ist, wähle den Menüpunkt *Other*.

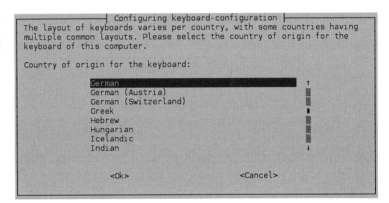

Als Beispiel habe ich natürlich *German* genommen.

Abbildung 3-9 ▶
Configure-Keyboard-Dialog für die
Maschine – Sprachwahl

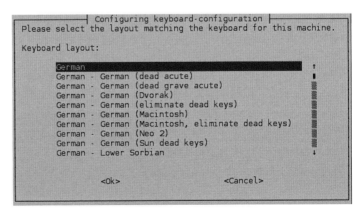

Über den folgenden Dialog kannst du für ein ausgewähltes Layout
besondere Zeichen freischalten.

Die Alt-Gr-Auswahl

Über den folgenden Dialog hast du die Möglichkeit, die *Alt-Gr-Taste* zu definieren.

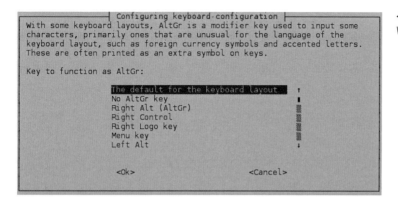

◀ **Abbildung 3-11**
Wo soll die AltGr-Taste liegen?

Passe das ggf. an, wenn die Belegung nicht dem *Default-Keyboard-Layout* entsprechen soll.

Die Compose-Taste

Bei älteren Tastaturen kann es u.U. noch eine sogenannte *Compose*-Taste geben.

◀ **Abbildung 3-12**
Die Compose-Taste
(Quelle: Wikipedia)

Ich denke, dass die Wahrscheinlichkeit recht hoch ist, dass du diese Taste nicht auf deiner Tastatur vorfindest. Dann kannst du den folgenden Punkt im Dialog auswählen.

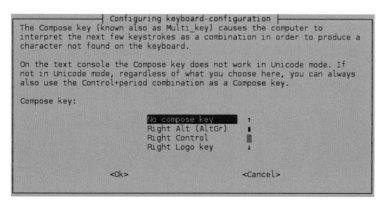

◀ **Abbildung 3-13**
Keine Compose-Taste auswählen

Den X-Server über eine Tastenkombination beenden

Es kann manchmal vorkommen, dass die grafische Oberfläche nicht mehr so richtig will und der sogenannte *X-Server* Probleme bereitet. Dann stellt sich die Frage: »*Wie komme ich aus dieser Situation wieder raus, so dass ich wenigstens die Möglichkeit habe, in einem Terminal meine Daten zu sichern bzw. zu bearbeiten?*« Lege die folgende Tastenkombination (*Ctrl-Alt-Zurück*) fest, die es dir ermöglicht, den *X-Server* zu beenden.

Abbildung 3-14 ▶
Den X-Server über Ctrl-Alt-Zurück
beenden

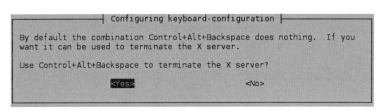

Nun bist du an den Punkt angelangt, wo das Tastaturlayout von dir komplett angepasst wurde.

Das Passwort ändern

Falls du einmal das *Passwort* für den User *pi* ändern möchtest, dann kannst du das über den Punkt *change_pass* machen.

Abbildung 3-15 ▶
Change-Pass-Dialog

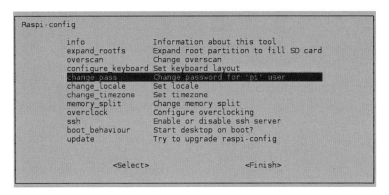

Bestätigst du den folgenden Dialog mit *OK*, hast du die Möglichkeit, ein neues Passwort zu vergeben. Du wirst aufgefordert, das neue Passwort *2-Mal* hintereinander einzugeben.

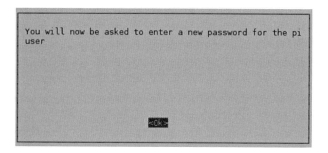

Erst, wenn beide Eingaben identisch sind, wird es übernommen.

Die Sprache und den Zeichensatz anpassen

Über den Punkt *change_locale* kannst du die Sprache und den Zeichensatz anpassen.

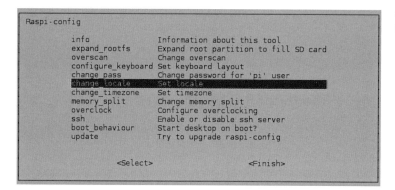

Wähle aus der Liste einen passenden Eintrag aus.

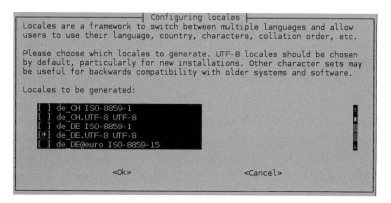

Über die *Pfeil-* bzw. *Bild-Auf-* / *Bild-Ab-Tasten* kannst du in der angezeigten Liste blättern. Hast du den gewünschten Eintrag gefunden, dann wähle ihn mit einem Druck auf die *Leertaste* aus. Über die *TAB*-Taste gelangst du zu den *Ok-* bzw. *Abbrechen*-Tasten. Standardmäßig sollte der gezeigte *UTF*-Standard für den Zeichensatz gewählt werden. Der zweite Punkt legt die Standardsprache für das gesamte System fest, so dass z. B. angezeigte Systemmeldungen aus unterschiedlichen Programmen diese Sprache auch verwenden.

Abbildung 3-19 ▶
Change-Locale-Listen-Dialog

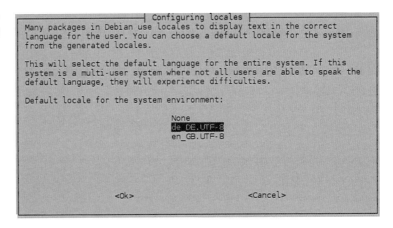

Die Zeitzone anpassen

Über den Menü-Punkt *change_timezone* kannst du die Zeitzone anpassen, in der du dich gerade befindest.

Abbildung 3-20 ▶
Change-Timezone-Dialog

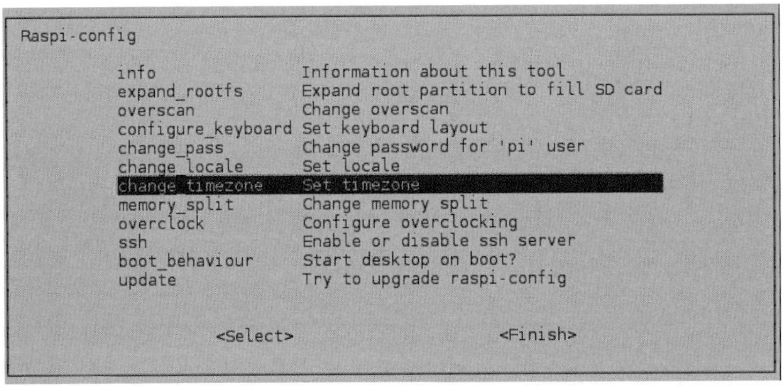

Kapitel 3: Grundlegende Vorbereitungen

Zuerst wird die geografische Region ausgewählt:

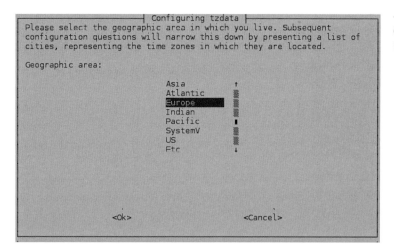

◀ **Abbildung 3-21**
Change-Timezone-Dialog
(Geografische Region)

Und im zweiten Schritt die Stadt bzw. lokale Region:

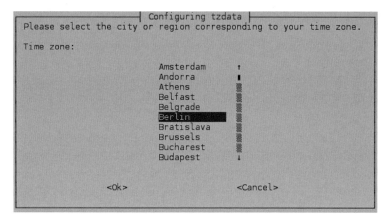

◀ **Abbildung 3-22**
Change-Timezone-Dialog
(Stadt bzw. lokale Region)

Die Wahl der Speicheraufteilung

Wie ich schon erwähnte, teilen sich die *CPU* und die *GPU* den zur
Verfügung stehenden Arbeitsspeicher. Das kann in unterschiedlichen Verhältnissen erfolgen. Wähle dazu den Punkt Memory-Split:

Abbildung 3-23 ▶
Memory-Split-Dialog

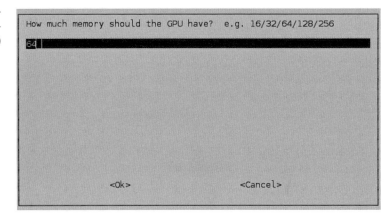

```
Raspi-config

         info                Information about this tool
         expand_rootfs       Expand root partition to fill SD card
         overscan            Change overscan
         configure_keyboard  Set keyboard layout
         change_pass         Change password for 'pi' user
         change_locale       Set locale
         change_timezone     Set timezone
         memory_split        Change memory split
         overclock           Configure overclocking
         ssh                 Enable or disable ssh server
         boot_behaviour      Start desktop on boot?
         update              Try to upgrade raspi-config


                    <Select>                      <Finish>
```

Über den folgenden Dialog kannst du der *GPU*, also der grafischen Komponente, einen bestimmten Speicherumfang zuweisen. Der verbleibende Rest wird der *CPU* zugeordnet.

```
How much memory should the GPU have?   e.g. 16/32/64/128/256

64





                 <Ok>                      <Cancel>
```

Wenn du keine rechenintensiven 3D-Berechnungen für Grafikani-mationen benötigst, die die *GPU* mehr fordert, dann kannst du den vorgegebenen Wert von *64 MiB* in *16 MiB* oder *32 MiB* herunter-setzen. Somit wird mehr Speicher für *CPU* lastige Berechnungen zur Verfügung gestellt. Falls du aufgrund von ruckelnden Bildern merkst, dass der *GPU* ggf. zu wenig Ressourcen zugewiesen wur-den, passe den Wert einfach nach oben an und teste erneut.

Die Übertaktung

Eine Übertaktung ist immer eine heikle Sache. Wie weit kann man gehen, ohne die Stabilität des Systems zu gefährden oder im Ext-remfall den Prozessor auch zu zerstören? Je höher getaktet wird, desto mehr Wärme wird im Kern produziert. Im günstigsten Fall machen das die *CPU* und auch der Speicher mit, was jedoch meistens zu Lasten der Lebensdauer des Bausteins geht. Das muss jeder selbst entscheiden. Bei älteren Betriebssystemen (z.B. *Debian Squeeze*) konnte man zwar auch ein Übertakten erzwingen, was jedoch bei Totalausfall einen Garantieverlust nach sich zog. Der Hersteller konnte dies auf jeden Fall nachweisen. Beim neuesten *Debian Wheezy* wird eine Übertaktung sogar vom Konfigurationsmenü angeboten.

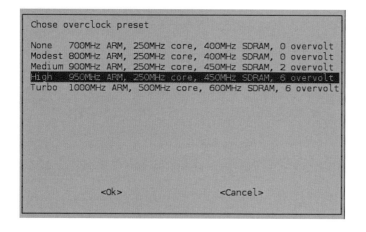

◀ **Abbildung 3-25**
Overclocking-Dialog

Die Übertaktung erfolgt nicht stufenlos, sondern in bestimmten festgelegten *Takt-Presets*. Es wird nach der Wahl dieses Dialogs jedoch auf die möglichen Risiken hingewiesen. Nähere Details stehen auf der Internetseite

http://www.elinux.org/RPi_Overclocking

```
Chose overclock preset

None    700MHz ARM, 250MHz core, 400MHz SDRAM, 0 overvolt
Modest  800MHz ARM, 250MHz core, 400MHz SDRAM, 0 overvolt
Medium  900MHz ARM, 250MHz core, 450MHz SDRAM, 2 overvolt
High    950MHz ARM, 250MHz core, 450MHz SDRAM, 6 overvolt
Turbo   1000MHz ARM, 500MHz core, 600MHz SDRAM, 6 overvolt



            <Ok>              <Cancel>
```

◀ **Abbildung 3-26**
Overclocking-Takt-Presets

Wähle an dieser Stelle in Abhängigkeit der von dir gestellten Anforderungen das passende *Preset*. Ich würde auf keinen Fall pauschal den *Turbo-Mode* wählen, nur um sagen zu können: »Ich habe jetzt einen Ratten-schnellen *Raspberry Pi*. Das ist zwar eine gute Einstellung für das Ego, geht aber garantiert zu Lasten der Lebensdauer deines Prozessors. »*Je schneller, desto heißer*«, ist hier ganz klar festzuhalten.

Eine Verbindung über ssh

Was zum Henker ist *ssh*? Es handelt sich dabei sowohl um ein Netzwerkprotokoll, als auch um ein Programm. Die Übersetzung von ssh lautet *Secure Shell*. Ist das Programm in Form eines Servers auf deinem *Raspberry Pi* aktiviert, dann kannst du über das Netzwerk von einem anderen Rechner (z.B. einen Windows-System) auf deinen *Raspberry Pi* zugreifen. Du benötigst dazu z.B. das Programm *PuTTY*. Es handelt sich dabei um einen *ssh*- und *Telnet*-Client, der frei im Netz verfügbar ist. Du kannst ihn unter der folgenden Adresse beziehen:

http://www.putty.org/

Darüber kannst du dich dann mit einem Terminal-Fenster auf deinem *Raspberry Pi* verbinden. In diesem Buch beschreibe ich auch eine Möglichkeit, die dir den gesamten grafischen Desktop auf deinen Windows-Rechner holt. Dazu später mehr. Über den Menüpunkt *ssh* kannst du den Server *aktivieren* oder auch *deaktivieren*.

Abbildung 3-27 ▶
ssh-Dialog

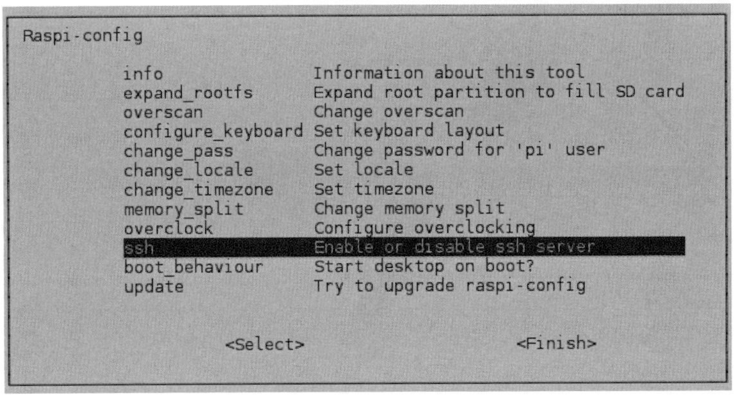

```
Raspi-config

          info               Information about this tool
          expand_rootfs      Expand root partition to fill SD card
          overscan           Change overscan
          configure_keyboard Set keyboard layout
          change_pass        Change password for 'pi' user
          change_locale      Set locale
          change_timezone    Set timezone
          memory_split       Change memory split
          overclock          Configure overclocking
          ssh                Enable or disable ssh server
          boot_behaviour     Start desktop on boot?
          update             Try to upgrade raspi-config


               <Select>                        <Finish>
```

Wähle im nachfolgenden Dialogfenster die entsprechende Option zum *aktivieren* bzw. *deaktivieren*:

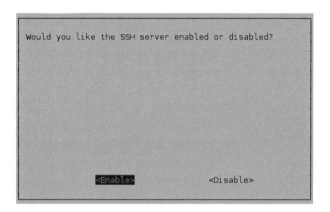

◀ **Abbildung 3-28**
ssh-Dialog zum Aktivieren bzw. Deaktivieren des Servers

Verhalten nach dem Starten

Wie soll sich dein *Raspberry Pi* verhalten, wenn er erfolgreich gestartet ist? Du kannst ihn dazu bewegen, direkt die grafische Oberfläche zu zeigen. Über das Menü *boot_behaviour* gelangst du in das entsprechende Menü.

◀ **Abbildung 3-29**
Boot-Behaviour-Dialog

```
Raspi-config

    info                Information about this tool
    expand_rootfs       Expand root partition to fill SD card
    overscan            Change overscan
    configure_keyboard  Set keyboard layout
    change_pass         Change password for 'pi' user
    change_locale       Set locale
    change_timezone     Set timezone
    memory_split        Change memory split
    overclock           Configure overclocking
    ssh                 Enable or disable ssh server
    boot_behaviour      Start desktop on boot?
    update              Try to upgrade raspi-config


         <Select>                   <Finish>
```

Bestätigst du den folgenden Dialog mit *Ja*, dann landest du nach dem Systemstart direkt auf deinem grafischen Desktop.

Abbildung 3-30 ▶
Starten des grafischen Desktops?

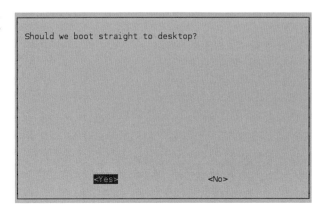

Systemupdate gefällig?

Du kannst ein *System-Update* über den Menüpunkt *update* durchführen. Das funktioniert natürlich nur dann, wenn du auch eine Internetverbindung z.B. über deinen Router hergestellt hast. Im Anschluss zeigt die das *Terminal-Fenster* die Aktivitäten, die sich gerade ereignen.

Abbildung 3-31 ▶
System-Update-Dialog

```
Raspi-config

           info               Information about this tool
           expand_rootfs      Expand root partition to fill SD card
           overscan           Change overscan
           configure_keyboard Set keyboard layout
           change_pass        Change password for 'pi' user
           change_locale      Set locale
           change_timezone    Set timezone
           memory_split       Change memory split
           overclock          Configure overclocking
           ssh                Enable or disable ssh server
           boot_behaviour     Start desktop on boot?
           update             Try to upgrade raspi-config


               <Select>                         <Finish>
```

Führe diesen Punkt regelmäßig durch, so dass du in den Genuss der neuesten System-Updates kommst.

Die Konfiguration beenden

Hast du alle notwendigen Schritte zur Konfiguration deines Systems durchgeführt, dann wechsele über die *TAB*-Taste zur *Finish*-Schaltfläche.

```
Raspi-config

    info             Information about this tool
    expand_rootfs    Expand root partition to fill SD card
    overscan         Change overscan
    configure_keyboard Set keyboard layout
    change_pass      Change password for 'pi' user
    change_locale    Set locale
    change_timezone  Set timezone
    memory_split     Change memory split
    overclock        Configure overclocking
    ssh              Enable or disable ssh server
    boot_behaviour   Start desktop on boot?
    update           Try to upgrade raspi-config


         <Select>                    <Finish>
```

Im Anschluss sollte ein *Reboot* des Systems durchgeführt werden.
Nach dem erfolgreichen Starten des Systems präsentiert sich dein
Raspberry Pi mit einer grafischen Oberfläche ähnlich eines
Windows Desktops. Bei *Debian Wheezy* handelt es sich um den
Fenstermanager *LXDE*.

▲ **Abbildung 3-33**
Der Fenstermanager LXDE

Du erkennst einige Icons, die wichtige Funktionen bzw. Programme direkt verfügbar machen, ohne erst über ein vermeintli-
ches Startmenü zu gehen. Das sind z.B. von oben nach unten
gesehen:

- Öffnen eines *Terminal-Fensters*
- Öffnen eines Eingabefensters der Programmiersprache *Python*
  (Version 3 bzw. 2)
- Öffnen der *Debian Referenz*

- Einige *Spiele*, die in Python programmiert wurden
- Der Internetbrowser *Midori*
- Das Konfigurationsmenü für einen *WiFi-Adapter*
- Die Programmierumgebung *Scratch*

Wir werden sehr oft Befehle bzw. Kommandos in einem *Terminal-Fenster* eingeben, so dass du jetzt weißt, wie eines zu öffnen ist. Führe einfach einen Doppelklick mit der linken Maustaste auf das links oben befindliche Icon mit der Bezeichnung *LXTerminal* aus. Dieses *Terminal-Fenster* stellt eine Schnittstelle zum Betriebssystem dar und du kannst hierüber das komplette System administrieren bzw. modifizieren. Ich mache dich jetzt recht rudimentär mit ein paar Linux-Kommandos bekannt, die dir das Filesystem anzeigen, Software nachinstallieren oder auch ein Programm starten. Das soll aber nicht bedeuten, dass es derart oberflächlich weiter geht. Also keine Angst, denn die Details folgen natürlich in den weiteren Kapiteln.

Die Linux-Partitionen

Nachdem du ggf. deine *Root-Partition* deiner SD-Karte auf die maximale Größe angepasst hast, kannst du das Ergebnis auch überprüfen. Zum einen natürlich mit dem dir schon bekannte *df*-Kommando. Gib folgendes ein:

```
# df -h
```

und das Ergebnis könnte wie folgt ausschauen.

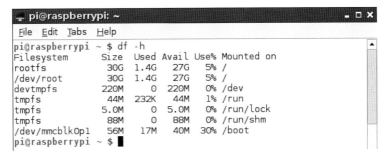

Du kannst hier wunderbar erkennen, dass das *Root-Filesystem* der ersten Partition, welches unter / eingehängt ist, eine Größe von *30 GByte* vorweist und korrekt erweitert wurde. Die zweite Partition mit dem Namen */dev/mmcblk0p1* stellt die *Boot-Partition* dar und

Kapitel 3: Grundlegende Vorbereitungen

verfügt über *56 MByte*. Zum anderen hast du die Möglichkeit, die
einzelnen Linux-Partitionen grafisch darzustellen. Es existiert da
ein sehr hilfreiches Programm, das primär zum Einrichten der
unterschiedlichsten Partitionen – auch unter *Windows* – herangezogen werden kann. Es nennt sich *GParted*. Du musst es jedoch
manuell über die folgende Zeile nachinstallieren. Hier ist schon mal
ein Vorgriff auf das, was ich später in einem gesonderten Kapitel
genauestens erkläre, wenn es um die Installation weiterer Softwarepakete geht:

```
# sudo apt-get install gparted
```

Da es sich um ein administratives Programm handelt, muss es mit
Root-Rechten gestartet werden, was über den Zusatz *sudo* erfolgt,
wie ich das auch schon bei der Softwareinstallation gemacht habe.

```
# sudo gparted
```

Das Programm zeigt die einzelnen Partitionen sehr übersichtlich
an:

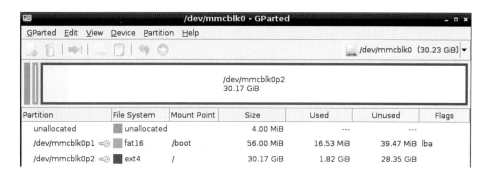

Auch hier siehst du die zwei zugewiesenen Partitionen:

- */dev/mmcblk0p1* (Boot-Partition)
- */dev/mmcblk0p2* (Root-Partition)

mit ihren unterschiedlichen Filesystemen.

▲ **Abbildung 3-35**
Die Linux-Partitionen in GParted

Nun zu den einzelnen Partitionen

/dev/mmcblk0p1:

Die erste Partition */dev/mmcblk0p1* ist mit dem Dateisystem *fat32*
versehen und dient als *Boot-Partition*. Sowohl die *GPU* als auch der
ARM beziehen ihre Informationen aus dieser Partition. Der Typ
fat32 ist ein von *Microsoft* entwickeltes Dateisystem, das von vie-

len mobilen Speichermedien genutzt wird. Wenn Du die *SD-Karte* mit den unterschiedlichen Partitionen bzw. Dateisystemen unter *Windows* einsteckst, dann wirst Du Dich vielleicht wundern, warum nur eine einzige Partition zu erkennen ist. Der Grund ist ziemlich simpel. *Windows* kann lediglich die *fat32*-Partition lesen und darauf zugreifen. Alle anderen Partitionen wie *ext4* bzw. *linux-swap* sind *Windows* fremd und bleiben im Verborgenen.

/dev/mmcblk0p2:

Die zweite Partition */dev/mmcblk0p2* ist mit dem Dateisystem *ext4* versehen. Hier ist das *Linux*-Betriebssystem mit allen Programmen installiert. Bei dem Typ *ext4* handelt es sich um ein sogenanntes *Journaling-Filesystem*, das speziell für *Linux* entwickelt wurde.

Die Swap-Partition

Die dritte Partition hat einen besonderen Dateisystemtypen. Es handelt sich um *linux-swap*, was eigentlich kein richtiges Dateisystem darstellt. Du hast dich vielleicht schon gewundert, warum dieser Bereich von *df* und *GParted* nicht angezeigt wird. Ein *Swap-Bereich* auf einem Linux-System ist erforderlich, da dort die Informationen des virtuellen Speichers abgelegt werden, die im physikalischen Speicher keinen Platz mehr finden. Er ist im weitesten Sinnen mit der *Auslagerungsdatei* von *Windows* vergleichbar, der bestenfalls eine eigene Partition zugewiesen wird.

Abbildung 3-36 ▶
Die Linux-Swap-Partition
mit free -h

Wie du siehst, ist eine *Swap-Partition* eingerichtet, denn die einzelnen Werte sind von *Null* verschieden. Somit ist alles Bestens. Im folgenden Kapitel werden wir näher auf einige Linux-Kommandos eingehen, denn das wäre an dieser Stelle zu viel auf einmal gewesen.

Sichern des SD-Karten Images

Wenn du jetzt mit deinem Raspberry Pi arbeitest und hier und da Software installierst bzw. deinstallierst oder sonstige Anpassungen vornimmst, kann es leicht passieren, dass du dein Linux beim Experimentieren so änderst, dass Probleme auftreten:

- Konfigurationsdateien wurde angepasst und du kennst deren Urzustand nicht, weil du vergessen hast, eine Sicherungskopie anzulegen.

- Dateien wurden versehentlich gelöscht, umbenannt oder an irgendeine andere Stelle im Dateisystem verschoben, wo sie eigentlich nicht hingehören.

- Zugriffsrechte stimmen mit dem Ausgangszustand nicht mehr überein.

Die Liste der möglichen Fehler die einem so tagtäglich passieren können, könnte endlos fortgeführt werden. Was denkst Du, wie oft mir solche Dinge schon passiert sind? Blöde Frage was!? Für jeden Fehler einen Euro und ich wäre ein reicher Mann. Du musst also nach einem K-Fall (Katastrophenfall) wieder und wieder von vorne beginnen:

- SD-Karte formatieren

- Linux-Image suchen und neu aufspielen

- Partitionsgrößen anpassen

- Gewünschte Software nachinstallieren. (Verdammt noch mal, was hatte ich bloß für Software installiert und welche Dateien hatte ich angepasst oder ggf. neu erstellt???)

Du siehst, dass das schon nervig und zeitraubend sein kann. Das *Backup* und der spätere *Restore* nehmen bei einer *32GByte* großen SD-Karte schon etwas Zeit in Anspruch und es bleibt natürlich jedem selbst überlassen, welche Strategie er fahren will. Doch eine mühsam zusammengestellte Installation mit zahllosen Programmpaketen bzw. Quellcodedateien ist nicht eben einmal aus dem Ärmel geschüttelt. Das Programm, das das zu leisten vermag, habe ich dir schon vorgestellt. Es läuft unter Windows und lautet *USB-Image-Tool*.

◀ **Abbildung 3-37**
Die Buttons des USB Image Tools

Wenn du eine vorhandene Installation auf deiner SD-Karte sichern möchtest, verwendest du den rechten *BACKUP*-Button. Im nachfolgenden Dialog wirst du dann gefragt, wo du das Image ablegen möchtest, das sich dann im *K-Fall* über den *RESTORE*-Button wiederherstellen lässt. Du kannst auch eine weitere SD-Karte mit dem

Image versehen. Auf diese bist du immer auf der sicheren Seite und kannst z.B. auf einer Test-Installation Dinge ausprobieren, die auf dem eigentlichen Arbeitssystem zu riskant wären.

Der wirkliche Start

4

Bisher hast du noch überhaupt nicht wirklich mit deinem *Raspberry Pi* gearbeitet. Na ja, irgendwie schon, aber es handelte sich um eine Art Vorspiel bzw. eine Vorbereitungsphase, um dann wirklich mit dem Board arbeiten zu können. Bevor du mit deinem *PC* spielen kannst, musste ja auch erst einmal der Rechner korrekt verkabelt werden. Also genau wie beim *Raspberry Pi* die *Tastatur*, die *Maus*, das *Display*, der *Netzwerkanschluss* usw. Anschließend müssen ggf. noch das Betriebssystem bzw. die Programme installiert werden. Erst dann kann's losgehen. Diesen Stand hast du hoffentlich mit deinem *Raspberry Pi* auch erreicht. Falls alles bestens ist, können wir fortfahren.

- Der *LXDE-Fenstermanager* von *Debian Wheezy*
- Was ist eine *Taskleiste?*
- Wie wird ein *Terminal-Fenster* geöffnet?
- Wie kannst du über die Kommandos *whoami* und *hostname* den *Usernamen* bzw. den *Hostnamen* ermitteln?
- Wie kannst du das System sauber herunterfahren, ohne einfach den Stecker zu ziehen?
- Nützliche Programme
- Der Anschluss eines *USB-Sticks* über einen *USB-HUB*
- Anzeigen von System-Meldungen in der Log-Datei */var/log/messages*
- Das *tail*-Kommando
- Wie kannst du sicher den *USB-Stick* vom System entfernen?
- Das *sudo-*, *cd-*, *pwd-*, *cat-*, *ls-* und *chmod*-Kommando

Der Spaß beginnt

Wie schon mehrfach erwähnt und auch gezeigt, arbeiten wir mit der Linux-Distribution *Debian Wheezy,* und nach erfolgreichem Booten siehst du den Desktopmanager, den du schon im letzten Kapitel zu Gesicht bekommen hast. Auf dieser Arbeitsgrundlage mit der großen Himbeere im Hintergrund kannst du deine Icons platzieren, Fenster öffnen bzw. verschieben, deine Programme laufen lassen und noch vieles mehr.

Die Taskleiste

Im unteren Bereich befindet sich die *Taskleiste,* die im Moment noch die Standard-Symbole anzeigt. *Task* bedeutet übersetzt *Aufgabe,* und wird z.B. ein Programm von dir ausgewählt, dann übernimmt das Betriebssystem die Aufgabe, dieses Programm zu starten und abzuarbeiten. Dazu wird der *Taskleiste* in der Regel eine *Schaltfläche* hinzugefügt. Damit wird dem Benutzer zusätzlich ein optisches Feedback über das gestartete Programm gegeben. Wird das Fenster des Programms minimiert, ist der letzte verbleibende Hinweis darauf eben diese *Schaltfläche.* Da *Linux* ein *Multi-User/Multi-Tasking*-Betriebssystem ist, können nicht nur mehrere Benutzer daran arbeiten, sondern jeder kann auch mehrere Programme in seiner Umgebung starten. Für jedes dieser Programme wird eine eigene Schaltfläche in der *Taskleiste* angelegt, so dass ein komfortables Hin- und Herschalten möglich wird. Im nachfolgenden Bild siehst du die *Taskleiste* meines *Linux*-Systems, wo ich zwei *Terminal-Fenster* und einen Datei-Manager *(File-Manager)* gestartet habe.

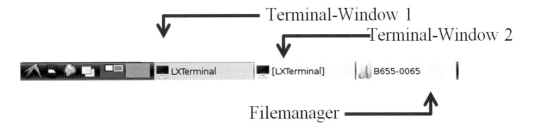

Abbildung 4-1 ▲
Ausschnitt der Taskleiste

Die *Taskleiste* verfügt über eine ähnliche Funktionalität wie die Leiste, die bei *Windows Schnellstartleiste* genannt wird. Dabei reicht ein einzelner Mausklick aus, um das betreffende Programm zu starten. Diese *Schaltflächen* befinden sich im linken Bereich der

Taskleiste, wobei die Schaltfläche ganz links außen (des *LXDE*-Fenstermanagers) mit der *Start*-Schaltfläche bei *Windows XP* bzw. dem *Windows*-Symbol bei *Windows 7* vergleichbar ist. Darüber lässt sich ein Menü öffnen, das Zugriff auf diverse installierte Programme bzw. Einstellungen ermöglicht.

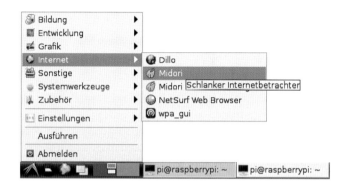

◀ **Abbildung 4-2**
Die Programmkategorien der LXDE-Schaltfläche

Das Terminal-Fenster

Für die administrativen Aufgaben ist das dir schon gut bekannte *Terminal-Fenster* überaus geeignet, das sich im Menüpunkt *Zubehör* über *LXTerminal* aufrufen lässt. Danach öffnet sich das Fenster, in das du die *Kommandos* bzw. *Befehle* an das Betriebssystem eintippen kannst. Ich habe die Farben für die Screenshots ein wenig angepasst, so dass alles besser lesbar ist. Über den Menüpunkt *Edit|Preferences* des *Terminal-Fensters* kannst du selbst die Vorder- bzw. Hintergrundfarbe und so einiges andere mehr einstellen.

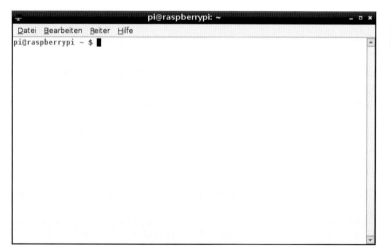

◀ **Abbildung 4-3**
Das geöffnete Terminal-Fenster in voller Größe

Kannst du mir bitte kurz verraten, was die Zeichenkette in diesem Fenster bedeutet.

Klar doch, *RasPi*! Beginnen wir mit den Zeichen bis zum Doppelpunkt. Dort befinden sich Informationen über den *Anmeldenamen* und den *Rechner-* bzw. *Hostnamen*.

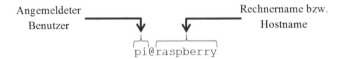

Du kannst diese Informationen auch explizit abfragen, wenn sie z.B. in einem *Shell-Skript* verwendet werden sollten, um sie dort weiterzuverarbeiten. Bei einem *Shell-Skript* handelt es sich um eine *Kommandoverkettung*, also um eine Mehrfachausführung von einzelnen Befehlen nach dem *Top-Down-Verfahren*. Alle Kommandos werden der Reihe ihres Auftretens nach in einer Skript-Datei ausgeführt.

Abbildung 4-4 ▶
Abfragen der Informationen über angemeldeten Benutzer und Hostnamen

Die beiden Kommandos *whoami* bzw. *hostname* rufen genau *die* Informationen vom System ab, die innerhalb des *Terminal-Fensters* zur Anzeige gebracht werden.

Das whoami-Kommando

Mit *whoami* (übersetzt: *Wer bin ich?*) kannst du dir deinen *Login-Namen* anzeigen lassen. Es ist gerade bei *Linux-* bzw. *Unix*-Systemen durchaus gängige Praxis, den Benutzer während einer Session zu wechseln. Über dieses Kommando kann man sich darüber informieren, mit welchem Benutzer man gerade aktiv ist.

Das hostname-Kommando

Mit *hostname* wird der Name des lokalen Rechners zur Anzeige gebracht.

Kommen wir zum Rest der Zeichenkette im *Terminal-Fenster*, wobei der Doppelpunkt quasi als Trennzeichen dient.

Anzeige des Verzeichnisses ——————— Login-Prompt

: ~ $

Das *Tilde*-Zeichen ~ ist immer ein Hinweis auf das *Home*-Verzeichnis des angemeldeten Benutzers. In unserem Fall wäre das also */home/pi*.

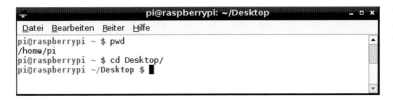

◀ **Abbildung 4-5**
Abfragen des Verzeichnisses, in dem wir uns befinden, und ein nachfolgender Wechsel

Du siehst in der ersten Zeile das *Tilde*-Zeichen ~ und über das *pwd*-Kommando lassen wir uns den absoluten Pfad anzeigen. Über das nachfolgende *cd*-Kommando, das du ebenfalls schon kennst, wechseln wir in ein darunter liegendes Verzeichnis mit dem Namen *Desktop* und dieses wird jetzt ebenfalls in der Zeichenkette angezeigt.

Eine Bemerkung am Rande

Das *Tilde*-Zeichen wird als Synonym für den absoluten Pfad des *Home*-Verzeichnisses verwendet, um ein wenig Platz innerhalb des *Terminal-Fensters* zu sparen. Dieser absolute Pfad kann u.U. recht lang sein und macht die Anzeige ggf. recht unübersichtlich.

Wenn du noch weitere *Terminal-Fenster* benötigst, was natürlich vollkommen legal ist, kannst du auch über ein schon geöffnetes *Terminal-Fenster* gehen und hast dort im *Datei-Menü* zwei Möglichkeiten.

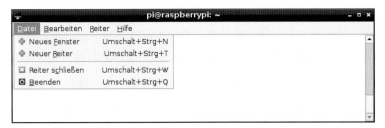

◀ **Abbildung 4-6**
Das File-Menü im Terminal-Fenster

Über den Punkt *Neues Fenster* öffnet sich ein weiteres *Terminal-Fenster*, wogegen der Punkt *Neuer Reiter* im selben Fenster einen *Tab-Reiter* einrichtet, über den du bequem zwischen den einzelnen Fenstern hin- und herschalten kannst.

Abbildung 4-7 ▶
Mehrere Tab-Reiter in einem
einzigen Terminal-Fenster

Das hat aber den Nachteil, dass du immer nur den Inhalt eines Fensters sehen kannst, wogegen bei zwei separaten Fenstern z.B. der Vergleich von zwei Inhalten erfolgen kann. Es kommt also immer darauf an, was du beabsichtigst.

Die Schnellstartleiste

Die *Schnellstartleiste*, die ich eben schon einmal kurz erwähnt habe, weist standardmäßig noch weitere Schaltflächen auf.

Abbildung 4-8 ▶
Die Schnellstartleiste

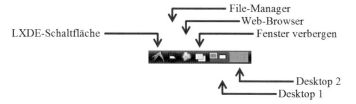

Die LXDE-Schaltfläche

Über die *LXDE-Schaltfläche* hast du Zugriff auf eine Menge vorinstallierter Programme, auf die ich hier nicht alle eingehen kann. Die Kategorien sind:

- *Zubehör* (nützliche kleine Programme)
- *Bildung* (Bildungsprogramme)
- *Internet* (Internet-Browser)
- *Sonstige* (eine Sammlung von Programmen aus unterschiedlichen Bereichen)

Kapitel 4: Der wirkliche Start

- *Entwicklung* (Anwendungen zum Programmieren bzw. Editoren. Python, Scratch, Squeak)
- *Systemwerkzeuge* (Task-Manager)
- *Einstellungen* (Grundeinstellungen für Desktop, Monitor, Bildschirmschoner etc.)

Auf die Programmierung werde ich in einem gesonderten Kapitel eingehen, denn mit deinem *Raspberry Pi* kannst du eine Menge Programmiersprachen ausprobieren, wobei es dir sicher nicht leichtfallen wird, dich für eine zu entscheiden. Das ist manchmal reine Geschmackssache und vielleicht findest du auch Spaß an mehreren Sprachen und wirst ein Allround-Programmierer.

Die Datei-Manager-Schaltfläche

Die *Datei-Manager-Schaltfläche* öffnet einen *Dateisystem-Browser*, und wenn du aus dem Windows-Umfeld kommst, dann ist er mit dem *Explorer* vergleichbar. Mit ihm kannst du recht komfortabel mit der Maus durch das Dateisystem navigieren, was über das *Terminal-Fenster* manchmal recht mühsam sein kann.

◀ **Abbildung 4-9**
Der File-Manager

Wenn du in der linken Spalte des *Datei-Managers* einen Bereich auswählst, bekommst du auf der rechten Seite den Inhalt angezeigt. Der Bereich *Anwendungen* entspricht dabei dem der *LXDE-Schaltfläche* unter der sich ja alle Programme befinden. Im folgenden Bild siehst du die Dateisystem-Objekte, also *Verzeichnisse* bzw. *Dateien*, die sich auf meinem *Desktop* befinden, weil ich sie dort angelegt habe.

Abbildung 4-10 ▶
Der Datei-Manager zeigt Verzeichnisse bzw. Dateien

Über einen Klick mit der *rechten Maustaste* kannst du das sogenannte *Kontext-Menü* öffnen. Dieses Menü zeigt dir genau *die* Aktionen, die für das ausgewählte Objekt sinnvoll erscheinen. Da ich
die Datei *geheim* selektiert habe, besteht natürlich u.a. auch die
naheliegende Möglichkeit, einen Blick in diese Datei zu riskieren.
Dazu kannst du den Punkt *Öffnen* wählen. Weitere nützliche Optionen sind:

- *Leafpad* (ein kleiner Texteditor)
- *Öffnen mit...* (Auswahl des Programms, mit dem die Datei
  geöffnet werden soll)
- *Ausschneiden* (ausschneiden, um an anderer Stelle wieder ein-
  zufügen)
- *Kopieren* (eine Kopie erstellen, um an anderer Stelle einzufü-
  gen)
- *Einfügen* (ein in der Zwischenablage befindliches Objekt an
  dieser Stelle einfügen)
- *Löschen* (das markierte Objekt löschen)
- *Umbenennen* (das markierte Objekt umbenennen)
- *Komprimieren...* (Komprimieren der Datei)

- *Eigenschaften* (die Objektinformationen – wie z.B. Typ, Größe, Name, Zugriffsberechtigungen – werden hierüber angezeigt)

Die Web-Browser-Schaltfläche

Der vorinstallierte *Web-Browser* lautet *Midori* und ist für grundlegende Suchen im Internet sicherlich gut geeignet. Er ist Ressourcen schonend und recht fix, was für leistungsschwächere Systeme sicherlich die richtige Wahl ist. Er kann natürlich nicht mit dem Funktionsumfang von *Firefox*, *Internet-Explorer* oder *Opera* mithalten, um nur einige zu nennen. Doch das will er auch nicht, denn lt. Entwickler soll er schnell, schlank und funktionell arbeiten. Sicher eine gute Wahl für den *Raspberry Pi*.

Die Fenster-verbergen-Schaltfläche

Über die Schaltfläche *Fenster verbergen*, kannst du, falls es einmal notwendig sein sollte, alle auf dem Desktop befindlichen Fenster mit einem Klick minimieren, so dass sie lediglich noch in der Taskleiste sichtbar sind. Angenommen, du hättest *10* Fenster geöffnet und die Übersichtlichkeit wäre um denselben Faktor gesunken. Jetzt kannst du natürlich hingehen und jedes einzelne geöffnete Fenster minimieren, was ganz schön mühsam ist. Klicke auf diese Schaltfläche, und im Handumdrehen sind alle Fenster scheinbar verschwunden.

Die Desktop-wechseln-Schaltflächen

Der grafische Fenstermanager verfügt über ein nettes und sicherlich sehr sinnvolles Feature. Da dein Display bzw. Monitor in seinen Ausmaßen begrenzt ist, kannst du bei entsprechend großer Anzahl geöffneter Fenster schon einmal den Überblick verlieren. Aus diesem Grund gibt es die Möglichkeit, mehrere virtuelle Displays zu verwalten. Die beiden Schaltflächen, die ich hier im Bild umrandet habe, kannst du nutzen, um zwischen zwei Desktops zu wechseln.

▶▶ Das könnte wichtig für dich sein

Denselben Effekt kannst du auch erreichen, indem du am *Mausrad* drehst, wenn sich dein Mauszeiger über dem freien *Desktop* befindet und nicht innerhalb eines geöffneten Fensters verweilt.

Um direkt zu einem bestimmten Programm zu springen, das sich ggf. auf einem anderen Desktop befindet, kannst du einen Trick anwenden. Falls deine Maus eine mittlere Maustaste hat, kannst du sie einmal auf freiem Desktop-Hintergrund drücken. Verfügt die Maus nur über 2 Tasten, dann drücke beide gleichzeitig, und es öffnet sich ein Menü. Ich habe auf meinem System einfach einmal auf den beiden Desktops mehrere Anwendungen gestartet. Schau her, was das Menü zur Auswahl anbietet:

Abbildung 4-11 ▶
Schnellauswahl einzelner Anwendungen auf unterschiedlichen Desktops

Auf *Desktop 1* habe ich ein *Terminal-Fenster* und den *Datei-Manager* gestartet. Wogegen auf *Desktop 2* der *Web-Browser Midori* zu finden ist. Über einen entsprechenden Mausklick auf einen der Menüpunkte kann ich dann unmittelbar zum gewünschten Programm springen.

▶▶ Das könnte wichtig für dich sein

Falls dir die zwei angebotenen virtuellen Desktops zu wenig erscheinen, füge einfach über den Menüpunkt *Neuen Desktop hinzufügen* weitere hinzu. Über *Letzten Desktop entfernen* entfernst du den zuletzt hinzugefügten wieder.

Icons am rechten Rand der Taskleiste

Sicherlich sind dir auch schon die Icons am rechten Rand der *Taskleiste* aufgefallen.

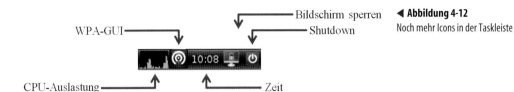

WPA-GUI —

Bildschirm sperren

Shutdown

CPU-Auslastung

Zeit

◀ **Abbildung 4-12**
Noch mehr Icons in der Taskleiste

Sie haben folgende Funktion:

- *CPU-Auslastung* (Anzeige der Prozessorauslastung in Form eines kleinen Peak-Diagramms)
- *WPA-GUI (Netzwerk-Konfiguration)*
- *Aktuelle Uhrzeit* (Anzeige der aktuellen Uhrzeit, die jedoch nicht immer stimmt, da dein *Raspberry Pi* nicht über einen Uhrenchip verfügt. Die Aktualisierung kann über einen sogenannten *Time-Server* – via *NTP: Network Time Protocol* – erfolgen)
- *Bildschirm sperren* (Sperren des Desktops; Entsperrung kann nur über Eingabe des Passwortes erfolgen)
- *Shutdown* (sauberes He*runterfahren, Rebooten* bzw. *Ausloggen* deines *Raspberry Pis*) Nach der Auswahl kommt das folgende *Dialog-Fenster* zum Vorschein.

◀ **Abbildung 4-13**
Logout-Dialog

Weitere nützliche Programme

Wollte ich auf alle vorinstallierten Programme eingehen, könnte ich darüber ein eigenes Buch verfassen. Dennoch möchte ich es nicht versäumen, einige nützliche Programme zu erwähnen, die im täglichen Umgang mit deinem *Raspberry Pi* wirklich gute Dienste leisten.

Ein Texteditor

Was wäre eine grafische Benutzeroberfläche ohne eine Anwendung, mit der man einfache Texte schreiben kann. Eines der Programme nennt sich *Leafpad* und ist im Menüpunkt *Zubehör* zu finden.

Abbildung 4-14 ▶
Das Text-Editor-Fenster
von Leafpad

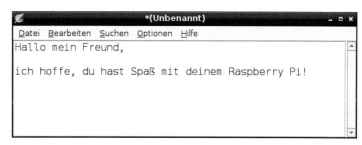

Gibt es keine einfachere Möglichkeit, ein derart häufig benötigtes Programm heranzukommen? Ich meine, ein Icon auf dem Desktop wäre doch sicherlich was Feines.

Klar, *RasPi*, das ist eine gute Idee, und hier kommt die Lösung. Wähle einfach den Menüeintrag aus und klicke mit der rechten Maustaste darauf. Das *Kontext-Menü* bietet dir den Punkt *Dem Desktop hinzufügen* an.

Abbildung 4-15 ▶
Das Icon von Leafpad dem Desktop
hinzufügen

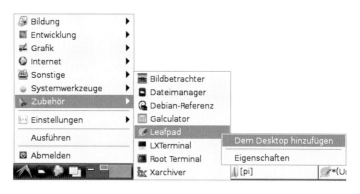

Danach findest du ein entsprechendes Icon dieser Anwendung auf deinem *Desktop* wieder.

> Ok, da kann aber etwas nicht stimmen. Ich habe mit diesem Programm einmal versucht, die Datei */etc/sudoers* zu öffnen. Das ist aber kläglich gescheitert.

Hey, *RasPi*, trotz Fehlschlag, ein guter Punkt! Du hast sicherlich die folgende Fehlermeldung bekommen:

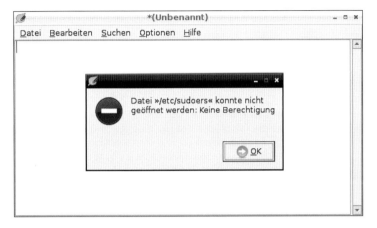

◀ **Abbildung 4-16**
Die Datei /etc/sudoers konnte nicht geöffnet werden

Die Meldung *Keine Berechtigung* bedeutet soviel wie: *Zugriff verweigert* – und das ist auch richtig so. Du bist ein ganz *normaler Benutzer* auf diesem System und darfst eine so brisante Datei, die anderen Benutzern ggf. *Root-Rechte* überträgt, nicht editieren. Da du aber in eben dieser Datei als Benutzer eingetragen bist – ich hatte das schon erwähnt – kannst du einfach über die folgende Eingabe in einem *Terminal-Fenster* die Datei */etc/sudoers* editieren.

```
sudo leafpad
```

> Ok, das habe ich ausprobiert, und ich bin zuerst wieder auf die Nase gefallen. Ich habe nämlich *sudo Leafpad* eingegeben und habe gleich die Quittung bekommen. Das *Terminal-Fenster* gab mir die Meldung *sudo: Leafpad: command not found* zurück.

Das ist wiederum verständlich, *RasPi*. Du hast dich bei der Eingabe des Programm-Namens sicherlich am Icon auf dem Desktop orientiert. Dort steht nämlich *Leafpad* mit einem großen L. Ich hatte bisher noch nicht erwähnt, dass die Eingaben in einem *Terminal-Fenster* in Hinblick auf die *Groß- / Kleinschreibung* analysiert werden. Im Fachjargon nennt man das *Case-Sensitive*. Die folgenden Eingaben sind also wirklich *nicht* gleich:

- leafpad
- Leafpad

Achte also immer auf deine Schreibweise, und auch wenn du denkst, du hast alles richtig geschrieben, überprüfe es hinsichtlich der *Groß- / Kleinschreibung* noch einmal. Das ist auch bei diversen Programmiersprachen wie z.B. *Python*, *C* bzw. *C++* der Fall. Ich komme später noch einmal darauf zu sprechen, denn für die Programmiersprachen habe ich ein eigenes Kapitel vorgesehen.

Achtung

> Es kann sehr kritisch werden, wenn du */etc/sudoers* editierst und einen Fehler einbaust, so dass die Struktur nicht mehr stimmt. Es ist dir dann nicht mehr möglich, über *sudo* Root-Rechte zu erlangen. Somit kannst du auch die fehlerhafte Datei nicht mehr korrigieren und hast dir den Ast abgesägt, auf dem du sitzt. Unter *Debian Wheezy* existiert kein Root-User mit einem zugewiesenen Passwort, so dass es aus diesem Grund sicherlich ratsam ist, wenn du einen zweiten User mit Root-Rechten anlegst.

Um dem User *root* ein Passwort zu vergeben, schreibst du Folgendes in ein *Terminal-Fenster*:

```
# sudo passwd root
```

Im Anschluss wirst du aufgefordert, das Passwort *zweimal* einzugeben. Jetzt kannst du über die Eingabe

```
# su -
```

zum *Root-User* wechseln. Möchtest du die *Root-Session* verlassen, die sowieso nur kurzzeitig zu administrativen Zwecken genutzt werden sollte, drückst du entweder *Ctrl-D* oder gibst *exit* ein.

Ein Task-Manager

Du hast in diesem Kapitel einiges über die *Taskleiste* erfahren, und dass dort die gestarteten Programme angezeigt werden. Du kannst dir mit einer Anwendung, die sich *Task-Manager* nennt, diese einzelnen Prozesse genauer anschauen und ggf. direkt auf sie einwirken. Gestartet wird er über das *Systemwerkzeuge-Menü*.

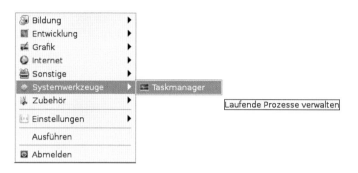

Die Ausgabe des *Task Managers* zeigt die einzelnen Tasks, die auch *Prozesse* genannt werden, in einer Listenform an.

Es ist deutlich zu sehen, wer User des einzelnen Prozesses ist, wie viel CPU-Leistung der Prozess gerade beansprucht und noch viele andere Informationen mehr. Im oberen Bereich wird die Gesamtauslastung der CPU angezeigt, was die Summe aller laufenden Prozesse ist. Rechts daneben siehst du die derzeitige Speicherauslastung. Über das Kontext-Menü kannst du jeden einzelnen Prozess direkt ansprechen und entscheiden, was mit ihm passieren soll. Ich habe einfach einmal einen Prozess ausgewählt, um mir das Kontext-Menü anzuschauen. Es kann u.U. sehr riskant sein, wenn du nicht weißt, was ein einzelner Prozess zu bedeuten hat und wofür er verantwortlich ist. Bei entsprechenden Rechten bist du in der Lage, jeden Prozess *abzuschießen*, also zu beenden. Das kann bedeuten, dass du dir ggf. den Ast absägst, auf dem du gerade sitzt.

- *Stop* (Anhalten eines Prozesses)
- *Continue* (Fortführen eines zuvor gestoppten Prozesses)
- *Term* (Terminate = Beenden eines Prozesses)
- *Kill* (Abschießen eines Prozesses, falls Term keine Wirkung zeigt)
- *Priority* (Anpassen der Ausführungs-Priorität. Spielt eine Rolle in einem Multitasking-System)

Der Bildbetrachter (Image Viewer)

Es kann sicherlich einmal vorkommen, dass du dir Bilder auf deinem System anschauen möchtest. Heutzutage werden Bilddateien in unterschiedlichsten Formaten abgespeichert und haben dabei Endungen wie *jpg*, *png* oder *tiff*, um wieder nur einige zu nennen. Du findest den *Bildbetrachter* im Menü *Zubehör*.

Abbildung 4-19 ▶
Der Aufruf des Bildbetrachters

Auf dem folgenden Bild erkennst du einen Screenshot, den ich für das Buch erstellt habe.

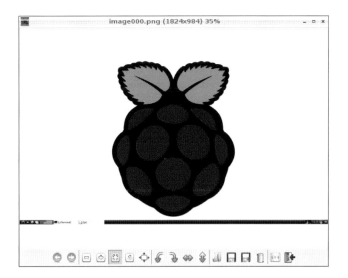

◀ **Abbildung 4-20**
Der Bildbetrachter

> Kann ich damit auch meine Fotos anschauen, die ich alle auf meinem USB-Stick gespeichert habe? Wäre doch sicherlich eine coole Sache!

Natürlich kannst du das, *RasPi*. Das bringt mich zu einem Thema, das ich eigentlich erst später anschneiden wollte, doch es passt wunderbar an diese Stelle. Schau einmal her, ich habe an meinen *Raspberry Pi* einen passiven *USB-HUB* angeschlossen und daran die *Maus*, *Tastatur* und auch einen *USB-Stick*. Mit diesem Stick transportiere ich übrigens auch die auf dem *Raspberry Pi* gemachten Screenshots auf meinen *PC*. Das ist eine feine Sache und es geht richtig schnell. Noch schneller geht's natürlich mit Samba, doch dazu später mehr.

USB-Stick

Tastatur & Maus

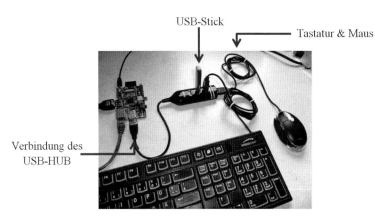

◀ **Abbildung 4-21**
Der USB-Stick wird über den passiven USB-HUB angeschlossen

Verbindung des USB-HUB

Verbindest du deinen *USB-Stick* mit dem *USB-HUB*, dann registriert das Betriebssystem dies automatisch und es wird ein *Dialog-Fenster* geöffnet, das dir anbietet, den *Datei-Manager* zu starten. Dann kannst du über ihn sehr komfortabel auf deinen *USB-Stick* zugreifen und den Inhalt sichtbar machen. Schau her:

Abbildung 4-22 ▶
Nachdem der USB-Stick eingesteckt wurde, erscheint nach kurzer Zeit ein Dialog-Fenster

Das System teilt dir mit: »*Hey, ich habe ein Speichermedium registriert, das du gerade eingesteckt hast. Ich schlage vor, dass ich den Datei-Manager öffne, denn das wäre in diesem Fall sicherlich sinnvoll!*« Klickst du auf den *OK-Button*, wird die angebotene Aktion ausgeführt. Ich zeige dir an dieser Stelle einmal eine sehr interessante Möglichkeit, *das* sichtbar zu machen, was *Linux* so alles zur Laufzeit an Systemereignissen registriert. Das können Meldungen sein, die z. B. in folgende Kategorien fallen:

- Fehler
- Warnungen
- einfache Statusmeldungen

Eine dieser *Log-Dateien* hat den folgenden Pfad bzw. Namen:

```
/var/log/messages
```

Um den Inhalt dieser Datei anzeigen zu lassen, nutzen wir einen besonderen Mechanismus. Ein einfaches Anzeigen über das dir schon bekannte *cat*-Kommando wäre eine recht statische Angelegenheit, denn du würdest nur *das* sehen, was gerade zum Zeitpunkt der Ausführung des Befehls in der *Log-Datei* enthalten ist. Alle neu ankommenden Meldungen siehst du damit nicht, es sei denn, du führst das *cat*-Kommando erneut aus. Aus diesem Grund nutzen wir das *tail*-Kommando. Damit kannst du die letzten Zeichen einer Datei ausgeben, was in diesem Fall sehr sinnvoll erscheint, denn die *Systemmeldungen* bzw. *-ereignisse* werden der *Log-Datei* naturgemäß immer *unten* angefügt. Übersetzen können wir *tail* mit *der Rest* oder *das Ende*. Das alleine würde aber noch keinen so richtigen Vorteil gegenüber *cat* bedeuten. Das *tail*-Kommando besitzt eine Menge Optionen, die durch die Übergabe von sogenannten *Schaltern* die Ausführung beeinflussen. Führen wir *tail* mit dem Zusatz *-f* aus, so wird der Inhalt kontinuierlich dargestellt, wobei die angegebene Datei geöffnet bleibt. Alle neu angefügten Zeilen werden zur Anzeige gebracht und – *hey…* das ist genau das, was wir wollen! Schauen wir uns das an unserem Beispiel für den eingesteckten *USB-Stick* genauer an. Ich habe also das folgende Kommando in meinem *Terminal-Fenster* abgesetzt:

```
# tail -f /var/log/messages
```

Danach habe ich meinen *USB-Stick* mit dem *USB-HUB* verbunden. Die Ausgabe sah wie folgt aus:

▼ **Abbildung 4-23**
Die Ausgabe des tail-Kommandos

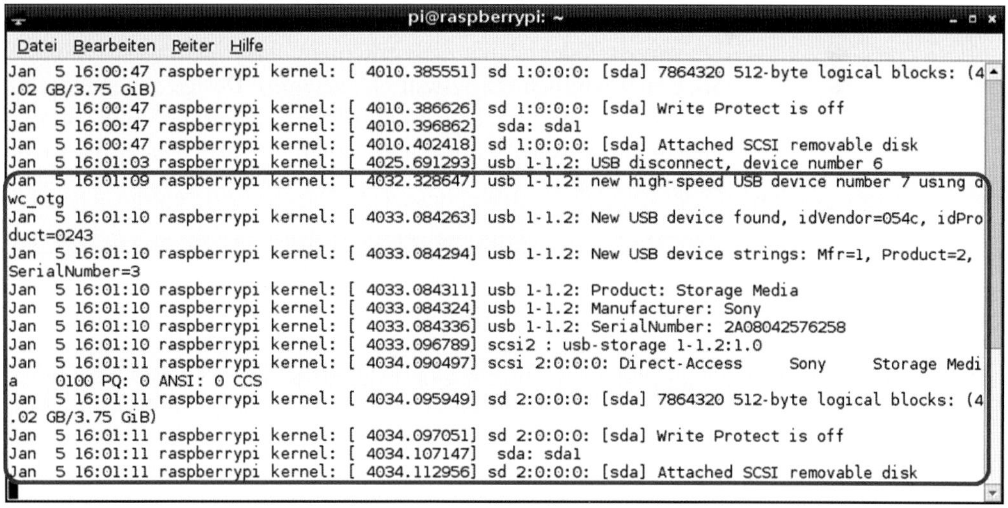

Ich habe *den* Teil rot umrandet, der nach dem Einstecken des *USB-Sticks* hinzugekommen ist. Was sind das für entscheidende Meldungen?

1. *New USB device found* (Es wurde ein neues USB-Gerät am System bemerkt.)

2. *Product: Storage Media* (Es wurde als Speichermedium erkannt.)

3. *Manufacturer: Sony* (Der Hersteller ist die Firma Sony.)

4. *[sda] 7864320 512-byte logical blocks: (4.02 GB/3.75 GiB)* (Angabe der Speichergröße)

5. *[sda] Write Protect is off* (Der Schreibschutz ist ausgeschaltet.)

6. *sda: sda1 (Wo befindet sich der USB-Stick im Dateisystem?)*

Hinsichtlich des letzten Punktes habe ich noch einmal das *df –h*-Kommando abgesetzt, um die Angabe zu verifizieren.

Abbildung 4-24 ▶
Die Ausgabe des df -h Kommandos

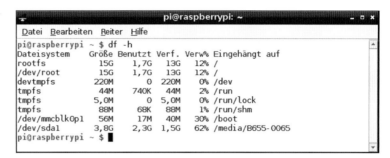

Du kannst in der letzten Zeile erkennen, dass der eingesteckte *USB-Stick* sich wirklich im System als */dev/sda1*-Device angemeldet hat und im Dateisystem den *Mount-Point /media/B655-0065* besitzt. Genau diese Angabe findest du auch im *Datei-Manager* in der Kopfzeile wieder.

Jetzt kannst du deinen *USB-Stick* als eingebundenes Speichermedium innerhalb des *Raspberry Pi* nutzen. Eines solltest du jedoch unbedingt beachten: Führst du eine Schreibaktion auf deinem *USB-Stick* aus, solltest du den Stick nach getaner Arbeit nicht einfach vom System abziehen. Es besteht die Möglichkeit, dass noch nicht alle Daten auf den Stick übertragen wurden und sich noch im *Cache* – einer Art Zwischenspeicher – befinden. Ohne sicheres Abmelden des *USB-Sticks* besteht die Gefahr des Datenverlustes.

— Kapitel 4: Der wirkliche Start

Nutze also z. B. den *Datei-Manager* zum sicheren Abmelden deines
Sticks vom System.

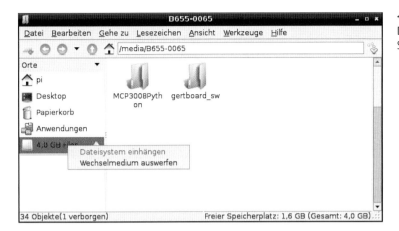

◀ **Abbildung 4-25**
Den USB-Stick vom
System abmelden

Über das Kontext-Menü musst du den Punkt *Wechselmedium aus-werfen* auswählen. Anschließend verschwindet der Eintrag des
USB-Sticks aus der linken Liste. In meinem Fall ist das der mit dem
Namen *4.0 GB Filesystem*.

Ein paar wichtige Linux-Kommandos bzw. Grundlagen im Detail

Ich habe dich schon mit einigen Linux-Kommandos konfrontiert,
auf die ich an dieser Stelle noch detaillierter eingehen möchte. Des
Weiteren gibt es einige Linux-Grundlagen, über die du unbedingt
Bescheid wissen solltest. Dieser Abschnitt wird dich mit dem not-wendigen Rüstzeug versehen, damit du das Arbeiten innerhalb
eines *Terminal-Fensters* besser verstehst. Später im Buch
(Kapitel 18, *Linux-Grundlagen*) gehe ich nochmals ausführlicher
auf die Linux-Grundlagen ein.

Das sudo-Kommando

Dieses Kommando gestattet ausgewählten Benutzern die Ausfüh-rung von Programmen unter einem anderen Login-Namen. Ein
normaler Benutzername wie z. B. der, mit dem du dich eingeloggt
hast, also *pi*, ist bestimmten Restriktionen unterworfen. Es ist mit

den jetzigen Rechten nicht möglich, ein so systemrelevantes Programm wie *GParted* zu starten und möglicherweise Unheil damit anzurichten. Dieses administrative Programm darf nur jemand ausführen, der z. B. vom Master-User *root* dazu ermächtigt wurde. Zu diesem Zweck existiert eine besondere Datei, die sich im */etc*-Verzeichnis befindet und sich *sudoers* nennt. Sie kann standardmäßig nur von *root* eingesehen bzw. modifiziert werden. In ihr sind die Benutzer hinterlegt, die über das *sudo*-Kommando erweiterte Rechte erhalten können. Ich werde sie mal öffnen und dir den Inhalt zeigen:

Abbildung 4-26 ▶
Der Inhalt von /etc/sudoers

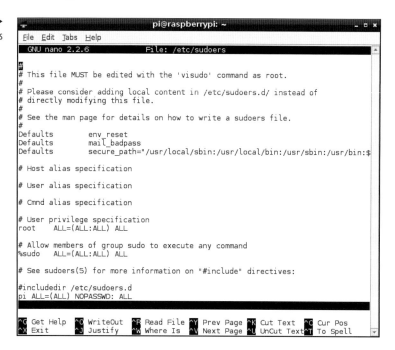

In der letzten Zeile siehst du den Eintrag des Users pi, der also über das *sudo*-Kommando Root-Rechte erlangen kann. Der Eintrag *NOPASSWD* bedeutet, dass der User *pi* sich nicht identifizieren muss und quasi zum *Super-Duper-User* wird, der die gleiche Macht wie *Root* hat, um das System zu administrieren oder zu zerstören. Für weitere Informationen muss ich auf einschlägige Literatur bzw. den Anhang dieses Buches verweisen. Es gibt eine Menge Möglichkeiten, die hier einfach den Rahmen sprengen würden. Damit du dir die *sudoers*-Datei anschauen kannst, musst du z. B. in das */etc*-Verzeichnis wechseln. Dies wird mittels eines speziellen Kommandos ermöglicht.

Das cd-Kommando

Die Navigation innerhalb des Dateisystems erfolgt über das *cd*-Kommando. Diese Abkürzung steht für *change directory*. Du kannst nach dem *cd*-Kommando einen Pfad angeben, zu dem du wechseln möchtest. Dazu gibt es zwei Ansätze:

- Angabe eines absoluten Pfades
- Angabe eines relativen Pfades

Fangen wir mit dem *absoluten Pfad* an. Ein absoluter Pfad beginnt immer mit einem / (*Slash*), also im Root-Verzeichnis, wie das auch gerade bei */etc* zu sehen war. Wenn das *etc*-Verzeichnis noch weitere Unterverzeichnisse besitzt, was ja der Fall ist, kannst du dort auch direkt hineinspringen, indem du z. B. cd */etc/python* angibst. Nun zum relativen Pfad, der niemals mit einem / in der Pfadangabe beginnt. Wenn du dich, wie im ersten Beispiel, über *cd /etc* in das *etc*-Verzeichnis begeben hast und jetzt in das darunterliegende python-Verzeichnis wechseln möchtest, musst du nicht noch einmal den kompletten absoluten Pfad angeben. Du befindest dich ja schon in *etc* und kannst von dort aus weiternavigieren. Dazu gibst du einfach *cd python* ein und landest somit im gewünschten *python*-Verzeichnis. Wenn du wieder auf eine Hierarchieebene höher zu *etc* navigieren möchtest, ist es ebenfalls nicht notwendig, wieder den kompletten absoluten Pfad anzugeben. Tippe einfach *cd ..* ein und du landest wieder auf der nächsthöheren Ebene im *etc*-Verzeichnis.

Das pwd-Kommando

Solltest du einmal den Überblick über deine Position im Dateisystem verloren haben, kannst du dich des *pwd*-Kommandos bedienen. Die Abkürzung steht für *print working directory*. Als Ergebnis wird dir der absolute Pfad angegeben, in dem du dich aktuell befindest. Ich schlage vor, dass du einfach einmal mit diesen Kommandos spielst und dich beliebig im Dateisystem bewegst. Es kann dabei nichts passieren, was dazu führen könnte, dass das System in irgendeiner Weise beschädigt wird.

Das cat-Kommando

Die Konfigurationsdateien unter Linux sind zum größten Teil textbasiert. Ihren Inhalt kannst du dir mit dem *cat*-Kommando anschauen. Die Abkürzung steht für *concatenate*. Gib *cat* und dann die gewünschte Datei an, also z.B. *cat /etc/hosts*. Für die *sudoers*-Datei sieht die Sache hinsichtlich der Berechtigungen schon etwas anders aus. Ein normaler Benutzer darf sich den Inhalt nicht anschauen. Deshalb musstest du dich auch des vorangestellten *sudo*-Kommandos bedienen.

> Wie werden eigentlich die Rechte vergeben bzw. wie kann ich sie mir anschauen?

Gute Frage, *RasPi*! Dazu musst du z.B. das *ls*-Kommando eingeben, das ja zur Anzeige des Dateisystems genutzt wird. Schau her:

Das ls-Kommando

Dieses Kommando haben wir ja schon einige Male genutzt, damit der Inhalt des Dateisystems sichtbar wird. Die beiden Buchstaben *ls* stehen für *list*, was auflisten bedeutet. Wenn du den Schalter *-l* anfügst, was für *long format* steht, werden dir Detailinformationen angezeigt. Das wollen wir uns einmal kurz näher ansehen. Wenn du lediglich *ls -l* eingibst, werden alle Dateien bzw. Verzeichnisse des Verzeichnisses angezeigt, in dem du dich gerade befindest. Soweit ist das nichts Neues für dich. Schauen wir uns aber die Ausgabe von *ls* zunächst ohne und dann mit dem Zusatz *-l* an:

Abbildung 4-27 ▶
Das ls-Kommando

```
pi@raspberrypi: ~/Demonstration                    _ □ ✕
Datei  Bearbeiten  Reiter  Hilfe
pi@raspberrypi ~/Demonstration $ ls
Directory1  Directory2  secret
pi@raspberrypi ~/Demonstration $ ls -l
insgesamt 12
drwxr-xr-x 2 pi pi 4096 Jan  5 16:08 Directory1
drwxr-xr-x 2 pi pi 4096 Jan  5 16:08 Directory2
-rw-r--r-- 1 pi pi   16 Jan  5 16:09 secret
pi@raspberrypi ~/Demonstration $ █
```

Ich befinde mich unterhalb des Home-Verzeichnisses im Verzeichnis Demonstration, wobei das *Tilde*-Zeichen ~ immer für *Home* steht. Nach der Eingabe von *ls* werden drei Dateisystem-Objekte angezeigt:

- directory1
- directory2
- secret

Wenn directory1 und directory2 keine so verräterischen Namen hätten, würdest du nicht wissen, was eine *Datei* ist und was ein

Verzeichnis. Das erfährst du dann über die Ausgabe im *long format*. Ganz links außen in der jeweiligen Zeile kannst du den Unterschied zwischen Datei und Verzeichnis erkennen.

◀ **Abbildung 4-28**
Die unterschiedliche Kennung bei
Datei und Verzeichnis

```
                 - steht für file
 ↓
-rw-r--r--  1  pi  pi   16    Jan 5   16:09   secret

                 d steht für directory
 ↓
drwxr-xr-x  2  pi  pi  4096   Jan 5   16:08   Directory1
```

Rechts vom ersten Zeichen befinden sich schon andere, sehr merkwürdige Zeichen, deren Sinn sich nicht auf Anhieb erschließt. Es werden immer drei Zeichen zu einer Gruppe zusammengefasst. Es gibt drei solcher Gruppen, die für folgende Kategorien stehen:

- User
- Group
- Other

Die Zeichen stehen für die Zugriffsrechte, die für die jeweilige Datei bzw. das Verzeichnis gelten. Jede der eben angeführten Kategorien kann die folgenden Rechte aufweisen:

- r: Read (Leserecht)
- w: Write (Schreibrecht)
- x: Execute (Ausführungsrecht)

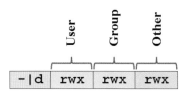

Dabei steht -|d für entweder – (*Datei*) oder d (*directory*).

> Der Unterschied zwischen den einzelnen Kategorien ist mir noch nicht ganz klar. Kannst du bitte etwas genauer darauf eingehen!?

Klar, *RasPi*! Wenn z.B. eine Datei oder ein Verzeichnis von einem Benutzer angelegt wird, ist er automatisch der Eigentümer, also der *User*. Er hat dann alle Rechte, die es ihm erlauben, dieses Objekt zu *lesen*, zu *ändern* oder wieder zu *löschen*. Wird eine Datei angelegt, erhält der entsprechende Eigentümer standardmäßig die Lese- bzw. Schreibrechte. Das wäre dann die folgende Kombination:

```
rw-
```

Das Ausführungsrecht wird beim Anlegen einer Datei standardmäßig nicht gesetzt, weil nicht jede Textdatei auch einen ausführbaren Inhalt enthält, denk z. B. mal an ein Shell-Skript. Alle anderen bekämen die folgenden Rechte:

```
r--    r--
```

Das bedeutet lediglich Leseberechtigung für *Gruppen* und *Andere*. Was sind aber *Gruppen* bzw. *Andere?* Wir nehmen einmal an, dass es in einer Firma unterschiedliche Abteilungen gibt, die mit abweichenden Aufgaben betraut sind. Jede Abteilung verfügt natürlich über mehrere Mitarbeiter, die abteilungsbezogen alle die gleichen Rechte besitzen. Die *Entwicklungsabteilung* darf nur auf bestimmte Verzeichnisse zugreifen, die zur Erfüllung ihrer Programmiertätigkeiten genutzt werden müssen. Also dort, wo sich z. B. die Quellcodedateien befinden. Die *Beschaffungsabteilung* hingegen nutzt andere Verzeichnisse auf dem Server, die die für die Beschaffung von IT-Equipment notwendigen Formulare beinhaltet. Beide Abteilungen sollten keinen Zugriff auf die Verzeichnisse bzw. die in ihnen enthaltenen Dateien der jeweils anderen haben. Aus diesem Grund werden *Gruppen* angelegt, die die Zugriffrechte regeln. Jeder Gruppe werden Benutzer hinzugefügt bzw. es werden Benutzer aus ihr entfernt, so dass das Anpassen der Rechte für jeden einzelnen Benutzer entfällt. Sind neue Rechte für eine Gruppe erforderlich, muss nicht jeder Benutzer einer Rechteanpassung unterzogen werden, sondern lediglich die übergeordnete Gruppe. Ist ein Benutzer keiner Gruppe zugeordnet, dann agiert er außerhalb seines *Home*-Verzeichnisses als Fremder und fällt in die Kategorie *Andere*.

> Ok, das habe ich verstanden. Ich habe noch eine Frage zum angesprochenen Ausführungsrecht bei Dateien. Das ist auch soweit verständlich. Was aber bedeutet denn ein *Ausführungsrecht* bei Verzeichnissen? Wenn ich mir das *directory1* anschaue, sind dort die Ausführungsrechte gesetzt. Das macht aber wenig bis überhaupt keinen Sinn – nicht wahr!?

Vollkommen richtig, *RasPi*! Diese Kennzeichnung wird bei Verzeichnissen dazu genutzt, zu bestimmen, ob ein Benutzer z.B. mit dem *cd*-Kommando in sie hineinwechseln kann. Ist es nicht gesetzt, ist der Zugriff verwehrt. Hat ein Benutzer die erforderlichen Rechte, kann er natürlich die Zugriffsrechte anpassen. Das erfolgt über das *chmod*-Kommando. Die Syntax dafür lautet wie folgt:

```
chmod Rechte Datei|Verzeichnis
```

Um z.B. der Datei *secret* Gruppen-Schreibrechte zu verleihen, wird die folgende Syntax verwendet:

```
# chmod g+w secret
```

Um die Rechte wieder zu entziehen, schreiben wir dies:

```
# chmod g-w secret
```

Nähere Informationen findest du im Anhang.

> Eine Sache hast du aber sicherlich noch vergessen. Hinter den ganzen kryptisch aussehenden Zeichen für *User*, *Group* und *Other* stehen noch zwei Namen. Also *pi* und noch einmal *pi*. Was hat es damit auf sich?

Nun, auf diese Weise ist sofort ersichtlich, wie zum einen die *Login-Kennung* und zum anderen der Gruppenname des Dateibesitzers lautet. Schau her:

```
                              Login-Name (Owner)
                         ┌─────────
                         ↓
-rw-r--r--   1   pi   pi   18   Nov 27   18:34   secret
                         ↑
                         └─────────
                              Group-Name (Owner)
```

Weiter rechts findest du das Datum bzw. die Uhrzeit der letzten durchgeführten Modifikation und ganz rechts den eigentlichen Dateinamen, nur um schon mal weiteren Frage vorzubeugen!

Wenn du nähere bzw. weitere Informationen über verwendete Linux-Kommandos haben möchtest, wirf doch einen Blick in das Kapitel über die Linux-Grundlagen.

Die Software-Installation

5

Dein Grundverständnis für die Arbeit mit deinem *Raspberry Pi* ist in meinen Augen nun auf einem solchen Level, dass du in der Lage sein solltest, eigene Software zu installieren. Auf einem Debian-System wird die Softwareverwaltung, die sich eigentlich Paketverwaltung nennt, mit der Benutzerschnittstelle *apt-get* gehandhabt. Es handelt sich dabei um ein Kommandozeilen-Tool, das jedoch sehr einfach zu bedienen ist, und als angehender Linux-Spezialist, der du ja nun bist, macht das Tippen der Befehle echt Spaß. Du wirst schnell erkennen, dass es nicht immer ein Programm mit einer schicken Oberfläche sein muss, um ans Ziel zu gelangen. *APT* ist übrigens die Abkürzung für *Advanced Packaging Tool*. Am Ende dieses Kapitels stelle ich noch eine alternative Paket-Installation über *wget* bzw. *dpkg* vor.

- Wie funktioniert *apt-get*?
- Wie wird ein *apt*-Paket installiert?
- Wie kann man ein *apt*-Paket wieder deinstallieren?
- Wie kann ein *apt*-Paket auf den neuesten Stand gebracht werden?
- Wie kann man mit *wget* eine Datei aus dem Internet laden?
- Wie kannst du dein Debian-Paket mit dem *dpkg*-Kommando installieren?
- Welche nützlichen Softwarepakete gibt es außerdem noch?

Die Paketverwaltung mit apt-get

Wenn du bisher mit dem *Windows*-Betriebssystem gearbeitet hast, kennst du den normalen Vorgang einer Software-Installation. Du schaust dich im Internet um, oder die gewünschte Software befindet sich z.B. auf einer CD/DVD in einer PC-Zeitschrift, die es ja zuhauf gibt. Du klickst die *exe-* bzw. *msi-*Datei an und der Installationsvorgang wird gestartet. Ist ja auch nichts daran auszusetzen und gängige Praxis. Vergleichbares gibt es natürlich ebenfalls unter *Linux*, nur dass die Installationsdateien keine Endungen wie die o.g. aufweisen. Darauf komme ich später noch zu sprechen. Doch zuerst möchte ich auf die Möglichkeit hinweisen, Software(pakete) aus einem vordefinierten Pool bzw. Repository auszuwählen und darüber die Installation zu starten. Genau diese Strategie wird mit der oben angesprochenen *apt-get-*Benutzerschnittstelle verfolgt. Du kannst mit ihr folgende Aktionen durchführen:

- die Software aus dem Netz *herunterladen*
- die Software *installieren* und
- die Software *aktualisieren*

Es kann sein, dass bei bestimmten Pakten eine Abhängigkeit untereinander besteht, was bedeutet, dass das eine Paket nicht ohne das andere lauffähig ist, weil sich dort z. B. Bibliotheken befinden, die zur Laufzeit benötigt werden. Diese Abhängigkeiten werden erkannt und das benötige Paket gleich mit installiert. In der folgenden Abbildung ist dargestellt, wie der Installationsprozess schematisch abläuft. Natürlich steckt noch eine ganze Menge mehr dahinter, doch für den Anfang und für das Verständnis ist das vollkommen ausreichend.

Abbildung 5-1 ▶
Die Paket-Installation über apt-get

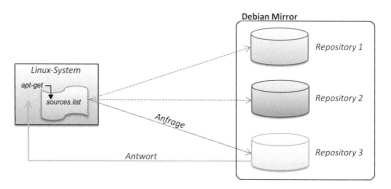

Auf deinem Rechner befindet sich im Verzeichnis */etc/apt/* die Datei *sources.list*. Sie enthält die *Repository-Informationen*, also an welcher Stelle die Pakete zu finden sind. Die URLs können dabei unterschiedlichen Charakter haben. In der Regel sind es Pfade irgendwo im *Netzwerk*, wobei aber auch *lokale Pfade* oder *CD-* bzw. *DVD-Laufwerke* als Quellen in Frage kommen. Wir wollen einmal sehen, wie der Inhalt dieser Datei auf meinem *Raspberry Pi* aussieht:

Kapitel 5: Die Software-Installation

◄ Abbildung 5-2
Der Inhalt der Datei /etc/apt/
sources.list

Der dort aufgelistete Pfad weist auf ein Repository im Internet, von dem ich Installationspakete beziehen kann.

Die Paket-Installation

Damit du ein Paket installieren kannst, verwendest du folgende Syntax:

```
sudo apt-get install <Paketname>
```

Im folgenden Beispiel wollen wir ein interessantes Tool installieren, das ich auch für die Screenshots auf meinem *Raspberry Pi* verwendet habe. Es nennt sich *scrot*. Ich habe Folgendes in mein *Terminal-Fenster* eingegeben:

◄ Abbildung 5-3
Die Installation des scrot-Paketes

Um jetzt ein Bildschirmfoto zu generieren, gibst du die folgende Zeile ein:

```
# scrot -d 5 -c image001.png
```

Die nachfolgenden Argumente haben dabei folgende Bedeutung:

- *-d 5*: Delay von *5 Sekunden*. Es dauert also die angegebene Zeit, bis das Bildschirmfoto geschossen wird. Damit hast du ggf. noch Zeit, um hier und da vielleicht ein Menü zu öffnen, das unbedingt mit auf dein Bildschirmfoto soll.

- *-c*: Diese Angabe ist optional und bedeutet, dass ein Zähler (*Count-Down*) angezeigt wird, der in diesem Fall von *5* bis *0* herunterzählt. Somit hast du eine optische Kontrolle, wann das Foto erstellt wird.

- *image001.png*: Das ist der *Dateiname*, unter der das Foto abgespeichert wird. Mögliche Endungen sind z.B. *png*, *jpg* oder *tiff*. Nähere Angaben dazu findest du im Internet.

Die Paket-Deinstallation

Um ein installiertes Paket wieder von deinem System zu entfernen, verwendest du die folgende Syntax:

```
# sudo apt-get remove <Paketname>
```

Eine Bemerkung am Rande

Möchtest du mehrere Pakete deinstallieren, kannst du ihre Paketnamen durch Leerzeichen getrennt hinten anfügen. Die gleiche Syntax kannst du auch für die *Installation* von Paketen benutzen.

Durch die Installation diverser Pakete werden auch Abhängigkeiten zu weiteren benötigten Paketen aufgelöst. Bei der Deinstallation werden sie nicht immer mit entfernt. Um diese ggf. ungenutzten Abhängigkeiten vom System zu entfernen, nutze die folgende Befehlszeile:

```
# sudo apt-get autoremove
```

Verwendest du *remove*, werden ggf. vorhandene Konfigurationsdateien nicht mit entfernt. Für das Entfernen sämtlicher globaler Konfigurationen nutze die folgende Syntax:

```
# sudo apt-get purge <Paketname>
```

Die Paket-Suche

Möchtest du wissen, ob ein bestimmtes Paket zur Installation zur Verfügung steht, kannst du den internen Cache nach einem oder mehreren Begriffen durchsuchen. Die Syntax dafür lautet:

```
# sudo apt-cache search <Suchbegriff>
```

Möchtest du z.B. alle Pakete ausfindig machen, die etwas mit der Programmiersprache *Python* zu tun haben, gibst du folgende

Befehlszeile ein. Ich habe noch eine nützliche Erweiterung hinzugefügt, weil die Ausgabe so lang ist, dass die Informationen recht schnell über das *Terminal-Fenster* huschen und du sie evtl. nicht sofort lesen kannst.

```
# sudo apt-cache search Python | less
```

Hinter dem Suchbegriff befindet sich ein | *Pipe-Symbol*, das die Ausgabe der ersten Anwendung an die zweite übergibt. Das Programm *less* eignet sich zum Betrachten großer Datenmengen. Du kannst die Ausgabe komfortabel durchblättern. Die Navigation erfolgt über die *Cursor Tasten*, was dir ein Vor bzw. Rückwärts blättern ermöglicht. Über die *Leertaste* kannst du die Ausgabe seitenweise umschlagen und über die *Taste Q* beenden.

Die Paket-Datenbank aktualisieren

Die Paketverwaltung nutzt zur eigenen Orientierung eine lokale Datenbank auf deinem System, um hinsichtlich der installierten Pakete bzw. deren Abhängigkeiten den Überblick zu wahren. Da sich Software im Laufe der Zeit ändert und Bugfixes bzw. Erweiterungen erstellt werden, ist es notwendig, diese Informationen mit in die Datenbank einfließen zu lassen. Das Kommando dafür lautet:

```
# sudo apt-get update
```

Dann wollen wir mal sehen, was die Paketverwaltung uns an Informationen zurückliefert.

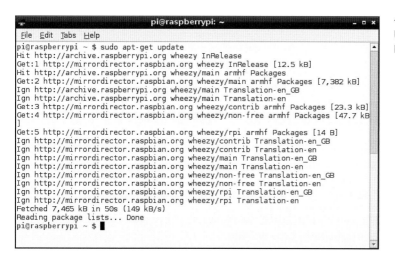

◄ Abbildung 5-4
Updaten der Paketverwaltungs-Datenbank

Bei diesem Prozess werden natürlich die Informationen aus der Datei */etc/apt/sources.list* ausgewertet.

Installierte Pakete aktualisieren

Mit der Option *update* hast du lediglich die interne Datenbank mit neuesten Paketinformationen versorgt, jedoch keine schon installierten Pakete aktualisiert. Das erreichst du über die Option *upgrade*. Das Kommando dafür lautet:

```
# sudo apt-get upgrade
```

Es werden durch diesen Befehl keine neuen Pakete installiert. Sollten sich durch neue Paketversionen Abhängigkeiten der Pakete untereinander ändern, so werden keine unnötigen Pakete deinstalliert.

So eine Softwareinstallation ist ja sehr komfortabel. Wenn ich an *Windows* denke, ist das schon ein wenig anders. Aber was mache ich, wenn ich eine Software auf meinem System installieren möchte, die nicht in einem der Repositories verfügbar ist oder mir das entsprechende Repository nicht bekannt ist? Dann bin ich ja ganz schön aufgeschmissen!

Hey, *RasPi*. Klasse Einwand! Für einen solchen Fall gibt es einen weiteren Ansatz.

▶▶ Das könnte wichtig für dich sein

Bevor du neue Softwarepakete über *sudo apt-get install* installierst, ist es ratsam, über *sudo apt-get update* die Datenbank zu aktualisieren, damit die Paketlisten auf dem neuesten Stand sind. In der Regel stehen fast täglich neue Updates zur Verfügung, so dass es sich lohnt, diesen Befehl in regelmäßigen Abständen auszuführen, damit du immer auf dem neuesten Stand bist.

Installationen über den Pi Store

Pi Store

Seit einiger Zeit gibt es als Bezugsquelle für Software und weitere Medien einen Shop im Internet, der sich *Pi Store* nennt. Auf der neuesten Raspbian-Version ist sogar ein entsprechendes Icon auf dem Desktop vorhanden, das den *Pi Store*-Client startet.

Für eine nachträgliche Installation bei nicht vorhandenem Client wähle die folgenden Befehle:

```
# sudo apt-get update
# sudo apt-get install pistore
```

Nach einem erfolgreichen Start gelangst du in den Pi Store und kannst in unterschiedlichen Kategorien nach dem Ausschau halten, was dich interessiert.

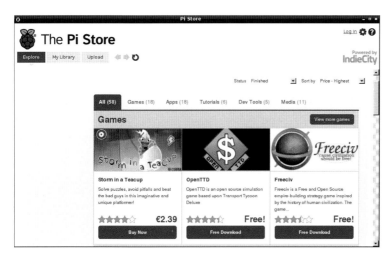

◀ **Abbildung 5-5**
Der Pi Store Client

Wie du auf dem Bild siehst, gibt es Angebote, die sowohl kostenpflichtig als auch kostenlos sind. Nach dem einmaligen Registrieren und späteren Einloggen kannst du sehr einfach und intuitiv die gewünschten Pakete installieren. Hast du selbst etwas für Community entwickelt, was du gerne anderen zur Verfügung stellen möchtest, dann ist auch ein Upload über den Pi Store sehr einfach.

Alternative Paket-Installation

Einen Fall haben wir schon ganz zu Beginn im *SD-Karten Setup-*Abschnitt behandelt, und vielleicht fällt es dir jetzt wieder ein. Ich habe auf meiner virtuellen Maschine in meinem Ubuntu-Hostsystem das Debian-Image heruntergeladen. Wie habe ich das gemacht? Nun, ich bin mit meinem Internet-Browser auf die Downloadseite gewechselt und habe dort den entsprechenden Link angeklickt. Ganz einfach, nicht wahr. Hier noch einmal zum Verständnis:

Abbildung 5-6 ▶
Debian-Image auf der Raspberry
Pi-Download-Seite

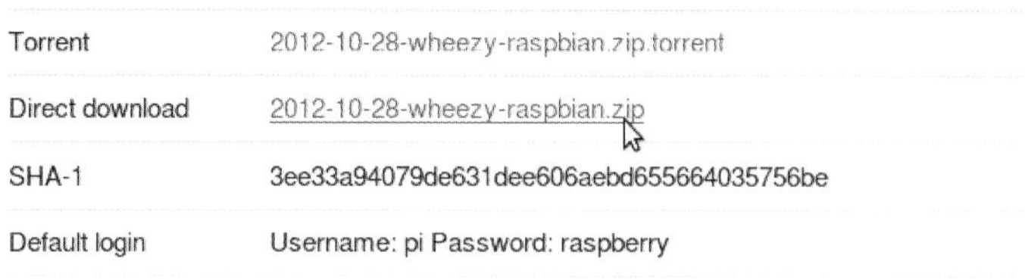

Torrent	2012-10-28-wheezy-raspbian.zip.torrent
Direct download	2012-10-28-wheezy-raspbian.zip
SHA-1	3ee33a94079de631dee606aebd655664035756be
Default login	Username: pi Password: raspberry

Ich habe den Mauszeiger einmal über dem Link des direkten Downloads verweilen lassen, so dass in der Browser-Statuszeile die dahinterliegende *URL* (*Internet-Adresse*) angezeigt wird. Es geht mir hier um die konkrete Adresse der herunterzuladenden Datei. Doch hier läuft man schnell in eine Falle, denn die angezeigte Adresse ist nicht *die*, die wir benötigen. Der Grund ist einfach. Klickst du auf den Link, wird auf eine weitere Internetseite verzweigt, wo sich der eigentliche Link für den Download befindet. Den benötigen wir. Verwendest du die erste Linkadresse, bekommst du lediglich den Download in Form einer *HTML*-Seite, die auf eine weitere verweist. Das kann nicht funktionieren.

Abbildung 5-7 ▶
Die Download-Adresse verbirgt sich
hinter dem Direct-Link

File: 2012-10-28-wheezy-raspbian.zip

File Size: 434.4 MiB

You will be redirected in 5 seconds. Don't want to wait? Use a Direct Link.

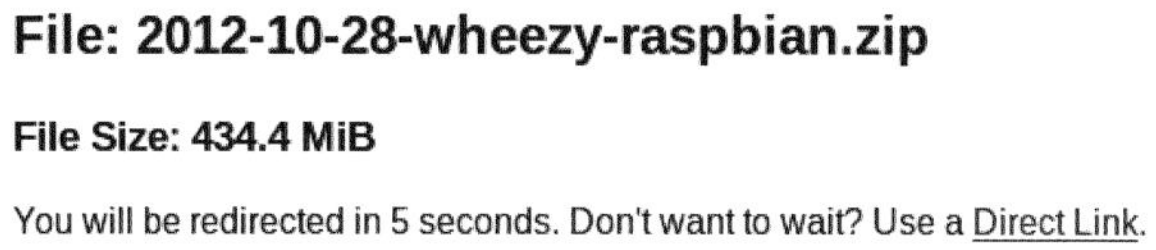

Die richtige Download-Adresse verbirgt sich hinter dem *Direct-Link*, der hier angeboten wird. Über das Kontext-Menü kannst du z.B. beim *Firefox* über den Punkt *Copy Link Location* die Adresse in die Zwischenablage kopieren. Wenn mir eine derartige Adresse von vornherein bekannt ist, kann ich einen eleganteren Weg einschlagen.

Abbildung 5-8 ▼
Mit wget eine Datei aus
dem Internet laden

Dateidownload mit wget

Es gibt ein Kommandozeilen Tool mit dem Namen *wget*.

```
erik@erik-VirtualBox: ~
erik@erik-VirtualBox:~$ wget http://mirrors.dotsrc.org/rpi/images/raspbian/2012-10-28-wheezy-raspbian/
2012-10-28-wheezy-raspbian.zip
--2012-11-30 14:50:17--  http://mirrors.dotsrc.org/rpi/images/raspbian/2012-10-28-wheezy-raspbian/2012
-10-28-wheezy-raspbian.zip
Resolving mirrors.dotsrc.org (mirrors.dotsrc.org)... 130.225.254.116, 2001:878:346::116
Connecting to mirrors.dotsrc.org (mirrors.dotsrc.org)|130.225.254.116|:80... connected.
HTTP request sent, awaiting response... 200 OK
Length: 455505411 (434M) [application/zip]
Saving to: `2012-10-28-wheezy-raspbian.zip'

15% [========>                                              ] 69,900,420  1.02M/s  eta 6m 27s
```

Wie du siehst, habe ich hinter *wget* einfach die *URL* gesetzt, die mir der *Tooltip* eben angezeigt hat. Ein entscheidender Vorteil ist natürlich die automatisierte Abarbeitung von verschiedenen Internetadressen mit *wget* in einem *Shell-Skript*. Die unterstützen Protokolle sind hier z.B. *ftp*, *http* und *https*. Mit *ls -l* habe ich den Erfolg des Downloads überprüft, und siehe da: Die Datei liegt vor. Bei diesem Download handelte es sich ja um eine gepackte Datei mit der Endung *zip*. Kommen wir doch noch einmal zurück zur Paket-Installation. *Debian-Pakete* besitzen die Dateiendung *deb* und können auf die gleiche Weise aus dem Internet geladen werden. Wir können sie aber nicht ohne Weiteres mit dem schon bekannten *apt-get* installieren, denn die Datei liegt ja nun *lokal* in unserem Dateisystem. Da wären wir auch schon beim nächsten Punkt.

Paket-Installation mit dpkg

Das *dpkg*-Kommando ermöglicht es uns, *Debian-Pakete* mit der Endung *deb* zu installieren, die in *binärer Form* vorliegen, also schon kompiliert sind. Mit der folgenden Zeile habe ich mir eine Datei heruntergeladen, die unter der Programmiersprache *Java* benötigt wird, um auf die serielle Schnittstelle zuzugreifen. Das soll hier lediglich als Beispiel dienen, damit du den Ablauf einmal gesehen hast.

```
# wget http://ftp.us.debian.org/debian/pool/main/r/rxtx/librxtx-java_
2.2pre2-11_armhf.deb
```

Im Anschluss kannst du das Paket mit der folgenden Zeile installieren:

```
# sudo dpkg -i librxtx-java_2.2pre2-11_armhf.deb
```

Hier ein paar nützliche Schalter für das *dpkg*-Kommando:

- *-i*: Installation (z.B. *sudo dpkg -i <Paketname>*)
- *-r*: Deinstallation (z.B. *sudo dpkg -r <Paketname>*)
- *-l*: Liste aller installierten Pakete (z.B. *sudo dpkg -l*)

Die Elektronik

6

Wir wollen in diesem Kapitel einen geeigneten Einstieg in die Elektronik finden, damit du in den Raspberry Pi-Projekten hinsichtlich der zusätzlich verwendeten elektronischen Bauteile nicht auf der Strecke bleibst. Bevor ich weiter auf die Programmierung eingehe, möchte ich dir einige Grundlagen auf diesem Gebiet vermitteln. Die Themen werden sein:

- Grundlagen zur Elektronik
- Was sind Strom, Spannung und Widerstand?
- Das Ohmsche Gesetz
- Der geschlossene Stromkreis
- Was sind passive bzw. aktive Bauelemente?
- Die wichtigsten elektrischen und elektronischen Bauteile
- Der integrierte Schaltkreis

Was ist Elektronik eigentlich?

Wir hören heutzutage des Öfteren den Spruch, dass unsere hochtechnisierte Welt erst durch die *Elektronik* zu dem wurde, was sie jetzt ist. Elektronik ist in allen denkbaren und undenkbaren Lebensbereichen vertreten. Was können wir uns unter dem Begriff *Elektronik* vorstellen? In *Elektronik* kommt das Wort *Elektronen* vor. *Elektronen* wandern durch einen Leiter, wie z.B. einen Kupferdraht, und bilden einen elektrischen Strom. Diesen Strom gilt es in bestimmte Bahnen zu lenken, an- oder abzuschalten und unter Kontrolle zu bringen. Gelingt uns dies, können wir fantastische Dinge damit machen. Wir haben Macht über das, was man mit bloßem Auge nicht sieht, sondern das nur an seinen Auswirkungen zu erkennen ist. Wir steuern, regeln oder berechnen die unterschiedlichsten Prozesse und lassen alles nach unserem Willen geschehen. Auf sehr kleinem Raum werden die Elektronen in vorbestimmte Bahnen gelenkt und mal hierhin, mal dorthin geschickt. Das ist, vereinfacht gesagt, *Elektronik*. Wenn du schon einiges über die Grundlagen der Elektronik weißt, kannst du dieses Kapitel getrost überspringen. Vielleicht ist es aber trotzdem interessant für dich.

Der Elektronenfluss

Jedes Kind lernt in der Schule im Fach Physik – sofern es unterrichtet wird – etwas über die grundlegenden Dinge *Spannung*, *Strom* und *Widerstand*. Im Wesentlichen geht es dabei um kleinste Teilchen, auch *Elementarteilchen* genannt, die sich mit hoher Geschwindigkeit in einem Leiter bewegen. Das ist die Welt der *Elektronen*. Sie besitzen viele unterschiedliche Eigenschaften, von denen ich hier einige nennen möchte:

- negative Ladung ($-1{,}602176 * 10^{-19}$ C)
- nahezu masselos ($9{,}109382 * 10^{-31}$ kg)
- stabil (Lebensdauer $> 10^{24}$ Jahre)

Ich habe weder Kosten noch Mühen gescheut und mit einer Spezialkamera eine Aufnahme eines stromdurchflossenen Leiters gemacht, um diese kleinsten Teilchen für dich sichtbar zu machen. Sie bewegen sich gemeinsam in eine Richtung und sind für den Stromfluss verantwortlich.

Abbildung 6-1 ▶
Elektronen auf dem Weg durch einen Kupferleiter

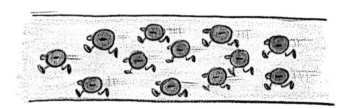

Als ich gerade von einer negativen Ladung des Elektrons sprach, wirst du bemerkt haben, dass der Wert *-1,602176 x 10^{-19}* sehr klein ist. Die Maßeinheit C bedeutet *Coulomb* und definiert die *Ladung Q*, die in einer festgelegten Zeit durch einen Leiter mit einem bestimmten Querschnitt fließt. Die Formel zur Berechnung der Ladung Q lautet:

$$Q = I \cdot t$$

Q ist das Produkt aus Stromstärke *I* in *Ampere* und der Zeit *t in Sekunden*.

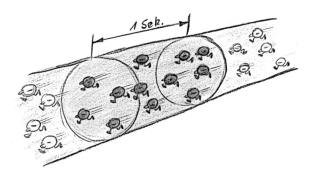

◄ **Abbildung 6-2**
Elektronen auf dem Weg durch einen Kupferleiter in einem Zeitraum von 1 Sekunde

In dieser hochauflösenden Aufnahme der Wanderung der Elektronen durch einen Kupferleiter habe ich einen Abschnitt markiert, den die Elektronen in einer Sekunde zurücklegen. Wir können festhalten, dass die Ladung von einem *Coulomb* transportiert wurde, wenn in einer Sekunde ein *Strom* von einem *Ampere* geflossen ist. Jetzt habe ich schon so oft den Begriff *Strom* verwendet, dass es Zeit wird, diese Einheit näher zu beleuchten.

Der Strom

Wie du aus der letzten Formel ersehen kannst, stehen *Ladung* und *Strom* in einer gewissen Beziehung zueinander. Wir können es so formulieren: Strom bedeutet die Bewegung elektrischer Ladung. Je mehr Ladung pro Zeiteinheit bewegt wird, desto größer ist der elektrische Strom, der durch den Formelbuchstaben *I* gekennzeichnet wird.

$$I = \frac{Q}{t}$$

Die folgende Aufnahme zeigt uns einen niedrigen Elektronenfluss. Es sind wenige Ladungsträger pro Zeiteinheit im Leiter unterwegs.

◄ **Abbildung 6-3**
Niedriger Elektronenfluss – wenige Elektronen bilden einen niedrigen elektrischen Strom

Im Gegensatz dazu zeigt uns die nächste Aufnahme, dass viele Ladungsträger pro Zeiteinheit durch den Leiter sausen und einen höheren Strom bilden.

Abbildung 6-4 ▶
Hoher Elektronenfluss – viele Elektronen bilden einen hohen elektrischen Strom

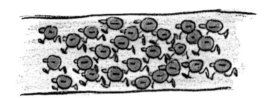

Die Stromstärke *I* wird in der Maßeinheit *Ampere* (A) gemessen, wobei *1 Ampere* schon eine für Computer sehr hohe Stärke bedeutet. Die maximale Belastung der digitalen Ausgänge in Summe deines Raspberry Pi-Boards beträgt ca. *50mA*, was *Milliampere* bedeutet. Ein *Milliampere* ist der tausendste Teil eines *Amperes* (*1000mA = 1A*).

Die Spannung

Als wir uns die Aufnahmen der rasenden Elektronen in einem Leiter anschauten, haben wir bisher eines außer Acht gelassen. Niemand macht auf dieser Welt etwas ohne Grund und besonderen Antrieb. Es muss etwas geben, was uns zu unseren Handlungen antreibt und motiviert. Bei den Elektronen ist das nicht anders. Sie streben alle in eine Richtung, wie die Lemminge auf den Abgrund zu. Es muss eine treibende Kraft geben, die das bewirkt. Es wird oft der Vergleich mit Wasser angestellt, das sich auf einem höheren Niveau befindet und von oben nach unten fließt. Diese Analogie ist wirklich treffend und deswegen verwende ich sie auch hier.

Abbildung 6-5 ▶
Elektronen bewegen sich aufgrund eines Potentialunterschiedes

Wenn ich hier von einem *Potentialunterschied* spreche, handelt es sich in Wahrheit um einen *Ladungsunterschied*. Elektrische Ladungen sind immer bestrebt, einen Ausgleich zwischen *zwei Punkten* zu schaffen. Nehmen wir als Beispiel eine geladene Batterie. Sie hat zwei Punkte bzw. Anschlüsse, zwischen denen ein Ladungsunterschied besteht. Der eine Pol hat einen *Ladungsüberschuss*, der andere einen *Ladungsmangel*. Besteht zwischen den beiden Polen – den Potentialpunkten – keine elektrische Verbindung, kann kein Ladungsausgleich stattfinden und es fließt kein Strom. Die elektrische Spannung *U* wird in *Volt* (*V*) gemessen und ist ein Maß für den Potentialunterschied.

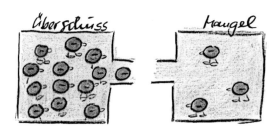

◀ **Abbildung 6-6**
Ein Ausgleich des Ladungsunterschiedes ist aufgrund der Unterbrechung nicht möglich

Die Unterbrechung zwischen den beiden Potentialpunkten verhindert einen Ausgleich, es fließt kein Strom.

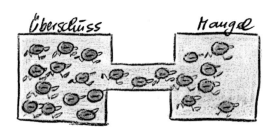

◀ **Abbildung 6-7**
Ein Ausgleich des Ladungsunterschiedes findet statt

Erst wenn die Unterbrechung aufgehoben wurde, können die Ladungsträger einen Ausgleich herbeiführen, und es fließt ein Strom.

Wie lange fließt eigentlich der Strom? Bis auf der linken Seite keine Elektronen mehr vorhanden sind und sich alle auf der rechten Seite befinden?

Der Strom fließt *solange*, bis ein Ladungsgleichgewicht hergestellt wurde, was bedeutet, dass sich an beiden Polen gleich viele

Ladungsträger befinden. Wenn alle zum rechten Pol wandern würden, was mit zusätzlicher Arbeit verbunden wäre, hätten wir ja wieder ein Ungleichgewicht, und der Vorgang würde in umgekehrter Richtung erneut in Gang gesetzt werden. Das könnte schon deshalb nicht funktionieren, weil nach einem Ladungsausgleich eine erneute Ladungstrennung nur mit einer Energiezufuhr bzw. zusätzlichem Arbeitsaufwand zu erreichen wäre. Diese zusätzliche Energie bzw. Arbeit wird aber nicht zur Verfügung gestellt, und deswegen ist eine normale Batterie nach einem Ladungsausgleich auch leer.

Ich habe schon des Öfteren gehört, dass es unterschiedliche Stromformen gibt, *Gleich-* und *Wechselstrom*. Kannst du mir dazu bitte etwas sagen.

Klar, *RasPi*! Dein Raspberry Pi-Board wird mit Gleichstrom betrieben. Diese Stromform hat die Eigenschaft, dass sich Stärke und Richtung über die Zeit gesehen nicht ändern. Gleichstrom wird in Fachkreisen auch mit den Buchstaben *DC* für **D**irect **C**urrent bezeichnet. Im folgenden Diagramm siehst du den Gleichstrom im zeitlichen Verlauf.

Abbildung 6-8 ▶
Der Gleichstrom im zeitlichen
Verlauf

Auf der horizontalen *x-Achse* ist die Zeit *t* abgetragen und die vertikale y-*Achse* zeigt die Spannung *U* an. Wir sehen, dass sich der Spannungswert über die Zeit hin nicht ändert. Im Gegensatz dazu werfen wir einen Blick auf einen *Wechselstrom*, der z.B. durch eine Sinuskurve repräsentiert wird.

Hier ändert sich der Wert der Spannung zu jedem Zeitpunkt und pendelt zwischen einem positiven bzw. negativen Grenzwert. In den Diagrammen habe ich für die Spannung das Formelzeichen *U* verwendet. Der elektrische Strom und die Spannung stehen in einem bestimmten Verhältnis zueinander, was uns zum nächsten Punkt bringt.

Der allgemeine Widerstand

Die Elektronen, die sich durch einen Leiter bewegen, haben es mehr oder weniger leicht, ihn zu durchqueren, und müssen sich gegen einen bestimmten vorherrschenden *Widerstand* zur Wehr setzen. Es gibt unterschiedliche Kategorien, die Aufschluss über die *Leitfähigkeit* eines Stoffes geben:

- Isolatoren (sehr hoher Widerstand, z.B. Keramik)
- schlechte Leiter (hoher Widerstand, z.B. Glas)
- gute Leiter (geringer Widerstand, z.B. Kupfer)
- sehr gute Leiter (Supraleitung bei sehr niedrigen Temperaturen, bei der der elektrische Widerstand auf *0* sinkt)
- Halbleiter (Widerstand kann gesteuert werden, z.B. Silizium oder Germanium)

Damit habe ich schon zwei entscheidende elektrische Größen ins Spiel gebracht, die in einem gewissen Zusammenhang zueinander stehen: *Widerstand R* und *Leitfähigkeit G*. Je höher der *Widerstand*, desto geringer der *Leitwert* und je geringer der *Widerstand*, desto höher der *Leitwert*. Folgender Zusammenhang besteht:

$$R = \frac{1}{G}$$

Der *Widerstand* ist der Kehrwert des *Leitwertes*. Ein erhöhter Widerstand ist mit einem Engpass vergleichbar, den die Elektronen überwinden müssen. Es bedeutet, dass der Stromfluss gebremst und im Endeffekt geringer wird. Stelle dir vor, du läufst über eine ebene Fläche. Das Gehen bereitet dir keine großen Schwierigkeiten. Jetzt versuche, bei gleichem Kraftaufwand durch hohen Sand zu gehen. Das ist recht mühsam. Du gibst Energie in Form von Wärme ab und deine Geschwindigkeit sinkt. Ähnlichen Schwierigkeiten sehen sich die Elektronen gegenüber, wenn sie statt durch Kupfer plötzlich z.B. durch Glas müssen.

Abbildung 6-10 ▶
Ein Widerstand, der den
Elektronenfluss bremst

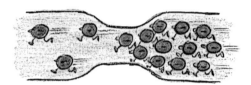

Dieser zu überwindende Widerstand hat natürlich Auswirkungen. Aufgrund der verstärkten Reibung der Elektronen z.B. an der Außenwand oder untereinander entsteht Reibungsenergie in Form von Wärme, die der Widerstand nach außen abgibt. In den meisten elektronischen Schaltungen werden spezielle Bauteile verwendet, die den Stromfluss künstlich verringern, wobei der Widerstandswert *R* in *Ohm* (Ω) angegeben wird. Es handelt sich dabei um extra angefertigte Widerstände (z.B. Kohleschicht- oder Metallschichtwiderstände) mit unterschiedlichen Werten, die mit einer Farbkodierung versehen werden, die auf ihren jeweiligen Widerstandswert schließen lässt. Weitere Informationen erhältst du in Kürze, wenn es um das *Bauteil Widerstand* geht. Jetzt haben wir aber erst einmal alle elektrischen Größen beieinander, um auf ein wichtiges Gesetz zu kommen.

Das Ohmsche Gesetz

Das *Ohmsche Gesetz* beschreibt den Zusammenhang von *Spannung U* und *Strom I* eines stromdurchflossenen Leiters bei konstanter Temperatur. Die Formel lautet:

$$R = \frac{U}{I}$$

Der *Widerstand* ist der Quotient aus *Spannung* und *Strom* und wird mit dem griechischen Buchstaben *Omega* Ω gekennzeichnet. Wir

wenden dieses Gesetz in der Praxis erstmals an, wenn es um die Berechnung eines Vorwiderstands für eine Leuchtdiode geht, die ohne ihn nicht betrieben werden kann.

Der geschlossene Stromkreis

Du hast mittlerweile gesehen, dass ein Stromfluss nur dann zustande kommen kann, wenn der Kreis geschlossen und eine treibende Kraft am Werk ist. Das ist bei Elektronen ebenso der Fall wie z.B. bei Wassermolekülen. Werfen wir einen Blick auf einen einfachen Schaltplan:

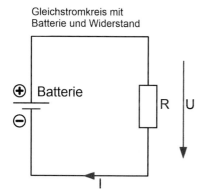

Gleichstromkreis mit
Batterie und Widerstand

◄ **Abbildung 6-11**
Ein einfacher geschlossener Stromkreis mit Batterie und Widerstand

Auf der linken Seite des Schaltplanes befindet sich eine Gleichspannungsquelle in Form einer Batterie, an deren beiden Pole + und – ein Widerstand angeschlossen ist. Der Stromkreis ist damit geschlossen und es kann – sofern die Batterie geladen ist – ein Strom *I* fließen. Aufgrund dieses Stromflusses fällt über den Widerstand *R* eine bestimmte Spannung *U* ab. Wie *U*, *R* bzw. *I* zusammenhängen, werden wir jetzt sehen.

Genau diese Größen kommen im *Ohmschen Gesetz* vor. Ich denke, dass wir das hier anwenden können. Richtig?

Das ist korrekt, *RasPi*! Wir wollen eine kleine Übungsaufgabe durchrechnen, wobei folgende Werte gegeben sind:

- Die Spannung *U* der Batterie beträgt *9V*.
- Der Widerstand R hat einen Wert von 1000Ω (1000Ω = 1KΩ) Das K steht für Kilo und bedeutet 1000.

Frage: Wie groß ist der Strom I, der durch den Widerstand und die Batterie fließt?

Wenn wir die Formel

$$R = \frac{U}{I}$$

nach I umstellen, erhalten wir

$$I = \frac{U}{R}$$

Setzen wir unsere bekannten Werte dort ein, ergibt

$$I = \frac{U}{R} = \frac{9V}{1000\Omega} = 0{,}009A = 9mA$$

Es fließt demnach ein Strom I von $9mA$ durch die Schaltung. Wenn du eine derartige Schaltung aufgebaut hast, kannst du mit einem *Vielfachmessgerät* – auch *Multimeter* genannt – diese Werte nachmessen. Dabei ist jedoch etwas zu beachten: Eine zu messende Spannung U wird immer parallel zum entsprechenden Bauteil ermittelt und der zu messende Strom I immer in Reihe mit dem Bauteil gemessen.

Abbildung 6-12 ▶
Messen der Größen von Strom und Spannung

Gleichstromkreis mit
Volt- bzw. Amperemeter

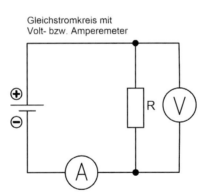

Jeder Leiter hat doch einen gewissen Widerstand und bestimmt auch das Amperemeter. Wird dadurch die Messung der Stromstärke nicht verfälscht?

Hey super, *RasPi*! Das stimmt, und deswegen haben Messgeräte, die auf »*Stromstärke messen*« eingestellt werden, einen sehr geringen Innenwiderstand, so dass das Messergebnis fast überhaupt nicht beeinflusst wird. Ich habe in den gezeigten Schaltungen für die Spannungsquelle das Symbol einer Batterie verwendet. Es gibt noch weitere Varianten, die in diversen Schaltplänen vorkommen können.

◀ **Abbildung 6-13**
Unterschiedliche
Spannungsquellensymbole

Das linke Symbol stellt eine Batterie dar. Die beiden mittleren Symbole werden sowohl bei Batterien als auch bei Netzteilen genutzt, und die beiden rechten verwenden für den Minuspol das Massezeichen. Es wird meistens eingesetzt, um bei komplexeren Schaltplänen die Minusleitung nicht durch den ganzen Plan ziehen zu müssen. Wir kommen später in diesem Kapitel noch zu den elektronischen Grundschaltungen, bei denen ich genauer auf bestimmte Details eingehen werde. Ich glaube, dass es jetzt an der Zeit ist, dich ein wenig zu verwirren. Aber keine Angst, ich werde das Rätsel vor dem Ende dieses Abschnitts auflösen.

Achtung

In der Elektronik kommen zwei entgegengesetzte Stromrichtungen vor. Du solltest deshalb wissen, worin der Unterschied besteht.

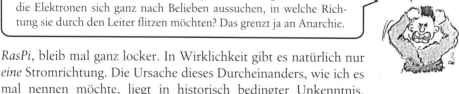

So einen Quatsch habe ich schon lange nicht mehr gehört! Können die Elektronen sich ganz nach Belieben aussuchen, in welche Richtung sie durch den Leiter flitzen möchten? Das grenzt ja an Anarchie.

RasPi, bleib mal ganz locker. In Wirklichkeit gibt es natürlich nur *eine* Stromrichtung. Die Ursache dieses Durcheinanders, wie ich es mal nennen möchte, liegt in historisch bedingter Unkenntnis. Bevor sich die Wissenschaftler ein genaueres Bild über die Elektronenbewegung machen konnten, hat man aus der Hüfte heraus definiert, dass am Pluspol ein Elektronenüberschuss und am Minuspol ein Elektronenmangel vorherrscht. Aus und fertig. Aufgrund dieser Festlegung sollten die Elektronen vom Plus- zum Minuspol wandern, wenn zwischen den beiden Polen eine leitende Verbindung hergestellt wird. Spätere Forschungen brachten ans Tageslicht, dass die Elektronen sich dem widersetzt haben und tatsächlich in genau der entgegengesetzten Richtung fließen. Da sich eine schlechte Angewohnheit nicht so schnell ablegen lässt und alle bis dato mit der falschen Richtung gearbeitet hatten, löste man das Dilemma, indem man dem Kind zwei Namen gab. Die alte falsche Richtung nennt man heute *Technische Stromrichtung* und die neue richtige, die die eigentliche Elektronenbewegung angibt, nennt man *Physikalische Stromrichtung*.

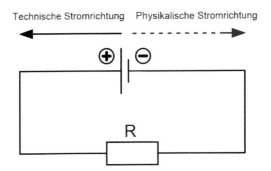

Tja, die Historie... Sie lässt sich nicht so einfach wegwischen, wir müssen damit leben. Aber du kennst nun den Unterschied und kannst in Zukunft mitreden.

Bauteile

Das erste grundlegende elektronische Bauteil, mit dem ich dich in Berührung gebracht habe, war der Widerstand. Es handelt sich um den einfachsten Vertreter in der Elektronik. Es gibt eine unüberschaubare Menge weiterer Teile, die aufzuzählen ganze Bände füllen würde. Wir beschränken uns in diesem Kapitel auf die Basiselemente, die in zwei Kategorien unterteilt werden können: *passive und aktive* Bauelemente.

Der Unterschied zwischen passiven und aktiven Bauelementen

Passive Bauelemente

In der Regel verdienen *passive Bauelemente* ihre Bezeichnung, wenn sie in keiner Weise eine Verstärkungswirkung auf das anliegende Signal haben. In diese Kategorie fallen z. B.

- Widerstände
- Kondensatoren
- Induktivitäten (Spulen)

Aktive Bauelemente

Die *aktiven Bauelemente* können das anliegende Signal in einer bestimmten Art und Weise beeinflussen, so dass es zu einer Verstärkung kommen kann. Dazu gehören z. B.

- Transistoren
- Thyristoren
- Optokoppler

Der Festwiderstand

Der Widerstand, dessen Wert von außen nicht zu ändern ist – sehen wir einmal von der Temperatur ab, die zu einer Änderung führen würde –, nennt man fachsprachlich korrekt *Festwiderstand*. Umgangssprachlich nennen wir ihn jedoch einfach nur *Widerstand*. Für die unterschiedlichsten Einsatzgebiete werden Widerstände mit verschiedenen Werten benötigt. Zur Unterscheidung hat man sich für ein Farbkodiersystem entschieden, da auf den kleinen Bauteilen zu wenig Platz für eine ausführliche Beschriftung vorhanden ist. Außerdem existieren verschiedene Größen, die einen ungefähren Rückschluss auf die maximal zulässige Verlustleistung geben.

◀ **Abbildung 6-14**
Widerstandssammelsurium

Am Anfang scheint das System etwas verwirrend zu sein, weil nicht ganz klar ist, von welcher Seite wir die einzelnen Farbringe lesen sollen. Da aufgrund von Fertigungstoleranzen die Widerstandswerte vom angegebenen Wert mehr oder weniger abweichen können, wird zusätzlich zu den Ringen, die den Wert angeben, noch ein *Toleranzring* abgedruckt, der sich beim Ermitteln des Widerstandswertes auf der rechten Seite befinden muss. In den meisten Fällen ist dies ein *silberner* oder *goldener* Ring. Die restlichen drei Farbringe zur Linken geben Aufschluss über den *Widerstandswert*. Wir wollen einmal sehen, mit welchem Wert wir es bei dem gezeigten Kollegen zu tun haben.

Abbildung 6-15 ▶
Ermittlung des Widerstandwertes
anhand der Farbkodierung

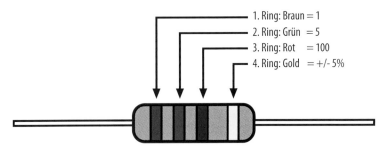

1. Ring: Braun = 1
2. Ring: Grün = 5
3. Ring: Rot   = 100
4. Ring: Gold = +/- 5%

Wenn wir diese Werte nebeneinander schreiben, ergibt sich folgender Wert für den Widerstand:

1. Ziffer	2. Ziffer	Multiplikator	Toleranz	Wert
1	5	100	+/- 5%	$1500\Omega = 1{,}5K\Omega$

In der folgenden Tabelle findest du alle Farbkodierungen mit den korrespondierenden Werten:

Tabelle 6-1 ▶
Farbkodierungstabelle für
Widerstände

Farbe	1. Ring (1. Ziffer)	2. Ring (2. Ziffer)	3. Ring (Multiplikator)	4. Ring (Toleranz)
● schwarz	x	0	$10^0 = 1$	
● braun	1	1	$10^1 = 10$	+/- 1%
● rot	2	2	$10^2 = 100$	+/- 2%
● orange	3	3	$10^3 = 1.000$	
● gelb	4	4	$10^4 = 10.000$	
● grün	5	5	$10^5 = 100.000$	+/- 0,5%
● blau	6	6	$10^6 = 1.000.000$	+/- 0,25%
● violett	7	7	$10^7 = 10.000.000$	+/- 0,1%
● grau	8	8	$10^8 = 100.000.000$	+/- 0,05%
○ weiß	9	9	$10^9 = 1.000.000.000$	
● gold			$10^{-1} = 0,1$	+/- 5%
● silber			$10^{-2} = 0,01$	+/- 10%

Die Schaltzeichen, also die Symbole, die in Schaltplänen Verwendung finden, schauen wie folgt aus:

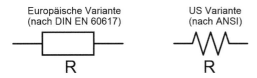

Europäische Variante
(nach DIN EN 60617)

US Variante
(nach ANSI)

R

R

◀ **Abbildung 6-16**
Die Schaltzeichen eines
Festwiderstandes

Es handelt sich zum einen um ein Rechteck (nach *DIN* = Deutsche Industrie Norm) mit den elektrischen Anschlüssen zur rechten bzw. linken Seite. Der Widerstandswert kann sich direkt innerhalb des Symbols befinden oder auch direkt darüber bzw. darunter. Die US-Variante (nach *ANSI* = American National Standards Institute) dagegen wird durch eine Zickzacklinie dargestellt, was auf die ersten hergestellten Widerstände hindeutet, die mehr oder weniger aus Drahtwicklungen aufgebaut waren. Auf das *Ohm*-Zeichen wird in der Regel verzichtet, wobei bei Werten kleiner als *1*Kilo-Ohm (*1000*Ohm) lediglich die nackte Zahl genannt wird, und bei Werten ab *1*Kilo-Ohm ein *K* für *Kilo* bzw. ab *1*Mega-Ohm ein *M* für *Mega* angehängt wird. Hier ein paar Beispiele:

Wert	Kennzeichnung
330Ω	330
1000Ω	1K
4700Ω	4,7K oder auch 4K7
2,2MΩ	2,2M

◀ **Tabelle 6-2**
Unterschiedliche Widerstandswerte

Um hinsichtlich der maximalen Verlustleistung keine Probleme zu bekommen, können wir mit Hilfe der Formel

$$P = U \cdot I$$

die Leistung *P* errechnen. Die Einheit der Leistung ist *W* und steht für *Watt*. Die Widerstände, die wir für unsere Experimente verwenden, sind allesamt Kohlewiderstände mit einer max. Verlustleistung von ¼ Watt.

Der veränderliche Widerstand

Neben den Festwiderständen gibt es eine ganze Reihe veränderlicher Widerstände, denk bloß an den Lautstärkeregler deines

Radios. Dabei handelt es sich um einen Widerstand, der je nach Drehposition seinen Widerstandswert ändert.

Der Trimmer und das Potentiometer

Es gibt zwei unterschiedliche manuell verstellbare Widerstände. Sie nennen sich *Trimmer* bzw. *Potentiometer* – auch kurz *Poti* genannt – und verändern ihre Widerstandswerte durch Drehung an der beweglichen Achse. Im Prinzip funktionieren alle nach dem gleichen Schema. In den beiden folgenden Grafiken siehst du den schematischen Aufbau. Auf einem nichtleitenden Trägermaterial ist eine leitende Widerstandsschicht aufgebracht, an deren beiden Enden (*A* und *B*) Kontakte angebracht sind. Zwischen diesen beiden Kontakten herrscht immer der gleiche Widerstandswert. Damit der Widerstand veränderbar ist, wird ein dritter beweglicher Kontakt (*C*) angebracht, der sich auf der Widerstandsschicht in beide Richtungen bewegen kann. Man nennt ihn *Schleifer,* und er dient als Abgriffkontakt für den variablen Widerstandswert.

Abbildung 6-17 ▶
Schematischer Aufbau eines Trimmers bzw. Potentiometers in zwei unterschiedlichen Positionen

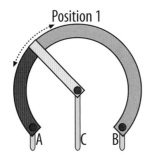
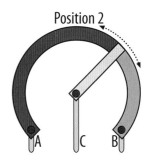

Bei Position *1* besteht zwischen den Punkten *A* und *C* ein vergleichbar kleinerer Widerstand als zwischen den Punkten *C* und *B*. Im Gegensatz dazu wurde bei Position *2* der Schleifkontakt weiter nach rechts gedreht, wobei sich der Widerstandswert zwischen Punkt *A* und *C* vergrößert und gleichzeitig zwischen *C* und *B* verkleinert hat.

Der Trimmer

Der *Trimmer* dient als einmalig einzustellender Widerstand, der meistens direkt auf einer Platine festgelötet wird. Mit ihm wird z. B. eine Schaltung über einen kleinen Uhrmacher-Schraubendreher kalibriert, danach wird sein Wert in der Regel nicht mehr verändert.

Er hat aber die unterschiedlichsten Erscheinungsformen, die ich aus Platzgründen nicht alle einzeln vorstellen kann. Das Schaltzeichen für einen *Trimmer* schaut wie folgt aus:

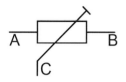

◀ **Abbildung 6-18**
Das Schaltzeichen eines Trimmers

Das Potentiometer

Das *Potentiometer* wird als kontinuierlich verstellbarer Widerstand verwendet, der – wie schon eingangs erwähnt – z. B. zur Lautstärkeregelung bei Radios oder zur Helligkeitsregelung bei Leuchtkörpern verwendet werden kann. Sein beweglicher Schleifer ist über eine Welle, die aus einem Gehäuseinnern nach außen geführt wird, mit einem Drehknopf verbunden. So kannst du den Widerstandswert bequem mit der Hand regulieren.

Das Schaltzeichen für ein *Potentiometer* schaut wie folgt aus:

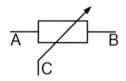

◀ **Abbildung 6-19**
Das Schaltzeichen eines Potentiometers

Der lichtempfindliche Widerstand

Der *lichtempfindliche Widerstand* wird auch *LDR* (**L**ight **D**epending **R**esistor) genannt. Er ist ein Photowiderstand, der seinen Widerstandswert in Abhängigkeit der auftreffenden Lichtstärke ändert. Je höher der Lichteinfall ist, desto geringer wird sein Widerstand.

Das Schaltzeichen für einen *lichtempfindlichen Widerstand* schaut wie folgt aus:

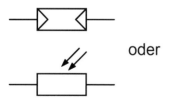
oder

◀ **Abbildung 6-20**
Die Schaltzeichen eines lichtempfindlichen Widerstandes

Ein Blick auf die Kennlinie eines *LDR* verdeutlicht sein Widerstandsverhalten bei unterschiedlichen Lichtstärken, wobei die Lichtstärke in *Lux* angegeben wird.

Abbildung 6-21 ▶
Die Kennlinie eines LDR

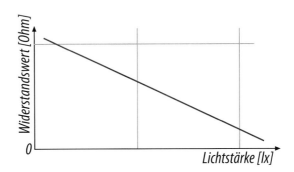

Die Einsatzgebiete eines *LDR* sind recht unterschiedlich. In folgenden Bereichen kann er zum Einsatz kommen:

- als Dämmerungsschalter zur Ansteuerung einer zusätzlichen Lichtquelle bei einsetzender Dunkelheit wie z.B. Straßenlaternen oder Fahrzeuginnenraumbeleuchtung,
- zur Messung der Lichtstärke in der Fotografie
- als Sensor in Lichtschranken, wie z.B. bei Fahrstuhltüren oder Zutrittskontrollen in Sicherheitsbereichen.

Der Widerstandbereich des *LDR* hängt vom verwendeten Material ab und weist einen ungefähren Dunkelwiderstand zwischen *1MΩ* und *10MΩ* auf. Bei einer Beleuchtungsstärke von ca. *1000Lux (lx)* stellt sich ein Widerstand von *75Ω* bis *300Ω* ein. Die Bezeichnung *Lux* ist die Einheit der Beleuchtungsstärke.

Der temperaturempfindliche Widerstand

Der temperaturempfindliche Widerstand ändert seinen Widerstandswert in Abhängigkeit der ihn umgebenden Temperatur. Es werden zwei unterschiedliche Typen produziert:

- NTC (Negativer Temperatur Coeffizient) – Heißleiter
- PTC (Positiver Temperatur Coeffizient) – Kaltleiter

NTC

Die Leitfähigkeit des *NTC*-Widerstands steigt bei hohen Temperaturen, was bedeutet, dass sein Widerstand sinkt.

Die Bauform gleicht der eines Keramik-Kondensators und wird manchmal mit ihm verwechselt. Durch einen Aufdruck, der z.B. den Wert *4K7* angibt, erkennt man aber deutlich einen Widerstandswert. Unter der Bezeichnung *Thermistor NTC 4K7* ist dieser Widerstand eindeutig zu identifizieren. Das Schaltzeichen sieht folgendermaßen aus:

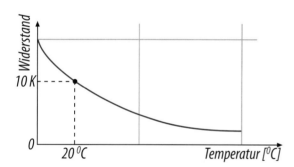

◀ **Abbildung 6-22**
Das Schaltzeichen eines
NTC (Heißleiter)

An der Kennlinie eines *NTC* kannst du das Widerstandsverhalten erkennen.

◀ **Abbildung 6-23**
Die Kennlinie eines NTC

Wir können auf den ersten Blick erkennen, dass die Kennlinie kein lineares Verhalten aufweist. Der Verlauf erfolgt in einer Kurve und nicht wie beim *LDR* in einer Geraden. Das wichtigste Merkmal dieses Widerstandes ist der sogenannte *Kaltwiderstand*, der den Widerstandswert *R20* bei *20⁰C* Raumtemperatur angibt. Ich habe in die Kurve beispielhaft einen fiktiven Wert von *10KΩ* eingetragen.

PTC

Der *PTC*-Widerstand ist das Gegenstück zum *NTC* und weist ein entgegengesetztes Temperaturverhalten auf. Die Leitfähigkeit des *PTC*-Widerstands sinkt bei hohen Temperaturen, was bedeutet, dass sein Widerstand steigt. Das Schaltzeichen sieht folgendermaßen aus:

Abbildung 6-24 ▶
Das Schaltzeichen eines PTC
(Kaltleiter)

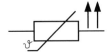

Die Kennlinie eines *PTC* verläuft genau anders herum als bei einem *NTC* und weist zudem noch besondere Merkmale auf. Sie kann im niedrigen wie auch höheren Temperaturbereich ein Minimum bzw. Maximum haben.

Abbildung 6-25 ▶
Die Kennlinie eines PTC

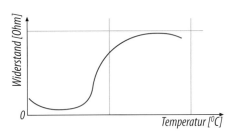

In der folgenden Tabelle habe ich das Verhalten beider temperaturabhängigen Widerstände (*NTC* und *PTC*) noch einmal skizziert.

Tabelle 6-3 ▶
Das Verhalten von NTC und PTC bei
unterschiedlichen Temperaturen

Typ	Temperatur	Widerstand	Strom
NTC	↑	↓	↑
	↓	↑	↓
PTC	↑	↑	↓
	↓	↓	↑

Der Kondensator

Bei einem Kondensator handelt es sich um ein Bauteil, das im Prinzip aus zwei gegenüberliegenden leitenden Platten besteht. Liegt zwischen beiden Platten eine Gleichspannung an, baut sich dazwischen ein *elektrisches Feld* auf.

Abbildung 6-26 ▶
Das elektrische Feld (blaue Feldlinien) zwischen den beiden
Kondensatorplatten

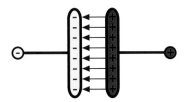

Beide Platten haben einen bestimmten Abstand zueinander und sind durch eine Isolierschicht – das *Dielektrikum* – getrennt. Ist der

Kondensator aufgeladen, kann die Spannungsversorgung entfernt werden, wobei das elektrische Feld bestehen bleibt. Die beiden Platten speichern also die ihnen zugeführte Ladungsmenge Q in As. Die Einheit As bedeutet Ampere mal Sekunde und ist bedingt durch die Formel

$$Q = I \cdot t$$

In diesem Fall verhält sich ein Kondensator wie eine geladene Batterie.

Achtung

Ein geladener Kondensator sollte niemals kurzgeschlossen und immer über einen geeigneten Widerstand entladen werden.

Die Ladungsmenge, die der Kondensator aufzunehmen fähig ist, hängt von zwei Faktoren ab:

- Gesamtkapazität C des Kondensators, die in *Farad (F)* gemessen wird
- Versorgungsspannung U, die am Kondensator anliegt

Wir können festhalten, dass die Ladungsmenge Q eines Kondensators umso größer wird, je größer die Kapazität bzw. die Spannung ist. Die folgende Formel zeigt uns den Zusammenhang der drei Größen:

$$Q = C \cdot U$$

Hierzu ein kurzes Rechenbeispiel. Wir haben einen Kondensator mit einer Kapazität von $C = 3,3\ \mu F$, der an einer Versorgungsspannung von $9V$ liegt. Wie groß ist die Gesamtladung Q?

$$Q = C \cdot U = 3,3\ \mu F \cdot 9V = 2,97 \cdot 10^{-5} As$$

Die Kapazität eines Kondensators liegt in der Regel weit unterhalb von einem Farad, weshalb sich die Größen in den folgenden Bereichen bewegen:

- μF (10^{-6}) – Mikrofarad
- nF (10^{-9}) – Nanofarad
- pF (10^{-12}) – Pikofarad

Es gibt die unterschiedlichsten Arten von Kondensatoren, von denen ich nur einige aufführen möchte:

Polungsunabhängige Kondensatoren

- Keramikkondensatoren
- Kunststofffolienkondensatoren
- Metallpapierkondensatoren

Polungsrelevante Kondensatoren

- Elektrolytkondensatoren (auch *Elkos* genannt)

Ich habe hier einen Elektrolytkondensator (links) und einen Keramikkondensator (rechts) abgebildet. Es gibt enorme Größenunterschiede, wie du hier erkennen kannst.

Polungsunabhängige Kondensatoren können sowohl in Gleich- als auch Wechselstromkreisen eingesetzt werden, wobei *polungsabhängige* Kondensatoren, wie der Elektrolytkondensator, lediglich im Gleichstromkreis und bei richtiger Polung zum Einsatz kommen darf.

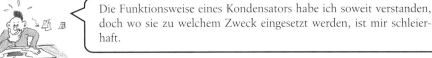

Die Funktionsweise eines Kondensators habe ich soweit verstanden, doch wo sie zu welchem Zweck eingesetzt werden, ist mir schleierhaft.

Es gibt die unterschiedlichsten Einsatzgebiete, von denen ich nur ein paar aufzeigen möchte:

- Zur Spannungsglättung bzw. Spannungsstabilisierung. Wenn z.B. ein komplexes Bauteil wie der integrierte Schaltkreis auf eine stabile Spannungsversorgung angewiesen ist, um seine Daten nicht zu verlieren, schaltet man zwischen + und – am Bauteilgehäuse einen separaten Kondensator, der bei kurzzeitigen Spannungsschwankungen den vorherigen Pegel kurz aufrechterhält, so dass sich dieser Spannungseinbruch nicht bemerkbar macht.
- Zur Signalkopplung z.B. bei mehrstufigen Transistorschaltungen.
- Bei Timerschaltungen, die nach einer bestimmten Zeit z.B. einen Kontakt eines Relais öffnen oder schließen.
- Bei Taktgebern, die in regelmäßigen Abständen Impulse an einen Ausgang schicken.

Die Schaltzeichen für Kondensatoren schauen wie folgt aus:

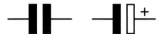

◀ **Abbildung 6-27**
Die Schaltzeichen eines normalen Kondensators (links) und eines Elcktrolytkondensators (rechts)

Wir wollen einmal sehen, wie sich ein Kondensator, den wir mit einer Batterie verbinden, verhält:

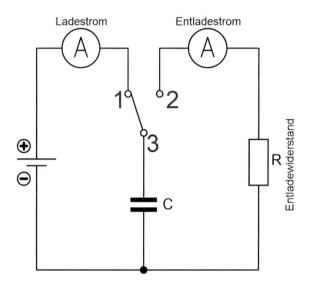

◀ **Abbildung 6-28**
Schaltung zum Laden und Entladen eines Kondensators

In dieser Schaltung siehst du einen Kondensator, der über eine Batterie geladen wird, wenn sich der Wechselschalter in der momentanen *Position 1* befindet. Schalten wir hinüber zu *Position 2*, wird der Kondensator *C* über den Widerstand *R* kurzgeschlossen und entlädt sich wieder. An den beiden Strommessgeräten kann man auf diese Weise sowohl den Lade- als auch den Entladestrom messen. Das alles ist für dich jetzt reine Theorie und deswegen habe ich eine Schaltung aufgebaut, die den Vorgang des Schalterumlegens automatisch und elektronisch vollzieht. Als Spannungsquelle wird keine Batterie genommen, sondern ein Frequenzgenerator, der so eingestellt ist, dass er Rechtecksignale erzeugt. Die Spannung schwankt in regelmäßigen Abständen zwischen einer vorgegebenen Spannung Umax und *0*Volt.

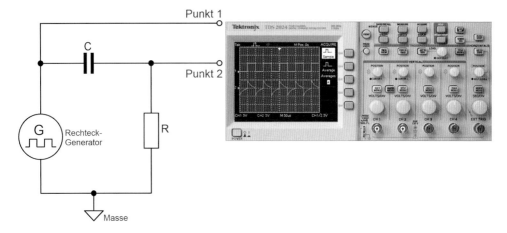

Abbildung 6-29 ▲
Schaltung zum Laden und Entladen eines Kondensators über einen Rechteckgenerator (Screenshot aus dem Programm NI Multisim)

Ich habe an den beiden Messpunkten *1* bzw. *2* ein Zweikanaloszilloskop angeschlossen, das die Spannungsverläufe zeitlich darstellt. Messpunkt *1* wird mit Kanal 1 (gelbe Kurve) verbunden und liegt direkt am Ausgang des Rechteck-Generators. Messpunkt *2* wird mit Kanal 2 (blaue Kurve) verbunden und zeigt die Spannung hinter dem Kondensator *C* an, die über dem Widerstand *R* abfällt. Damit wollen wir untersuchen, inwieweit ein Rechtecksignal durch den Kondensator hindurch kommt. Das folgende Bild zeigt dir die Spannungsverläufe genauer:

Abbildung 6-30 ▶
Eingangs- und Ausgangsspannung des Kondensators (Screenshot aus dem Programm NI Multisim)

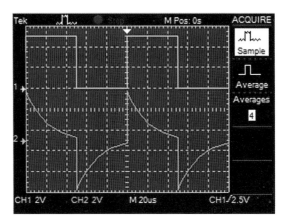

Wie ist das Oszillogramm zu deuten? Wenn der Spannungspegel vor dem Kondensator von *0V* auf z.B. *5V* (gelbe Kurve) springt, folgt der Ausgang des Kondensators (blaue Kurve) unmittelbar. Im ersten Moment stellt der ungeladene Kondensator einen Kurzschluss dar und lässt den Strom ungehindert durch. Bleibt der

Kapitel 6: Die Elektronik

Spannungspegel vor dem Kondensator aber längere Zeit auf *5V*, lädt er sich auf und sein Widerstand steigt. Du siehst, dass die untere blaue Kurve langsam abflacht und fast auf *0V* zurückgeht. Ein geladener Kondensator stellt für den Gleichstrom eine Sperre dar und lässt ihn nicht mehr durch. Geht das Rechtecksignal zurück auf *0V*, kann sich der Kondensator über den Widerstand entladen, wobei der Strom jetzt aber in anderer Richtung fließt als beim Ladevorgang. Du erkennst das daran, dass die blaue Kurve einen Sprung ins Negative nach unten macht. Die Ladung des Kondensators wird kleiner und kleiner und ebenso der Entladestrom. Die Spannung über dem Widerstand, die durch die untere Kurve repräsentiert wird, geht ebenfalls gegen *0V*. Anschließend wiederholt sich das ganze Spiel von vorne und eine erneute Ladung des Kondensators steht an.

> Stopp, irgendetwas stimmt hier nicht so ganz! Du hast doch gesagt, dass sich der Kondensator erst mit der Zeit auflädt, und dennoch macht die blaue Kurve einen Sprung von *0V* auf den maximalen Pegel, wenn das Eingangssignal auf *5V* geht. Wie soll ich das denn verstehen?

Gut, dass du einhakst, hier bringst du nämlich etwas durcheinander. Schau dir noch einmal den Schaltungsaufbau an. Das blaue Signal, auf das du hier anspielst, zeigt dir den Pegel, der direkt hinter dem Kondensator abgegriffen wird, und zeigt quasi den Strom an, der durch den Kondensator fließt. Es handelt sich dabei *nicht* um die Kondensatorspannung. Um die anzuzeigen, müssen wir die Schaltung ein wenig modifizieren. Vertauschen wir Widerstand und Kondensator miteinander, ergibt sich folgendes Schaltungsbild:

▼**Abbildung 6-31**
Schaltung zum Laden und Entladen eines Kondensators über einen Rechteckgenerator (Screenshot aus dem Programm NI Multisim)

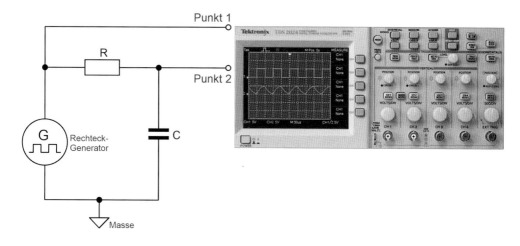

Du siehst, dass der Widerstand *R* jetzt als Ladewiderstand arbeitet und wir die Spannung parallel zum Kondensator *C* abgreifen. Das folgende Oszillogramm zeigt uns deutlicher den Lade- bzw. Entladevorgang am Kondensator.

Abbildung 6-32 ▶
Ladespannung des Kondensators
(Screenshot aus dem Programm NI
Multisim)

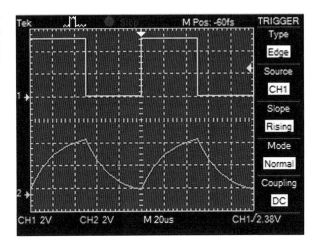

Geht das Rechtecksignal von *0V* auf Maximum, wird der Kondensator über den Widerstand geladen. Das braucht natürlich seine Zeit. Wir erkennen das daran, dass die blaue Kurve sich nur langsam dem angestrebten Wert von *5V* nähert. Springt das Rechtecksignal zurück auf *0V*, ist zu diesem Zeitpunkt der Kondensator noch geladen und gibt seine Energie langsam über den Widerstand ab. Die Ladespannung sinkt wieder gegen *0V*, bis das Rechtecksignal den Startschuss zum erneuten Laden gibt. Alles beginnt von vorne.

Die Diode

Bei einer *Diode* handelt es sich um ein Bauteil, das in die Kategorie *Halbleiterelemente* (Silizium oder Germanium) fällt. Sie hat die Eigenschaft, den Strom nur in einer bestimmten Richtung (Durchlassrichtung) durchzulassen. Kommt er aus der anderen Richtung, wird er gesperrt (Sperrrichtung). Dieses elektrische Verhalten erinnert direkt an ein Ventil, wie Du es z.B. an deinem Fahrrad vorfindest. Du kannst Luft von außen in den Schlauch hineinpumpen, aber es entweicht keine Luft von drinnen nach draußen. Ich habe wieder meine hochauflösende Kamera bemüht, um diese einzigartigen Bilder zu machen.

◀ **Abbildung 6-33**
Elektronen auf dem Weg durch die
Diode in Durchlassrichtung

Du erkennst, dass die Elektronen kein Problem beim Passieren der Diode haben. Die interne Klappe öffnet sich problemlos in *die* Richtung, in die sie alle wollen. Die folgenden Kameraden haben bei ihrer Wanderung durch die Diode nicht so viel Glück.

◀ **Abbildung 6-34**
Elektronen beim Versuch, die Diode
in Sperrrichtung zu durchqueren

Die Klappe lässt sich nicht in der gewünschten Richtung bewegen, so dass es am Checkpoint zu Tumulten kommt, weil keiner passieren kann. Eine Diode kann in den unterschiedlichsten Formen und Farben in Erscheinung treten. Ich habe mal zwei ausfindig gemacht:

Da die Richtung, in der die Diode betrieben wird, enorm wichtig ist, muss es eine Markierung auf dem Bauteilkörper geben. Es handelt sich diesmal nicht um eine Farbkodierung, sondern um einen mehr oder weniger dicken Strich mit einer zusätzlich aufgedruckten Bezeichnung. Auf einmal scheint genug Platz vorhanden zu sein ... Um sie auch sprachlich auseinanderzuhalten, haben beide Anschlüsse unterschiedliche Bezeichnungen. Sie lauten

- Anode
- Kathode

Eine Silizium-Diode arbeitet in Durchlassrichtung, wenn die Anode *+0,7V* positiver ist als die Kathode. Sehen wir uns die gängigen Schaltsymbole an:

◀ **Abbildung 6-35**
Die Schaltzeichen einer Diode.
Links offene, rechts geschlossene
Variante.

Wo sind jetzt *Anode* und *Kathode*? Ich merke mir das immer so: Die Kathode beginnt mit dem Buchstaben *K, der* links eine senkrechte Linie hat. Das Diodenschaltsymbol hat ebenfalls auf der rechten Seite eine lange senkrechte Linie. Dort befindet sich also die *Kathode*.

Anode   Kathode

Das ist doch recht einfach zu merken, oder? Wir sollten einen Blick auf die Arbeitsweise der Diode in einer Schaltung riskieren. Ich verwende statt eines Rechtecksignals ein *Sinussignal* am Eingang der Diode, das sowohl positive wie auch negative Spannungswerte aufweist. Das Schaltbild sollte dir bekannt vorkommen.

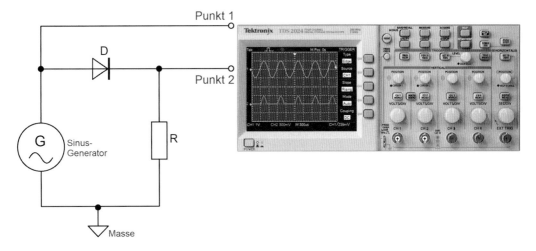

Der Eingang der Diode, also die *Anode*, wird mit dem Ausgang des Sinusgenerators verbunden. Dieser Punkt wird durch die gelbe Kurve im Oszillogramm dargestellt. Der Ausgang, also die *Kathode*, wird durch die blaue Kurve repräsentiert. Wir sehen uns das wieder aus der Nähe an:

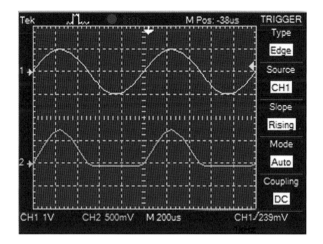

◀ **Abbildung 6-37**
Eingang bzw. Ausgang einer Diode
(Screenshot aus dem Programm NI
Multisim)

Das gelbe Eingangssignal zeigt uns einen klaren Sinusverlauf. Da
die Silizium-Diode jedoch nur für positive Signale > *+0,7V* durch-
lässig ist und für negative Signale eine Sperre bedeutet, zeigt uns die
blaue Ausgangskurve lediglich den positiven Flügel der Sinuskurve.
Dort, wo eigentlich der negative Flügel der Sinuskurve liegt, haben
wir eine Nulllinie, was auf die Sperrrichtung der Diode hindeutet.
Wir sollten zum Abschluss der Diodenbetrachtung noch einen
Blick auf die *Spannungs-Strom-Kennlinie* werfen. Diese Kennlinie
zeigt dir, ab welcher Eingangsspannung der Strom durch die Diode
zu fließen beginnt und sie somit anfängt, zu leiten. Das erfolgt nicht
sofort, sondern beginnt langsam ab ca. *+0,5V* und steigt dann fast
schlagartig bei *+0,7V*.

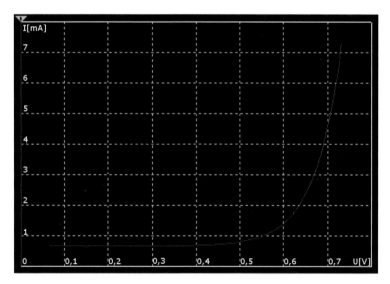

◀ **Abbildung 6-38**
Spannungs-Strom-Kennlinie einer
Silizium-Diode (Screenshot aus dem
Programm NI Multisim)

An den beiden folgenden sehr einfachen Schaltungen, kannst du die Funktionsweise als elektronisches Ventil gut erkennen. Sie bestehen jeweils aus zwei Dioden und zwei Lampen, die durch eine Batterie mit Strom versorgt werden.

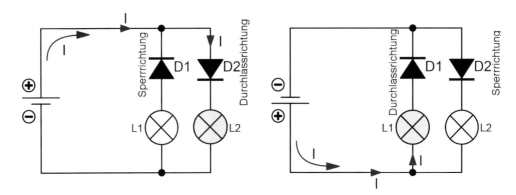

Abbildung 6-39 ▲
Durchlass- bzw. Sperrrichtung von Dioden in zwei Lampenschaltungen

Linke Schaltung

In der linken Schaltung liegt der Pluspol der Batterie oben, so dass er mit der Anode der Diode *D2* verbunden ist. Diese ist somit in Durchlassrichtung geschaltet, leitet den Strom durch und lässt Lampe *L2* leuchten. Diode *D1* sperrt, da ihre Kathode am Pluspol der Batterie liegt. Die Lampe *L1* bleibt dunkel.

Rechte Schaltung

In der rechten Schaltung wurde lediglich die Polarität der Batterie vertauscht, so dass ihr Pluspol unten liegt. Die Polaritätsverhältnisse sind jetzt genau umgedreht. Der Pluspol der Batterie liegt an der Anode der Diode *D1* und lässt die Lampe *L1* leuchten. Diode *D2* wird in Sperrrichtung betrieben, da der Pluspol an ihrer Kathode liegt. Die Lampe *L2* bleibt dunkel. Vielleicht fragst du dich jetzt, wozu derartige Bauteile benutzt werden. Die Anwendungsgebiete sind recht vielfältig, ich möchte dir hier nur einige nennen:

- Gleichrichtung von Wechselstrom
- Spannungsstabilisierung
- Freilaufdiode (zum Schutz vor Überspannung beim Abschalten einer Induktivität, wie z. B. bei einem Motor)

Es gibt viele unterschiedliche Diodentypen, wie z. B. *Z-Dioden* oder *Tunneldioden*, um nur zwei zu nennen. Alle Unterschiede hier aufzuzeigen, würde den Umfang des Buches sprengen. Ich verweise deshalb auf die entsprechende Elektronik-Fachliteratur und das Internet.

Der Transistor

Jetzt kommen wir zu einem sehr interessanten elektronischen Bauteil, das die Entwicklung integrierter Schaltkreise auf kleinstem Raum erst ermöglicht hat. Der *Transistor*! Es handelt sich dabei um ein *Halbleiterelement*, das sowohl als *elektronischer Schalter* wie auch als *Verstärker* Verwendung findet. Es ist das erste elektronische Bauteil, das zum einen in die Kategorie *aktives Bauteil* fällt und zum anderen *drei Anschlüsse* besitzt. Das muss schon etwas Besonderes sein – und das ist es auch. Auch hier gibt es wieder eine Unmenge Varianten in verschiedenen Formen, Größen und Farben.

◀ **Abbildung 6-40**
Transistorsammelsurium

Stopp mal bitte! Du hast eben den Ausdruck *Halbleiter* verwendet. Kannst du mir verraten, wie das funktionieren soll? Wie kann ein Material nur halb leiten? Das ist mir ein Rätsel!

Ok, *RasPi*. Der Ausdruck *Halbleiter* ist etwas widersprüchlich und gibt sein elektrisches Verhalten nicht korrekt wieder. Es bedeutet, dass das verwendete Material – z.B. Silizium – unter gewissen Bedingungen leitet – und dann wieder auch nicht. Es wäre für alle verständlicher, wenn es z.B. *Steuerleiter* heißen würde. Doch daran können wir jetzt nichts mehr ändern, wir müssen es nehmen, wie es ist. Wir können den Transistor mit einem elektronisch regelbaren

Widerstand vergleichen, dessen Schleiferposition über einen angelegten Strom beeinflusst wird und somit den Widerstand reguliert.

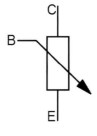

Je größer der absolute Wert des Stroms am Punkt *B* ist, desto kleiner wird der Widerstand zwischen den Punkten *C* und *E*. Warum ich genau diese Buchstaben verwende, wirst du gleich sehen. Wenn wir uns ein Bauteil vorstellen, das etwas steuern soll (schalten oder verstärken), muss es über eine Leitung verfügen, die diese Steuerung übernimmt und zwei weitere, die den Elektronenfluss (herein bzw. heraus) ermöglichen. Und schon haben wir die drei Anschlüsse eines Transistors auf sehr rudimentäre Weise beschrieben. Auch hier möchte ich wieder auf meine Spezialkamera zurückgreifen und dich mit bisher nicht veröffentlichten Bildern überraschen.

Abbildung 6-41 ▶
Elektronen auf dem Weg durch den
Transistor

Diese Aufnahme zeigt dir das Innere eines *NPN*-Transistors (was das ist, kommt gleich), der mit dem Pluspol der Spannungsquelle über den Anschluss mit der Bezeichnung *B* gesteuert wird. Damit wir die einzelnen Anschlüsse eines Transistors auseinanderhalten können, hat jedes Beinchen eine Bezeichnung:

- B steht für Basis
- C steht für Collektor (deutsch: Kollektor)
- E steht für Emitter

Auf diesem hochauflösenden Bild siehst du, wie sich der Strom der Elektronen zwischen *Kollektor* und *Emitter* bewegt. Es handelt sich um den *Arbeitsstromkreis*. Mit ihm werden andere Verbraucher wie Lampen, Relais oder auch Motoren gesteuert. Dann gibt es noch den Strom, der durch die Basis fließt. Das ist der *Steuerstrom*. Er reguliert mit seiner Stärke den *Arbeitsstrom*. Mit einem sehr geringen Steuerstrom kann ein relativ hoher Arbeitsstrom geregelt werden. Dieses Verhalten wird *Verstärkung* genannt.

> Der Unterschied zwischen *Steuer-* und *Arbeitsstromkreis* ist mir noch nicht ganz klar. Warum haben wir auf einmal *zwei* Stromkreise? Ich dachte, man hat es immer nur mit einem Kreis zu tun.

Schau her, *RasPi*. Ich werde dir das Prinzip an einer einfachen konventionellen Schaltung mit elektrischen Bauteilen zeigen.

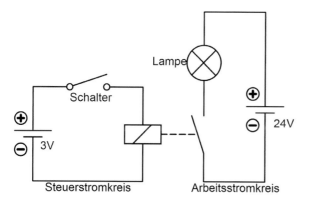

◀ **Abbildung 6 42**
Steuer- und Arbeitsstromkreis mit elektrischen Bauteilen

Auf der linken Seite haben wir den Steuerstromkreis, der über einen Schalter das angeschlossene Relais steuert. Die genaue Funktionsweise eines Relais werde ich dir gleich zeigen. Für den Augenblick reicht es, wenn du weißt, dass es ein elektro-mechanisches Bauteil ist, das beim Anlegen einer Spannung einen Kontakt schließt. Die Spannungsversorgung von *3V* reicht aus, um das kleine Relais anzusteuern. Auf der rechten Seite befindet sich der Arbeitsstromkreis, der eine Lampe mit *24V* zum Leuchten bringen soll. Die Arbeitskontakte des Relais schließen bei geschlossenem Schalter diesen Stromkreis und die Lampe leuchtet. Es ist davon auszugehen, dass im Steuerstromkreis ein niedrigerer Strom fließt als im Arbeitsstromkreis. Kleine Ursache, große Wirkung. Du siehst, dass wir hier mit zwei unabhängigen getrennten Stromkreisen arbeiten. Übertragen wir diese Arbeitsweise auf den Transistor. Zuerst zeige ich dir die Schaltbilder des Transistors. Da es zwei unterschiedliche Typen gibt, haben wir es auch mit verschiedenen Schaltsymbolen zu tun.

Abbildung 6-43 ▶
Die unterschiedlichen Schaltzeichen eines Transistors (oben ohne,
unten mit einem Kreis)

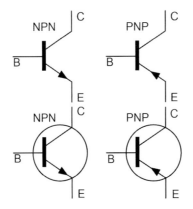

Die Unterschiede zwischen den Typen *NPN* und *PNP* liegen in der Anordnung der Siliziumschichten. Jeder Transistor weist drei auf-einanderliegende Siliziumschichten auf, von denen zwei immer gleich sind und außen liegen. Bei einem *NPN*-Transistor liegen die *N*-Schichten außen und bilden *Kollektor* bzw. *Emitter*. Die in der Mitte liegende Schicht bildet die *Basis*. Die Basis eines *NPN*-Transi-stors wird also durch die *P*-Schicht gebildet. Der *NPN*-Transistor schaltet durch, wenn das *Basis-Emitter-Potential* mindestens *+0,7V* beträgt. Wenn ich von *Durchschalten* spreche, ist damit der begin-nende Stromfluss zwischen Kollektor und Emitter gemeint. Der *PNP*-Transistor schaltet im Gegensatz dazu durch, wenn das *Basis-Emitter-Potential* negativ ist und mindestens *-0,7V* beträgt. Nun kann ich dir das Prinzip von Steuer- und Arbeitsstromkreis bei einem Transistor zeigen.

Abbildung 6-44 ▶
Steuer- und Arbeitsstromkreis mit
elektrischen und elektronischen
Bauteilen

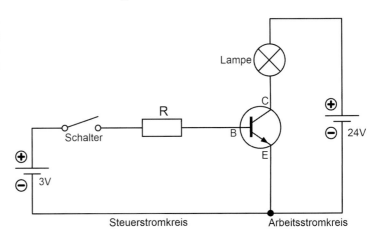

Kapitel 6: Die Elektronik

Das Relais wurde durch den *NPN*-Transistor ersetzt, der über einen Vorwiderstand *R* positiv angesteuert wird, wenn du den Schalter schließt. Dieser Widerstand ist unbedingt erforderlich, da ein zu hoher Basisstrom den Transistor überhitzt, was mit einem Totalausfall honoriert wird. Obwohl Steuer- und Arbeitsstromkreis eine gemeinsame Masse besitzen, sprechen wir immer noch von zwei getrennten Stromkreisen. Sehen wir uns einen Transistor aus der Nähe an. Ich habe mich für den Typ *BC557C* entschieden, den du auf dem folgenden Bild siehst. Es handelt sich um einen *PNP*-Transistor, dessen Amtskollege der *NPN*-Transistor *BC547C* ist. Wie du auf dem Bild *Transistorsammelsurium* gesehen hast, gibt es sehr unterschiedliche Gehäuseformen. Der hier gezeigte Transistor steckt in einem sogenannten *TO-92* Gehäuse aus Plastik.

C B E

Es handelt sich um einen recht universellen Transistor, der für kleine Verstärkerschaltungen bzw. Schaltanwendungen geeignet ist. Die Pinbelegung dieser beider Typen ist gleich und schaut wie folgt aus:

C B E

◀ **Abbildung 6-45**
Die Pinbelegung der Transistoren BC547C und BC557C (Sicht von unten auf die Beinchen)

Das könnte wichtig für dich sein

> Alle notwendigen Informationen zu Transistoren und allen anderen genannten Bauteilen in diesem Buch findest du auf den entsprechenden Datenblättern, die im Internet frei verfügbar sind.

Wann und wo wir einen Transistor benötigen, wirst du in den entsprechenden Kapiteln sehen, wenn es z. B. darum geht, einen Motor oder mehrere Leuchtdioden anzusteuern. Leider kann ich aus Platzgründen nicht weiter auf die sehr umfangreiche Thematik eingehen und verweise wieder auf die Fachliteratur bzw. das Internet.

Der integrierte Schaltkreis

Alles fing mit der Entdeckung des Transistors an, der es den Entwicklern ermöglichte, Schaltungen auf kleinstem Raum unterzubringen. In den Anfängen wurden mehr oder weniger komplexe Schaltungen auf röhrenbasierter Technik umgesetzt, wobei die

Röhren um vieles größer waren als ein Transistor und entsprechend mehr Leistung umsetzten. Später platzierte man Unmengen einzelner Transistoren auf überdimensionalen Leiterplatten, um ein gewisses Maß an Komplexität an einem Ort zu vereinen. Da das aber auf Dauer und Zeit ebenso zu gigantischen Ansammlungen von Platinen führte, kam man auf die Idee, mehrere diskrete Bauteile, also Transistoren, Widerstände und Kondensatoren, auf einem Silizium-Chip von wenigen Quadratmillimetern unterzubringen. Der *Integrierte Schaltkreis* (engl.: *IC* = **I**ntegrated **C**ircuit) war geboren. Diese Miniaturisierung ging in mehreren Schritten vonstatten. Hier ein paar Zahlen der Integrationsgrade:

- *1960*er Jahre: ein paar Dutzend Transistoren pro Chip (*3mm²*)
- *1970*er Jahre: ein paar Tausend Transistoren pro Chip (*8mm²*)
- *1980*er Jahre: einige Hunderttausend Transistoren pro Chip (*20mm²*)
- *Heute*: mehrere Milliarden Transistoren pro Chip

Ein beeindruckendes Beispiel liefert z.B. der Mikrocontroller *ATTiny13* mit seinen nur 8 Anschlussbeinchen. Es handelt sich um einen richtigen Minicomputer mit allem, was dazugehört, also ein Rechenwerk, Speicher, Ein- und Ausgabeports usw. Vor einigen Jahrzehnten hätte ein Computer mit dieser Komplexität noch zahllose Europlatinen (Maße: *160mm* x *100mm*) mit diskreten Bauteilen beansprucht.

Abbildung 6-46 ▶
Der Mikrocontroller ATTiny13 in einem DIP-Gehäuse der Firma Atmel

 Achtung

Ich habe dich in der Einleitung schon kurz auf die Gefahr hingewiesen, der die integrierten Schaltkreise statische Aufladung ausgesetzt sind. Ist dein Körper z.B. durch das Laufen über einen Polyesterteppich aufgeladen, kann diese elektrostatische Energie in Form eines Entladungsblitzes schlagartig abgeleitet werden. Dabei können leicht *30.000* Volt zusammenkommen – das haut ganz sicher den stärksten Transistor aus dem Gehäuse. Eine vorherige Erdung, etwa an einem nicht lackierten Heizungsrohr oder einem Schutzkontakt, ist deshalb ratsam.

Die Leuchtdiode

Eine *Leuchtdiode* – auch kurz LED (Light Emitting Diode) genannt – ist ein Halbleiterbauelement, das Licht einer bestimmten Wellenlänge abgibt und abhängig vom verwendeten Halbleitermaterial ist. Wie der Name *Diode* schon vermuten lässt, ist beim Betrieb auf die Stromrichtung zu achten, denn nur in Durchlassrichtung sendet die LED Licht aus. Bei entgegengesetzter Polung geht die LED nicht kaputt, sie bleibt einfach dunkel. Es ist unbedingt darauf zu achten, dass eine LED *immer* mit einem richtig dimensionierten Vorwiderstand betrieben wird. Andernfalls leuchtet sie einmal in einer beeindruckenden Helligkeit und dann nie wieder. Wie du den Wert des Vorwiderstands bestimmst, wirst du zu gegebener Zeit noch lernen. Leuchtdioden gibt es in vielen Farben und Formen.

◀ **Abbildung 6-47**
Leuchtdiodensammelsurium

Genau wie bei einer Diode gibt es bei der Leuchtdiode zwei Kontakte, von denen einer die *Anode* und der andere die *Kathode* ist. Das Schaltzeichen sieht ähnlich aus und hat zusätzlich noch zwei Pfeile, die das ausstrahlende Licht andeuten.

LED

◀ **Abbildung 6-48**
Die Schaltzeichen einer Leuchtdiode

Auf dem folgenden Foto kannst du sehen, dass ein Anschlussbeinchen etwas länger ist als das andere.

Das ist deshalb so gemacht worden, damit Anode und Kathode besser zu unterscheiden sind. Der längere Draht ist immer die Anode. Damit die LED leuchtet, muss die Anode mit dem *Plus-* und die Kathode mit dem *Minuspol* verbunden werden. Die einfachste Schaltung zur Ansteuerung einer LED siehst du im folgenden Plan:

Abbildung 6-49 ▶
Ansteuerung einer LED mit einem
Vorwiderstand

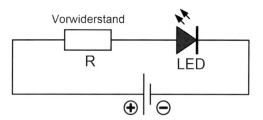

Weitere interessante Bauteile

Die bisher erwähnten Bauteile waren allesamt elektronischer Natur. Ich möchte dir jetzt einige vorstellen, die in die Kategorie *elektrische Komponenten* fallen.

Der Schalter

Ein Stromfluss kommt nur dann zustande, wenn der Stromkreis geschlossen ist und die Elektronen ungehindert fließen können. Damit du von außen Einfluss darauf nehmen kannst, musst du z.B. einen *Schalter* in den Stromkreis einbauen. Es handelt sich um einen Mechanismus, der einen Kontakt öffnen und schließen kann. Es gibt die unterschiedlichsten Ausführungen, die einige wenige oder mehrere Kontakte vorweisen.

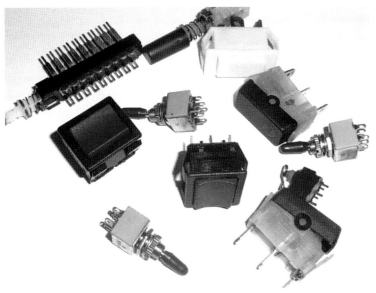

Der einfachste Schalter besteht aus zwei Kontakten und kann
unterschiedliche Schaltsymbole haben.

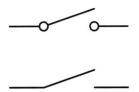

Der Zustand des Schalters kann als *stabil* bezeichnet werden.
Wurde er betätigt, bleibt die Schalterposition beibehalten, bis er
erneut umgeschaltet wird.

Der Taster

Der *Taster* ist mit dem Schalter verwandt und beeinflusst ebenfalls
den Stromfluss. Wird er nicht betätigt, ist der Stromkreis in der
Regel unterbrochen. Ich sage *in der Regel*, da es auch Taster gibt,
die ohne Betätigung geschlossen sind und auf einen Druck den
Stromkreis unterbrechen. Sie werden *Öffner* genannt.

Abbildung 6-52 ▶

Tastersammelsurium

Das Schaltzeichen für einen Taster gleicht ein bisschen dem eines Schalters, doch gerade die feinen Unterschiede sind wichtig und sollten nicht übersehen werden.

Abbildung 6-53 ▶

Die Schaltzeichen eines Tasters und eines Öffners

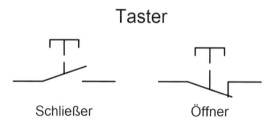

Taster

Schließer   Öffner

Der Zustand eines Tasters wird als *nicht stabil* bezeichnet. Drückst du ihn, dann schließt der Kontakt und der Strom kann fließen. Lässt du ihn wieder los, dann bewegt sich der Kontakt in die ursprüngliche Position zurück und der Stromkreis wird wieder unterbrochen. Für unsere Experimente verwenden wir recht häufig Taster und seltener Schalter. Die bevorzugte Variante ist *die*, die du direkt auf die Platine löten kannst. Sie nennen sich *Miniaturtaster*.

Auf dem folgenden Bild siehst einen Schaltungsaufbau auf einer sogenannten Lochrasterplatine, auf der sich die unterschiedlichsten elektronischen und elektrischen Bauteile befinden.

Am unteren Rand der Platine erkennst du 8 Taster (*S0* bis *S7*), die
direkt auf die Platine gelötet wurden, und darüber auch zahlreiche
Leuchtdioden mit entsprechenden Vorwiderständen. Für diejenigen, die es interessiert, sei erwähnt, dass es sich hier um eine Port-
Expander-Schaltung handelt, die wir noch im Detail besprechen
werden. Es wird ein integrierter Schaltkreis vom Typ *MCP23S17*
verwendet, der über das SPI-Protokoll angesteuert wird. Es wird
also spannend.

Das Relais

Ich habe dir das *Relais* bei der Einführung des Transistors schon
einmal kurz gezeigt. Hier möchte ich etwas genauer auf das Bauteil
eingehen. Ein Relais ist eigentlich nichts weiter als ein Schalter oder
Umschalter, den du aus der Ferne betätigen kannst. Auf dem folgenden Foto aus vergangenen Tagen, als es noch keine Relais gab,
siehst du einen Arbeiter, der einen Kontakt aus der Ferne schließt.

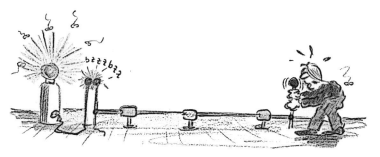

◀ **Abbildung 6-55**
Ein Fernschalter aus vergangenen
Tagen

Ein Relais kann unterschiedliche Schaltzeichen haben.

Abbildung 6-56 ▶
Das Schaltzeichen eines Relais (mit einem Arbeitskontakt)

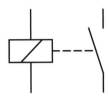

Ich habe ein Relais geöffnet, damit wir uns sein Innenleben genauer anschauen können.

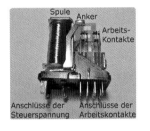

Auf der linken Seite befindet sich die Spule, die im Inneren einen Eisenkern besitzt, damit die Magnetfeldlinien besser transportiert werden. Fließt ein Strom durch die Spule, wird der Anker angezogen und drückt die Arbeitskontakte nach rechts. Dadurch werden sowohl Kontakte geschlossen als auch geöffnet. Das nachfolgende Schema zeigt uns, wie der Anker nach unten gezogen wird und dabei einen Kontakt schließt.

Abbildung 6-57 ▶
Schema eines Relais

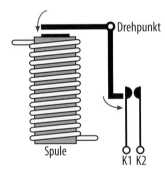

Wird der Anker durch die Spule nach unten gezogen, schließt er die beiden Kontakte *K1* bzw. *K2*. In gewisser Weise kannst du ein Relais – falls das erwünscht sein sollte – ebenfalls als Verstärker ansehen. Mit einem kleinen Strom, der durch die Spule fließt, kann bei entsprechender Dimensionierung der Relaiskontakte ein viel größerer Strom gesteuert werden.

⬛ Achtung

Schließe niemals ein Relais unmittelbar an einen Ausgang des Raspberry Pi-Boards an! Es wird garantiert mehr Strom fließen, als ein einzelner Ausgang liefern kann. Die Folge wäre eine Beschädigung des Raspberry Pi.

Der Motor

Ich denke, dass du weißt, was ein *Motor* ist. Wir reden hier jedoch nicht von einem Verbrennungsmotor, der z.B. mit Diesel betrieben wird, sondern hier handelt es sich um einen *Elektromotor*. Er ist ein Aggregat, das elektrische Energie in Bewegungsenergie umwandelt.

◀ **Abbildung 6-58**
Motorensammelsurium

Motoren gibt es in vielen unterschiedlichen Größen und Spannungsbereichen. Sie werden sowohl für Gleichstrom- als auch für Wechselstromversorgungen hergestellt.

◀ **Abbildung 6-59**
Das Schaltzeichen eines Gleichstrommotors

Wir konzentrieren uns jedoch auf Gleichstrom. Ein Gleichstrommotor besteht aus einem starren Element, das den Magnet darstellt, und einem beweglichen Element, der Spule, die drehbar auf einer Welle montiert ist. Wird ein Strom durch einen Leiter geschickt, bildet sich um ihn herum ein Magnetfeld. Das Magnetfeld wird umso größer, je mehr Drahtlänge auf einen bestimmten Bereich konzentriert wird. Aus diesem Grund hat man sehr viel Draht auf einen Träger gewickelt und damit eine Spule geschaffen.

Abbildung 6-60 ▶
Ein stromdurchflossener Leiter

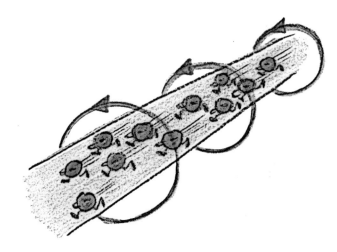

Du siehst auf diesem Bild einen Leiter, durch den die Elektronen in eine Richtung flitzen. Die roten Kreise zeigen uns die Magnetfeldlinien, die durch den Strom erzeugt werden. Würden wir jetzt eine Kompassnadel an den starren Leiter führen, würde die bewegliche Nadel reagieren und sich entlang der Magnetfeldlinien ausrichten. Sowohl die Magnetfeldlinien des Drahtes als auch die der Kompassnadel treten in eine Kräfte-Wechselwirkung. Haben wir aber stattdessen einen starren Magneten, in dem sich ein beweglicher Draht befindet, bewirkt die auftretende Kraft eine Bewegung des Drahtes.

Abbildung 6-61 ▶
Stark vereinfachtes Schema eines
Gleichstrommotors

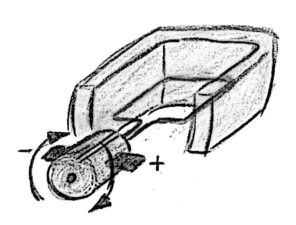

In der Zeichnung siehst du eine einzige rote Drahtwindung, die sich frei drehbar innerhalb des blauen Permanentmagneten befindet.

Lassen wir einen Strom durch den Draht fließen, reagieren die Magnetfelder des Drahtes mit denen des Magneten. Das führt dazu, dass sich der Draht entlang der Achse dreht. Aufgrund des zweigeteilten grauen Rotors, an dem der Draht befestigt ist, wird er nach einer 180^0-Drehung umgepolt und der Strom fließt in entgegengesetzter Richtung. Das jetzt gedreht zur vorherigen Polarität erzeugte Magnetfeld im Draht sorgt dafür, dass er sich weiterhin bewegt, bis es nach weiteren 180^0 zur erneuten Umpolung kommt. Dieser ständige Wechsel des Magnetfeldes sorgt für eine Drehbewegung des Drahtes mit dem Rotor. Damit sich die Kräfte zwischen den beiden Magnetfeldern verstärken, besitzt ein Motor viele solcher Drahtwindungen, die eine Spule bilden und dadurch dem Motor eine gewisse Kraft beim Drehen verleihen. Da die Ansteuerung eines Motors etwas mehr Strom verlangt, als ein einzelner Ausgang des Raspberry Pi liefern könnte, benötigen wir einen Transistor, der die Aufgabe der Verstärkung übernimmt. Ein nicht zu vernachlässigendes Problem ergibt sich beim Abschalten der Stromversorgung zum Motor. Die Spule induziert nach dem Verlust des Versorgungsstromes selbst einen Strom (*Selbstinduktion*), der aufgrund seiner Höhe und entgegengesetzten Flussrichtung den Raspberry Pi bzw. den Transistor zerstören kann. Wie wir dem entgegenwirken können, wirst du sehen, wenn wir die *Freilaufdiode* behandeln.

Der Schrittmotor

Wenn wir einen *normalen* Motor ansteuern, dreht er sich solange, wie wir ihn mit Strom versorgen und durch den vorherigen Schwung noch ein paar Umdrehungen weiter. Er bleibt dann an einer vorher nicht bestimmbaren Position stehen. Dieses Verhalten ist natürlich unerwünscht, wenn es darum geht, bestimmte Positionen gezielt und auch mehrfach hintereinander genau anzufahren. Damit das funktioniert, benötigen wir eine spezielle Art von Motor: den *Schrittmotor*. Vielleicht hast du schon einmal Industrieroboter gesehen, die z. B. bei der Montage von Karosserieteilen zum Einsatz kommen, um sie punktgenau zusammenzuschweißen. Dabei kommt es auf sehr hohe Positionsgenauigkeit an, damit nachher auch alles zusammenpassen. Derartige Roboter werden durch Schrittmotoren gesteuert. Auch in Flachbettscannern oder Plottern findest du diese Stellelemente, um eine exakte Positionierung zu ermöglichen.

Abbildung 6-62 ▶
Schrittmotorensammelsurium

Was fällt dir bei den Schrittmotoren auf dem Bild auf, wenn du sie mit *normalen* Motoren vergleichst? Diese Motoren haben mehr als zwei Anschlussdrähte. Das Schaltsymbol eines Schrittmotors kann unterschiedlich ausfallen. Meistens wird ein Motor mit zwei Spulen gezeichnet.

Abbildung 6-63 ▶
Das Schaltzeichen eines
Schrittmotors

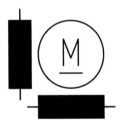

Damit ein Schrittmotor bestimmte Positionen anfahren kann, muss er im Inneren einen Aufbau vorweisen, der ihn dazu bewegt, an gewissen Stellen haltzumachen. Da dies nicht mit mechanischen Mitteln wie etwa einem Zahnrad, das bei der Drehung an einer Stelle blockiert, gemacht wird, muss es eine elektrische Lösung geben. Wenn ich z.B. einen Magneten auf einer Achse befestige und rundherum Spulen positioniere, dreht sich der Magnet zu *der* Spule hin, die vom Strom durchflossen wird, um dann dort stehen zu bleiben. Nach diesem Prinzip funktioniert ein Schrittmotor. Der Einfachheit halber habe ich einen Motor mit *4* Spulen und einer simplen Ansteuerung gewählt, dessen Positionierung dementsprechend grob ist. Aber es geht hierbei ums Prinzip und nicht um die Praxistauglichkeit.

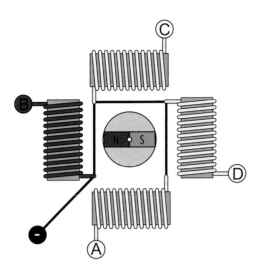

In der Mitte siehst du den drehbar gelagerten Magneten, der von *4*
Spulen umgeben ist. Alle Spulen sind mit einem ihrer beiden
Anschlüsse mit Masse verbunden. Zur Verdeutlichung der Funktionalität habe ich die Spule *B* mit einem Strom beaufschlagt, so dass
sich der Magnet in diese Richtung gedreht hat und dort stehen
bleibt. Wird immer nur eine Spule mit Strom versorgt, können
maximal *4* unterschiedliche Positionen (jeweils *90⁰*) angefahren
werden. Werden jedoch zwei benachbarte Spulen gleichzeitig versorgt, bleibt der Anker zwischen ihnen stehen. Auf diese Weise
wird die Genauigkeit erhöht.

◀ **Abbildung 6-65**
Gleichzeitige Ansteuerung
mehrerer Spulen

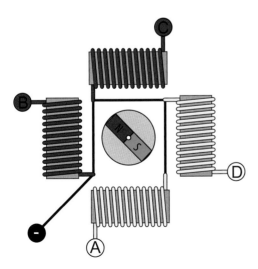

Statt mit 90^0-Schritten, kann jetzt mit 45^0-Schritten gearbeitet werden. Damit die angefahrene Position jedoch stabil bleibt, muss die jeweilige Spule bzw. die Spulen immer mit Strom versorgt bleiben, bis eine neue Richtung vorgegeben wird. Willst du erreichen, dass sich der Schrittmotor z.B. im Uhrzeigesinn dreht, müssen die Spulenanschlüsse in der richtigen Reihenfolge angesteuert werden. Beginnen wir bei Spule *B*: *B / BC / C / CD / D / DA / A / AB / B /* usw.

Stopp mal kurz! Ich habe das Bild mit den verschiedenen Schrittmotoren unter die Lupe genommen. Mir ist dabei etwas aufgefallen. Manche Motoren haben *4* und einer *5* Anschlüsse. Wo liegt der Unterschied?

Hast du eine Lupe verwendet, um das zu erkennen? Aber ja, *RasPi*! Du hast vollkommen Recht. Es gibt zwei unterschiedliche Typen von Schrittmotoren:

- unipolare Schrittmotoren (5 oder 6 Anschlüsse)
- bipolare Schrittmotoren (4 Anschlüsse)

Der *unipolare Schrittmotor* ist einfacher anzusteuern, da der Strom immer in derselben Richtung durch die Spulen fließt. In unserem Beispiel habe ich deswegen diesen Typ erklärt. Für weitere Informationen muss ich dich auf weiterführende Literatur oder das Internet verweisen.

Der Servo

Modellflugzeuge oder auch Modellschiffe besitzen zur Steuerung der unterschiedlichsten Funktionen wie Geschwindigkeit oder Kurs kleine *Servos*. Es handelt sich dabei meist um kleine Gleichstrommotoren, die mit drei Anschlüssen versehen sind und deren Stellposition über eine *Puls-Weiten-Modulation* (*PWM*) gesteuert wird.

Abbildung 6-66 ▶
Zwei unterschiedlich große Servos

Kapitel 6: Die Elektronik

Das Schaltplansymbol für einen Servo kann folgendermaßen ausschauen:

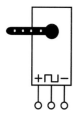

◀ **Abbildung 6-67**
Das Schaltzeichen eines Servos

Lass mich das *PWM*-Thema kurz anreißen, damit du ungefähr
weißt, worum es geht. Ein nicht modifizierter Servo hat in der Regel
einen Wirkungskreis von *0⁰* bis *180⁰* und kann sich nicht wie ein
Motor um *360⁰* drehen. Die Ansteuerung, wie weit sich ein Servo
drehen soll, erfolgt über ein Rechtecksignal mit besonderen Spezifikationen.

Periodendauer

Die Periodendauer *T* beträgt konstant *20ms*.

Pulsbreite

Die Pulsbreite muss sich zwischen *1ms* (linker Anschlag) und *2ms*
(rechter Anschlag) bewegen. Nachfolgend siehst du drei Servo-
Positionen mit den entsprechenden Ansteuerungssignalen. Mit
dem ersten Beispiel mit einer Pulsbreite von *1ms* positionieren wir
den Servo an den rechten Anschlag. Das entspricht dem Winkel
von *0⁰*.

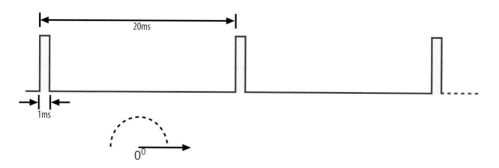

Im zweiten Beispiel steuern wir den Servo mit einer Pulsbreite von
1, ms an, was ihn dazu veranlasst, auf die Mittelposition zu fahren,
die einem Winkel von *90⁰* entspricht.

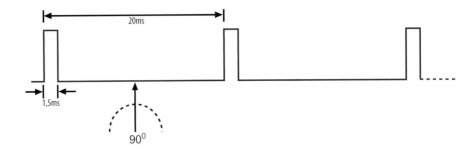

Im dritten Beispiel wird unser Servo mit einer Pulsbreite von *2ms* angesteuert, der seinerseits an den linken Anschlag fährt, was einem Winkel von *180⁰* entspricht.

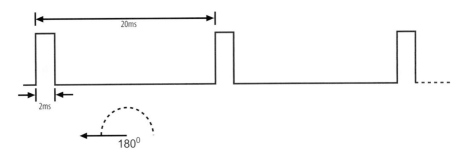

Jetzt hast du eine ungefähre Vorstellung davon, was *PWM* ist. Über die Pulsweite bzw. -breite kannst du ein elektronisches Bauteil wie den *Servo* ansteuern. Das gleiche Verfahren kann auch zur Helligkeitssteuerung bei Leuchtdioden verwendet werden. Aufgrund der unterschiedlichen Servotypen können abweichende Werte vorkommen, doch das Prinzip ist das Gleiche. Da die Positionierung über ein einziges Steuersignal an den Servo herangeführt wird, hat er dementsprechend wenige Anschlüsse.

Abbildung 6-68 ▶
Die Anschlussbelegung eines Servos

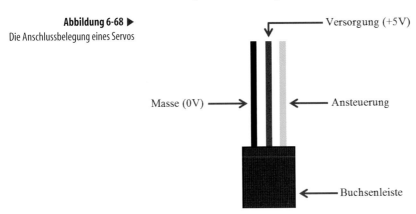

Kapitel 6: Die Elektronik

Das Piezo-Element

Ich möchte das Elektronik-Kapitel mit der Vorstellung des *Piezo-Elements* abschließen.

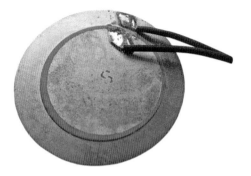

◀ **Abbildung 6-69**
Das Piezo-Element

Das Teil sieht schon etwas merkwürdig aus, und man sollte kaum vermuten, dass es Krach machen kann. Wir haben es mit einem Bauteil zu tun, das im Inneren einen Kristall besitzt, der über eine angelegte Spannung anfängt zu schwingen. Der sogenannte *Piezo-Effekt* tritt dann auf, wenn auf bestimmte Materialien Kräfte wie Druck oder Verformung wirken. Es ist dann eine elektrische Spannung messbar. Das *Piezo-Element* geht den umgekehrten Weg. Bei einer angelegten Spannung tritt eine regelmäßige Verformung auf, die als Schwingung wahrzunehmen ist und die die Luftmoleküle anregt. Das nehmen wir als Ton wahr. Damit der Piezo etwas lauter wird, klebt man ihn am besten auf eine frei schwingende Unterlage, so dass die ausgesendeten Schwingungen übertragen und verstärkt werden. Das Schaltplansymbol für ein Piezo-Element kann folgendermaßen ausschauen:

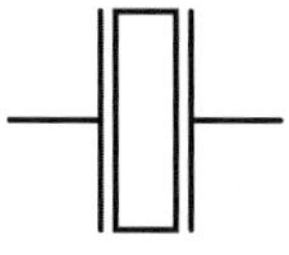

◀ **Abbildung 6-70**
Das Schaltzeichen eines
Piezo-Elementes

Mit den hier gezeigten Grundlagen hast du als Elektronikeinsteiger einen groben Überblick über verschiedene Bauteile bekommen. Natürlich gibt es sehr viel mehr darüber zu berichten was aber aus Platzmangel leider nicht möglich ist. Möchtest du dich intensiver mit der Welt der elektronischen Bauteile bzw. Schaltungen auseinandersetzten, dann empfehle ich weiterführende Literatur.

Nützliches Equipment und Verbrauchsmaterialien

Kein Arbeiter kann ohne sein Handwerkszeug auskommen, und alles nur mit Händen und Zähnen zu erledigen, wird auf Dauer etwas mühsam und auch schmerzhaft. Ich möchte dir deswegen die folgenden Werkzeuge ans Herz legen. Wenn du über einige Grundgerätschaften verfügst, macht alles gleich doppelt so viel Spaß.

Nützliches Equipment

Wenn man schon einmal einen Blick in ein professionelles Elektroniklabor oder eine Elektronikwerkstatt geworfen hat und sich wirklich für die Thematik interessiert, kommen einem schon mal die Tränen. Die Vielfalt an Messgeräten mit den vielen farbigen Kabeln und diversem Werkzeug ist für einen Laien unüberschaubar und lässt ihn ehrfürchtig staunen. Jedenfalls ging es mir beim ersten Mal so, als mich mein Vater an seinen Arbeitsplatz mitgenommen hatte. Er arbeitete an einem der vielen Windkanäle des *Deutschen Zentrums für Luft- und Raumfahrt* (DLR). Aber alle haben einmal klein angefangen. Ich würde die Werkzeuge, die ich dir hier vorstelle, in zwei Kategorien einordnen. Da in der Elektronik wie auch in der Programmierung *Englisch* die Umgangssprache ist, verwende ich an dieser Stelle Ausdrücke, die sich mehr oder weniger eingebürgert haben.

Kategorie 1

Must have! (Das Werkzeug ist unentbehrlich für deine Arbeit.)

Kategorie 2

Nice to have! (Es ist nicht unbedingt erforderlich, das genannte Werkzeug zu besitzen, doch es könnte einerseits die Arbeit erleichtern oder andererseits das Ego befriedigen, um dann sagen zu können: »*Ja, ich habe ein wahnsinnig tolles Messgerät! Ich kann es mir leisten.*«)

Diverse Zangen

Die folgende Abbildung zeigt dir ein kleines Set, das die gebräuchlichsten Zangen für einen Bastler beinhaltet.

Abbildung 7-1 ▶
Diverse Zangen

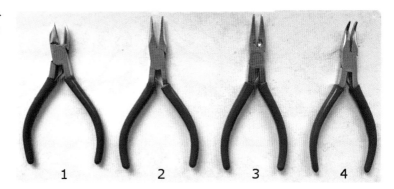

1. Einen Seitenschneider zum Durchtrennen von Kabeln

2. Eine Spitzzange zum Greifen und Fixieren von kleinen Bauteilen

3. Eine Flachzange besitzt im Gegensatz zu einer Spitzzange breitere Backen und kann dadurch eine größere Kraft auf das zu greifende Objekt ausüben.

4. Eine gebogene Zange bietet eine bessere Möglichkeit, etwas zu greifen, das recht versteckt und unzugänglich platziert ist

In meinen Augen fällt das Zangenset in die Kategorie *Must have!*

Die Abisolierzange

Eine Abisolierzange ist ein Werkzeug, das dir das Entfernen von Kabelummantelungen erleichtert, um an den blanken Draht heranzukommen. Zwar ist auch ein Seitenschneider dazu geeignet, doch wenn du zu viel Kraft auf die Ummantelung ausübst, hast du schnell das Kabel um ein Stück gekürzt.

◀ **Abbildung 7-2**
Eine Abisolierzange

Dieses Werkzeug fällt bei mir in die Kategorie *Nice to have*.

Schraubendreher

Kleine Uhrmacherschraubendreher eignen sich hervorragend zum Festschrauben von Kabeln an Schraubklemmen, wie du auf dem folgenden Foto siehst.

Achtung

Uhrmacherschraubendreher sind nicht isoliert und leiten den Strom, da sie komplett aus Metall sind. Grundsätzlich solltest du erst an einer Schaltung arbeiten, wenn sie spannungslos gemacht wurde.

Abbildung 7-3 ▶
Ein Set Uhrmacherschraubendreher

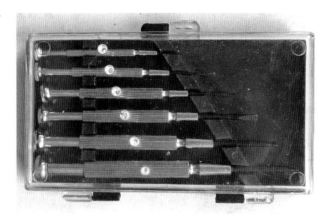

Hast du ein *IC* auf einem Breadboard befestigt und möchtest es entfernen, ohne dass sich die Anschlussbeinchen um $90°$ verdrehen
und möglicherweise abbrechen, verwende doch einen passenden
Uhrmacherschraubendreher.

Wenn du es mit den bloßen Fingern versuchst, kann dir passieren,
was du auf dem nächsten Bild siehst.

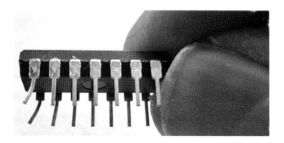

Also immer recht vorsichtig mit den empfindlichen Beinchen eines
ICs umgehen. Passiert das ein- oder zweimal, ist das noch ok. Bei
einem größeren Stresstest werden sich die Anschlussbeinchen in
Wohlgefallen auflösen. Die Uhrmacherschraubendreher fallen eindeutig in die Kategorie *Must have!*

Ein IC-Ausziehwerkzeug

Die Sache mit dem Lösen eines ICs vom Breadboard klappt zwar mit einem Schraubendreher unter Berücksichtigung der enormen Hebelwirkung ganz gut, doch der ambitionierte Elektroniker benutzt dazu ein spezielles Tool, das noch nicht einmal teuer ist. Das Werkzeug sieht aus wie Mamas Zuckerzange und kann in Notfällen auch dafür herhalten, doch primär ist es zu Loslösen eines integrierten Schaltkreises, z.B. von einem Breadboard, gut geeignet. Ich würde sagen, dass es in die Kategorie *Nice to have* fällt und nicht unbedingt von Nöten ist, da es – wie schon gezeigt – mit entsprechender Vorsicht auch mit anderen Mitteln geht.

◀ **Abbildung 7-4**
IC-Ausziehwerkzeug

Ein digitales Multimeter

Bei einem *Multimeter* handelt es sich um ein Vielfachmessgerät, das in der Lage ist, elektrische Größen zu erfassen bzw. zu messen.

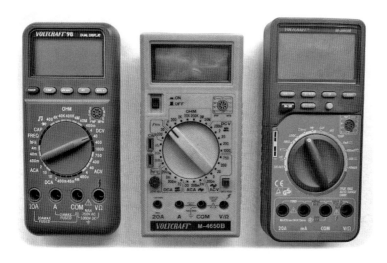

◀ **Abbildung 7-5**
Drei verschiedene digitale Multimeter

Die Geräte haben ein mehr oder weniger großes Spektrum an Messmöglichkeiten. Jedoch weisen die meisten von ihnen folgende Grundfunktionalitäten auf:

- den Widerstand eines Bauteils ermitteln
- einen Stromkreis auf Durchgang prüfen (Durchgangsprüfer mit Ton)
- Gleichspannung / -strom messen
- Wechselspannung / -strom messen
- Kapazitäten von Kondensatoren ermitteln
- Transistoren auf Funktionsfähigkeit überprüfen

Wie du siehst, ist das eine ganze Menge und in der Regel ausreichend. Das Messgerät fällt in die Kategorie *Must have!* Es gibt sie in diversen Preisklassen mit mehr oder weniger Funktionalität, doch in der Regel kannst du mit allen Geräten Widerstandsmessungen, Stromkreise auf Durchgang prüfen und Strom- bzw. Spannungsmessungen durchführen. Die einfachsten Multimeter bekommst du schon für unter *10€*, wobei du mit ihnen schon relativ gut arbeiten kannst. Auf der nach oben offenen Preisskala findest du natürlich viele weitere Geräte mit zusätzlichen Funktionen, die aber für einen Einsteiger alle in die Kategorie *Nice to have* fallen. Das muss dann der zur Verfügung stehende Geldbeutel entscheiden. Möchtest du aber vielleicht langfristig in etwas Gutes investieren und hast du deinen Arbeitsplatz entsprechend vorbereitet, bietet sich natürlich ein Tischmultimeter an.

Abbildung 7-6 ▶
Ein digitales Tischmultimeter

Kapitel 7: Nützliches Equipment und Verbrauchsmaterialien

Ein derartiges Messgerät hat die Vorteile, dass es durch das senkrechte Display sehr gut abzulesen ist, die Genauigkeit um ein Vielfaches höher liegt als bei recht günstigen Handmultimetern, und über den Netzbetrieb hast du das Gerät stets einsatzbereit. Für mich war der größte Vorteil, dass ich immer wusste, wo es steht.

Achtung

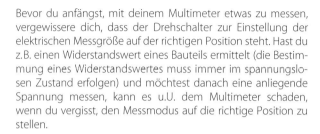

Bevor du anfängst, mit deinem Multimeter etwas zu messen, vergewissere dich, dass der Drehschalter zur Einstellung der elektrischen Messgröße auf der richtigen Position steht. Hast du z.B. einen Widerstandswert eines Bauteils ermittelt (die Bestimmung eines Widerstandswertes muss immer im spannungslosen Zustand erfolgen) und möchtest danach eine anliegende Spannung messen, kann es u.U. dem Multimeter schaden, wenn du vergisst, den Messmodus auf die richtige Position zu stellen.

Das Oszilloskop

Das *Oszilloskop* ist ein Messgerät, das schon in die Königsklasse der Gerätschaften gehört. Es kann z.B. Spannungsverläufe grafisch darstellen und eignet sich hervorragend zur Fehlersuche.

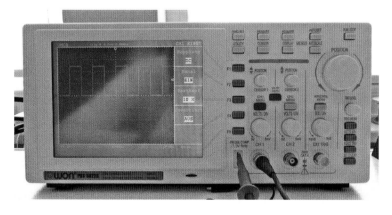

◀ **Abbildung 7-7**
Das Oszilloskop

Es gehört eigentlich in die Kategorie *Nice to have*. Es macht jedoch wahnsinnig Spaß, sich mit diesem Gerät auseinanderzusetzen, und Einsteigergeräte sind schon für knapp unter *300€* zu bekommen. Es eignet sich hervorragend, um zeitliche Verläufe von Spannungen an bestimmten Messpunkten einer Schaltung zu zeigen.

Externe Stromversorgung

Dein Raspberry Pi wird zwar mit Strom über den *USB*-Anschluss versorgt und reicht für die meisten Experimente sicherlich aus. Doch es gibt auch Schaltungen, die z.B. zur Ansteuerung eines Motors etwas mehr *Saft* brauchen, wie man so schön sagt. Dann ist eine externe Stromversorgung unerlässlich, da ansonsten das Raspberry Pi-Board Schaden nehmen würde.

Abbildung 7-8 ▶
Ein stabilisiertes Labor-Netzgerät

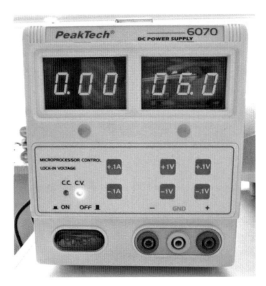

Hier kommt es natürlich auch wieder auf den Anwendungszweck an, wobei ein Steckernetzteil in der Regel viel günstiger ist als ein regelbares Labor-Netzgerät.

Abbildung 7-9 ▶
Ein Stecker-Netzteil

Das hier gezeigte Stecker-Netzteil bietet dir verschiedene Ausgangsspannungen an, die über einen kleinen Drehschalter ausgewählt werden können. Es sind Spannungen von *3V, 5V, 6V, 7,5V, 9V* und

Kapitel 7: Nützliches Equipment und Verbrauchsmaterialien

12V einstellbar. Eine weitere Kenngröße ist der maximale Strom, den ein Netzgerät zu liefern in der Lage ist. Je mehr Strom, desto teurer wird es. Dieses hier hat einen maximalen Strom von *800mA*, wohingegen das regelbare Netzgerät *1,5A* liefern kann. Preislich gesehen sind nach oben hin keine Grenzen gesetzt, wie es eigentlich für alles im Leben gilt. Der Preis des gezeigten Labor-Netzgerätes mit einer digitalen Anzeige liegt bei etwa *140€*, wogegen das Stecker-Netzteil nur um die *15€* kosten mag.

Eine Widerstands-Biegelehre

Als es Zeit wurde, ein paar Zeilen über das folgende Werkzeug zu verlieren, habe ich erst einmal gestutzt und nachgeforscht, wie denn die genaue Bezeichnung dafür lautet. Es hat mich schon einiges an *Googelei* gekostet, bis ich auf den richtigen Namen *Widerstands-Biegelehre* stieß. Wenn man mich vorher danach gefragt hätte ... Nun ja, das ist ein Plastikteil, mit dem man Widerstände biegen kann. Also Widerstände eigentlich nicht, sondern die Anschlussdrähte.

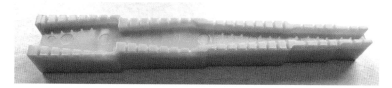

◀ **Abbildung 7-10**
Eine Widerstands-Biegelehre
(ugs.: Biegeklotz)

Das sieht irgendwie merkwürdig aus und ist doch ein sehr sinnvolles Tool. Für mich fällt es eindeutig in die Kategorie *Must have!* Es kann in eine irrsinnige Frickelei ausarten, wenn du versuchst, die Anschlussdrähte eines Widerstandes *so* zu biegen, dass sie problemlos in die Löcher einer Lochrasterplatine flutschen. Ich finde, dass das Herstellen und Aussehen einer Platine etwas mit Kunst zu tun hat und ästhetisch ansprechend sein sollte. Wie sieht es denn aus, wenn die Bauteile krumm und schief darauf platziert wurden? Da hat wohl jemand keine richtige Lust gehabt oder es fehlte ihm das richtige Werkzeug. Die Standard-Lochrasterplatine hat einen Lochabstand von *2,54mm*. Die Widerstands-Biegelehre hat für unterschiedlich lange Widerstände (mit *Dioden* geht das natürlich genauso gut) verschiedene Auflageflächen, in die die Widerstände hineingelegt werden können. Du musst dann lediglich die Anschlussdrähte mit den Fingern stramm nach unten biegen und hast auf jeden Fall immer einen Abstand der parallel nach unten weisenden Drähte, die ein Vielfaches eines Lochabstandes betragen. Das Bauteil passt dann wunderbar auf eine Lochrasterplatine.

Abbildung 7-11 ▶
Einlegen, biegen, fertig!

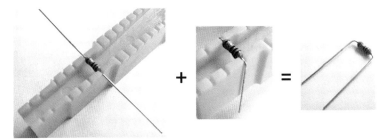

Für das Platzieren von Bauteilen auf einem Breadboard musst du dieses Verfahren natürlich nicht unbedingt anwenden, denn eine Schaltung wird dort nicht ewig bestehen bleiben. Da darf es ruhig ein wenig *wilder* aussehen als auf einer Platine. Dennoch solltest du auch hier ein wenig Sorgfalt an den Tag legen, denn es ist schnell ein Kurzschluss hergestellt, der das Funktionieren der Schaltung und ggf. auch das Leben der Bauteile gefährdet.

Die Lötstation mit Lötzinn

Ein Lötkolben ist zum Basteln unerlässlich und fällt in meinen Augen auf jeden Fall in die Kategorie *Must have*. Gerade, wenn es darum geht, die hier im Buch vorgestellten Platinen nachzubauen, ist ein Lötkolben bzw. eine Lötstation unbedingt erforderlich. Ich zeige dir hier zwei sehr gute Lötstationen, die qualitativ sehr hochwertig sind.

Die Ersa-Lötstation

Abbildung 7-12 ▶
Eine Ersa-Lötstation mit unterschiedlichen Lötspitzen

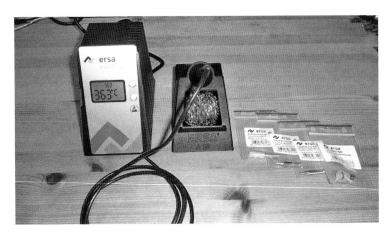

Kapitel 7: Nützliches Equipment und Verbrauchsmaterialien

Die Weller-Lötstation

Eine Lötstation ist natürlich dahingehend besser, als sie im Gegensatz zu einem Lötkolben die Temperatur der Lötspitze regeln kann, was gerade für temperaturempfindliche Bauteile wie integrierte Schaltkreise überlebenswichtig sein kann. Für einen Einsteiger gibt es zwar schon Lötkolben, die teilweise um die *10€* kosten, was aber aufgrund der minderen Qualitäten dieser Preiskategorie weniger zu empfehlen ist. Natürlich kommt es auch immer darauf an, wie ernsthaft eine Sache bzw. ein Hobby ausgeübt wird, und für längerfristige Aktivitäten zahlt sich Qualität sicher aus. Was nützt der beste Lötkolben, wenn kein Lötzinn vorhanden ist!?

Das Lötzinn

Um elektronische Bauteile oder auch Kabel leitend miteinander zu verbinden, wird Lötzinn verwendet, das bei einer hohen Temperatur (ca. *185 °C*) flüssig wird und beim Erkalten wieder erstarrt. Auf diese Weise kannst du sehr gut elektronische Schaltungen z.B. auf einer Lochrasterplatine fixieren, um damit entweder Kurzschlüsse oder Unterbrechungen, die bei einer fliegenden Verdrahtung auftreten können, zu verhindern. Es gibt viele Lötzinnsorten, die im Inneren mit einem Flussmittel versehen sind. Damit wird erreicht, dass sich die auf den Lötflächen ggf. vorhandenen Oxidschichten lösen. Das Flussmittel kann aber auch separat gekauft bzw. verwendet werden.

Die Entlötpumpe

Hast du deine Bauteile auf einer Platine festgelötet und musst aus irgendeinem Grund (es wurde ein defektes oder falsches Bauteil eingelötet) wieder eines davon entfernen, hast du ein Problem. Bei einem zweibeinigen Bauteil könntest du noch Glück haben. Du machst den ersten Lötpunkt mit dem Lötkolben wieder flüssig und ziehst es auf der Bauteilseite nach oben. Das Gleiche machst du mit dem zweiten Lötpunkt. Stell dir jetzt einen Transistor mit 3 Anschlüssen vor. Wenn du den ersten Lötpunkt erhitzt hast, halten zwei weitere Beinchen den Transistor in seiner jetzigen Position, und das Herauslösen ist fast unmöglich.

 Achtung

> Wenn du ein elektronisches Bauteil mit einem Lötkolben über einen längeren Zeitraum erhitzt, besteht die Gefahr der Überhitzung und Zerstörung. Gerade Halbleiter sind sehr hitzeempfindlich!

Jetzt kommt die *Entlötpumpe* ins Spiel.

Abbildung 7-15 ▶
Eine Entlötpumpe

Sie sieht fast aus wie eine Spritze, hat jedoch am vorderen Ende keine Nadel, sondern eine mehr oder weniger große Öffnung. Auf der gegenüberliegenden Seite befindet sich ein Druckknopf, mit dem du einen unter Federdruck stehenden Kolben in die Pumpe schieben kannst. Er rastet am Ende ein. Wenn du auf den kleinen Knopf drückst, schnellt der Kolben in die Ausgangsposition zurück und erzeugt so an der Spitze der Pumpe kurzzeitig einen Unterdruck, der das zuvor verflüssigte Lötzinn einsaugt und die Lötstelle mehr oder weniger vom Lötzinn befreit. Es gehört ein wenig Übung bzw. Timing dazu, die Pumpe richtig zu einzusetzen, das Lötzinn zu erhitzten und im richtigen Augenblick den Auslöser zu drücken. Am besten übst du auf einer alten Platine mit Bauteilen, die du nicht mehr benötigst oder die schon kaputt sind. Dann kann im Ernstfall nichts schiefgehen. Eine weitere Möglichkeit zum Entlöten von Bauteilen bzw. zum Entfernen von Lötzinn besteht in der Verwendung von Entlötlitze.

Das EEBoard

Ich möchte es nicht versäumen, dich mit einem Gerät bekannt zu machen, das mehrere elektronische Messgeräte in sich vereint. Auf den ersten Blick sieht es wie ein ganz normales Breadboard aus, was es natürlich nicht ist. Es gehört eindeutig in die Kategorie *Nice to have.*

◀ **Abbildung 7-16**
Das EEBoard

Sein Name lautet *EEBoard, was* die Abkürzung für *Electronics Explorer Board ist.* Es wird von der amerikanischen Firma *Digilent* hergestellt und wird auch hier in Deutschland vertrieben. Näheres dazu befindet sich im Anhang. Was soll aber an diesem Board so Besonderes sein? Um das Geheimnis zu lüften, werfen wir einen Blick auf die Rückseite.

Abbildung 7-17 ▶
Das EEBoard von der Rückseite
gesehen

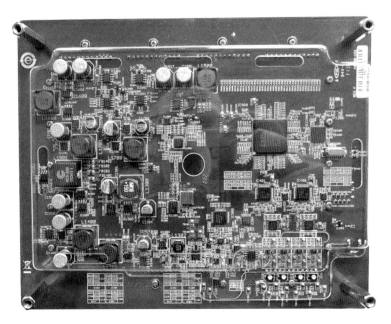

Das sieht schon richtig komplex aus. Es befinden sich zahlreiche integrierte Bausteine auf einer Platine, die eine Reihe von Aufgaben erfüllen. Das EEBoard vereint die folgenden elektronischen Geräte in sich:

4-Kanal-Digital-Oszilloskope

- 40 MSps (Mega-Samples)
- 10-Bit-Converter mit bis zu 16KByte Puffer
- leistungsstarke Trigger-Optionen
- AC/DC-Ankopplung mit +/- 20V Eingangsspannung
- schnelle Fourier-Transformation (FFT – Fast Fourier Transform)
- XY-Darstellung
- Zooming
- Daten-Export in unterschiedliche Dateiformate

32-Kanal-Logic-Analyzer

- Eingangssignale bis zu 5V
- 100 MSps (Mega-Samples)
- 16 KSa/pin Puffer

- Internal/External Clock und Trigger
- Daten-Export in unterschiedliche Dateiformate

2-Kanal-Waveform-Generator

- Beliebige Waveform-Erzeugung
- 40 MSps (Mega-Samples)
- 14-Bit-Converter mit bis zu 32KByte Puffer
- 4MHz Bandbreite
- 10V Peak-To-Peak
- AM/FM-Modulation

32-Kanal-Digital-Pattern-Generator

- 2 KSa/pin Puffer
- unterschiedliche Pattern-Generierung (Zeit, Zähler, Konstant, Zufall, User-Definiert)

Power-Supply + Voltmeter

- 2 x feste 5V + 3,3V Spannungsversorgungen (bis zu 1,5A)
- 2 x variable Spannungen von -10V bis +10V (bis zu 1,5A)
- 4-Kanal-Voltmeter (Eingangsschutz bis 200V mit 1,2 MOhm Impedanz)
- 2 Referenz-Spannungen +/- 10V

Static I/O

- Taster
- Schalter
- LEDs
- Siebensegmentanzeige
- Schieberegler
- Fortschrittsanzeige

Das EEBoard wird über die USB-Schnittstelle mit deinem PC verbunden und kann über eine mitgelieferte Software, die für Windows verfügbar ist, angesteuert werden. Es würde sicherlich zu weit führen, wenn ich jedes Detail hier nennen würde. Abschließend zeige ich dir die Oszilloskop-Funktion im 2-Kanal-Betrieb mit der Darstellung einer Sinuskurve und der Reaktion einer angeschlossenen Diode.

Abbildung 7-18 ▶

Das Oszilloskop des EEBoards

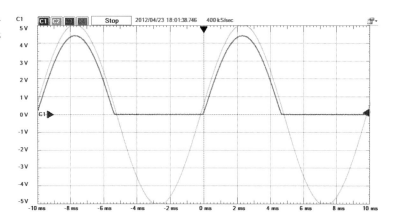

Das Breadboard

Das *Steckbrett*, auch *Breadboard* genannt, dient zur Aufnahme von elektrischen wie elektronischen Bauteilen, die über flexible Steckbrücken miteinander verbunden werden können. Auf diese Weise testen sogar Profis neuartige Schaltungen, um ihre Funktionsfähigkeit zu prüfen bzw. zu korrigieren, bevor sie daran gehen, fertig geätzte Platinen in Serie herzustellen.

Abbildung 7-19 ▶

Ein Breadboard von außen bzw. oben betrachtet (in stabiler Seitenlage)

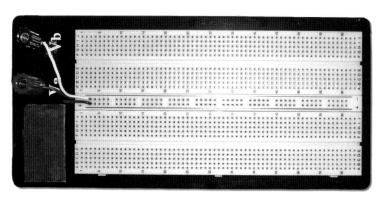

Wir sehen auf diesem Breadboard eine Unmenge kleiner Buchsen, die zur Aufnahme der Anschlüsse der Bauteile bzw. Steckbrücken dienen, wobei immer nur ein Anschluss in eine Buchse passt.

Wenn aber immer nur ein Anschluss in so ein kleines Loch passt, wie kann ich dann die Bauteile untereinander verbinden? Das verstehe ich nicht so ganz.

Viele Buchsen des Breadboards sind intern miteinander verbunden, so dass pro Buchse noch weitere zur Verfügung stehen, die eine elektrische Verbindung untereinander vorweisen. So stehen dir in der Regel immer genug Anschlüsse zur Verfügung, um die notwendigen Verbindungen herzustellen. Die Frage ist aber, nach welchem Muster bestehen diese unsichtbaren Verbindungen innerhalb des Boards? Schau her und staune. Die folgenden beiden Bilder zeigen dir sowohl ein Breadboard von außen als auch von innen.

▼ **Abbildung 7-20**
Ein Breadboard von außen (links) und von innen (rechts)

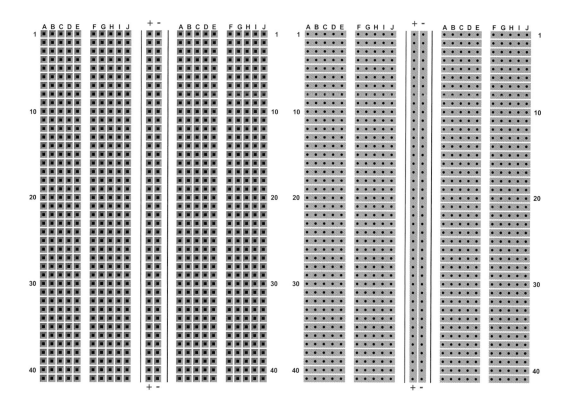

Würdest du die beiden Bilder übereinander legen, könntest du genau erkennen, welche Buchsen eine leitende Verbindung haben. Doch ich denke, dass du auch auf diese Weise gut erkennen kannst, was zusammengehört. In jeder einzelnen Reihe (*1 bis 41*) bilden die Buchsen *A* bis *E* und *F* bis *J* einen leitenden Block. Die beiden senkrechten Buchsenreihen in der Mitte (+ bzw. -) stehen für die evtl. benötigte Stromversorgung an mehreren Stellen zur Verfügung. Ich werde zum besseren Verständnis ein Bauteil mit mehreren Anschlüssen auf dem Steckbrett befestigen, damit du erkennst, worin der Vorteil derartiger interner Verbindungen liegt.

Abbildung 7-21 ▶
Ein integrierter Schaltkreis auf
einem Breadbord

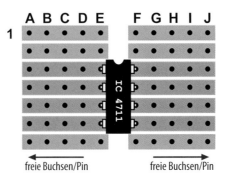

Dieser integrierte Schaltkreis der Zukunft mit ganzen 8 Beinchen wird zwischen die etwas größere Lücke der beiden Verbindungsblöcke *A bis E* und *F bis J* gesteckt. Auf diese Weise hat jeder einzelne Pin nach links bzw. nach rechts 4 zusätzliche Buchsen, die mit ihm elektrisch verbunden sind. Dort kannst du sowohl weitere Bauteile als auch Kabel hineinstecken. Es gibt übrigens eine Menge unterschiedlicher Breadboards, die für jeden die passende Größe bieten.

Abbildung 7-22 ▶
Von ziemlich klein bis
ganz schön groß

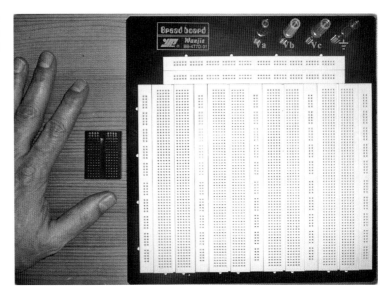

⬛ **Achtung**

Es gibt Breadboards, deren senkrechte Buchsenleisten, die auch *Power-Rails* genannt werden, mittig eine elektrische Unterbrechung vorweisen. Wenn du dir nicht sicher bist, ob du ein derartiges Board gekauft hast, führe eine Durchgangsprüfung mit einem Multimeter durch, indem du eine Messung zwischen dem obersten und dem untersten Pin einer einzelnen senkrechten Buchsenreihe machst. Falls keine Verbindung besteht und du eine durchgehende elektrische Verbindung benötigst, stelle sie über eine Steckbrücke her.

Flexible Steckbrücken

Die Steckbrücken, die notwendig sind, damit einzelne Bauteile auf dem Board miteinander in Verbindung treten können, kosten nicht viel.

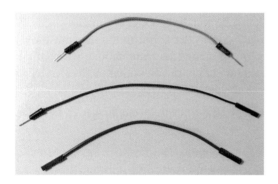

◀ **Abbildung 7-23**
Gekaufte flexible Steckbrücken (low-cost)

Es gibt sie in unterschiedlichen Farben und Längen bzw. Endanschlüssen und – ich müsste lügen, würde ich etwas anderes behaupten – sind ganz passabel. Das oberste Kabel hat an beiden Enden einen Stecker, was also für das Herstellen von Verbindungen auf dem Breadboard am besten geeignet ist. Darunter befindet sich ein Kabel, das auf der einen Seite einen Stecker, auf der anderen eine Buchse besitzt. Es kann für eine Verlängerung eines zu kurzen Kabels genutzt werden oder für eine Verbindung zu einem Bauteil oder einer Platine, die Anschlüsse in Form von Stiftleisten hat. Das untere Kabel hat an beide Enden Buchsen, um damit z.B. von Stiftleiste zu Stiftleiste eine Verbindung herzustellen. Für einen Einsteiger reichen diese Steckbrücken, die auch *Patchkabel* oder *Low Cost Jumper Wires* genannt werden, allemal. Du kannst dir diese Steckbrücken auch selbst herstellen. Der Vorteil: Man kann sich den flexiblen Draht – auch *Schaltlitze* genannt – in der benötigten Stärke, den benötigten Farben und den passenden Längen selbst aussuchen. Das folgende Bild zeigt dir einen Umschalter, an den ich drei der selbst hergestellten flexiblen Steckbrücken gelötet habe.

Abbildung 7-24 ▶
Selbst hergestellte flexible Steckbrücken an einem Umschalter

Auf diese Weise kannst du alle von dir benötigten Bauteile – wie z.B. Potentiometer, Motoren, Servos oder Schrittmotoren – mit diesen Anschlüssen versehen. Das gestaltet die Handhabung wirklich flexibel und spart im Nachhinein Zeit, die du vorher in das Herstellen der Steckbrücken bzw. Kabel investiert hast.

Folgende Materialien benötigst du zur Herstellung der flexiblen Steckbrücken:

- versilberter CU-Draht (*0,6mm*)
- Schaltlitze von entsprechender Dicke, die du bevorzugst (*max. 0,5mm²*)
- Schrumpfschlauch *3:1* (*1,5/0,5*)

Abbildung 7-25 ▶
Benötigte Materialien für flexible
Steckbrücken

Versilberter CU-Draht   Schaltlitze

Schrumpfschlauch

Kapitel 7: Nützliches Equipment und Verbrauchsmaterialien

Das folgende Werkzeug ist von Nöten:

- Feuerzeug
- Lötkolben
- Lötzinn
- Seitenschneider und ggf. eine Abisolierzange

Wenn du sehen möchtest, wie eine flexible Steckbrücke hergestellt wird, wirf einen Blick auf das entsprechende YouTube-Video von mir. Ich möchte dir hier die einzelnen Phasen der Herstellung kurz zeigen.

◀ **Abbildung 7-26**
Die Phasen der Herstellung flexibler Steckbrücken

Phase 1

Die Schaltlitze in der gewünschten Länge abschneiden.

Phase 2

Die Schaltlitze an beiden Enden ca. *0,5cm* abisolieren.

Phase 3

Die Enden der Schaltlitze mit Lötzinn verzinnen.

Phase 4

Den versilberten Kupferdraht an die Enden der Schaltlitze löten.

Phase 5

Die zuvor abgeschnittenen Stücke des Schrumpfschlauches (ca. *1cm*) auf die beiden Enden schieben, so dass sowohl die Lötstellen als auch ein Teil der Isolierung der Schaltlitze abgedeckt werden.

Phase 6

Die beiden Stücke des Schrumpfschlauches mit einem Feuerzeug ca. 3–4 Sekunden erhitzen, so dass der Schlauch schrumpft und sich um den Draht schmiegt. Führe die Flamme aber nicht zu dicht an den Schlauch, denn sonst verschmort er und hat keine Zeit zum Schrumpfen.

Wenn es in zukünftigen Experimenten in diesem Buch um das Verbinden von Bauteilen auf einem Breadboard oder Platinen geht, werde ich die flexiblen Steckbrücken oder andere Kabel nicht noch einmal unter den benötigten Bauteilen aufführen, denn das versteht sich von selbst.

Verbrauchsmaterialien

Wenn du später die konstruierten Schaltungen entweder auf einer Lochrasterplatine oder auf einem Breadboard aufbauen möchtest, benötigst du natürlich Draht, den es in unterschiedlichen Farben gibt. Nutze diese Vielfalt an Farben, aber es geht nicht darum, dass alles schön bunt aussieht, sondern dass die Übersicht erhalten bleibt. Bei einer Fehlersuche wird es dir dann sicher leichter fallen, den Verlauf der einzelnen Strompfade zu verfolgen.

Abbildung 7-27 ▶
Von links nach rechts:
Schaltdraht 0,5mm, Lötzinn,
versilberter Kupferdraht 0,6mm

Wenn du eine Schaltung z.B. auf einer Lochrasterplatine fixieren möchtest, benötigst du auch Lötzinn. Ich habe das im Zusammenhang mit der Lötstation schon angesprochen. Der versilberte Kupferdraht ist für vieles gut. Er kann verwendet werden, um längere Strecken auf einer Lochrasterplatine zu überbrücken, die natürlich nicht von anderen Bahnen gekreuzt werden dürfen. Des Weiteren kannst du den Draht wunderbar dazu verwenden, um selbst flexible Steckbrücken herzustellen.

GPIO-Grundlagen

8

Wenn du mein Buch *Die elektronische Welt mit Arduino entdecken* gelesen hast, dann weißt du bereits, wie schön man damit interessante Erweiterungen programmieren bzw. basteln kann. Da das aber kein Buch über den *Arduino* ist und du sicher darauf brennst, auch mit deinem *Raspberry Pi* elektronische Schaltungen aufzubauen und sie entsprechend der Programmierung anzusteuern, komme ich in diesem Kapitel zu den Grundlagen der Erweiterungsmöglichkeiten deines *Raspberry Pi*. Im Kapitel über die *Hardware* habe ich dir ganz nebenbei die Anschlüsse auf dem Board gezeigt, die mit dem Namen *GPIO* versehen waren. *GPIO* ist die Abkürzung für *General Purpose Input Output* und gibt dir eine Möglichkeit an die Hand, dich richtig auszutoben. Doch ich muss dich zu Beginn warnen, denn wenn mit diesen Anschlüssen Schindluder getrieben und nicht *100%ig* auf die Spezifikationen geachtet wird, dann war's das und es ist Schluss mit lustig! Diese Anschlüsse gehen direkt auf den Prozessor und es ist keine Schutzschaltung vorhanden, die bei Überspannung die Ein- bzw. Ausgänge vor Zerstörung schützt. Du musst dir also sehr sicher sein, was du dort anschließt und wie du vorgehst. Ich werde keine Verantwortung übernehmen, wenn das Board den Geist aufgegeben hat. Ein weiterer wichtiger Hinweis bezieht sich auf das Arbeiten mit deinem Board, ohne dass du ein Gehäuse verwendest. Die Unterseite des *Raspberry Pi* ist die sogenannte *Lötseite*. Die unzähligen Lötpunkte dürfen auf keinen Fall durch irgendwelche leitenden Gegenstände, die vielleicht auf deinem Schreibtisch liegen, miteinander verbunden werden. Es reicht schon ein Kugelschreiber, eine Büroklammer oder Ähnliches – und der Ärger ist da. Das Gleiche gilt für das spätere Arbeiten mit Steckbrücken, die meistens dort herumfliegen, wo sie nicht hingehören. Halte deine Arbeitsplatte sauber, damit du keine bösen Überraschungen erlebst. Was wollen wir in diesem Kapitel besprechen?

- Die *GPIO-Pins* und ihre Funktionen
- Die Spannungsversorgung von *3,3V* und *5V*
- Wir werden die Programmierung über eine *Shell* kennenlernen
- Wir werden die Programmierung über *Python* kennenlernen
- Wir werden die Programmierung über *wiringPi* kennenlernen
- Du wirst sehen, wie du in *C* sehr einfach die GPIO-Schnittstelle programmieren kannst
- Wir bauen uns ein Raspberry Pi-Simple-Board

Wo befindet sich eigentlich auf dem Raspberry Pi-Board die GPIO-Schnittstelle? Es handelt sich dabei um die *26*-polige Stiftleiste, die sich am linken oberen Rand befindet. Ok, das hängt natürlich immer davon ab, wie herum du das Board hältst. Auf dem folgenden Bild siehst du die GPIO-Schnittstelle.

Abbildung 8-1 ▶
GPIO-Pins (rote Markierung
bedeutet Pin 1)

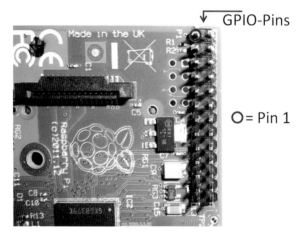

Achtung

Achte immer darauf, in welcher Ausrichtung sich dein *Raspberry Pi-Board* befindet. Am besten orientierst du dich am *Pin 1*, der deutlich markiert bzw. beschriftet ist. Es hätte fatale Folgen, wenn du an den falschen Pins eine Spannung anlegen würdest. Das Board würde mit an Sicherheit grenzender Wahrscheinlichkeit beschädigt!

Die GPIO-Pins

Jeder der 26 einzelnen Pins hat eine eigene Bedeutung. Da es mittlerweile Boards der *Revision 2* gibt, möchte ich an dieser Stelle auf die Unterschiede zwischen den beiden Boards hinweisen. Die Beschaltung der einzelnen Pins hat sich nämlich ein wenig geändert. Bei *Revision 1* gab es noch Pins, die sich *DNC (Do Not Connect)* nannten und nicht beschaltet werden durften. Sie waren für zukünftige Erweiterungen reserviert, die nun bei *Revision 2* mit Funktionen belegt sind. Schauen wir uns das Ganze aus der Nähe an.

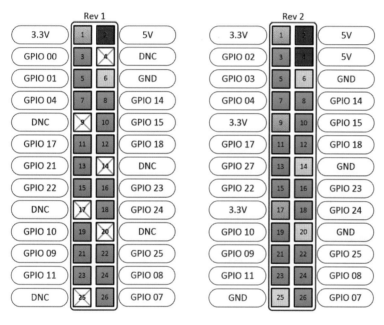

◀ **Abbildung 8-2**
GPIO-Pins und deren Bedeutung
(Rev 1 + Rev 2)

Auf diesem Bild siehst du für beide Revisionen *1 und 2* sowohl die doppelte Stiftleiste auf dem Board als auch links bzw. rechts daneben die dazugehörenden Bedeutungen. Bei *Revision 1* gab es noch einige Pins, die nicht belegt waren (*DNC*), die aber in Revision 2 sehr wohl eine Beschaltung besitzen. Zudem sind einige GPIO-Datenleitungen umbenannt worden. Siehe Pin 3, 5 und 13. Einige dieser Pins haben noch weitere alternative Funktionen, auf die ich gesondert eingehen werde. Es gibt Pins für die *SPI-* oder *I²C-*Schnittstelle oder auch *UART-*Funktionalitäten.

Die Spannungsversorgung

Hinsichtlich der Spannungsversorgungen von *3,3V* bzw. *5V* ist Folgendes unbedingt zu beachten:

Tabelle 8-1 ▶
Die Versorgungsspannungen
3,3V und 5V

Spannung	Besondere Beachtung
3,3V	Die 3,3V Versorgungsspannung an Pin 1 kann maximal 50mA Strom liefern. Alles, was darüber hinausgeht, beschädigt unweigerlich das Board. Das bedeutet für die einzelnen GPIO-Pins, dass in Summe maximal die genannten 50mA zur Ansteuerung der angeschlossenen Verbraucher (z. B. LED, Transistor etc.) aufgewendet werden dürfen.
5V	Die 5V Versorgungsspannung an Pin 2 wird direkt vom angeschlossenen USB-Powersupply bezogen. Das Board und der Versorgungspin 2 müssen sich demnach den zur Verfügung stehenden Strom des Powersupply teilen. Verfügt es beispielsweise über 1000mA Maximalleistung bzw. Strom und das Board benötigt 700mA, bleiben für Pin 2 noch 300mA übrig.

Ich habe an beiden Pins mein Multimeter angeschlossen, um zu sehen, ob auch wirklich die angekündigten Spannungen anliegen.

Abbildung 8-3 ▶
Spannungsvergleich an den
Spannungsversorgungs-GPIO-Pins

Pin 1: 3,3V

Pin 2: 5V

⊙ **Achtung**

> Wenn du derartige Messungen bzw. Verdrahtungen vornimmst, pass sehr gut auf, dass die blanken Leitungen einander nicht berühren. Ein Kurzschluss würde ggf. das Ende von allem bedeuten.

Die IO-Pins

Wenn du die *IO-Pins* zusammenaddierst, kommst du in Summe auf *17 Pins*. In der Grafik habe ich sie *grün* markiert, damit sie besser von den anderen zu unterscheiden sind.

Das habe ich verstanden! Doch es fehlt mir ein wenig der Überblick, welche Pins als Eingänge und welche als Ausgänge arbeiten. Ich könnte mir vorstellen, dass die mit der ungeraden Nummerierung als Eingänge und die mit der geraden als Ausgänge genutzt werden. Liege ich damit richtig?

Nun, *RasPi*, du bist leider vollkommen auf dem Holzweg. Jeder einzelne der *IO-Pins* kann individuell entweder als *Ein-* oder als *Ausgang* programmiert werden. Wenn wir im folgenden Beispiel an zwei unterschiedlichen Pins z.B. einen *Taster* und eine *LED* (*Leuchtdiode*) anschließen, müssen beide Pins hinsichtlich der Datenflussrichtung unterschiedlich programmiert werden. Schau her:

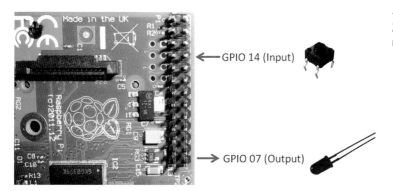

GPIO 14 (Input)

GPIO 07 (Output)

◀ **Abbildung 8-4**
Zwei unterschiedlich programmierte GPIO-Pins

Über einen *Taster* kannst du ein Statussignal an den *GPIO-Pin* liefern, er muss also als *Eingang* (*Input*) programmiert werden. Möchtest du aber ein Signal nach draußen geben, um z.B. eine *LED* anzusteuern, muss der betreffende Pin als *Ausgang* (*Output*) programmiert werden.

Wichtige Hinweise bezüglich der Spannung

An dieser Stelle ist eine weitere Warnung angebracht. Die *IO-Pins* arbeiten mit einer Spannung von *3,3V* und das ist so sicher wie das Amen in der Kirche. Schickst du die sonst üblichen *5V*, wie z.B. beim *Arduino,* an einen der Pins, geht diese Spannung, ohne dass irgendein Schutzmechanismus greift, durch bis zum Broadcom-Chip – und der sagt dann *danke* und verabschiedet sich. Wie du sicher auch schon bemerkt hast, liegen die Spannungsversorgungen von *5V* und *3,3V* unmittelbar nebeneinander. Das birgt ein großes Risiko in sich, wenn man gleichzeitig mit beiden Anschlüssen arbeitet. Wenn du einen Kurzschluss zwischen beiden Pins herstellst, wird das Board auf jeden Fall zerstört. Das gilt auch für

jeden anderen Pin, der unbeabsichtigt mit 5V in Berührung kommt.
Da ist höchste Aufmerksamkeit angesagt.

Wichtige Hinweise bezüglich des Stroms

Beachte immer, dass der maximale Strom, der in Summe in die
GPIO-Pins hinein- bzw. herausfließt, die 50mA nicht überschreiten
darf. Nähere Hinweise zu dem Thema findest du unter

http://elinux.org/RPi_Low-level_peripherals

Du siehst, dass du sehr schnell an die Grenzen des Machbaren
stößt und unbedingt alles beachten solltest, was in den Spezifikationen geschrieben steht. Andernfalls wird das Board zerstört.

Die Programmierung der GPIO-Pins

Nach all dieser Theorie wirst du dich fragen, wie die einzelnen Pins der
GPIO-Schnittstelle programmtechnisch zu beeinflussen sind. Es gibt
mehrere Ansätze bzw. unterschiedliche Programmiersprachen, auf die
ich eingehen möchte. In diesem Kapitel lernst du die Grundlagen zur
Programmierung der Schnittstelle, wobei ich dir mehrere Alternativen
nenne. In einem weiteren Kapitel zeige ich dir dann konkrete Beispiele,
wobei wir vom einfachen bis hin zum komplexeren gehen werden. Du
wirst die Ansteuerung einer einzelnen LED kennenlernen, eine Ampel-
steuerung sowie einen Würfel aufbauen und programmieren. Das sind
nur ein paar grundlegende Schaltungen. Natürlich werde ich dir zu
jedem einzelnen Projekt zu Beginn eine Bauteilliste nennen, so dass du
dich vorab informieren kannst, welche Materialien du benötigst. Im
Internet stelle ich eine Komplettliste zum Download zur Verfügung, so
dass du dir mühelos einen Überblick über alle im Buch verwendeten
elektronischen Bauteile verschaffen kannst. Kommen wir zu den
unterschiedlichen Programmiersprachen, die du zur Programmierung
der GPIO-Schnittstelle verwenden kannst.

GPIO-Pins als Ein- bzw. Ausgabe

Bevor wir mit konkreten Beispielen beginnen, möchte ich dir zei-
gen, wie du einen Verbraucher wie eine Leuchtdiode bzw. einen
Sensor, wie z.B. einen Taster, anschließt, damit es dabei nicht zu
Problemen kommt. Fangen wir mit einer Leuchtdiode an.

Die Ansteuerung einer Leuchtdiode (einfach)

Wir können eine LED nicht direkt mit einem GPIO-Pin verbinden
und dann zum Leuchten bringen, weil erstens die Spannung für die

LED viel zu groß wäre und zweitens ein viel zu hoher Strom flösse, der den einzelnen GPIO-Pin zu sehr belasten würde. Was also tun? Es gibt ein Bauteil, von dem du mit Sicherheit schon gehört hast. Der *Widerstand*! Ein *Widerstand* ist ein passives elektronisches Bauteil, das es in den unterschiedlichsten Dimensionen bzw. Werten gibt. Werfen wir einen Blick auf den folgenden Schaltplan.

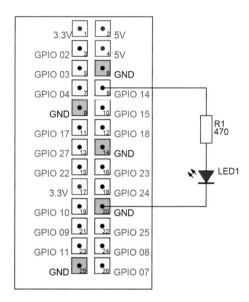

◀ **Abbildung 8-5**
Die Ansteuerung einer Leuchtdiode
über einen Vorwiderstand

Das ist mir soweit klar. Aber die Sache mit dem Vorwiderstand zur Ansteuerung der LED und seine Dimensionierung ist mir schleierhaft.

Ok, *RasPi*. Das wollen wir uns genauer anschauen. Ich zeige dir hier das Ersatzschaltbild der LED mit einem Vorwiderstand.

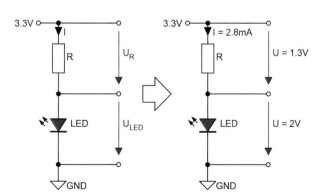

◀ **Abbildung 8-6**
Eine LED mit Vorwiderstand (links
ohne, rechts mit konkreten Werten)

Auf der linken Seite siehst du die LED mit dem Vorwiderstand, die beide in Reihe über 3,3V nach Masse geschaltet sind. Um den Wert des Vorwiderstands zu berechnen, müssen wir uns bekannter Werte bedienen und eine bestimmte Formel anwenden, die in der Elektronik die Grundlage für die Berechnung von *Widerstand*, *Spannung* und *Strom* ist. Diese drei Größen kommen im sogenannten *Ohmschen Gesetz* zur Anwendung. Die Formel lautet:

$$R = \frac{U}{I}$$

Ok, damit haben wir die Formel zur Berechnung eines Widerstands. Fehlen noch Spannung und Strom. Die konkreten Werte sind aber nirgends zu finden. Wie kommen wir daran? Nun, an einer LED fallen in der Regel ca. *2V* ab, so dass für den Spannungsabfall am Vorwiderstand noch *1,3V* übrig bleiben. Kommen wir zum Strom, der den maximal zulässigen Wert von *50mA* für alle GPIO-Pins nicht überschreiten darf. Wir haben es mit *17* Pins zu tun und wenn wir *50* durch *17* dividieren, kommen wir ungefähr auf *2,8*. Also habe ich einmal *2,8mA* für den maximalen Strom in diesem Stromkreis angegeben. Uns stehen dann die folgenden Werte zur Berechnung des Vorwiderstands zur Verfügung:

$$R = \frac{U}{I} = \frac{1.3V}{2,8mA} = 464,29\Omega$$

So einen krummen Widerstandswert gibt es natürlich nicht, wohl aber einen, der sehr dicht dran liegt: *470Ohm*, und genau diesen Wert habe ich verwendet. Ich habe ein Messgerät angeschlossen, um den Stromfluss zu kontrollieren, wenn der verwendete Pin einen HIGH-Pegel bekommt.

Abbildung 8-7 ▶
Strommessung am GPIO-Pin

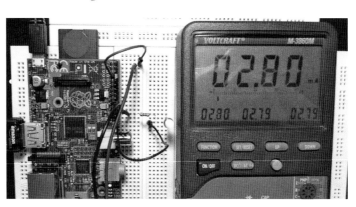

Kapitel 8:   GPIO-Grundlagen

Du kannst sehen, dass bei leuchtender LED ein Strom von ca. 2,8mA fließt, was sogar mich überrascht hat. Normalerweise weichen der berechnete und der gemessene Werte aufgrund von Bauteiltoleranzen immer etwas voneinander ab. Ich muss aber noch eines dazu sagen: Ich würde niemals alle vorhandenen GPIO-Pins als Ausgänge schalten und alle zur selben Zeit aktivieren, denn dann würde der Prozessor sehr an seine Grenzen kommen.

Die Ansteuerung einer Leuchtdiode (erweitert)

Was ist aber, wenn du zur Ansteuerung eines Verbrauchers mehr Strom benötigst, als dir über einen GPIO-Pin zur Verfügung steht? Die Beschränkungen der GPIO-Pins hinsichtlich des maximalen Stromflusses sind nicht zu vernachlässigen. Wenn dir an deinem Raspberry Pi etwas liegt, solltest du das sehr ernst nehmen.

> Aber wie soll das gehen? Wenn die einzelnen Pins nicht mehr Strom liefern, können wir doch auch nicht mehr herausholen.

Damit hast du Recht, *RasPi*. Aber wir gehen einen leicht anderen Weg. Stelle dir z.B. einen vorsintflutlichen Schleusenwärter von. Er dreht über eine Kurbel eine Welle, die wiederum ein Schott bewegt, das den Wasserzufluss reguliert. Mit mehr oder minder geringem Kraftaufwand kann der Wärter Wassermassen regulieren, die viel mehr Energie haben, als die, die er zum Bewegen des Schotts aufgewendet hat. In der Elektronik gibt es ein Bauteil, das ein ähnliches Verhalten aufweist. Es nennt sich *Transistor*. Dabei handelt es sich um ein *Halbleiterelement*, das sowohl als *elektronischer Schalter* wie auch als *Verstärker* Verwendung findet. Du hast dieses Bauteil schon in den elektronischen Grundlagen kennengelernt. Wir können den *Transistor* mit einem elektronisch regelbaren Widerstand vergleichen, dessen Schleiferposition über einen angelegten Strom beeinflusst werden kann und somit den Widerstand reguliert. Hier noch einmal eine kurze Auffrischung.

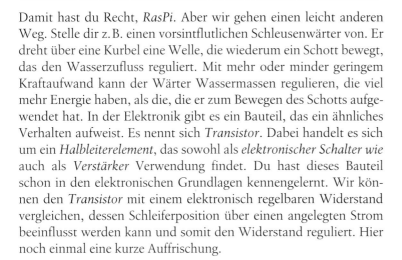

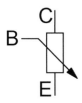

Die drei Bezeichnungen lauten:

- B steht für Basis
- C steht für Collektor (deutsch: Kollektor)
- E steht für Emitter

Je größer der absolute Wert des Stromes am Punkt *B* ist, desto kleiner wird der Widerstand zwischen den Punkten *C* und *E*. Wenn wir uns ein Bauteil vorstellen, das etwas steuern soll (schalten oder verstärken), muss es ja über eine Leitung verfügen, die diese Steuerung übernimmt und zwei weitere, die den Elektronenfluss (herein bzw. heraus) ermöglichen. Und schon haben wir die drei Anschlüsse eines Transistors auf sehr rudimentäre Weise beschrieben. Wie schaut so ein Transistor in der Realität aus? Es gibt sie in Massen und in allen möglichen Spezifikationen, Formen und Größen. Ich verwende für unser Beispiel den NPN-Typ mit der Bezeichnung *BC547B*.

Wenn du solch einen Transistor in Händen hältst, suchst du vergeblich nach den Bezeichnungen für die einzelnen Anschlussbeinchen. Da ist ein Blick in das *Datenblatt* des Transistors angebracht. Ich zeige dir auf dem folgenden Bild die Anschlussbelegung mit der Sicht von unten auf die Beinchen.

Da es sich in unserem Fall um einen NPN-Transistor handelt, bedeutet dies, dass er mit einem positiven Potential angesteuert werden muss, damit er mehr oder weniger durchsteuert.

Das habe ich verstanden, doch wo nehme ich mehr her, als eigentlich vorhanden ist? Den Zusammenhang habe ich noch nicht ganz durchblickt.

Kein Problem, *RasPi*. Im folgenden Schaltplan habe ich das ein wenig deutlicher gemacht. Auf der linken Seite siehst du einen *GPIO-Pin*, der als Ausgang arbeitet und, wie schon erwähnt, nicht genug Strom liefert, um z.B. einen Verbraucher mit einem größeren Stromhunger anzusteuern. Der Ausgangspegel dieses Pins kann entweder *0V* oder *3,3V* betragen, was einem *LOW*- bzw. *HIGH*-Pegel entspricht.

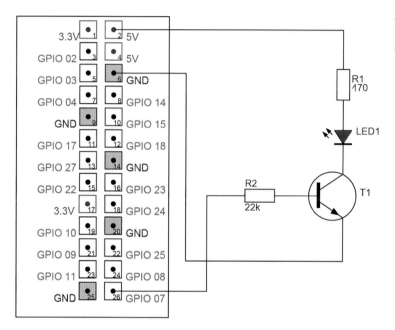

◀ **Abbildung 8-9**
Die Ansteuerung einer LED über einen Transistor

Du siehst hier, dass die *5V* an *Pin 2* über einen Vorwiderstand an die LED geleitet werden. Dadurch wird der Strom begrenzt, der über die *Kollektor-Emitter-Strecke* des Transistors und zur *Masse* an *Pin 6* fließt. Dieser Zweig ist der *Laststromkreis*. Der Strom kann aber erst anfangen zu fließen, wenn die Basis des Transistors entsprechend angesteuert wird. Diese Ansteuerung erfolgt über den *GPIO-Pin 26* (*GPIO 07*) und einem Basis-Vorwiderstand, was den *Steuerstromkreis* repräsentiert. Ich habe diese Schaltung einmal real aufgebaut und auch ein *Vielfachmessgerät* in den *Steuerstromkreis* eingebaut. So können wir sehen, wie groß die Stromstärke der *Basis-Emitter-Strecke* ist. Das Messgerät zeigt einen Strom von *110 A* an. Das ist um ein Vielfaches weniger als bei der direkten Ansteuerung ohne Transistor.

Werfen wir einen näheren Blick auf die Schaltung, die ich hier auf einem *Steckbrett* – auch *Breadboard* genannt – aufgebaut habe.

Abbildung 8-11 ▶
Die Schaltung aus der Nähe

LED Vorwiderstand

Basis-Vorwiderstand
Transistor

LED

Transistor

Diese beiden Widerstände haben doch sicherlich bestimmte Größen.
Ich meine nicht die Abmessungen, sondern ihre Widerstandswerte.

Kapitel 8:   GPIO-Grundlagen

Du hast natürlich Recht, *RasPi*. Folgende Werte habe ich ausgesucht:

- LED-Vorwiderstand: *470Ohm*
- Basis-Vorwiderstand: *22KOhm*

Schaltungstechnisch haben wir hinsichtlich der Ansteuerung eines Verbrauchers erst einmal genügend Vorwissen angesammelt. Kommen wir zur Abfrage eines angeschlossenen Tasters.

Den Status eines Tasters abfragen

Das Abfragen eines Tasters bzw. seines Status sollte auf den ersten Blick kein allzu großes Problem darstellen. Im Gegensatz zur Ansteuerung einer LED, wo der betreffende Pin als Ausgang geschaltet wurde, muss bei der Abfrage eines Tasters der Pin als Eingang programmiert werden. Wie das funktioniert, wirst du später sehen, hier ist es nebensächlich. Schaue dir das folgende Schaltbild an. Da liegt ein Taster über *3,3V* an einem GPIO-Pin.

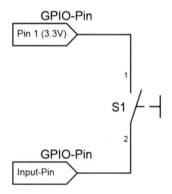

◄ **Abbildung 8-12**
Der Anschluss eines Tasters an einen GPIO-Pin (noch nicht ganz korrekt)

> Du hast in der Beschreibung des Schaltplans *noch nicht ganz korrekt* geschrieben. Was soll das? Warum zeigst du mir etwas, was nicht stimmt?

Nun mal langsam, *RasPi*. Da wird schon nichts passieren. Es hat seinen Grund, warum ich das so mache. Wenn du den Taster so anschließt, wie ich es dir hier gezeigt habe, sollte *eigentlich* alles wunderbar funktionieren. Ich sage mit Absicht *eigentlich*, denn es gibt etwas zu beachten. Schau dir die folgende Tabelle an:

Tabelle 8-2 ▶

Die Spannungspegel am IO-Pin

Taster-Status	Spannungspegel an IO-Pin
offen	könnte möglicherweise 0V sein
gedrückt	ganz sicher 3,3V

Wenn der Taster offen ist und der *IO-Pin* somit keine Verbindung zur Spannungsversorgung von *3,3V* hat, sollte der Pegel *0V* betragen. Das ist jedoch nicht so einfach, wie es aussieht. Ein offener Anschluss in der Digitaltechnik stellt oft ein großes Problem dar. Dieser Anschluss hängt quasi in der Luft und hat keinen definierten Spannungspegel. Er ist weder *0V* noch *3,3V* und ist anfällig für jegliche Art von Störungseinflüssen von außen. Das kann bei der Abfrage des anliegenden Pegels zu nicht eindeutigen Aussagen führen. Was machen wir, damit alles wie gewünscht funktioniert? Wir zwingen mit einer externen Beschaltung dem *IO-Pin* bei offenem Taster einen definierten Pegel auf.

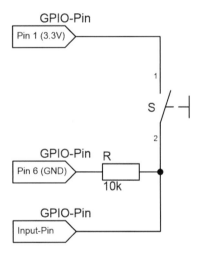

Wenn der Taster *offen ist* und somit keine *3,3V* an den *IO-Pin liefert*, liegt über den Widerstand *R* mit *10KOhm* der Masse-Pegel an. In diesem Zusammenhang hat dieser Widerstand einen speziellen Namen. Er nennt sich *Pull-down-Widerstand*. Er zieht das Potential quasi nach unten auf definiertes *Null-Potential,* deswegen *Pull-down*. Wird der Taster gedrückt, fallen über diesem Widerstand die *3,3V* ab und der Pegel ist wieder definiert. Es gibt diesbezüglich zwei unterschiedliche Ansätze. Werfen wir einen Blick auf die folgenden Schaltungen:

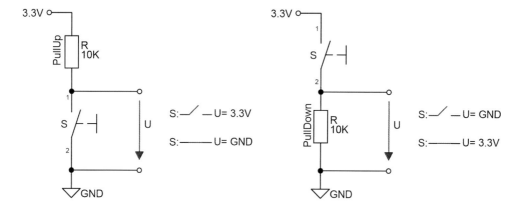

▲ **Abbildung 8-14**
Herstellen eines definierten
logischen Pegels (Links: Pull-up,
Rechts: Pull-down)

Auf der linken Seite siehst du den anderen Ansatz über einen sogenannten *Pull-up-Widerstand*. Ist der Taster offen, liegen über den
Widerstand die *3,3V* an, die an den Ausgang *U* geleitet werden.
Natürlich musst du in der Programmierung darüber informiert
sein, welche Schaltung verwendet wird. Du musst dann für einen
gedrückten Taster entweder auf einen HIGH- oder auf einen LOW-
Pegel entsprechend reagieren. Sehen wir uns dazu kurz den Schaltungsaufbau auf dem Breadboard an.

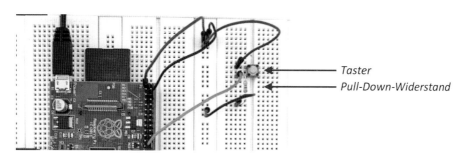

Ist gar nicht so schlimm, wie du gedacht hast – oder!?

▲ **Abbildung 8-15**
Der Schaltungsaufbau zum
Abfragen eines Taster-Status an
einen GPIO-Pin

Die Shell-Programmierung

Auf einem Linux-System kannst du über ein Terminal-Fenster in
einer Shell am schnellsten Befehle eingeben und du musst nicht erst
ein weiteres Softwarepaket installieren, um das tun zu können. In
Linux oder auch Unix ist alles eine Datei (File). Mit den GPIO-Pins
ist das ebenso. Es gibt einen Befehl, der sich *echo* nennt. Mit ihm ist
u.a. es möglich, etwas auf dem sogenannten Standard-Output

(*stdout*), also auf dem Monitor in einem Terminal-Fenster, anzuzeigen. Eine der Stärken von Linux ist, dass Ein- bzw. Ausgaben umgeleitet werden können. Das wird durch das Größer-Zeichen > erreicht. Möchtest du z.B. den Inhalt eines Verzeichnisses in eine Datei übertragen, schreibst du folgendes Kommando

```
# ls -l > liste
```

Anschließend kannst du dir den Inhalt der Datei über

```
# cat liste
```

anschauen.

 Achtung

> Die folgenden Kommandos für die Shell müssen als *root* ausgeführt werden. Nutze dafür wieder das *sudo*-Kommando. Du kannst eine neue Root-Shell über das Kommando *sudo bash* starten und alle benötigten Kommandos ohne das Voranstellen von *sudo* ausführen. Sehr interessant ist auch das Kommando *sudo –i*, das alle nachfolgenden Befehle mit Root-Rechten ausführt, ohne dass du in jeder neuen Zeile den *sudo*-Zusatz benötigst. Bist du an weiteren Details zum *sudo*-Kommando interessiert, wirf einen Blick auf die Seite *http://wiki.ubuntuusers.de/sudo*.

Wenn du einen GPIO-Pin manipulieren möchtest, musst du die GPIO-Bezeichnung (*BCM-Pin*) verwenden und nicht die Pin-Nummer. Jeder einzelne GPIO-Pin wird durch eine Datei repräsentiert, die wir aber erst durch entsprechende Befehle anlegen müssen. Eben das erfolgt über die Umleitung der Ausgabe des *echo*-Befehls in eine Datei. Was meine ich damit? Fangen wir mit der Ansteuerung einer angeschlossenen LED über einen Vorwiderstand an. Wie das schaltungstechnisch funktioniert, hast du in diesem Kapitel zu Beginn kennengelernt.

Die Ansteuerung einer LED

Wir wollen eine an *GPIO25* angeschlossene LED zum Leuchten bringen. Welche Schritte sind dafür notwendig? Zuerst müssen wir dem Linux-Kernel mitteilen, um welchen GPIO-Pin es sich handelt. Das machen wir über die folgende Zeile. Starte am besten, wie schon erwähnt, eine Root-Shell über *sudo root*.

```
# echo "25" > /sys/class/gpio/export
```

Das hat die Auswirkung, dass das folgende Verzeichnis angelegt
wird:

```
/sys/class/gpio/gpio25
```

Unterhalb dieses Verzeichnisses werden mehrere Dateisystem-
Objekte angelegt.

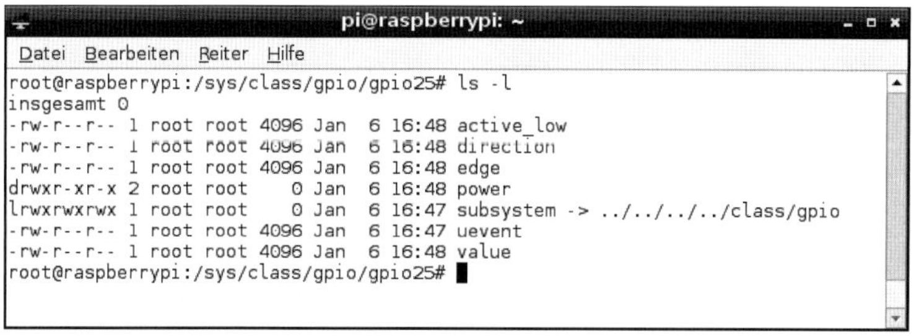

◀ **Abbildung 8-16**
Die angelegten Dateien nach dem
ersten echo-Befehl

Für uns sind jedoch nur die Folgenden relevant:

- direction
- value

Der zweite Schritt legt fest, in welcher Richtung der GPIO-Pin
genutzt werden soll. Wir möchten eine LED ansteuern und deswegen müssen wir das Schlüsselwort out verwenden. Tippe also die
folgende Zeile ein:

```
# echo "out" > /sys/class/gpio/gpio25/direction
```

Das hat die Auswirkung, dass in die Datei */sys/class/gpio/gpio25/
direction* das Wort *out* eingetragen wird. Im dritten Schritt müssen
wir noch den anzusteuernden Pegel angeben. Der Wert *1* bedeutet
HIGH-Pegel (LED leuchtet) und *0* LOW-Pegel (LED verlischt).
Tippe zum Ansteuern der LED

```
# echo "1" > /sys/class/gpio/gpio25/value
```

Jetzt wird in die Datei */sys/class/gpio/gpio25/value* der Wert *1* eingetragen und die angeschlossene LED beginnt zu leuchten. Um sie
wieder auszuschalten, sende den Wert *0*. Fassen wir die einzelnen
Schritte noch einmal zusammen.

Abbildung 8-17 ▶
Die Ansteuerung der GPIO-Pins über
die Linux-Shell (Bash)

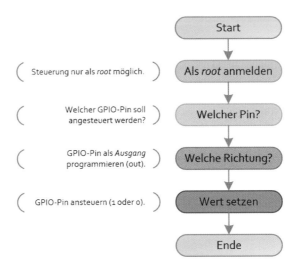

Die Umsetzung in der Linux-Shell schaut dann in der Zusammenfassung wie folgt aus:

Abbildung 8-18 ▶
Das Absetzen der entsprechenden
Kommandos in der Linux-Shell
(Bash)

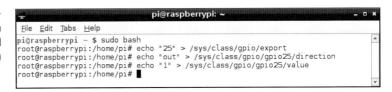

> Kannst du mir verraten, was die anderen Dateien neben *direction* bzw. *value* im Verzeichnis */sys/class/gpio/export* bedeuten? Die müssen doch irgendeinen Sinn haben.

Natürlich haben die einen Sinn, doch viele sind für uns nicht relevant. Eine Datei hat aber dennoch eine interessante Funktion. Wenn du z.B. das folgende Kommando absetzt

```
# echo > "1" > /sys/class/gpio/gpio25/active_low
```

kehrst du die positive Logik in eine negative, also LOW-Aktive, um. Um die LED zum Leuchten zu bringen, musst du sie mit *0* ansteuern, also über die Zeile

```
# echo > "0" > /sys/class/gpio/gpio25/value
```

Pass aber auf, wenn du so etwas durchführst, denn es kann schnell zur Verwirrung kommen, und du wunderst dich, warum sich eine Schaltung auf einmal so merkwürdig verhält.

Den Status eines Tasters abfragen

Damit du den Status eines Tasters abfragen kannst, gehst du ähnlich vor. Anstatt den Pin über *out* als *Output* zu programmieren, verwendest du *in* für *Input*. Dann fragst du über das *cat*-Kommando den Inhalt der entsprechenden Datei ab, so dass du den Taster-Status angezeigt bekommst. Verwende dazu die Schaltung, die ich dir in diesem Kapitel über das sichere Abfragen eines Taster-Status gezeigt habe. Für das folgende Beispiel verwende ich *GPIO18*. Du musst dafür die folgenden Schritte einhalten:

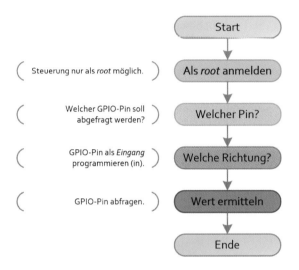

◀ **Abbildung 8-19**
Die Abfrage des GPIO-Pins über die Linux-Shell (Bash)

Hier nun in Zusammenfassung die erforderlichen Kommandos.

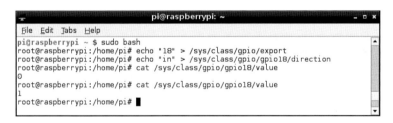

◀ **Abbildung 8-20**
Das Absetzen der entsprechenden Kommandos in der Linux-Shell (Bash)

Die Anmeldung als *Root* und das Setzen des richtigen GPIO-Wertes ist der gleiche Vorgang wie beim Ansteuern der LED. Kommen wir also zu den abweichenden Punkten. Ein Taster-Status kann natürlich nur an einem als Eingang programmierten Pin abgefragt werden. Deswegen verwenden wir die Zeichenkette *in* als Datenflussrichtung:

```
echo "in" > /sys/class/gpio/gpio18/direction
```

Die Zeichenkette *in* (*Input*) besagt, dass *GPIO18* als *Eingang* programmiert sein soll. Der Taster-Status wird in der Datei *value* abgelegt. Du kannst ihn ganz leicht über das *cat*-Kommando abfragen, so wie ich das einmal bei *nicht gedrücktem* und anschließend bei *gedrücktem Taster* gemacht habe. Wie du das in den Ausgaben des *Terminal-Fensters* sehen kannst, war das Ergebnis bei nicht gedrücktem Taster *0* und bei gedrücktem Taster *1*.

Die Python-Programmierung

Kommen wir zu einer sehr beliebten Programmiersprache, die wir noch genauer unter die Lupe nehmen werden. Es handelt sich um *Python*. Sie ist unter Wheezy schon vorinstalliert und somit wurde uns der Schritt der Installation der Sprache schon abgenommen. Python ist sehr mächtig und fällt in die Kategorie objektorientiert. Du kannst also in Python nach Herzenslust programmieren und damit Erfahrungen sammeln. Damit wir aber die GPIO-Schnittstelle ansprechen können, benötigen wir eine Erweiterung. Aus diesem Grund wurde eine spezielle Bibliothek (Library) entwickelt, die die Funktionalität zur Ansteuerung der Schnittstelle kapselt. Uns stehen damit ein paar wirklich nützliche Funktionen zur Verfügung, derer wir uns bedienen. Die Installation ist recht einfach und wir wollen dies hier im ersten Schritt vornehmen. Du kannst es über zwei verschiedene Wege machen. Falls das Repository auf dem aktuellsten Stand ist – und davon wollen wir einmal ausgehen –, machst du das am besten über die beiden folgenden Zeilen innerhalb eines Terminal-Fensters.

Installation via Shell

```
# sudo apt-get update
# sudo apt-get install python-rpi.gpio
```

oder für Python 3 über

```
# sudo apt-get install python3-rpi.gpio
```

Wenn du über die offizielle Internetseite gehen möchtest, schlage folgenden Weg ein. Du findest die Erweiterung unter:

http://pypi.python.org/pypi/RPi.GPIO

Ich verwende für meine Beispiele die Version *RPi.GPIO 0.4.1a*. Es existiert schon eine neuere mit der Versionsnummer *RPi.GPIO 0.5.2a*, die du auch verwenden kannst. Möchtest du auf alle bisher erschienenen Versionen zugreifen, geh über die Seite *http://code.google.com/p/raspberry-gpio-python/downloads/list*

und wähle unter *Search* den Punkt *Deprecated downloads*. Oder über den Link

https://pypi.python.org/pypi/RPi.GPIO/0.4.1a

Installation via HTTP

Meine bevorzugte Version habe ich mit den folgenden Schritten installiert:

Herunterladen der Library

Zuerst musst du die Library auf deinen Rechner laden. Klicke dazu auf den angebotenen Link, so dass die Datei in ein Verzeichnis deiner Wahl heruntergeladen wird.

Herunterladen von Python-Dev

Du benötigst zum Installieren der Library ein zusätzliches Python-Paket. Es wird über die folgende Zeile installiert:

```
# sudo apt-get install python-dev
```

Entpacken der GPIO-Library

Die Library ist gepackt und muss über gunzip entpackt werden. Das machst du mit der folgenden Zeile:

```
# gunzip RPi.GPIO-0.4.1a.tar.gz
```

Dateien aus dem Archiv extrahieren

Die einzelnen Dateien der Library sind nun noch in einem Archiv zusammengefasst. Du musst dieses Archiv auflösen, damit du Zugriff auf die einzelnen Dateien bekommst. Führe die folgende Zeile aus:

```
# tar -xvf RPi.GPIO-0.4.1a.tar
```

Installation der Library

Um die Library zu installieren, wechsle zuerst in das GPIO-Verzeichnis und starte danach die Installation.

```
# cd RPi.GPIO-0.4.1a
# sudo python setup.py install
```

Nach erfolgreicher Installation kannst du mit dem folgenden Befehl wieder aus dem Installationsverzeichnis herauskommen und landest eine Ebene höher:

```
# cd ..
```

Wir wollen auch für diese Sprache die beiden grundlegenden Themen behandeln und nehmen dafür wieder das Ansteuern einer LED und das Abfragen eines Tasters. Du brauchst aber keine Angst zu haben, dass es bei diesen rudimentären Themen bleibt. In den einzelnen Raspberry Pi-Projekten werden wir weitere Schaltungen und die entsprechenden Programmierungen entwickeln. Zur Entwicklung des Python-Codes kannst du einen reinen Texteditor verwenden, aber es gibt auch eine richtig gute Entwicklungsumgebung, die sich *Stani's Python Editor* nennt. Installiere sie über die folgende Zeile:

```
# sudo apt-get install spe
```

Die Ansteuerung einer LED

Die Python-Library stellt verschiedene Methoden zur Verfügung, mit der wir das Verhalten der GPIO-Schnittstelle beeinflussen können.

> Was sind denn *Methoden*? Das habe ich ja noch nie gehört.

Gute Frage, *RasPi*! Wir werden auf das Thema noch gesondert eingehen, im Moment genügt es, zu wissen, dass sie sich ähnlich verhalten wie ganz normale Funktionen in der Programmiersprache C. Sie werden im Kontext der objektorientierten Programmierung eben Methoden genannt und fristen ihr Dasein innerhalb von Klassen. Schauen wir uns nun den folgenden Code an.

Abbildung 8-21 ▼
Die Ansteuerung der GPIO-Schnittstelle über ein Python-Skript

```python
 1  #!/usr/bin/python
 2  import RPi.GPIO as GPIO # GPIO-Library
 3  import time             # Wird fuer sleep benoetigt
 4
 5  LED_PIN = 8                  # Pin-Nummer
 6  GPIO.setmode(GPIO.BOARD)     # Pin-Nummer verwenden
 7  GPIO.setup(LED_PIN, GPIO.OUT) # Pin als Ausgang nutzen
 8  DELAY = 3
 9
10  while True:
11      GPIO.output(LED_PIN, GPIO.HIGH) # LED an
12      time.sleep(DELAY)               # Pause
13      GPIO.output(LED_PIN, GPIO.LOW)  # LED aus
14      time.sleep(DELAY)               # Pause
```

Sehen wir uns die einzelnen Programmzeilen ein wenig genauer an.

```
1  #!/usr/bin/python
2  import RPi.GPIO as GPIO  # GPIO-Library
3  import time              # Wird fuer sleep benoetigt
```

In *Zeile 2* wird die benötigte GPIO-Library eingebunden, damit wir später im Code auf ihre Funktionalität zugreifen können. Der Aufruf der *sleep*-Funktion, die eine Unterbrechung des Programmablaufs bewirkt, setzt die Einbindung der *time*-Library in *Zeile 3* voraus. Kommen wir nun zu einigen vorbereitenden Maßnahmen, damit die Ansteuerung der LED auch so funktioniert, wie wir es beabsichtigen.

▲ **Abbildung 8-22**
Benötigte Libraries einbinden

```
5  LED_PIN = 8                  # Pin-Nummer
6  GPIO.setmode(GPIO.BOARD)     # Pin-Nummer verwenden
7  GPIO.setup(LED_PIN, GPIO.OUT) # Pin als Ausgang nutzen
8  DELAY = 3
```

Der GPIO-Pin, an dem die Leuchtdiode angeschlossen ist, trägt im Grunde genommen zwei Bezeichnungen:

▲ **Abbildung 8-23**
Vorbereitende Maßnahmen

- Pin-Nummer (*8*)
- GPIO-Bezeichnung (*GPIO14*)

Du kannst dich in der Programmierung für eine Bezeichnung entscheiden. Willst du die Pin-Nummern oder die GPIO-Bezeichnungen verwenden? Ich habe mich für die Pin-Nummer entschieden, die ich in *Zeile 5* der Variablen *LED_PIN* zugewiesen habe. Das alleine würde aber nicht genügen, um der Library mitzuteilen, dass ich jetzt Pin-Nummern verwende. Um die Sache abzuschließen, habe ich in *Zeile 6* über *GPIO.setmode(GPIO.BOARD)* eine entsprechende Konfiguration vorgenommen. Falls du die GPIO-Nummern verwenden möchtest, schreibst du stattdessen *GPIO.setmode(GPIO.BCM)*. Jetzt befinden wir uns an einem Punkt, an dem ich dir wohl etwas über die Syntax der objektorientierten Programmierung erzählen sollte.

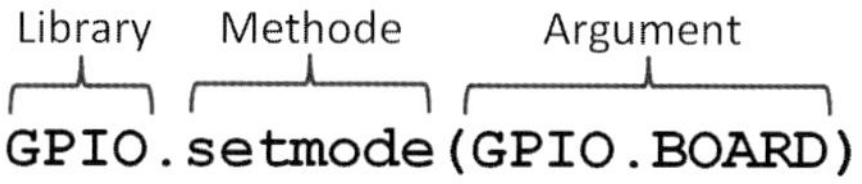

```
  Library   Methode        Argument
  ┌──┐  ┌─────┐  ┌────────┐
GPIO.setmode(GPIO.BOARD)
```

Damit du die importierte Library nutzen kannst, musst du sie mit ihrem Namen ansprechen. In der *Import*-Anweisung in *Zeile 2* haben wir gesagt, dass wir die Library *RPi.GPIO* über den Namen

GPIO ansprechen möchten, was mit dem Schlüsselwort *as* erreicht wurde. Diese Library besitzt in ihrem Inneren verschiedene Funktionen, um mit ihr zu arbeiten. Diese Funktionen werden in der objektorientierten Programmierung *Methoden* genannt. Damit du eine dieser Methoden aufrufen kannst, musst du sie in Zusammenhang mit dem Namen der Library aufrufen. Das geschieht über den sogenannten *Punktoperator*, der zwischen *GPIO* und der Methode *setmode* steht. Eine Methode kann über keinen, einen oder mehrere Übergabeparameter verfügen. Unsere *setmode*-Methode erwartet einen einzigen Wert, den wir ihr übergeben müssen. Es handelt sich dabei um eine Konstante der GPIO-Library, die entweder *GPIO.BOARD* oder *GPIO.BCM* lauten muss. Auch bei diesen Werten wird wieder der Library-Name vorangestellt und nachfolgend über den Punktoperator der eigentliche sprechende Name angehängt, der Aufschluss über die Aufgabe der Konstanten geben soll. Das ist allemal besser, als irgendeine *Magic-Number* wie *0* oder *1* anzugeben, die nichts über ihre Bedeutung aussagt.

Da jeder einzelne Pin individuell entweder als Ein- oder Ausgang arbeiten kann, habe ich in *Zeile 7* über *GPIO.setup(LED_PIN, GPIO.OUT)* den Pin als Ausgang programmiert.

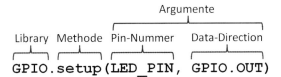

Die *setup*-Methode erwartet zwei Argumente:

- Pin-Nummer
- Datenflussrichtung

Da über den GPIO-Pin eine Leuchtdiode angesteuert werden soll, muss der Pin als Ausgang programmiert werden. Das erfolgt über die Konstante *GPIO.OUT*. Willst du ihn als Eingang programmieren – was wir später noch machen werden –, schreibst du *GPIO. IN*.

Um eine Verzögerung beim Blinken zu erwirken, wurde die Variable *DELAY* in *Zeile 8* mit dem Wert *3* initialisiert, was *3* Sekunden bedeutet. Nun können wir zur eigentlichen Ansteuerung der LED kommen, die innerhalb einer *while*-Schleife erfolgt.

```
10 ⊟while True:
11 │    GPIO.output(LED_PIN, GPIO.HIGH)   # LED an
12 │    time.sleep(DELAY)                 # Pause
13 │    GPIO.output(LED_PIN, GPIO.LOW)    # LED aus
14 │    time.sleep(DELAY)                 # Pause
```

Die LED soll so lange vor sich hin blinken, bis wir das Programm über *Ctrl-C* abbrechen. Das erreichen wir mit einem zu bewertenden Ausdruck, der immer wahr, also *True* ist. Ihn setzten wir in den Kopf der Schleife in *Zeile 10*. Die Bewertung liefert stets das Ergebnis *true*, wodurch die Schleife endlos abgearbeitet wird. Über die *output*-Methode der Library können wir den Pegel an dem betreffenden Pin manipulieren.

▲ **Abbildung 8-24**
Ansteuerung der LED innerhalb der while-Schleife

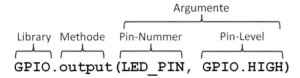

Diese Methode benötigt zwei Argumente:

- Pin-Nummer
- Pin-Pegel

Mit dem Wert *GPIO.HIGH* wird in *Zeile 11* ein *HIGH*-Pegel an den Pin gelegt, so dass die LED leuchtet. Nun soll die LED ja nicht sofort wieder erlöschen, weshalb wir in *Zeile 12* über die *sleep*-Funktion eine Pause einlegen. Mit *GPIO.LOW* wird jetzt in *Zeile 13* ein *LOW*-Pegel generiert, so dass die LED nun endlich verlischt und ebenfalls für eine kurze Zeit ihren Pegel beibehält, was wiederum die *sleep*-Funktion, jetzt in *Zeile 14*, übernimmt. Am Ende angelangt, beginnt die Abarbeitung wieder in *Zeile 11*.

Den Status eines Tasters abfragen

Das Abfragen eines Tasters ist auch nicht komplizierter – wenn ich das an dieser Stelle überhaupt so nennen möchte –, als eine LED anzusteuern. Schauen wir uns wieder den Code an.

```
 1    #!/usr/bin/python
 2    import RPi.GPIO as GPIO  # GPIO-Library
 3    import time              # Wird fuer sleep benoetigt
 4
 5    INPUT_PIN = 26                    # Taster Pin-Nummer
 6    GPIO.setmode(GPIO.BOARD)          # Pin-Nummern verwenden
 7    GPIO.setwarnings(False)           # Warnungen deaktivieren
 8    GPIO.setup(INPUT_PIN, GPIO.IN)    # Pin als Eingang nutzen
 9
10    while True:
11        input_value = GPIO.input(INPUT_PIN)  # Status lesen
12        if input_value == True:
13            print 'Taster gedrueckt.'
14        else:
15            print 'Taster nicht gedrueckt.'
16        time.sleep(1)                        # kurze Pause
```

Abbildung 8-25 ▲
Das Python-Skript zum Abfragen eines Taster-Status an einem GPIO-Pin

In *Zeile 5* habe ich wieder den *GPIO-Pin* für die Statusabfrage definiert (*INPUT_PIN*), damit wir diesen Namen später im Skript komfortabel verwenden können. Um einen *GPIO-Pin* statt als *Ausgang* nun als *Eingang* nutzen zu können, wird in *Zeile 8* der Pin über *GPIO.IN* entsprechend programmiert. In *Zeile 11* kommt die *input*-Methode zu Einsatz. Sie liefert einen Statuswert zurück und weist ihn der Variablen *input_value* zu.

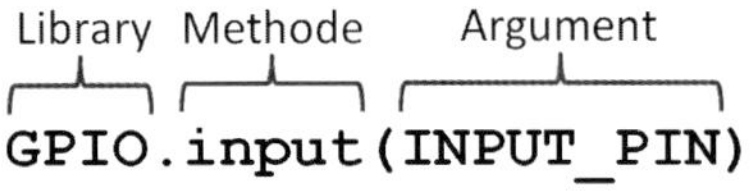

```
        Library  Methode      Argument
        ┌──┴──┐  ┌──┴──┐  ┌─────┴─────┐
        GPIO.input(INPUT_PIN)
```

Diese Abfrage habe ich wieder in der Endlosschleife untergebracht, so dass sie kontinuierlich ausgeführt wird und den Status ausgibt. Die *sleep*-Funktion in *Zeile 16* habe ich nur eingefügt, damit die Ausgabe nicht zu schnell erfolgt. Du kannst sie später getrost entfernen. Das *Terminal-Fenster* zeigt bei Tastendrücken die folgende Ausgabe.

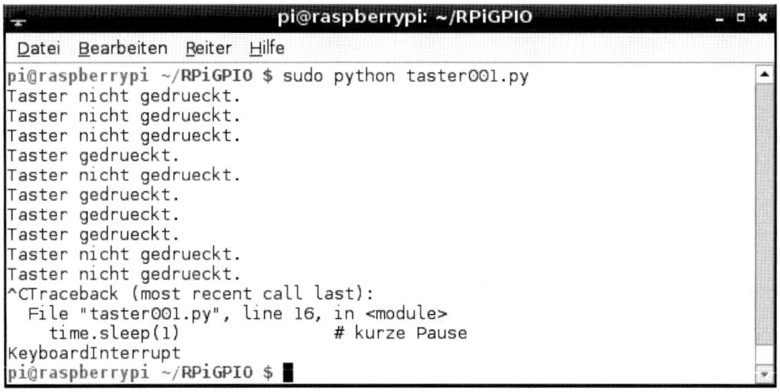

Abbildung 8-26 ▶
Die Status-Ausgabe im Terminal-Fenster

```
┌──────────────────────── pi@raspberrypi: ~/RPiGPIO ──────── _ □ x ┐
│ Datei  Bearbeiten  Reiter  Hilfe                                 │
│ pi@raspberrypi ~/RPiGPIO $ sudo python taster001.py          ▲  │
│ Taster nicht gedrueckt.                                          │
│ Taster nicht gedrueckt.                                          │
│ Taster nicht gedrueckt.                                          │
│ Taster gedrueckt.                                               │
│ Taster nicht gedrueckt.                                          │
│ Taster gedrueckt.                                               │
│ Taster gedrueckt.                                               │
│ Taster gedrueckt.                                               │
│ Taster nicht gedrueckt.                                          │
│ Taster nicht gedrueckt.                                          │
│ ^CTraceback (most recent call last):                            │
│   File "taster001.py", line 16, in <module>                     │
│     time.sleep(1)                # kurze Pause                   │
│ KeyboardInterrupt                                               │
│ pi@raspberrypi ~/RPiGPIO $ █                                 ▼  │
└──────────────────────────────────────────────────────────────────┘
```

Ich habe nach einigen Status-Ausgaben die Verarbeitung mit *Ctrl-C* abgebrochen. Deshalb erscheint ganz am Ende die Meldung über den Keyboard-Interrupt.

Die WiringPi-Library

Ein Programmierer namens *Gordon Henderson* hat sich die Mühe gemacht, eine eigene Library zu entwickeln, die es uns sehr leicht macht, die GPIO-Schnittstelle über die Shell und C anzusteuern. Seine Internetseite ist voller interessanter Tipps und Tricks hinsichtlich der Programmierung und elektronischer Bauelemente. Du findest die Seite unter

https://projects.drogon.net/

Die *wiringPi*-Library wurde sicher vom Open-Source-Framework *Wiring* inspiriert, das zur Programmierung von Mikrocontrollern verwendet werden kann. Sie wurde in C geschrieben und ist primär für den Einsatz unter C/C++ geeignet. Interessanterweise gibt es Wrapper für die Programmiersprachen

- Python
- Ruby
- Perl

Viele weitere Informationen zu diesem Thema findest du auf der Seite

https://projects.drogon.net/raspberry-pi/wiringpi/

Die Library unterstützt u.a. im vollen Umfang das *PiFace-Board*, das ich in einem eigenen Kapitel vorstelle. Es handelt sich um ein Erweiterungsboard, das oben auf deinen Raspberry Pi aufgesteckt werden kann und quasi als Porterweiterung arbeitet. Es befinden sich Taster, Leuchtdioden und Relais auf der Platine, die für die unterschiedlichsten Anwendungen genutzt werden können. Ich möchte dir jetzt aber zeigen, wie du die *wiringPi*-Library auf deinem Raspberry Pi installierst. Am einfachsten erfolgt dies über das Versionverwaltungstool *Git*. Git bedeutet übersetzt Blödmann, wird aber dieser Bezeichnung nicht gerecht. Es handelt sich um eine professionelle freie Software zur verteilten Versionsverwaltung von Softwareprojekten. Standardmäßig ist Git nicht auf deinem Raspberry Pi installiert, was du aber mit einer Zeile nachholen kannst. Führe die nachfolgenden Schritte durch, um Git und wiringPi zu installieren:

Git installieren

Tippe die folgende Zeile ein:

```
# sudo apt-get install git-core
```

Die wiringPi-Library über Git herunterladen und installieren

```
# git clone git://git.drogon.net/wiringPi
```

Danach existiert unterhalb deines Verzeichnisses, in dem du diesen Befehl ausgeführt hast – sicherlich das Home-Verzeichnis –, ein neues Unterverzeichnis mit dem sprechenden Namen wiringPi. Wechsle über die Zeile

```
# cd wiringPi
```

dort hinein. Führe anschließend das folgende Kommando aus, um die neuesten Sourcen zu bekomme:

```
# git pull origin
```

Sind alle Sourcen aktuell, bekommst du die Information *Already up-to-date*. Mit dem Befehl

```
# ./build
```

wird ein Skript ausgeführt, das die Source kompiliert und installiert.

Im Gegensatz zur vorgestellten Python-Library bzw. der Shell-Programmierung, deren Aufruf immer als Root erfolgen muss, kannst du bei der Nutzung der wiringPi-Library den normalen Pi-User verwenden. Bevor es nun losgehen kann, muss ich noch ein paar Worte über die Pinbelegung verlieren. Die wiringPi-Library nutzt u. a. eine abweichende Pin-Bezeichnung. Du kannst jedoch auch die GPIO-Bezeichnungen verwenden. Wie das funktioniert, wirst du in Kürze sehen. Zuerst möchte ich dir das Diagramm zeigen, damit du die wiringPi Pin-Bezeichnungen siehst.

Rev 2

Pin 8	SDA1	GPIO 02	3	4	5V		
Pin 9	SCL1	GPIO 03	5	6	GND		
		3.3V	1	2	5V		
Pin 7	GPCLK0	GPIO 04	7	8	GPIO 14	TX	Pin 15
		3.3V	9	10	GPIO 15	RX	Pin 16
Pin 0		GPIO 17	11	12	GPIO 18	PCM_CLK	Pin 1
Pin 2	PCM_DOUT	GPIO 27	13	14	GND		
Pin 3		GPIO 22	15	16	GPIO 23		Pin 4
		3.3V	17	18	GPIO 24		Pin 5
Pin 12	SPI MOSI	GPIO 10	19	20	GND		
Pin 13	SPI MISO	GPIO 09	21	22	GPIO 25		Pin 6
Pin 14	SPI SCLK	GPIO 11	23	24	GPIO 08	SPI0 CE0	Pin 10
		GND	25	26	GPIO 07	SPI0 CE1	Pin 11

wiringPi-Pins

Die wiringPi-Pins werden in den orangefarbenen Kartuschen genannt. Du kannst bei der Programmierung sie oder auch die GPIO-Bezeichnungen verwenden. Ich werde dir gleich unterschiedliche Möglichkeiten der Ansteuerung der GPIO-Schnittstelle zeigen, denn es ist sowohl eine Shell- als auch eine C/C++ Programmierung machbar. Du wirst diese Library auf Dauer zu schätzen wissen.

Die Ansteuerung einer LED (Shell-Programmierung)

Fangen wir mit der Shell-Programmierung an, die sich etwas einfacher gestaltet, als die, die ich zu Beginn dieses Kapitels angesprochen habe. Über den folgenden Befehl kannst du dir die gerade installierte Version anzeigen lassen:

```
# gpio -v
```

Kommen wir zur Ansteuerung der allseits beliebten LED. Du kannst, wie ich schon erwähnte, entweder die wiringPi-Pin- oder die BCM-GPIO-Pin-Bezeichnungen wählen. Ich habe für mein Beispiel eine LED an Pin 8 angeschlossen und verwende die wiringPi-Pin-Bezeichnungen. Dieser Anschluss bezieht sich auf die hardwaremäßige Verbindung auf der Stiftleiste. Der wiringPi-Pin hat demnach die Nummer 15. Zuerst müssen wir dem System wieder mitteilen, dass wir den Pin als Ausgang nutzen wollen. Das geschieht mit der folgenden Zeile:

```
# gpio mode 15 out
```

Anschließend legen wir einen HIGH-Pegel an diesen Pin, was über die folgende Zeile erfolgt:

```
# gpio write 15 1
```

Du siehst, dass ich den Befehl *gpio* verwende, der mit unterschiedlichen Argumenten versorgt wird. Zuerst wird wieder die Datenflussrichtung festgelegt.

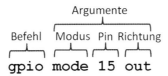

Im zweiten Schritt wird der Pegel auf HIGH gesetzt.

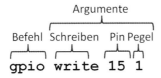

Willst du die LED wieder verlöschen lassen, verwende den Pegel *0*. Möchtest du statt der wiringPi- die BCM-GPIO-Pin-Bezeichnungen verwenden, musst du den Schalter *-g* hinter den *gpio*-Befehl setzen. Das gilt sowohl für den *modus* als auch für *write*. Für meinen Hardware-Pin *8* wären das die folgenden Kommandos:

```
# gpio -g mode 14 out
# gpio -g write 14 1
```

Da kann man ja ganz schön durcheinander kommen. Es gibt Hardware-Pin-Bezeichnungen, BCM-Pins und neuerdings auch noch wiringPi-Pins. Wer soll da durchblicken?

Du hast vollkommen Recht, *RasPi*. Das ist am Anfang ziemlich verwirrend, doch ich bin sicher, dass du das mit der Zeit hinbekommst. Du musst ja nicht alle Möglichkeiten in deinen verschiedenen Projekten mischen. Entscheide dich für eine Bezeichnung und halte sie ein. Wenn du doch einmal – aus welchen Gründen auch immer – wechseln solltest, dann kommentiere dies und schreibe eine Begründung bzw. Erklärung dazu. Somit haben auch Außenstehende die Chance, den Überblick zu wahren.

Du hast in diesem Kapitel gesehen, dass bei der Verwendung eines Pins ein Export im Datei-System stattfindet. Du kannst über *gpio*-Befehle entweder einen einzelnen Pin oder alle verwendeten freigeben. Verwende dazu die folgende Syntax:

```
# gpio unexport <Pin-Nummer>
# gpio unexportall
```

Die Ansteuerung einer LED (C-Programmierung)

Wie ich schon angedeutet habe, kannst du über die wiringPi-Library auch in C/C++ programmieren. Ich werde den notwendigen C-Code zu Beginn in einen einfachen Texteditor eingeben, abspeichern und kompilieren. Ich verwende dazu *Nano*. Damit wir unter C/C++ die Funktionalität von wiringPi nutzen können, müssen wir eine Header-Datei inkludieren, die alle notwendigen Informationen beinhaltet. Das ist nicht weiter schwer. Sieh her:

▼ **Abbildung 8-28**
Das C-Programm im Nano-Texteditor

```
 GNU nano 2.2.6              Datei: blink.c

/*
 * blink.c
 * Ein einfaches Blink-Programm um die wiringPi-Library zu testen
 */

#include <wiringPi.h> // Benoetigte wiringPi-Library
#include <stdio.h>
#include <stdlib.h>
#include <stdint.h>

int main(void){
        printf("Raspberry Pi Blink-Programm mit wiringPi");
        if(wiringPiSetup() == -1)    // wiringPi initialisieren
                exit (1);            // Fehler? -> Programmende
        pinMode(15, OUTPUT); // Pin als Ausgang programmieren
        for(;;){
                digitalWrite(15, HIGH); // Pin auf HIGH-Pegel setzen
                delay(1000);            // 1000ms warten
                digitalWrite(15, LOW);  // Pin auf LOW-Pegel setzen
                delay(1000);            // 1000ms warten
        }
        return 0;
}
```

Wer sich schon mit der Programmierung des Arduino befasst hat, wird sich hier schnell zurechtfinden. Es gibt so bekannte Befehle wie

- pinMode (Pin als Eingang oder Ausgang programmieren)
- digitalWrite (den Level eines Pins mit HIGH bzw. LOW beeinflussen)
- delay (eine Pause einfügen)

Diesen Code habe in meinem Verzeichnis *CProgramme* unter dem Namen *blink.c* abgelegt. Die Endung *.c* deutet darauf hin, dass es sich um eine C-Programm handelt. Damit daraus ein ausführbares Programm entsteht, müssen wir die Quellcode-Datei *blink.c* noch kompilieren. Falls dir das alles noch nichts sagt, ist das kein Beinbruch, denn in diesem Buch gibt es ein spezielles Kapitel über die C-Programmierung. Dort wird alles detailliert beschrieben. Wenn du die folgenden beiden Zeilen eintippst, wird der Code übersetzt und anschließend ausgeführt. Die an Pin *8* (hardwareseitig) angeschlossene LED sollte anfangen zu blinken.

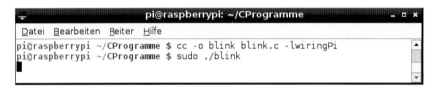

Abbildung 8-29 ▲
Das C-Programm wird kompiliert und ausgeführt

Der vorinstallierte *GCC-Compiler* wird über die Eingabe von *cc* gestartet. Es folgen die Angaben des Namens der ausführbaren Datei und des Quellcodes. Natürlich müssen wir dem Compiler noch mitteilen, dass er die wiringPi-Library mit einbinden muss. Das geschieht durch den Schalter *-l* mit angefügtem Namen. Ich möchte dich auf eine interessante Entwicklungsumgebung aufmerksam machen. Sie lautet *Geany* und wird über die folgende Zeile installiert:

```
# sudo apt-get install geany
```

Wenn du das Programm startest, stellt sich dir eine komfortable Programmierumgebung dar.

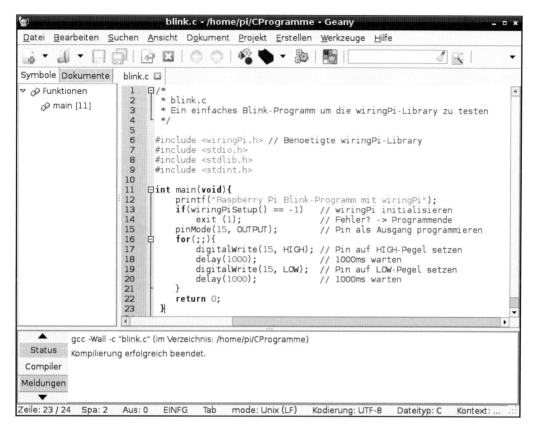

▲ **Abbildung 8-30**
Das Blink C-Programm innerhalb von Geany

Bevor du das Programm jedoch starten kannst, sind einige Einstellungen vorzunehmen. Du findest den entsprechenden Menüpunkt unter *Erstellen|Kommandos zum Erstellen konfigurieren*.

#	Label	Kommando	Arbeitsverzeichnis	Zurücksetzen

Kommandos zum Erstellen konfigurieren

Kommandos für C

#	Label	Kommando	Arbeitsverzeichnis	Zurücksetzen
1.	Kompilieren	gcc -Wall -c "%f"		
2.	Erstellen	gcc -Wall -o "%e" "%f" -lwiringPi		
3.				

Regulärer Ausdruck für Fehlermeldungen:

Dateitypunabhängige Befehle

1.	Make	make		
2.	Make (eigenes Target)	make		
3.	Make Objekt-Datei	make %e.o		
4.				

Regulärer Ausdruck für Fehlermeldungen:

Notiz: Element 2 öffnet ein Dialog und fügt das Ergebnis am Ende des Kommandos an

Befehle zum Ausführen

| 1. | Ausführen | sudo "./%e" | | |
| 2. | | | | |

%d, %e, %f, %p werden innerhalb der Kommando- und Verzeichnisfelder ersetzt - Details gibt es in der Dokumentation.

Abbrechen   OK

Abbildung 8-31 ▲
Die Konfiguration von Geany für den Einsatz mit wiringPi

Ich habe die betreffenden Zeilen rot markiert. In der ersten musst du den Zusatz *-lwiringPi* am Ende hinzufügen. Da das Programm zum ausführe Root-Rechte benötigt, ist im unteren rot markierten Bereich der Zusatz *sudo* erforderlich. Danach sollte das Erstellen bzw. das Starten des Programms aus Geany heraus keine Probleme mehr bereiten.

Den Status eines Tasters abfragen (Shell-Programmierung)

Wir wollen sehen, wie du über die Shell-Programmierung einen Taster abfragen kannst. Ruf dir wieder in Erinnerung, wie du einen Taster sicher anschließt. Mein Taster befindet sich hardwaremäßig an Pin 8. Das bedeutet, dass die wiringPi Pin-Bezeichnung *15* lautet. Um den Status abzufragen, musst du den Pin über die folgende Zeile als Eingang programmieren:

```
# gpio mode 15 in
```

Im Anschluss wird der Status über die Zeile

```
# gpio read 15
```

abgefragt und angezeigt. Der Wert *0* bedeutet: Taster nicht gedrückt; eine *1* besagt, dass der Taster gedrückt ist. Hier noch einmal die Funktionen im Überblick. Zuerst muss die Datenflussrichtung über *in* als Eingang programmiert werden.

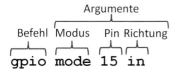

Dann kannst du über *read* den Status abfragen.

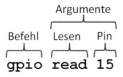

Natürlich handelt es sich beim Absetzen eines derartigen Shell-Befehls immer nur um eine Momentaufnahme zum Zeitpunkt des Drückens der Return-Taste. Da macht es natürlich Sinn, die Abfrage in ein Shell-Skript zu legen, das kontinuierlich den Status abfragt und ausgibt. Ich habe zu diesem Zweck ein kurzes Shell-Skript programmiert, das den Status in einer Endlosschleife abfragt und ausgibt. Du kannst das Skript durch die Tastenkombination *Strg-C* abbrechen.

▼ **Abbildung 8-32**
Das Shell-Skript zur kontinuierlichen Statusabfrage des Tasters

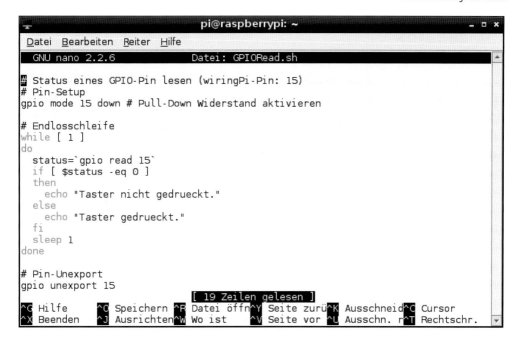

Shell-Skripting ist mir ein wenig bekannt, doch du hast in einer Zeile etwas verwendet, was noch nicht angesprochen wurde. Hast du das vergessen? Es geht um den Pin-Setup, der bei einer Statusabfrage eines Pins doch *in* lauten muss. Du hast jedoch *down* geschrieben.

Gut aufgepasst, *RasPi*! Wenn du in der betreffenden Zeile weitergelesen hättest, wärst du vielleicht schlauer. Ich habe mit *down* einen internen Pull-down-Widerstand aktiviert, so dass bei nicht gedrücktem Taster der Pegel nach Masse gezogen wird. Damit sparst du dir eine externe Beschaltung über einen derartigen Widerstand. Wie ich schon sagte, findest du auf der Internetseite von Gordon eine Menge Zusatzinformationen, die hier leider keinen Platz mehr gefunden haben.

Den Status eines Tasters abfragen (C-Programmierung)

Zu guter Letzt wollen wir uns die Statusabfrage des Tasters für die C-Programmierung anschauen. Da du mit der Geany-Entwicklungsumgebung schon Bekanntschaft gemacht hast, werde ich das folgende Beispiel daraus präsentieren. Der Nano-Texteditor ist zwar schön und gut, doch Geany ist in diesem Fall wirklich bessere Wahl.

Abbildung 8-33 ▶
Das Taster C-Programm innerhalb von Geany

```
taster.c
1  /*
2   * taster.c
3   * Ein einfaches Taster-Programm um die wiringPi-Library zu testen
4   */
5
6  #include <wiringPi.h> // Benoetigte wiringPi-Library
7  #include <stdio.h>
8  #include <stdlib.h>
9  #include <stdint.h>
10
11 int main(void){
12     printf("Raspberry Pi Taster-Programm mit wiringPi\n");
13     if(wiringPiSetup() == -1)    // wiringPi initialisieren
14         exit (1);                // Fehler? -> Programmende
15     pinMode(15, INPUT);          // Pin als Eingang programmieren
16     for(;;){
17         if(digitalRead(15) == LOW)
18             printf("Taster nicht gedrueckt.\n");
19         else
20             printf("Taster gedrueckt.\n");
21         delay(1000); // 1000ms warten
22     }
23     return 0;
24 }
```

In Abhängigkeit des Taster-Status wird eine Nachricht im Terminal-Fenster ausgegeben. Nachfolgend siehst du die Kompilierung, den Programmstart und dessen Ausgabe.

```
pi@raspberrypi: ~/CProgramme
Datei  Bearbeiten  Reiter  Hilfe
pi@raspberrypi ~/CProgramme $ cc -o taster taster.c -lwiringPi
pi@raspberrypi ~/CProgramme $ sudo ./taster
Raspberry Pi Taster-Programm mit wiringPi
Taster nicht gedrueckt.
Taster nicht gedrueckt.
Taster gedrueckt.
Taster gedrueckt.
Taster nicht gedrueckt.
Taster gedrueckt.
Taster gedrueckt.
Taster gedrueckt.
Taster gedrueckt.
^Cpi@raspberrypi ~/CProgramme $ █
```

Zur Abfrage eines Pins wird die *digitalRead*-Funktion in Zeile 17 aufgerufen.

> Ok, wunderbar! Aber eine Sache ist mir aufgefallen. Du nutzt eine Entwicklungsumgebung und speicherst den Code darüber ab. Dann öffnest du ein Terminal-Fenster und startest darüber die Kompilierung bzw. startest darüber das Programm. Ist das nicht zu umständlich? Ich dachte, wir könnten das über die Entwicklungsumgebung machen.

Ich muss dir Recht geben, *RasPi*. Ich wollte zu diesem Thema erst im Kapitel über die C-Programmierung eingehen, doch da du jetzt danach fragst, werde ich dir kurz zeigen, wie du das aus Geany heraus machst. Es gibt im oberen Bereich des Editors verschiedene Icons, die du nacheinander anklicken musst, damit du von der Quelldatei hin zu einer ausführbaren Datei kommst.

Wenn du von links nach rechts die Icons anklickst, wird der Quellcode kompiliert, erstellt und ausgeführt. Am Ende öffnet sich ein Terminal-Fenster, das dir die Ausgabe liefert. Habe noch etwas Geduld, denn ich gehe später noch im Detail darauf ein.

Das könnte wichtig für dich sein

Da du nun die Ansteuerung der GPIO-Schnittstelle unter Python und C kennengelernt hast, ist es vielleicht interessant zu wissen, dass die wiringPi-Library nach Python portiert wurde und dort ebenfalls verfügbar ist. Wie du die Installation vorzunehmen hast, wird detailliert auf der Seite *https://github.com/ WiringPi/WiringPi-Python* beschrieben.

Das Raspberry Pi-Simple-Board

Da wir uns gerade im Kapitel über die Grundlagen der GPIO-Programmierung befinden, möchte ich dich für eine schöne Lötarbeit begeistern. Du kannst viele der kommenden elektronischen Projekte auf dem Streckbrett zusammenbauen, doch wenn du Spaß am Löten und Frickeln hast, bau dir doch einfach ein eigenes Board, mit dem du viele interessante Projekte umsetzen kannst. Du kannst es entweder so nachbauen, wie ich es dir gleich zeigen werde, oder du nimmst es als Grundlage für dein eigenes Board und modifizierst oder erweiterst es nach deinen Wünschen. Ich habe das Board Simple-Board genannt, denn es ist einfach aufgebaut und verfügt über einige nützliche Basiskomponenten.

Abbildung 8-35 ▶
Das Raspberry Pi-Simple-Board

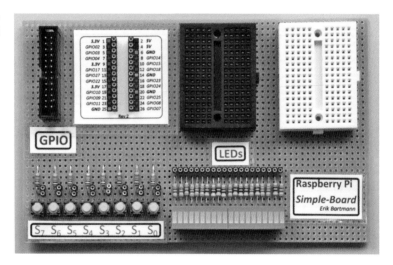

In der linken oberen Ecke befindet sich der Wannenstecker, der die Verbindung über ein geeignetes Flachbandkabel zum Raspberry Pi herstellt. Direkt rechts daneben ist das Patch-Panel, das über eine Beschriftung verfügt, so dass du sehr leicht über die Pin-Bezeichnungen die erforderlichen elektrischen Verbindungen herstellen kannst. Weiter rechts befinden sich zwei kleine Steckbretter, auf denen du deine elektronischen Bauteile aufstecken kannst. Dort kannst du wunderbar eigene Schaltungen planen und umsetzen. Für etwaige Ein- und Ausgänge befinden sich am unteren Rand auf der linken Seite 8 Taster, die mit Pull-down-Widerständen versehen sind und über Buchsenanschlüsse für die Verkabelung verfügen. Direkt rechts daneben findest du 20 LEDs mit den erforderlichen Vorwiderständen, die ebenfalls über Buchsenanschlüsse anzusteuern sind. Auf dem folgenden Bild siehst du das Raspberry Pi-*Simple-Board*-Gespann, das in meinen Augen einen sauberen Schaltungsaufbau gewährleistet.

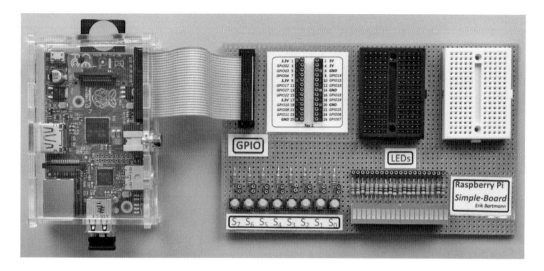

Wenn du deinen Raspberry Pi, wie hier auf dem Bild gezeigt, in ein schickes transparentes Gehäuse packst, ist alleine das schon eine Augenweide. Wie wird das erst wirken, wenn du das Simple-Board noch mit coolen Schaltungen versiehst!? Da macht das Frickeln doch richtig Spaß! Wie du das Simple-Board aufbaust und was du dazu benötigst, erfährst du im Anhang.

▲ **Abbildung 8-36**
Der Raspberry Pi und das Simple-Board (ein gutes Gespann)

GPIO-Pin-Sonderfunktionen

Ich hatte zu Beginn kurz angedeutet, dass manche GPIO-Pins eine Sonderfunktion – auch alternative Funktionalität genannt – innehaben. Darauf möchte ich kurz eingehen, bevor wir uns in kommenden Kapiteln näher damit beschäftigen werden. Ich verwende die GPIO-Pin-Bezeichnungen. Für die wiringPi-Pins musst du das entsprechend anpassen (siehe wiringPi-Pin Schema).

Achtung

Wenn du externe Kommunikationskomponenten an die Pins legst, die ich dir gleich zeige, achte immer darauf, dass der Raspberry Pi mit *3,3V* arbeitet. Schließe niemals ein Gerät oder Modul an, das mit *5V* arbeitet. Die Folgen wären fatal und du müsstest dir einen neuen Raspberry Pi zulegen. Falls du also auf die Idee kommen solltest, z.B. einen Arduino Uno über die serielle Schnittstelle mit dem Raspberry Pi kommunizieren zu lassen, dann tu das nicht, ohne einen *Pegelwandler* – auch *Level-Shifter* genannt – dazwischenzuschalten. Der Arduino Uno arbeitet in der Regel mit einer Versorgungsspannung von *5V*.

Der I²C-Bus

Der *I²C*-Bus ist über die folgenden GPIO-Pins zu erreichen.

Abbildung 8-37 ▶
Die GPIO-Pins für den *I²C* –Bus

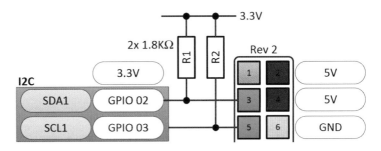

Die Grafik zeigt dir die beiden GPIO-Pins zur Kommunikation mit dem *I²C*-Bus auf dem Revision *2*-Board. Bei Revision *1* sind das die GPIO-Pins *0* und *1* anstelle der hier gezeigten *2* und *3*. Beide Pins sind intern mit jeweils einem *1,8KOhm*-Pull-up-Widerstand versehen, so dass eine externe Beschaltung zur Nutzung des Busses entfällt. Willst du diese Pins als ganz normale digitale Eingänge nutzen, so kannst du die Pull-up-Widerstände sehr gut für einen definierten Pegel bei offenen Tastern nutzen. Du musst dann jedoch beim Drücken der Taster ein Massesignal an die Eingänge legen und entsprechend auf LOW-Pegel abfragen.

Die serielle Schnittstelle (UART)

Die serielle Kommunikation mittels *RX* und *TX* (*UART*) ist über die folgenden GPIO-Pins zu erreichen.

Abbildung 8-38 ▶
Die GPIO-Pins für die serielle Ansteuerung

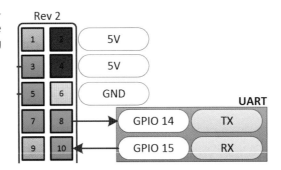

Die Grafik zeigt dir die beiden GPIO-Pins *14* und *15*, die für die serielle Kommunikation mit dem Raspberry Pi genutzt werden können. Standardmäßig ist die serielle Konsole beim Raspberry Pi aktiviert. Du musst sie, bevor du die Pins zur UART-Kommunikation nutzt, deaktivieren. Die entsprechenden Informationen befinden sich in der Datei */boot/cmdline.txt*. Bevor du sie editierst, lege auf jeden Fall eine Sicherheitskopie an. Warum müssen wir die serielle Schnittstelle überhaupt in irgendeiner Weise konfigurieren? Standardmäßig ist der serielle Port des Raspberry Pi für die Ein- bzw. Ausgabe auf der Konsole konfiguriert. Damit wir jedoch eine Kommunikation über die gezeigten Pins herstellen können, sind einige Modifikationen notwendig.

Achtung

Wenn es um das Editieren von systemkritischen Dateien geht, ist es unumgänglich, vorher Sicherungskopien anzulegen. Was aber, wenn die Modifikation dazu führt, dass das System nicht mehr korrekt bootet? Dann nützt auch die beste Sicherheitskopie nichts. Wenn du z.B. die Datei */etc/inittab* mit Informationen versiehst, die absolut keinen Sinn ergeben, kann dieser Fall u.U. eintreten. Wenn du also ganz auf der sicheren Seite sein möchtest und noch nicht so viel Erfahrung mit Linux hast, erstelle am besten ein komplettes SD-Karten-Backup mit dem *USB Image Tool*, das ich im Kapitel über die Betriebssysteminstallation vorgestellt habe. Damit kannst du im Katastrophenfall immer wieder zur letzten Sicherung zurückkehren und dir eine Menge Ärger ersparen.

Schritt 1: Sicherheitskopien anlegen

```
# sudo cp /boot/cmdline.txt /boot/cmdline.txt.org
# sudo cp /etc/inittab /etc/inittab.org
```

Schritt 2: Serial-Port Login disable

```
# sudo nano /etc/inittab
```

In dieser Datei suchst du den Eintrag

```
T0:23:respawn:/sbin/getty -L ttyAMA0 115200 vt100
```

und deaktivierst ihn durch das Voranstellen des Kommentarzeichens #. Die Zeile muss dann wie folgt ausschauen:

```
# T0:23:respawn:/sbin/getty -L ttyAMA0 115200 vt100
```

Speichere die Änderung ab.

Schritt 3: Boot-Informationen deaktivieren

Da beim Booten zahllose Informationen an die serielle Schnittstelle versendet werden, ist es sinnvoll, die Boot-Informationen zu dektivieren, damit nicht ein evtl. angeschlossenenes Gerät sie empfängt. Entferne aus der Datei */boot/cmdline.txt* alle Hinweise, die auf den seriellen Port *ttyAMA0* hinweisen.

```
# sudo nano /boot/cmdline.txt
```

Hier siehst du den ursprünglichen Inhalt:

```
dwc_otg.lpm_enable=0 console=ttyAMA0,115200 kgdboc=ttyAMA0,115200
console=tty1 root=/dev/mmcblk0p2 rootfstype=ext4 elevator=deadline
rootwait
```

Nach dem Entfernen der Port-Informationen, die ich fett markiert habe, bleibt Folgendes übrig, was du speichern musst:

```
dwc_otg.lpm_enable=0 console=tty1 root=/dev/mmcblk0p2 rootfstype=ext4
elevator=deadline rootwait
```

Schritt 4: Reboot

Damit die Änderungen Wirkung zeigen, musst du einen Reboot durchführen.

```
# sudo shutdown -r now
```

Der SPI-Bus

Der *SPI-Bus* ist über die folgenden GPIO-Pins zu erreichen:

Abbildung 8-39 ▶
Die GPIO-Pins für den SPI-Bus

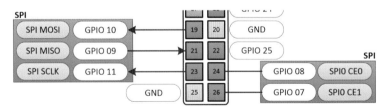

Die Grafik zeigt dir die GPIO-Pins *9, 10* und *11* bzw. *7* und *8*, die für die Kommunikation über die SPI-Schnittstelle mit dem Raspberry Pi genutzt werden können.

Programmieren lernen

Für alte Hasen, die schon kurz nach ihrer Geburt mit einem Computer auf Tuchfühlung gegangen sind, enthält dieses und die folgenden Kapitel, die sich mit der Programmierung befassen, sicher nicht viel Neues. Aber ich möchte auch denjenigen einen geeigneten Einstieg in die Welt der Programmierung ermöglichen, die mit dem Raspberry Pi vielleicht ihre ersten Erfahrungen sammeln. Dieser kleine Rechner hat ja wirklich das Zeug, in Richtung Programmierung einiges zu lernen und auszuprobieren. Bevor jemand etwas in diese Richtung unternimmt, ist es sinnvoll, ein paar grundlegende Dinge zu erfahren. Zu Zeiten der C64-Programmierung war das in vieler Hinsicht etwas einfacher. Auspacken, einschalten und loslegen. Natürlich musste man sich auch mit der Programmiersprache Basic oder in der Königsklasse Assembler auskennen bzw. einarbeiten. Doch war das im Vergleich zur heutigen Programmiersprachenvielfalt recht übersichtlich, was nicht bedeutet, dass es heutzutage schlechter ist. Ganz im Gegenteil: Durch die enorme Auswahl an vorhandenen Programmiersprachen ist sicher für jeden etwas dabei. Du kannst von mir kein Statement erwarten, das eindeutig eine spezielle Sprache in den Vordergrund stellt. Das wäre vermessen und ein bisschen ist auch eine Glaubensfrage. Der eine schwört auf C oder C++ und der andere vielleicht auf Python oder Basic. Der Sprache Basic haftet immer noch der Geruch einer Sprache an, die nicht professionell genug ist und in vergangenen Zeiten nur für relativ einfache Spiele genutzt wurde. Eine Spielsprache eben. Das mag in den Augen mancher Programmier-Freaks runtergehen wie Öl, doch mir war das immer egal. Ich hatte und habe auch heute noch Spaß mit Basic und finde, man sollte für sich persönlich entscheiden, was eigentlich das Ziel ist. Kommen wir zu den beiden Programmiersprachen, die ich in diesem Buch hauptsächlich verwende. Wie, ich hatte die Katze schon aus dem Sack gelassen? Ok, wir haben natürlich schon einiges in *Python* und sogar *C* programmiert, und in diesem Kapitel möchte ich auch nur ein paar einleitende Worte verlieren. Natürlich kannst du deinen Quellcode ohne große Mühe in einen simplen Texteditor eingeben und dann das jeweilige Programm von der Kommandozeile aus starten. Das machen sehr viele, und dennoch möchte ich nicht auf die Vorzüge einer Entwicklungsumgebung verzichten. Ach ja, dass weißt du auch schon. Ok, ich fasse dennoch kurz zusammen: Für die Programmierung in Python hast du den *SPE*, also *Stani's Python Editor* installiert. Hinsichtlich C-Programmierung und weiterer Programmiersprachen wie C++, Java, HTML oder PHP ist *Geany* wirklich sehr gut zu gebrauchen, zumal er für jede der unterstützten Sprachen spezielle Templates anbietet. In diesem Kapitel möchte ich ein bisschen näher auf diese Entwicklungsumgebungen eingehen und folgende Themen behandeln:

- Was ist der *SPE* und wie wird er installiert?
- Was ist der *Geany*-Editor und wie wird er installiert?
- Was bedeuten die einzelnen Phasen bei der Kompilierung eines C-Programms?

Der SPE für die Programmierung in Python

Du hast die Entwicklungsumgebung sicher schon installiert, aber ich zeige dir trotzdem die notwendigen Schritte.

```
# sudo apt-get update
# sudo apt-get install spe
```

Du startest SPE nach der Installation über das Start-Menü im Unterverzeichnis *Entwicklung*.

Abbildung 9-1 ▶
Der Start von Stani's Python Editor

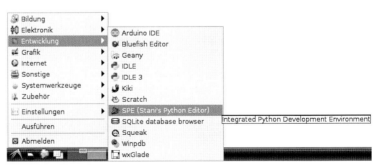

Auf den ersten Blick sieht der SPE wie ein ganz normaler Texteditor aus.

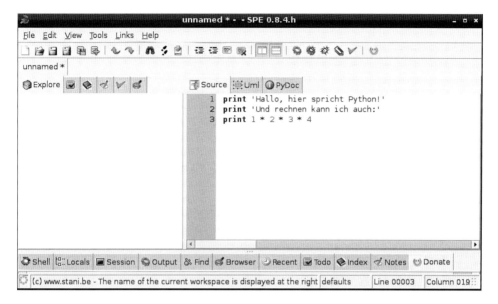

▲ **Abbildung 9-2**
Stani's Python Editor

Auf der rechten Seite befindet sich das Fenster, in das du deinen Python-Code eintippen kannst. Wenn du diesen Code ausführen möchtest, gehst du entweder über das *Tools-Menü* und wählst den Punkt *Run without arguments/Stop* oder du drückst die angezeigte Tastenkombination *Shift+Ctrl+R*.

◄ **Abbildung 9-3**
Starten des Python-Skripts

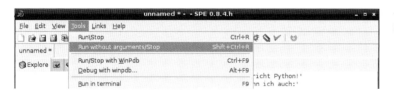

Bevor die Ausführung beginnen kann, muss der Code gespeichert werden. Es erfolgt eine entsprechende Abfrage, die du auf jeden Fall mit *Yes* bestätigen solltest. Andernfalls passiert nichts weiter.

◄ **Abbildung 9-4**
Soll das Python-Skript gespeichert werden?

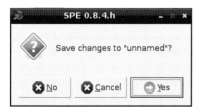

Der SPE für die Programmierung in Python ——————————————

Bei entsprechender Bestätigung wirst du gefragt, wie der Skript-Name lauten soll.

Abbildung 9-5 ▶
Eingabe des Python-Skript-Namen
und ggf. Anpassung des
Speicherpfades

Vergibst du einen für dich stimmigen Skript-Namen, wird das Skript in deinem *Home*-Verzeichnis gespeichert, was standardmäßig vorgegeben wird. Du kannst das aber nach Wunsch anpassen. Nach einem Klick auf den *Save-Button* wird dein Python-Skript gestartet. Die Ausgabe findest du im unteren Bereich innerhalb des *Output-Reiters*.

Abbildung 9-6 ▼
Ausgabe des Python-Skripts im
Output-Reiter

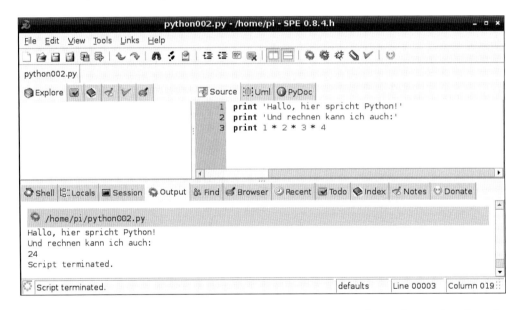

Die Abschlussmeldung *Script terminated* signalisiert dir, dass die Ausführung des Skripts beendet wurde. Diese Meldung erscheint sowohl beim Skriptlauf *ohne* als auch *mit* einem Fehler.

Wenn ich mir den Code im Editorfenster anschaue, sehe ich unterschiedliche Farben. Was hat das zu bedeuten?

Gut beobachtet, *RasPi*! Das ist eine wirklich gute Einrichtung einer modernen Entwicklungsumgebung, die sich *Syntax Highlighting* nennt. Eine Programmiersprache verfügt über einen bestimmten Befehlssatz, ganz so, wie du dich den Wörtern deiner Muttersprache bedienst, um mit deinen Mitmenschen zu kommunizieren. Eben *diese* Wörter einer Programmiersprache, die auch *Schlüsselwörter* genannt werden, stellt die Entwicklungsumgebung farblich dar. Der *print*-Befehl ist ein solches *Schlüsselwort* und wird deshalb *fett* in der Farbe *Dunkelblau* angezeigt. Auch Zeichenketten haben ihre eigene Farbe, die hier in *Lila* zur Geltung kommt. Nach diesem Schema gibt es noch weitere Farbgebungen. Das Schöne an dieser Einrichtung ist die optische Rückmeldung, was gerade von dir eingegeben wurde. Bei einem Fehler im Code zeigt dir die Entwicklungsumgebung dies anhand von Schlangenlinien unterhalb des betroffenen Bereiches – und das noch während der Entwicklungsphase, ohne dass du das Programm dazu starten musst.

▼ **Abbildung 9-7**
Ein Fehler im Python-Skript wurde erkannt

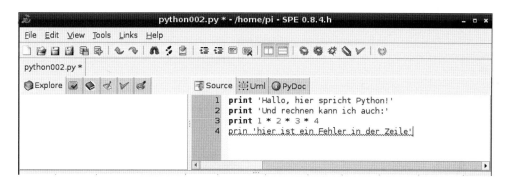

Ich habe absichtlich einen Fehler eingebaut und *prin* statt *print* geschrieben. Zum einen wird *prin* nicht fett dargestellt und zum anderen ist die Farbe nicht Dunkelblau. Ach ja, und dann sind die roten Schlangenlinien darunter. Wenn du trotzdem das Skript versuchst zu starten, bekommst du die Quittung in Form einer Fehlermeldung von *Python*.

▼ **Abbildung 9-8**
Hier die entsprechende Fehlermeldung

```
 /home/pi/python002.py
 File "/home/pi/python002.py", line 4
prin 'hier ist ein Fehler in der Zeile'
    ^
SyntaxError: invalid syntax
Script terminated.
```

Der Hinweis *invalid syntax* deutet darauf hin, dass etwas programmiert wurde, was *Python* nicht versteht, also nicht Teil seines

Wortschatzes ist. Hinsichtlich der Entwicklungsumgebung und ihrer Funktionalität möchte ich auf die Online-Hilfe verweisen; sie ist derart umfangreich, dass hier kein Platz dafür ist.

Geany für die Programmierung in C

Auch die Installation der *Geany*-Entwicklungsumgebung hast du schon gesehen, die ich noch einmal zeigen möchte:

```
sudo apt-get update
sudo apt-get install geany
```

Abbildung 9-9 ▼
Der Start von Geany

Du startest Geany nach der Installation über das Start-Menü im Unterverzeichnis *Entwicklung*.

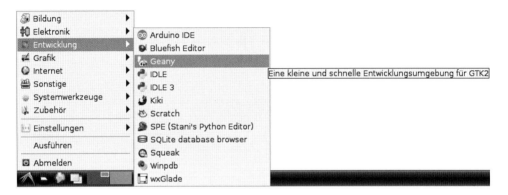

Nach der Auswahl öffnet sich nach relativ kurzer Zeit – ja, für den *Raspberry Pi* braucht man manchmal schon etwas Geduld – der *Geany-Editor* in folgendem Gewand:

Kapitel 9: Programmieren lernen

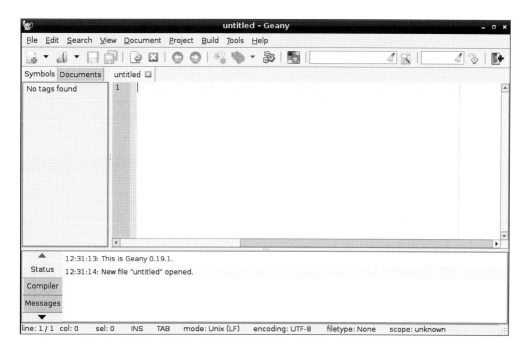

▲ **Abbildung 9-10**
Der Geany-Editor

Geany bietet standardmäßig für diverse Programmiersprachen vorgefertigte *Templates* an. Dabei handelt es sich um fertigen Quellcode, der als eine Ausgangsbasis für die jeweils ausgewählte Programmiersprache dient. Für unsere Zwecke wählen wir das folgende *Template* aus:

▼ **Abbildung 9-11**
Die Auswahl des geeigneten Templates für die Programmiersprache C

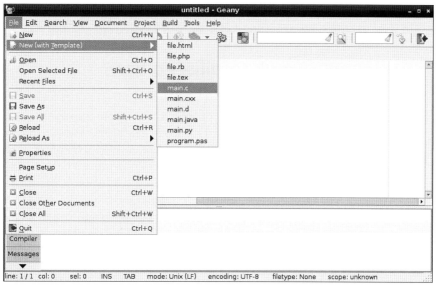

Geany für die Programmierung in C

> Warum hast du gerade diesen Eintrag ausgewählt?

Abbildung 9-12 ▼
Das Template für die
Programmiersprache C

Ok, *RasPi*, das solltest du inzwischen wissen. Ein *C-Programm* bzw. die Quelldatei wird immer mit der Endung *.c* abgespeichert. Aus diesem Grund habe ich hier den Eintrag *main.c* selektiert. Nachdem ich das gemacht habe, wird das *Template* geladen und im *Geany-Editor* angezeigt.

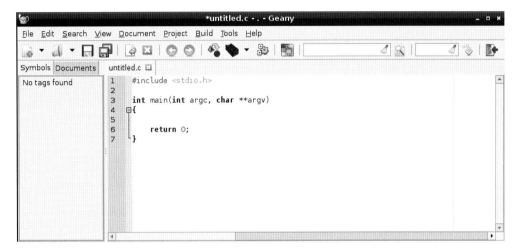

Das *Template* beinhaltet im Kopfbereich zahlreiche Kommentare, die ich aus Platzgründen gelöscht habe, da sie uns nicht interessieren. Wir haben es hier mit einem voll funktionstüchtigen *C-Programm* zu tun, das kompiliert und gestartet werden kann. Gehen wir die einzelnen Schritte durch:

Quellcode kompilieren bzw. Programm starten

Bevor ich den Quellcode kompiliere, sollte ich ein paar Zeilen über die Bedeutung verlieren. Der Quellcode hat für uns Menschen eine mehr oder weniger verständliche Syntax, auf die ich später noch eingehen werde. Der Computer bzw. der Prozessor auf deinem *Raspberry Pi* kann mit so einem *Kauderwelsch* überhaupt nichts anfangen. Für ihn sind das Böhmische Dörfer, denn auf der untersten Ebene, also im Prozessor selbst, wird nur *binär* gearbeitet. *Binär* bedeutet übersetzt *je zwei*, was wiederum besagt, dass dort mit zwei logischen Zuständen gearbeitet wird. Die Zustände sind *0* und

1. Stell dir vor, du müsstest mit dem Prozessor auf diese Weise kommunizieren. Die Programmierung mit *0* und *1* würde derart schwierig werden, dass du Tage, Wochen oder Monate damit beschäftigt wärst, dem Prozessor mitzuteilen, was er für dich machen soll. Deshalb wurden die *Compiler* entwickelt, die den für den Menschen verständlichen Quellcode in eine *native Sprache* übersetzen. Diese Sprache wird *Maschinensprache* genannt und ist nur für *den* Prozessor, für den sie generiert wurde, verständlich. Der *cc-* bzw. *gcc-Compiler*, der auf deinem *Raspberry Pi* seinen Dienst verrichtet, übersetzt den Quellcode in Maschinensprache für eine *ARM-Architektur*. Der gleiche *gcc-Compiler*, der z.B. auf einem *Windows-Betriebssystem* läuft, übersetzt den Quellcode für eine *Intel Architektur*.

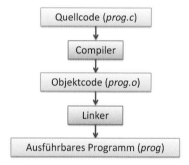

◀ **Abbildung 9-13**
Phasen der Programmerstellung

Die Ausgangssituation ist das Vorliegen eines Programms in Form des *Quellcodes*. Der Compiler übersetzt diesen Quellcode in einen noch nicht direkt ausführbaren *Objektcode*. Bei größeren C-Projekten existieren in der Regel mehrere *Quellcode-Dateien*, die allesamt durch die Kompilierung eine Übersetzung in einen eigenen Objektcode erfahren. Diese quasi lose vorliegenden Objekt-Dateien müssen durch einen separaten Vorgang zu einer Einheit, einem *ausführbaren Programm* verknüpft werden. Diese Aufgabe übernimmt der *Linker*, der alle Dateien mit der Endung *.o* zusammenfügt. Ich schlage vor, dass wir die einzelnen Phasen einmal durchspielen, wobei der eigentliche Quellcode hier erst einmal keine Rolle spielt. Dazu kommen wir später.

Phase 1: Quellcode erstellen und abspeichern

Nachdem der Quellcode erstellt wurde (in unserem Fall über das Template), muss er abgespeichert werden. Ich habe das über den *Speichern-Button* erreicht und den Namen *myprog001.c* gewählt.

Speichern

Durch diesen Vorgang wird die Quelldatei im Dateisystem abgelegt. Wir überprüfen das mit dem *File-Manager*. Ich habe zur
Ablage der C-Programme das Unterverzeichnis *c_programme* angelegt.

Phase 2: Den Quellcode kompilieren

Nun ist es an der Zeit, den *Quellcode* zu kompilieren, damit daraus
der *Objektcode* generiert wird. Wir erreichen das mit einem Klick
auf den *Kompilieren-Button*.

Kompilieren

Jetzt wird die Objektdatei mit der Endung *.o* angelegt. Ein Blick in
den *File-Manager* soll das bestätigen.

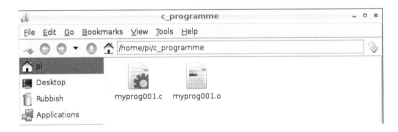

Phase 3: Die ausführbare Datei generieren

Wir schieben dem *Linker* die Arbeit zu, der aus der Objektdatei (es
können auch mehrere sein), eine *ausführbare Datei* generiert. Wir
erreichen das mit einem Klick auf den *Build-Button*.

Kapitel 9: Programmieren lernen

Build ⟶ ↑

Nun liegt eine Datei vor, die das widerspiegelt, was wir in unserer Hochsprache, also in C formuliert haben, was für den Prozessor so aber nicht lesbar war.

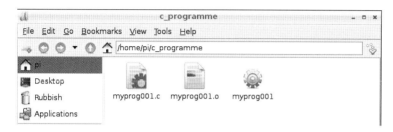

Die Datei *myprog001,* ohne eine Endung, repräsentiert die ausführbare Datei, die den *Maschinencode* enthält.

Phase 4: Ausführen der erstellten Datei

Diese Phase gehört eigentlich nicht mehr zum Erstellungsprozess und zeigt lediglich das Ausführen der Datei über den *Geany-Editor.* Benutze dazu den *Ausführen-Button.*

Ausführen ⟶ ↑

Jetzt öffnet sich das *Terminal-Fenster* mit dem Inhalt, den das *C-Programm* gewünscht hat. Wir haben aber noch keine direkte Ausgabe angefordert, so dass wir lediglich mit ein paar Statusmeldungen versorgt werden.

◀ **Abbildung 9-14**
Terminal-Fenster des gestarteten C-Programms

Du hast bei diesen einzelnen Schritten gesehen, wie du den Quellcode über die Geany-Entwicklungsumgebung in ein ausführbares Programm überführen kannst. Natürlich laufen im Hintergrund beim Kompilieren die gleichen Prozesse ab, die du auch manuell in einem Terminal-Fenster ausführen kannst. Im GPIO-Grundlagen-Kapitel habe ich das im Zusammenhang mit der *wiringPi*-Library schon einmal kurz angesprochen. Der C-Compiler kann über die Kürzel *cc* bzw. *gcc* aufgerufen werden. Angenommen, wir haben ein C-Programm, das unter dem Namen *prog.c* abgespeichert wurde. Um es zu kompilieren, gibst du folgende Zeile in ein Terminal-Fenster ein:

```
# cc -o prog prog.c
```

Wenn du keinen Fehler bei der Programmierung gemacht hast, erscheint nach kurzer Zeit der Cursor wieder, ohne dass eine Meldung ausgegeben wird. Dann kannst du davon ausgehen, dass der Quellcode erfolgreich in ein ausführbares Programm übersetzt wurde. Gib die folgende Zeile ein, die dir Aufschluss über das Ergebnis liefert:

```
# ls -l prog
```

Die Antwort könnte wie folgt aussehen:

```
 -rwxr-xr-x  1  pi  pi  5168 Mär  20  08:11 prog
```

Nun kannst du das Programm über die Eingabe der folgenden Zeile ausführen:

```
# ./prog
```

Die Option *-o* (*Output*) teilt dem Compiler mit, dass du einen eigenen Namen für das ausführbare Programm vergeben möchtest. Du kannst die ganze Sache auch sehr kurz schreiben:

```
# cc prog.c
```

Das hat den Effekt, dass der Compiler den Standardnamen *a.out* für das ausführbare Programm vergibt. Wie du schon bei der *wiringPi*-Library gesehen hast, kann es erforderlich sein, dass eine benötigte Library, auf deren Funktionsumfang zugegriffen werden muss, beim Kompilierungsvorgang mit berücksichtigt werden soll. Ich hatte das am Beispiel einer blinkenden LED gezeigt. Die erforderliche Zeile für das Kompilieren des Quellcodes lautete:

```
# cc -o blink blink.c -lwiringPi
```

Über die Option *-l* haben wir dem Compiler mitgeteilt, dass die Library mit dem Namen *wiringPi* berücksichtigt werden muss.

> Du hast jetzt schon zweimal die Namen *cc* und *gcc* verwendet. Handelt es sich dabei um zwei unterschiedliche Compiler?

Eine berechtigte Frage, *RasPi*. Auf einem Linux-System ist den Name *cc* verlinkt mit dem *gcc*-Compiler (im Moment *gcc*-Version 4.6.3). Du kannst also beide Namen verwenden und bekommst immer das gleiche Ergebnis, weil der gleiche Compiler im Hintergrund arbeitet.

Programmieren in Python

10

Was ich dir bisher über die Python-Programmierung gezeigt habe, diente dazu, dir ein ungefähres Gefühl für diese Sprache zu geben. Du bist nun in der Lage, ein Python-Programm zu schreiben, das z.B. *Variablen* enthält, um mit ihnen zu rechnen, oder auch *Schleifen* zu programmieren, mit denen wiederkehrende Operationen mehrfach ausgeführt werden. Damit bestimmte Codeabschnitte bei Bedarf immer wieder aufgerufen werden können, ohne dass sie mehrfach im gesamten Codebereich platziert werden und Redundanzen schaffen, hast du gesehen, wie *Funktionen* programmiert werden. Wenn wir mit dem Python-Modul *PyGame* programmieren, unternehmen wir einen realen Ausflug in die komplexere objektorientierte Programmierung mit Python. Dieses Kapitel soll dich auf dem Weg zum richtigen Python-Programmierer unterstützen und dir weitere Sprachelemente aufzeigen, die das Arbeiten mit dieser Programmiersprache erleichtern und Spaß bereiten. Natürlich erhebt dieses Kapitel keinen Anspruch auf Vollständigkeit in der Behandlung aller Sprachelemente von Python; das wäre vermessen und absolut illusorisch. Darüber wurden ganze Abhandlungen geschrieben, und ich muss dich auf die Fachliteratur und das Internet verweisen. Schauen wir uns als Beispiel die Programmiersprache C/C++ an, bei der es sich wie bei Python um eine sogenannte Hochsprache handelt, die einen umfangreichen Sprachvorrat zur Programmierung anbietet. Im Gegensatz zu C/C++, deren Quellcode erst über den Prozess des Kompilierens in ausführbaren Code gewandelt wird, haben wir es bei Python mit einem *Interpreter* zu tun, der den Quellcode analysiert und ausführt. Es wird keine für das betreffende System ausführbare Datei generiert.

Abbildung 10-1 ▶
Der Python-Interpreter

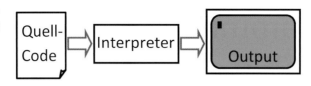

Das geht natürlich zu Lasten der Ausführungsgeschwindigkeit. In Python kannst du zwei unterschiedliche Varianten wählen, um den Interpreter aufzurufen.

- Interaktiver Modus
- Skript-Modus

Im interaktiven Modus kannst du die Befehle direkt eingeben und erhältst nach Betätigung der *Return*-Taste unmittelbar das Ergebnis. Den interaktiven Modus erkennst du an den drei Größer-Zeichen >>>. In ihn gelangst du, wenn du im Terminal-Fenster das Kommando

```
# python
```

für Python 2 oder

```
# python3
```

für Python 3 eingibst. Möchtest du ein Skript schreiben, kannst du entweder einen ganz normalen Texteditor oder eine spezielle Entwicklungsumgebung wie *Stani's Python Editor SPE* verwenden. Speicherst du das Skript unter einem Namen mit der Endung *.py* ab, kannst du es wie folgt aufrufen:

```
# python skript.py
```

Möchtest du das Skript über Python 3 starten, gib die folgende Zeile ein:

```
# python3 skript.py
```

Natürlich ist es auch möglich, innerhalb des Skripts über die *Shebang*-Zeile den gewünschten Python-Interpreter vorzuwählen. Sie kann wie folgt lauten:

```
#!/usr/bin/python
```

oder

```
#!/usr/bin/python3
```

Die Zeichenfolge #! wird als *Shebang* bezeichnet und steht am Anfang eines Skriptprogramms. Das nachfolgende Kommando wird somit beim Start ausgeführt. Natürlich musst du das jeweilige Skript mit entsprechenden Rechten zur Ausführung versehen. Hast du eine Datei gespeichert, verfügt sie standardmäßig über kein Ausführungsrecht.

kein Ausführungsrecht

```
-rw-r--r--  1  pi  pi   113  Jun 29   08:51   python001.py
```
User

◀ **Abbildung 10-2**
Es besteht kein Ausführungsrecht für die Python-Skriptdatei python001.py

Du bist in *dem* Fall der User dieser Datei und an *der* Stelle, wo die Berechtigung zum Ausführen der Datei steht, finden wir nur ein -. Das bedeutet im Klartext: Die Datei ist nicht ausführbar. Die Fehlermeldung der Shell lautet in diesem Fall: *Permission denied*. Abhilfe schafft der dir schon bekannte *chmod*-Befehl.

```
# chmod u+x python001.py
```

oder etwas kürzer

```
# chmod +x python001.py
```

Ausführungsrecht

```
-rwxr--r--  1  pi  pi   113  Jun 29   08:51   python001.py
```
User

◀ **Abbildung 10-3**
Jetzt ist das Ausführungsrecht für die Python Skriptdatei python001.py gegeben

Nun kannst du ohne Angabe des Python-Interpreters das Skript wie folgt starten:

```
# ./python001.py
```

Die im Moment aktuelle Python-Version ist *3.x* und hinsichtlich des *print*-Befehls gibt es einen Unterschied, auf den ich hier schon hinweisen möchte. Möchtest du z.B. in Python *2.x* etwas in der Konsole ausgeben, so schreibst du

```
>>> print 'Hallo, hier spricht Python 2!'
```

In Python *3* sieht die Sache etwas anders aus: Du musst die runden Klammern verwenden, was auf den Einsatz einer Funktion hindeutet. Schreibe also wie folgt:

```
>>> print('Hallo, hier spricht Python 3!')
```

Die Variablen

Du weißt, dass du *Variablen* verwenden kannst, u, Werte in ihnen abzulegen, die für spätere Verarbeitungen herangezogen werden können. Ich hatte bisher noch keine Angaben darüber gemacht, was du bei der Vergabe eines Variablen-Namens zu beachten hast. Ein gewisser Formalismus ist leider nicht außer Acht zu lassen und wir sollten uns näher mit dem Thema befassen.

Groß-/Kleinschreibung

Unser Alphabet umfasst *26* Grundbuchstaben, also die Buchstaben von *a* bis *z*, ohne das »scharfe *s*« ß sowie die Umlaute *ä*, *ö* und *ü*. Diese Grundbuchstaben können sowohl als *Klein*- als auch als *Großbuchstaben* Verwendung finden, was für uns keine Neuigkeit darstellt. In vielen professionellen Programmiersprachen wie *C/C++*, *Java* oder auch *C#*, um nur einige zu nennen, wird bei der Verwendung von Namen für Variablen, Funktionen, Methoden, Klassen, Schlüsselwörter etc. zwischen Klein- und Großschreibung unterschieden. Der Fachbegriff für dieses Verhalten lautet *case-sensitive*. Wenn du die beiden Wörter *messwert* bzw. *Messwert* vergleichst, siehst du, dass sie sich nicht in den verwendeten Buchstaben unterscheiden, sondern in ihrer Schreibweise. Im ersten Namen hast du es *am Wortanfang* mit einem *Kleinbuchstaben*, im zweiten mit einem *Großbuchstaben* zu tun. Würdest du beide Namen für Variablen verwenden, wären das zwei unabhängig voneinander existierende Variablen, die jeweils ihren eigenen separaten Speicherbereich besäßen. Über Sinn und Unsinn gleichlautender Variablen-Namen, die sich nur in der Klein- bzw. Großschreibung eines Buchstabens unterscheiden, lässt sich streiten, denn das führt nicht selten zu logischen Fehlern in der Programmierung, die sehr schwer zu lokalisieren sind. Ich kann dir lediglich den Tipp geben, beim Programmieren auf die Verwendung gleicher Namen in unterschiedlichen Schreibweisen zu verzichten.

Die Syntax

Variablen müssen in Python mit einem *Buchstaben* oder einem *Unterstrich* (_) beginnen. Danach kann eine beliebige Anzahl Buchstaben, Unterstriche oder Ziffern folgen. Bei Länge eines Variablen-Namen würde ich nach dem Motto *So kurz wie möglich, so lang wie nötig verfahren*. Verwende nach Möglichkeit immer *sprechende*

Namen, die auf den Sinn bzw. Grund der Verwendung hinweisen. Es ist immer besser, einen Namen wie z.B. *temperatur* zu verwenden als den kryptisch anmutenden Namen *x5_v32*. Das macht den Code lesbarer und auch für Außenstehende verständlich. Hier ein paar Beispiele für *legale* bzw. *illegale* Namen.

Variablen-Name + Initialisierung	Bewertung	Hinweis
a = 17	legal	sehr kurz
dasIstMeinVariable = 'Aber Hallo!'	legal	
_messwert01 = 17.4	legal	
das_ist_Pi = 3.14159	legal	
_123 = 'Nicht ratsam!'	legal	nicht sprechend
2terWert = 24	illegal	beginnt mit einer Ziffer
b$ = -8	illegal	enthält ein Sonderzeichen
Nummer@1 = 'Pipapo'	illegal	enthält ein Sonderzeichen
Analog wert = 23.876	illegal	enthält ein Leerzeichen

◄ **Tabelle 10-1**
Variablen-Namen

Der Grund für sehr knappe Namen von der Länge eines einzigen Buchstaben ist der Einsatz innerhalb einer Schleife. Sie fungiert dann als *Laufvariable*, die z.B. einen bestimmten Wertebereich von Beginn bis Ende durchläuft.

Reservierte Wörter

Bei der Namensvergabe kannst du dich innerhalb der beschriebenen Syntax voll austoben und deiner Kreativität freien Lauf lassen. Doch Stopp! Es gibt einen Punkt, den du beachten solltest. Jede Programmiersprache verfügt von Haus aus über einen gewissen ihr eigenen Sprachvorrat. Diese Begriffe beziehen sich z.B. auf die verfügbaren Befehle, mit denen du programmieren kannst, also z.B. *print*, *for*, *while* usw. Bei diesen sogenannten *Schlüsselwörtern* handelt es sich um reservierte Namen, die vom System vergeben wurden und nicht für eigene Zwecke neu definiert werden können. Diese Schlüsselwörter sind in Python immer kleingeschrieben.

Namenskonventionen

Hältst du dich an die eben genannten Regeln, kannst du problemlos programmieren. Dennoch gibt es noch weitere Konventionen – ich will sie mal *Richtlinien* nennen –, die sich im Laufe der Zeit eingebürgert haben. Diese *Konventionen* haben sich in der Praxis bewährt und sind zum Quasi-Standard mutiert, derer sich (fast) jeder Programmierer bedient, um nicht aus der Reihe zu fallen oder großes Gelächter der Community auf sich zu ziehen. Na ja, ganz so schlimm ist es nicht, doch würde ich dir raten, dich an diese Konventionen zu halten.

- Verwende nicht den Kleinbuchstaben ‚l‘, denn er könnte als die *Ziffer 1* angesehen werden. Das kann zur Verwirrung führen.

- Verwende nicht den Großbuchstaben ‚O‘, denn er könnte als die *Ziffer 0* angesehen werden. Das führt ebenfalls zur Verwirrung.

- Variablen-Namen beginnen mit einem Kleinbuchstaben, wobei sie beim Auftreten mehrerer Sinnblöcke durch einen Unterstrich voneinander getrennt werden, z.B. meine_eigene_variable.

- Beginnt ein Name mit einem einzelnen Unterstrich (_xyz...), wird er z.B. bei der Anweisung *from module import ** nicht berücksichtigt und nicht importiert.

Wertzuweisung

Wenn du dich schon mit anderen Programmiersprachen wie z.B. *C/C++* oder *Java* auseinandergesetzt hast, wirst du nicht umhingekommen sein, bei der Deklaration von Variablen den gewünschten *Datentyp* mit anzugeben. Ein *Datentyp* gibt an, welcher Art die Daten sind, die gespeichert werden sollen. Es gibt z.B. *Ganzzahlen*, *Fließkommazahlen*, *Zeichenketten*, um nur einige zu nennen. Je nach Auswahl wird ein mehr oder weniger großer Bereich für die Daten reserviert. Wie du bei Python sicherlich bemerkt hast, brauchst du den Datentyp einer Variablen nicht anzugeben. Bei der Zuweisung über sogenannte *Zahlen-Literale* erfolgt eine implizite Bereitstellung des entsprechenden Datentyps. Was bedeutet das genau? Ein *Literal* stellt eine Zeichen- bzw. Wertefolge dar und entspricht einem konstanten Ausdruck, der einem Elementtyp – sprich Datentyp – entspricht. Sehen wir uns dazu die in Python implementierten Typen für Zahlen an. Die Wertezuweisung erfolgt über den Zuweisungsoperator =. Variablen werden erst dann im System erzeugt und bekommen einen Speicherplatz zugewiesen, wenn sie initialisiert werden. Eine Initialisierung bedeutet eine Wertezuweisung. Erst wenn dieser Schritt erfolgreich abgeschlossen ist, kannst du sie im Programm aufrufen und benutzen.

Ganzzahl-Literale

Eine *Ganzzahl* wird auch als *Integer* bezeichnet. Es kann sich dabei sowohl um eine negative als auch um eine positive Zahl handeln. Hier ein paar Zuweisungen über *Ganzzahl-Literale*:

```
>>> a = 5
>>> b = -17
>>> c = 256876
```

Um zu sehen, was bei einer derartigen Wertezuweisung herausgekommen ist, verwenden wir die *type*-Funktion.

```
>>> print type(a)
```

bringt das Ergebnis *<type 'int'>* zum Vorschein. Ganzzahlen können einen maximalen Wert von *2147483647* annehmen. Alles, was darüber liegt, fällt in die Kategorie *long*, was lange und unbegrenzte Ganzzahlen bedeutet. Wenn du die folgende Anweisung schreibst

```
>>> c = 2147483648
```

und anschließend

```
>>> print type(b)
```

erhältst du die Ausgabe *<type 'long'>*. Du kannst auch direkt Variablen vom Ganzzahl-Typ im *Long*-Format initialisieren. Häng dazu einfach ein *l* oder *L* an das Ganzzahl-Literal an.

```
>>> d = 4711L
>>> print type(d)
```

Über den Zusatz *l* oder *L* kannst du theoretisch unbegrenzt lange Ganzzahlen einer Variablen zuweisen. Des Weiteren kannst du auch *oktale* bzw. *hexadezimale* Literale verwenden. Die Zuweisung für eine *Oktalzahl* erfolgt über das Voranstellen einer *0*.

```
>>> a = 010
>>> print a
>>> print type(a)
```

Das Ergebnis wird 8 sein, denn eine Oktalzahl verwendet die Ziffern *0* bis *7*. Der Datentyp ist wie bei einer ganz normalen Ganzzahl *<type 'int'>*. Bei Oktalzahlen kannst du sehr schnell in eine Falle tappen, denn es kann sehr schnell passieren, dass man eine führende *0* vor eine Ziffernfolge setzt und sich nichts weiter dabei denkt. Normalerweise hat eine *0* am Anfang – so denkt man vielleicht – keine Auswirkung auf den Wert einer Zahl. Schreibst du ungewollterweise

```
>>> a = 0235
```

hast du den Integerwert *157* gespeichert. Schreibst du vielleicht

```
>>> a = 0387
```

erhältst du den Fehler »*invalid token*«. Warum? Ganz einfach! Du möchtest eine Oktalzahl einer Variablen zuweisen, doch du verwendest die Ziffer *8*, die bei einer Oktalzahl nicht erlaubt ist. Für eine Hexadezimalzahl wird die Zeichenfolge *0x* vorangestellt.

```
>>> a = 0xFF
>>> print a
>>> print type(a)
```

Das Ergebnis wird *255* sein, denn die erlaubten Ziffern für eine Hexadezimalzahl sind *0* bis *9* und die Buchstaben *A* bis *F*, der Datentyp ist wieder *<type 'int'>*.

Fließkomma-Literale

Zahlenwerte, die ein Komma enthalten, fallen in die Kategorie *Fließkommazahlen*. Das Fließkomma-Literal wird zur Speicherung der Werte des Datentyps *float* verwendet.

```
>>> a = 3.14
>>> print type(a)
```

Als Ergebnis liefert die *type*-Funktion die Ausgabe *<type 'float'>*. Schauen wir uns die folgenden Operationen an.

```
>>> a = 3.14
>>> b = 2
>>> c = a / b
>>> print c
>>> print type(c)
```

Die Variablen *a* und *b* sind von den verschiedenen Datentypen *float* bzw. *int*. Nun wird einer weiteren Variablen mit Namen *c* das Ergebnis einer Division zugewiesen. Welches Ergebnis ist zu erwarten? Wird *float* vor der Berechnung zu *int* oder *int* zu *float*? In diesem Fall wird der Datentyp *int* der Variablen *b* zu *float* konvertiert und eine *Fließkommazahl-Division* durchgeführt, was wir am Ergebnis *1.57* und dem Datentyp *<type 'float'>* der Variablen *c* erkennen können. Du kannst in Python auch eine Exponentialschreibweise verwenden, um größere bzw. kleinere Zahlen in Kurzform zu verwenden.

```
>>> a = 17.3e3
>>> print a
>>> print type(a)
```

Das Ergebnis ist *17300.0* mit dem Datentyp *<type 'float'>*. Auch wenn der Floatwert keine Nachkommastellen vorweist, wird zur optischen Kennzeichnung immer ein *.0* angehängt, wie das hier der Fall ist.

String-Literale

In der Datenverarbeitung geht es nicht immer nur um Zahlenwerte, mit denen die unterschiedlichsten mathematischen Operationen durchgeführt werden. Du kannst auch Textinformationen verarbeiten, die über *Zeichenketten* – auch *Strings* genannt – verwaltet werden. Dieser Datentyp kann lediglich Zeichen aus dem ASCII-Zeichensatz aufnehmen, der *128* Zeichen beinhaltet. Darin sind die deutschen Umlaute nicht enthalten. Wir kommen später noch zu dieser Thematik.

Um Zeichenketten in Python zu generieren, musst du sie gesondert kennzeichnen. Es gibt die unterschiedlichsten Möglichkeiten. Die folgenden beiden Zeilen werden unterschiedlich gehandhabt.

```
>>> t1 = 23.9
>>> t2 = '23.9'
>>> print type(t1)
>>> print type(t2)
```

Der Variablen *t1* wird über ein *Fließkomma-Literal* der numerische Wert *23.9* zugewiesen. Hingegen wird bei der Variablen *t2* über das Einfassen des numerischen Wertes in einfache Hochkommata erreicht, dass die Zuweisung als *String-Literal* erkannt wird. Die Ausgabe der beiden *print*-Anweisungen lautet *<type 'float'>* und *<type 'str'>*. Die Abkürzung *str* steht in dem Fall für *String*. In Python kannst du String-Literale sowohl in einfache als auch doppelte Hochkommata setzen. Beide Formen sind möglich.

```
>>> t2 = '23.9'
>>> t3 = "23.9"
```

Möchtest du einfache Hochkommata innerhalb einer Zeichenkette einfügen, ist die Verwendung von einschließenden doppelten Hochkommata sinnvoll.

```
>>> t4 = "Ich hab's doch gleich gesagt!"
```

Wenn wir Zeichenketten behandeln, kommen wir nicht umhin, uns auch ein wenig mit den *Escape-Sequenzen* zu beschäftigen. Es handelt sich dabei um spezielle Byte-Kodierungen, die durch einen *Backslash* eingeleitet werden. Sie können Bestandteil einer Zeichenkette sein. Als Beispiel nehmen wir ein einfaches Hochkommata, das du innerhalb der Zeichenkette mit einfachen Hochkommata nicht so ohne weiteres platzieren kannst.

```
>>> t4 = 'Ich hab's doch gleich gesagt!'
```

Das zweite Hochkomma teilt Python mit, dass hier das Ende der Zeichenkette erreicht wurde. Was dann danach folgt, ist syntaktisch nicht korrekt und führt zu einem Fehler. Wir müssen dieses zweite Hochkomma irgendwie maskieren. Wie? Na, mit einem *Backslash*, der eine *Escape-Sequenz* einleitet. Du kannst dann die Zeile wie folgt formulieren:

```
>>> t4 = 'Ich hab\'s doch gleich gesagt!'
```

Tabelle 10-2 ▶
Einige nützliche Escape-Sequenzen

Escape-Sequenz	Bedeutung
\\	der Backslash selbst
\'	einfaches Hochkomma
\"	doppeltes Hochkomma
\n	New-Line (Zeilenumbruch)
\f	Form-Feed (Seitenvorschub)
\b	Backspace
\r	Return (Wagenrücklauf)
\t	Tabulator horizontal
\v	Tabulator vertikal

Operatoren

Jetzt hast du einiges über Variablen und Zuweisungen gelernt, so dass es Zeit wird, etwas über die Möglichkeiten der unterschiedlichen Operationen von Variablen bzw. Werten zu erfahren. Was nützt das ganze Abspeichern von Werten, wenn wir nichts damit anstellen? Wir unterscheiden zwischen den folgenden Kategorien:

- mathematische Operatoren
- bitweise Operatoren
- Vergleichs-Operatoren
- logische Operatoren

Kapitel 10: Programmieren in Python

Mathematische Operatoren

Die mathematischen Operatoren kennst du aus dem Mathematikunterricht, und es sollten keine weiteren Erklärungen notwendig sein.

Operator	Bedeutung	Beispiel
+	Addition	$17 + 4 = 21$
-	Subtraktion	$8 - 9 = -1$
*	Multiplikation	$3 * 4 = 12$
/	Division	$16 / 4 = 4$
%	Modulo (Restwert-Division)	$12 \% 5 = 2$
**	Potenzierung	$2 ** 4 = 16$

◀ **Tabelle 10-3**
Mathematische Operatoren

Führ einmal die folgende Operation durch:

```
>>> a = 3
>>> b = 4
>>> print a/b
```

Das Ergebnis sollte eigentlich *0.75* lauten und nicht *0*, wie Python es ausgibt. Der Grund ist folgender: Beide Operanden sind vom Typ Integer und somit ist das Ergebnis vom gleichen Typ. Jedoch kann man *0.75* nicht als Ganzzahl darstellen, deshalb wird der nächst niedrigere Ganzzahlwert, der hier *0* ist, genommen. Möchtest du eine korrekte Division durchführen, muss einer der Operanden vom Typ Float sein. Schreibe wie folgt:

```
>>> a = 3.0
>>> b = 4
>>> print a/b
```

Du siehst, dass jetzt das erwartete Ergebnis angezeigt wird. Wenn du weitere mathematische Operation suchst, die hier nicht ausgeführt sind, findest du sie in einer speziellen Python-Library mit Namen *math*. Die folgende Liste ist nicht vollständig, doch sie zeigt einige wichtige Operationen.

```
>>> import math
>>> print math.pi        # die Kreiszahl Pi
>>> print math.e         # die Eulerzahl e
>>> print math.sqrt(9)   # berechnet die Quadratwurzel aus 9
>>> print math.pow(2, 4) # berechnet 2 hoch 4
>>> print math.exp(1.0)  # berechnet e hoch 1.0
>>> print math.log(1)    # berechnet natürlichen Logarithmus von 1
```

```
>>> print math.sin(math.
pi) # berechnet den Sinus (Argument in Bogenmaß)
>>> print math.cos(math.
pi) # berechnet den Cosinus (Argument in Bogenmaß)
>>> print math.tan(math.
pi) # berechnet den Tangens (Argument in Bogenmaß)
```

Bitweise Operatoren

Die bitweisen Operatoren bedeuten möglicherweise Neuland für dich, doch sie sind integraler Bestandteil der Informatik. Auf Prozessorebene wird nur mit *Einsen* und *Nullen* gearbeitet und die bitweisen Operatoren greifen auf dieser Low-Level-Ebene auf die Werte zu und arbeiten mit ihnen.

Tabelle 10-4 ▶
Bitweise Operatoren

Operator	Bedeutung	Beispiel
&	bitweise UND-Verknüpfung	5 & 3 = 1
|	bitweise ODER-Verknüpfung	5 | 6 = 7
^	bitweises EXKLUSIV-ODER (XOR)	5 ^ 12 = 9
~	bitweises NOT (Einerkomplement)	~4 = -5
>>	bitweises Rechtsschieben	12 >> 2 = 3
<<	bitweises Linksschieben	1 << 3 = 8

Jetzt muss ich mich zu Wort melden, denn diese Beispiele sind mir völlig schleierhaft. Ich verstehe nicht das Geringste von dem, was du hier erzählst.

Das habe ich kommen sehen, *RasPi*, was jedoch kein Beinbruch ist. Ich zeige dir am besten noch einmal die Handhabung der binären Werte und wie du mit ihnen rechnest. Zuerst schauen wir uns noch einmal die binäre Schreibweise an. Ich habe dazu zwei Variablen mit Werten versehen, und wir wollen nun ein paar unterschiedliche bitweise Operationen durchführen.

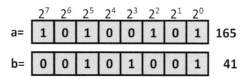

Die Werte *165* und *41* der Variablen belegen im Speicher die gezeigten Bitkombinationen.

Bitweise UND-Verknüpfung

Führen wir zuerst eine bitweise UND-Verknüpfung durch. Wir schreiben:

```
>>> a = 165
>>> b = 41
>>> print a&b
```

Das Ergebnis lautet 33. Auf den ersten Blick ist das vielleicht nicht unbedingt zu verstehen. Doch schau her: Du musst jede einzelne Binärstelle der beiden Variablen vergleichen. Überall dort, wo an beiden Stellen eine 1 steht, ist das Ergebnis auch 1.

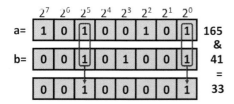

Sehen wir uns im Vergleich dazu eine bitweise ODER-Verknüpfung an. Die Logiktabelle schaut wie folgt aus:

A	B	A&B
0	0	0
0	1	0
1	0	0
1	1	1

◀ **Tabelle 10-5**
Bitweise UND-Verknüpfung

Bitweise ODER-Verknüpfung

Führen wir nun eine bitweise ODER-Verknüpfung durch. Wir schreiben:

```
>>> a = 165
>>> b = 41
>>> print a|b
```

Das Ergebnis lautet 173.

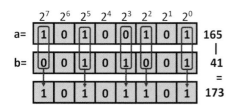

Wie kommt das Ergebnis zustande? Überall dort, wo sich eine *1* befindet, wird sie auch im Ergebnis übernommen. Die Logiktabelle schaut wie folgt aus:

Tabelle 10-6 ▶
Bitweise ODER-Verknüpfung

A	B	A|B
0	0	0
0	1	1
1	0	1
1	1	1

Bitweise Exclusiv-ODER-Verknüpfung

Führen wir jetzt eine bitweise Exclusiv-ODER-Verknüpfung durch. Wir schreiben:

```
>>> a = 165
>>> b = 41
>>> print a^b
```

Das Ergebnis lautet *140*. Überall dort, wo an beiden Stellen eine unterschiedliche Bitkombination steht, ist das Ergebnis *1*.

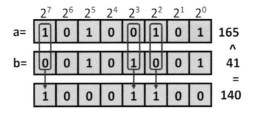

Die Logiktabelle schaut wie folgt aus:

Tabelle 10-7 ▶
Bitweise Exclusiv-ODER-
Verknüpfung

A	B	A^B
0	0	0
0	1	1
1	0	1
1	1	0

Bitweises NOT

Führen wir jetzt eine bitweise Negation durch. Wir schreiben:

```
>>> b = 41
>>> print ~b
```

Kapitel 10: Programmieren in Python

Das Ergebnis lautet *-42*. Das Ergebnis wird negativ, was schon etwas merkwürdig ist. Warum ist das so? Bei einer bitweisen Negation wird jedes einzelne Bit umgekehrt. Aus *0* wird *1*, aus *1* wird *0*.

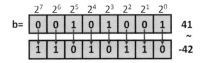

Bei einer Ganzzahl, die Vorzeichen-behaftet ist, wird das MSB, also das höchstwertige Bit als Vorzeichenbit genommen. Ist es *0*, ist die Zahl positiv, ist es *1*, ist sie negativ. Natürlich muss immer die komplette Bitbreite in Betracht gezogen werden. Für unser Beispiel habe ich aus Platzgründen lediglich 8 Bits dargestellt. Diesbezüglich sind die Begriffe *Einer-* bzw. *Zweierkomplement* einen Blick wert. Die entsprechenden Informationen findest du im Internet.

Die Logiktabelle schaut wie folgt aus:

A	~A
0	1
1	0

◀ **Tabelle 10-8**
Bitweise Negation

Vergleichs-Operatoren

Über Vergleichs-Operatoren ist es möglich, Zahlen oder Ausdrücke miteinander zu vergleichen.

Operator	Bedeutung	Beispiel	Ergebnis
==	Gleichheit	10 == 5	False
!=	Ungleichheit	10 != 5	True
<	kleiner	5 < 12	True
>	größer	45 > 90	False
<=	kleiner oder gleich	13 <= 13	True
>=	größer oder gleich	21 >= 19	True

◀ **Tabelle 10-9**
Tabelle 10 Logische Operatoren

Wie du siehst, liefern die Beispiele immer einen Wahrheitswert als Ergebnis zurück, der zum Ausdruck bringt, ob der formulierte Ausdruck der Wahrheit entspricht.

Logische Operatoren

Über die logischen Operatoren kannst du vorhandene Wahrheitswerte miteinander in Beziehung setzen, wobei das Ergebnis ebenfalls ein Wahrheitswert ist.

Tabelle 10-10 ▶
Logische Operatoren

Operator	Bedeutung	Beispiel	Ergebnis
and	UND-Verknüpfung	True and True	True
or	ODER-Verknüpfung	True or False	True
not	Negation	Not True	False

Über die genannten logischen Operatoren kannst du mehrere Bedingungen miteinander verknüpfen.

```
>>> a=10
>>> b=20
>>> c=30
>>> a==10 and b==20
```

Das Ergebnis ist *True*, da beide Bedingungen erfüllt sind.

```
>>> b>20 or a<10
```

Das Ergebnis ist *False*, da keine der beiden Bedingungen erfüllt ist.

```
>>> c!=0 or a==30
```

Das Ergebnis ist *True*, da die erste Bedingung erfüllt ist.

Kommentare

Je größer ein Programm wird, desto unübersichtlicher kann es werden. Aber auch ein kurzes Programm, was z.B. eine komplexe Struktur oder Formel enthält, kann schwer verständlich sein. Sogar für den Programmierer, der das Programm selbst entwickelt hat, kann nach kurzer Zeit die Schwierigkeit aufkommen, dass er nicht mehr genau weiß, warum er dieses oder jenes in der Art und Weise in einem Programm umgesetzt hat, wie es gerade vorliegt. Wie schwer wird es erst für einen Außenstehenden, ein ihm fremdes Programm zu verstehen oder sogar weiterzuentwickeln? Aus diesem Grund ist es möglich, sogenannte Kommentare innerhalb des Programmcodes zu platzieren. Sie geben bei entsprechend guter Formulierung Aufschluss über die Aufgabe bzw. Funktion des jeweiligen Programmcodes bzw. Abschnitts. Ein Kommentar wird durch ein Hash-Zeichen # (ugs. auch *Lattenzaun* genannt) eingeleitet. Alles, was sich hinter diesem Zeichen befindet, wird programmtechnisch ignoriert und nicht ausgeführt.

```
# Das ist eine Kommentarzeile
```

Du kannst auch hinter einem Befchl cincn sprechenden Kommentar platzieren, der sich unmittelbar auf diese Zeile beziehen sollte.

```
>>> a=5 # Anzahl der Schleifendurchlaeufe
```

Bei sprechenden Variablen-Namen kann u.U. ein Kommentar entfallen. Für mehrzeilige Kommentare – auch *Blockkommentar* genannt – kann die folgende Syntax verwendet werden:

```
1 □def summe(a, b):
2       """ Es wird die Summe
3       der beiden Operanden gebildet """
4       return a + b
5
6 print summe(2, 5)
```

Diese Schreibweise wird meistens dort verwendet, wenn es um die Beschreibung einer Funktion bzw. Methode geht. Dieser mehrzeilige Kommentar wird durch *3* doppelte Anführungszeichen eingeleitet bzw. abgeschlossen. Natürlich macht es wenig Sinn und ist sogar kontraproduktiv, den gesamten Code des reinen Kommentierens wegen mit Kommentaren zu überhäufen. Mach es nur an den wirklich wichtigen Stellen, die dem Verständnis förderlich sind.

Das erste Programm

Du hast nun genügend Informationen, so dass wir unser erstes Programm schreiben können. Mit dem Absetzen der bisher genannten Befehle hast du auch schon ein Programm gestartet, was jedoch lediglich aus einer einzigen Zeile bestand. Ein *richtiges* Programm setzt sich aus einer ganzen Reihe von Befehlszeilen zusammen, die die unterschiedlichen Aufgaben übernehmen, auf die wir noch zu sprechen kommen. Ein komplexes Programm wird in der Regel nicht von oben nach unten abgearbeitet, sondern es kommt an verschiedenen Stellen zu Bewertungen, die den Programmablauf beeinflussen. Zudem kann es zu Mehrfachaufrufen von gewissen Programmzeilen kommen, die innerhalb von Schleifen platziert werden. Um Programmcode zu modularisieren, werden *Funktionen*, *Klassen* bzw. *Methoden* geschrieben, die von verschiedenen Programmstellen aus immer wieder aufgerufen werden, ohne dass der Code redundant an unterschiedlichen Stellen im Programm verstreut liegt. Das sind nur einige wenige Konstrukte, auf die wir eingehen werden. Die beiden folgenden Zeilen stellen bereits ein komplettes Programm dar.

```
1  a = 5 # Variableninitialisierung
2  print 'Der Inhalt von a ist: ', a
```

In Zeile *1* wird die Variable a mit dem Wert *5* initialisiert und in der darauffolgenden Zeile mit einem Text ausgegeben. Die Ausführung erfolgt also von oben nach unten. In vielen Python-Programmen findest du auch die folgende Syntax:

```
1  def main():
2      """ main-Funktion """
3      a = 5 # Variableninitialisierung
4      print 'Der Inhalt von a ist: ', a
5
6  if __name__ == '__main__':
7      main()
```

Das mag auf den ersten Blick für erschlagend wirken, ist aber halb so wild. In den Zeilen *1* bis *4* wird eine Funktion über das Schlüsselwort *def* definiert, die mehrere Codezeilen zu einer Einheit zusammenfasst und unter einem eindeutigen Namen verfügbar macht. Eine Funktion besitzt nach dem Namen immer ein rundes Klammerpaar, das entweder leer ist oder in dem Parameter definiert sind, die beim Funktionsaufruf mit Werten versehen werden. Abschließend wird ein Doppelpunkt angehängt. Wie du siehst, habe ich die beiden Codezeilen aus dem ersten Beispiel in den Funktionsrumpf übernommen. Es fällt auf, dass die Codezeilen 2 bis 4 nach rechts über einen Tabulator eingerückt sind. Damit wird eine Blockbildung erreicht, was z.B. bei C/C++ gleichbedeutend mit den geschweiften Klammern ist. Alles, was unterhalb von *main* steht und nach rechts eingerückt ist, gehört zu dieser Funktion. Natürlich macht eine Funktion alleine erst mal überhaupt nichts, denn es handelt sich lediglich um Code, der über einen Namen definiert wurde. Damit er ausgeführt wird, muss die Funktion aufgerufen werden. Das erfolgt in der Zeile 6. Aber es steht noch mehr in dieser Zeile, was dir im Moment vielleicht noch nicht geläufig ist. Zu Beginn steht das Schlüsselwort *if*, was eine bedingte Ausführung bedeutet. Wenn der nachfolgende Ausdruck wahr ist, werden die nachfolgenden Zeilen ausgeführt. Auch hier siehst du wieder eine Blockbildung über die eingerückte Zeile. Es handelt sich bei diesem Beispiel zwar nur um eine einzige Zeile, doch es hätten auch mehrere sein können. Was genau wird hier in Zeile 6 überprüft? Sie stellt sicher, dass die Funktion *main* immer dann aufgerufen wird, wenn das Skript direkt ausgerufen wird. Wird die Datei über eine *import*-Anweisung als Modul eingebunden, kommt es nicht zur Ausführung der *main*-Funktion. Die Information steht in der Variablen *__name__*, die über die *if*-Anweisung ausgewertet wird, in der der Modul-Name hinterlegt ist.

Wir definieren eigene Funktionen

Was eine Funktion ist und wie du sie definieren kannst, das hast du gerade gesehen. Wir wollen uns das ein bisschen genauer anschauen. Wann ist es überhaupt sinnvoll, eine Funktion zu definieren? Musst du in deinem Programm an mehreren Stellen immer wieder die gleichen Operationen durchführen, ist es nicht ratsam, ständig den gleichen Code z.B. per *Copy&Paste* an den entsprechenden Stellen einzufügen. Das bläht den Programmcode unnötig auf, denn du hast es mit identischem, also redundantem Code zu tun. Außerdem musst du bei einer notwendigen Anpassung der Programmzeilen den kompletten Code durchsuchen, um alle Zeilen auszutauschen. Dieses Vorgehen ist sehr zeitaufwendig und fehleranfällig. Deshalb wurden die Funktionen geschaffen, die eine Modularisierung darstellen. Wurde eine Funktion einmal programmiert bzw. definiert, kann sie immer wieder aufgerufen werden und ist somit unbegrenzt sogar in anderen Programmen wiederverwendbar. Was kann eine Funktion leisten? Sie kann z.B. eine gewünschte Statusinformation ausgeben. Möchtest du z.B. die Plattform ausgeben, auf der dein Python-Skript läuft, gib die folgenden Zeilen ein:

```
1  import sys
2
3  def status():
4      print 'Platform-Information:'
5      print sys.platform
6
7  status()
```

In der *status*-Funktion, die mit dem Schlüsselwort *def* eingeleitet wird, erfolgt die Ausgabe der *platform*-Eigenschaft, die Aufschluss über das darunterliegende System gibt. Es muss dafür das *sys*-Modul in Zeile 1 importiert werden. Der Aufruf der Funktion erfolgt über den Namen in Zeile 7. Unter Linux lautet die Ausgabe *linux2*, unter Windows *win32*. Besitzt eine Funktion keine Übergabeparameter, wie wir das in diesem Beispiel gemacht haben, bleibt das runde Klammerpaar einfach leer. Soll die Funktion mit ein paar vorhandenen Werten jedoch etwas machen und ggf. ein Ergebnis an den Aufrufer zurückliefern, sind Parameter erforderlich, denen wir beim Funktionsaufruf die Werte übergeben. Du hast eine derartige Funktionsdefinition schon bei den Kommentaren gesehen. Wir wollen das an dieser Stelle genauer beleuchten und eine Funktion programmieren, die einen Wert als Ergebnis liefert. Vielleicht hast du schon einmal etwas von einer Berechnung der *Fakultät* gehört. Die Fakultät berechnet sich über das Produkt aller ganzen Zahlen von der Zahl *1* bis zur genannten Fakultätszahl. Die Fakultät von *5* berechnet sich demnach wie folgt:

$$5! = 1 \cdot 2 \cdot 3 \cdot 4 \cdot 5 = 120$$

Zur Kennzeichnung der Berechnung einer Fakultät wird das Ausrufezeichen verwendet. Die folgende Funktionsdefinition bzw. der nachfolgende Aufruf beinhaltet einige Elemente, die wir noch nicht besprochen haben, was aber kein allzu großes Problem darstellt. Ich gehe später darauf ein.

```python
1  def fakultaet(wert):
2      """ Berechnet den Fakultaetswert """
3      ergebnis = 1
4      for i in range(1, wert + 1):
5          ergebnis *= i
6      return ergebnis
7
8  while True:
9      input = int(raw_input('Zahl: '))
10     if input == 0:
11         break  # while verlassen
12     print fakultaet(input)
```

In Zeile *1* kannst du sehen, dass wir den Namen *wert* in den runden Klammern finden. Es handelt sich dabei um einen sogenannten *Parameter*, der nichts weiter als eine Variable darstellt. Beim Funktionsaufruf in Zeile *12* wird ein Wert, der in der Variablen *input* gespeichert wurde und als *Argument* bezeichnet wird, in die Variable *wert* kopiert. Innerhalb der Funktion wird dann damit gearbeitet, um die Fakultät zu berechnen.

> Ich sehe aber in der Funktionsdefinition keine *print*-Anweisung, die den berechneten Fakultätswert ausgibt.

Das ist vollkommen richtig beobachtet, *RasPi*. Die Funktion selbst kann den Wert zwar über eine *print*-Anweisung ausgeben, doch es ist praktikabler, wenn ein Wert an den Aufrufer – sprich Zeile *12* – zurückgeliefert wird. Das wird über die *return*-Anweisung innerhalb des Funktionskörpers in Zeile *6* erledigt. Innerhalb der *while*-Endlosschleife wird ein zu berechnender Fakultätswert über eine System-Funktion mit Namen *raw_input* in die Variable *input* gespeichert. Da diese Funktion jedoch alphanumerische Zeichen entgegennimmt, muss die Eingabe über eine weitere Funktion mit Namen *int* für spätere Berechnungen in den Datentyp *Integer* konvertiert werden. Du siehst, dass wir es an allen Ecken und Enden mit Funktionen zu tun haben, die bestimmte Aufgaben für uns erledigen. Solange die Eingabe von *0* verschieden ist, wird die Fakultätsfunktion in Zeile *12* immer wieder aufgerufen.

> Kannst du mir bitte den Unterschied zwischen Parametern und Argumenten noch mal genauer erklären.

Kein Problem. Das wird sehr oft durcheinandergebracht und die beiden Begriffe werden oft vertauscht. Die folgende Grafik verdeutlicht es hoffentlich ein wenig.

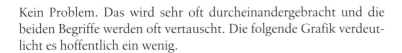

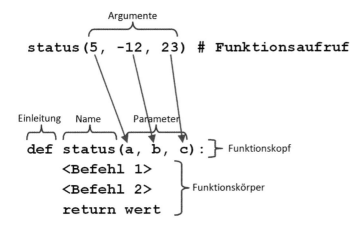

Beim Funktionsaufruf werden die Werte *5*, *-12* und *23*, die als Argumente angesehen werden, in der gleichen Reihenfolge an die

Parameter *a*, *b* und *c* übergeben. Wenn ich von *übergeben* spreche, meine ich damit, dass eine Kopie der Ursprungswerte erstellt wird, mit denen die Funktion arbeitet.

Lokale und globale Variablen

Wenn wir von Funktionen und evtl. vorhandenen Parametern sprechen, müssen wir uns mit der Sichtbarkeit bzw. Verfügbarkeit von Variablen beschäftigen. Sehen wir uns dazu das folgende Programm an:

```
1 def produkt(a, b):
2     """ Berechnet das Produkt """
3     ergebnis = a * b
4     return ergebnis
5
6 faktor1 = 12
7 faktor2 = 3
8
9 print produkt(faktor1, faktor2)
```

In den Zeilen *1* bis *4* wird die *produkt*-Funktion definiert. Die Variablen *faktor1* und *faktor2* werden an die Funktionsparameter *a* und *b* übergeben, die zur Berechnung des Produktes herangezogen werden. Das Ergebnis wird aus der Funktion heraus über die *return*-Anweisung an den Aufrufer in Zeile *9* zurückgeliefert. Die Variablen *a*, *b* und *ergebnis*, die innerhalb der Funktion definiert wurden, fallen in die Kategorie *lokale Variablen*. Was bedeutet das im Detail? Findet ein Funktionsaufruf statt, werden die genannten lokalen Variablen – und erst dann – im Speicher angelegt. Die Frage, die wir uns stellen sollten, ist die folgende: Wann werden die Variablen innerhalb der Funktion eigentlich benötigt? Die Antwort ist einfach: nur wenn ein Funktionsaufruf erfolgt. Hat die Funktion ihre Aufgabe bzw. ihre Arbeit erledigt, macht es keinen Sinn, die Variablen weiter im Speicher vorzuhalten. Nach dem Verlassen der Funktion über die *return*-Anweisung wird *tabula rasa* gemacht. Die Variablen a, b und ergebnis gibt es nicht mehr. Dieses Verhalten wird sogenannten lokalen Variablen zugeschrieben. Wollten wir versuchen, von außen ohne Funktionsaufruf auf die Variable *ergebnis* zuzugreifen, hätten wir schlechte Karten. Sie existiert einfach noch nicht.

```
 1 ⊟def produkt(a, b):
 2       """ Berechnet das Produkt """
 3       ergebnis = a * b
 4       return ergebnis
 5
 6  faktor1 = 12
 7  faktor2 = 3
 8
 9  print ergebnis # Das bringt einen Fehler!!!
10  print produkt(faktor1, faktor2)
```

Gelangt die Ausführung an Zeile 9, wird versucht, auf eine Variable *ergebnis* zuzugreifen, die in diesem Kontext nicht vorhanden ist. Die Fehlermeldung lautet:

```
NameError: name 'ergebnis' is not defined
```

Im Gegensatz dazu ist der folgende Code absolut zulässig.

```
 1 ⊟def produkt(a, b):
 2       """ Berechnet das Produkt """
 3       ergebnis = a * b
 4       print faktor1
 5       print faktor2
 6       return ergebnis
 7
 8  faktor1 = 12
 9  faktor2 = 3
10
11  print produkt(faktor1, faktor2)
```

Was ist hier passiert? Wir wollen die Variablen *faktor1* und *faktor2* innerhalb der Funktion ausgeben, und es kommt dabei zu keinem Fehler. Diese beiden Variablen gelten quasi als *globale Variablen*, die sowohl außerhalb als auch innerhalb von Funktionen sichtbar sind und der Zugriff darauf möglich ist.

Import-Anweisung

Als wir die mathematischen Funktionen genutzt haben, mussten wir eine entsprechende *import*-Anweisung an den Anfang des Codes platzieren. Erst dann war es uns möglich, auf den Funktionsumfang dieser Bibliothek zuzugreifen. Sehen wir uns das an dem Beispiel der Kreiszahl *Pi* noch einmal an.

```
1  import math # Importieren der math-Bibliothek
2
3  print math.pi # Aufruf von Pi
```

Über den vorangestellten Modul-Namen *math* erhältst du Zugriff auf alle in ihr enthaltenen Funktionen oder Eigenschaften. Willst du jedoch direkt auf pi zugreifen, ist das nicht möglich und du bekommst einen Fehler angezeigt.

```
1  import math # Importieren der math-Bibliothek
2
3  print pi # Aufruf von pi bringt einen Fehler
```

Die Fehlermeldung lautet:

```
NameError: name 'pi' is not defined
```

Um dieses Problem anders zu lösen, kannst du explizit festlegen, welche Objekte du aus dem Modul benötigst. Verwende dazu die *from*-Anweisung.

```
1  from math import pi # Importiert nur pi
2
3  print pi # Aufruf von pi bringt keinen Fehler
```

> Soll das ein Witz sein!? Dann muss ich, um in den Genuss dieser verkürzten Schreibweise zu kommen, jedes einzelne Objekt des Moduls auf diese Weise importieren. Das ist im Endeffekt noch mehr Schreibarbeit. Ohne mich!

Nun bleib mal ganz locker, *RasPi*! Was hältst du von dem folgenden Code?

```
1  from math import * # Importiert math
2
3  print pi
4  print sin(pi)
5  print cos(pi)
```

Über den Stern * hinter der *import*-Anweisung, der sozusagen als Wildcard dient, erreichst du alle im Modul enthaltenen Objekte und importierst sie in einem Rutsch.

Kapitel 10: Programmieren in Python

Wir hantieren mit Daten

Kommen wir zu einem Punkt, der dir zeigen soll, welche interessanten Konstrukte es neben den ganz normalen Variablen noch gibt. Die sogenannten sequentiellen Datentypen stellen eine Folge von Elementen dar, die eine definierte Reihenfolge besitzen und über Indizes angesprochen werden können. Darunter fallen z.B. *Zeichenketten*, *Listen* oder *Tuples*. Sehen wir uns dazu ein paar Beispiele an.

Die Zeichenkette

Eine *Zeichenkette* – auch *String* genannt – ist eine Folge aus einzelnen Zeichen (*Character*). Über die Zuweisung

```
>>> system = 'Raspberry Pi'
```

wird der Variablen *system* die gezeigte Zeichenkette zugewiesen. Um den kompletten Variableninhalt auszugeben, verwendest du die *print*-Anweisung. Im interaktiven Modus kannst du das *print* auch weglassen und lediglich den Variablen-Namen angeben.

```
>>> system
```

Ich sagte zu Beginn, dass es sich bei Zeichenketten um einen sequentiellen Datentyp handelt. Wie ist eine Zeichenkette im Speicher angeordnet und wie können wir auf einzelne Buchstaben zugreifen?

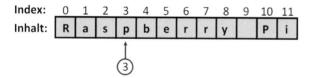

Wenn wir den Buchstaben an der *4.* Position ermitteln und zur Anzeige bringen wollen, sprechen wir ihn über den ganzzahligen Index-Wert *3* an. Bedenke, dass die Zählung wieder bei *0* beginnt! Wie setzen wir das aber im Code um? Der Indexwert muss hinter dem Variablen-Namen in eckigen Klammern angegeben werden.

```
>>> print system[3]
```

Ermittlung der Länge

Um die Länge einer Zeichenkette zu ermitteln, was der Anzahl der Zeichen entspricht, verwendest du *len*-Funktion:

```
>>> print len(system)
```

Das Ergebnis lautet *12*. Schau dabei nicht auf den letzten Index-Wert *11*!

Teilbereiche auswählen

Wie du einen einzelnen Buchstaben in einer Zeichenkette auswählen kannst, hast du gesehen. Es ist aber auch möglich, bestimmte Bereiche (*Slices*) zu extrahieren. Das Vorgehen ist alles andere als intuitiv.

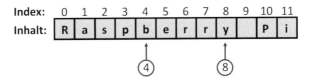

Angenommen, ich möchte die Zeichenfolge von Index *4* bis Index *8* zur Anzeige bringen. Dazu muss ich die folgende Syntax verwenden:

```
>>> print system[4:9]
```

Ist doch irgendwie klar!? Der erste Index-Wert stellt immer inklusive, der zweite exklusive Auswahl der Buchstaben dar. Findige Entwickler oder geniale Programmierer werden uns sicherlich eine halbwegs plausible Erklärung dafür zurechtlegen. Sei es drum! Um ab einer bestimmten Position bis zum Ende der Zeichenkette alles auszuwählen, kannst du den zweiten Index-Wert einfach weglassen. Möchtest du nur Pi ausgeben, schreibe:

```
>>> print system[10:]
```

Zeichenketten sind unveränderbar

Möchtest du einen Buchstaben der Zeichenkette gegen einen anderen austauschen, liegt die Versuchung nahe, den Buchstaben über den Index-Wert auszuwählen und ihn dann neu zu initialisieren. Angenommen, wir wollten das Leerzeichen an Position *9* gegen einen Bindestrich austauschen, so könnten wir

```
>>> system[9] = '-' # Geht nicht!!!
```

schreiben. *Mööops*! Falsch! Eine einmal initialisierte Zeichenkette ist unveränderbar (*immutable*). Du kannst dein Vorhaben nur umsetzen, wenn du eine neue Zeichenkette (ggf. auch unter gleichem Namen) initialisierst, die deine gewünschten Zeichen beinhaltet.

Zeichen über eine Schleife ausgeben

Um die einzelnen Buchstaben einer Zeichenkette nacheinander auszuwählen, kannst du eine Schleife verwenden. Über die *for*-Schleife ist das ein leichtes Unterfangen.

```
1  system = 'Raspberry Pi'
2  for c in system:
3      print c
```

In die Variable *c* wird bei jedem Iterationsschritt der *for*-Schleife über den Indexwert von *0* bis zum Ende der Zeichenkette der jeweilige Buchstabe übertragen und in der darauffolgenden Zeile ausgegeben.

Methoden

Da wir bisher noch keine objektorientierte Programmierung besprochen haben, kommt dir der Name *Methode* möglicherweise unbekannt vor. Es handelt sich lediglich um einen speziellen Namen für eine dir schon bekannte Funktion. Im objektorientierten Umfeld werden bestehende programmtechnische Konstrukte aus der prozeduralen Programmierung neu deklariert. Variablen werden z.B. Attribute, Funktionen werden Methoden genannt. Lass dich dadurch nicht verunsichern. Wir kommen noch auf das Thema zu sprechen. Eine Methode steht niemals ganz alleine wie eine Funktion im Raum, sondern hat immer einen direkten Bezug zu einem sogenannten Objekt. Sie macht irgendetwas also mit ihm. Haben wir z.B. eine String-Variable, können wir sie auch als ein Zeichenketten-Objekt ansehen.

upper(), lower()

Wollen wir z.B. alle Buchstaben dieser Zeichenkette in Großbuchstaben anzeigen lassen, verwenden wir die *upper*-Methode. Eine Methode hat wie eine Funktion immer am Ende des Namens ein rundes Klammerpaar.

```
>>> system = 'Raspberry Pi'
>>> print system.upper()
```

Die Ausgabe lautet:

```
RASPBERRY PI
```

Analog dazu gibt es die *lower*-Methode, die alles in Kleinbuchstaben wandelt. Objekt und Methode werden durch den Punktoperator miteinander verbunden.

find()

Um innerhalb einer Zeichenkette nach einem oder mehreren Zeichen zu suchen, kannst du die *find*-Methode verwenden.

```
>>> message = 'Trink ein Bier oder programmier!'
>>> print message.find('ier')
```

Ausgegeben wird der Wert *11*, der den Index-Wert innerhalb der Zeichenkette *message* angibt, an der die Zeichenfolge *ier* gefunden wurde. Über eine optionale Startposition kannst du den Beginn der Suche ggf. weiter nach rechts verschieben. Das ist gerade dann sinnvoll, wenn das Vorkommen der zu suchenden Zeichenfolge an mehreren Positionen vorkommt.

```
>>> print message.find('ier', 12)
```

Das zweite Argument gibt die Startposition vor, ab der gesucht werden soll. Das Ergebnis lautet in diesem Fall *28*.

strip(), lstrip(), rstrip()

Die *strip*-Methode entfernt führende und nachfolgende Leerzeichen einer Zeichenkette.

```
>>> message = '   Alles fott hier   '
>>> print message.strip()
```

Die beiden Methoden *lstrip* und *rstrip* entfernen nur die entweder links oder rechts vorhandenen Leerzeichen. Wenn du nicht nur Leerzeichen, sondern auch andere Zeichen entfernen möchtest, übergib das zu löschende Zeichen den Methoden als Argument.

```
>>> message = '-----Alles fott hier-----'
>>> print message.strip('-')
```

Listen

Eine *Liste* stellt eine Folge von Werten dar. Im Gegensatz zu einer Zeichenkette, in der lediglich Zeichen erlaubt sind, sind hier jegliche Typen möglich. Eine Liste wird durch das Umschließen mit einem eckigen Klammerpaar [...] erstellt. Hier ein paar erste Beispiele:

```
1  # Listen
2  leer         = []
3  koelsch      = ['Reissdorf', 'Muehlen', 'Frueh']
4  werte        = [ 17, 4, 42]
5  verschachtelt = ['RasPi', ['Model A', 'Model B']]
6  print leer
7  print koelsch
8  print werte
9  print verschachtelt
```

Die Ausgabe schaut wie folgt aus:

```
[]
['Reissdorf', 'Muehlen', 'Frueh']
[17, 4, 42]
['RasPi', ['Model A', 'Model B']]
```

Wie du in Zeile 5 siehst, ist es möglich, Listen ineinander zu verschachteln. Um einzelne Elemente einer Liste anzusprechen, kannst du ähnlich wie bei den Zeichenketten verfahren.

```
>>> meinLieblingsBier = koelsch[1]
>>> print meinLieblingsBier
```

Die Ausgabe lautet:

```
Muehlen
```

Im Gegensatz zu Zeichenketten, deren Elemente die einzelnen Buchstaben darstellen und unveränderbar sind, kannst du Listenelemente neu initialisieren. Die Liste ist also veränderbar (*mutable*).

```
1  # Listen
2  koelsch      = ['Reissdorf', 'Muehlen', 'Frueh']
3  koelsch[1] = 'Paeffgen'
4  meinLieblingsBier = koelsch[1]
5  print meinLieblingsBier
```

Das Element mit dem Index *1* wird mit dem neuen Wert in Zeile *3* überschrieben.

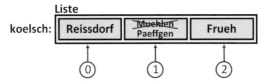

Über den *in*-Operator kannst du feststellen, ob ein Element in einer Liste enthalten ist. Das Ergebnis ist entweder True, wenn das Element in der angegebenen Liste gefunden, oder False, wenn es nicht enthalten ist.

```
1 koelsch    = ['Reissdorf', 'Muehlen', 'Frueh']
2 print 'Reissdorf' in koelsch # Liefert True
3 print 'Alt' in koelsch        # Liefert False
```

Da die Zeichenkette *Reissdorf* in der Liste *koelsch* enthalten ist, wird True in Zeile *2* ausgegeben. Dagegen kommt *Alt* nicht in der Liste vor und liefert in Zeile *3* ein False als Ergebnis.

Ermittlung der Anzahl der Elemente

Um die Anzahl der Elemente einer Liste zu ermitteln, kannst du wie bei den Zeichenketten die *len*-Funktion aufrufen.

```
>>> koelsch = ['Reissdorf', 'Muehlen', 'Frueh']
>>> print len(koelsch)
```

Das Ergebnis lautet *3*, denn wir haben es mit *3* Elementen in der Liste zu tun.

Elemente über eine Schleife ausgeben

Auch das Ausgeben der Elemente über eine Schleife gleicht der Syntax bei den Zeichenketten, wo wir die einzelnen Buchstaben angesprochen haben.

```
1 koelsch    = ['Reissdorf', 'Muehlen', 'Frueh']
2 for bier in koelsch:
3     print bier
```

Du hast ja schon gesehen, dass Listen auch verschachtelt sein können, was bedeutet, das ein einzelnes Element ebenfalls eine Liste repräsentiert.

```
1 ⊟koelsch     = ['Reissdorf', 'Muehlen', 'Frueh', \
2 └              ['Bierdeckel','Flaschenoeffner']]
3 ⊟for bier in koelsch:
4 └     print bier
```

Das 4. Element mit dem Index 3 stellt eine Liste dar, die bei der Ausgabe über die *print*-Anweisung als solche auch ausgegeben wird.

```
Reissdorf
Muehlen
Frueh
['Bierdeckel', 'Flaschenoeffner']
```

Wie ist es möglich, an die einzelnen Listenelemente der verschachtelten Liste zu gelangen? Ändere die Zeile 4 folgendermaßen:

```
print type(bier)
```

Über die *type*-Funktion geben wir den Typ jedes Listenelementes aus. Die Ausgabe lautet dann:

```
<type 'str'>
<type 'str'>
<type 'str'>
<type 'list'>
```

Hey, das letzte Element ist vom Typ *list* und nicht wie die ersten vom Typ *str*, also Zeichenketten. Fragen wir doch vor der Ausgabe den Typ ab und reagieren entsprechend darauf. Lass dich von dem folgenden Code nicht abschrecken, er sieht wilder aus, als er ist. Ich verwende die *if*-Anweisung, die wir noch nicht besprochen haben. Aber ich denke, dass wir das schon hinbekommen.

```
1 ⊟koelsch     = ['Reissdorf', 'Muehlen', 'Frueh', \
2 └              ['Bierdeckel','Flaschenoeffner']]
3 ⊟for bier in koelsch:
4 ⊟    if type(bier) is str:
5 │        print 'Bier: ' + bier
6 ⊟    elif type(bier) is list:
7 ⊟        for keinbier in bier:
8 └            print 'Kein Bier: ' + keinbier
```

Die Logik ist folgende:

- Ist das Listenelement vom Typ *str*, gib das Element aus.
- Ist das Listenelement vom Typ *list*, gib die Listenelemente über eine innere *for*-Schleife aus.

Zum Ermitteln der Elementtypen verwenden wir in Zeile *4* die *type*-Funktion. Für einen Objektvergleich sollte jetzt nicht der Vergleichsoperator ==, sondern das Schlüsselwort *is* verwendet werden. Handelt es sich um ein verschachteltes Listenelement, was in Zeile *6* erkannt wird, kommt es zum Aufruf der inneren *for*-Schleife, die die Listenelemente eben dieser verschachtelten Liste ausgibt. Die Ausgabe lautet dann:

```
Bier: Reissdorf
Bier: Muehlen
Bier: Frueh
Kein Bier: Bierdeckel
Kein Bier: Flaschenoeffner
```

Teilbereiche auswählen

Für das Auswählen einzelner Bereiche – sprich mehrerer Elemente – einer Liste kannst du dich wieder an der Syntax der Zeichenkettenauswahl orientieren.

```
>>> koelsch = ['Reissdorf', 'Muehlen', 'Frueh']
>>> print koelsch[1:3]
```

liefert dir die Ausgabe

```
['Muehlen', 'Frueh']
```

Listenelemente hinzufügen bzw. löschen

Was wäre eine Liste, wenn man nicht mit ihr arbeiten könnte. Ich rede vom Hinzufügen oder Löschen einzelner Listenelemente.

```
1 koelsch    = ['Reissdorf', 'Muehlen', 'Frueh']
2 koelsch.append('Gaffel') # Hinzufuegen eines Elementes
3 print koelsch
```

Über die *append*-Methode kannst du am Ende der Liste ein neues Element anfügen. Die Ausgabe lautet dann:

```
['Reissdorf', 'Muehlen', 'Frueh', 'Gaffel']
```

Um mehrere Listenelemente z.B. aus einer anderen Liste hinzuzufügen, gehst du wie folgt vor:

```
1  koelsch     = ['Reissdorf', 'Muehlen', 'Frueh']
2  koelsch2    = ['Bartmanns', 'Ganser']
3  koelsch.extend(koelsch2) # Hinzufuegen einer Liste
4  print koelsch
```

Die *extend*-Methode erlaubt es, eine bestehende Liste zu erweitern, indem eine zweite Liste als Argument der Methode übergeben wird. Die Ausgabe lautet wie erwartet:

```
['Reissdorf', 'Muehlen', 'Frueh', 'Gaffel', 'Bartmanns', 'Ganser']
```

Das Löschen eines Elementes erledigst du über die *remove*-Methode mit der Angabe des Elementnamens.

```
1  koelsch     = ['Reissdorf', 'Muehlen', 'Frueh']
2  koelsch.remove('Muehlen') # Loeschen eines Elementes
3  print koelsch
```

Die Ausgabe der verbleibenden Kölsch-Sorten lautet:

```
['Reissdorf', 'Frueh']
```

Möchtest du ein Element entfernen, dessen Elementname nicht in der Liste enthalten ist, bekommst du einen *ValueError*.

```
ValueError: list.remove(x): x not in list
```

Ist es notwendig, mehr als ein Element zu entfernen, verwendest du am besten die *del*-Funktion. Es werden aber nicht die Namen, sondern die Indizes angegeben. Beachte wieder, dass der zweite Wert exklusiv ist.

```
1  koelsch     = ['Reissdorf', 'Muehlen', 'Frueh', 'Gaffel']
2  del koelsch[1:3] # Loeschen mehrerer Elemente
3  print koelsch
```

Die verbleibenden Elemente lauten:

```
['Reissdorf', 'Gaffel']
```

Tuples

Ein *Tuple* stellt ähnlich wie eine *Liste* eine Folge von Werten dar.

> Warum soll ich denn jetzt *Tuples* verwenden, wenn es schon *Listen* gibt? Wo ist der Unterschied? Immer dieser neue Quatsch!

Na ja, warum soll das Quatsch sein, wenn es einen gravierenden Unterschied gibt? Tuples sind im Gegensatz zu Listen unveränderbar (*immutable*). Die einzelnen Elemente werden ebenfalls über einen Index, der ein ganzzahliger Wert sein muss, adressiert. Ein *Tuple* wird in der Regel über runde Klammerpaare generiert.

```
1 t = ('Das', 'ist', 'wirklich', 'nicht', 'notwendig!')
2 print type(t) # Type ausgeben
```

Die Ausgabe des Typs lautet in diesem Fall:

```
<type 'tuple'>
```

Du kannst ein Tuple aber auch über eine eigene Funktion erzeugen. Die beiden Beispiele zeigen dir erst ein leeres, dann ein initialisiertes Tuple.

```
1 # Tuple
2 t1 = tuple()        # leeres Tuple
3 t2 = tuple('Tuple') # Initialisiertes Tuple
4 print t1
5 print t2
```

Die Ausgaben der Zeilen 4 und 5 schauen wie folgt aus:

```
()
('T', 'u', 'p', 'l', 'e')
```

Du siehst, dass das leere Tuple *t1* auch durch ein leeres Klammerpaar repräsentiert wird. Die Initialisierung des Tuples *t2* liefert je Buchstabe ein einzelnes Element zurück. Die Adressierung der einzelnen Elemente bzw. bestimmter Bereiche eines Tuples erfolgen in bekannter Manier über den Index bzw. die Indizes in eckigen Klammern.

```
1 # Tuple
2 t = tuple('Tuple') # Initialisiertes Tuple
3 print t[2]
4 print t[2:5]
```

Die Ausgaben lauten:

```
p
('p', 'l', 'e')
```

Die Initialisierung von Tuples

Es gibt eine interessante Möglichkeit, ein Tuple zu initialisieren, d. h. mit Werten zu sehen.

```
1  pin0, pin1, pin2 = 2, 3, 4
2  print pin0, pin1, pin2
```

Die Ausgabe lautet wie erwartet:

```
2 3 4
```

Die Variablen *pin0*, *pin1* und *pin2* auf der linken Seite stehen dabei für
ein Tuple, das mit den Werten auf der rechten initialisiert wird. Es ist
darauf zu achten, dass die Anzahl der Variablen gleich der Anzahl der
Werte ist, da sonst ein Fehler geschmissen wird. Kommen wir zu
einem Punkt, der den Einsatz von Tuples verdeutlicht und ihren Vor
teil gegenüber normalen Variablen herausstellt. Eine einzelne Variable
ist lediglich in der Lage, einen einzelnen Wert zu speichern. Im Grunde
genommen ist das auch ok und bedeutet nicht unbedingt einen Nachteil. Werfen wir einen Blick in Richtung der Funktionen, die z.B. über
einen oder mehrere Algorithmen die unterschiedlichsten Berechnungen durchführen und an den Aufrufer zurückliefern. Wie du schon
gesehen hast, ist eine Funktion über die *return*-Anweisung in der Lage,
nur einen einzigen Wert als Ergebnis zu liefern. Was machen wir also,
wenn es mehr als ein Ergebnis gibt? Natürlich kannst du für jedes einzelne eine eigene Funktion schreiben, die die Ergebnisse getrennt zur
Verfügung stellt. Es gibt aber eine elegantere Möglichkeit, die über
Tuples zu realisieren ist. Du ahnst sicherlich, worauf ich hinaus
möchte. Ich möchte eine Funktion schreiben, die ein Tuple mit numerischen Werten entgegennimmt und folgende Berechnungen durchführt, die dann als Ergebnis zurückgeliefert werden:

- Was ist der kleinste Wert?

- Was ist der größte Wert?

- Was ist die Summe aller Werte?

Dann wollen wir mal sehen:

```
1  t = (2, 4, -7, 9, 12) # Tuple
2
3  def varCalc(t):
4      print type(t) # Type anzeigen
5      return min(t), max(t), sum(t)
6
7  ergebnis = varCalc(t)
8  print ergebnis # Ausgabe des Tuples
9  print 'Minimum: ', ergebnis[0]
10 print 'Maximum: ', ergebnis[1]
11 print 'Summe   : ', ergebnis[2]
```

In Zeile *1* haben wir unser Tuple, das eine Folge von numerischen Werten darstellt. Die Funktion in den Zeilen *3*, *4* und *5* liefert nun über systeminterne Funktionen wie *min*, *max* und *sum* die gewünschten Ergebnisse. Natürlich ist die *return*-Anweisung weiterhin nur in der Lage, einen einzigen Wert an den Aufrufer zurückzuliefern. Bei diesem Wert handelt es sich aber aufgrund der nachfolgenden Auflistung, die durch Kommata getrennt ist, um ein Tuple und er beinhaltet als kompakte Einheit alle gewünschten Ergebnisse. Über Zeile *4* wird der Datentype angezeigt, den die Funktion beim Übergabeparameter *t* erkannt hat. Es handelt sich wahrlich um ein Tuple.

```
<type 'tuple'>
```

Zeile *8* gibt ein Ergebnis-Tuple in seiner Gesamtheit nach dem Funktionsaufruf aus Zeile *7* wie folgt aus:

```
(-7, 12, 20)
```

Um auf die einzelnen Elemente des Tuples zugreifen zu können, verwenden wir wieder die Adressierung über einen Indexwert, der in eckigen Klammern steht. Genau das wird in den Zeilen *9*, *10* und *11* gemacht. Die Ergebnisse sind auf diese Weise etwas besser zu interpretieren.

```
Minimum: -7
Maximum: 12
Summe  : 20
```

Du siehst, dass ein Tuple eine mächtige und einfach zu handhabende Erweiterung darstellt.

Dictionaries

Ein *Dictionary* hat Ähnlichkeit mit einer Liste. Im Gegensatz zur Liste, bei der die einzelnen Elemente nur über ganzzahlige Werte zu adressieren sind, kannst du bei Dictionaries fast jeden Datentyp angeben. Was ist ein Dictionary? Du verbindest dieses Wort möglicherweise mit einem Lexikon was in der Regel über ein Inhaltsverzeichnis verfügt, in dem eine Liste von Wörtern verzeichnet ist, die auf Seitenzahlen im Buch verweisen. Diese Informationspaare können als *Schlüssel/Werte-Paar* angesehen werden. In Python wird ein derartiges Dictionary durch ein geschweiftes Klammerpaar {} gekennzeichnet.

```
1  d = dict()
2  print type(d)
```

Die Ausgabe lautet:

```
<type 'dict'>
```

Wenn du ein Dictionary direkt initialisieren möchtest, musst du die
Schlüssel/Werte-Paare durch einen Doppelpunkt : getrennt angeben. Über ein derartiges Verfahren kannst du wunderbar ein sogenanntes *Mapping* realisieren. Was liegt näher, als z.B. die auf dem
Raspberry Pi vorhandenen Pin-Nummern mit ihren wahren Bedeutungen in Beziehung zu bringen. Ich habe das als Beispiel einmal
für die ersten 8 Pins gemacht.

```
1  pins = {'Pin1':'3.3V',  'Pin2':'5V',
2           'Pin3':'GPIO2', 'Pin4':'5V',
3           'Pin5':'GPIO3', 'Pin6':'GND',
4           'Pin7':'GPIO4', 'Pin8':'GPIO14'}
5
6  print pins # Ausgabe des Dictionaries
7  for pin in pins: # Ausgabe key/value
8      print pin, pins[pin]
```

Zeile 6 gibt das komplette Dictionary aus:

```
{'Pin8': 'GPIO14', 'Pin3': 'GPIO2', 'Pin2': '5V', 'Pin1': '3.
3V', 'Pin7': 'GPIO4', 'Pin6': 'GND', 'Pin5': 'GPIO3', 'Pin4': '5V'}
```

Über die *for*-Schleife kannst du wieder über das Dictionary iterie-
ren. Der Wert, der in der Variablen *pin* abgespeichert wird, steht
für den *key*. Damit du an den entsprechenden *value* gelangst, musst
du einfach den *key* als Index in das Dictionary *pins* einsetzen. Die
Ausgabe der *for*-Schleife schaut dann wie folgt aus:

```
Pin8 GPIO14
Pin3 GPIO2
Pin2 5V
Pin1 3.3V
Pin7 GPIO4
Pin6 GND
Pin5 GPIO3
Pin4 5V
```

Wir wollen uns ein konkretes Beispiel zu Initialisierung von GPIO-
Pins anschauen, bei dem du ein Dictionary sehr gut verwenden
kannst. Im Kapitel über dir GPIO-Grundlagen hast du ja schon

einiges über die Programmierung von GPIO-Pins kennengelernt. Im folgenden Beispiel möchte ich zahlreiche Pins, die allesamt als Ausgänge arbeiten sollen, über ein Dictionary programmieren.

```
1  import RPi.GPIO as GPIO
2  OUTPUT_PINS = {'led1': 2, 'led2': 3, 'led3': 4}
3  GPIO.setmode(GPIO.BCM)    # GPIO-Bezeichnungen verwenden
4  GPIO.setwarnings(False)   # Warnungen deaktivieren
5  # Pins als Ausgaenge programmieren
6  for pin in OUTPUT_PINS.values():
7      print pin # Ausgabe des GPIO-Pins
8      GPIO.setup(pin, GPIO.OUT) # Pin als Ausgang
```

Wie funktioniert das? Nun, ich hatte gesagt, dass es sich immer um Paare handelt, und das erste Dictionary-Element schaut wie folgt aus:

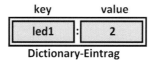

Dictionary-Eintrag

Wenn du dir das gesamte Dictionary anschaust, siehst du, dass es sich um die Folge von Pin-Elementen handelt, die wie folgt angeordnet sind:

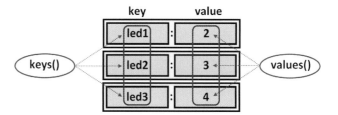

Über die Methoden *keys* und *values* werden Listen generiert, über die in einer *for*-Schleife iteriert werden kann. Darüber erreichst du jedes Element. Sieh dir den folgenden Code an, der sowohl alle Keys (*Schlüssel*) als auch alle Values (*Werte*) des Dictionaries anzeigt. Natürlich gibt es noch viel mehr zu Dictionaries zu erzählen, doch das würde den Umfang des Buches sprengen.

```
6  for bezeichnung in OUTPUT_PINS.keys():
7      print bezeichnung # Ausgabe Keys
8
9  for pin in OUTPUT_PINS.values():
10     print pin # Ausgabe Values
```

Die Ausgabe lautet:

```
led1
led2
led3
2
3
4
```

Ich denke, dass du nun über genug Grundwissen verfügst, um z.B. ein Eingabe- bzw. Ausgabe-Dictionary zu definieren, über die du deine GPIO-Pins innerhalb von entsprechenden *for*-Schleifen programmieren kannst. Für ein oder zwei Pins ist das natürlich ein wenig oversized, doch wenn es sich um viele Pins handelt, ist diese Vorgehensweise einen Gedanken wert.

Schleifen

Inzwischen haben wir die Schleifen schon so oft zum Einsatz gebracht, dass es fast überflüssig ist, noch etwas darüber zu sagen. Ich möchte dir an dieser Stelle sowohl die *for*- als auch die *while*-Schleife zeigen. Beide Varianten führen den nach rechts eingerückten Code in Abhängigkeit unterschiedlicher Parameter mehrfach aus. Bei der *for*-Schleife werden die Anzahl der Durchläufe vorher definiert, wogegen die *while*-Schleife einen Ausdruck bewertet und anhand dessen die Durchläufe kontrolliert.

Die for-Schleife

Bei einer *for*-Schleife handelt es sich um einen sogenannten *Sequenz-Iterator*, der über die einzelnen Elemente eines *Sequenz-Objektes* iteriert. Derartige Sequenz-Objekte hast du schon zu Genüge bei System-Objekten wie Zeichenketten, Listen oder Tuples kennengelernt. Die allgemeine Syntax für eine *for*-Schleife lautet:

```
for <Element> in <Sequenz-Objekt>:
    <Anweisung 1>
    <Anweisung 2>
    <Anweisung n>
```

Beim Durchlaufen der Schleife wird nacheinander jedes einzelne Element angefahren und der Variablen zugewiesen, die hinter dem Schlüsselwort *for* steht.

```
1  meineListe = [1, 4, -18, 'Text', 25] # Liste
2  for element in meineListe:
3      print type(element), element
4  print 'Ende.'
```

Die Ausgabe schaut wie folgt aus:

```
<type 'int'> 1
<type 'int'> 4
<type 'int'> -18
<type 'str'> Text
<type 'int'> 25
Ende.
```

Es gibt zwei Möglichkeiten, den Schleifendurchlauf zu beeinflussen:

- den Schleifendurchlauf abbrechen
- den nächsten Durchlauf unmittelbar beginnen

Bleiben wir bei unserem Beispiel und ändern das Programm so ab, dass die *for*-Schleife beim Erreichen eines Elements, das einen negativen Wert hat, abbricht.

```
1  meineListe = [1, 4, -18, 'Text', 25] # Liste
2  for element in meineListe:
3      if element < 0: break
4      print type(element), element
5  print 'Ende.'
```

In Zeile *3* steht eine *if*-Anweisung, die das *break*-Kommando ausführt, wenn der Wert von Element kleiner *0* ist. Die *for*-Schleife wird unmittelbar verlassen. Die Ausgabe lautet:

```
<type 'int'> 1
<type 'int'> 4
Ende.
```

Wenn du Näheres über die *if*-Anweisung erfahren möchtest, die wir im Detail noch nicht besprochen haben, wirf einen Blick in das Kapitel über die Kontrollstrukturen.

Falls wir einen negativen Wert bei seinem Auftreten nur nicht zur Anzeige bringen möchten, der Schleifendurchlauf jedoch fortgesetzt werden soll, müssen wir anstelle des *break*-Kommandos das *continue*-Kommando verwenden. Sieh her:

```
1  meineListe = [1, 4, -18, 'Text', 25] # Liste
2  for element in meineListe:
3      if element < 0: continue
4      print type(element), element
5  print 'Ende.'
```

Über das *continue*-Kommando wird erreicht, dass die Programmausführung nicht mit Zeile *4* weitermacht, sondern unmittelbar zum Schleifenkopf springt und den nächsten Iterationsschritt einleitet. Die Ausgabe schaut wie folgt aus:

```
<type 'int'> 1
<type 'int'> 4
<type 'str'> Text
<type 'int'> 25
Ende.
```

Du siehst, dass lediglich der negative Wert *-18* in der Ausgabe fehlt. Die Schleife wurde bis zum letzten Element abgearbeitet. Möchtest du einen bestimmten numerischen Bereich mit einem Start- bzw. Endwert durchlaufen, verwende die *range*-Funktion. Gehen wir die unterschiedlichen und oft benötigten Varianten einmal durch. Im ersten Fall möchte ich von *0* bis zu einer bestimmten Zahl alle Werte mit der Schrittweite *1* anzeigen lassen.

```
1  for i in range(5):
2      print i
```

Beachte hierbei, dass der angegebene Wert immer exklusiv ist. Es werden also die Werte von *0* bis *4* ausgegeben. Nun möchte ich einen Startwert, der von *0* verschieden ist, angeben.

```
1  for i in range(-3, 3):
2      print i
```

Das erste Argument gibt den Startwert vor und der zweite den exklusiven Endwert. Die Ausgabe zeigt also die Werte zwischen *-3* und *2* mit der Schrittweite *1* an. Im nächsten Beispiel möchte ich die Schrittweite selbst bestimmen.

```
1  for i in range(-10, 10, 2):
2      print i
```

Das erste Argument steht wieder für den Startwert, das zweite für den exklusiven Endwert und das dritte für die Schrittweite. Die Ausgabe lautet demnach: *-10, -8, -6, -4, -2, 0, 2, 4, 6, 8*. Natürlich ist es auch möglich, nicht nur vorwärts, sondern auch rückwärts zu zählen. Dazu muss der Startwert größer als der Endwert sein und die Schrittweite über einen negativen Wert vorgegeben werden.

```
1 for i in range(10, 0, -1):
2     print i
```

Die Werte in der Ausgabe gehen in der Schrittweite *-1* von *10* bis auf *1* zurück.

Die while-Schleife

Die *while*-Schleife führt den eingerückten Code solange aus, wie die Bewertung des Ausdrucks, der sich im Kopf der Schleife befindet, logisch *wahr* ist. Führt die Bewertung gleich zu Beginn zu einem Ergebnis, das *falsch* ist, wird die Schleife überhaupt nicht durchlaufen. Die allgemeine Syntax für eine *while*-Schleife lautet:

```
while <Ausdruck>:
    <Anweisung 1>
    <Anweisung 2>
    <Anweisung n>
```

Sehr oft kommt es vor, dass eine sogenannte Endlosschleife programmiert wird, um eine kontinuierliche Ausführung des Codes zu gewährleisten. Das wird über den Ausdruck *True* im Schleifenkopf erreicht. Setzt du diesen Wert dort ein, bedeutet das, dass die Bewertung immer wahr ist.

```
1 # Eine Endlosschleife
2 i = 0
3 while True:
4     i += 1 # i um 1 inkremetieren
5     print i
```

Das kurze Programm gibt eine endlose Folge von Werten im Terminal-Fenster aus, die nur durch das Drücken von *Strg-C* unterbrochen werden kann, was im Endeffekt zu einem *KeyboardInterrupt*-Ereignis führt. Wie du schon bei der *for*-Schleife gesehen hast, kannst du auch bei der *while*-Schleife bei der Ausführung Einfluss auf die Iterationsschritte über *break* und *continue* nehmen. Sehen wir uns ein Beispiel an, bei dem wir einen Ausdruck im Schleifenkopf haben, dessen Wahrheitswert sich ändern kann.

```
1 i = 0
2 while i < 10:
3     print i
4     i += 1 # i um 1 inkremetieren
```

Die *while*-Schleife wird solange durchlaufen, wie der Ausdruck *i* <
10 wahr ist. Es werden die Zahlen von *0* bis *9* im Terminal-Fenster
ausgegeben. Du musst bei derartigen Ausdrücken sicherstellen,
dass es wirklich irgendwann zu einem Schleifenabbruch kommt.
Würdest du die Veränderung der im Schleifenkopf aufgeführten
Variablen *i* nicht innerhalb der Schleife in Zeile *4* ändern, hättest du
eine Endlosschleife programmiert.

Eine Kontrollstruktur

Damit du in deinem Programm Bewertungen hinsichtlich definierter Ausdrücke vornehmen kannst, ist die *if*-Anweisung als Entscheidungsinstanz die erste Wahl.

Die allgemeine Syntax der *if*-Anweisung lautet:

```
if <Ausdruck1>:
    <Anweisung ...>
    <Anweisung ...>
    <Anweisung ...>
elif <Ausdruck2>:
    <Anweisung ...>
    <Anweisung ...>
else:
    <Anweisung ...>
    <Anweisung ...>
```

Die Zweige *elif* und *else* sind hierbei optional.

```
1  name = 'Luke'
2  if name == 'Luke':
3      print 'Bist du ein Skywalker?'
4  elif name == 'Darth':
5      print 'Bist du ein Vader?'
6  else:
7      print 'Die Macht moege mit dir sein!'
```

Da die Bewertung in Zeile *2* zu einem Ergebnis führt, das wahr ist,
wird die darauffolgende Zeile *3* und auch nur diese ausgeführt. Die
nachfolgende Bewertung ist auf jeden Fall falsch, und es kommt
nicht zur Ausführung von Zeile *5*. Der *else*-Zweig kommt immer
dann zum Tragen, wenn keine der zuvor definierten Ausdrücke als
logisch *wahr* erkannt wurden. Er stellt somit die letzte Chance dar,
innerhalb der *if*-Anweisung etwas zur Ausführung zu bringen. Über
mehrere definierte *elif*-Anweisungen kannst du eine Abfragekette
bilden, die von oben nach unten durchlaufen wird.

Die objektorientierte Programmierung

Manche von euch werden beim Begriff *objektorientierte Programmierung* – auch *OOP* genannt – vielleicht zusammenzucken und denken, dass das etwas mit Voodoo zu tun hat, obwohl ich Voodoo höchstens mit der Programmiersprache *Perl* in Verbindung bringen würde. Python ist von Grund auf eine objektorientierte Programmiersprache, und das Klassenmodell unterstützt *Vererbung*, *Polymorphie* oder auch *Mehrfachvererbung*, wie auch *C++*. Ich muss zugeben, dass ich beim ersten Kontakt mit der OOP etwas verwundert geschaut habe, denn meine Programmierkenntnisse bezogen sich damals lediglich auf Sprachkonstrukte der Programmiersprachen *Basic* und *Turbo-Pascal*. Das Framework *Turbo-Vision* zur Erstellung von Anwenderprogrammen mit einer Quasi-grafischen-Benutzeroberfläche aus reinen Textzeichen hatte einen objektorientierten Ansatz, und ich habe schon etwas Zeit benötigt, um das neue Programmierparadigma zu verstehen. Sei also nicht gefrustet, wenn es nicht auf Anhieb *klick* macht; ich denke, dass du keine allzu großen Probleme haben wirst. Beim Programmieren mit Python ist die objektorientierte Programmierung ein mächtiges Werkzeug, wenn es darum geht, Programmcode in späteren Projekten wiederzuverwenden, doch es ist kein Muss. Du kannst auch ohne diesen Ansatz – wie du das bisher gemacht hast – zu sehr guten Ergebnissen kommen. Werfen wir einen ersten Blick auf ein kleines Codefragment, das sich mit der objektorientierten Programmierung befasst. Natürlich gehen wir gleich auf alle Details ein.

```
1 class MeineKlasse():
2     pass
3
4 a = MeineKlasse() # Instanziierung
```

Wenn wir in der OOP programmieren, kommen wir um sogenannte *Klassen* nicht herum. Eine derartige Klassendefinition findest du in den Zeilen *1* und *2*. Das Schlüsselwort *class* steht für die Definition einer Klasse. Das Schlüsselwort *pass* bedeutet in Python, dass an dieser Stelle einfach nichts gemacht wird. Es findet immer dann Verwendung, wenn ein Platzhalter für später auszuformulierenden Quellcode erforderlich ist. In der Zeile *4* initialisiere ich eine Variable mit Namen *a* mit der zuvor definierten *Klasse*.

> Das ist alles schön und gut, doch was das Ganze mir bringen soll, ist mir schleierhaft.

Das ist genau die Reaktion, die ich beabsichtigt habe, *RasPi*, und vollkommen ok. Fangen wir also ganz von vorne an. In Python und allen anderen Programmiersprachen existieren fertige und vom System definierte Datentypen wie z. B. *Integer*, *Float* oder auch *Strings*. Im Grunde genommen handelt es sich dabei um *Objekte*. Und schon wieder ein neues Wort, das einer Erklärung bedarf. Ein *Objekt* und eine *Klasse* stehen in einem besonderen Verhältnis zueinander. Die OOP hat ihren Ursprung in der realen Welt, wo alles, was wir sehen und anfassen können, als ein *Objekt* angesehen wird. Nehmen wir des Deutschen liebstes Spielzeug, das *Auto*. Ein Auto verfügt über verschiedene Merkmale wie z. B.

- Farbe
- Leistung in PS
- Anzahl der Türen
- Geschwindigkeit
- usw.

Diese Merkmale werden im übertragenen Sinne *Attribute* oder *Eigenschaften* genannt. Damit ein Auto auch wirklich einen Sinn macht, kann man etwas mit ihm *machen*.

- beschleunigen
- bremsen
- schalten
- hupen
- usw.

Diese Aktionen nehmen Einfluss auf das *Verhalten* des Autos. Wir können also zusammenfassend sagen, dass ein Objekt über Attribute und Verhalten beschrieben werden kann.

◀ **Abbildung 10-4**
Beschreibung eines Objektes

Kommen wir zurück zu unserer Programmierung, wo wir die genannten Details von Attributen und Verhalten irgendwie programmtechnisch abbilden müssen. Wie können wir z. B. die Leistung eines Autos, die ein Attribut darstellt, in einem Programm verwalten? Ich denke, du kennst die Antwort! Es ist eine *Variable*. Nehmen wir nun den Vorgang des Beschleunigens eines Autos, was in die Kategorie Verhalten fällt. Das ist recht einfach, denn wir greifen auf eine grundlegende Funktion des Autos zu, die den Wagen z.B. von *0*km/h auf *50*km/h beschleunigt. Ich habe die Lösung eigentlich schon im vorangegangenen Satz genannt. Es handelt sich um eine *Funktion*. Halten wir wieder Folgendes fest:

Abbildung 10-5 ▶
Attribute werden in Variablen vorgehalten und das Verhalten in Funktionen beschrieben

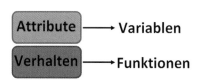

Damit wir aber hinsichtlich der Namensgebung einen Unterschied zur »*normalen Programmierung*« erkennen, werden in der OOP Variablen und Funktionen anders genannt.

Abbildung 10-6 ▶
Attribute und Methoden in der OOP

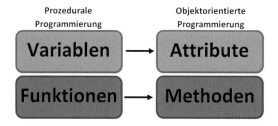

Hoffentlich hat dich das ganze Umbenennen jetzt nicht aus der Bahn geworfen! Es ist aber ganz einfach, wenn du dich erst einmal mit den neuen Begriffen angefreundet hast. Die Attribute werden in der Fachliteratur auch unter anderen Namen geführt und können *Eigenschaften* oder *Felder* genannt werden.

Ich finde das recht sinnfremd! Ich benenne einfach ein paar vorhandene Aspekte der prozeduralen Programmierung um und erschaffe somit ein neues Programmier-Paradigma: Die *Objektorientierte Programmierung*!

Du kannst zeitweise ziemlich penetrant sein, wenn ich das mal so nennen darf! Ich bin doch überhaupt noch nicht fertig mit meinen Erklärungen. Schau einmal her. In der prozeduralen Programmierung haben wir es z.B. mit diversen Variablen und Funktionen zu tun, die einfach nebeneinander existieren und nicht unbedingt einen direkten Bezug zueinander vorweisen.

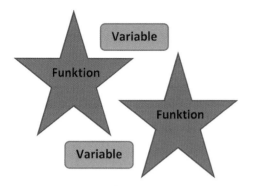

◀ **Abbildung 10-7**
Variablen und Funktionen haben
keinen direkten Bezug zueinander

Die gängige Vorgehensweise besteht darin, dass mit globalen Variablen in diversen Funktionen gearbeitet wird. Das birgt die potentielle Gefahr, dass nicht auf den ersten Blick klar ist, an welcher Stelle inhaltlich etwas geändert wurde. Variablen und Funktionen bilden demnach keine logische Einheit. Dieses Manko behebt die OOP. Dort gibt es ein Konstrukt, das sich *Klasse* nennt. Ich hatte dir diesen Begriff ohne weitere Erklärungen ganz zu Beginn genannt. Vereinfacht können wir sagen, dass eine Klasse einen *Container* für Attribute und Methoden darstellt. Sie vereint aus prozeduraler Sicht Variablen und Funktionen.

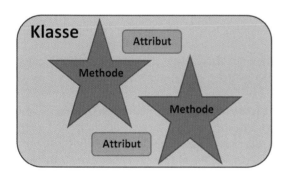

◀ **Abbildung 10-8**
Die Klasse als Container für
Attribute und Methoden

Die Klasse umschließt ihre Mitglieder, die in der OOP *Members* genannt werden, wie ein Mantel der Verschwiegenheit. Ein Zugriff auf die Members erfolgt nur über die Klasse. Kommen wir zu einem konkreten Beispiel mit unserem Auto.

Die Klassendefinition

Eine definierte *Klasse* wird als Bauplan für später zu erstellende Objekte benötigt. Sie dient quasi als Schablone dafür, wie das reale Objekt auszusehen hat. Wir erschaffen mit einer Klassendefinition sozusagen einen neuen Datentyp. Die folgende Klassendefinition ist recht einfach gehalten und soll lediglich ein Auto mit folgenden Attributen bzw. Methoden vorweisen:

Attribute

- Farbe
- Leistung
- Türen
- Geschwindigkeit

Methoden

- beschleunigen

```
1  class Auto():
2      """ Klassendefinition """
3      v = 0 # Attribut fuer Geschwindigkeit
4      def __init__(self, farbe, ps, tueren):
5          """ Der Konstruktor """
6          self.farbe = farbe
7          self.ps    = ps
8          self.tueren = tueren
9      def beschleunigen(self, wert):
10         """ Methode zum Beschleunigen """
11         print 'Ich beschleunige um: ', wert
12         self.v += wert
```

Zu Beginn der Erläuterungen muss ich auf das Schlüsselwort *self* eingehen, das du an manchen Stellen im Programmcode findest. Es handelt sich dabei um eine Referenz auf das Objekt selbst. Es muss immer dann angegeben werden, wenn auf Mitglieder des Objektes zugegriffen wird. Fangen wir mit den Attributen an, die zum größten Teil über eine besondere Methode initialisiert werden. Wenn ich ein Auto programmtechnisch generiere, bilde ich eine sogenannte *Instanz* aus der Klassendefinition. Farbe, Leistung und Anzahl der Türen ändern sich im normalen Leben eines Autos in der Regel nicht, so dass ich bei der *Instanziierung* diese festen Parameter schon übergeben kann. Der Vorgang der Instanziierung schaut wie folgt aus:

```
14  meinAuto = Auto('Rot', 130, 5)     # Instanz bilder
```

Zu Beginn schreibe ich einen Namen, den mein Auto bekommen soll, und führe über den Zuweisungsoperator den Namen der Klasse auf. Innerhalb der nachfolgenden runden Klammern initialisiere ich das Objekt einmalig mit den Werten für Farbe, Leistung und Anzahl der Türen. Da es sich um ein rundes Klammerpaar handelt, liegt der Verdacht nahe, dass es sich dabei um den Aufruf einer Funktion bzw. Methode handelt. Doch welche könnte das sein? Es ist eine besondere Methode mit dem Namen *Konstruktor*. Diese Methode wird durch den Namen *__init__(...)* repräsentiert und ist in Zeile 4 zu finden. Du siehst dort neben *self* die Parameter *farbe*, *ps* und *tueren*. Die Werte aus Zeile 14 werden dem Konstruktor genau in der angegebenen Reihenfolge übergeben. Innerhalb des Konstruktors werden diese Werte an die Klassenvariablen in den Zeilen 6 bis 8 übergeben, die das Präfix *self* besitzen. Auf diese Klassenvariablen können wir später zugreifen bzw. sie abrufen. Du wirst das noch sehen.

Achtung

Die *self*-Referenz darf beim Aufruf eines Konstruktors bzw. einer Methode nicht explizit angegeben werden.

Kommen wir zu Methode in Zeile 9, die für die Beschleunigung unseres Autos verantwortlich ist. Dort findest du vor dem Beschleunigungswert wieder das Wort *self*, das, wie schon erwähnt, beim Aufruf nicht berücksichtigt wird.

```
 9  def beschleunigen(self, wert):
10      """ Methode zum Beschleunigen """
11      print 'Ich beschleunige um: ', wert
12      self.v += wert
```

Der Parameter *wert* wird der Klassenvariablen *v*, die in Zeile 3 definiert wurde, zugewiesen.

> Ich habe eine bescheidene Frage. Warum hat die Variable *v* in Zeile 3 kein *self*-Präfix wie alle anderen innerhalb des Konstruktors bzw. der Methode?

Gute Frage, *RasPi*! Die Variable *v* befindet sich direkt unterhalb der Klassendefinition, was besagt, dass es sich um eine Klassenvariable handelt. Möchtest du aber innerhalb einer Methode darauf zugreifen, ist das *self*-Präfix erforderlich, denn es könnte sich ja u.U. um eine lokale Variable mit gleichem Namen handeln. Sehen wir uns die Instanziierung und den Aufruf der Attribute bzw. der Methode an.

```
14  meinAuto = Auto('Rot', 130, 5)      # Instanz bilden
15  print 'Farbe  : ', meinAuto.farbe   # Farb-Attribut anzeigen
16  print 'PS     : ', meinAuto.ps      # PS-Attribut anzeigen
17  print 'Tueren : ', meinAuto.tueren  # Tueren-Attribut anzeigen
18  meinAuto.beschleunigen(70)          # Beschleunigen-Methode
19  print 'Geschw.: ', meinAuto.v       # Geschwindigkeit anzeigen
20  meinAuto.beschleunigen(-20)         # Beschleunigen-Methode
21  print 'Geschw.: ', meinAuto.v       # Geschwindigkeit anzeigen
```

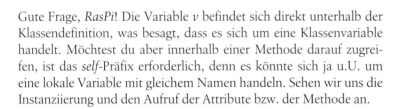

Zeile *14* zeigt dir noch einmal die Bildung der Instanz. Bedenke, dass in den Zeilen *15*, *16* und *17* keine Methoden aufgerufen werden, sondern ein Zugriff auf die Attribute erfolgt. Du erkennst das an den fehlenden runden Klammern. Erst in Zeile *18* bzw. *20* wird die *beschleunigen*-Methode aufgerufen, die das interne *v*-Attribut beeinflusst. Eine Beschleunigung wird durch einen positiven, ein Bremsen durch einen negativen Wert gekennzeichnet. Die Ausgabe im Terminal-Fenster schaut wie folgt aus:

Abbildung 10-9 ▶
Die Ausgaben im Terminal-Fenster

Mit Hilfe der Klassendefinition kannst du völlig unabhängige Auto-Objekte erstellen, die jeweils nichts miteinander zu tun haben. Lediglich der zugrundeliegende identische Bauplan weist auf einen gemeinsamen Ursprung hin.

> Kannst du bitte noch auf den Punkt eingehen, der zwischen der Klassenvariablen und z. B. dem aufzurufenden Attribut steht.

Ein guter Punkt, *RasPi*, den ich beinahe vergessen hätte! Um in der OOP eine Verbindung zwischen einem Objekt und seinen Mitgliedern herzustellen, wird der sogenannte *Punktoperator* verwendet.

Ein Mitglied kann z. B. wie in diesem Fall das Attribut *farbe* sein oder auch eine Methode.

Leider kann ich aufgrund des begrenzen Platzes nicht näher auf Details der OOP eingehen, doch ich denke, dass du eine gute Vorstellung davon bekommen hast, worum es bei diesem Programmier-Paradigma geht. *O'Reilly* hat sehr gute Python-Bücher für die Versionen *2* und *3* in seinem Angebot, so dass du dort tiefer in die Thematik einsteigen kannst.

Kapitel 10: Programmieren in Python

Programmieren in C

11

Im Zeitalter der schnellen Entscheidungen und immer neuen Entwicklungen denken einige, dass die Programmiersprache C zum alten Eisen gehört. Weit gefehlt! Sie wurde zwar schon in den *1970er* Jahren vom Informatiker *Dennis Ritchie* für die Systemprogrammierung des Betriebssystems *Unix* entwickelt, ist aber trotz ihres Alters und zahlreicher Erweiterungen immer noch aktuell. Der Linux-Kernel, also der Kern deines Raspberry Pi-Betriebssystems, wurde ebenfalls in C entwickelt. Sie fällt in die Kategorie der prozeduralen Programmiersprachen und ist auf den meisten Systemen verfügbar. Aufgrund der standardisierten Libraries können fast alle Programme, die keine Hardware-spezifischen Komponenten besitzen, sehr leicht auf andere Zielsysteme portiert werden. Die Stärken von C liegen sowohl in der Systemprogrammierung als auch in der Hardware-nahen Programmierung von eingebetteten Systemen, wobei die hohe Ausführungsgeschwindigkeit ein entscheidendes Merkmal ist.

Du kannst deine Projekte sowohl in einem Texteditor wie *Nano*, der auch Syntax-Highlighting beherrscht, als auch in einer komfortablen Entwicklungsumgebung wie *Geany* programmieren. Wenn du dein in C geschriebenes Programm ausführen möchtest, läuft das ein wenig anders ab als z.B. bei der Programmiersprache Python. Du erinnerst dich: Python interpretiert den Code, den du geschrieben hast. Bei C muss ein Compiler den Quellcode in eine Form übersetzen, die der Prozessor direkt versteht. Es handelt sich dabei um Maschinensprache, die nur auf dem jeweiligen Prozessor des Systems lauffähig ist, auf dem die Kompilierung stattgefunden hat. Du kannst also z.B. ein C-Programm, das unter Windows kompiliert wurde, nicht auf ein Linux-System kopieren und dort ausführen. Eine Portierung nicht Hardware-nah erstellter Programme ist allerdings ohne Weiteres möglich. Im Kapitel über die GPIO-Grundlagen hast du die ersten Erfahrungen mit der Programmiersprache C gesammelt, als es darum ging, mit der *wiringPi*-Library zu arbeiten. Du hast also schon einiges an Vorwissen bekommen, bevor wir hier in die Grundlagen der C-Programmierung einsteigen.

Das erste Programm

Ohne lange Vorrede zeige ich dir nun ein C-Programm, das wir in die Geany-Entwicklungsumgebung eingegeben bzw. in ihr erzeugt haben. In C und C++ werden die einzelnen Befehle mit einem Semikolon abgeschlossen.

Abbildung 11-1 ▶
Das erste C-Programm

```
1    #include <stdio.h>
2
3    int main(int argc, char **argv)
4    {
5        printf("Hallo, hier spricht C!");
6        return 0;
7    }
```

Lenken wir unser Augenmerk zuerst auf die Funktion, die den Namen *main* trägt und in Zeile 3 beginnt. Dieser Name deutet schon darauf hin, dass es sich um etwas Wichtiges handelt. Ein Programm, das in C oder auch C++ geschrieben ist, benötigt einen sogenannten *Einstiegspunkt*. Es muss eine Instanz innerhalb eines Programms geben, die beim Programmstart definiert zur Ausführung gebracht wird. Die *main*-Funktion übernimmt diese Aufgabe. In Python hast du gesehen, dass eine Blockbildung mehrerer Codezeilen durch das Einrücken des Codes nach rechts erreicht wird. In C übernimmt das geschweifte Klammerpaar {...} diese Aufgabe. Alles, was sich zwischen diesen Klammern befindet, wird als eine Einheit angesehen und bildet einen Ausführungsblock. Wird die *main*-Funktion beim Start des Programms implizit vom Betriebssystem aufgerufen, kommt es zur Ausführung aller in der Funktion aufgeführten Codezeilen. In unserem Beispiel haben wir es mit *zwei* Codezeilen in den Zeilen 5 und 6 zu tun. In Zeile 5 rufen wir die *printf*-Funktion auf, die für die Ausgabe von Daten verwendet wird. Die Abkürzung *printf* steht für *print-formatted*. Im Moment haben wir aber lediglich einen String, also eine Zeichenkette der Funktion übergeben, die in einem Terminal-Fenster angezeigt werden soll. Eine Zeichenkette muss als solche immer in doppelte Hochkommata eingeschlossen sein. Damit du diese Funktion nutzen kannst, ist die Anweisung in Zeile *1* erforderlich. Die *printf*-Funktion ist in einer System-Bibliothek definiert, die uns zur Verfügung steht. Diese Bibliothek trägt den Namen *stdio* (*Standard-Input-Output*) und muss erst durch ein spezielles Kommando in unser C-Programm eingebunden werden. Die Spezialisten unter euch werden mich jetzt wieder steinigen, denn in Zeile *1* steht genau genommen keine Anweisung, sondern eine sogenannte *Präprozessor-Direktive*. Das kannst du auch daran erkennen, dass diese Zeile nicht wie die regulären Befehle mit einem Semikolon abgeschlossen wurde. Über *#include* werden *Header-Dateien*, die die Endung *.h* besitzen, in den Quellcode eingebunden.

> Was um Himmels Willen ist eine *Header-Datei*? Hattest du mir das schon erklärt?

Kein Problem, *RasPi*. Auch, wenn ich dir das schon erklärt haben sollte, ist es an dieser Stelle wichtig, zu erwähnen. Bei einer Header-Datei handelt es sich um eine C-Programmdatei, die Code enthält, auf den wir wie auf eine Bibliothek zugreifen können. Über *include* wird der *Präprozessor* den Inhalt der Header-Datei nehmen und an die Stelle im Quellcode setzen, wo zuvor include stand. Es findet also ein Austausch statt, wobei include quasi einen Platzhalter für aufgeführte Header-Dateien darstellt.

> Jetzt hast du den Namen schon *zweimal* verwendet und noch nicht erklärt. Was ist ein *Präprozessor*?

Stimmt, *RasPi*, das sollte ich tun! Ein *Präprozessor* stellt eine Instanz dar, die dem eigentlichen Compiler zuarbeitet. Bevor nämlich der Compiler seine Arbeit beginnt, startet der Präprozessor und leistet ein wenig Vorarbeit.

- Er verarbeitet über include zusätzliche Header-Dateien.
- Er ersetzt bei Markos den aufgeführten Code.
- Er berücksichtigt bei bedingter Kompilierung entsprechende Codeabschnitte und entfernt sie ggf.

Ok, jetzt können die *printf*-Funktion aufrufen. In Zeile 6 steht eine *return*-Anweisung, die dir aus Python bekannt sein sollte. Eine Funktion kann einen Rückgabewert an den Aufrufer liefern. Sehen wir uns die *main*-Funktion genauer an.

Abbildung 11-2 ▶
Die main-Funktion des
C-Programms

Rückgabe-Datentyp   Übergabe-Parameter

```
int main(int argc, char **argv)
{
    printf("Hallo, hier spricht C!");
    return 0;  ◀────── Rückgabe-Wert
}
```

Bevor der Name einer Funktion genannt wird, muss ein Datentyp aufgeführt werden, der besagt, was über die *return*-Anweisung zurückgeliefert wird. In unserem Fall ist das der ganzzahlige Datentyp Integer, der durch das Schlüsselwort *int* repräsentiert wird. In C ist es gängige Praxis, beim Verlassen einer Funktion einen Statuswert an den Aufrufer zurückzuliefern, der Aufschluss über den Erfolg oder Misserfolg beim Abarbeiten der Funktionsbefehle gibt. Der Wert *0* signalisiert, dass alles in Ordnung ist. Möchtest du, dass eine Funktionen keinen Rückgabewert liefert, weil das in deinen Augen keinen Sinn macht, kannst du die *return*-Anweisung einfach weglassen. Doch das ist nur die halbe Miete. Da die *main*-Funktion als Rückgabe-Datentyp einen Integerwert erwartet, der aber nicht kommt, wird ein Fehler geschmissen. Um das zu verhindern, musst du das Schlüsselwort *int* durch *void* ersetzen, was übersetzt *leer* bedeutet.

Was hat es mit den Übergabe-Parametern auf sich? Ich denke, dass wir beim Start des Programms Werte zur Bearbeitung mit übergeben können. Ist das korrekt?

Das ist vollkommen korrekt, *RasPi*! Diese Werte sind optional. Falls du sie nicht benötigst, kannst du deine Funktionsdefinition auch wie folgt schreiben:

```
3    int main()
4    {
5        printf("Hallo, hier spricht C!");
6        return 0;
7    }
```

Du siehst, dass die runden Klammern der *main*-Funktion jetzt leer sind. Du kannst auch das Schlüsselwort *void* einsetzen, was im Endeffekt die gleiche Auswirkung hat.

Die Variablen

Auch in C kannst du Variablen dazu verwenden, um in ihnen Werte abzulegen, die für spätere Verarbeitungen herangezogen werden können. In C musst du diese Variablen vor der Verwendung mit einem entsprechenden Datentyp versehen, damit der Compiler den erforderlichen Speicherplatz reservieren kann. Zuvor werfen wir aber wieder einen kurzen Blick auf die Namenskonventionen bei der Vergabe eines gültigen Variablen-Namens.

Groß-/Kleinschreibung

Die Programmiersprache C ist wie Python *case-sensitiv*. Es wird also zwischen Klein- und Großschreibung unterschieden.

Datentypen

In C gibt es diverse Datentypen, auf die wir nun eingehen werden. Ich möchte darauf hinweisen, dass diese Datentypen vom verwendeten Compiler abhängig sind und hinsichtlich der Datenbreite variieren können.

Datentyp	Datenbreite	Wertebereich	Beschreibung
char	1Byte	-128 bis 127	Character bzw. Zeichen
unsigned char	1Byte	0 bis 255	Character bzw. Zeichen (Wert ohne Vorzeichen)
int	4Bytes	-2147483648 bis 2147483647	Vorzeichen-behaftete Ganzzahl
unsigned int	4Bytes	0 bis 4294967295	Vorzeichenlose Ganzzahl
short	2Bytes	-32768 bis 32767	Vorzeichen-behaftete Ganzzahl
unsigned short	2Bytes	0 bis 65535	Vorzeichenlose Ganzzahl
long	4Bytes	-2147483648 bis 2147483647	Vorzeichen-behaftete Ganzzahl
unsigned long	4Bytes	0 bis 4294967295	Vorzeichenlose Ganzzahl
float	4Bytes	6-stellige Genauigkeit	Fließkommazahl
double	8Bytes	15-stellige Genauigkeit	Fließkommazahl
long double	12Bytes	19-stellige Genauigkeit	Fließkommazahl

◀ **Tabelle 11-1**
Datentypen

Du kannst dir über die *sizeof*-Funktion einen Überblick über die diversen Datentypen und ihre Datenbreiten verschaffen. Schau her:

Abbildung 11-4 ▶
Die Anzeige der Datentypen mit
den entsprechenden Datenbreiten

```
1    #include <stdio.h>
2
3    int main(void)
4    {
5        char a;
6        unsigned char b;
7        int c;
8        unsigned int d;
9        short e;
10       unsigned short f;
11       long g;
12       unsigned long h;
13       float i;
14       double k;
15       long double l;
16       printf("Datenbreite (char)            : %d\n", sizeof(a));
17       printf("Datenbreite (unsigned char)   : %d\n", sizeof(b));
18       printf("Datenbreite (int)             : %d\n", sizeof(c));
19       printf("Datenbreite (unsigned int)    : %d\n", sizeof(d));
20       printf("Datenbreite (short)           : %d\n", sizeof(e));
21       printf("Datenbreite (unsigned short)  : %d\n", sizeof(f));
22       printf("Datenbreite (long)            : %d\n", sizeof(g));
23       printf("Datenbreite (unsigned long)   : %d\n", sizeof(h));
24       printf("Datenbreite (float)           : %d\n", sizeof(i));
25       printf("Datenbreite (double)          : %d\n", sizeof(k));
26       printf("Datenbreite (long double)     : %d\n", sizeof(l));
27       return 0;
28   }
```

> Du hast innerhalb der *printf*-Funktion neben der Zeichenkette noch
> ein *%d* hinzugefügt. Was bedeutet das?

Es handelt sich dabei um ein sogenanntes *Formatzeichen*. Für die
unterschiedlichen Datentypen gibt es unterschiedliche Formatzeichen. Da es sich im letzten Beispiel nur um die Anzeige der Datenbreite in Form einer Ganzzahl handelt, habe ich das Formatzeichen
%d verwendet. Ich hätte für den Integerwert auch *%i* verwenden
können. In der folgenden Tabelle liste ich die unterschiedlichen
Typen einmal auf:

Tabelle 11-2 ▶
Datentypen

Datentyp	Formatzeichen
char	%c
int	%d oder %i
short	%d oder %i
long	%ld oder %li
float	%f
double	%lf
long double	%lf

Kapitel 11: Programmieren in C

Solche Formatzeichen dienen innerhalb einer Zeichenkette als Platzhalter und können auch mehrfach vorkommen. Überall dort, wo sie auftauchen, werden sie durch nachfolgend aufgeführte Werte ersetzt. Schau her:

```
3    int main(int argc, char **argv)
4    {
5        int a = 14, b = -23;
6        printf("Wert1 = %i und Wert2 = %i", a, b);
7        return 0;
8    }
```

◀ **Abbildung 11-5**
Ausgabe mehrerer Werte mit Hilfe der printf-Funktion

Die Ausgabe im Terminal-Fenster schaut wie folgt aus:

```
                              LXTerminal                        _ □ ✗
Datei  Bearbeiten  Reiter  Hilfe
Wert1 = 14 und Wert2 = -23
-------------------
(program exited with code: 0)
Press return to continue
```

◀ **Abbildung 11-6**
Die Ausgabe im Terminal-Fenster

Wie funktioniert das aber im Detail? In der Reihe des Auftretens der Werte hinter der Zeichenkette, die durch Kommata getrennt sind, werden die Werte an die Stelle der Formatzeichen gesetzt.

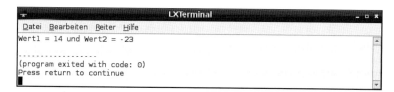

Die Syntax

In C muss eine Variable oder auch ein Funktionsname mit einem Buchstaben bzw. einem Unterstrich (_) beginnen. Die weitere Fortführung des Namens kann Buchstaben, Zahlen oder Unterstriche beinhalten. Sonderzeichen, Umlaute oder Leerzeichen sind verboten.

Variablen-Name + Initialisierung	Bewertung	Hinweis
int a = 17	legal	sehr kurz
float _messwert01 = 17.4	legal	
float das_ist_Pi = 3.14159	legal	
int 2terWert = 24	illegal	beginnt mit einer Ziffer
int b$ = -8	illegal	enthält ein Sonderzeichen
float Analog wert = 23.876	illegal	enthält ein Leerzeichen

◀ **Tabelle 11-3**
Variablen-Namen

Der Grund für sehr knappe Namen von der Länge eines einzigen Buchstaben ist auch in C der Einsatz innerhalb einer Schleife. Sie fungiert dann als *Laufvariable*, die z.B. einen bestimmten Wertebereich von Beginn bis Ende durchläuft.

Reservierte Wörter

Möchtest du einen Variablen-Namen vergeben, kannst du ihn im Rahmen der Syntaxregeln frei vergeben. Wie in anderen Programmiersprachen gibt es auch in C reservierte Schlüsselwörter, die nicht für einen Variablen-Namen verwendet werden dürfen. Das sind in C:

auto break case char const continue default do double else enum extern float for goto if inline int long register restrict return short signed sizeof static struct switch typedef union unsigned void volatile while

Wertzuweisung

In C bzw. C++ ist es möglich, die Variablendeklaration bzw. -initialisierung zu trennen. Die Zuweisung erfolgt über den Zuweisungsoperator =.

Abbildung 11-7 ▶
Die Wertezuweisung bei Variablen

```
1    #include <stdio.h>
2
3    int main(void)
4    {
5        int wert;  // Deklaration
6        wert = 17; // Initialisierung
7        float faktor = 23.05; // Deklaration + Initialisierung
8
9        printf("Variable 1: %i\n", wert);
10       printf("Variable 2: %f\n", faktor);
11       return 0;
12   }
```

Getrennte Deklaration bzw. Initialisierung

In der Zeile 5 wird eine Variable des Datentyps *int* deklariert. Dieser Vorgang bedeutet lediglich eine Reservierung eines Speicherbereichs. Der Inhalt, der sich daraus ergibt, ist rein zufällig, denn es ist noch zu keiner Initialisierung gekommen. Erst in Zeile 6 wird dieser Variablen der Wert *17* zugewiesen, was der Initialisierung entspricht. Du kannst diese beiden getrennten Schritte auch in einer einzigen Zeile durchführen.

Kapitel 11: Programmieren in C

Einzeilige Deklaration und Initialisierung

Wenn du die Nennung des Datentyps mit Variablen-Namen und den Zuweisungsoperator mit einem Wert in eine Zeile schreibst, kannst du den Vorgang der Deklaration + Initialisierung kombinieren. Das wird in Zeile 7 gemacht, wo der Variablen *faktor* vom Datentyp *float* der Wert *23.05* zugewiesen wird.

Wenn du mehrere Variablen eines Datentyps verwenden möchtest, kannst du sie allesamt durch Komma getrennt in eine Zeile schreiben.

```
1    #include <stdio.h>
2
3    int main(void)
4    {
5        int wert1 = 15, wert2 = -3, wert3 = 25;
6        printf("Variable 1: %i\n", wert1);
7        printf("Variable 2: %i\n", wert2);
8        printf("Variable 3: %i\n", wert3);
9        return 0;
10   }
```

◀ **Abbildung 11-8**
Die Wertezuweisung bei Variablen

In Zeile 5 werden alle aufgeführten Variablen mit dem Datentyp *int* deklariert und entsprechend den Zuweisungen initialisiert. Eine einmal initialisierte Variable kann nach Belieben unbegrenzt mit einem neuen Wert versehen werden.

Arrays

Eine Variable besitzt immer einen Datentyp und kann nur einen einzigen Wert speichern. In C gibt es aber eine Sonderform, die in der Lage ist, mehrere Werte eines Datentyps zu speichern. Es handelt sich dabei um die sogenannten *Arrays*. Angenommen, du möchtest mehrere Messwerte abspeichern und sie nachher auswerten. Das ist recht mühsam, und eigentlich ist es nicht praktikabel, endlose Variablen-Namen wie *wert1*, *wert2*, *wert3* usw. zu definieren, die programmtechnisch – wollten wir sie z.B. in einer Schleife einzeln ansprechen – überhaupt nicht greifbar sind. Dieses Manko wird durch ein Array beseitigt. Ich möchte für unser erstes Beispiel ein Array definieren, das in der Lage ist, 8 Werte des Datentyps *int* zu speichern. Damit wir das machen können, müssen wir die folgende allgemeine Schreibweise verwenden:

```
Datentyp Arrayname[Anzahl der Elemente];
```

Sehen wir uns dazu ein einfaches Programm an:

Abbildung 11-9 ▶
Die Definition eines Arrays

```
1    #include <stdio.h>
2
3    int a[8]; // Array mit 8 Elementen
4
5    int main(int argc, char **argv)
6    {
7        int i; // Laufvariable
8        for(i = 0; i < 8; i++){
9            printf("a[%i] = %i\n", i, a[i]);
10       }
11       return 0;
12   }
```

Wie du siehst, haben wir in Zeile 3 ein Array vom Datentyp *int* deklariert, das in der Lage ist, 8 Elemente zu speichern. Starten wir das Programm, bekommen wir folgende Ausgabe:

Abbildung 11-10 ▶
Die Anzeige der Elemente des
Arrays

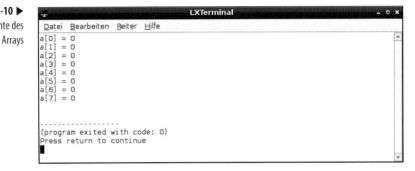

Da wir das Array noch nicht mit definierten Werten initialisiert haben, hat jedes einzelne Element den Wert *0*. Das können aber auch andere – und von *0* verschiedene – Werte sein, denn eine Initialisierung hat noch nicht stattgefunden.

Achtung

Achte unbedingt darauf, dass du die Arraygrenzen nicht überschreitest. Ein Array, das z.B. mit *8* Elementen definiert wurde, wird über den Indexbereich von *0* bis *7* angesprochen. Es passieren die merkwürdigsten und unvorhersehbaren Dinge, die bis hin zum Programmabsturz gehen, wenn du dich nicht daran hältst. Der Compiler wird dich nicht darauf hinweisen, dass dein Programm versuchen wird, ein Array-Element außerhalb des definierten Bereichs anzusprechen. Du als Programmierer musst dich selbst darum kümmern bzw. sicherstellen, dass das nicht passiert!

Du kannst nun auf unterschiedliche Weise das Array mit Werten versehen. Eine Möglichkeit besteht in der anfänglichen Initialisierung über die folgende Syntax:

Kapitel 11: Programmieren in C

```
1  #include <stdio.h>
2
3  int a[8] = {13, -2, 7, 9, 2, -18, 0, 11};
4
5  int main(int argc, char **argv)
6  {
7      int i; // Laufvariable
8      for(i = 0; i < 8; i++){
9          printf("a[%i] = %i\n", i, a[i]);
10     }
11     return 0;
12 }
```

◀ **Abbildung 11-11**
Die Initialisierung eines Arrays in
einer Zeile

In Zeile 3 wird das Array wie schon zu Beginn über Datentyp,
Namen und Anzahl der Elemente definiert, nun jedoch über den
Zuweisungsoperator und der Auflistung der einzelnen Element-
werte, die innerhalb der geschweiften Klammern aufgeführt sind,
initialisiert. Die Ausgabe des Programms zeigt dir die Werte der
einzelnen Elemente an:

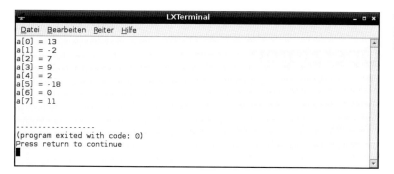

◀ **Abbildung 11-12**
Die Anzeige der Elemente des
initialisierten Arrays

Zur Verdeutlichung der Speicherung der Array-Elemente sehen wir
uns die folgende Grafik an.

```
                       Index:
             0   1   2   3   4   5   6   7
int a[8]:  | 13 | -2 | 7 | 9 | 2 | -18 | 0 | 11 |
```

◀ **Abbildung 11-13**
Die Elemente des initialisierten
Arrays

Ein Array wird auch zur Speicherung von Zeichenketten verwendet, wo je Element ein einzelner Buchstabe abgespeichert wird. Wir
wollen ein Array definieren, das eine Nachricht speichert.

```
1  #include <stdio.h>
2
3  char a[] = "Hallo mein Freund!";
4
5  int main(int argc, char **argv)
6  {
7      printf("Message = %s\n", a);
8      return 0;
9  }
```

◀ **Abbildung 11-14**
Die Initialisierung eines Arrays mit
einer Zeichenkette

In Zeile 3 wird das Array, das diesmal vom Datentyp *char* ist, mit einer Zeichenkette initialisiert. Innerhalb der *main*-Funktion wird in Zeile 7 diese Zeichenkette über das Formatzeichen *%s* (*String*) ausgegeben.

Etwas macht mich hier stutzig. Warum hast du die Anzahl der Elemente, die das Array speichern soll, nicht mit angegeben. Stattdessen ist die eckige Klammer leer geblieben.

Steht die Anzahl der Elemente bei Initialisierung fest, berechnet der Compiler automatisch den erforderlichen Speicherplatz. Das bedeutet, dass du bei der Initialisierung des Arrays mit den 8 Integer-Werten das eckige Klammerpaar ebenfalls hättest leer lassen können. Neben dem hier vorgestellten eindimensionalen Array gibt es auch mehrdimensionale Arrays. Das würde aber an dieser Stelle den Rahmen sprengen.

Operatoren

Wie in Python gibt es in C die unterschiedlichsten Operatoren. Wir unterscheiden zwischen den folgenden Kategorien:

- mathematische Operatoren
- bitweise Operatoren
- Vergleichs-Operatoren
- logische Operatoren

Mathematische Operatoren

Die folgenden mathematischen Operatoren stehen dir in C zur Verfügung:

Tabelle 11-4 ▶
Mathematische Operatoren

Operator	Bedeutung	Beispiel
+	Addition	$23 + 3 = 26$
-	Subtraktion	$18 - 9 = 9$
*	Multiplikation	$12 * 2 = 24$
/	Division	$16 / 4 = 4$
%	Modulo (Restwert-Division)	$12 \% 5 = 2$

Kapitel 11: Programmieren in C

Bitweise Operatoren

Die bitweisen Operatoren gleichen denen der Programmiersprache Python, so dass ich ihre Funktionsweise hier nicht noch einmal erkläre.

Operator	Bedeutung	Beispiel
&	bitweise UND-Verknüpfung	$5 \& 3 = 1$
|	bitweise ODER-Verknüpfung	$5 \| 6 = 7$
^	bitweises EXCLUSIV-ODER (XOR)	$5 \wedge 12 = 9$
~	bitweises NOT (Einerkomplement)	$\sim 4 = -5$
>>	bitweises Rechtsschieben	$12 >> 2 = 3$
<<	bitweises Linksschieben	$1 << 3 = 8$

◀ **Tabelle 11-5**
Bitweise Operatoren

Vergleichs-Operatoren

Über Vergleichs-Operatoren ist es möglich, Zahlen oder Ausdrücke miteinander zu vergleichen.

Operator	Bedeutung	Beispiel	Ergebnis
==	Gleichheit	$10 == 5$	False
!=	Ungleichheit	$10 != 5$	True
<	kleiner	$5 < 12$	True
>	größer	$45 > 90$	False
<=	kleiner oder gleich	$13 <= 13$	True
>=	größer oder gleich	$21 >= 19$	True

◀ **Tabelle 11-6**
Logische Operatoren

Auch hier gibt es keine Unterschiede zu Python, wo die gleichen Vergleichs-Operatoren verwendet werden.

Logische Operatoren

Über die logischen Operatoren kannst du vorhandene Wahrheitswerte miteinander in Beziehung setzen, wobei das Ergebnis ebenfalls ein Wahrheitswert ist.

Operator	Bedeutung	Beispiel	Ergebnis
&&	UND-Verknüpfung	True and True	True
||	ODER-Verknüpfung	True or False	True
!	Negation	Not True	False

◀ **Tabelle 11-7**
Logische Operatoren

Die logischen Operatoren haben keine aussagekräftigen Bezeichnungen wie z. B. in Python. Hier handelt es sich um Symbole, die aber sehr leicht zu erlernen sind. Das nachfolgende Programm zeigt dir die Arbeitsweise der Operatoren.

Abbildung 11-15 ▶
Die logischen Operatoren bei der Arbeit

```
1   #include <stdio.h>
2
3   int main(int argc, char **argv)
4   {
5       int a = 14, b = -23;
6       if((a == 14) && (b < 0)){
7           printf("Beide Bedingungen sind erfüllt.\n");
8       }
9       if((a == 14) || (b > 17)){
10          printf("Eine Bedingung ist erfüllt.\n");
11      }
12      if(!(b == 17))
13          printf("b ist nicht 17.\n");
14      return 0;
15  }
```

Die Ausgabe im Terminal-Fenster zeigt folgendes Ergebnis:

Abbildung 11-16 ▶
Die Ausgabe im Terminal-Fenster

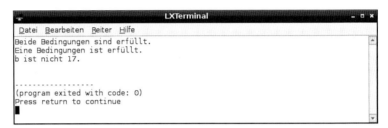

Für die *UND*-Bedingung in Zeile 6 müssen beide Ausdrücke wahr sein, damit die *printf*-Anweisung zur Ausführung kommt. Das ist hier der Fall. Für die *ODER*-Bedingung in Zeile 9 reicht es, wenn eine der Bedingungen erfüllt ist. Die Variable *a* ist gleich *14*, *b* ist jedoch nicht größer als *17*, was für die Ausführung der *printf*-Anweisung vollkommen ausreichend ist. Über das Ausrufezeichen *!* wird die logische Bewertung umgekehrt. Die Variable *b* ist ungleich *17* und deswegen wird die *printf*-Anweisung wiederum ausgeführt.

Lokale bzw. globale Variablen

Natürlich wird auch in C zwischen lokalen und globalen Variablen unterschieden. Eine lokale Variable wird immer in einem Anweisungsblock, der über das geschweifte Klammerpaar gebildet wird, definiert und ist auch nur in ihm gültig bzw. sichtbar. Ein derartiger Anweisungsblock kann z. B. eine Funktionsdefinition sein. Im Gegensatz dazu wird eine globale Variable z. B. direkt hinter den Präprozessoranweisungen oder innerhalb von externen Header-

Dateien aufgeführt bzw. definiert. Sehen wir uns als Beispiel das folgende Programm an:

```
1   #include <stdio.h>
2
3   int a = 23; // globale Variable
4
5   int main(int argc, char **argv)
6   {
7       int b = 17; // lokale Variable
8       printf("Der Inhalt von a ist: %i\n", a);
9       printf("Der Inhalt von b ist: %i\n", b);
10      return 0;
11  }
```

◀ **Abbildung 11-17**
Lokale bzw. globale Variablen

Da die Variable *a* in Zeile 3 außerhalb irgendeiner Funktion definiert wurde, gilt sie als globale Variable, die programmweit sichtbar und verfügbar ist. Das bedeutet, dass der Zugriff auf sie aus jeglicher Funktion heraus möglich ist. Innerhalb der *main*-Funktion kann also in Zeile 8 problemlos darauf zugegriffen werden. Die Definition der Variablen *b* in Zeile 7 erfolgt innerhalb einer Funktion, so dass sie auch nur in ihr sichtbar ist. Der folgende Code liefert einen Fehler, da versucht wird, aus der *main*-Funktion direkt auf eine lokale Variable der *addiere*-Funktion zuzugreifen.

```
1   #include <stdio.h>
2
3   int main(int argc, char **argv)
4   {
5       int b = 17; // lokale Variable
6       printf("Der Inhalt von b ist: %i\n", b);           // Ist legal
7       printf("Der Inhalt von summe ist: %i\n", summe); // Ist illegal
8       return 0;
9   }
10
11  int addiere(int wert1, int wert2){
12      int summe = wert1 + wert2; // lokale Variable
13      return summe;
14  }
```

◀ **Abbildung 11-18**
Fehlerhafter Zugriff lokale Variable

Das macht überhaupt keinen Sinn, denn die lokale Variable *summe* wird erst im Speicher existent, wenn die *addiere*-Funktion aufgerufen wird. Und dann ist sie auch nur innerhalb der Funktion sichtbar. Die Fehlermeldung lautet:

```
error: 'summe' undeclared (first use in this function)
```

Kann es eigentlich auch vorkommen, dass es eine globale und eine lokale Variable gleichen Namens gibt? Falls ja, welche wird dann z.B. in der Funktion verwendet? Oder kommt es sogar zu einem Fehler?

Eine sehr kluge Frage, *RasPi*! Die Antwort lautet: Das ist durchaus möglich, wenn auch nicht erstrebenswert, denn es kann zu Verwechslungen kommen. Schau her:

Abbildung 11-19 ▶

Lokale und globale Variable mit
gleichem Namen

```
1    #include <stdio.h>
2
3    int a = 17; // globale Variable
4
5    int main(int argc, char **argv)
6    {
7        int a = -23; // lokale Variable
8        printf("Der Inhalt von a ist: %i\n", a); // Ist legal
9        return 0;
10   }
```

In Zeile 3 wird eine globale Variable definiert, die innerhalb der Funktion in Zeile 7 noch einmal definiert wird. Was denkst du, wird der Wert sein, der im Terminal-Fenster ausgegeben wird? Merk dir den folgenden Satz: *Eine lokale Variable überdeckt bei Namensgleichheit die globale Variable.* Ich rede hier von überdecken und nicht von überschreiben. Die Ausgabe lautet demnach *-23*.

Kommentare

Wie in fast jeder anderen Programmiersprache gibt es auch in C/ C++ die Möglichkeit, Kommentare zu verfassen. Dabei gibt es wieder die zwei Varianten der einzeiligen bzw. mehrzeiligen Kommentare.

Abbildung 11-20 ▶

Die unterschiedlichen Kommentare

```
1    #include <stdio.h>
2
3    int main(int argc, char **argv)
4    {
5        printf("Das Programm zeigt die unterschiedlichen Kommentare.\n");
6        // Das ist ein einzeiliger Kommentar
7        printf("Hier steht was vollkommen Belangloses.\n");
8        /* Wenn es notwendig sein sollte,
9           können Kommentare auch über mehrere
10          Zeilen fortgeführt werden.
11       */
12       printf("Hier endet das Programm.\n");
13       return 0; // Letzte Anweisung
14   }
```

Ein einzeiliger Kommentar wird durch zwei Schrägstriche // eingeleitet. Alles, was sich dahinter befindet, wird vom Compiler als eine Bemerkung seitens des Programmierers angesehen und beim Übersetzen ignoriert. Möchtest du einen längeren Kommentar in Form mehrzeiliger Erläuterungen und Text in Prosa verfassen, ist es auf Dauer recht mühsam, vor jede Zeile zwei Schrägstriche zu setzen. Stattdessen verwendest du die Markierungen für einen mehrzeiligen Kommentar über die einleitenden Zeichen /* und die abschließenden Zeichen */.

Schleifen

Auch in C gibt es unterschiedliche Schleifenvarianten, von denen ich dir zwei zeigen möchte.

Die for-Schleife

Die *for*-Schleife in C hat eine etwas andere Struktur. Innerhalb der Schleife verrichtet meistens eine sogenannte Laufvariable ihren Dienst. Die allgemeine Syntax für eine *for*-Schleife lautet:

```
for(Initialisierung;Bedingung;Update){
    <Anweisung 1>;
    <Anweisung 2>;
    <Anweisung n>;
}
```

In unserem Beispiel ist das die Variable *i* des ganzzahligen Datentyps *int*, die vor der Schleife mit dem Wert *0* initialisiert wurde.

```
1   #include <stdio.h>
2
3   int main(int argc, char **argv)
4   {
5       int i; // Laufvariable
6       for(i = 0; i < 10; i++)
7           printf("i = %i\n", i);
8       return 0;
9   }
```

◀ **Abbildung 11-21**
Die for-Schleife

Innerhalb der *for*-Schleife wird die Variable *i* einer Bewertung unterzogen, die darüber entscheidet, ob ein erneuter Durchlauf erfolgen soll. Abschließend wird die Laufvariable natürlich einem Update unterzogen, denn ohne Update würde sich die Bedingung nie ändern. Sieh her:

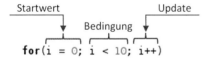

Im ersten Schritt wird die Laufvariable *i* mit einem Startwert initialisiert. Dann wird die formulierte Bedingung ausgewertet. Ist das Ergebnis wahr, erfolgt ein Durchlauf der Schleife mit einem nachfolgenden *Update* der Laufvariablen, was in unserem Fall das Inkrementieren um den Wert *1* bedeutet. Das Ergebnis des Schleifendurchlaufs schaut wie folgt aus:

Abbildung 11-22 ▶

Das Ergebnis des
for-Schleifen-Durchlaufs

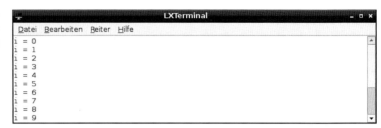

Genau wie in der Bedingung formuliert, werden die Werte von *0*
bis *9* ausgegeben.

Die while-Schleife

Bei einer *while*-Schleife wird vor Eintritt die formulierte Bedingung
ausgewertet. Ist sie *0*, wird die Schleife nicht ausgeführt.

> Was soll das bedeuten? Es wird auf den Wert *0* hin überprüft!?

Das ist richtig, *RasPi*! Ich hatte es noch nicht erwähnt, aber in C
gibt es keine Wahrheitswerte wie *True* oder *False*. Ein Wert, der *0*
ist, wird als logisch falsch erkannt. Alles, was von *0* verschieden ist,
ist logisch wahr. Schon gewöhnungsbedürftig, nicht wahr (die
Negation von wahr ist falsch!)? Die allgemeine Syntax für eine
while-Schleife lautet:

```
while(Bedingung){
    <Anweisung 1>;
    <Anweisung 2>;
    <Anweisung n>;
}
```

Mit der folgenden *while*-Schleife möchte ich das gleiche Ergebnis
erzielen wie mit der zuvor behandelten *for*-Schleife. Es sollen also
die Werte zwischen *0* und *9* ausgegeben werden.

Abbildung 11-23 ▶

Die while-Schleife

```
1    #include <stdio.h>
2
3    int main(void)
4    {
5        int i = 0; // Initialisierung
6        while(i < 10){
7            printf("i = %i\n", i);
8            i++; // Inkrementierung
9        }
10       return 0;
11   }
```

Wie du an der *main*-Funktion erkennst, habe ich statt der zuvor aufgeführten Parameter *argc* und *argv* das Schlüsselwort *void* verwendet. Aber das nur am Rande. In Zeile 5 erfolgt die Initialisierung der Quasi-Laufvariablen, die für die Bedingungsformulierung in Zeile 6 in der *while*-Schleife benötigt wird. Das erforderliche Update der Variablen erfolgt in Zeile 8 durch das schrittweise Hochzählen um den Wert 1. Auf diese Weise werden wie bei der *for*-Schleife die Werte zwischen 0 und 9 ausgegeben.

Einfluss auf den Schleifendurchlauf nehmen

Auch in C kannst du während der Abarbeitung der Schleifendurchläufe unabhängig von den vorher formulierten Bedingungen einen außergewöhnlichen Einfluss auf die Iterationsschritte nehmen. Die Befehle dazu lauten:

- *break* (unmittelbarer Abbruch der Schleifenabarbeitung)
- *continue* (unmittelbares Fortsetzen der Schleifenabarbeitung mit dem nächsten Iterationsschritt)

Ich zeige das Verhalten am Beispiel einer *while*-Schleife.

```
1    #include <stdio.h>
2
3    int main(void)
4    {
5        int i = -1; // Initialisierung
6        while(i < 20){
7            i++; // Inkrementierung
8            if(i > 10) break;
9            if(i % 2 != 0) continue;
10           printf("i = %i\n", i);
11       }
12       return 0;
13   }
```

◀ **Abbildung 11-24**
Die while-Schleife und ihre Notausstiege

Das vorliegende Programm soll den Wert von *i* schrittweise hochzählen und zur Anzeige bringen. Wären da nicht die unplanmäßigen Eingriffe von *break* und *continue*. Was passiert also im Detail? In Zeile 8 wird über die *break*-Anweisung verhindert, dass ein Wert von *i* zur Anzeige gebracht wird, der größer als 10 ist. Die darauffolgende Zeile verhindert immer dann die Anzeige des Wertes von *i*, wenn er ungerade ist. Das wird über den *Modulo*-Operator erreicht, der bei einer geraden Zahl den Restwert 0 liefert. Ist er ungleich 0, handelt es sich um eine ungerade Zahl, und der nächste Iterationsschritt wird eingeleitet, ohne dass die *printf*-Funktion in Zeile 10 ausgeführt wird. Die angezeigten Werte lauten also 0, 2, 4, 6, 8 und 10.

Eine Kontrollstruktur

Was wäre eine Programmiersprache ohne eine Möglichkeit, während des Programmlaufs Einfluss auf den Ablauf bzw. Kontrollfluss nehmen zu können. Natürlich gibt es auch in C eine *if*-Anweisung, mit der du anhand formulierter Bedingungen die Fortführung des Programms steuern kannst. Die Reihenfolge der Ausführung bestimmter Anweisungen spielt im Programmablauf eine entscheidende Rolle. Normalerweise werden sie von oben nach unten in der Reihenfolge des Vorkommens ausgeführt. Nun kannst du aber eine Entscheidungsinstanz in Form einer *if*-Anweisung programmtechnisch dort platzieren, wo eine bedingte Ausführung erfolgen soll. Die allgemeine Syntax für eine *if*-Anweisung lautet:

```
if(<Bedingung>){
    <Anweisung 1>;
    <Anweisung 2>;
    <Anweisung n>;
}
```

Wenn lediglich eine einzige Anweisung der Ausführung bedarf, kannst du die Blockbildung durch die geschweiften Klammern weglassen. Sehen wir uns dazu wieder ein Beispiel an.

Abbildung 11-25 ▶

Die if-Anweisung

```
1     #include <stdio.h>
2
3     int a = 17;
4
5     int main(int argc, char **argv)
6     {
7         if(a > 0)
8             printf("Der Wert von %i ist positiv.\n", a);
9         return 0;
10    }
```

In Zeile 7 wird anhand der formulierten Bedingung überprüft, ob der Wert der Variablen *a* größer als *0*, also positiv ist. Wird als Ergebnis *wahr* zurückgeliefert, kommt es zur Ausführung der Zeile, die der *if*-Anweisung unmittelbar folgt. Das ist hier der Fall, und deswegen kommt es zur Ausführung der *printf*-Anweisung in Zeile *8*. Was passiert aber, wenn die Variable *a* z.B. den Wert -3 besitzt? Die Auswertung der Bedingung liefert *falsch* zurück und die Zeile 8 kommt nicht zur Ausführung. In manchen Fällen möchte man aber vielleicht trotzdem die Rückmeldung vom Programm bekommen, dass die Zahl gleich oder kleiner *0* ist. Wie machen wir das? Die Lösung besteht nicht darin, einfach vor Zeile 9 eine weitere *printf*-Anweisung einzufügen. Sie würde in jedem Fall unabhängig von der Bedingungsbewertung erreicht werden. Die *if*-Anweisung besitzt noch ein optionales Element: die *else*-Anweisung.

```
1   #include <stdio.h>
2
3   int a = -17;
4
5   int main(int argc, char **argv)
6   {
7       if(a > 0)
8           printf("Der Wert von %i ist positiv.\n", a);
9       else
10          printf("Der Wert %i ist gleich oder kleiner 0.\n", a);
11      return 0;
12  }
```

◀ **Abbildung 11-26**
Die if-else-Anweisung

Der *else*-Zweig wird immer dann ausgeführt, wenn die formulierte Bedingung *falsch* ist.

Wir definieren eigene Funktionen

Was die Aufgabe einer Funktion ist, brauche ich dir sicher nicht mehr zu erläutern. Du hast das schon in Python gesehen, und die *main*-Funktion aus C hast du ebenfalls kennengelernt. Wir wollen trotzdem eine eigene Funktion definieren. Wir wollen einfach einen übergebenen Wert dreimal mit sich selbst malnehmen, also den Kubus daraus bilden.

```
1   #include <stdio.h>
2
3   // Funktionsdefinition
4   double kubus(double a){
5       return a * a * a;
6   }
7
8   int main(int argc, char **argv)
9   {
10      double wert = 3.0;
11      printf("%lf hoch 3 = %lf\n", wert, kubus(wert));
12      return 0;
13  }
```

◀ **Abbildung 11-27**
Die Funktionsdefinition

Wenn du eine eigene Funktion unter C definierst, muss es sich um eine globale Definition handeln und sie darf nicht innerhalb einer weiteren schon vorhandenen Funktion wie z. B. *main* platziert werden. Zudem kommt es auf die Reihenfolge des Aufrufs bei der Ausführung des Programms an. Die *kubus*-Funktion wird vor der *main*-Funktion gelistet, was bedeutet, dass sie beim Übersetzen bzw. beim Aufruf der *main*-Funktion schon bekannt ist. Alles läuft wie beabsichtigt. Würdest du aber den folgenden Code formulieren, gäbe es ein Problem.

Abbildung 11-28 ▶

Die Funktionsdefinition
(nicht ganz richtig)

```
1    #include <stdio.h>
2
3    int main(int argc, char **argv)
4    {
5        double wert = 3.0;
6        printf("%lf hoch 3 = %lf\n", wert, kubus(wert));
7        return 0;
8    }
9
10   // Funktionsdefinition
11   double kubus(double a){
12       return a * a * a;
13   }
```

Die Definition der *kubus*-Funktion erfolgt später als die der *main*-Funktion, was zu einem Fehler in der Kompilierung führt. Abhilfe schafft ein Umpositionieren oder eine andere Lösung:

Abbildung 11-29 ▶

Die Funktionsdefinition
(mit einem Prototypen)

```
1    #include <stdio.h>
2
3    double kubus(double); // Prototyp
4
5    int main(int argc, char **argv)
6    {
7        double wert = 3.0;
8        printf("%lf hoch 3 = %lf\n", wert, kubus(wert));
9        return 0;
10   }
11
12   // Funktionsdefinition
13   double kubus(double a){
14       return a * a * a;
15   }
```

In der Zeile 3 mache ich den Compiler über einen sogenannten *Prototypen* mit der später im Quellcode auftretenden Funktion schon mal bekannt. Es bedarf lediglich der Nennung der folgenden Details:

- Rückgabedatentyp der Funktion
- Funktionsnamen
- Datentypen der Funktionsparameter.

Die eigentliche Ausformulierung der Funktion ist nicht erforderlich und erfolgt später in den Zeilen 13 bis 15. Über die return-Anweisung in Zeile 14 wird die Funktion unmittelbar verlassen. Jeglicher Code, der ggf. noch in weiteren Zeilen danach aufgeführt würde, käme niemals zur Ausführung. Ich möchte dich an dieser Stelle mit dem schlummernden Problem bekannt machen, wenn eine Funktion einen Rückgabewert über return liefern soll, der aber nicht in jedem Fall gewährleistet ist. Wie das? Sieh her:

```
1    #include <stdio.h>
2
3    int wert1 = 17, wert2 = -3;
4
5    // Funktionsdefinition
6  ⊟int vergleiche(int a, int b){
7        if(a > b)
8            return 1;
9  └}
10
11   int main(int argc, char **argv)
12 ⊟{
13       printf("Rückgabewert der Funktion: %i\n", vergleiche(wert1, wert2));
14       return 0;
15 └}
```

◀ **Abbildung 11-30**
Die Funktionsdefinition (mit einem
schlummernden Problem)

Auf den ersten Blick scheint bei der Funktionsdefinition alles in
Ordnung zu sein. Sie hat einen Rückgabedatentyp, einen Namen,
und über die *return*-Anweisung in Zeile 8 wird ein Statuswert an
den Aufrufer zurückgeliefert, der in Anhängigkeit einer Ver-
gleichsoperation erfolgt. Und da liegt auch der Hase im Pfeffer. Die
Funktion muss aufgrund der Definition einen Rückgabewert vom
Datentyp int liefern. Was ist aber, wenn die *if*-Anweisung den Ausdruck als logisch falsch bewertet? Es kommt nicht zur Ausführung
der *return*-Anweisung und die Funktion wird einfach ohne Rückgabewert verlassen. Der Compiler bemerkt dieses Manko jedoch und
meckert entsprechend.

c:9:1: warning: control reaches end of non-void function [-Wreturn-type]

Für alle Eventualitäten muss vorgesorgt sein. Also formuliere den
Code so um, dass in jedem Fall eine *return*-Anweisung erreicht
wird, z.B. wie im folgenden Code.

```
5    // Funktionsdefinition
6  ⊟int vergleiche(int a, int b){
7        if(a > b)
8            return 1;
9        return 0;
10 └}
```

◀ **Abbildung 11-31**
Korrekte Funktionsdefinition mit
zwei return-Anweisungen

Kommt die erste *return*-Anweisung nicht zur Ausführung, dann auf
jeden Fall die zweite.

Zeiger

Das folgende Thema ist sicher etwas gewöhnungsbedürftig, denn
es geht um sogenannte *Zeiger*. Ein Zeiger, auch *Pointer* genannt,
weist immer auf irgendetwas. Der Computer besitzt zur Speicherung von Programmen und Daten natürlich einen bestimmten Speicherbereich. Ich rede nicht von externen Medien wie z.B. Festplat-

ten, sondern vom Arbeitsspeicher, der auch *RAM* (*Random-Access-Memory*) genannt wird. Er ist ein strukturierter Bereich, der über Adressen zu erreichen ist. Um z.B. von einer Adresse zu nächsten zu gelangen, wird intern ein Adresszeiger verwendet. Stell dir das vereinfacht wie folgt vor:

Abbildung 11-32 ▶
Auszug eines fiktiven
Speicherbereichs

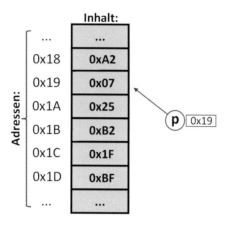

In der Grafik siehst du einen kleinen Ausschnitt eines fiktiven Speicherbereichs. Auf der linken Seite haben wir die Speicheradressen, rechts davon in den blauen Kästen die jeweiligen Inhalte. Auf der rechten Seite befindet sich ein Zeiger mit Namen *p*, der auf eine spezielle Speicheradresse verweist. Über diesen Zeiger kannst du an den Inhalt der referenzierten Speicheradresse gelangen. Sehen wir uns das Ganze an einem konkreten Beispiel an.

Abbildung 11-33 ▶
Wie funktioniert ein Zeiger
(Pointer)?

```c
1    #include <stdio.h>
2
3    int main(void)
4    {
5        int a = 15; // Variable mit Wert 15 initialisiert
6        int *p;     // Zeiger deklarieren
7        p = &a;     // Zeiger weist auf die Variable a
8        printf("Inhalt von Pointer = %i\n", *p);
9        return 0;
10   }
```

In Zeile 5 wird die Variable *a* des Datentyps int mit dem Wert *15* initialisiert. Dieser Wert befindet sich an einer nach dem Start des Programms vom Betriebssystem festgelegten Speicheradresse, die uns eigentlich überhaupt nicht zu interessieren hat. Um wieder an den Wert zu gelangen, rufen wir den Variablen-Namen auf. Hinter ihm steckt – vor uns verborgen – eine Speicheradresse, die in Wirklichkeit aufgrund der Datenbreite des Datentyps *int* mehrere Speicheradressen – sprich Bytes – umfasst. Wir wollen aber einen Zeiger auf diese Speicheradresse weisen lassen, dessen Deklaration in Zeile 6 über den Stern vor dem Variablen-Namen erfolgt. Nun haben wir einen Zeiger, der im Moment ins Nichts weist, denn wir haben ihm noch keine konkrete Adresse zugewiesen. Das machen wir im nächsten Schritt in Zeile 7 und nutzen dazu den sogenannten Adressoperator & (Das *Kaufmanns-UND*), der die Speicheradresse eines Objektes zurückliefert.

Variable: Adresse: Inhalt:

a: 0x18   17

p 0x18

◀ **Abbildung 11-34**
Der Zeiger p weist auf die Variable a

Über die Befehle in den Zeilen 5, 6 und 7 haben wir folgenden Zustand erreicht: Die Variable *a* ist im Speicher existent und die Zeigervariable *p* weist auf *a*, d.h. auf den dahinterliegenden Speicher.

> Dann muss es doch auch eine Möglichkeit geben, über den Zeiger auf die Variable *a* zuzugreifen. Sonst würde das Ganze keinen Sinn machen.

Vollkommen richtig durchblickt, *RasPi*! Wenn du z.B. über die Zeile

```
printf("%i\n", p);
```

versuchen würdest, an den Inhalt der Speicheradresse zu gelangen, auf die *p* weist, bekommst du lediglich einen sehr großen positiven bzw. kleinen Ganzzahlwert angezeigt. Es handelt sich dabei nämlich um die Speicheradresse und nicht um den Inhalt, der sich dahinter verbirgt. Ich habe das schon richtig im Programm in Zeile 8 geschrieben. Verwende zum Anzeigen des Speicherinhalts den Inhalts-Operator, der durch den Stern * repräsentiert wird. Über den Adressoperator & haben wir eine Referenz auf ein Objekt erstellt, und wenn wir wieder den umgekehrten Weg gehen wollen, müssen wir den Inhalts-Operator, der als *Dereferenzierer* arbeitet, anwenden. Wenn du das soweit verstanden hast, kommen wir zu einem realen Anwendungsbeispiel, das den Sinn, der hinter dem Einsatz eines Zeigers steckt, deutlicher macht. Wir nehmen dazu ein Array, das du schon kennst.

Abbildung 11-35 ▶

Der Zeiger auf ein Array

```
1    #include <stdio.h>
2
3    int main(void)
4    {
5        int a[] = {3, -4, 8, 17}; // Array
6        int *p; // Zeiger deklarieren
7        p = a;  // Zeiger weist auf das Array a
8        int i; // Laufvariable
9        for(i = 0; i < 4; i++){
10           printf("%i\n", *p++);
11       }
12       return 0;
13   }
```

In Zeile 7 lassen wir den Zeiger *p* auf das Array a weisen.

> Stopp! Da stimmt doch etwas in Zeile 7 nicht so ganz. Du lässt einen
> Zeiger auf das Array weisen, ohne dass du den Adressoperator ver-
> wendest. Hast du den vergessen?

Gut beobachtet, *RasPi*! Aber dem ist nicht so. Ich habe den Adressoperator nicht vergessen, denn bei einem Array steht der Name
ohne weitere Indexangabe für ein Element stellvertretend für die
Adresse des ersten Elements. Sieh her:

Abbildung 11-36 ▶

Der Zeiger zeigt auf das erste
Array-Element

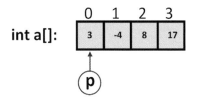

Du erreichst die Zuweisung des Zeigers demnach auch über die folgende Zeile:

```
p = &a[0];
```

Wenn du das Programm startest, werden die einzelnen Array-Elemente nacheinander ausgegeben. Das funktioniert aber nur dann,
wenn der Zeiger *p* nicht immer auf das erste Element weist, sondern weiter nach rechts bis zum Indexwert 3 wandert. Wie aber
funktioniert das mit dem Positionieren des Zeigers? Innerhalb der
for-Schleife befindet sich in Zeile *10* u.a. die folgende Operation:

```
*p++;
```

Über den Dereferenzierungsoperator * gelangen wir an den Inhalt
der Speicherstelle, auf die der Zeiger im Moment weist. Das ist der
Wert *3*. Nach dieser Aktion wird der Zeiger über die Inkrementie-

rung um den Wert *1* eine Position weiter nach rechts geschoben und weist auf das nächste Element, was *-4* ist. Auf diese Weise erreichen wir jedes Element innerhalb des Arrays.

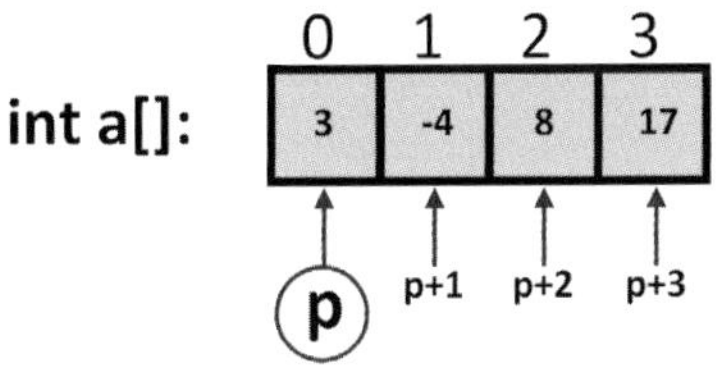

int a[]:

	0	1	2	3
	3	-4	8	17

p   p+1   p+2   p+3

◀ **Abbildung 11-37**
Der Zeiger zeigt auf weitere Array-Elemente

Zur Programmiersprache C gäbe es, ähnlich wie zu Python, noch eine ganze Menge mehr zu sagen. Wenn da nicht der Verlag sein Veto einlegen würde und etwas gegen meine geplanten *3000* Seiten hätte.

Raspberry Pi goes Retro 12

Was wäre die Computerwelt ohne die Möglichkeit, Plattform-fremde Anwendungen zum Leben zu erwecken. Es gibt Unmengen Emulatoren, um z. B. einen *Gameboy*, eine *Playstation*, einen *Apple II* oder einen *Commodore C64* zu reaktivieren, ohne dass du über die entsprechende Hardware verfügen musst. Die von mir genannten Systeme sind nur ein Bruchteil dessen, was heutzutage an Emulatoren zur Verfügung steht. Bleiben wir beim auch heute noch beliebten *C64*, der übrigens im Jahr *2012* sein *30*-jähriges Jubiläum feierte. Es ist einerseits verwunderlich und andererseits sehr erfreulich, dass dieser Heimcomputer einfach nicht totzukriegen ist und sich immer noch Entwickler finden, die neue Programme bzw. Spiele für ihn entwickeln. Es gibt sogar Hardware, die es ermöglicht, z. B. eine *SD-Karte* anzuschließen, die als virtuelles *Floppy-Laufwerk* erkannt wird.

◄ **Abbildung 12-1**
Der C64, wie er leibt und lebt
(aus meiner Retro-Sammlung)

Für echte Frickler, die in der Zeit aufgewachsen sind, als die ersten Heimcomputer auf den Markt kamen, sind Emulatoren etwas, mit dem man sich den Spaß aus vergangenen Tagen zurückholen kann. Vielleicht stehen sie aber auch für die Wahrnehmung, dass man älter geworden ist, und durch die Beschäftigung mit den alten

Maschinen holen wir uns das Vergangene zurück in die Gegenwart und werden so wieder jung. Natürlich kannst du dir sehr viele Emulatoren auf deinen Raspberry Pi laden und damit arbeiten bzw. spielen. Ich möchte dir eine wirklich gute Idee bzw. Umsetzung vorstellen, die das Herz jedes Retro-Freaks höher schlagen lässt.

CHAMELEONPI

Es gibt eine spezielle Raspbian-Version, also quasi einen Remix, die von *Carles Oriol* kompiliert wurde. Der Name der Version lautet *Chameleon*. Diese Plattform stellt eine stabile Basis für viele vorinstallierte Emulatoren dar. Das System besitzt zur Steuerung bzw. Konfiguration kein X-Windows, sondern stellt ein in Python programmiertes Frontend zur Verfügung, das sehr einfach zu bedienen ist und über das du die einzelnen Emulatoren auswählen kannst.

Für einen richtigen Retro-Freak ist das eine klasse Lösung all seiner Probleme, die unterschiedlichsten Emulatoren unter einen Hut zu bringen. Ich denke, dass mit einem speziellen Raspbian-Image genau die richtige Richtung eingeschlagen wurde. Was ist also zu tun? Sehen wir uns die einzelnen notwendigen Schritte genauer an.

Schritt 1: Herunterladen und Entpacken des Images

Auf der folgenden Internetseite findest du das *ChameleonPi*-Image.

http://chameleon.enging.com/download

Die Datei wird im Moment lediglich über einen *Torrent* zum Download angeboten, d.h., du benötigst zum Herunterladen einen *Torrent-Client, wie e*r frei im Netz verfügbar ist. Ich habe für meine

Zwecke *BitTorrent* installiert. Es gibt aber auch Browser-Plug-ins für z. B. *Firefox* oder *Chrome*. Nach dem Download musst du das Image entpacken. Verwende dafür z. B. *7Zip*.

Schritt 2: Installation auf die SD-Karte

Wenn nun das entpackte Image vorliegt, nimmst du eine leere SD-Karte mit *8*, *16* oder *32*GByte Speichervolumen (achte auf die korrekte Unterstützung der SD-Karte des Raspberry Pi) und überträgst es mit dem *USB Image-Tool*, das du schon aus dem Kapitel über die Betriebssystem-Installation kennst.

Schritt 3: Starten des ChameleonPi

Hast du das Image auf die SD-Karte übertragen, spricht nichts dagegen, den Raspberry Pi sofort damit zu booten. Füge also die SD-Karte in den Slot des Raspberry Pi ein und schließ das USB-Netzteil an. Beim Bootvorgang laufen zu Beginn nicht so viele Meldungen durch, wie du das von *normalen* Wheezy-Installationen kennst. Eine kurze Zeit später erscheint der Startbildschirm, der zu Beginn einen Ladebildschirm mit dem stilisierten Chamäleon-Kopf zeigt. Nach ein paar Sekunden blickst du – jedenfalls in der momentan vorliegenden Version *0.3.1* – auf das Bild eines *ZX-Spectrum*. Mit den Pfeiltasten nach links und rechts kannst du zu den anderen vorinstallierten Retro-Computern wechseln, wobei du immer mit dem jeweiligen Bild des Rechners beglückt wirst. Nach dem Bestätigen über die *Return*-Taste wird der jeweils ausgewählte Emulator geladen. Bei fast jedem Emulator gelangst du über die Funktionstasten *F1* bzw. *F10* in ein Emulator-spezifisches Konfigurationsmenü, in dem du diverse Einstellungen vornehmen kannst. Probier das einfach aus.

Schritt 4: Rom-Partition vergrößern

Da das heruntergeladene Image hinsichtlich der verwendeten SD-Kartengröße noch nicht angepasst ist, ist für die zu speichernden *Roms* der einzelnen Emulatoren naturgemäß zu wenig Platz vorhanden. Auf dem Startbildschirm werden rechts oben

- *F1* für Hilfe und
- *O* für ein Extra-Menü

angezeigt. Über *F1* findest du zahlreiche Informationen zur Handhabung des ChameleonPi. Wir wollen im ersten Schritt die Rom-Partition vergrößern. Drück zuerst die Taste *O*. Daraufhin erscheint die folgende Menüauswahl:

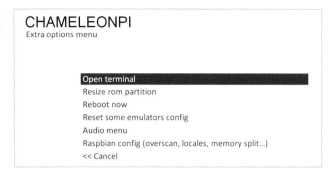

Abbildung 12-2 ▶
Das Extra-Options-Menü

Über die *Up-* und *Down-*Tasten kannst du den roten Balken auf den gewünschten Menüpunkt setzen und mit der *Return-*Taste die Auswahl bestätigen. Wir setzen die rote Markierung im Moment auf den zweiten Menüpunkt und bestätigen.

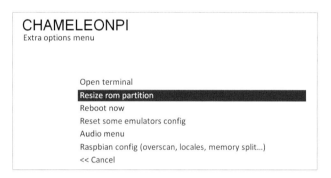

Abbildung 12-3 ▶
Das Extra-Options-Menü
(Resize rom partition)

Anschließend führen wir einen Reboot über den dritten Menüpunkt durch und bestätigen erneut.

Abbildung 12-4 ▶
Das Extra-Options-Menü
(Reboot now)

Nun wird dein Raspberry Pi rebooten und die vergrößerte Rom-Partition verfügbar sein. Öffne nach dem erfolgreichen Start erneut

Kapitel 12: Raspberry Pi goes Retro

das Extra-Options-Menü und wähl den ersten Menüpunkt aus, um ein Terminal-Fenster zu öffnen. Tippe dort den Befehl

```
# df -h
```

ein und vergewissere dich, dass die Partition wirklich vergrößert wurde. Da das Tastaturlayout auf US steht, befindet sich der Bindestrich auf der Taste ß. Ich habe eine SD-Karte mit *8GByte* verwendet, und bei mir steht beim Mountpoint */roms* der Wert *4,1G* (*size*). Über *Strg-D* bzw. der Eingabe von *exit* verlässt du das Terminal-Fenster und gelangst wieder ins Menü.

> Das ist ja super! Doch wie bekomme ich am einfachsten meine Spiele-Roms in das Verzeichnis?

Gute Frage, *RasPi*! Das ist sehr genial gelöst worden, denn du kannst über das Netzwerk direkt Zugriff auf die *roms*-Partition nehmen. Der nächste Schritt zeigt dir, wie du deine Programme bzw. Spiele auf den Raspberry Pi lädtst.

Schritt 5: Roms-Partition mit Spielen versehen

Auf deinem Raspberry Pi läuft im Hintergrund *Samba*, das genau dieses Verzeichnis über das Netzwerk freigibt. Im Kapitel über verschiedene Serveranwendungen findest du ein spezielles Unterkapitel, das sich mit Samba befasst und wo du für detailliertere Informationen nachschauen kannst. Du musst jetzt unter Windows in deinem Explorer die folgende Adresse eingeben:

Im Anschluss erfolgt eine Authentifizierung, bei der du die folgenden Daten eingibst:

▲ Abbildung 12-5
Der Zugriff auf die roms-Partition über das Netzwerk

- Benutzername: *zx*
- Passwort: *spectrum*

Wechselst du in das *roms*-Verzeichnis, wirst du erkennen, dass für jeden Emulator ein eigenes Unterverzeichnis eingerichtet wurde, damit du mit den unterschiedlichen Emulatoren mit den Roms nicht durcheinanderkommst. Weitere nützliche Hinweise findest du unter der folgenden Internetadresse:

http://www.stefanopaganini.com/raspberry-pi-chameleon-overview-and-tutorial/

Ich habe mein geliebtes Spiel *Day of Tentacle* herübergeschoben und die ScummVM gestartet. Es ist immer wieder berauschend, das Spiel zu öffnen. Eben eine Glanzleistung aus vergangenen Tagen. So manches Spiel desselben Genres von heute wirkt dagegen lieblos und ohne Witz.

Abbildung 12-6 ▶
Das Spiel Day of Tentacle in der ScummVM

Im folgenden Bild siehst du *Bernard*, *Laverne* und *Hoagie*, die in die Vergangenheit bzw. Zukunft reisen müssen, um den verrückten *Purpur-Tentakel* aufzuhalten, der von einem giftigen Abwasser getrunken hat und mutiert. Sein Ziel: *Die Welt erobern!*

Abbildung 12-7 ▶
Bernard, Laverne und Hoagie

Hier noch ein Arcade-Klassiker, den du über *MAME* spielen kannst. Er nennt sich *Galaxian* und war das erste Spiel, das zur damaligen Zeit RGB-Farben benutzte. Das Spielprinzip von *Space Invaders* wurde weiterentwickelt, so dass der angreifende Gegner nicht auf seiner angreifenden Ebene bleibt und sich nur horizontal bewegt, sondern er kommt in verschiedenen Angriffswellen heruntergeflogen und macht so das Bekämpfen und Ausweichen um einiges schwieriger und interessanter. Ein absolutes Muss!

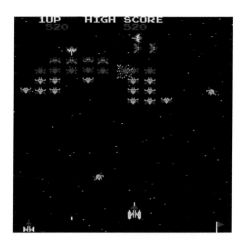

Mit dem Sound ist es ab der ersten Debian Wheezy-Version auch kein Problem mehr. Sowohl die Midi- als auch die normale Soundausgabe funktionieren einwandfrei.

Ich habe erfolgreich den Einsatz meines USB-GamePad-Controllers am Raspberry Pi getestet. Die Spielesteuerung klappt z.B. beim Atari *2600* oder bei *MAME* damit wirklich sehr gut.

Dieses No-Name-Produkt hat mich gebraucht knapp *4* Euro gekostet und wurde vom Raspberry Pi einwandfrei erkannt. Es gibt Modelle wie Sand am Meer, und du solltest es einfach mal ausprobieren. Da ich gerade den MAME-Emulator erwähnt habe, möchte ich dich gleich zu etwas mehr inspirieren. Auf dem folgenden Bild siehst du meinen Arcade-Automaten, den ich in an zwei Wochenenden zusammengebaut habe. Mit genügend Holz, einem älteren PC inklusive TFT, einem alten oder billigen USB-GamePad-Controller, ein paar original *Arcade Push Buttons* und einem Joystick kannst du dir deine eigene *Arcade Machine* zusammenbauen.

Abbildung 12-10 ▶
Mein Arcade-Automat

Auf dem folgenden Foto siehst du sowohl zwei unterschiedliche Joystick- als auch Button-Versionen.

Abbildung 12-11 ▶
Joysticks und Buttons
(links auch mit Beleuchtung)

Natürlich kann ich in diesem Buch keine Bauanleitung für diesen Automaten liefern, doch das Internet ist voll von derartigen Lösungen, und wer die Zeit und Muße dazu hat, kann sich etwas sehr Schönes bauen, mit dem Familie und Freunde viel Spaß haben.

> Das sieht sehr spannend aus, doch wie soll ich den Joystick und die Buttons mit meinem Raspberry Pi verbinden?

Deshalb hatte ich den alten GamePad-Controller erwähnt. Ich habe meinen alten geöffnet, damit du erkennst, wie das Teil von innen aussieht und wo du die Anschlüsse der Buttons bzw. des Joysticks anbringen musst.

◀ **Abbildung 12-12**
Der geöffnete USB-GamePad-Controller

Die Stellen, wo sich normalerweise die Gehäuse-Taster befinden, um eine Steueraktion auszulösen, habe ich rot markiert. Dort musst du die Anschlüsse deiner Buttons bzw. des Joysticks anlöten. Überprüfe jedoch vorher, ob dein Controller vom Raspberry Pi erkannt wird und die Steuerbefehle in MAME oder anderen Emulatoren Wirkung zeigen. Das ist Frickeln pur!

Welche Emulatoren stehen zur Verfügung?

Sicherlich fragst du dich, welche Emulatoren bzw. Maschinen unter ChameleonPi vorinstalliert sind. Ach so, du hast schon alle ausprobiert! Für diejenigen, die noch nicht die Gelegenheit dazu hatten, möchte ich alle Maschinen auflisten:

- ZX Spectrum
- Atari 2600
- ScummVM
- Apple II

- Oric-1
- Arcade
- IBM PC-DOS
- Commodore C64
- Commodore VC20 (Im Original VIC20 genannt)
- Commodore 128
- Oric Atmos
- ZX81
- Atari ST
- Amstrad CPC 464
- Sega Genesis-Megadrive
- MSX
- Atari 800
- Super Nintendo
- NES
- Classic Gameboy

Wenn dir das nicht genug ist, kannst du weitere Emulatoren bzw. Maschinen hinzufügen. Unter der schon genannten Internetseite

http://www.stefanopaganini.com/raspberry-pi-chameleon-overview-and-tutorial/

findest du Hinweise, wie das funktioniert.

Woher bekommst du Spiele?

Früher oder später fragst du dich, wie du an die Spiele für die jeweiligen Emulatoren kommst. Bei den im Internet in Massen zum Download angebotenen Spielen solltest du immer sichergehen, dass die Roms legal angeboten werden. Manche Firmen stellen ihre Spiele aufgrund des fortgeschrittenen Alters sogar frei zur Verfügung. Du kannst dich Tage, Wochen und Monate mit der Suche nach geeigneten Spielen befassen und es wird nie langweilig. Wenn du glaubst, dass es für die alten Maschinen nur alte Spiele gibt, liegst du völlig falsch. Auch heutzutage werden z.B. für den *Commodore C64* oder den *Atari (VCS) 2600* – um nur zwei zu nennen – neue Spiele entwickelt, denn die Fangemeinde wächst stündlich, und ambitionierte Entwickler versuchen aus diesen Kisten – man möge mir diese Bezeichnung verzeihen – das Letzte herauszuholen, um zu zeigen, was heute noch machbar ist. Das Ergebnis sind wahre Schätze der Kreativität, denn die Spieler können wegen der beschränkten Grafikfähigkeiten nicht mit Grafikfeuerwerken geblendet werden, sondern es wird auf Spielwitz und geniale Ideen Wert gelegt. Da ich gerade bei frei zugänglichen Spielen bin, möchte ich dir ein paar Tipps geben.

Freie Spiele für ScummVM

- Beneath a Steel Sky
- Flight of the Amazon Queen

Spiele für den Atari 2600

Ich möchte auf eine Internetseite hinweisen, die eine Menge Roms zur Verfügung stellt. Jedoch ist es in den meisten Ländern nicht legal, diese Dateien herunterzuladen und zu nutzen, wenn man die Spiele nicht selbst im Original besitzt. Du solltest diese Tatsache unbedingt berücksichtigen.

http://www.atariage.com/

Auf der Seite findest du tonnenweise Zusatzinformationen über *Atari 2600, 5200, 7800* und weitere. Es lohnt sich, dort auf jeden Fall vorbeizuschauen.

Native Spiele

Viele Entwickler sträuben sich, native Spiele auf Linux zu portieren. Es sei allemal besser, *Wine* zu nutzen, was eine Windows-kompatible Laufzeitumgebung ist. Darüber ist es möglich, viele Programme, die für das Windows Betriebssystem kompiliert wurden, z.B. unter Linux mit einem X-Windows laufen zu lassen. Aber es werden natürlich auch dedizierte Spiele für Linux entwickelt, von denen ich dir einige nennen möchte. Theoretisch kannst du alle für Linux entwickelten Spiele hinsichtlich der verwendeten Distribution laufen lassen, wobei die Performance ein entscheidender Faktor ist. Manche Spiele benötigen ein bisschen mehr Rechenleistung als andere, und dann wird dein Raspberry Pi möglicherweise in die Knie gezwungen, was sich z.B. an den niedrigen Frameraten bemerkbar macht. Ein neuer Grafiktreiber kann eventuell helfen, doch das ist nicht unser Thema.

Schach

Das Spiel aller Spiele ist natürlich Schach, und die Faszination ist ungebrochen, auch wenn es nicht in die Kategorie Retro fällt. Schaue dir das Spiel *glchess* an. Du installierst es über die folgende Zeile:

```
# sudo apt-get install glchess
```

Abbildung 12-13 ▶
Das Schachspiel glchess

Falls du dich für weitere Schachspiele bzw. Schach-Engines interessierst, gib die folgende Befehlszeile ein:

```
# apt-cache search chess
```

Tetris

Die erste spielbare Version von Tetris wurde *1984* herausgegeben, und ich kann bestätigen, dass der Suchtfaktor extrem war und ist. Das Spiel brachte so manchen Arbeitgeber an den Rand des Ruins, denn alle Mitarbeiter spielten Tetris. Es existieren unzählige Tetris-Clones. Einen davon installierst du über die folgende Zeile:

```
# sudo apt-get install ltris
```

◀ **Abbildung 12-14**
Das Tetrisspiel Ltris

ZORK

In den frühen Anfängen der Computertechnik, als es noch keine richtige Grafikausgabe gab und der kommerzielle Markt für Computerspiele noch in weiter Ferne lag, programmierten Studenten am *MIT* (Massachusetts Institute of Technology) ein textbasiertes Fantasy-Adventure mit dem Namen *ZORK*. Du wirst dich vielleicht fragen, wie das funktionieren soll, denn ohne eine Maus als Eingabegerät wird es nicht einfach, Befehle an den Computer zu übermitteln. Stopp! Das machst du doch die ganze Zeit, wenn du in einem Terminal-Fenster Kommandos an das Betriebssystem übermittelst. Sieh es als ein gigantisches Spiel an, das du mit Linux spielst. Vergleichbar ist es mit den textbasierten Adventures. Die Kommunikation erfolgt in reiner Textform, wobei auftretende Ereignisse, Beschreibungen der Umwelt und Interaktionen mit Personen oder Gegenständen über einen Befehlsinterpreter ablaufen. Von ZORK sind *3* Teile erschienen, die du dir auf deinen Raspberry Pi herunterladen kannst. Sehen wir uns die einzelnen Schritte zur Installation an.

Schritt 1: ZORK aus dem Internet herunterladen

Über die folgende Seite kannst du die benötigten Dateien (ZORK1 bis ZORK3) frei aus dem Internet herunterladen. Ich zeige es am Beispiel von ZORK1.

http://www.infocom-if.org/downloads/downloads.html

Schritt 2: In eine ZORK-Spieleverzeichnis kopieren und entpacken

Als Nächstes würde ich die gepackte Datei in ein spezielles Spiele-verzeichnis verschieben und dort entpacken. Ich habe dazu in meinem HOME-Verzeichnis das Unterverzeichnis ZORK angelegt. Angenommen, die heruntergeladenen Dateien befinden sich in diesem HOME-Verzeichnis, dann gib die folgenden Befehle in einem Terminal-Fenster ein:

```
# mkdir ZORK
# mv zork1.zip ZORK
```

Zuerst musst du die gezippte Datei über *unzip* entpacken.

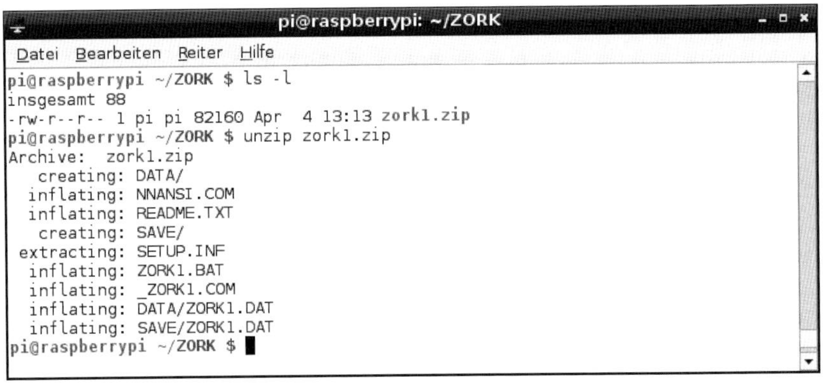

```
pi@raspberrypi: ~/ZORK                                        _ □ ×

Datei  Bearbeiten  Reiter  Hilfe
pi@raspberrypi ~/ZORK $ ls -l
insgesamt 88
-rw-r--r-- 1 pi pi 82160 Apr  4 13:13 zork1.zip
pi@raspberrypi ~/ZORK $ unzip zork1.zip
Archive:  zork1.zip
   creating: DATA/
  inflating: NNANSI.COM
  inflating: README.TXT
   creating: SAVE/
 extracting: SETUP.INF
  inflating: ZORK1.BAT
  inflating: _ZORK1.COM
  inflating: DATA/ZORK1.DAT
  inflating: SAVE/ZORK1.DAT
pi@raspberrypi ~/ZORK $ █
```

Abbildung 12-15 ▲
Die entpackten Dateien
von zork1.zip

Schritt 3: Installation des Interpreters

Die frühen textbasierten Adventures wurden in sogenannten Z-Code-Dateien programmiert, die mit Hilfe eines speziellen Inter-preters aufrufbar sind. Auf diese Weise können die Spiele auf den unterschiedlichsten Plattformen wie z.B. Macs, Amigas oder PDAs zum Laufen gebracht werden. Du musst über die Zeile

```
# sudo apt-get install frotz
```

den *Frotz*-Interpreter installieren. Er wird zur Übersetzung der Z-Code Story-Dateien benötigt. Die erforderliche Z-Code Story-Datei von ZORK befindet sich nach dem Entpacken im Unterverzeichnis *DATA* und lautet

```
ZORK.DAT
```

Schritt 4: Starten von ZORK

Um das Spiel zu starten, gib das folgende Kommando ein:

```
# frotz DATA/ZORK.DAT
```

Das Spiel meldet sich – wie erwartet – als reine Textausgabe innerhalb des Terminal-Fensters.

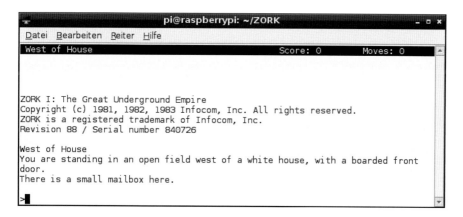

▲ **Abbildung 12-16**
Der Start von ZORK

Nun kannst du Befehle, die natürlich in Englischer Sprache erfolgen müssen, in den Interpreter eingeben. Ein kleiner Tipp am Anfang. Starte mit

```
> look at mailbox
> open mailbox
```

Der Rest ist deine Sache und ist, wie man so schön sagt, recht sportlich, also knifflig. Natürlich existieren Komplettlösungen im Internet, doch ich würde es erst einmal ohne diese Unterstützung probieren.

Der Arduino

13

Nun will ich zu einem Thema kommen, das mir sehr am Herzen liegt. Das liegt nicht nur daran, dass ich dazu ein eigenes Buch geschrieben habe – wie manche vielleicht munkeln werden. Nein, im Ernst. Das *Raspberry Pi*-Board hat natürlich noch ein paar Erweiterungsmöglichkeiten über die *GPIO-Schnittstelle*, auf die ich noch zu sprechen komme. Aber eine schöne Erweiterung besteht im direkten Anschluss eines *Arduino*-Boards an das *Raspberry Pi-Board*. Zudem lernst du einiges über die Programmierung eines Mikrocontrollers.

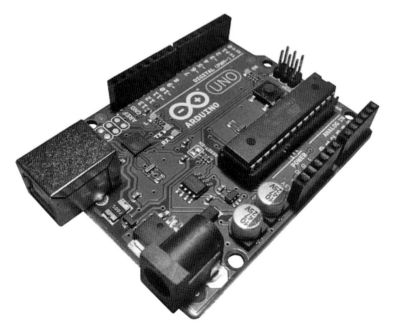

◀ **Abbildung 13-1**
Das Arduino Uno-Board

Ich habe schon viele Stimmen im Internet gehört, die sagen, dass entweder das *Raspberry Pi*-Board oder das *Arduino*-Board besser sei. Ich kann mich dem nicht anschließen, denn ich vertrete die Meinung, dass beide zusammen ein gutes Team sind. Die Menschen neigen immer dazu, Dinge zu polarisieren. Das eine ist gut und das andere ist schlecht, der eine gefällt mir und der andere überhaupt nicht. Mit den folgenden Themen werden wir uns in diesem Kapitel befassen:

- Was ist ein Arduino-Board?
- Welche Hardware-Voraussetzungen zum Anschluss bestehen?
- Welche Software muss zusätzlich installiert werden?
- Wir schreiben ein erstes Programm, das eine LED blinken lässt.
- Wie schaut der Schaltplan dazu aus?
- Wir bauen die Schaltung auf.
- Vorschau auf weitere Schaltungen

Der Arduino

Auf dem oben gezeigten Bild kannst du natürlich nicht wirklich erkennen, welche geringen Ausmaße das *Arduino* Mikrocontroller-Board aufweist, wobei es noch kleiner als das *Raspberry Pi-Board* ist. Er ist wirklich sehr handlich und hat die folgenden Maße:

- Breite: ca. 7 cm
- Länge: ca. 5 cm

Das bedeutet, dass er locker in eine Hand passt und sehr kompakt ist. Wir erkennen auf der Platine die unterschiedlichsten Bauteile, auf die wir noch im Detail eingehen werden. Der größte Mitspieler, der uns direkt ins Auge fällt, ist der Mikrocontroller selbst. Er ist vom Typ *ATmega 328*. Über die Jahre wurden die unterschiedlichsten *Arduino-Boards* entwickelt, die mit abweichender Hardware bestückt sind. Ich habe mich für das Board mit der Bezeichnung *Arduino Uno* entschieden, das im Moment aktuellste Standardmodell. Es existieren noch eine Reihe weiterer Boards wie z.B. *Leonardo* oder *Due*, die uns aber an dieser Stelle nicht interessieren. Auf dem folgenden Bild siehst du beide Boards im direkten Größenvergleich:

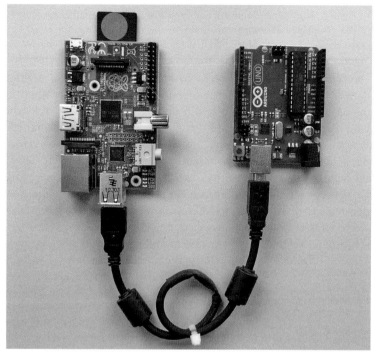

▶ **Abbildung 13-2**
Das Raspberry Pi- (links) und das
Arduino Uno-Board (rechts)

Schauen wir uns das Arduino-Board einmal aus der Nähe an:

▼ **Abbildung 13-3**
Das Arduino Uno-Board im Detail

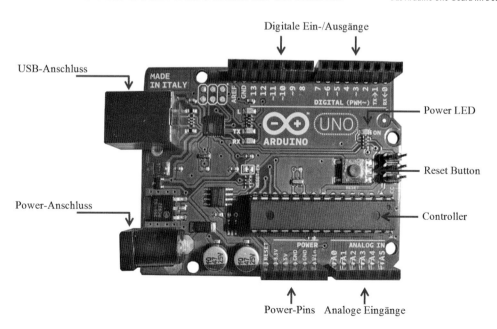

Verfügt denn der *Arduino* auch über vergleichbare Komponenten wie das *Raspberry Pi-Board*? Also, ich meine über eine *Recheneinheit*, einen *Speicher*, eine Möglichkeit, einen *Bildschirm* anzuschließen?

Das ist eine berechtigte Frage, *RasPi*! Das *Arduino*-Board verfügt natürlich über einen Speicher, denn der Mikrocontroller muss ja irgendwo das Programm, das sich übrigens *Sketch* nennt, ablegen. Und natürlich verfügt der Mikrocontroller über eine Recheneinheit. Wie sollte er auch sonst Berechnungen durchführen. Leider verfügt das *Arduino*-Board von Haus aus über keine Möglichkeit, einen Bildschirm anzuschließen, was aber auch primär nicht notwendig ist, denn es handelt sich hierbei nicht um einen Mini-Computer wie den *Raspberry Pi*. Es ist ein *Mikrocontroller-Board*, das z.B. Messwerte erfassen kann, sie auswertet und dann beispielsweise angeschlossene Verbraucher wie *Leuchtdioden*, *Motoren*, *Relais* usw. ansteuert. Dafür ist ein *Bildschirm* nicht erforderlich.

▶▶ Das könnte wichtig für dich sein

Das *Arduino*-Board verfügt jedoch über eine interessante Möglichkeit, Erweiterungsplatinen, auch *Shields* genannt, aufzunehmen, um seine Funktionalität fast beliebig zu erweitern.

Werfen wir kurz einen Blick auf das *Blockschaltbild* des Arduino-Mikrocontrollers.

Abbildung 13-4 ▶
Das Blockschaltbild des Arduino-Mikrocontrollers

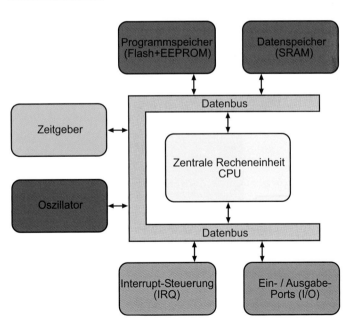

Hier erkennst du die wichtigen Bestandteile des Mikrocontrollers wie

- Recheneinheit (CPU)
- Datenspeicher
- Programmspeicher
- Oszillator
- Ein- / Ausgabeports
- Interruptsteuerung
- Zeitgeber
- Datenbus

Möchtest du detailliertere Informationen zum Aufbau und zur Programmierung des *Arduino*-Boards erhalten, schlage ich dir das Buch *Die elektronische Welt mit Arduino entdecken vor* (der Link befindet sich im Anhang), das ebenfalls von mir ist. Bevor wir aber weiter ins Detail gehen, möchte ich dich mit ein paar Eckdaten des Boards vertraut machen:

- Mikrocontroller ATmega *328*
- *5V* Betriebsspannung
- *14* digitale Ein- bzw. Ausgänge (6 als PWM Ausgänge schaltbar)
- 6 analoge Eingänge (Auflösung *10* Bit)
- *32* KByte Flash-Speicher (vom Bootloader werden *0,5* KByte belegt)
- 2 KByte SRAM
- *1* KByte EEPROM
- *16* MHz Taktfrequenz
- USB-Schnittstelle

> Du hast eben gesagt, dass das *Arduino*-Board über keinen Anschluss verfügt, an dem ich einen Bildschirm anschließen kann. Wie soll das denn funktionieren? Ich muss doch in irgendeiner Weise mit dem Board kommunizieren.

Ok, *RasPi*, das funktioniert folgendermaßen: Du musst eine Entwicklungsumgebung, die speziell für den *Arduino* entwickelt wurde, installieren. Daran führt kein Weg vorbei. Darüber kannst du dann eine Verbindung zum Arduino aufnehmen. Es ist quasi die

Schnittstelle, über die du ihn programmieren kannst. Sie schaut wie folgt aus:

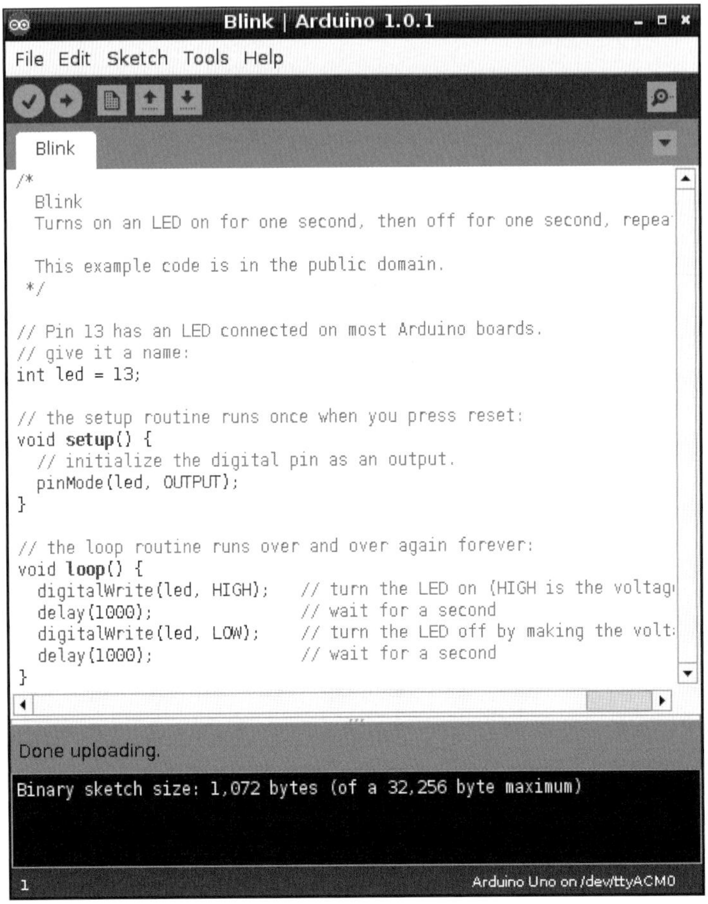

Blink | Arduino 1.0.1
File Edit Sketch Tools Help
Blink
/*
Blink
Turns on an LED on for one second, then off for one second, repea
This example code is in the public domain.
*/
// Pin 13 has an LED connected on most Arduino boards.
// give it a name:
int led = 13;
// the setup routine runs once when you press reset:
void setup() {
// initialize the digital pin as an output.
pinMode(led, OUTPUT);
}
// the loop routine runs over and over again forever:
void loop() {
digitalWrite(led, HIGH); // turn the LED on (HIGH is the voltag
delay(1000); // wait for a second
digitalWrite(led, LOW); // turn the LED off by making the volt
delay(1000); // wait for a second
}
Done uploading.
Binary sketch size: 1,072 bytes (of a 32,256 byte maximum)
1
Arduino Uno on /dev/ttyACM0

Abbildung 13-5 ▶
Die Arduino-Entwicklungsumgebung

Ich habe einmal einen *Sketch* geladen, damit du erkennst, dass es auch hier ein *Syntax Highlighting* gibt, und wie so ein *Sketch* aufgebaut ist. Das sagt dir am Anfang vielleicht noch nicht viel, doch ich werde gleich näher darauf eingehen. Lass dir nur so viel gesagt sein: Dieser Sketch lässt eine am *Pin 13* angeschlossene LED blinken. Wie das funktioniert und wie die elektronische Beschaltung aussieht, wirst du gleich sehen. Doch zuvor müssen wir uns der Software-Installation widmen, die etwas knifflig ist. Des weiteren kommt es auf den richtigen Anschluss der Hardware an, da ansonsten das Board nicht angesprochen werden kann.

Die Software-Installation der Entwicklungsumgebung

Hast du dich für *Debian Wheezy* entschieden, kannst du von der *Arduino-Entwicklungsumgebung 1.0.1* profitieren, die sogar als komplettes Softwarepaket über den Paketmanager zu beziehen ist. Alle o.g. Schritte zur Nutzung deines Arduino-Boards sind dann nicht erforderlich. Die einzigen Schritte, die du auszuführen hast, sind folgende:

```
sudo apt-get update
sudo apt-get install arduino
```

Die Update-Prozedur kann einige Zeit in Anspruch nehmen, lass dich davon nicht verunsichern. Es wird die Arduino-Version *1.0.1* installiert. Damit du die Entwicklungsumgebung des Arduino betreiben kannst, sind einige Grundvoraussetzungen zu erfüllen. Alle benötigen Softwarekomponenten werden durch das Arduino-Paket über *sudo apt-get install arduino* installiert. Diese Umgebung ist mit der Programmiersprache *Java* entwickelt worden, so dass das Softwarepaket der *Java-Laufzeitumgebung* installiert werden muss. Sie ist für die Ausführung des Java-Codes verantwortlich. Dann benötigen wir natürlich die Arduino-Entwicklungsumgebung, die dir das Programmieren des Arduino-Boards gestattet. Damit das wiederum funktioniert, werden weitere Komponenten benötigt. Die Kommunikation erfolgt über die serielle Schnittstelle, wozu eine spezielle Java-Bibliothek benötigt wird, die sich *librxtx-java* nennt. Jetzt sind wir soweit, dass die Kommunikation zum *Arduino*-Board theoretisch funktioniert. Zur Programmierung des *Arduino*-Boards werden weitere Bibliotheken benötigt, die sich *avr-libc* (*AVR-Libraries*) nennen und speziell für die ARM-Architektur notwendig sind. Auf diesem Wege werden der *AVR GCC-Compiler* (*GNU Compiler Collection*) und weitere Tools installiert. Damit der AVR-Mikrocontroller via serielle Schnittstelle programmiert werden kann, wird das Programm *avrdude* verwendet.

Anschluss des Arduino Uno an den Raspberry Pi

Jetzt ist es an der Zeit, deinen *Arduino Uno* mit dem Raspberry Pi zu verbinden. Das Raspberry Pi-Board (*Model B*) verfügt ja über zwei USB-Anschlüsse, die aber möglicherweise von dir schon mit *Maus* und *Tastatur* belegt sind. Wenn du einen *aktiven HUB* verwendest, sollte das kein Problem darstellen. Am besten schließt du aber die *Maus* und die *Tastatur* über *Funk* an, so dass dir der *2. USB-Port* für den Arduino zur Verfügung steht. Das Arduino-Board verfügt noch über einen weiteren *Power-Anschluss*, den du aber so lange *nicht* verwendest, wie du das Board über USB mit dem *Raspberry Pi-Board* verbunden hast. Hast du deinen Arduino erst einmal programmiert, kannst du ihn vom *Raspberry Pi* trennen und dann quasi s*tand-alone* über diesen Power-Anschluss mit Spannung versorgen. Diese Spannung kann sich in den optimalen Grenzen von *7V–12V* bewegen.

Abbildung 13-6 ▶
USB und Spannungsversorgung

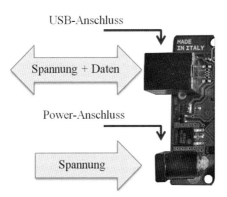

Bevor du aber mit der Programmierung beginnst, solltest du zwei Dinge überprüfen bzw. konfigurieren.

- Wähle das richtige Arduino-Board aus.
- Wähle den richtigen COM-Port aus.

Wie du das machst, wirst du jetzt sehen. Du wählst in beiden Fällen das *Tools-Menü* aus und gehst für die Wahl des richtigen Boards über den Unterpunkt *Boards*.

Abbildung 13-7 ▶
Die Wahl des Arduino Uno-Boards

Jetzt musst du noch die richtige *COM-Port*-Schnittstelle wählen. Geh dafür ebenfalls über das *Tools-Menü* und wähle den Unterpunkt *Serial Port* aus.

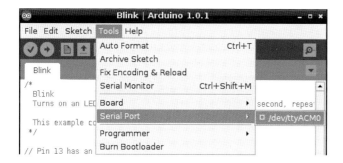

Dieser Name kann auf deinem System möglicherweise anders lauten. Das stellt aber kein Problem dar.

Der erste Sketch

Damit die Kommunikation mit dem *Arduino*-Board auch erfolgreich verläuft, mussten sich die Entwickler auf eine Sprachbasis einigen. Nur wenn alle Beteiligten die gleiche Sprache sprechen, kann es zur Verständigung untereinander kommen und ein Informationsfluss einsetzen. Wenn du ins Ausland fährst und die Landessprache nicht beherrschst, müssen du oder der andere sich in irgendeiner Form anpassen. Die Art und Weise ist dabei egal. Das kann entweder durch Laute oder auch mit Händen und Füßen sein. Habt ihr eine Basis gefunden, kann's losgehen. Bei unserem Mikrocontroller ist das nicht anders. Wir müssen jedoch zwischen zwei Ebenen unterscheiden. Der Mikrocontroller versteht auf seiner Interpretationsebene nur Maschinensprache – auch *Nativer Code* genannt –, die für den Menschen sehr schwer zu verstehen ist, da es sich lediglich um Zahlenwerte handelt. Wir sind es aufgrund unserer Kommunikationsform gewohnt, mit Worten bzw. Sätzen sprachlich zu interagieren. Das ist reine Gewohnheitssache. Würden wir von Geburt an über Zahlenwerte miteinander »reden«, wäre das auch ok. Jedenfalls gibt es trotz dieses Sprachdilemmas mit dem Mikrocontroller eine Möglichkeit, recht verständlich mit ihm zu kommunizieren. Deshalb ist eine *Entwicklungsumgebung* geschaffen worden, die Befehle über eine sogenannte *Hochsprache* – das ist eine Sprache, die eine abstrakte Form, ähnlich der unseren, vorweist – entgegennimmt. Doch wir stecken dann wieder in einer Sackgasse, denn der Mikrocontroller versteht diese Sprache leider nicht. Es fehlt so etwas wie ein Übersetzer, der als Verbindungsglied zwischen Entwicklungsumgebung und Mikrocontroller arbeitet und dolmetscht. Aus diesem Grund existiert ein sogenannter *Compiler*. Das ist ein Programm, das ein in einer Hochsprache geschriebenes Programm in die Zielsprache des Empfängers (hier unsere *CPU* des Mikrocontrollers) umwandelt.

Abbildung 13-9 ▶
Der Compiler als Dolmetscher

Da fast alle Programmiersprachen sich des englischen Wortschatzes bedienen, kommen wir nicht umhin, auch diese Hürde zu nehmen. Wir benötigen also wieder einen Übersetzer, doch ich denke, dass das Schulenglisch hier weiterhelfen wird. Die Instruktionen, also die Befehle, die die Entwicklungsumgebung *versteht*, sind recht kurz gehalten und gleichen einer Militärsprache, die in knappen Anweisungen ausdrückt, was zu tun ist.

Kommen wir zurück zu unserem ersten *Sketch*. Bevor es losgeht, sollte ich noch ein paar Worte über den grundsätzlichen Aufbau, die Struktur des *Sketches* verlieren. Wenn du einen *Sketch* für dein Arduino-Board schreiben möchtest, sind bestimmte Dinge unbedingt zu beachten. Damit der *Sketch* lauffähig ist, benötigt er zwei programmtechnische Konstrukte, die in dieselbe Kategorie fallen. Es handelt sich um sogenannte *Funktionen*, die quasi den Sketch-Rahmen bilden. Schauen wir uns zuerst einmal an, was eine *Funktion* überhaupt ist. Es ist möglich, mehrere Befehle zu einer logischen Einheit zusammenzufassen und ihnen einen aussagekräftigen Namen zu geben. Dann rufst du den Funktionsnamen wie einen einzelnen Befehl auf und alle in ihr enthaltenen Befehle werden als Einheit ausgeführt. Stellen wir vorab eine Überlegung an, wie ein Sketchablauf vonstattengehen kann. Angenommen, du möchtest eine Wanderung machen und bestimmte Dinge mit auf den Weg nehmen. Dann packst du zu Beginn einmalig deinen Rucksack mit den benötigten Sachen und wanderst los. Während deiner Tour greifst du immer mal wieder in den Rucksack, um dich zu stärken oder die Karte zu Rate zu ziehen, ob du noch auf dem richtigen Weg bist. Im übertragenen Sinne läuft es in einem *Sketch* ab. Beim Start wird einmalig etwas ausgeführt, um z.B. Variablen zu initialisieren, die später verwendet werden sollen. Anschließend werden in einer Endlosschleife bestimmte Befehle immer und immer wieder ausgeführt, die den Sketch am Leben erhalten. Werfen wir einen Blick auf die Struktur des Sketches, wobei ich die grundlegenden Bereiche in 3 Blöcke unterteilt habe:

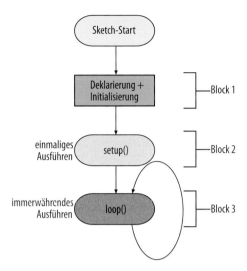

Da hätten wir also:

Block 1: (Die Deklarierung und Initialisierung)

In diesem ersten Block werden z. B. – falls notwendig – externe Bibliotheken über die *#include*-Anweisung eingebunden. Des Weiteren ist das der geeignete Platz zur Deklaration sogenannter *globaler Variablen*, die innerhalb des kompletten Sketches sichtbar sind und verwendet werden können. Die *Deklaration* legt fest, welchem *Datentyp* die Variable zugehörig sein soll. Eine *Initialisierung* versieht die Variable mit einem Wert.

Block 2: (Die setup-Funktion)

In der *setup*-Funktion werden meistens die einzelnen Pins des Mikrocontrollers programmiert und damit festgelegt, welche als Ein- bzw. Ausgänge arbeiten sollen. An manchen werden z. B. Sensoren wie Taster oder temperaturempfindliche Widerstände angeschlossen, die Signale von außen an einen Eingang führen. Andere wiederum leiten Signale an Ausgänge weiter, um z. B. einen *Motor*, einen *Servo* oder eine *Leuchtdiode* anzusteuern.

Block 3: (Die loop-Funktion)

Die *loop*-Funktion bildet eine Endlosschleife, in der die Logik untergebracht ist, um kontinuierlich Sensoren abzufragen oder Aktoren anzusteuern. Beide Funktion bilden mit ihrem Namen einen *Ausführungsblock*, der durch die geschweiften Klammerpaare {} dargestellt wird. Sie dienen als Begrenzungselemente, damit

Der Arduino —————————————————

ersichtlich wird, wo die Funktionsdefinition beginnt und wo sie
aufhört. Ich zeige dir am besten einmal die leeren Funktions-
rümpfe, die einen lauffähigen *Sketch* darstellen. Es passiert zwar
nicht viel, doch es handelt sich um einen richtigen *Sketch*.

```
void setup(){
  // Einer oder mehrere Befehle
  // ...
}
```

```
void loop(){
  // Einer oder mehrere Befehle
  // ...
}
```

Diese beiden Funktionen hast du schon im Beispielsketch *Blink* zu
Anfang des Kapitels gesehen. Ich denke, wir nehmen uns die einzelnen Funktionen einmal vor und schauen, was darin passiert.

Was passiert in der setup-Funktion?

```
void setup() {
  // initialize the digital pin as an output.
  // Pin 13 has an LED connected on most Arduino boards:
  pinMode(13, OUTPUT);
}
```

Innerhalb der *setup*-Funktion befinden sich in den ersten beiden
Zeilen *Kommentare*. Es wird der zweifache Schrägstrich // verwendet, da wir es ja mit *C/C++* zu tun haben. Die wichtige Zeile lautet:

```
pinMode(13, OUTPUT);
```

Bevor ich erkläre, was dieser Befehl bewirkt, muss ich erwähnen,
dass jeder Befehl in *C/C++* mit einem *Semikolon* abgeschlossen
werden muss. Zurück zu *pinMode*. Jeder digitale Pin des Mikrocontrollers kann sowohl als *Ein-* wie auch als *Ausgang* programmiert
werden. Da wir in unserem Beispiel eine Leuchtdiode an einem
digitalen Pin betreiben wollen, muss dieser Pin als *Ausgang* arbeiten. Zudem müssen wir dem Mikrocontroller natürlich mitteilen,
an welchem Pin wir beabsichtigen, diese Leuchtdiode anzuschließen. Mit diesen Daten können wir dann den Befehl *pinMode* versorgen. Dieser Befehl programmiert den Mikrocontroller so, dass ein
ganz bestimmter Pin entweder als *Ein-* oder *Ausgang* programmiert
wird. Das erste Argument nennt den Pin, das zweite die Richtung,
in der der Pin betrieben werden soll. Hier wird das Schlüsselwort
OUTPUT verwendet, was Ausgang bedeutet.

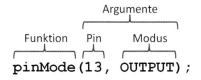

```
pinMode(13, OUTPUT);
```

Dieser Befehl muss lediglich *einmalig* ausgeführt werden. Dann kennt der Mikrocontroller den *Pin* und die *Richtung,* und deshalb steht diese Anweisung auch innerhalb der *setup*-Funktion.

Was passiert in der loop-Funktion?

Kommen wir zu dem Teil des Codes, der *kontinuierlich* ausgeführt werden muss und deshalb in der *loop*-Funktion sein Zuhause gefunden hat.

```
void loop() {
  digitalWrite(13, HIGH);    // set the LED on
  delay(1000);               // wait for a second
  digitalWrite(13, LOW);     // set the LED off
  delay(1000);               // wait for a second
}
```

Hier kommen schon ein paar mehr Zeilen an Code zusammen, deren Bedeutungen jedoch recht schnell erklärt sind. Was soll mit dem Code erreicht werden? Ganz einfach: Eine angeschlossene Leuchtdiode soll in bestimmten Zeitabständen blinken. Das wird dadurch erreicht, dass ein Spannungspegel zwischen einem niedrigen bzw. maximalen Wert wechselt. Der niedrige Wert beträgt *0 Volt* und der maximale *5 Volt*. Spannungstechnisch entsprechen *0 Volt* einem *LOW-Pegel* und *5 Volt* einem *HIGH-Pegel*. Diese unterschiedlichen Pegel wurden in ihre Namen übernommen, um sie einem Befehl als Argument zu übergeben. Zum Ändern eines Spannungspegels an einem digitalen Ausgang wird der Befehl *digitalWrite* verwendet. Er nimmt zwei Argumente entgegen.

```
digitalWrite(13, HIGH);
```

Wenn zwischen *HIGH-* bzw. *LOW-*Pegel in bestimmten Zeitabständen gewechselt wird, blinkt die Leuchtdiode. Damit der Wechsel aber nicht so schnell vonstattengeht, wird zwischen *HIGH-* bzw. *LOW-*Pegel eine *Pause* eingelegt. Diese Pause wird mit dem Befehl *delay* erreicht.

Abbildung 13-13 ▶
Der Befehl delay

```
delay(1000);
```

Die Entwicklungsumgebung

Das wäre es bis dahin. Jetzt kannst du den Sketch zum Arduino-Board übertragen. Doch ich denke, ich sollte dir die verschiedenen Icons und ihre Bedeutung im Kopf der Entwicklungsumgebung erläutern.

Icon 1

Das Icon hat die Aufgabe, den im Editor befindlichen Sketch auf seine Syntax hin zu überprüfen (*verify* bedeutet *prüfen*) und zu übersetzen. Beim Start der Überprüfung (*Kompilierung*) wird ein horizontaler Balken angezeigt, der Aufschluss über den Fortschritt gibt.

Wurde kein Fehler festgestellt, wird der Vorgang im der Meldung *Done Compiling* abgeschlossen. Im Ausgabefenster findest du einen Hinweis über den Speicherbedarf des aktuellen Sketches.

Icon 2

Dieses Symbol sorgt für eine Übertragung des erfolgreich kompilierten Sketches auf das Arduino-Board zum Mikrocontroller. Beim sogenannten *Upload* des Sketches passieren folgende Dinge, die du visuell beobachten kannst. Auf dem Board befinden sich einige kleine Leuchtdioden, die Aufschluss über bestimmte Aktivitäten geben.

LED L: Ist mit Pin *13* verbunden und leuchtet kurz, wenn die Übertragung beginnt

LED TX: Sendeleitung der seriellen Schnittstelle des Boards (blinkt bei Übertragung)

LED RX: Empfangsleitung der seriellen Schnittstelle des Boards (blinkt bei Übertragung)

Die Sendeleitung (TX) ist hardwaremäßig mit dem digitalen Pin *1* und die Empfangsleitung (RX) mit dem digitalen Pin *0* verbunden.

Icon 3

Um einen neuen Sketch anzulegen, benutzt du dieses Symbol.

Icon 4

Alle Sketche werden in einem *Sketchbook* abgelegt, das sich im Verzeichnis */home/pi/sketchbook* befindet. Über dieses Symbol kannst du einen gespeicherten Sketch von der Festplatte in die Entwicklungsumgebung laden. Hierüber erreichst du auch die zahlreich vorhandenen Beispiel-Sketche, die die Entwicklungsumgebung von Haus aus mitbringt. Schau sie dir an, denn du kann einiges von ihnen lernen.

Icon 5

Über das *Speichern-Symbol* sicherst du deinen Sketch auf einen Datenträger. Standardmäßig erfolgt die Speicherung im eben genannten *Sketchbook*-Verzeichnis.

Icon 6

Der *serielle Monitor* kann über dieses Icon geöffnet werden. Es öffnet sich ein Dialog, der einem *Terminal-Fenster* ähnelt.

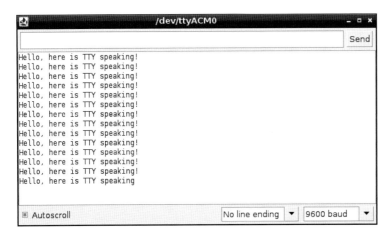

In der oberen Zeile kannst du Befehle eingeben, die an das Board verschickt werden, wenn du die *Send*-Taste drückst. Im mittleren Bereich bekommst du die Daten angezeigt, die das Board über die serielle Schnittstelle versendet. So können bestimmte Werte angezeigt werden, für die du dich interessierst. Im unteren Abschnitt kannst du auf der rechten Seite über eine Auswahlliste die Übertragungsgeschwindigkeit (*Baud*) einstellen, die mit dem Wert korrespondieren muss, den du beim Programmieren des Sketches verwendet hast. Stimmen diese Werte nicht überein, kann es zu keiner Kommunikation kommen.

Die Schaltung

Der Schaltungsaufbau ist verhältnismäßig einfach, und es werden lediglich ein Vorwiderstand von *330 Ohm,* eine *Standard-Leuchtdiode* (z.B. in Rot, Grün, Gelb etc.) und ein *Steckbrett* mit ein paar Kabeln benötigt.

Abbildung 13-14 ▶
Der Schaltplan zur Ansteuerung der
Leuchtdiode

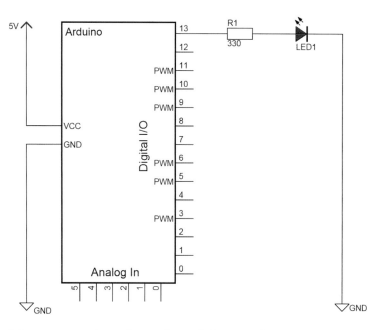

Sehen wir uns dazu den realen Schaltungsaufbau einmal aus der Nähe an.

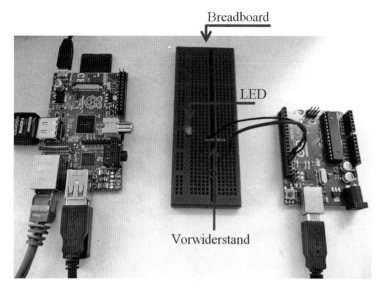

Breadboard

LED

Vorwiderstand

Wir wollen uns den zeitlichen Verlauf näher anschauen. Ich habe dazu ein Impulsdiagramm aufgenommen, das den Wechsel zwischen *HIGH*- und *LOW*-Pegel wunderbar wiedergibt. Die LED blinkt im Rhythmus von 2 Sekunden.

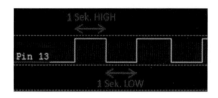

Wenn ich es genau nehmen würde, wäre diese Schaltung nicht notwendig gewesen, denn auf dem *Arduino-Board* befindet sich schon eine kleine Leuchtdiode, die mit *Pin 13* verbunden ist. Dennoch ist es interessant zu sehen, mit welchen Mitteln du eine Schaltung zusammenstecken kannst. Zum Abschluss zeige ich dir noch ein zwei interessante Projekte.

Abbildung 13-17 ▶
Der Arduino-Aufbau einer Würfel-
schaltung

Kapitel 13: Der Arduino

Nützliche Links

Falls du dich weiter mit dem Arduino und seiner Programmierung beschäftigen möchtest, wirf einen Blick auf die folgenden Seiten:

Homepage des Arduino-Projektes

http://www.arduino.cc/

Befehlsreferenz

http://arduino.cc/en/Reference/HomePage

Getting started

http://arduino.cc/en/Guide/HomePage

Elektronikprojekte mit dem Raspberry Pi

14

Projekt 14-1:
Das Blinken einer LED

In unserem ersten wirklichen Projekt besprechen wir folgende Themen:

- Die Anschlüsse einer Leuchtdiode
- Wie sieht der Schaltplan aus?
- Welchen Vorwiderstand nehmen wir?
- Das Python-Programm zur Ansteuerung der Leuchtdiode
- Die Python-Methoden setmode, setwarnings
- Wie schaut ein Impulsdiagramm aus?
- Was ist der Tastgrad und wie können wir Einfluss darauf nehmen?
- Das Simple-Board
- Wir steuern eine RGB-LED an

Das Leuchtfeuer –
»Hello World« auf GPIO-Ebene

Tja, *RasPi*, jetzt wird's ernst! Wir werden in diesem ersten Projekt-Kapitel den wirklichen Einstieg in die Welt der Elektronik wagen. Natürlich fangen wir mit einem klassischen Blink-Beispiel an, das quasi das »Hello-World« für die GPIO-Schnittstelle ist. Das ist das Erste, was ein Programmiereinsteiger normalerweise zu sehen bekommt. Wir hatten im Einstiegskapitel für die GPIO-Schnittstelle schon eine angeschlossene LED blinken lassen. Wir werden das in diesem Kapitel ebenfalls machen.

Ist das nicht ein wenig langweilig, es zu wiederholen?

Locker bleiben, *RasPi*! Wir werden zwei Dinge machen: zuerst die normale LED anschließen und ein Impulsdiagramm anschauen. Du kannst nämlich hinsichtlich des Leucht- bzw. Blinkverhaltens, also wie lange die LED an bzw. aus ist, einiges beeinflussen. Anschließend werden wir statt der einfachen LED eine besondere verwenden. Es handelt sich um eine RBG-LED, die die drei Grundfarben Rot, Grün und Blau emittiert. Natürlich sind auch verschiedene Kombinationen möglich.

Benötigte Bauteile

Da dies ein sehr einfaches Beispiel ist, benötigen wir lediglich eine einzelne LED und einen Vorwiderstand.

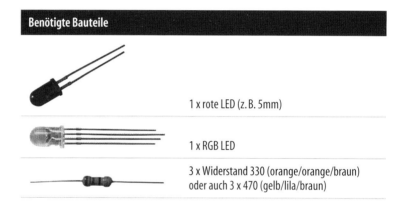

Benötigte Bauteile

	1 x rote LED (z. B. 5mm)
	1 x RGB LED
	3 x Widerstand 330 (orange/orange/braun) oder auch 3 x 470 (gelb/lila/braun)

Die LED

Zu Beginn dieses Kapitels, wo es primär um die Leuchtdiode geht, gehe ich kurz etwas näher auf das Bauteil ein. Die Abkürzung LED kommt von *Light-Emitting-Diode* und steht für *Licht emittierende Diode*. Es handelt sich um ein Halbleiter-Bauelement, wobei die Stromrichtung eine entscheidende Rolle spielt. Sie leuchtet nur bei korrekter Beschaltung, bei umgekehrter Richtung geht sie nicht kaputt, sondern bleibt nur dunkel. Wenn du dir eine brandneue LED aus der Nähe anschaust, wo die Beinchen noch nicht gekürzt wurden, kannst du feststellen, dass sie unterschiedliche Längen besitzen. Wie du schon weißt, muss eine LED immer mit einem Vorwiderstand betrieben werden, da sie sonst einmal sehr hell leuchtet und dann nie mehr. Außerdem wäre der Stromfluss dermaßen hoch, dass dein Raspberry Pi schnell an seine Grenzen käme.

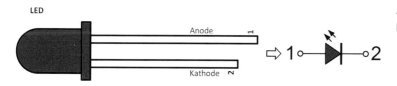

◀ Abbildung 14-1-1
Eine LED

Die Anode, wo das positive Potential angeschlossen werden muss, damit sie leuchtet, besitzt das längere Beinchen, die Kathode das kürzere. Ein weiteres optisches Merkmal ist die abgeflachte Seite am Gehäuse, die auf die Kathode hinweist.

← abgeflachte Seite

◀ Abbildung 14-1-2
Die abgeflachte Seite der Kathode einer LED

Mit diesen Informationen solltest du keine Probleme haben, die LED richtig herum anzuschließen. Kommen wir zum Schaltplan, der seinem Namen kaum gerecht wird, denn minimaler geht es kaum. Dennoch möchte ich ihn am Anfang präsentieren, denn das Motto lautet: Vom Einfachen zum Komplexen.

Der Schaltplan

Bei zukünftigen Schaltplänen, die sich allesamt mit der GPIO-Schnittstelle befassen, werde ich die Anschlussbelegung mit Pin- bzw. GPIO-Bezeichnungen als Anschlussblock darstellen, wie du das auch im folgenden Schaltplan erkennen kannst. Auf diese Weise kannst du, um die korrekten Verdrahtungen vorzunehmen, die Pins sehr gut abzählen. Um Verdrahtungsfehler zu vermeiden, solltest du nach Möglichkeit senkrecht auf die Stiftleiste schauen. Kontrolliere sicherheitshalber nach dem Aufstecken noch einmal alles. Am besten ist es, im stromlosen Zustand alles zu verkabeln, zu kontrollieren und dann erst den Raspberry Pi mit der Spannungsversorgung zu verbinden.

Abbildung 14-1-3 ▶
Die Ansteuerung einer LED

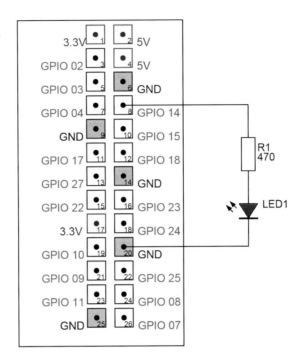

Die Anode liegt über dem Vorwiderstand R1 mit *470*Ohm an *GPIO14* und die Kathode an Masse. Wir wollen nun ein Programm schreiben, dass die LED nicht nur blinken lässt, sondern wo wir die Leuchtzeit bzw. Dunkelzeit individuell einstellen können. Das Ergebnis werde ich dir in Form von Impulsdiagrammen präsentieren, da eine blinkende LED in einem Buch schwerlich unterzubringen ist.

Das Programm

Du hast in den GPIO-Grundlagen einige Möglichkeiten der Programmierung mit unterschiedlichen Sprachen kennengelernt, und wir können zwischen Shell-, Python oder C-Programmierung wählen. Ich schlage vor, dass wir mit einer Python-Programmierung starten. Im Laufe weitere Projekt-Kapitel wechsle ich auch einmal. Sicher hast du schon die notwendige Python-Library installiert. Falls nicht, hole dies jetzt bitte nach. Im folgenden Python-Programm habe ich für die An- bzw. Aus-Phase eine Variable angelegt, in der der entsprechende Wert hinterlegt ist. Im ersten Beispiel sind beide Werte gleich, so dass ein regelmäßiger Blinkrhythmus entsteht.

```
1  #!/usr/bin/python
2  import RPi.GPIO as GPIO # GPIO-Library
3  import time             # Wird fuer sleep benoetigt
4
5  LEDGPIOPin = 14                     # GPIO14 / Pin 8
6  GPIO.setmode(GPIO.BCM)              # GPIO-Bezeichnungen verwenden
7  GPIO.setwarnings(False)             # Warnungen deaktivieren
8  GPIO.setup(LEDGPIOPin, GPIO.OUT)    # Pin als Ausgang nutzen
9  DELAYON  = 1.0                      # An-Pausenwert
10 DELAYOFF = 1.0                      # Aus-Pausewert
11
12 while True:
13     GPIO.output(LEDGPIOPin, GPIO.HIGH)  # LED an
14     time.sleep(DELAYON)                 # An-Pause
15     GPIO.output(LEDGPIOPin, GPIO.LOW)   # LED aus
16     time.sleep(DELAYOFF)                # Aus-Pause
```

▲ Abbildung 14-1-4
Das Python Blinkprogramm

Code-Review

Im GPIO-Grundlagenkapitel habe ich auf die Unterschiede zwischen Pin-Bezeichnung und GPIO-Bezeichnung hingewiesen. Hast du über die folgende Zeile

Library   Methode   Argument

GPIO.setmode(GPIO.BOARD)

den Modus gewählt, um die Pin-Nummern zu verwenden, kannst du über die Zeile

Library   Methode   Argument

GPIO.setmode(GPIO.BCM)

die GPIO-Nummerierung verwenden, wie ich das in diesem Codebeispiel in Zeile 6 gemacht habe. Etwaige auftretende Warnungen werden über

Library   Methode   Argument

GPIO.setwarnings(False)

in Zeile 7 unterdrückt. Schauen wir uns dazu das *Impulsdiagramm* an.

Das Leuchtfeuer – »Hello World« auf GPIO-Ebene

Abbildung 14-1-5 ▶
Das Impulsdiagramm 1 des
Blinkprogramms

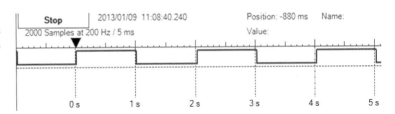

Du kannst wunderbar sehen, dass ein HIGH-Pegel die gleiche Zeit einnimmt wie ein LOW-Pegel.

> Ich hoffe, dass diese Frage nicht dumm erscheint. Aber was genau ist ein Impulsdiagramm?

Also, *RasPi*, das ist sicherlich keine dumme Frage! Bei einem Impulsdiagramm handelt es sich um ein Zeitablaufdiagramm zur Visualisierung logischer Zustände, wie sie in der *Digitaltechnik* vorkommen. Der Name Digitaltechnik besagt, dass wir es mit einer speziellen Form von Signalen zu tun haben. *Digit* bedeutet übersetzt Finger. Du kannst dir das so vorstellen, dass sich immer, wenn der Finger zur Signalisierung nach oben gerichtet wird, der logische Zustand von *0* nach *1* geändert hat. Senkt sich der Finger wieder, wechselt der logische Zustand von *1* nach *0*. Diese beiden Zustände sind integraler Bestandteil der Digitaltechnik. Doch noch einmal zurück zum Impulsdiagramm. Auf der horizontalen x-Achse ist die Zeit von links nach rechts aufgetragen. Du erkennst das anhand der Unterteilungen in Sekundenschritte. Auf der vertikalen y-Achse wird der logische Pegel aufgetragen. Er wechselt in unserem Fall stetig zwischen HIGH- und LOW-Pegel.

In diesem Zusammenhang möchte ich dich mit einen Fachbegriff vertraut machen, der das Zusammenspiel der beiden unterschiedlichen Pegel beschreibt. Der *Tastgrad* ist das Verhältnis von *Impulsdauer* zur *Periodendauer* einer periodischen Folge von Impulsen. Ich verdeutliche das anhand eines Diagramms. Wir haben es in unserem Fall mit einem Rechtecksignal zu tun, das zwischen zwei Werten hin und her schaltet.

Abbildung 14-1-6 ▶
Die Impuls- und die Periodendauer

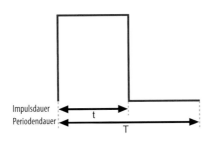

Die Impulsdauer wird mit dem Formelbuchstaben t und die Periodendauer einem T gekennzeichnet. Über die folgende Formel wird der Tastgrad berechnet:

$$Tastgrad = \frac{t}{T}$$

Wir wollen mal sehen, wie der Tastgrad für unser erstes Beispiel aussieht.

$$Tastgrad = \frac{t}{T} = \frac{1s}{2s} = 0.5$$

Das Ergebnis von *0,5* entspricht einem Wert von *50%*. Ich habe das folgende Impulsdiagramm mit abweichenden An- bzw. Aus-Phasen aufgenommen.

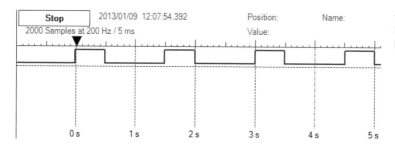

◀ **Abbildung 14-1-7**
Das Impulsdiagramm 2 des Blinkprogramms

Hier ist die Aus-Phase doppelt so lang wie die An-Phase, was bedeutet, dass der Wert des Tastgrades niedriger ist. Setzen wir die Werte in die Formel ein.

$$Tastgrad = \frac{t}{T} = \frac{0.5s}{1.5s} = 0.\overline{33}$$

Das wären dann ca. *33%*.

Das Simple-Board

Ich hatte dich schon mit dem *Simple-Board* (siehe S. 232) bekannt gemacht. Natürlich kannst du alles wunderbar auf einem Breadboard aufbauen, doch ich denke, dass sich der recht geringe Aufwand zum Bau des *Simple-Boards* auf Dauer bezahlt macht. Ich habe die notwendige Verbindung, um die LED anzusteuern, einmal vorgenommen.

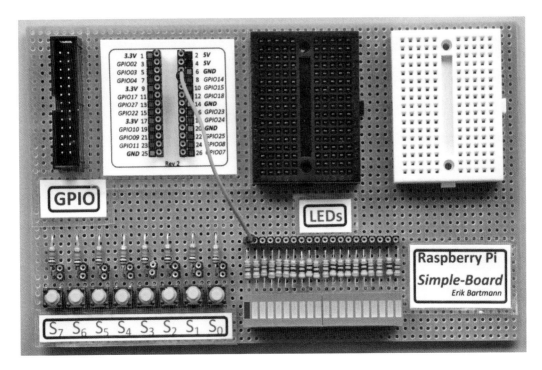

Abbildung 14-1-8▲
Die Ansteuerung der LED auf dem
Simple-Board

Die Verbindung wird über eine flexible Steckbrücke von Pin *8/GPIO14* zur linken Leuchtdiode hergestellt. Lade und starte dann das Python Blinkprogramm.

Die RGB-LED

Kommen wir zu einer speziellen Leuchtdiode, die im Inneren eigentlich über 3 einzelne LEDs verfügt. Jede einzelne wird über einen separaten Anschluss angesteuert, und du kannst auf diese Weise unterschiedliche Farben erzeugen. Auf dem folgenden Bild siehst du das Schema der RGB-LED. Die Abkürzung RGB steht für die Grundfarben Rot, Grün und Blau.

Abbildung 14-1-9 ▶
Die Triple RGB-LED

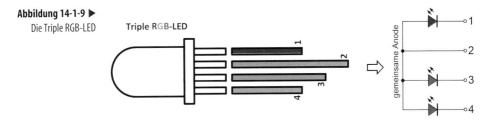

Projekt 14-1: Das Blinken einer LED

Wenn du dir die Beschaltung anschaust, wirst du vielleicht sehen, dass die einzelnen internen Leuchtdioden eine gemeinsame Anode besitzen. Damit wir eine LED zum Leuchten bringen, müssen wir sie mit einem LOW-Pegel, also quasi Masse ansteuern. Ganz zu Anfang bin ich selbst in diese Fall getappt und habe die RGB-LED genau verkehrt herum verkabelt bzw. angesteuert, also gemeinsame Kathode und die Ansteuerung über einen HIGH-Pegel, wie ich das bisher gewohnt war. Das ist das Problem mit den liebgewonnenen Gewohnheiten. Irgendwann erwischt es einen: Man glaubt zu wissen, was Sache ist, und es geht schief. Sehen wir uns zunächst die Schaltung an.

Der Schaltplan

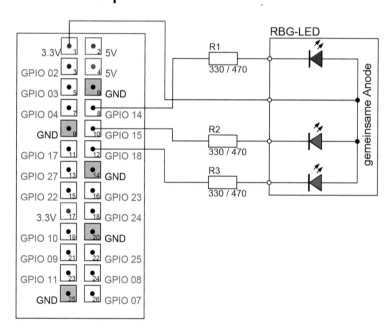

◀ **Abbildung 14-1-10**
Die Schaltung zur Ansteuerung der RBG-LED

Als Vorwiderstände kannst du verschiedene Werte nehmen, obwohl ich nie unter 330Ohm gehen würde, also am besten 330 oder 470Ohm.

Das Programm

Das Programm ist zwar im Gegensatz zur Ansteuerung einer einzelnen LED etwas umfangreicher, doch keineswegs schwieriger.

```
1  #!/usr/bin/python
2  import RPi.GPIO as GPIO  # GPIO-Library
3  import time              # Wird fuer sleep benoetigt
4
5  R = 14                   # GPIO14 / Pin 8
6  G = 15                   # GPIO15 / Pin 10
7  B = 18                   # GPIO18 / Pin 12
8
9  GPIO.setmode(GPIO.BCM)   # GPIO-Bezeichnungen verwenden
10 GPIO.setwarnings(False)  # Warnungen deaktivieren
11 GPIO.setup(R, GPIO.OUT)  # Pin als Ausgang nutzen
12 GPIO.setup(G, GPIO.OUT)  # Pin als Ausgang nutzen
13 GPIO.setup(B, GPIO.OUT)  # Pin als Ausgang nutzen
14 DELAY = 1.0              # Pausenwert
15
16 # Alle LED's ausschalten
17 GPIO.output(R, GPIO.HIGH) # Rote LED aus
18 GPIO.output(G, GPIO.HIGH) # Gruene LED aus
19 GPIO.output(B, GPIO.HIGH) # Blaue LED aus
20
21 for i in range(5):
22     GPIO.output(R, GPIO.LOW)   # Rote LED an
23     time.sleep(DELAY)
24     GPIO.output(R, GPIO.HIGH)  # Rote LED aus
25     GPIO.output(G, GPIO.LOW)   # Gruene LED an
26     time.sleep(DELAY)
27     GPIO.output(G, GPIO.HIGH)  # Gruene LED aus
28     GPIO.output(B, GPIO.LOW)   # Blaue LED an
29     time.sleep(DELAY)
30     GPIO.output(B, GPIO.HIGH)  # Blaue LED aus
```

Abbildung 14-1-11 ▲
Die Schaltung zur Ansteuerung der
RBG-LED

Für jede einzelne RGB-LED wurde eine eigene Pin-Variable in den Zeilen 5 bis 7 definiert, die wir später zur Ansteuerung bequem verwenden können. Falls von vorherigen Programmläufen eine oder mehrere LEDs leuchten sollten, werden sie in den Zeilen 17 bis 19 über das Anlegen eines HIGH-Pegels ausgeschaltet. Erst dann wird in die *for*-Schleife 5x aufgerufen, um die einzelnen LEDs an- bzw. auszuschalten.

Der Aufbau auf dem Simple-Board

Nun erkennst du den Vorteil der auf dem Simple-Board befindlichen Breadboards, in die ich sowohl die flexiblen Steckbrücken als auch die Vorwiderstände und natürlich die RGB-LED gesteckt habe. Verwende zur besseren Übersicht nach Möglichkeit verschiedenfarbige Kabel, so dass du z.B. bei einer Fehlersuche optisch eine bessere Kontrolle hast. Durch komplexere Schaltungen ist das Platzieren unterschiedlicher und logisch korrekter Farben nicht immer möglich; du entscheidest einfach, was dir am stimmigsten erscheint. Diesbezüglich gibt es keine genauen Regeln, außer dass man für Versorgungsspannung immer rote und für Masse schwarze Kabel verwendet.

▼ **Abbildung 14-1-12**
Der Aufbau auf dem Simple-Board

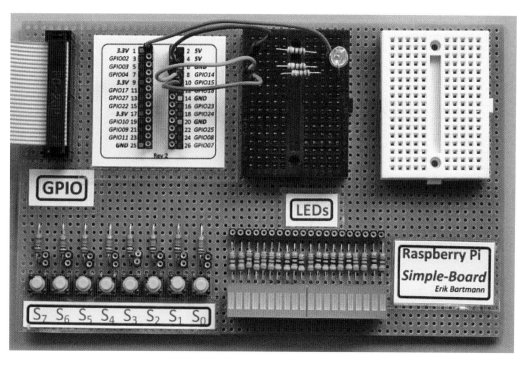

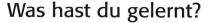

Achtung

Wenn du Widerstände, Steckbrücken, Leuchtdioden oder andere elektronische Bauteile auf das Breadboard aufsteckst, mach das nach Möglichkeit mit einem senkrechten Blick von oben auf das Geschehen. Bei einem Blick von der Seite kannst du wegen der dicht beieinanderliegenden Verbindungspunkte leicht um ein Loch bzw. eine Buchse verrutschen. Das führt im günstigsten Fall zu einer Schaltung, die nicht funktioniert, und im schlimmsten Fall zu einem Kurzschluss. Auch bei so dicht nebeneinanderliegenden Bauteilen wie hier bei den Widerständen ist es ratsam, auf etwaige Kurzschlüsse untereinander zu achten, denn die Drähte liegen blank und entwickeln manchmal eine Anziehungskraft, die sie magisch zueinander hinzieht. Arbeite also sehr sorgfältig!

Was hast du gelernt?

- In diesem Kapitel hast du gesehen, wie die Anschlüsse Anode und Kathode einer LED optisch zu ermitteln sind.

- Du hast das Python-Programm, das wir zum Blinken der LED geschrieben haben, verstanden und gesehen, was ein Impulsdiagramm ist.

- Über das Verändern von An- bzw. Auszeit der LED konntest du den sogenannten Tastgrad anpassen.

- Du hast gesehen, wie einfach eine Schaltung auf dem Simple-Board aufzubauen ist.

- Wir haben eine Spezialform einer LED (RGB-LED) eingesetzt, um mit ihrer Hilfe verschiedene Farben darzustellen.

Projekt 14-2:
Das schnelle Blinken einer LED – oder: Was ist PWM?

Nachdem du im ersten Experiment u.a. einiges über das Blinken einer Leuchtdiode erfahren hast, möchte ich das als Grundlage für ein Thema nehmen, das sich mit *PWM* befasst. Diese drei Buchstaben stehen für *Pulse-Width-Modulation* und bedeuten übersetzt *Pulse-Weiten-Modulation*. Ich sehe schon, dass du jetzt genauso schlau bist wie vorher. Das macht aber nichts, denn du befindest dich in bester Gesellschaft. Als ich diesen Ausdruck das erste Mal las, konnte ich mir überhaupt nichts darunter vorstellen. Lassen wir das erst einmal so stehen, denn ich möchte einleitend etwas ausholen. Sowohl dein Raspberry Pi als auch Mikrocontroller wie z. B. der Arduino besitzen – wenn es um die Ansteuerung von Verbrauchern geht – von Haus aus lediglich digitale Ausgänge. Damit kannst du, wenn es um Themen der Digitaltechnik geht, einiges bewirken, um die Verbraucher an- bzw. auszuschalten, also z.B. Leuchtdioden, Lampen, Relais oder auch Motoren, um nur einige wenige zu nennen. Wenn du aber z.B. eine LED oder einen Motor nicht ausschließlich in ihren Grenzzuständen an oder aus betreiben möchtest, wird es mit digitalen Ausgängen schwierig, das Vorhaben umzusetzen. Wir können damit entweder *0V* oder die Betriebsspannung von *3,3V* an den Verbraucher schicken. Es gibt keinerlei Abstufungen oder Zwischenwerte, damit die LED nur halb so hell leuchtet oder sich der Motor nur halb so schnell dreht. Wir benötigen also einen analogen Ausgang, der z.B. den Verbraucher mit lediglich *1,5V* versorgt. Das ist ungefähr die Hälfte des Wertes der Betriebsspannung und somit steht auch weniger Energie zum

Betreiben eines Verbrauchers zur Verfügung. Doch es hilft alles nichts, ein derartiger analoger Ausgang steht uns nicht zur Verfügung. Und dennoch gibt es die Möglichkeit über einen Trick, einen Verbraucher mit regelbarer Energie zu versorgen. Mir fällt ein Beispiel aus der Praxis ein, das dir zum Verständnis dessen, worauf ich hinaus möchte, sicher helfen wird. Zur Behandlung von Hautwucherungen werden teilweise Laser eingesetzt, die das Gewebe auf der Haut – laienhaft ausgedrückt – wegbrennen. Es aber keinesfalls wünschenswert, den Laserstrahl mit voller Leistung auf die betroffene Wucherung zu lenken, weil darunterliegende oder benachbarte nicht erkrankte Hautregionen in Mitleidenschaft gezogen würden. Um das zu verhindern, lässt man den Laserstrahl in verschiedenen Frequenzen pulsieren. Auf diese Weise wird der Energietransfer auf das Zielgebiet reguliert und kontrolliert. Vielleicht ahnst du, worauf ich hinaus möchte. Wenn wir kontrollierte Impulse an einen digitalen Ausgang schicken, könnte das einen vergleichbaren Effekt haben. Ruf dir als ungefähren Vergleich noch einmal den Tastgrad in Erinnerung. Das Prinzip ist ähnlich und wird bei der Puls-Weiten-Modulation noch ein wenig angepasst.

In diesem Kapitel besprechen wir folgende Themen:

- Was genau bedeutet PWM?
- Wie sehen die PWM-Signale auf einem Oszilloskop aus?
- Welcher GPIO-Pin kann für die PWM-Ansteuerung genutzt werden?
- Wie können wir mit einem PWM-Signal die Helligkeit einer Leuchtdiode beeinflussen?
- Was ist der Unterschied zwischen einer hardware- bzw. softwareseitigen PWM-Ansteuerung?
- Wie lauten die wiringPi-Befehle zur PWM-Generierung über die Shell?
- Können wir auch in C ein Programm schreiben, das die gleiche Funktionalität wie ein Shell-Befehl zur PWM-Ansteuerung aufweist? Sicher! Wir lassen in zwei *for*-Schleifen eine LED auf- und abblenden.
- Gibt es eine Möglichkeit, jeden beliebigen GPIO-Pin für das PWM zu nutzen?

Benötigte Bauteile

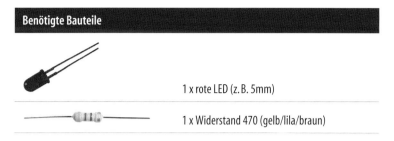

Benötigte Bauteile	
	1 x rote LED (z. B. 5mm)
	1 x Widerstand 470 (gelb/lila/braun)

Was bedeutet PWM?

Bei der Puls-Weiten-Modulation handelt es sich um ... gemach, gemach. Sprich diesen Ausdruck doch einmal langsam laut aus. Puls...Weiten...Modulation. Drei einzelne Wörter, die die Funktion erahnen lassen. Bei einem *Puls* handelt es sich um ein Rechtecksignal, also um einen kontinuierlichen und abrupten Spannungsanstieg bzw. -abfall. Das Wort *Weiten* ist ein Zeichen dafür, dass es sich zeitlich gesehen um einen Impuls einer bestimmten Breite handelt. *Modulation* schließlich weist auf den Rhythmus (lat. *modulatio* = Rhythmus) des Signals hin. Die Frequenz eines PWM-Signals ist immer konstant, es ändert sich jedoch der dir schon bekannte Tastgrad. Er wird quasi moduliert. Wir sollten uns das an ein paar Beispielen genauer anschauen. Zu Beginn zeige ich dir noch einmal das Diagramm, das den Zusammenhang zwischen Impuls- und Periodendauer zeigt.

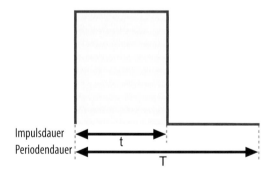

◀ **Abbildung 14-2-1**
Die Impuls- und Periodendauer

Die Periodendauer T eines PWM-Signals ist immer konstant. Lediglich die Breite des Impulses (Impulsdauer t) variiert. Je schmaler, desto weniger, je breiter, desto mehr Energie wird übertragen.

Ich habe zur Verdeutlichung unterschiedliche Signale mit einem Oszilloskop aufgenommen, die ich dir jetzt zeige. Wie du diese Signale mit welchen Befehlen generierst, wirst du im Anschluss sehen. Beachte, dass die Periodendauer in den unterschiedlichen Diagrammen konstant ist.

Der Tastgrad bei 0%

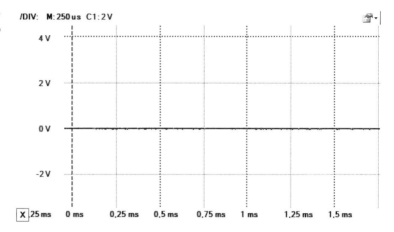

Abbildung 14-2-2 ▶
Der Tastgrad liegt bei 0%

Bei 0% haben wir es mit einer Nulllinie, die bei 0V liegt, zu tun. Es wird keine Energie an den Ausgang übertragen.

Der Tastgrad bei 25%

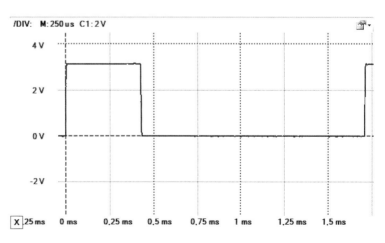

Abbildung 14-2-3 ▶
Der Tastgrad liegt bei 25%

Projekt 14-2: Das schnelle Blinken einer LED – oder: Was ist PWM?

Bei *25%* wird ¼ der zur Verfügung stehenden Energie an den Ausgang übertragen.

Der Tastgrad bei 50%

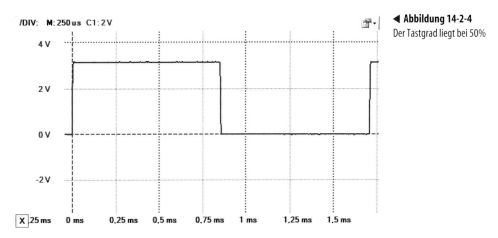

◀ **Abbildung 14-2-4**
Der Tastgrad liegt bei 50%

Bei *50%* wird die Hälfte der zur Verfügung stehenden Energie an den Ausgang übertragen. Eine LED müsste bei diesem Wert halb so hell leuchten wie bei *100%*.

Der Tastgrad bei 75%

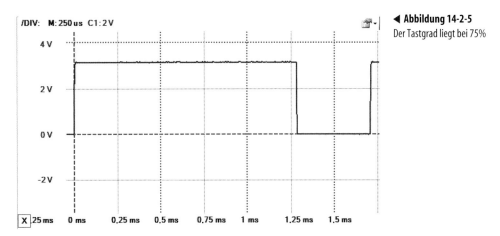

◀ **Abbildung 14-2-5**
Der Tastgrad liegt bei 75%

Bei *75%* werden ¾ der zur Verfügung stehenden Energie an den Ausgang übertragen.

Der Tastgrad bei 100%

Abbildung 14-2-6 ▶
Der Tastgrad liegt bei 100%

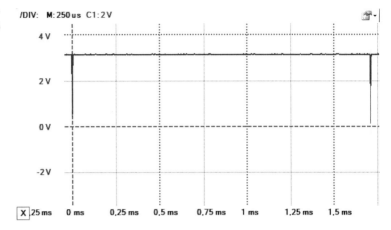

Bei *100%* wird die komplette Energie an den Verbraucher übertragen. Eine angeschlossene LED leuchtet am hellsten, ein Motor dreht am schnellsten.

⬛ Achtung

Schließe keinen Motor direkt an einen digitalen Ausgang an. Er würde zu viel Strom aus dem Ausgang ziehen, so dass dein Raspberry Pi-Board zerstört würde.

Der Schaltplan

Um beim Raspberry Pi ein PWM-Signal an einen digitalen Ausgang zu legen, müssen wir folgende Dinge beachten. Es gibt auf dem Board lediglich einen einzigen GPIO-Pin, der hardwareseitig ein PWM-Signal generieren kann. Es handelt sich um *GPIO18* (wiringPi-Pin *1*). Wenn ich hardwareseitig sage, bedeutet dies, dass die PWM-Generierung über den Prozessor generiert wird, somit das erforderliche Timing in seiner Verantwortung liegt und dementsprechend korrekt ist. Im folgenden Diagramm zeige ich dir noch einmal das Pin-Schema der GPIO-Schnittstelle, wobei ich den PWM-Pin rot umrandet habe.

⬛ Achtung

Wenn du Musik auf deinem Raspberry Pi abspielst oder den *3,5mm*-Audio-Ausgang auf dem Board nutzt, wird der PWM-Pin *1*(wiringPi-Pin) durch diese Funktion belegt. Nutzt du aber stattdessen die Audiowiedergabe über das HDMI-Kabel, ist der PWM-Pin frei und kann von dir genutzt werden.

384

Projekt 14-2: Das schnelle Blinken einer LED – oder: Was ist PWM?

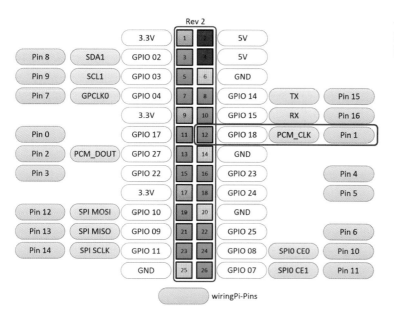

◀ **Abbildung 14-2-7**
Der einzige PWM-Pin, der
hardwareseitig unterstützt wird

Der Schaltplan würde demnach wie folgt aussehen:

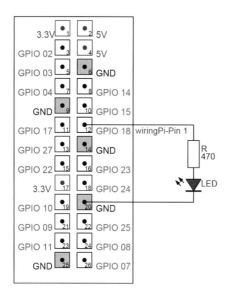

◀ **Abbildung 14-2-8**
Die Ansteuerung der LED über den
PWM-Hardware-Pin

Wenn du eben ausdrücklich die hardwareseitige Ansteuerung des
PWM-Pins hervorgehoben hast, gibt es doch sicherlich auch eine
softwareseitige Ansteuerung. Oder liege ich da falsch?

Schlaues Kerlchen! Es gibt auch eine softwareseitige Ansteuerung, die jedoch mit Problemen behaftet ist. Das hat folgenden Hintergrund: Die Generierung eines PWM-Signals, das über eine externe Softwarekomponente erfolgt, unterliegt gewissen Schwankungen, die in der Tatsache begründet sind, dass das hier verwendete Linux-Betriebssystem kein Echtzeit-Betriebssystem ist. Unter Linux laufen eine Menge unterschiedlicher Prozesse, die sich gegenseitig in der Ausführungsgeschwindigkeit beeinflussen können, nur scheinbar gleichzeitig. Jeder Prozess bekommt in einem Multitasking-System vom Prozessor bzw. den Prozessoren in kurzen Zeitabständen Rechenzeit zugewiesen und wird somit nur für einen kurzen Augenblick aktiviert. Da dies jedoch so schnell vonstatten geht, entsteht der Eindruck der Gleichzeitigkeit der Prozessausführungen. Diese Vorgehensweise ist für zeitkritische Anwendungen nicht sicher und es kommt immer wieder zu sogenannten Timing-Problemen. Größere Verzögerungen in den Programmausführungen können eintreten, wenn z.B. ein Festplattenzugriff über einen Prozess erfolgt. Ebenso sind USB- oder Netzwerkzugriffe ein nicht unerhebliche zeitkritische Vorgänge. Aus diesen Gründen wird die softwareseitige PWM-Unterstützung beim Raspberry Pi immer problematisch sein. Die Ansteuerung eines Servo-Motors grenzt schon an ein Glücksspiel. Es kann gutgehen, muss aber nicht. Es gibt externe elektronische Komponenten, wie z.B. den *16-Kanal 12*-Bit PWM-Servo-Driver mit der Typenbezeichnung *NXP PCA9685*, der über die *I²C*-Schnittstelle angesprochen werden kann. Nähere Details findest du auf der Internetseite von *Adafruit* (*http://www.adafruit.com/products/815*).

Die Ansteuerung über die Shell

Um ein PWM-Signal am *GPIO18*-Pin zu generieren, zeige ich dir die Variante über die Shell. Zu Beginn muss ich der wiringPi-Library mitteilen, welchen PWM-Typ ich verwenden möchte. Es gibt zwei unterschiedliche Modi. Den *Balanced-* und den *Normal-*Mode. Ich habe dir am Anfang des Kapitels den Normal-Mode gezeigt, der die klassische Art der PWM-Generierung repräsentiert. Zum Balanced-Mode werde ich später ein paar Worte verlieren. Um den Normal-Mode zu aktivieren, führe den folgenden Befehl aus:

```
# gpio pwm-ms
```

Das *ms* bedeutet *Mark:Space* und beschreibt die Puls-Form. Als Nächstes musst du den wiringPi-Pin *1* in den PWM-Modus versetzen. Das machst du über die folgende Zeile:

```
# gpio mode 1 pwm
```

Das PWM-Signal kann nun über Werte, die zwischen *0* und *1023* liegen, generiert werden. Sehen wir uns dazu die folgende Tabelle an, in die ich ein paar Werte und den gemessenen Stromfluss mit einem Vorwiderstand von *470*Ohm eingetragen habe:

Wert	%	Strom bei 470 Ohm Vorwiderstand
0	0	0mA
256	25%	0,67mA
512	50%	1,34mA
768	75%	2,08mA
1023	100%	2,82mA

◀ **Tabelle 14-2-1**
PWM-Werte und ihre Auswirkung

Anhand des Stromflusses kannst du erkennen, dass er kontinuierlich steigt, wenn das PWM-Signal erhöht wird. Um das PWM-Signal zu generieren, verwendest du folgenden Befehl:

```
# gpio pwm 1 <Wert>
# gpio pwm 1 512
```

Abschließend können wir festhalten, dass du über das Absetzen eines *gpio*-Kommandos nur eine hardwaremäßige Ansteuerung des genannten Pins erreichst. Für die softwaremäßige Ansteuerung muss ein eigenständiges Programm laufen und das führt ggf. zu den eben genannten Timing-Problemen. Kommen wir zum kurz erwähnten *Balanced*-Mode. Worin besteht der Unterschied? Nehmen wir doch einfach den PWM-Wert *512*. Im Normal-Mode würdest du *512* kurze HIGH-Pegel gefolgt von *512* LOW-Pegeln bekommen, im Balanced-Mode dagegen eine Folge von *1010101010...* Werte, die in Summe *1023* ergeben. Der Effekt ist der gleiche und du wirst an der LED keinen Unterschied in der Helligkeit bemerken. Das Umschalten in den Balanced-Mode erfolgt über das folgende gpio-Kommando:

```
# gpio pwm-bal
```

Du hast einiges zur PWM-Ansteuerung mit der Shell gemacht. Kann ich das denn auch in der Programmiersprache C umsetzen?

Eine berechtigte Frage, *RasPi*! Natürlich kannst du das. Ich werde das an dem folgenden Beispiel verdeutlichen.

Die Ansteuerung über C

Die wiringPi-Library bietet zur PWM-Ansteuerung einen eigenen Befehl. Und natürlich müssen wir zuvor festlegen, dass der Pin nicht als reiner Ausgang, sondern als PWM-Ausgang arbeiten soll. In C ist es recht einfach, Schleifen zu programmieren, in denen ich die LED langsam auf- und auch wieder abblende. Dazu lasse ich eine Variable die Werte von *0* bis *1023* bzw. *1023* bis *0* durchlaufen und weise den Inhalt der PWM-Funktion zu, die für die Ansteuerung der LED zuständig ist. Ich zeige dir am besten direkt den Quellcode in C.

Abbildung 14-2-9 ▼
Das Programm in C zur
PWM-Ansteuerung der LED
(hardwareseitig)

```
6    #include <wiringPi.h> // Benoetigte wiringPi-Library
7    #include <stdio.h>
8    #include <stdlib.h>
9    #include <stdint.h>
10
11   #define LED_Pin 1     // wiringPi-Pin 1 / GPIO18
12   #define DELAY   1     // Pause
13
14   int main(void){
15       int i = 0; // Laufvariable
16       printf("Raspberry Pi PWM-Programm mit wiringPi\n");
17       if(wiringPiSetup() == -1)    // wiringPi initialisieren
18           exit (EXIT_FAILURE);     // Fehler? -> Programmende
19       pinMode(LED_Pin, PWM_OUTPUT); // Pin als PWM-Ausgang nutzen
20
21       for(;;){
22           // LED aufblenden
23           for(i = 0; i<= 1023; i++){
24               pwmWrite(LED_Pin, i);
25               delay(DELAY);
26           }
27           // LED abblenden
28           for(i = 1023; i>= 0; i--){
29               pwmWrite(LED_Pin, i);
30               delay(DELAY);
31           }
32       }
33       return EXIT_SUCCESS; // Programm erfolgreich beendet
34   }
```

Zwei Dinge werden für dich neu sein. Statt einen Pin als normalen digitalen Ausgang zu definieren, müssen wir ihn als PWM-Ausgang benennen. Das geschieht in Zeile *19* über die *pinMode*-Funktion mit dem Schlüsselwort PWM_OUTPUT als zweitem Argument.

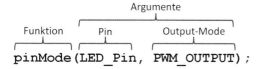

```
pinMode(LED_Pin, PWM_OUTPUT);
```

Nun müssen wir den Pin entsprechend ansteuern. Statt dies über die *digitalWrite*-Funktion zu machen, wie du das im GPIO-Grundlagenkapitel für das Blinken einer LED gesehen hast, musst du die *pwmWrite*-Funktion verwenden, wie ich es in den Zeilen *24* und *29* gemacht habe.

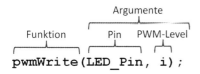

```
pwmWrite(LED_Pin, i);
```

> Ich habe die Versuche mit der PWM-Generierung ausgiebig getestet, und es funktionierte wirklich alles so, wie du es beschrieben hast. An einer Stelle komme ich aber nicht weiter. Ich wollte die softwaremäßige PWM-Generierung testen und habe dafür *GPIO23*, also wiringPi-Pin *4*, genommen. Das funktioniert aber überhaupt nicht. Was mache ich da falsch?

Nun, *RasPi*, das geht nicht mit dem Code, den ich dir bisher gezeigt habe. Du musst dem System mitteilen, dass du anstatt der hardwaremäßigen PWM-Generierung – so wie du das bisher gemacht hast – jetzt die softwaremäßige PWM-Generierung verwenden möchtest. Wenn du beim Befehl *pinMode* als zweites Argument PWM_OUTPUT angibst, ist das eine Einstellung für die hardwaremäßige PWM. Dazu gehört ebenso der Befehl *pwmWrite*. Um die Ansteuerung umzustellen, müssen wir folgende Anpassung vornehmen. Ich zeige dir das in einer Tabelle:

Kategorie	Hardwareseitig	Softwareseitig
Library	wiringPi.h	wiringPi.h und softPwm.h
Initialisierung	pinMode(<Pin>,PWM_OUTPUT)	pinMode(<Pin>, OUTPUT) softPwmCreate(<Pin>,<Init>,<Range>)
Ansteuerung	pwmWrite(<Pin>,<Value>)	softPwmWrite(<Pin>,<Value>)

◀ **Tabelle 14-2-2**
Unterschiede bei der PWM-Generierung (hard- bzw. softwaremäßig)

Mit dieser Übersicht solltest du in der Lage sein, die softwareseitige PWM-Generierung vorzunehmen. Schauen wir uns dazu den kompletten Quellcode an.

```
 6    #include <wiringPi.h> // Benoetigte wiringPi-Library
 7    #include <softPwm.h>  // Benoetigte Library für Software-PWM
 8    #include <stdio.h>
 9    #include <stdlib.h>
10    #include <stdint.h>
11
12    #define LED_Pin 4      // wiringPi-Pin 4 / GPIO23
13    #define DELAY   10     // Pause
14
15    int main(void){
16        int i = 0; // Laufvariable
17        printf("Raspberry Pi PWM-Programm mit wiringPi\n");
18        if(wiringPiSetup() == -1)        // wiringPi initialisieren
19            exit (EXIT_FAILURE);         // Fehler? -> Programmende
20        pinMode(LED_Pin, OUTPUT);        // Pin als Ausgang nutzen
21        softPwmCreate(LED_Pin, 0, 100); // Software PWM erstellen
22
23        for(;;){
24            // LED aufblenden
25            for(i = 0; i <= 100; i++){
26                softPwmWrite(LED_Pin, i);
27                delay(DELAY);
28            }
29            // LED abblenden
30            for(i = 100; i >= 0; i--){
31                softPwmWrite(LED_Pin, i);
32                delay(DELAY);
33            }
34        }
35        return EXIT_SUCCESS; // Programm erfolgreich beendet
36    }
```

Abbildung 14-2-10 ▲
Das Programm in C zur
PWM-Ansteuerung der LED
(softwareseitig)

In Zeile 7 darfst du das Einbinden der *softPwm.h*-Datei nicht vergessen, denn sonst kannst du die Funktion *softPwmWrite* nicht verwenden, die zur eigentlichen Ansteuerung benötigt wird. Anstatt den GPIO-Pin über *pinMode(<Pin>, PWM_OUTPUT)* – wie du das eben bei der hardwareseitigen Ansteuerung gemacht hast – vorzubereiten, musst du ihn jetzt als ganz normalen Pin über *pinMode(<Pin>, OUTPUT)* programmieren und zusätzlich mittels *softPwmCreate(<Pin>, 0, 100)* einen Start bzw. Endwert vorgeben, so dass softwareseitig ein Bereich zur Ansteuerung feststeht. Ich habe für das Beispiel einen Bereich von *0* bis *100* genommen und zusätzlich den Pausenwert auf *10* hochgesetzt. Auf diese Weise entsteht ein wirklich sanftes Auf- bzw. Abblenden der LED. Die Ansteuerung der LED erfolgt in den Zeilen *26* bzw. *31* über die *softPwmWrite*-Funktion.

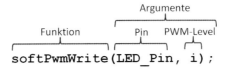

Projekt 14-2: Das schnelle Blinken einer LED – oder: Was ist PWM?

Was hast du gelernt?

- In diesem Kapitel hast du gelernt, was PWM (Puls-Weiten-Modulation) bedeutet und dass du damit die Energiezufuhr zu einem Verbraucher über besondere Rechteckimpulse regulieren kannst.

- Wir haben uns die PWM-Impulse an einem Oszilloskop angeschaut und gesehen, dass die Periodendauer konstant ist, die Impulsdauer jedoch variiert.

- Am Raspberry Pi steht ein einziger Ausgang (GPIO18) an der GPIO-Schnittstelle zur Verfügung, der in der Lage ist, ein hardwareseitiges PWM-Signal zu generieren. In diesem Zusammenhang haben wir den Unterschied zwischen hardware- bzw. softwareseitiger PWM-Generierung besprochen.

- Du hast gelernt, dass es zwei unterschiedliche Verfahren (Normal- und Balanced-Mode) zur PWM-Generierung gibt.

- Wir haben über die *Shell* Befehle abgesetzt, um ein hardwareseitiges PWM-Signal zu generieren und gesehen, dass dafür kein externes Programm ausgeführt werden muss. Die komplette Steuerung wird vom Prozessor übernommen.

- Zum Auf- bzw. Abblenden einer LED haben wir ein C-Programm geschrieben, das über eine Laufvariable die PWM-Werte der Funktion *pwmWrite* zuweist, wodurch eine hardwareseitige PWM-Generierung erreicht wird.

- Über die softwareseitige PWM-Generierung ist es möglich, jeden der GPIO-Pins zur Ansteuerung zu verwenden. Dazu wird die Funktion *softPwmWrite* aufgerufen. Ferner ist das zusätzliche Einbinden der Header-Datei *softPwm.h* notwendig.

Projekt 14-3:
Einen Taster abfragen

14

3

In unserem dritten Experiment besprechen wir folgende Themen:

- Wie werden mehrere Taster gleichzeitig abgefragt?
- Wie können wir den Zustand der einzelnen Taster speichern, um die einzelnen Farben der RGB-LED anzusteuern?
- Wie kannst du interne Pull-up- bzw. Pull-down-Widerstände im Prozessor aktivieren?
- Was ist ein Ablaufdiagramm?
- Wie können wir den Bedingungsoperator ? aus der Programmiersprache C/C++ in Python umsetzen?
- Die Umsetzung des Python-Codes in C mittels der wiringPi-Library

Drück den Taster

Aufbauend auf dem ersten Kapitel wollen wir mehrere Taster abfragen, um damit die RGB-LED anzusteuern. Was haben wir genau vor? Auf dem Simple-Board stehen uns 8 Taster zur Verfügung, von denen wir 3 für die Ansteuerung der RGB-LED nutzen möchten. In Abhängigkeit der Taster-Status werden die Farben der RGB-LED einzeln oder in Kombinationen angesteuert.

Benötigte Bauteile

Benötigte Bauteile	
	1 x RGB-LED
	3 x Widerstand 330 (orange/orange/braun)
	3 x Taster
	3 x Widerstand 10K (braun/schwarz/orange)

Der geplante Programmablauf

Vielleicht hast du schon einmal ein *Flussdiagramm* bzw. *Ablaufdiagramm* gesehen. In derartigen Diagrammen werden Programmabläufe grafisch veranschaulicht, so dass jeder einzelne Schritt sehr gut verfolgt werden kann. Bei der Darstellung der Blöcke wird jedoch kein Programmcode präsentiert, sondern eine aussagekräftige Beschreibung der Ausführungseinheiten. Beim Programmstart werden die Taster-Status abgefragt und entsprechend verzweigt. Nachdem er unten angekommen ist, wird wieder oben begonnen. Das Spiel wird solange fortgesetzt, bis du das Programm über *Strg-C* abbrichst.

Die gelben Rauten in Abbildung 14-3-1 stellen Entscheidungspunkte dar, in denen die in ihnen enthaltene Bedingung bewertet wird. Wird mit *Ja* geantwortet, erfolgt eine Verzweigung nach rechts und die betreffende LED wird angesteuert bzw. zum Leuchten gebracht. Bei einem *Nein* passiert nichts. Die LED bleibt dunkel und es wird weiter fortgefahren.

```
            Start
              │
              ▼
    ┌──────────────────┐
    │   Taster-Status  │
    │  einzeln abfragen│
    └──────────────────┘
              │
              ▼
      ╱ Ist R gedrückt? ╲  ──Ja──▶  Rot ansteuern
      ╲                 ╱
           Nein
              │
              ▼
      ╱ Ist G gedrückt? ╲  ──Ja──▶  Grün ansteuern
      ╲                 ╱
           Nein
              │
              ▼
      ╱ Ist B gedrückt? ╲  ──Ja──▶  Blau ansteuern
      ╲                 ╱
           Nein
```

Der Schaltplan

Auf dem folgenden Schaltplan erkennst du auf der linken Seite die Pull-down-Widerstände mit den jeweiligen Tastern und auf der rechten Seite, wie bei dem vorangegangenen Projekt, die RGB-LED mit ihren Vorwiderständen.

Achtung

Du musst unbedingt darauf achten, dass du die *3,3V* über die Taster an die GPIO-Pins legst. Nutze *niemals* die *5V*, denn das würde deinen Raspberry Pi unweigerlich zerstören. So eine kleine Unachtsamkeit ist schnell passiert und dein Raspberry Pi ist nichts weiter als ein kleines Stück Elektronik, das eben kaputt ist.

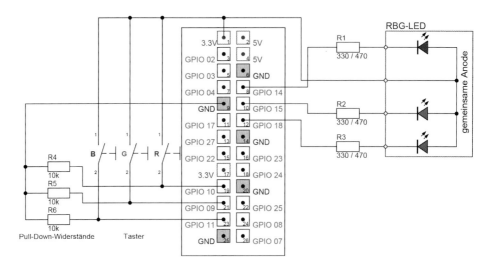

Abbildung 14-3-2▲
Die Ansteuerung einer RGB-LED
über 3 Taster

Abbildung 14-3-3▼
Das Python Taster-Programm zur
Ansteuerung der RGB-LED

Das Programm

Du brauchst nicht zu erschrecken, wenn du diesen Programmumfang siehst, der sich im Vergleich zum letzten etwas aufgebläht hat. Der Großteil wird von der Variablen-Deklarationen benötigt und ist nicht weiter kompliziert.

```python
#!/usr/bin/python
import RPi.GPIO as GPIO # GPIO-Library
import time               # Wird fuer sleep benoetigt

LED_R_GPIOPin    = 14               # GPIO14 / Pin 8
LED_G_GPIOPin    = 15               # GPIO15 / Pin 10
LED_B_GPIOPin    = 18               # GPIO18 / Pin 12
Taster_R_GPIOPin = 10               # GPIO10 / Pin 19
Taster_G_GPIOPin = 9                # GPIO09 / Pin 21
Taster_B_GPIOPin = 11               # GPIO11 / Pin 23
GPIO.setmode(GPIO.BCM)              # GPIO-Bezeichnungen verwenden
GPIO.setwarnings(False)             # Warnungen deaktivieren
GPIO.setup(LED_R_GPIOPin, GPIO.OUT)   # Pin als Ausgang nutzen
GPIO.setup(LED_G_GPIOPin, GPIO.OUT)   # Pin als Ausgang nutzen
GPIO.setup(LED_B_GPIOPin, GPIO.OUT)   # Pin als Ausgang nutzen
GPIO.setup(Taster_R_GPIOPin, GPIO.IN) # Pin als Eingang nutzen
GPIO.setup(Taster_G_GPIOPin, GPIO.IN) # Pin als Eingang nutzen
GPIO.setup(Taster_B_GPIOPin, GPIO.IN) # Pin als Eingang nutzen

def RGBLED(R, G, B):
    """ Ansteuerung der RGB-LED """
    GPIO.output(LED_R_GPIOPin, (GPIO.LOW if (R == True) else GPIO.HIGH))
    GPIO.output(LED_G_GPIOPin, (GPIO.LOW if (G == True) else GPIO.HIGH))
    GPIO.output(LED_B_GPIOPin, (GPIO.LOW if (B == True) else GPIO.HIGH))

while True:
    input_value_R = GPIO.input(Taster_R_GPIOPin)            # Status R lesen
    input_value_G = GPIO.input(Taster_G_GPIOPin)            # Status G lesen
    input_value_B = GPIO.input(Taster_B_GPIOPin)            # Status B lesen
    RGBLED(input_value_R, input_value_G, input_value_B)     # Funktion aufrufen
```

Wir verwenden eine Funktion, die von der Endlosschleife kontinuierlich aufgerufen wird. Ihr werden die Taster-Statuswerte übergeben und sie ist auch für die Ansteuerung der einzelnen Farben der
RGB-LED verantwortlich.

Code-Review

Im oberen Teil von Zeile 5 bis 9 werden die Variablen initialisiert,
die die GPIO-Bezeichnungen beinhalten. Zudem werden die GPIO-
Pins entsprechend ihrer Verwendung in den Zeilen 13 bis 18 als
Ein- bzw. Ausgänge programmiert.

▼ **Abbildung 14-3-4**
Die Variablen-Initialisierung
und Festlegen der Datenflussrichtungen

```
 5  LED_R_GPIOPin     = 14           # GPIO14 / Pin 8
 6  LED_G_GPIOPin     = 15           # GPIO15 / Pin 10
 7  LED_B_GPIOPin     = 18           # GPIO18 / Pin 12
 8  Taster_R_GPIOPin = 10            # GPIO10 / Pin 19
 9  Taster_G_GPIOPin = 9             # GPIO09 / Pin 21
10  Taster_B_GPIOPin = 11            # GPIO11 / Pin 23
11  GPIO.setmode(GPIO.BCM)           # GPIO-Bezeichnungen verwenden
12  GPIO.setwarnings(False)          # Warnungen deaktivieren
13  GPIO.setup(LED_R_GPIOPin, GPIO.OUT)   # Pin als Ausgang nutzen
14  GPIO.setup(LED_G_GPIOPin, GPIO.OUT)   # Pin als Ausgang nutzen
15  GPIO.setup(LED_B_GPIOPin, GPIO.OUT)   # Pin als Ausgang nutzen
16  GPIO.setup(Taster_R_GPIOPin, GPIO.IN) # Pin als Eingang nutzen
17  GPIO.setup(Taster_G_GPIOPin, GPIO.IN) # Pin als Eingang nutzen
18  GPIO.setup(Taster_B_GPIOPin, GPIO.IN) # Pin als Eingang nutzen
```

Kommen wir zur besagten Funktion, deren Inhalt auf den ersten
Blick etwas gewöhnungsbedürftig sein mag.

```
20  def RGBLED(R, G, B):
21      """ Ansteuerung der RGB-LED """
22      GPIO.output(LED_R_GPIOPin, (GPIO.LOW if (R == True) else GPIO.HIGH))
23      GPIO.output(LED_G_GPIOPin, (GPIO.LOW if (G == True) else GPIO.HIGH))
24      GPIO.output(LED_B_GPIOPin, (GPIO.LOW if (B == True) else GPIO.HIGH))
```

Zur Erklärung zeige ich dir noch einmal die *output*-Methode, die
zur Ansteuerung eines GPIO-Pins verwendet wird.

▲ **Abbildung 14-3-5**
Die RGBLED-Funktion

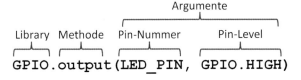

Das zweite Argument legt den Pegel des GPIO-Pins fest und sollte
entweder *GPIO.LOW* oder *GPIO.HIGH* sein. Wir könnten natür-

lich in Abhängigkeit des Taster-Status, der ja *False* oder *True* sein kann, eine *if-else*-Abfrage in den Programmcode einbauen und dann entweder den betreffenden Pin mit GPIO.LOW oder GPIO.HIGH versorgen. Das ist legitim und gängige Praxis. Dennoch möchte ich dir an dieser Stelle einen kleinen Trick zeigen, der ähnlich dem ?-Operator – auch *Bedingungsoperator* genannt – aus der C/C++-Programmierung funktioniert. Sehen wir uns dazu die Abfrage für die Farbe Rot in Zeile 22 etwas genauer an.

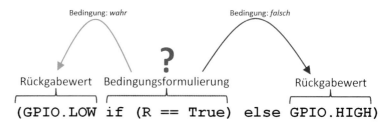

Die Ausformulierung der Bedingung könnte wie folgt lauten: *?Ist der Status des Tasters, der für die Farbe Rot zuständig ist, gedrückt??* Bei gedrücktem Taster wird der Wert *True* an die Funktion übermittelt. Jetzt erfolgt die Bewertung. Ist der Wert *True*, wird GPIO.LOW als Rückgabewert verwendet und der *output*-Funktion, dort wo Pin-Level steht, als zweites Argument zur Verfügung gestellt. Ist er *False*, verzweigt die Ausführung hinter das *else*-Statement und GPIO.HIGH wird zurückgeliefert. Auf diese Weise können wir sehr effizient die Steuerung des GPIO-Pins in einer einzigen Zeile abhandeln. Analog wird mit den beiden anderen Farben verfahren. Kommen wir zum Aufruf der gerade vorgestellten Funktion.

```
26 □while True:
27      input_value_R = GPIO.input(Taster_R_GPIOPin)     # Status R lesen
28      input_value_G = GPIO.input(Taster_G_GPIOPin)     # Status G lesen
29      input_value_B = GPIO.input(Taster_B_GPIOPin)     # Status B lesen
30      RGBLED(input_value_R, input_value_G, input_value_B) # Funktion aufrufen
```

Abbildung 14-3-6 ▲
Der Aufruf der RGBLED-Funktion

Bevor es zum Funktionsaufruf kommt, werden die Status der drei Taster für Rot, Grün und Blau in den Zeilen 27 bis 29 ermittelt. In der Zeile 30 erfolgt dann der eigentliche Aufruf mit den Variablenwerten als Argumente.

Das Simple-Board

Die Verdrahtung auf dem Simple-Board wurde lediglich um die Anschlüsse für die benötigten Taster erweitert.

Projekt 14-3: Einen Taster abfragen

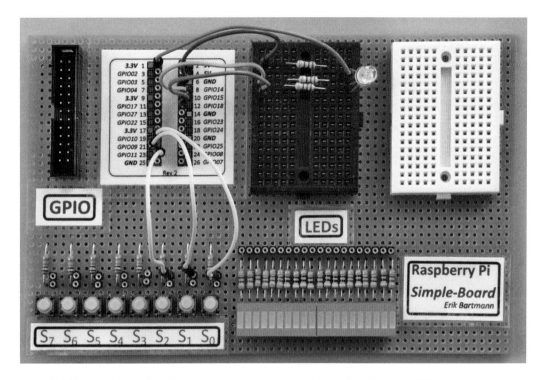

Natürlich kannst du jeden der 8 Taster verwenden, doch ich habe
mich für die rechte Seite entschieden und die Taster S0, S1 und S2
genommen. Auf der folgenden Grafik erkennst du die Farbenzu-
ordnung.

▲ Abbildung 14-3-7
Die Ansteuerung der RGB-LED über
die Taster auf dem Simple-Board

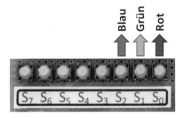

Eine Bemerkung am Rande

Wenn du ein kleines Stück Backpapier um ein Bleistift wickelst
und entsprechend formst, kannst du das Häubchen anschließend mit Tesafilm auf der LED fixieren. Das Papier bewirkt eine
Streuung des Lichts und gerade Farbkombinationen kommen
besser zur Geltung. Im Dunkeln sieht das richtig gut aus.

Abbildung 14-3-8 ▶
Der Bleistift und das Backpapier
neben dem Schriftzug von O'Reilly

Schaltest du jetzt die LED ein, sieht das Ganze schon richtig gut aus und das Licht wird schön gestreut.

Abbildung 14-3-9 ▶
Die RGB-LED mit dem Backpapier
als Überzieher

Oder du nimmst einen Tischtennisball und schneidest mit einem Cutter ein kleines Loch hinein, so dass die RGB-LED gerade hinein-passt.

Abbildung 14-3-10 ▶
Die RGB-LED mit einem
Tischtennisball als Überzieher

Stopp mal kurz! Du willst doch hier nicht schon aufhören. In den Grundlagen zur GPIO-Programmierung hast du die sehr interessante wiringPi-Library vorgestellt. Mich würde brennend die Umsetzung in der Programmiersprache C interessieren. Ist dafür noch Platz?

Hey, du hast vollkommen Recht, *RasPi*, eine Gegenüberstellung eines Projekts in unterschiedlichen Programmiersprachen ist sehr aufschlussreich. Also belassen wir die Schaltung, wie sie ist, und sehen uns die Programmierung in der Programmiersprache C an. Das Verhalten des Programms soll gleich dem in Python sein. Zuvor möchte ich aber kurz auf die Möglichkeit eingehen, wie du logische Pegel über die Software beeinflussen kannst, was gerade bei offenen Leitungen bzw. offenen Tastern wichtig ist.

Pegel ziehen

Ich hatte dir schon gesagt, dass auf dem Simple-Board die Taster – wenn sie nicht gedrückt werden – über Pull-down-Widerstände nach Masse verbunden sind. Du kannst jedoch über die Software interne Widerstände im Prozessor aktivieren, die diese Aufgabe übernehmen, so dass du keine externen Widerstände einsetzen musst. Es gibt über die Python-Library die 3 Modi:

- PUD_OFF (kein Pull-Widerstand wurde aktiviert, was die Standardeinstellung ist)
- PUD_UP (ein Pull-up-Widerstand wurde aktiviert)
- PUD_DOWN (ein Pull-down-Widerstand wurde aktivert)

Sehen wir uns dazu den entsprechenden Code an.

```python
1  #!/usr/bin/python
2  import RPi.GPIO as GPIO  # GPIO-Library
3  import time              # Wird fuer sleep benoetigt
4
5  Taster_Pin = 25                    # GPIO25 / Pin 22
6  GPIO.setmode(GPIO.BCM)             # GPIO-Bezeichnungen verwenden
7  GPIO.setwarnings(False)            # Warnungen deaktivieren
8  GPIO.setup(Taster_Pin, GPIO.IN, \
9      pull_up_down = GPIO.PUD_UP)    # Pin als Eingang mit Pull-Up nutzen
10
11 while True:
12     input_value = GPIO.input(Taster_Pin)   # Status R lesen
13     print input_value
14     time.sleep(0.5)
```

In Zeile 8 bzw. 9 wird der *setup*-Funktion ein weiteres Argument hinzugefügt. Um den internen Pull-up-Widerstand zu aktivieren, wird *pull_up_down = GPIO.PUD_UP* hinzugefügt. Ist der Taster nicht gedrückt oder überhaupt nicht vorhanden, wird in der Zeile 12 ein HIGH-Pegel an GPIO25 registriert. Die Ausgabe in Zeile 13 liefert ein *True* in das Terminal-Fenster. Um eine Pegeländerung zu

▲ **Abbildung 14-3-11**
Die Aktivierung des
Pull-up-Widerstandes

bekommen, musst du bei der Ansteuerung des GPIO-Pins über den Taster ein LOW-Signal mittels Masse liefern. Dann erst bekommst du ein *False* im Terminal-Fenster angezeigt. Aktivierst du im Gegensatz dazu den internen Pull-down-Widerstand, musst du den GPIO-Pin über den Taster mit einem HIGH-Pegel mittels *3,3V* versorgen. In der folgenden Grafik kannst du die Unterschiede besser erkennen.

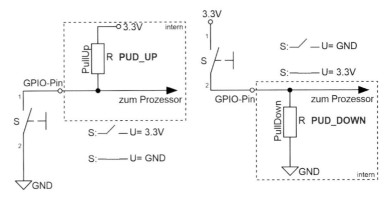

Abbildung 14-3-12 ▶
Die Aktivierung eines internen Pull-up- bzw. Pull-down-Widerstandes

Das Programm in C

Da das Programm etwas länger ist und nicht vollständig auf eine Buchseite passt, gehe ich direkt zum Code-Review über und splitte es in logische Blöcke auf. Wenn du alles hintereinander in den Geany-Editor eintippst, bekommst du einen kompilierbaren Quellcode.

Abbildung 14-3-13 ▶
Die Include-Anweisungen und die symbolischen Konstanten

```
 6    #include <wiringPi.h> // Benoetigte wiringPi-Library
 7    #include <stdio.h>
 8    #include <stdlib.h>
 9    #include <stdint.h>
10    #include <stdbool.h>
11
12    #define LED_R_Pin 15     // wiringPi-Pin 15 / GPIO14
13    #define LED_G_Pin 16     // wiringPi-Pin 16 / GPIO15
14    #define LED_B_Pin 1      // wiringPi-Pin 1  / GPIO18
15    #define Taster_R_Pin 12  // wiringPi-Pin 12 / GPIO10
16    #define Taster_G_Pin 13  // wiringPi-Pin 13 / GPIO09
17    #define Taster_B_Pin 14  // wiringPi-Pin 14 / GPIO11
```

In den Zeilen *6* bis *10* werden die benötigten Header-Dateien eingebunden. Da wir im Programm mehrere Variablen des Datentyps *bool* benötigen, müssen wir die in Zeile *10* aufgeführte Header-Datei *std-*

bool.h mit einbinden. Die wiringPi-Pinnummern werden in den Zeilen *12* bis *17* in sogenannten symbolischen Konstanten abgelegt, um sie anschließend im Programm recht einfach beim Namen zu nennen. Wir haben das in vergleichbarer Weise mit den Variablen in Python gemacht. Kommen wir zur Funktionsdefinition.

```
19   void RGBLED(bool, bool, bool); // C-Prototyp
20
21   // RGBLED-Funktion
22  void RGBLED(bool R, bool G, bool B){
23       digitalWrite(LED_R_Pin, (R==HIGH?LOW:HIGH));
24       digitalWrite(LED_G_Pin, (G==HIGH?LOW:HIGH));
25       digitalWrite(LED_B_Pin, (B==HIGH?LOW:HIGH));
26  }
```

◀ **Abbildung 14-3-14**
Die Funktionsdefinition inklusive Prototyp

Ähnlich wie in Python verwenden wir auch in C eine Funktion, die die Ansteuerung der einzelnen LEDs übernimmt. In C ist es üblich, vor der eigentlichen Funktionsdefinition einen *Prototypen* zu schreiben, wie ich das in Zeile *19* gemacht habe. Dieser Prototyp zeigt lediglich die Funktionssignatur auf und beinhaltet weder später benötigte Variablen-Namen noch den Funktionsrumpf mit dem eigentlichen Code. Es werden nur Rückgabe-Datentyp, Funktionsname und Parameter-Datentypen in der benötigten Reihenfolge aufgelistet. Die eigentliche Funktionsdefinition findet in den Zeilen *22* bis *26* statt. Auf die Funktionsweise gehe ich später beim eigentlichen Funktionsaufruf ein. Nun folgt der eigentlich Aufruf der *main*-Funktion, die in einem C/C++-Programm standardmäßig den Einstiegspunkt definiert.

▼ **Abbildung 14-3-15**
Die main-Funktion

```
28  int main(void){
29      printf("Raspberry Pi RGB-LED Taster-Programm mit wiringPi\n");
30      if(wiringPiSetup() == -1)       // wiringPi initialisieren
31          exit (1);                   // Fehler? -> Programmende
32      pinMode(LED_R_Pin, OUTPUT);     // Pin als Ausgang nutzen
33      pinMode(LED_G_Pin, OUTPUT);     // Pin als Ausgang nutzen
34      pinMode(LED_B_Pin, OUTPUT);     // Pin als Ausgang nutzen
35      pinMode(Taster_R_Pin, INPUT);   // Pin als Eingang nutzen
36      pinMode(Taster_G_Pin, INPUT);   // Pin als Eingang nutzen
37      pinMode(Taster_B_Pin, INPUT);   // Pin als Eingang nutzen
38      bool input_value_R = false;     // Variable für Rot
39      bool input_value_G = false;     // Variable für Gruen
40      bool input_value_B = false;     // Variable für Blau
41
42      for(;;){
43          input_value_R = digitalRead(Taster_R_Pin); // Status R lesen
44          input_value_G = digitalRead(Taster_G_Pin); // Status G lesen
45          input_value_B = digitalRead(Taster_B_Pin); // Status B lesen
46          RGBLED(input_value_R, input_value_G, input_value_B);
47      }
48      return 0;
49  }
```

Zu Beginn in den Zeilen *30* und *31* wird die wiringPi-Library initialisiert und ihr Status überprüft.

> Ich muss noch einmal nachhaken. Was passiert in diesen Zeilen genau?

Kein Problem, *RasPi*! Es verhält sich folgendermaßen: Der Name *wiringPiSetup()* steht für eine eigene Funktion der wiringPi-Library, die in Zeile *30* aufgerufen wird. In ihr werden Initialisierungen vorgenommen, die uns nicht zu interessieren haben. Eine Funktion kann, wie in diesem Fall, einen Wert an den Aufrufer zurückliefern. Wurde die Initialisierung erfolgreich durchgeführt bzw. beendet, liefert sie einen Statuswert zurück, der von *-1* verschieden ist, und das C-Programm kann normal weiter ausgeführt werden. Sind jedoch aus irgendwelchen Gründen Probleme aufgetreten, die die Nutzung dieser Library verhindern würden, wird dies über den Rückgabewert *-1* kundgetan. Das Programm wird über die Zeile *31* mit dem Befehl *exit(1)* ordnungsgemäß beendet. Wenn du einen Blick in die Zeile *48* wirfst, siehst du, dass dort ein Return-Wert von *0* steht. Das ist quasi der Exit-Code für ein erfolgreiches Beenden eines Programms. In C/C++ existieren dafür sogar sprechende Konstanten.

- EXIT_SUCCESS (erfolgreiches Beenden)
- EXIT_FAILURE (ein Fehler ist aufgetreten)

Über die *pinMode*-Methoden in den Zeilen *32* bis *37* teilen wir dem Programm mit, welche GPIO-Pins als Ein- und welche als Ausgänge arbeiten sollen. In den Zeilen *43* bis *45* werden die Taster-Status gelesen und endgültig beim Funktionsaufruf in Zeile *46* als Argumente übergeben. Kommen wir nun zur Funktion und der Arbeit des Bedingungsoperators.

Abbildung 14-3-16 ▶
Die Funktionsdefinition

```
21    // RGBLED-Funktion
22    void RGBLED(bool R, bool G, bool B){
23        digitalWrite(LED_R_Pin, (R==HIGH?LOW:HIGH));
24        digitalWrite(LED_G_Pin, (G==HIGH?LOW:HIGH));
25        digitalWrite(LED_B_Pin, (B==HIGH?LOW:HIGH));
26    }
```

Statt eines HIGH- bzw. LOW-Pegels wird der Bedingungsoperator eingesetzt, der dann entsprechend der Bedingungsauswertung einen Wert zurückliefert.

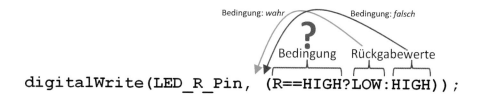

```
digitalWrite(LED_R_Pin, (R==HIGH?LOW:HIGH));
```

Was hast du gelernt?

- In diesem Kapitel hast du gesehen, was ein Ablaufdiagramm ist.
- Du hast das Python-Programm kennengelernt, das zur Ansteuerung der einzelnen LEDs der RGB-LED drei Taster verwendet.
- Du hast über ein zusätzliches drittes Argument der GPIO.setup-Funktion einen internen Pull-up- bzw. Pull-down-Widerstand aktiviert, was die Beschaltung über externe Widerstände überflüssig macht.
- Wir haben den Bedingungsoperator ?, der in der Programmiersprache C/C++ Verwendung findet, in Python umgesetzt. Dadurch kann der Programmcode minimiert werden und eine aufwendigere Abfrage über *if-else* entfällt.
- Du hast die Umsetzung der Python-Programmlogik in die Programmiersprache C mittels der wiringPi-Library gesehen.

Projekt 14-4:
Blinken mit
Intervallsteuerung

In diesem Experiment besprechen wir folgende Themen:

- Was für ein Problem entsteht, wenn du eine LED über die *delay*-Funktion blinken lässt und gleichzeitig versuchst, einen Taster abzufragen?
- Die *millis*-Funktion kann dazu genutzt werden, eine LED blinken zu lassen, ohne dass dafür das Programm für eine bestimmte Zeit unterbrochen werden muss.

Drücke den Taster und er reagiert (fast)

Im ersten Kapitel hast du die Ansteuerung einer LED gesehen und wir haben sie blinken lassen. Um das zu erreichen, haben wir uns der in Python vorhandenen Verzögerungsfunktion *sleep* bedient. In der Programmiersprache C in Verbindung mit der wiringPi-Library haben wir eine vergleichbare Funktion verwendet, die sich *delay* nennt. Derartige Funktionen bewirken eine gnadenlose Unterbrechung in der Fortführung eines Programms. An der betreffenden Stelle wird für die angegebene Zeit pausiert und erst dann mit den darauffolgenden Befehlen weitergemacht. Das ist alles wunderbar und wir hatten damit auch keine Probleme. Ich möchte dich aber jetzt mit einer Erweiterung der Schaltung bekanntmachen, wo das nicht mehr so funktioniert, wie wir es beabsichtigt haben. Ich zeige dir vorab schon einmal den Schaltplan, damit du eine Vorstellung davon bekommst, worauf ich hinaus möchte.

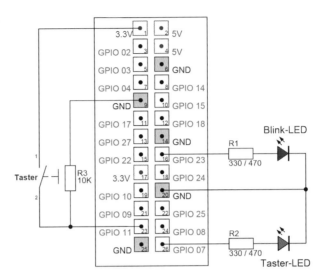

Abbildung 14-4-1 ▶
Der Schaltplan

Auf der rechten Seite befinden sich zwei LEDs, wobei die obere rote ganz normal als Blink-LED arbeiten soll. Sie soll im Rhythmus von 1 Sekunde an- und aus gehen. Soweit sicherlich nichts Neues für dich. Die darunter befindliche grüne LED soll immer dann aufleuchten, wenn der auf der linken Seite angebrachte Taster gedrückt wird. Das sollte für dich mit den Grundlagen aus den vorangegangenen Kapiteln ebenfalls kein Problem bedeuten.

Stimmt, das sehe ich genauso! Ich kombiniere einfach das Blink- und das Taster-Programm und damit sollte die von dir gerade beschriebene Funktion abgehandelt sein.

Ok, *RasPi*, dann wollen wir uns den entsprechenden Code gleich mal anschauen.

Benötigte Bauteile

Benötigte Bauteile	
	1 x rote LED (5mm)
	1 x grüne LED (5mm)

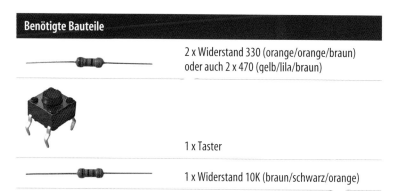

2 x Widerstand 330 (orange/orange/braun)
oder auch 2 x 470 (gelb/lila/braun)

1 x Taster

1 x Widerstand 10K (braun/schwarz/orange)

Das Programm

Ich habe zur Umsetzung das Programm in C geschrieben und habe
es hoffentlich so gemacht, wie du es dir vorgestellt hast.

▼ **Abbildung 14-4-2**
Das wiringPi Blink-Programm
mit Taster-Abfrage (ohne
Intervallsteuerung)

```
6    #include <wiringPi.h> // Benoetigte wiringPi-Library
7    #include <stdio.h>
8    #include <stdlib.h>
9    #include <stdint.h>
10   #include <stdbool.h>
11
12   #define LED_BLINK_Pin 4     // wiringPi-Pin 4  / GPIO23
13   #define LED_TASTER_Pin 11   // wiringPi-Pin 11 / GPIO07
14   #define TASTER_Pin 14       // wiringPi-Pin 14 / GPIO11
15
16   int main(void){
17       printf("Raspberry Pi Intervallsteuerung mit wiringPi\n");
18       if(wiringPiSetup() == -1)         // wiringPi initialisieren
19           exit (EXIT_FAILURE);          // Fehler? -> Programmende
20       pinMode(LED_BLINK_Pin, OUTPUT);   // Pin als Ausgang nutzen
21       pinMode(LED_TASTER_Pin, OUTPUT);  // Pin als Ausgang nutzen
22       pinMode(TASTER_Pin, INPUT);       // Pin als Eingang nutzen
23       bool input_taster = false;        // Statusvariable fuer Taster
24
25       for(;;){
26           // Rote Blink-LED blinken lassen
27           digitalWrite(LED_BLINK_Pin, HIGH);
28           delay(1000); // 1000ms Pause
29           digitalWrite(LED_BLINK_Pin, LOW);
30           delay(1000); // 1000ms Pause
31           // Abfrage des Taster-Status
32           input_taster = digitalRead(TASTER_Pin);
33           if(input_taster == HIGH)
34               digitalWrite(LED_TASTER_Pin, HIGH); // Gruene LED an
35           else
36               digitalWrite(LED_TASTER_Pin, LOW);  // Gruene LED aus
37       }
38       return EXIT_SUCCESS; // Programm erfolgreich beendet
39   }
```

Ich gehe nicht weiter auf den Initialisierungsbereich ein, denn das solltest du inzwischen beherrschen. Das für uns Wichtige spielt sich innerhalb der *for*-Schleife ab. Dort findet in den Zeilen 27 bis 30 das Blinken der roten LED statt und in den Zeilen 32 bis 36 die Abfrage des Tasters mit der darauffolgenden Ansteuerung der grünen LED. Werfen wir dazu einen Blick auf das entsprechende Ablaufdiagramm.

Abbildung 14-4-3 ▶
Das Ablaufdiagramm

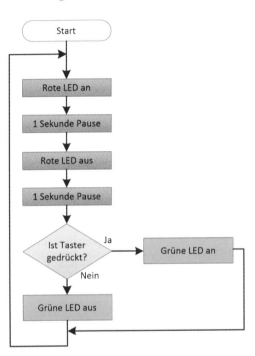

Erkennst du, worauf ich hinaus möchte und wo das Problem steckt?

So richtig erkenne ich das Problem nicht. Die rote LED blinkt und die Ausführung zur Abfrage des Tasterstatus erfolgt irgendwann später.

Du hast es vollkommen richtig erfasst, *RasPi* und – wenn auch vielleicht intuitiv – das Problem schon vollkommen richtig beschrieben. Das entscheidende Wörtchen lautet *irgendwann*. Die Abfrage des Tasterstatus erfolgt erst, nachdem die Pausen zur Ansteuerung der roten LED beendet wurden – und das nur für den Bruchteil einer Sekunde, denn dann stecken wir wieder in den Verzögerungsfunktionen fest. Es ist also ein Glücksfall, wenn du den richtigen

Zeitpunkt zur Ansteuerung der grünen LED erwischst. Natürlich kannst du den Taster die ganze Zeit über gedrückt halten, das würde funktionieren, aber ist es das, was wir möchten? Sicher nicht! Ich zeige dir das Verhalten anhand eines Impulsdiagramms.

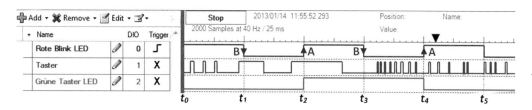

Es zeigt drei unterschiedliche Kanäle:

▲ **Abbildung 14-4-4**
Das Impulsdiagramm

- Kanal 0: rote Blink-LED
- Kanal 1: Taster
- Kanal 2: grüne Taster-LED

Kanal *0* zeigt den Pegel der unvermindert blinkenden roten LED, die sich durch nichts beeinflussen lässt. In der Mitte habe ich Kanal *1* positioniert, der den Taster-Status anzeigt, und darunter Kanal 2, der den Pegel der grünen LED anzeigt und eigentlich mit dem Taster-Status synchron sein sollte. Dem ist aber nicht so. Du erkennst, dass ich zwischen den Zeitpunkten *t0* und *t2* den Taster mehrfach gedrückt habe, die grüne LED ihren Pegel jedoch nicht nach HIGH geändert hat. Auch nicht, als ich den Taster um den Zeitpunkt *t1* länger gedrückt hielt (abfallende Flanke der roten LED bei Punkt A). Erst um den Zeitpunkt *t2*, als ich erneut die Taste länger gedrückt hielt, wechselte der Pegel der grünen LED von LOW nach HIGH (aufsteigende Flanke der roten LED). Die Erklärung dafür ist recht simpel. Du hast es mit zwei *delay*-Aufrufen zu tun, vom denen der weite für den LOW-Pegel der roten LED zuständig ist. Wurde er abgearbeitet, wird der Zustand des Tasters für einen kurzen Augenblick abgefragt, und zwar genau zwischen dem Wechsel von LOW nach HIGH der roten LED. Deswegen reagiert der Pegel der grünen LED immer nur auf die ansteigende (A) und nicht auf die abfallende (B) Flanke. Das bedeutet, dass wir mit dem Einsatz einer Verzögerungsfunktion wie *delay* erst einmal nicht weiterkommen. Wir werden uns eine andere Variante anschauen, die das Problem hoffentlich behebt. Doch zuerst wirf einmal einen Blick auf das folgende Ablaufdiagramm, damit du eine ungefähre Vorstellung davon bekommst, wie die Sache auch anders funktionieren könnte.

Abbildung 14-4-5 ▶
Das Ablaufdiagramm für die
Intervallsteuerung

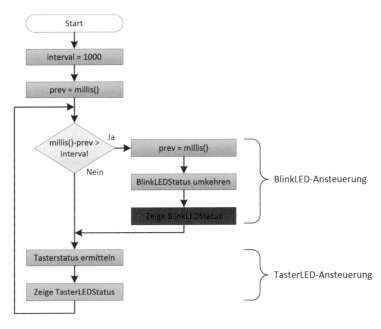

Ein paar erklärende Worte sind hier sicher hilfreich sein. Es gibt eine Funktion, die die Zeit in Millisekunden seit dem Programmstart ermittelt. Sie nennt sich *millis*. Die werden wir nutzen, damit rote Blink-LED in regelmäßigen Abständen blinkt. Das funktioniert wie folgt: Eine Variable wird mit einem Wert versehen, der das Blink-Intervall repräsentiert. Nun wird die Zeit in Millisekunden seit dem Programmstart der Variablen *prev* zugewiesen. In einer Abfrage wird die Differenz der *millis*-Funktion und der *prev*-Variablen ermittelt. Erst wenn die Differenz größer als das vorher festgelegte Intervall ist – was erst im Laufe der Zeit passiert – wird die *prev*-Variable mit dem neuen *millis*-Wert versehen, quasi ein neuer Startwert. Der Blinkstatus der roten LED wird umgekehrt und angezeigt. Auf diese Weise blinkt die rote LED im angegebenen Intervall, ohne dass dafür eine Programmunterbrechung erfolgen musste. Anschließend kann der Tasterstatus ohne Verzögerung ermittelt und zur Anzeige gebracht werden. Ich habe die Logik des Ablaufdiagramms in den folgenden Quellcode übertragen, den ich im Detail gleich erläutern werde.

```
 6   #include <wiringPi.h> // Benoetigte wiringPi-Library
 7   #include <stdio.h>
 8   #include <stdlib.h>
 9   #include <stdint.h>
10   #include <stdbool.h>
11
12   #define LED_BLINK_Pin 4      // wiringPi-Pin 4  / GPIO23
13   #define LED_TASTER_Pin 11    // wiringPi-Pin 11 / GPIO07
14   #define TASTER_Pin 14        // wiringPi-Pin 14 / GPIO11
15
16   int main(void){
17       printf("Raspberry Pi Intervallsteuerung mit wiringPi\n");
18       if(wiringPiSetup() == -1)          // wiringPi initialisieren
19           exit (EXIT_FAILURE);           // Fehler? -> Programmende
20       pinMode(LED_BLINK_Pin, OUTPUT);    // Pin als Ausgang nutzen
21       pinMode(LED_TASTER_Pin, OUTPUT);   // Pin als Ausgang nutzen
22       pinMode(TASTER_Pin, INPUT);        // Pin als Eingang nutzen
23       bool input_taster = false;         // Statusvariable fuer Taster
24       int ledStatus = LOW;               // Statusvariable fuer die Blink-LED
25       int interval = 1000;               // Intervalzeit
26       unsigned long prev = millis();     // Zeit-Variable
27
28       for(;;){
29           if((millis() - prev) > interval){
30               prev = millis();
31               ledStatus =!ledStatus;  // Toggeln des Blink-LED-Status
32               digitalWrite(LED_BLINK_Pin, ledStatus);
33           }
34           // Abfrage des Taster-Status
35           input_taster = digitalRead(TASTER_Pin);
36           if(input_taster == HIGH)
37               digitalWrite(LED_TASTER_Pin, HIGH); // Gruene LED an
38           else
39               digitalWrite(LED_TASTER_Pin, LOW);  // Gruene LED aus
40       }
41       return EXIT_SUCCESS; // Programm erfolgreich beendet
42   }
```

Du wirst hier im Quellcode vergeblich nach der *delay*-Funktion suchen.

▲ **Abbildung 14-4-6**
Das wiringPi Blink-Programm mit Taster-Abfrage (mit Intervallsteuerung)

Code-Review

Schauen wir uns zuerst die notwendigen Initialisierungen an, die hinzugekommen sind.

```
24       int ledStatus = LOW;               // Statusvariable fuer die Blink-LED
25       int interval = 1000;               // Intervalzeit
26       unsigned long prev = millis();     // Zeit-Variable
```

Die Variable *ledStatus* wird benötigt, um die rote Blink-LED ein- bzw. auszuschalten. Das erfolgt innerhalb der *if*-Anweisung in Zeile 31 über das *Toggeln* des Wertes über die Anweisung *ledStatus =*

▲ **Abbildung 14-4-7**
Die zusätzlich benötigten Variablen

!ledStatus. Das Ausrufezeichen vor dem Variablen-Namen bedeutet eine Negierung (logisches NOT). Da die Variable *ledStatus* mit dem Wert LOW initialisiert wurde, erhält sie nach der Ausführung der Negation den Wert HIGH. Dieses ständige Hin- bzw. Herschalten wird *Toggeln* genannt. Die Variable *interval* wird mit dem Zeitwert in Millisekunden versehen, die für das An- bzw. Ausschalten der roten Blink-LED verantwortlich ist. Da der Wert der *millis*-Funktion im Lebenszyklus eines Programms recht groß werden kann, wird die Variable *prev* mit dem Datentyp *unsigned long* deklariert, um einem frühen Überlauf entgegenzuwirken. Kommen wir zur eigentlichen Routine, die für das Blinken der roten LED verantwortlich ist.

```
28      for(;;){
29          if((millis() - prev) > interval){
30              prev = millis();
31              ledStatus =!ledStatus;  // Toggeln des Blink-LED-Status
32              digitalWrite(LED_BLINK_Pin, ledStatus);
33          }
```

Abbildung 14-4-8 ▲
Die Blink-Logik zur Ansteuerung der roten Blink-LED

Innerhalb der *if*-Anweisung wird die Differenz des Wertes der *millis*-Funktion und dem zuvor gespeicherten *millis*-Wert gebildet. Da der alte Wert in der Variablen *prev* fix ist, die Zeit aber fortschreitet, nimmt die Differenz kontinuierlich zu. Irgendwann erreicht sie einen Wert, der größer als die zuvor definierte Intervallzeit ist. Nun wird der aktuelle *millis*-Wert der Variablen *prev* als neuer Startwert zugewiesen. Dieser dient wieder als Ausgangspunkt für die neue Differenzbildung. Anschließend wird – wie ich schon erklärt habe – die Variable ledStatus in Zeile *31* negiert und damit die rote Blink-LED in Zeile *32* angesteuert. Bei jedem Eintritt in den Rumpf der *if*-Anweisung geht die LED an, aus, an, aus usw. Es kommt während des kompletten Durchlaufs der Zeilen zu keiner programmtechnischen Verzögerung, so dass die folgenden Zeilen, die den Tasterstatus abfragen und die grüne Taster-LED ansteuern, unmittelbar aufgerufen werden.

Abbildung 14-4-9 ▼
Die Abfrage-Logik zur Ansteuerung der grünen Taster-LED

```
34      // Abfrage des Taster-Status
35      input_taster = digitalRead(TASTER_Pin);
36      if(input_taster == HIGH)
37          digitalWrite(LED_TASTER_Pin, HIGH); // Gruene LED an
38      else
39          digitalWrite(LED_TASTER_Pin, LOW);  // Gruene LED aus
```

Projekt 14-4: Blinken mit Intervallsteuerung

So richtig habe ich das mit dem *Toggeln* noch nicht verstanden. Kannst du mir das bitte noch ein wenig deutlicher erklären.

Kein Problem, *RasPi*! Ich werde dir einfach den Code entsprechend umprogrammieren, damit du sofort siehst, was hinter der Negationsfunktion mit dem Ausrufezeichen steckt. Die folgende Zeile bereitet dir die Probleme:

```
ledStatus = !ledStatus
```

Du kannst den Code auch wie folgt schreiben, denn er macht genau das Gleiche, wie diese einzige Zeile:

```
// Toggeln des Blink-LED-Status
if(ledStatus == LOW)
    ledStatus = HIGH;
else
    ledStatus = LOW;
digitalWrite(LED_BLINK_Pin, ledStatus);
```

Zuerst wird überprüft, ob der Status LOW ist. Falls ja, wird er auf HIGH gesetzt. Falls nein, war er vorher auf HIGH und wird nun auf LOW gesetzt. Das ist alles. Es gibt in der Programmierung nicht nur einen Weg. Die einen halten es lieber kurz und knackig, was manchmal auf Kosten der Übersichtlichkeit bzw. des sofortigen Verständnisses geht. Die anderen möchten einen sofort verständlichen und plausiblen Code schreiben. Lass dir von keinem der selbst ernannten *Nerds* einen Programmierstil aufdrängen, der für nur eine kleine auserwählte Elite zu verstehen ist. Damit machen sie sich bloß wichtig und nach ihrer eigenen Einschätzung unersetzlich. Das gilt natürlich nicht für alle, selbstverständlich solltest du dir viele Vorschläge und Programmbeispiele von Profis anschauen. Nur dadurch lernst du und findest deinen eigenen Weg bzw. Programmierstil.

Der Aufbau auf dem Simple-Board

Je größer der Aufwand zur Platzierung einzelner elektronischer bzw. elektrischer Bauteile wird, desto einfacher wird das Ganze mit dem Simple-Board.

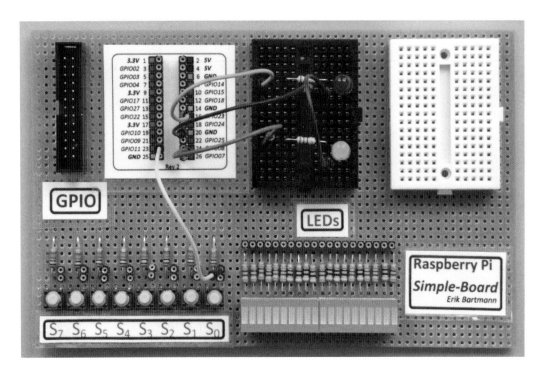

Abbildung 14-4-10 ▲
Die Taster-Abfrage und die
Ansteuerung der LEDs auf dem
Simple-Board

Was hast du gelernt?

- In diesem Kapitel hast du gesehen, was für ein Problem ent-steht, wenn du über die *delay*-Funktion das Programm pausie-ren lässt und versuchst, den Status eines Tasters abzufragen.

- Du hast gelernt, dass das Blinken einer LED über die *millis*-Funktion realisierbar ist und es auf diese Weise zu keiner Pro-grammunterbrachung kommt. Somit wird der Tasterstatus kontinuierlich abgefragt und das Programm kann unmittelbar darauf reagieren. Diese Funktion liefert die Anzahl der Millise-kunden seit Programmstart zurück.

Projekt 14-5:
Der störrische Taster

14
5

In diesem Experiment besprechen wir folgende Themen:

- Was bedeutet Prellen?
- Wie sieht das Prellen auf einem Oszillogramm aus?
- Wie können wir über einen einzigen Taster eine LED an- bzw. ausschalten?
- Wie können wir das Prellen programmtechnisch kompensieren?

Du wirst gleich sehen, dass sich ein *Taster* oder auch ein *Schalter* nicht immer so verhält, wie du es dir vorstellst. Nehmen wir zum Beispiel einen *Taster*, der – so die Theorie – eine Unterbrechung des Stromflusses immer aufhebt, solange du ihn drückst, und die Unterbrechung wieder herstellt, sobald du ihn wieder loslässt. Das ist nichts Neues und absolut einfach zu verstehen. Doch wenn es sich um elektronische Schaltungen handelt, die z.B. die Anzahl der Tastendrücke exakt ermitteln, um sie später auszuwerten, haben wir es mit einem Problem zu tun, das nicht offensichtlich zu erkennen ist.

Ich wurde geprellt

Das Stichwort unseres Themas lautet *Prellen*. Drückst du einen ganz normalen Taster und hältst ihn gedrückt, sollte man meinen, dass der mechanische Kontakt im Taster einmalig geschlossen wird. Das ist jedoch meistens nicht der Fall, denn wir haben es mit einem Bauteil zu tun, das innerhalb einer sehr kurzen Zeitspanne – im Bereich von Millisekunden oder noch kürzer – den Kontakt mehrfach öffnet und wieder schließt. Die Kontaktflächen eines Tasters sind in der Regel nicht vollkommen glatt. Würden wir sie uns unter einem Elektronenmikroskop anschauen, sähen wir möglicherweise Unebenheiten und Verunreinigungen. Sie führen dazu, dass die Berührungspunkte der leitenden Materialien bei Annäherung nicht sofort und auf Dauer zueinander finden. Eine weitere Ursache kann das Schwingen bzw. Federn des Kontaktmaterials sein, das bei Berührung kurzzeitig den Kontakt mehrfach hintereinander schließt und wieder öffnet.

Diese Impulse, die der Taster liefert, werden vom Raspberry Pi oder von einem Mikrocontroller registriert und korrekt verarbeitet, als ob du den Taster absichtlich ganz oft und schnell hintereinander drückst. Dieses Verhalten ist natürlich störend und dem muss in irgendeiner Weise begegnet werden. Wir schauen uns das im folgenden Diagramm genauer an:

Abbildung 14-5-1 ▶
Ein prellender Taster (mit einem
Oszilloskope aufgezeichnet)

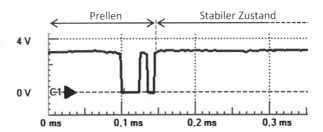

Ich habe den Taster *einmal* gedrückt und gehalten, doch bevor er den stabilen Zustand des Durchschaltens erreichte, zickte er ein wenig und unterbrach die gewünschte Verbindung mehrfach. Dieses Ein- und Ausschalten, bis der endgültige gewünschte *HIGH*-Pegel erreicht ist, wird *Prellen* genannt. Das Verhalten kann auch in entgegengesetzter Richtung auftreten. Lasse ich den Taster wieder los, können ebenso mehrere Impulse generiert werden, bis ich endlich den gewünschten *LOW*-Pegel erhalte. Das *Prellen* des Tasters ist für das menschliche Auge kaum oder überhaupt nicht wahrnehmbar. Wenn wir eine Schaltung aufbauen, die bei gedrücktem Taster eine LED ansteuern soll, würden sich einzelne Impulse aufgrund der Trägheit der Augen als ein *HIGH*-Pegel darstellen. Eine andere Lösung muss her. Was hältst du davon, wenn wir eine Schaltung aufbauen, die einen Taster an einem digitalen Eingang besitzt und eine LED an einem anderen digitalen Ausgang?

Aber das ist doch nichts Neues für mich! Was soll das bringen? Du hast eben gesagt, dass eine Schaltung dieser Art kein mögliches Prellen darstellen kann.

Projekt 14-5: Der störrische Taster

Unsere Schaltung ist ja nicht die einzige Komponente. Neben *Hardware* haben wir noch die *Software,* und die wollen wir jetzt *so* entwickeln, dass beim ersten Impuls die LED zu leuchten beginnt. Beim nächsten soll sie erlöschen und beim darauffolgenden wieder leuchten usw. Wir haben es also mit einem *Toggeln* des logischen Pegels zu tun. Wenn jetzt mehrere Impulse beim Drücken des Tasters von der Schaltung bzw. der Software registriert werden, wechselt die LED mehrfach ihren Zustand. Bei einem prellfreien Taster sollten die Zustände wie im folgenden Diagramm auftreten.

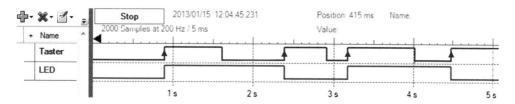

Du siehst, dass bei mehrfachen Tastendrücken (ansteigende Flanke) der Zustand der LED *toggelt.* Wie können wir das softwaremäßig bewerkstelligen? Schauen wir erst einmal auf die Bauteilliste.

▲ **Abbildung 14-5-2**
Ein prellfreier Taster (mit einem Logik-Analyzer aufgenommen)

Benötigte Bauteile

Benötigte Bauteile	
	1 x rote LED (z.B. 5mm)
	1 x Widerstand 470 (gelb/lila/braun)
	1 x Taster ohne Prellschutz (falls vorhanden)
	1 x Taster mit Prellschutz

Wenn du keinen Taster ohne Prellschutz hast, ist das nicht weiter schlimm. Der Eingabetaster für die Printmontage besitzt von Haus aus einen Druckpunkt, den du beim Herunterdrücken des Knopfes überwinden musst. Auf diese Weise wird mit höherer Geschwindigkeit der Kontakt geschlossen und so ein Prellen minimiert. Das Prellen wird nicht ganz zu verhindern sein, so dass du auch mit diesen Tastern das Problem haben kannst. Von Haus aus hat ein Taster, wie hier der mit der roten Kappe, keine Anschlussdrähte, und das Verbinden der Kontakte mit deinem Breadboard ist nicht ohne Weiteres möglich. Auf dem folgenden Bild zeige ich dir, wie du selbst passende Kabel inklusive der erforderlichen Pins anlöten kannst. Dann ist es ein Leichtes, eine entsprechende Verbindung zum Raspberry Pi herzustellen.

Abbildung 14-5-3 ▶
Die Kabel an einem Taster

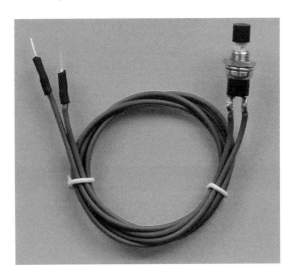

In der linken oberen Ecke erkennst du die selbst angelöteten Pins, die ich mit versilbertem Kupferdraht der Stärke *0,6mm* hergestellt habe. Am Ende noch zwei passende Schrumpfschlauchstücke angebracht und fertig ist eine flexible Verbindung zum Taster. Im Anhang befindet sich ein Kapitel für die Herstellung eigener flexibler Steckbrücken. Dort erkläre ich ausführlich, wie du problemlos und schnell ein paar Kabel nach deinen Vorstellungen (z.B. in Länge und Farbe) herstellen kannst.

Der Schaltplan

Die Verdrahtung ist recht einfach, doch wir werden, wenn du das Simple-Board verwendest, diesmal keine externe LED verwenden, sondern eine auf dem Board selbst. Es handelt sich dabei um die sogenannten Bargraph-Anzeigen.

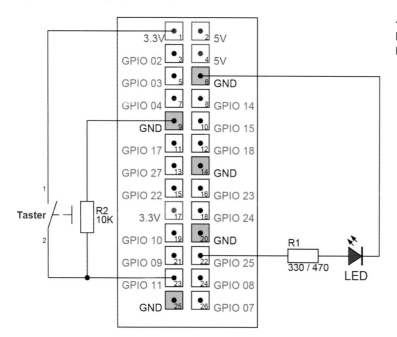

◀ **Abbildung 14-5-4**
Der Schaltplan zum Testen des Prellens eines Tasters

Wenn du keinen Taster vom Simple-Board verwenden möchtest, sondern einen vielleicht etwas älteren ohne Prellschutz, musst du natürlich einen Pull-down-Widerstand verwenden.

Das Programm

Das Programm zum An- bzw. Ausschalten einer LED über je einen Tastendruck schaut wie folgt aus. Auf den ersten Blick ist der Code nicht so umfangreich, doch er ist diesmal etwas raffinierter. Warum das so ist, wirst du gleich sehen.

```
 6    #include <wiringPi.h> // Benoetigte wiringPi-Library
 7    #include <stdio.h>
 8    #include <stdlib.h>
 9    #include <stdint.h>
10    #include <stdbool.h>
11
12    #define LED_Pin 6      // wiringPi-Pin 6  / GPIO25
13    #define Taster_Pin 14 // wiringPi-Pin 14 / GPIO11
14
15    int main(void){
16        printf("Raspberry Pi Taster-Programm mit wiringPi\n");
17        if(wiringPiSetup() == -1)      // wiringPi initialisieren
18            exit (EXIT_FAILURE);       // Fehler? -> Programmende
19        pinMode(LED_Pin, OUTPUT);      // Pin als Ausgang nutzen
20        pinMode(Taster_Pin, INPUT);    // Pin als Eingang nutzen
21        bool input_value = false;      // Variable für Taster-Status
22        bool input_prev_value = false; // Variable alter Tasterwert
23        int zaehler = 0;               // Zaehlervariable
24
25        for(;;){
26            input_value = digitalRead(Taster_Pin); // Taster-Status lesen
27            if(input_prev_value != input_value)
28                if(input_value == HIGH)
29                    zaehler++; // zaehler inkrementieren (+1)
30            input_prev_value = input_value; // Alten Taster-Status speichern
31            if(zaehler%2 == 0)                 // Ist zaehler eine ganze Zahl?
32                digitalWrite(LED_Pin, HIGH);
33            else
34                digitalWrite(LED_Pin, LOW);
35        }
36        return EXIT_SUCCESS;
37    }
```

Abbildung 14-5-5 ▲
Das C-Programm zum
An-/Ausschalten einer LED
über einen Taster

Code-Review

Nach der schon bekannten Definition bzw. Initialisierung der
GPIO-Pins benötigen wir zusätzlich ein paar Variablen.

```
21        bool input_value = false;      // Variable für Taster-Status
22        bool input_prev_value = false; // Variable alter Tasterwert
23        int zaehler = 0;               // Zaehlervariable
```

Abbildung 14-5-6 ▲
Die zusätzlich benötigten
Variablen

Die erste zusätzliche Variable *input_value* speichert den ganz normalen aktuellen Tastendruck. Die zweite *input_prev_value* ist zur
Speicherung eines vorherigen Tastendrucks notwendig, wenn wir
zeitlich gesehen den aktuellen und den alten vergleichen möchten.
Warum wir das machen, wirst du gleich sehen. Die Variable *zaehler*
wird benötigt, um die Anzahl der Tastendrücke zu zählen. Vorder-
gründig möchten wir zwar keine Tastendrücke zählen, doch wir
machen das aus einem ganz besonderen Grund. Auch dazu gleich
mehr.

Die Aufgabe des Programms ist es, jeden Tastendruck, der ja durch einen HIGH-Pegel repräsentiert wird, zu erkennen und eine Zählervariable entsprechend hochzuzählen. Normalerweise würden wir sagen, dass die folgenden Codezeilen dies bewerkstelligen könnten:

```
input_value = digitalRead(Taster_Pin); // Taster-Status lesen
if(input_value == HIGH)
    zaehler++; // zaehler inkrementieren (+1)
```

Der Code birgt aber einen entscheidenden Fehler. Bei jedem erneuten Durchlauf der *for*-Schleife wird bei gedrücktem Taster die Zählervariable inkrementiert und je länger du den Taster gedrückt hältst, desto weiter wird die Variable hochgezählt. Es soll aber bei gedrücktem Taster lediglich der Inhalt der Variablen um 1 erhöht werden. Wie können wir dieses Verhalten des Codes ändern? Die Lösung ist eigentlich recht einfach. Du musst nur den Pegel des letzten Tastendrucks nach der Abfrage in einer Variablen zwischenspeichern. Bei der nächsten Abfrage wird der neue Wert mit dem alten verglichen. Sind beide Pegel unterschiedlich, musst du lediglich überprüfen, ob der neue Wert dem HIGH-Pegel entspricht, denn den möchten wir ja zählen. Anschließend wird wieder der jetzige neue und aktuelle Pegel für den nächsten Vergleich zwischengespeichert und die Sache beginnt von vorne.

Wenn wir den Zähler bei jedem Tastendruck hochzählen, wie wird dann das Ein- bzw. Ausschalten der LED realisiert? Die LED muss doch bei jedem *1., 3., 5., 7.* usw. Tastendruck leuchten und bei jedem *2., 4., 6,. 8.* usw. Tastendruck wieder ausgehen.

Hey, *RasPi*, das ist genau der Ansatz, den wir zur Lösung des Problems genutzt haben. Du musst den Inhalt der Zählervariablen in irgendeiner Weise bewerten. Was fällt dir auf, wenn du dir die Werte anschaust, die für das *Leuchten* der LED verantwortlich sind?

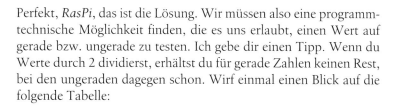

Ich hab's! Alle Werte sind *ungerade*, wenn die LED leuchten soll, und alle anderen, die für das Nicht-Leuchten zuständig sind, sind *gerade*.

Perfekt, *RasPi*, das ist die Lösung. Wir müssen also eine programmtechnische Möglichkeit finden, die es uns erlaubt, einen Wert auf gerade bzw. ungerade zu testen. Ich gebe dir einen Tipp. Wenn du Werte durch 2 dividierst, erhältst du für gerade Zahlen keinen Rest, bei den ungeraden dagegen schon. Wirf einmal einen Blick auf die folgende Tabelle:

Tabelle 14-5-1 ▶
Ganzzahl-Division durch den Wert 2

Division	Ergebnis und Rest der Division	Rest vorhanden?
1 / 2	0 Rest 1	Ja
2 / 2	1 Rest 0	Nein
3 / 2	1 Rest 1	Ja
4 / 2	2 Rest 0	Nein
5 / 2	2 Rest 1	Ja
6 / 2	3 Rest 0	Nein

In der Programmierung haben wir zur Ermittlung des Restwertes einen speziellen Operator. Es handelt sich dabei um den *Modulo-Operator*, der durch das Prozentzeichen % dargestellt wird. Die erste Zeile des Codes

```
if(zaehler%2 == 0)              // Ist zaehler eine ganze Zahl?
    digitalWrite(LED_Pin, HIGH);
else
    digitalWrite(LED_Pin, LOW);
```

überprüft den Zählerwert auf gerade bzw. ungerade. Bei geraden Werten wird die LED zum Leuchten gebracht, bei ungeraden verlischt sie wieder. Nun wollen wir sehen, wie sich die Schaltung verhält, wenn wir den Taster mehrfach hintereinander im Abstand von, sagen wir, 1 Sekunde drücken. Das Ergebnis siehst du wieder am Impulsdiagramm:

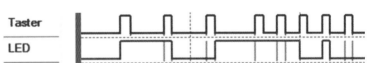

Das ist nicht das Verhalten, das wir beabsichtigt haben. Die LED toggelt nicht im Rhythmus des Tastendrucks, sondern zeigt das typische Verhalten bei einem prellenden Tasters oder Schalter. Was also tun, damit das Prellen keine derartige Auswirkung auf die Schaltung bzw. den Zähler hat? Eine der Lösungen, um das Prellen abklingen zu lassen, ist das Hinzufügen einer kurzen zeitlichen Verzögerung. Füge einen *delay*-Befehl hinter die Auswertung des Counters hinzu.

```
if(zaehler%2 == 0)              // Ist zaehler eine ganze Zahl?
    digitalWrite(LED_Pin, HIGH);
else
    digitalWrite(LED_Pin, LOW);
delay(10); // 10ms warten, bevor naechste Auswertung erfolgt
```

Ich habe hier einen Wert von *10* Millisekunden genommen, der für meinen Taster genau richtig war. Der korrekte bzw. optimale Wert hängt natürlich immer davon ab, wie schnell du den Taster hintereinander betätigen möchtest, so dass die Software noch darauf reagieren kann. Spiele ein wenig mit dem Wert und finde den für dich passenden.

Der Aufbau auf dem Simple-Board

Diesmal habe ich statt einer externen LED eine vom Board verwendet.

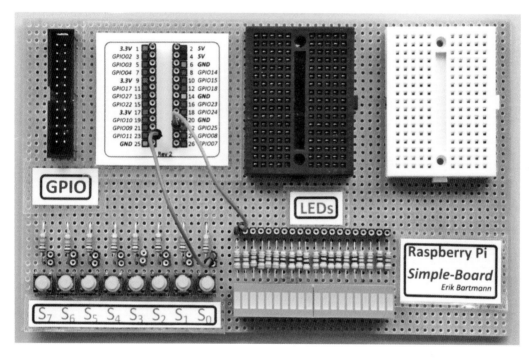

▲ Abbildung 14-5-8
Der Aufbau auf dem Simple-Board

Was hast du gelernt?

- Du hast gesehen, dass mechanische Bauteile, wie z.B. *Taster* oder *Schalter*, Kontakte nicht unmittelbar schließen oder öffnen. Durch verschiedene Faktoren wie Fertigungstoleranzen, Verunreinigungen oder schwingende Materialien können mehrere und kurz hintereinander folgende Unterbrechungen stattfinden, bevor ein stabiler Zustand erreicht wird. Dieses Verhalten wird von elektronischen Schaltungen registriert und entsprechend verarbeitet. Möchtest du z. B. die Anzahl der Tastendrücke zählen, können sich solche Mehrfachimpulse als außerordentlich störend erweisen.

- Wir haben ein Programm geschrieben, das je Tastendruck die angeschlossenen LED an- bzw. ausschaltet. Dabei war aber genau das beschriebene Verhalten des Prellens festzustellen.

- Du hast durch das Hinzufügen einer kurzen Pause in der Programmausführung das Prellen eliminieren können, so dass die Schaltung wie beabsichtig funktioniert.

Projekt 14-6:
Ein Lauflicht

Es war für mich schon immer interessant, wenn LEDs blinkten und in unterschiedlichen Mustern aufleuchteten. Das kann vielleicht nur jemand verstehen, der die Anfänge der Elektronik hautnah miterlebt hat und die damaligen Schaltungen in der seinerzeit sehr beliebten Elo-Zeitschrift des Franzis-Verlags verschlungen hat. In diesem Experiment besprechen wir folgende Themen:

- Die Ansteuerung von *10* LEDs zur Realisierung eines Lauflichts
- Die einfache Anwahl der einzelnen LEDs über eine *for*-Schleife
- Wir werden eine Ansteuerung der LEDs über unterschiedliche Bitkombinationen vornehmen, wobei jedes einzelne Bit für eine LED verantwortlich ist.
- Um unterschiedliche Blink-Muster anzeigen zu können, werden wir ein Array initialisieren, das mit unterschiedlichen Bitmustern initialisiert wird.

Ein Lauflicht

Du hast inzwischen schon einiges über die Ansteuerung von LEDs erfahren, so dass wir in kommenden Kapiteln die unterschiedlichsten Schaltungen aufbauen werden, um mehrere Leuchtdioden blinken zu lassen. Das mag sich zwar recht simpel anhören, doch lass dich überraschen. Wir wollen mit einem Lauflicht beginnen, das nach und nach einzelne LEDs ansteuert. Das Simple-Board bietet sich dafür geradezu an, denn du musst nicht Unmengen LEDs mit den passenden Vorwiderständen platzieren, was einiges an Verkabelung bedeuten würde (aber sicher auch kein allzu großes Problem darstellt). Wir fassen *10* LEDs ins Auge, die wir gleich ansteuern werden.

Benötigte Bauteile

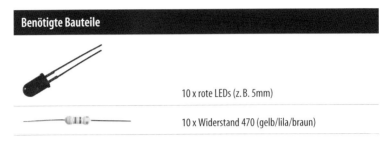

Benötigte Bauteile

	10 x rote LEDs (z.B. 5mm)
	10 x Widerstand 470 (gelb/lila/braun)

Die Ansteuerung an den GPIO-Pins und den angeschlossenen LEDs soll nach dem folgenden Muster erfolgen:

Abbildung 14-6-1 ▶
Die Leuchtsequenz der 10 LEDs

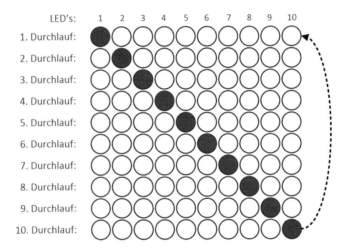

In jedem neuen Durchlauf wandert die leuchtende LED eine Position weiter nach rechts. Ist das Ende erreicht, beginnt das Spiel von vorne. Du kannst die Programmierung der einzelnen Pins, die allesamt als Ausgänge arbeiten sollen, auf unterschiedliche Weise angehen. Mit dem Wissen, das du bisher erworben hast, musst du 10 Variablen deklarieren und mit den entsprechenden Pin-Werten initialisieren, also für LED1, LED2, LED3 usw. Richtig gut und komfortabel ist für uns die Tatsache, dass die wiringPi-Library die GPIO-Pins von 0 bis 16 durchnummeriert hat. In dieser Reihenfolge habe ich auch die LEDs mit den Anschlüssen verbunden. Deshalb ist es über den Quellcode recht einfach, die LEDs über eine Schleife anzusprechen. Doch zuerst zum Schaltplan.

Der Schaltplan

Die Verdrahtung ist einfach. Sei aber sehr sorgfältig mit der Zuweisung der wiringPi-Nummerierung. Man kann sich dabei schnell vertun. Das ist zwar nicht schlimm, äußert sich jedoch in der nicht korrekten bzw. beabsichtigten Leuchtreihenfolge der LEDs.

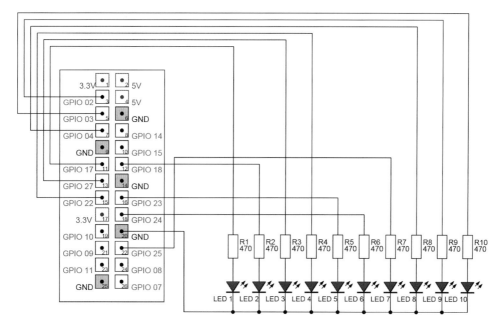

▲ **Abbildung 14-6-2**
Der Schaltplan zur Ansteuerung
des Lauflichts

Das Programm

Was auf den ersten Blick recht mühsam anmutet, ist die Programmierung der *10* GPIO-Pins als Ausgänge. Du könntest jetzt natürlich hingehen, und für jede einzelne LED eine eigene Variable definieren und sie dann über die *pinMode*-Funktion entsprechend programmieren, also z.B. wie folgt:

```
#define LED1 0
#define LED2 1
#define LED3 2
...
pinMode(LED1, OUTPUT);
pinMode(LED2, OUTPUT);
pinMode(LED3, OUTPUT);
usw...
```

Abbildung 14-6-3 ▼

Das C-Programm zur Ansteuerung
der 10 LEDs

Das ist eine recht umständliche und aufwendige Vorgehensweise.
Deshalb machen wir das über eine *for*-Schleife, die die einzelnen
Werte von *0* bis *9* anläuft und die GPIO-Pins allesamt als Ausgänge
programmiert. Auf die gleiche Weise können wir dann auch recht
einfach die LEDs ansteuern.

```
6    #include <wiringPi.h> // Benoetigte wiringPi-Library
7    #include <stdio.h>
8    #include <stdlib.h>
9    #include <stdint.h>
10
11   #define DELAY 100      // Pause 100ms
12
13   void setup(void);       // Prototype
14
15   void setup(void){
16       int pin = 0; // Laufvariable
17       for(pin = 0; pin < 10; pin++)
18           pinMode(pin, OUTPUT);       // Alle Pin's sind Ausgaenge
19   }
20
21   int main(void){
22       int pin = 0;
23       printf("Raspberry Pi Lauflicht-Programm mit wiringPi\n");
24       if(wiringPiSetup() == -1)      // wiringPi initialisieren
25           exit (EXIT_FAILURE);        // Fehler? -> Programmende
26       setup();                        // GPIO-Pins programmieren
27
28       for(;;){
29           for(pin = 0; pin < 10; pin++){
30               digitalWrite(pin, HIGH); // LED An
31               delay(DELAY);            // Pause
32               digitalWrite(pin, LOW);  // LED aus
33           }
34       }
35       return EXIT_SUCCESS;
36   }
```

Code-Review

Wie schon erwähnt, werden die *10* GPIO-Pins über eine *for*-
Schleife komplett als Ausgänge programmiert. Der besseren Über-
sicht wegen habe ich diesen Vorgang in eine eigene Funktion mit
Namen *setup* ausgelagert.

```
15   void setup(void){
16       int pin = 0; // Laufvariable
17       for(pin = 0; pin < 10; pin++)
18           pinMode(pin, OUTPUT);       // Alle Pin's sind Ausgaenge
19   }
```

Der Aufruf erfolgt nur einmal in Zeile *26* und darf nicht innerhalb der Endlosschleife, die in Zeile *28* beginnt, stehen. Kommen wir zur Endlosschleife, die die einzelnen LEDs nacheinander ansteuert.

◀ **Abbildung 14-6-5**
Die eigentliche Ansteuerung der
10 GPIO-Pins

```
28      for(;;){
29          for(pin = 0; pin < 10; pin++){
30              digitalWrite(pin, HIGH); // LED An
31              delay(DELAY);            // Pause
32              digitalWrite(pin, LOW);  // LED aus
33          }
34      }
```

In der inneren *for*-Schleife in Zeile *29* werden die wiringPi-Pin-Nummern von *0* bis *9* angesprochen, die entsprechende LED wird angesteuert, eine kurze Pause gemacht und wieder dunkel geschaltet. Das erfolgt für jede einzelne LED. Auf diese Weise wandert eine leuchtende LED von links nach rechts, wobei das Spiel im Anschluss wieder von vorne beginnt.

Der Aufbau auf dem Simple-Board

Diesmal habe ich – wie schon erwähnt – anstatt einer externen LED eine vom Board verwendet.

▼ **Abbildung 14-6-6**
Der Aufbau auf dem Simple-Board

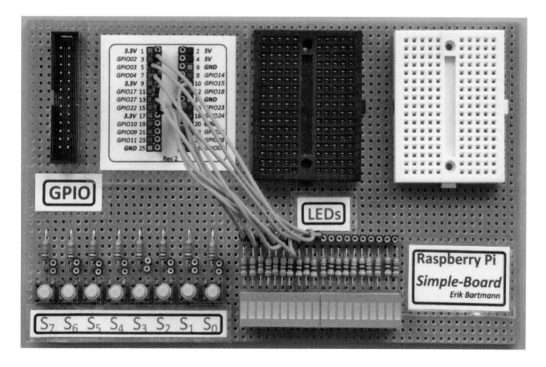

Ein erweitertes Lauflicht

Mit diesen Basisinformationen können wir zum nächsten Punkt kommen. Wir wollen ein Programm entwickeln, mit dem du unterschiedliche LED-Leuchtkombinationen direkt erzeugen kannst. Dazu müssen wir uns ein wenig mit *Bits* und *Bytes* auseinandersetzen. Lass dir gesagt sein: Das macht richtig Spaß und du lernst einiges über die internen Vorgänge im Computer. Zur Auffrischung ein paar Details: Dein Raspberry Pi und jeder andere Computer arbeitet im Inneren, also in seinem Prozessor, ausschließlich mit binären Werten. Es handelt sich dabei um Bits, die lediglich den logischen Zustand *0* oder *1* annehmen können. Sie treten meist in Gruppen von mindestens *8* auf und werden in ihrer Formation *Byte* genannt. 8Bits ergeben also 1Byte. Jedes einzelne Bit hat in Abhängigkeit seiner Position innerhalb der Formationen einen eigenen Stellenwert. Sehen wir uns das am folgenden Beispiel genauer an.

Abbildung 14-6-7 ▶
8Bits ergeben 1Byte

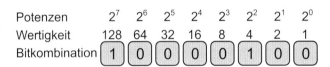

Der dezimale Wert der hier gezeigten Bitkombination wäre also:

$$1 \cdot 2^7 + 0 \cdot 2^6 + 0 \cdot 2^5 + 0 \cdot 2^4 + 0 \cdot 2^3 + 1 \cdot 2^2 + 0 \cdot 2^1 + 0 \cdot 2^0 = 132$$

Wir »*klemmen*« *nun* an jedes einzelne Bit eine LED und sagen, dass sie nur dann leuchten soll, wenn an der betreffenden Stelle eine *1* steht, andernfalls bleibt sie dunkel. Natürlich kannst du diese 8Bits auf 10 erweitern, so dass sie für unsere *10* LEDs ihre Funktion zur Verfügung stellen. Der Datentyp *byte* stellt lediglich eine 8-Bit-Breite zur Verfügung. Die nächsthöhere Dimension wäre 16-Bit, die vom Datentyp *short* übernommen werden. Ich stelle mir das wie folgt vor:

Abbildung 14-6-8 ▶
Die 10 Bits steuern die 10 LEDs an

Bitkombination (10-Bit) Dezimalwert: 713

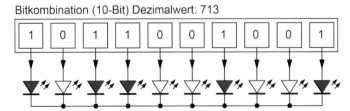

> Wie sollen wir denn die einzelnen Bits einer Zahl ermitteln und damit die LEDs ansteuern? Das ist mir völlig schleierhaft!

Ich habe dazu eine eigene Funktion geschrieben, die ich dir nun zeige. Anschließend zeige ich dir den kompletten Quellcode, der aber nicht viel komplizierter ist, da lediglich aus einer *for*-Schleife Werte übergeben werden.

```
21  void showLEDArray(short a){
22      int i = 0;
23      for(i = 0; i < 10; i++){
24          digitalWrite(9 - i, ((a & (1 << i)) > 0)?HIGH:LOW);
25      }
26  }
```

▲ **Abbildung 14-6-9**
Die Funktion showLEDArray

Richtig lang ist sie nicht, doch es steckt schon ein wenig knifflige Logik drin. Zuerst muss ich etwas vorausschicken. Ich habe die wiringPi-Pin-Nummerierung von links nach rechts vorgenommen, wie du aus dem ersten Beispiel ersehen kannst. Die Ansteuerung durch die Bitkombination erfolgt jedoch von rechts nach links, denn das niederwertigste Bit steht auf der rechten Seite. Das macht aber überhaupt nichts, ich habe das mit Absicht so gemacht. Du musst flexibel auf gewisse Umstände reagieren können und deshalb habe ich die Pin-Ansteuerung in der *digitalWrite*-Funktion durch den Ausdruck $9 - i$ entsprechend angepasst. Was aber etwas tricky erscheint, ist die Ermittlung des HIGH- bzw. LOW-Pegels für jede einzelne LED. Das erfolgt über den Ausdruck

```
((a & (1 << i)) > 0)?HIGH:LOW
```

Die beiden entscheidenden Komponenten sind

- bitweise UND-Verknüpfung
- Schiebeoperation

Über den Bedingungsoperator *?* verliere ich jetzt kein Wort mehr. Wir müssen auf irgendeine Weise den Wert an jeder einzelnen Bit-position ermitteln. Ich formuliere das zunächst in einem ganzen Satz und werde dann die Details erläutern. Wir erreichen das gewünschte Ergebnis, indem der Wert *1* nacheinander von rechts nach links an jede Bitposition geschoben wird und anschließend über eine bitweise UND-Verknüpfung überprüft wird, ob der Ergebniswert der Verknüpfung größer *0* ist, was bedeutet, dass an der betreffenden Bitposition eine *1* vorhanden ist. Dann schalten

Ein erweitertes Lauflicht —————————————————————————————

wir die LED, die mit dieser Bitposition korrespondiert, über einen HIGH-Pegel an, andernfalls über einen LOW-Pegel aus. Alles klar?

> Machst du Witze? Das versteht doch kein Mensch!

Nun bleib mal ganz locker, *RasPi*! Das ist alles halb so wild. Ich fange mal mit der Schiebeoperation an. Um den Wert *1* an die erforderlichen Bitpositionen zu befördern, wird eine Schiebeoperation benötigt. Das machen wir mit dem *Schiebeoperator* <<, der für das Links-Schieben verantwortlich ist. Beim Rechts-Schieben würden die beiden Pfeile in die entgegengesetzte Richtung weisen. Das benötigen wir aber hier nicht. Wir werfen einmal einen Blick in das Innere des Rechners und beobachten, wie so eine Schiebeoperation vonstattengeht.

Wir erkennen, dass auf der rechten Seite gerade eine *1* an die erste Bitposition geschoben wird. Der komplette Binärwert wird dann mit dem Wert zur LED-Ansteuerung bitweise UND-verknüpft. Da sich die Schiebeoperation innerhalb einer *for*-Schleife befindet, wird über den Ausdruck

```
(1 << i)
```

die *1* immer weiter nach links geschoben und erreicht somit jede relevante Bitposition. Durch die anschließende bitweise UND-Verknüpfung mit dem Wert *a*, der das angeforderte LED Leuchtmuster beinhaltet

```
(a & (1 << i))
```

wird entweder der Wert *0* (LOW-Pegel) oder ein Wert größer als *0* (HIGH-Pegel) herauskommen. Zur Erinnerung hier noch einmal die Verknüpfungstabelle für die bitweise UND-Verknüpfung:

Bit A	Bit B	Bit A & Bit B
0	0	0
0	1	0
1	0	0
1	1	1

◀ **Tabelle 14-6-1**
Die bitweise UND-Verknüpfung

Nur wenn beide Bits den Wert *1* aufweisen, ist das Ergebnis ebenfalls *1*. Hier nun der Rest des Quellcodes, der die *showLEDArray*-Funktion aufruft.

```
29  int main(void){
30      int i = 0;
31      printf("Raspberry Pi Lauflicht-Programm mit wiringPi\n");
32      if(wiringPiSetup() == -1)        // wiringPi initialisieren
33          exit (EXIT_FAILURE);         // Fehler? -> Programmende
34      setup();                         // GPIO-Pins programmieren
35
36      for(;;){
37          for(i = 0; i < 1024; i++){   // Durchlauf aller 10-Bits
38              showLEDArray(i);         // Aufruf der Anzeige-Funktion
39              delay(100);              // Kurze Pause
40          }
41      }
42      return EXIT_SUCCESS;
43  }
```

▲ **Abbildung 14-6-10**
Der Aufruf der Funktion showLEDArray

In diesem Codeabschnitt wird innerhalb einer inneren *for*-Schleife in Zeile *37* der Wert der Laufvariablen *i*, die alle Werte von *0* bis *1023* durchläuft, an die *showLEDArray*-Funktion übergeben. Die LEDs zeigen dann die entsprechenden korrespondierenden Bitkombinationen an. Es handelt sich um $2^{10} = 1024$ unterschiedliche Kombinationen. Ich denke, ein kleines Beispiel wäre hier gut. Ich mache das einfach mit den ersten 3 Bits. Angenommen, ich möchte die Bitkombination 101_2 angezeigt bekommen. Wie funktioniert das im Detail?

Kurze Frage: Was bedeutet die kleine 2 am Ende des Wertes *101*?

Das ist die sogenannte Basis, damit du weißt, wie du die Zahl zu interpretieren hast. Bei Binärzahlen schreibt man teilweise die Basis dahinter, gerade wenn du gleichzeitig auch Dezimalzahlen verwendest. Wie willst du unterscheiden, ob es sich bei dem vermeintlich binären Wert *101* um einhunderteins oder um den dezimalen Wert *6* handelt? Doch nun zu unserem Beispiel.

Abbildung 14-6-11 ▶
Ablaufbeispiel für die ersten 3 Bits

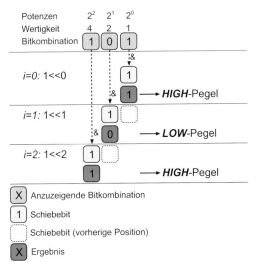

Die Laufvariable i wird zur Positionierung des Schiebebits verwendet, das in den 3 Schritten von rechts nach links durchgeschoben wird, um mit dem entsprechenden Bit der anzuzeigenden Bitkombination UND-verknüpft zu werden.

Pattern

Zum Abschluss dieses Kapitels möchte ich dich mit einem weiteren interessanten Beispiel erfreuen. Es dreht sich um die Generierung sogenannter *Pattern*. Ein Pattern ist ein Muster, das über eine Bitkombination erstellt wird. Natürlich kannst du dir zur Definition unterschiedlicher Bitmuster die einzelnen Bits aufschreiben und dann in eine Dezimalzahl umwandeln. Diese übergibst du anschließend der Anzeigefunktion. Das ist auf Dauer etwas mühsam, aber es gibt eine viel einfachere und plakativere Lösung. Du kannst direkt die von dir gewünschte Bitkombination so in das Programm übernehmen, wie du sie zur Anzeige bringen möchtest. Es ist lediglich das Präfix *0b* vor die Bitkombination zu schreiben. Wenn du beispielsweise das Bitmuster *1010101010* anzeigen willst, schreibst du

```
0b1010101010
```

Coole Sache, was!? Wir wollen in dem Programm aber nicht nur ein einziges Pattern sehen, sondern eine Folge davon. Wir werden dies durch ein sogenanntes *Array* realisieren. Ich zeige dir wieder nur den abweichenden Quellcode. Die Initialisierungsroutinen haben sich nicht geändert.

```
15  ┌uint16_t pattern[] = { 0b1010101010,
16  │                       0b0101010101,
17  │                       0b0000011111,
18  │                       0b1111100000,
19  └                       0b1100110011 };
```

◀ **Abbildung 14-6-12**
Die Definition der Bit-Pattern

Ein Array hat den Vorteil, dass du beliebig viele Werte eines Datentyps abspeichern kannst, um sie dann recht einfach über den Index anzusprechen.

Was ist denn das für ein merkwürdiger Datentyp mit der Bezeichnung *uint16_t*? Den habe ich ja noch nie gesehen.

Kein Problem, *RasPi*! Es handelt sich um einen Ganzzahl-Typ, was du anhand des Wörtchens *int* erkennen kannst. Der vorangestellte kleine Buchstabe *u* bedeutet *unsigned*, also ohne Vorzeichen, was wir an dieser Stelle auch nicht benötigen. Die nachfolgende *16* beschreibt die Datenbreite von *16*-Bits. Es gibt noch weitere vergleichbare Datentypen, die du vielleicht bei deinen zukünftigen Projekten verwenden möchtest.

Bezeichnung	Datenbreite	Wertebereich
int8_t	8	-128 bis +127
uint8_t	8	0 bis 255
int16_t	16	-32768 bis 32767
uint16_t	16	0 bis 65535

◀ **Tabelle 14-6-2**
Ganzzahlige Datentypen (int)

Gerade bei der Programmierung von Mikrocontrollern ist es sinnvoll, sich optisch davon überzeugen zu können, welche Datenbreite ein verwendeter Datentyp vorweist. Deshalb wurden diese zusätzlichen Typen geschaffen. Kommen wir nun zum Code, der die gerade definierten Pattern anzeigt.

▼ **Abbildung 14-6-13**
Die Anzeige der Bit-Pattern

```
34  ┌int main(void){
35  │    int i = 0;
36  │    int l = sizeof(pattern)/sizeof(pattern[0]); // Array-Laenge ermitteln
37  │    printf("Raspberry Pi Pattern-Programm mit wiringPi\n");
38  │    if(wiringPiSetup() == -1)        // wiringPi initialisieren
39  │        exit (EXIT_FAILURE);         // Fehler? -> Programmende
40  │    setup();                         // GPIO-Pins programmieren
41  │
42  ├    for(;;){
43  ├        for(i = 0; i < l; i++){      // Array-Durchlauf
44  │            showLEDArray(pattern[i]); // Aufruf der Anzeige-Funktion
45  │            delay(DELAY);            // Kurze Pause
46  ├        }
47  ├    }
48  │    return EXIT_SUCCESS;
49  └}
```

In Zeile 36 wird über den Aufruf der *sizeof*-Funktionen die Länge des *pattern*-Arrays ermittelt. Das machen wir, damit der Durchlauf der *for*-Schleife in Zeile 43 flexibel auf die Anzahl der im Array enthaltenen Elemente reagieren kann.

> Das ist aber eine komische Berechnung der Anzahl der Elemente in dem Array. Wie habe ich das zu verstehen? Gibt es nicht eine Funktion z.B. mit Namen *length*, die die Länge ermittelt?

Nein, *RasPi*, eine derartige Funktion gibt es in der Programmiersprache C nicht. Deswegen müssen wir einen Trick anwenden. Mit der *sizeof*-Funktion wird die Anzahl der reservierten Bytes einer Variablen bzw. eines Datentyps ermittelt. Wir haben unsere Variable *pattern* vom Datentyp *uint16_t*, die also 2 Bytes in Beschlag nimmt. Da unser Array 5 Elemente vorweist, ergibt sich aus der Abfrage

```
sizeof(pattern)
```

der Wert *10*. Das errechnet sich aus 2 Bytes mal 5 (Elemente) = 10 Bytes. Die Anzahl der Elemente des Arrays berechnet sich demnach aus der Gesamt-Byte-Anzahl des Arrays dividiert durch die Datenbreite eines einzelnen Elements (hier z.B. das erste Element mit Index *0*). Die Datenbreite des ersten Elements wird über

```
sizeof(pattern[0])
```

ermittelt. Also lautet die Formel, wie in Zeile 36 zu sehen ist

```
sizeof(pattern) / sizeof(pattern[0])
```

Der Aufruf zum Anzeigen des aus dem Array abgerufenen Patterns erfolgt in Zeile 44 mit der Übergabe des angesprochenen Array-Elements. Den Wert von DELAY in Zeile 45 habe ich mit *500ms* versehen. Passe diesen Wert nach deinen Vorstellungen an.

Was hast du gelernt?

- Die Realisierung eines Lauflichts ist über die fortlaufende wiringPi-Pin-Nummerierung einfach umzusetzen. Jede einzelne LED wird innerhalb einer *for*-Schleife angesprochen.
- Somit ist auch die Programmierung mehrerer GPIO-Pins als Ausgänge sehr einfach umzusetzen. Alles erfolgt innerhalb einer *for*-Schleife.
- Du hast gelernt, dass ein einzelnes Bit einer Zahl für die Ansteuerung einer LED verwendet werden kann. Die Abfrage

des jeweiligen Bit-Status haben wir über die Kombination einer Schiebeoperation (Schiebeoperator <<) und der bitweisen UND-Verknüpfung (&) realisiert.

- Um unterschiedliche Bit-Muster anzeigen zu lassen, haben wir ein Pattern-Array definiert, das mit übersichtlichen Bitkombinationen wie z. B. *0b1010101010* initialisiert wurde.

- Du hast unterschiedliche ganzzahlige Datentypen wie z. B. *uint16_t* kennengelernt, wie sie üblicherweise in der Mikrocontroller-Programmierung Verwendung finden. Anhand ihres Namens kann leicht auf ihre Datenbreite bzw. ihren Wertebereich geschlossen werden.

Projekt 14-7: Analog-/Digital-Wandlung

Ich könnte jetzt strikt weitere digitale Themen, wie z. B. eine Porterweiterung – auf die wir natürlich noch zu sprechen kommen – abhandeln, doch ich denke, dass es Zeit für etwas Analoges ist. Dein Raspberry Pi verfügt über keinen analogen Eingang, so dass es ohne externe Beschaltung bzw. Erweiterung nicht möglich ist, einen analogen Sensor wie z. B. einen lichtempfindlichen Widerstand anzuschließen. In diesem Kapitel möchte ich dir eine Schaltung vorstellen, über die du sogar mehrere analoge Signale erfassen und an deinen Raspberry Pi schicken kannst, um sie dort weiterzuverarbeiten. In diesem Experiment besprechen wir folgende Themen:

- Der Analog/Digital-Wandler-Baustein *MCP3008*
- Was ist eine *SPI-Schnittstelle* und wie funktioniert sie?
- Wir programmieren die Abfrage des *MCP3008* nicht über die offiziellen GPIO-Pins zur SPI-Kommunikation, sondern über frei wählbare Pins. Das setzt eine genaue Kenntnis des SPI-Protokolls voraus, die wir uns hier aneignen.
- Was kann der Analog/Digital-Wandler-Baustein *MCP3208*?

Benötigte Bauteile

1 x MCP3008 und 1 x MCP3208

1 x Potentiometer (z. B. 100KOhm)

Auf dem Foto siehst du unterschiedliche Trimmer bzw. Potentiometer. Es gibt sie in den unterschiedlichsten Bauformen und Widerstandswerten. Falls du kein Potentiometer mit *100KOhm* in
deiner Kramkiste hast, dann tut es auch einer mit einem anderen Wert, also z. B. *10KOhm, 470KOhm*
etc. Wenn du mehrere AD-Kanäle des MCP3008 nutzen möchtest, ist es vielleicht sinnvoll, dass alle
angeschlossenen Potentiometer die gleichen Widerstandswerte besitzen. Aber das kommt immer
darauf an, wofür du sie einsetzen möchtest.

Analog/Digital-Wandlung

Um ein analoges Signal zu erfassen, müssen wir uns eines externen
integrierten Bausteins bemühen, der unterschiedliche Spannungswerte erkennt und verarbeitet. Diese Werte müssen in irgendeiner
Form an den Raspberry Pi übermittelt werden. In vergangenen
Tagen wurde das über eine Umwandlung in ein entsprechendes
Binärformat bzw. eine Bitkombination gemacht. Eine höhere Auflösung war mit einer größeren Anzahl von Bits verbunden, was
natürlich auf Kosten der zur Verfügung stehenden Pins an einem
Baustein ging. Später hat man die Daten seriell, also hintereinander, übertragen, was ein Schritt in die richtige Richtung bedeutete.
Dieses Verfahren wird auch heute noch verwendet, und ich möchte
dir gleich ein serielles Verfahren zeigen, über das die analogen
Daten vom Sensor zum Raspberry Pi übertragen werden. Doch
zuerst komme ich zu dem integrierten Baustein, der die ganze
Arbeit der Messwerterfassung für uns übernimmt. Seine Bezeichnung lautet *MCP3008*.

◀ **Abbildung 14-7-1**
Der Analog/Digital-Wandler-
Baustein MCP3008

Es handelt sich um einen integrierten Schaltkreis, der in einem DIL-Gehäuse (*Dual-In-Line*) untergebracht ist und 16 Beinchen besitzt. Er übermittelt seine Messwerte über die sogenannte *SPI*-Schnittstelle.

Was bedeutet SPI?

Diese Abkürzung steht für *Serial Parallel Interface* und ist ein von Motorola entwickeltes Bus-System, um zwischen integrierten Schaltkreisen mit möglichst wenigen Leitungen Daten auszutauschen. SPI bezeichnet nicht nur den Bus, sondern auch das Protokoll. Die Übertragung ist ein synchron-serielles Verfahren, wie es z.B. auch beim I²C (*Inter-Interchanged Circuit*) verwendet wird, das wir ebenfalls noch ansprechen werden. Sehen wir uns das Prinzip an, nach dem der SPI-Bus arbeitet.

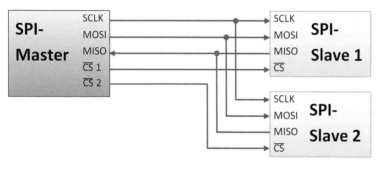

◀ **Abbildung 14-7-2**
Das Master-Slave-Prinzip des
SPI-Busses

Es existieren 4 Leitungen, die vom *Master* zum *Slave* oder auch mehreren Slaves führen. In diesem Kapitel wollen wir den Baustein *MCP3008* über die SPI-Schnittstelle mit dem Raspberry Pi verbinden. Dieser integrierte Baustein besitzt 8 unabhängig voneinander arbeitende Eingänge, die jeweils eine Auflösung von *10*-Bits besitzen. Es ist schon eine Menge Funktionalität, die so ein Baustein bereitstellt – und das alles wird über *4* Leitungen gehandhabt. Ist ein Datentransfer nur in eine Richtung notwendig, kann die Kommunikation über *3* statt *4* Leitungen erfolgen. Wie aber funktioniert *SPI*? Damit eine Kommunikation zustande kommt, müssen Daten in beide Richtungen fließen. Also vom Master zum Slave und umgekehrt. Das alles erfolgt über zwei getrennte Leitungen.

- MOSI (Master-Out-Slave-In)
- MISO (Master-In-Slave-Out)

Für jede Richtung wird eine einzige Leitung benötigt. Die Datenübertragung erfolgt zwischen den beiden Busteilnehmern – wie schon erwähnt – synchron und seriell. Da der Master der Hauptverantwortliche bei dieser Kommunikation ist, wird die *MOSI*-Signalleitung auch als *Serial-Data-Out*, kurz *DO* bezeichnet, wobei die *MISO*-Signalleitung im Gegensatz dazu als *Serial-Data-In*, kurz *DI* arbeitet. Nun können diese Signale nicht einfach auf den Bus gelegt werden. Es fehlt eine Synchronisationsinstanz, damit alle wissen, wann welche Signale kommen bzw. wann sie zeitlich beginnen bzw. enden. Aus diesem Grund gibt es die *SCLK*-Leitung (*Serial-Clock*), die quasi den Schiebetakt vom Master zum Slave und umgekehrt vorgibt, vergleichbar mit dem Paukenschlag auf einer Galeere. Mit jedem Clock-Impuls wird ein Datenbit über die MOSI-Leitung vom Master zum Slave bzw. auf der MISO-Leitung vom Slave zum Master übertragen. Zu guter Letzt müssen noch die am Bus angeschlossenen Teilnehmer (*Slave*) ausgewählt werden, damit klar ist, zu wem eine Kommunikation aufgebaut werden soll. Wir nutzen in unserem Beispiel nur einen einzigen Slave. Dafür ist die *CS*-Leitung (*Chip-Select*), die auch in manchen Fällen *SS*-Leitung (*Slave-Select*) genannt wird, verantwortlich. Wie diese einzelnen Signale anzusteuern sind, wirst du im Kapitel über die Programmierung erfahren. Sehen wir uns zunächst den integrierten Baustein *MCP3008* aus der Nähe an.

Der MCP3008

Auf dem folgenden Bild erkennst du die Pinbelegung des *MCP3008*.

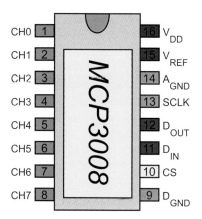

Der integrierte Schaltkreis ist schön symmetrisch aufgebaut, so dass sich die analogen Eingänge aus dieser Sicht allesamt auf der linken Seite befinden. Auf der rechten Seite müssen wir die Spannungsversorgung und die Steuerleitungen anschließen. Das ist aber absolut kein Hexenwerk. Schauen wir uns die Leitungen auf der rechten Seite des Bausteins an:

- V_{DD} (Spannungsversorgung: *3,3V*)
- V_{REF} (Referenzspannung: *3,3V*)
- A_{GND} (Analoge Masse)
- SCLK   (Clock)
- D_{OUT} (Data-Out vom *MCP3008*)
- D_{IN} (Data-In vom Raspberry Pi)
- CS   (Chip-Select, LOW-Aktiv)
- D_{GND} (Digitale Masse)

Die eigentliche Kommunikation findet über die beiden Leitungen D_{OUT} und D_{IN} statt. Die analogen Eingänge befinden sich auf der linken Seite des Bausteins, wobei die einzelnen Pins die Bezeichnung *CH0* bis *CH7* besitzen. Es handelt sich um die *8* Kanäle des AD-Wandlers. Wie du die Kanäle ansteuern kannst, wirst du gleich im Schaltplan sehen. Der Pin V_{REF} wurde bei uns mit *3,3V* versehen, so dass die Eingangsspannung von *0V* bis *3,3V* schwanken darf. Die Frage, die sich uns an dieser Stelle aufdrängt, ist die folgende: »*Wenn wir eine 10-Bit-Auflösung haben, wie groß bzw. klein ist die Spannung pro Bit?*« Schauen wir zuerst einmal, wie viele unterschiedliche Bitkombinationen wir mit *10* Bits erreichen können. Dies wird über die folgende Formel berechnet:

$$Anzahl\ der\ Bitkombinationen = 2^{Anzahl\ der\ Bits}$$

$$Anzahl\ der\ Bitkombinationen = 2^{10} = 1024$$

Wenn wir die Referenzspannung von *3,3V* durch diesen Wert dividieren, erhalten wir den Spannungswert pro Bit-Sprung.

$$U = \frac{U_{REF}}{1024} = \frac{3,3V}{1024} = 0,003222V = 3,2mV$$

In der folgenden Grafik habe ich versucht, es grafisch darzustellen.

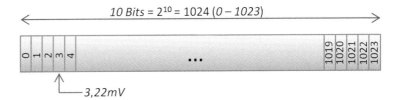

Jede der einzelnen Unterteilungseinheiten entspricht einem Spannungswert von *3,22mV*. Wenn du nun die anliegende Spannung berechnen möchtest, dann musst du lediglich den ermittelten Wert, der sich zwischen *0* und *1023* bewegen kann, mit *3,2mV* multiplizieren. Hier ein kleines Beispiel dazu: Das Programm, das wir uns gleich anschauen werden, liefert einen Wert von *512* zurück, was bedeutet, dass du folgenden Spannungswert am analogen Eingang anliegen hast:

$$Berechnete\ Spannung = 512 \cdot 3,22mV = 1,65V$$

Und hey ... das ist genau die Hälfte von U$_{REF}$, denn *2*-mal *1.65V* entsprechen *3,3V*. Warum? Ganz einfach: *512* ist auch genau die Hälfte von *1024*. Doch nun haben wir erst einmal genug gerechnet. Bevor wir uns der Programmierung widmen, werfen wir einen Blick auf den Schaltplan.

Der Schaltplan

Die Verdrahtung wird etwas komplexer, und auf deinem Simple-Board wird es etwas voller.

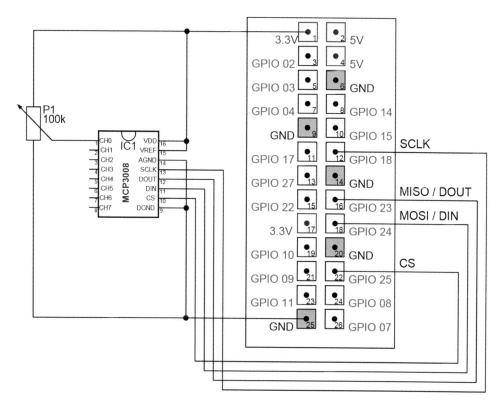

▲ **Abbildung 14-7-4**
Der Schaltplan zur Ansteuerung des
Analog/Digital-Wandlers MCP3008

Auf der linken Seite siehst du unseren A/D-Wandler *MCP3008*, der über die Spannungsversorgungs- als auch Kommunikationsleitungen mit dem Raspberry Pi verbunden ist. Des Weiteren habe ich ein *100KOhm* Potentiometer mit dem Kanal *0* des Bausteins verbunden. Das Potentiometer arbeitet wie ein variabler Spannungsteiler, der in Abhängigkeit von der Schleiferposition zwischen den beiden Potentialen Masse bzw. V_{DD} vermittelt und das Signal an den analogen Eingang legt. Ein einfacher Spannungsteiler wird wie folgt mit *2* Widerständen aufgebaut.

Abbildung 14-7-5 ▶
Der Spannungsteiler

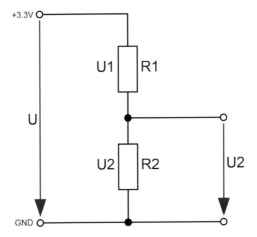

In Abhängigkeit des Widerstandsverhältnisses wird die Eingangs-spannung U zwischen den beiden Widerständen $R1$ und $R2$ aufge-teilt und liegt als Ausgangsspannung $U2$ am Widerstand $R2$ an. Die Ausgangsspannung berechnet sich wie folgt:

$$U_2 = \frac{R_2}{R_1 + R_2} \cdot U$$

Ein Potentiometer kann als variabler Spannungsteiler angesehen werden, der die Widerstände $R1$ und $R2$ in Abhängigkeit der Schleiferposition verändert.

Abbildung 14-7-6 ▶
Das Potentiometer als variabler
Spannungsteiler

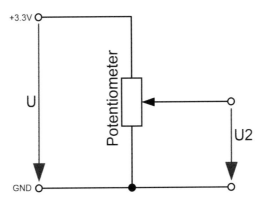

Übertragen auf die festen Widerstände R1 bzw. R2 verhält sich das Potentiometer wie folgt:

Projekt 14-7: Analog-/Digital-Wandlung

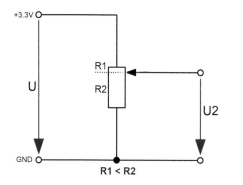
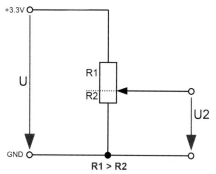

R1 < R2　　　　　　　　　　　　**R1 > R2**

Du siehst, dass dir dieses Bauteil eine wunderbare Möglichkeit bietet, eine vorhandene Spannung in den gegebenen Grenzen zwischen Masse und V_{DD} zu regeln.

Das Programm und das Code-Review

Wenn es um die Programmierung geht, müssen wir uns auch ein wenig mit dem Timing bzw. der Ansteuerung des MCP3008 befassen. Da der MCP3008 ja über 8 unabhängige analoge Eingänge verfügt, müssen wir dem Chip mitteilen, welchen Eingang wir abfragen möchten. Erst dann können wir die angeforderten Daten abrufen. Ich hatte bei der Erklärung der einzelnen Pins des MCP3008 u.a. erwähnt, dass der CS-Pin LOW-Aktiv ist. Das bedeutet, dass wir den Baustein mit einem Masse-Signal auswählen. Detaillierte Informationen enthält das Datenblatt des MCP3008, das du im Internet findest. Schau unter *Figure 6-1 SPI-Communication with the MCP3004/3008* nach. Wir werden in diesem Kapitel die Kommunikation zum MCP3008 über von uns frei wählbare GPIO-Pins realisieren.

> Muss das denn sein und lohnt der Aufwand? Wenn ich mir die Pinbelegung der GPIO-Schnittstelle anschaue, sehe ich doch dort schon einige Pins, die auf eine SPI-Kommunikation hindeuten, und du hast es selbst in den GPIO-Grundlagen erwähnt. Gibt es nicht schon fertige Abfrageroutinen, die wir nutzen können?

Also, *RasPi*, ich denke, dass du auf diese Weise eine Menge mehr lernst, als wenn du dich mit fertigen Dingen begnügst. Natürlich werden wir nicht die Zeit und auch nicht den Platz für alles und jedes haben, doch das folgende Beispiel trägt entscheidend dazu bei, die Funktionsweise des SPI-Protokolls bzw. der Schnittstelle besser zu verstehen.

Ok, hab's schon verstanden. Noch eine andere Sache, die mich beschäftigt. Du hast schon einige Beispiele in der Programmiersprache C bzw. der wiringPi-Library umgesetzt. Können wir nicht mal wieder, ein Projekt mit Python umsetzen?

Ok, wenn das dein Wunsch ist, wollen wir mal sehen, wie wir am besten anfangen. Ich denke, dass es eine gute Idee ist, die erforderlichen GPIO-Pins über Variable zu definieren. Richtige Konstanten gibt es in Python nicht und deswegen werde ich, so wie auch in C/C++, die Namen in Großbuchstaben (Capitals) schreiben. Gehen wir den Code schrittweise an, so dass jeder einzelne Programmteil überschaubar bleibt.

Vorbereitungen

Um später im Programm eine Pause über die *sleep*-Funktion einlegen zu können, wird die *time*-Library eingebunden, und für die Ansteuerung der GPIO-Pins benötigen wir natürlich die *RPi.GPIO*-Library. Des Weiteren werden wie die GPIO-Pin-Bezeichnungen verwenden und etwaige aufkommende Warnungen deaktivieren.

Abbildung 14-7-8 ▼
Vorbereitungsmaßnahmen

```
1  import time;
2  import RPi.GPIO as GPIO
3
4  GPIO.setmode(GPIO.BCM)    # GPIO-Pin Bezeichnungen verwenden
5  GPIO.setwarnings(False)   # Warnungen deaktivieren
```

Die Funktion zum Abrufen des analogen Wertes

Die komplette Arbeit zum Abrufen eines analogen Wertes vom AD-Wandler-Baustein MCP3008 übernimmt eine Funktion. Auf diese Weise haben wir die komplette bzw. komplexe Funktionalität gekapselt und können durch mehrfache Aufrufe den gewünschten Wert eines AD-Kanals komfortabel abrufen. Der Name der Funktion lautet *readAnalogData* und sie besitzt mehrere Argumente, die du beim Aufruf mit übergeben musst. Es handelt sich um die folgenden Informationen:

- AD-Kanal
- Clock-Pin
- MOSI-Pin
- MISO-Pin
- CS-Pin
- Pausenwert

Projekt 14-7: Analog-/Digital-Wandlung

Das ermöglicht eine flexible Kodierung, und du kannst bei Bedarf den AD-Kanal, die Pins und den Pausenwert, der die Abarbeitung kurz unterbricht, nach deinen Wünschen anpassen. Ich zeige dir die Funktion erst einmal in Gänze, bevor wir uns den einzelnen Funktionsblöcken zuwenden.

```python
 7 def readAnalogData(adcChannel, SCLKPin, MOSIPin, MISOPin, CSPin, delay):
 8     """ Funktionsdefinition """
 9     # Negative Flanke des CS-Signals generieren
10     GPIO.output(CSPin,   GPIO.HIGH)
11     GPIO.output(CSPin,   GPIO.LOW)
12     GPIO.output(SCLKPin, GPIO.LOW)
13     sendCMD = adcChannel
14     sendCMD |= 0b00011000 # Entspricht 0x18 (1: Startbit, 1: Single/ended)
15     # Senden der Bitkombination (Es finden nur 5 Bits Beruecksichtigung)
16     for i in range(5):
17         if(sendCMD & 0x10): # Bit an Position 4 pruefen.
18             GPIO.output(MOSIPin, GPIO.HIGH)
19         else:
20             GPIO.output(MOSIPin, GPIO.LOW)
21         # Negative Flanke des Clock-Signals generieren
22         GPIO.output(SCLKPin, GPIO.HIGH)
23         GPIO.output(SCLKPin, GPIO.LOW)
24         sendCMD <<= 1 # Bitfolge eine Position nach links schieben
25     # Empfangen der Daten des AD-Wandlers
26     adcValue = 0 # Reset des gelesenen Wertes
27     for i in range(11):
28         # Negative Flanke des Clock-Signals generieren
29         GPIO.output(SCLKPin, GPIO.HIGH)
30         GPIO.output(SCLKPin, GPIO.LOW)
31         adcValue <<= 1 # Bitfolge 1 Position nach links schieben
32         if(GPIO.input(MISOPin)):
33             adcValue |=0x01
34     time.sleep(delay) # Kurze Pause
35     return adcValue
```

▲ **Abbildung 14-7-9**
Die Funktion readAnalogData

Zu Beginn der Funktion müssen wir bestimmte Pegel vorbereiten.

```python
 9     # Negative Flanke des CS-Signals generieren
10     GPIO.output(CSPin,   GPIO.HIGH)
11     GPIO.output(CSPin,   GPIO.LOW)
12     GPIO.output(SCLKPin, GPIO.LOW)
```

◀ **Abbildung 14-7-10**
Pegel-Vorbereitung

Da ist zum einen der CS-Pin, der LOW-Aktiv ist und über die Zeilen *10* bzw. *11* den erforderlichen Pegelwechsel erfährt.

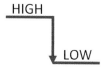

HIGH

LOW

Den Clock-Pin setzen wir in Zeile *12* auf LOW-Pegel und schaffen damit eine Ausgangssituation für alle kommenden Clock-Signale.

Kannst du mir mal bitte verraten, woher du das alles weißt?

Nun, *RasPi*, das kann man nicht einfach so wissen oder erraten. Da hilft nur ein Blick in das Datenblatt des betreffenden Bausteins. Ich habe dazu den für uns wichtigen Teil herauskopiert und rot umrandet.

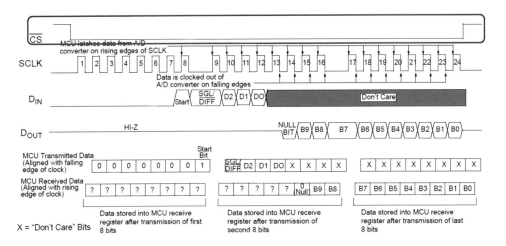

Abbildung 14-7-11 ▲
SPI-Kommunikation mit dem MCP3008 (Quelle: Datenblatt des Herstellers)

Dort kannst du wunderbar erkennen, dass das CS-Signal einen HIGH-LOW-Pegelwechsel erfahren muss, damit die weitere Kommunikation fortgeführt werden kann. In der Zeile darunter erkennst du das Clock-Signal, das als Vorbereitung auf LOW-Pegel gesetzt wird. Genau diese beiden notwendigen Vorgänge haben wir in den Zeilen *10*, *11* und *12* durchgeführt. Nun ist es an der Zeit, einen Befehl an den Baustein zu verschicken, damit er dazu bereit ist, einen von uns ausgewählten AD-Kanal auszulesen und den Wert zurückzuliefern.

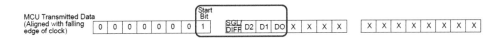

Abbildung 14-7-12 ▲
Das Startbit

Der in Rot markierte Bereich wird als Befehl an den MCP3008 verschickt und setzt sich aus unterschiedlichen Informationen zusammen.

- Startbit
- SGL/DIFF (Single/Difference)
- AD-Kanal

Projekt 14-7: Analog-/Digital-Wandlung

Das Startbit kennzeichnet den Anfang der Übertragung, gefolgt vom Bit, das Aufschluss darüber gibt, ob ein einzelner Kanal (*single*) ausgewählt oder ein Differenzwert zu einem anderen Kanal gebildet werden soll. Wir nutzen den Single-Mode für einen einzelnen Kanal. Am Ende wird der angeforderte AD-Kanal angefügt.

```
13   sendCMD = adcChannel
14   sendCMD |= 0b00011000
                   ↑↑  ↑───┐
                   ││   AD-Kanal
               Start-Bit SGL
```

◄ **Abbildung 14-7-13**
Der zusammengesetzte Befehl (Startbit, SGL und AD-Kanal)

Durch die bitweise ODER-Verknüpfung werden an den gezeigten Positionen die erforderlichen Bits gesetzt. Bisher wurden noch keine Informationen an den Baustein versendet. Was aber genau soll übertragen werden? Es handelt sich um die 5 Bits (von rechts gesehen), die die notwendigen Informationen beinhalten.

> Kannst du mir kurz verraten, welche Leitung wir zum Senden an den MCP3008 nutzen können?

Klar, *RasPi*! Es handelt sich dabei um die MOSI-Leitung (Master-Out-Slave-In). Genau das erledigt der folgende Code:

```
15   # Senden der Bitkombination (Es finden nur 5 Bits Beruecksichtigung)
16   for i in range(5):
17       if(sendCMD & 0x10): # Bit an Position 4 pruefen.
18           GPIO.output(MOSIPin, GPIO.HIGH)
19       else:
20           GPIO.output(MOSIPin, GPIO.LOW)
21       # Negative Flanke des Clock-Signals generieren
22       GPIO.output(SCLKPin, GPIO.HIGH)
23       GPIO.output(SCLKPin, GPIO.LOW)
24       sendCMD <<= 1 # Bitfolge eine Position nach links schieben
```

▲ **Abbildung 14-7-14**
Senden der Anforderung an den MCP3008

In der *for*-Schleife wird der Inhalt der Variablen um eine Position nach links verschoben, um dann das Bit an Position 4 (Zählung beginnt bei *0*) zu überprüfen.

> Wie kann ich mir das Schieben vorstellen? Du hattest das zwar schon mal erklärt, doch sicher ist sicher!

Das ist recht simpel, wenn du dir die Werte auf Bitebene anschaust.

Abbildung 14-7-15 ▶

Der Schiebevorgang

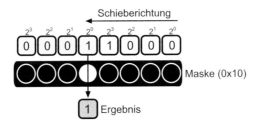

Es wird immer das Bit an der 5. Position überprüft. Achte darauf, dass es sich bei der Zahl *0x10* um einen hexadezimalen Wert handelt. Die *1* in diesem Wert steht für die 5. Position. Die Variable *sendCMD* wird in Zeile *17* mit diesem hexadezimalen Wert UND-verknüpft, und jedes Ergebnis dieser Operation, das von *0* verschieden ist, wird als *wahr* angesehen. In Abhängigkeit dieser Bewertung wird entweder ein HIGH- oder ein LOW-Pegel auf die MOSI-Leitung versendet, was in den Zeilen *18* bzw. *20* erfolgt. Jede dieser Aktionen muss mit einem HIGH-LOW-Pegelwechsel, also einer abfallenden Flanke auf der *Clock*-Leitung, quittiert werden. Das machen wir über die folgenden Zeilen:

```
21    # Negative Flanke des Clock-Signals generieren
22    GPIO.output(SCLKPin, GPIO.HIGH)
23    GPIO.output(SCLKPin, GPIO.LOW)
24    sendCMD <<= 1 # Bitfolge eine Position nach links schieben
```

Abbildung 14-7-16 ▲
Eine negative Flanke wird auf dem
Clock-Pin generiert

Die Zeile *24* übernimmt den schon besprochenen Schiebevorgang, bevor es dann weiter in der *for*-Schleife zur Sache geht. Kommen wir jetzt zum Lesen der Daten, die der MCP3008 als Antwort auf diese gerade verschickte Anfrage zurücksendet. Werfen wir dazu einen erneuten Blick auf das Impulsdiagramm des Herstellers.

Abbildung 14-7-17 ▲
Die D$_{OUT}$-Informationen

Jeder Lesezyklus wird wieder mit einem negativen Flankenwechsel auf der *Clock*-Leitung quittiert, was du in den Zeilen *29* und *30* sehen kannst. Soweit zur Einleitung.

```
25    # Empfangen der Daten des AD-Wandlers
26    adcValue = 0 # Reset des gelesenen Wertes
27    for i in range(11):
28        # Negative Flanke des Clock-Signals generieren
29        GPIO.output(SCLKPin, GPIO.HIGH)
30        GPIO.output(SCLKPin, GPIO.LOW)
31        adcValue <<= 1 # Bitfolge 1 Position nach links schieben
32        if(GPIO.input(MISOPin)):
33            adcValue |=0x01
```

Jetzt müssen die Ergebnisdaten wieder Bit für Bit nach links geschoben werden (*Zeile 31*), um der Variablen *adcValue* zugewiesen zu werden. Das erfolgt über eine bitweise *ODER*-Verknüpfung an der niederwertigsten Stelle, wo quasi immer ein Bit eingeschoben wird. Ob das eine *0* oder eine *1* ist, hängt von dem gelesenen Wert auf der *MISO*-Leitung ab. Zum Lesen wird hier die *input*-Methode der GPIO-Library verwendet. Um alle Bits zu erreichen, wird die ganze Aktion wird *11-mal* durchgeführt. Am Ende wird eine kurze Pause eingelegt und der berechnete Wert an den Aufrufer der Funktion zurückgeliefert.

▲ **Abbildung 14-7-18**
Das Empfangen der Daten vom AD-Wandler

```
34    time.sleep(delay) # Kurze Pause
35    return adcValue
```

◀ **Abbildung 14-7-19**
Pause einlegen und ermittelten Wert zurückliefern

Kommen wir abschließend zum eigentlichen Hauptprogramm, wo einige Variablen definiert werden und die gerade beschriebene Funktion aufgerufen wird.

Das GPIO-Pin-Setup

Damit die verwendeten GPIO-Pins auch korrekt hinsichtlich der Datenflussrichtung vorbereitet werden, habe ich die Programmierung der Pins in eine eigene Funktion mit Namen *setupGPIO* ausgelagert, die vom Hauptprogramm nach dem Start einmalig aufgerufen wird.

```
37  def setupGPIO(SCLKPin, MOSIPin, MISOPin, CSPin):
38      """ GPIO-Pin Setup """
39      GPIO.setup(SCLKPin, GPIO.OUT)
40      GPIO.setup(MOSIPin, GPIO.OUT)
41      GPIO.setup(MISOPin, GPIO.IN)
42      GPIO.setup(CSPin,   GPIO.OUT)
```

◀ **Abbildung 14-7-20**
Die setupGPIO-Funktion programmiert die benötigten GPIO-Pins

Variablendefinition und das Hauptprogramm

Bevor das Hauptprogramm die einzelnen Funktionen aufruft, werden noch ein paar Variablen definiert und mit den korrekten Werten versehen. Um z.B. andere Pins zu verwenden, kannst du an dieser Stelle etwaige Anpassungen vornehmen.

```
44  # Variablendefinition
45  ADCChannel = 0    # AD-Kanal
46  SCLK       = 18   # Serial-Clock
47  MOSI       = 24   # Master-Out-Slave-In
48  MISO       = 23   # Master-In-Slave-Out
49  CS         = 25   # Chip-Select
50  PAUSE      = 0.5  # Anzeigepause
51
52  setupGPIO(SCLK, MOSI, MISO, CS) # GPIO-Pin Setup
53
54  while True:
55      print 'Analoger Wert: ', \
56          readAnalogData(ADCChannel, SCLK, MOSI, MISO, CS, PAUSE)
```

Abbildung 14-7-21 ▲
Die Variablendefinition und der Aufruf der Funktionen

In der *while*-Endlosschleife erfolgt eine kontinuierliche die Abfrage des MCP3008, der seine Antwort an das Terminal-Fenster sendet.

Abbildung 14-7-22 ▶
Die Ausgabe im Terminal-Fenster

```
                    pi@raspberrypi: ~/RPiGPIO/Projektkapitel07        _ □ x
 Datei  Bearbeiten  Reiter  Hilfe
pi@raspberrypi ~/RPiGPIO/Projektkapitel07 $ sudo python mcp3008.py
Analoger Wert:  0
Analoger Wert:  0
Analoger Wert:  5
Analoger Wert:  173
Analoger Wert:  356
Analoger Wert:  444
Analoger Wert:  536
Analoger Wert:  659
Analoger Wert:  831
Analoger Wert:  1023
Analoger Wert:  1019
Analoger Wert:  1023
Analoger Wert:  921
Analoger Wert:  810
Analoger Wert:  667
Analoger Wert:  545
Analoger Wert:  445
Analoger Wert:  370
Analoger Wert:  332
^CAnaloger Wert:
Traceback (most recent call last):
  File "mcp3008.py", line 56, in <module>
    readAnalogData(ADCChannel, SCLK, MOSI, MISO, CS, PAUSE)
```

Zur Demonstration habe ich am angeschlossenen Potentiometer gedreht, und du siehst, dass sich die Werte entsprechend geändert haben. Das Python-Programm wird über die folgende Zeile gestartet:

```
# sudo python mcp3008.py
```

Falls du es anders genannt hast, pass den Namen entsprechend an.

Projekt 14-7: Analog-/Digital-Wandlung

Der Aufbau auf dem Simple-Board

Bei diesem Aufbau erkennst du den Vorteil der beiden kleinen Breadboards. Das linke nimmt den MCP3008 auf und über das rechte wird das Potentiometer verkabelt.

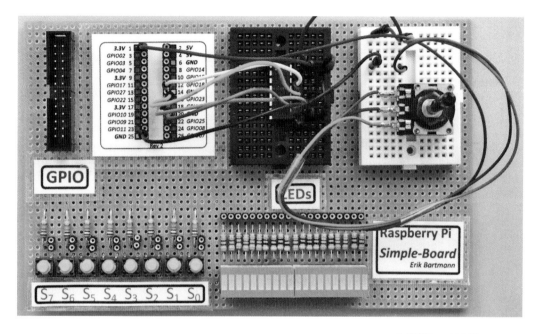

▲ Abbildung 14-7-23
Der Aufbau auf dem Simple-Board

Eine kleine Modifikation des Programms

Es kann u.U. vorkommen, dass sich das Potentiometer an einer bestimmten Position befindet, an der kein eindeutiger Wert geliefert wird. Das hat natürlich Auswirkungen auf die Anzeige. Der gemessene Wert schwankt ständig, obwohl du nicht am Potentiometer drehst. Das Verhalten wird *Jittering* genannt. Du kannst das Phänomen kompensieren bzw. eliminieren, indem du einen Toleranzwert definierst. Erst wenn sich die Messwerte um diesen Toleranzwert geändert haben, werden sie zur Anzeige gebracht. Was müssen wir also programmtechnisch unternehmen? Wir benötigen eine Variable, die den Toleranzwert aufnimmt, und zwei weitere, die immer den aktuellen bzw. den vorherigen Messwert speichern. Mit ihrer Hilfe können wir eine Differenz zwischen beiden Werten bilden. Erst wenn das Ergebnis größer als der festgelegte Toleranzwert ist, erfolgt eine Ausgabe im Terminal-Fenster.

```
44  # Variablendefinition
45  ADCChannel   = 0    # AD-Kanal
46  SCLK         = 18   # Serial-Clock
47  MOSI         = 24   # Master-Out-Slave-In
48  MISO         = 23   # Master-In-Slave-Out
49  CS           = 25   # Chip-Select
50  PAUSE        = 0.5  # Anzeigepause
51  THRESHOLD    = 3    # Toleranzwert
52  actual_value = 0    # Speichert aktuellen analogen Messwert
53  prev_value   = 0    # Speichert vorherigen analogen Messwert
54
55  setupGPIO(SCLK, MOSI, MISO, CS) # GPIO-Pin Setup
56
57  while True:
58      actual_value = readAnalogData(ADCChannel, SCLK, MOSI, MISO, CS, PAUSE)
59      if(abs(actual_value - prev_value) > THRESHOLD):
60          print 'Analoger Wert: ', actual_value
61      prev_value = actual_value # Aktueller Wert wird alter Wert
```

Abbildung 14-7-24 ▲
Die Modifikation des Programms

Die drei neuen Variablen sind in den Zeilen *51*, *52* und *53* hinzuge-kommen, und die *while*-Endlosschleife wurde etwas umgeschrieben.

Ok, das habe ich verstanden. Doch was bedeutet das kleine Wört-chen abs in Zeile *59*? Doch nicht etwa Antiblockiersystem!?

Also, *RasPi*, du hast Ideen! Aber du hast Recht, das hatte ich ver-gessen. Es handelt sich dabei um die *abs*-Funktion, die den *Absolut-wert* ermittelt. Diese Funktion, die auch *Betragsfunktion* genannt wird, liefert immer den positiven Wert unabhängig vom Vorzei-chen zurück. Eine positive Zahl bleibt positiv, eine negative Zahl wird positiv. Der Kurvenverlauf macht das Verhalten vielleicht ein wenig deutlicher:

Abbildung 14-7-25 ▶
Der Kurvenverlauf der
Absolutfunktion

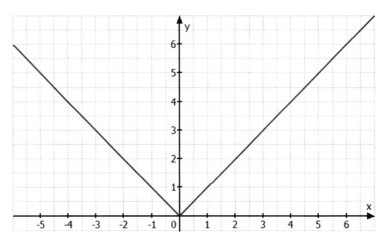

Projekt 14-7: Analog-/Digital-Wandlung

Wir benötigen diese Funktion in unserem Programm, da die ermittelte Differenz in Abhängigkeit des aktuellen bzw. vorher gemessenen Wertes einmal *positiv*, einmal *negativ* sein kann. Wir möchten jedoch immer den absoluten Wert mit dem positiven Wert der Toleranz vergleichen, denn andernfalls würde das nicht immer funktionieren. Unser abgeändertes Programm liefert jetzt nur noch Werte an das Terminal-Fenster, wenn sich die Werte entsprechend den eben genannten Voraussetzungen geändert haben.

Eine höhere Auflösung

Bevor ich das Kapitel beschließe, mache dich noch mit einem verwandten Baustein bekannt, der die gleiche Anschlussbelegung vorweist, jedoch statt einer *10-Bit-* eine *12-Bit-*Auflösung besitzt. Für jedes Bit, das du einer Binärzahl hinzufügst, verdoppelt sich der Wertebereich. Für *2* zusätzliche Bits vervierfacht sich der Wertebereich bzw. der zur Verfügung stehende Zahlenraum.

$$Anzahl\ der\ Bitkombinationen = 2^{Anzahl\ der\ Bits}$$

$$Anzahl\ der\ Bitkombinationen = 2^{12} = 4096$$

Wenn wir jetzt wieder die Referenzspannung von *3,3V* durch diesen Wert dividieren, erhalten wir den Spannungswert pro Bit-Sprung.

$$U = \frac{U_{REF}}{4096} = \frac{3,3V}{4096} = 0,000805664V = 805,66\mu V$$

Das ist um einiges kleiner als der minimale Wert von *3,3mV* bei einer *10*-Bit-Auflösung. In der folgenden Grafik habe ich versucht, es grafisch darzustellen.

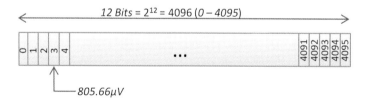

Jede der einzelnen Unterteilungseinheiten entspricht einem Spannungswert von *805,66 V*. Du erkennst sicherlich, dass es sich hier

um eine viel feinere Abstufung der einzelnen Spannungssprünge als bei *10* Bit handelt.

> Das bedeutet also, dass ich nur den MCP3008 gegen den MCP3208 austauschen muss und sofort eine höhere Auflösung habe. Das ist ja echt klasse!

Das stimmt nicht ganz. Etwas müssen wir schon einer Anpassung unterziehen, aber lass dir gesagt sein, dass es wirklich eine Kleinigkeit ist. Was zu machen ist, möchte ich dir im Folgenden genauer zeigen. Wie schon gesagt, hat der MCP3208 die gleiche Pinbelegung und auch das gleiche Timing-Verhalten. Dahingehend müssen wir also nichts unternehmen. Werfen wir aber noch einmal kurz einen Blick auf den Lesezyklus bzw. auf das D_{OUT}-Signal des MCP3008.

Abbildung 14-7-26 ▲
Die D_{OUT}-Informationen des MCP3008

Werfen wir nun einen Blick in das Datenblatt des MCP3208 und sehen uns das gleiche Signal dort an.

Abbildung 14-7-27 ▲
Die D_{OUT}-Informationen des MCP3208

Du siehst, dass es hier noch die zusätzlichen Bits *B10* und *B11* gibt. Die müssen wir natürlich bei unserem Lesevorgang mit berücksichtigen. Andernfalls hätten wir zwar einen *MCP3208*, der sich durch die unveränderte Programmierung jedoch wie ein *MCP3008* verhalten würde. Was für eine Verschwendung!

```
27   for i in range(13):
28       # Negative Flanke des Clock-Signals generieren
29       GPIO.output(SCLKPin, GPIO.HIGH)
30       GPIO.output(SCLKPin, GPIO.LOW)
31       adcValue <<= 1 # Bitfolge 1 Position nach links schieben
32       if(GPIO.input(MISOPin)):
33           adcValue |=0x01
```

Abbildung 14-7-28 ▲
Der angepasste Code für das Auslesen der MCP3208-Daten

Na, hast du erkannt, was ich angepasst habe? Genau! Den Wert *11* in der Range-Angabe habe ich in eine *13* geändert! Das ist schon alles, was notwendig ist. Im Terminal-Fenster kannst du sehen, dass nun Werte angezeigt werden, die größer als *1023* sind, wie das beim MCP3008 der Fall war.

```
                    pi@raspberrypi: ~/RPiGPIO/Projektkapitel07          _ □ ✕

 Datei  Bearbeiten  Reiter  Hilfe

pi@raspberrypi ~/RPiGPIO/Projektkapitel07 $ sudo python mcp3208.py
Analoger Wert:   1416
Analoger Wert:   1411
Analoger Wert:   708
Analoger Wert:   19
Analoger Wert:   0
Analoger Wert:   673
Analoger Wert:   1095
Analoger Wert:   2206
Analoger Wert:   3643
Analoger Wert:   4094
Analoger Wert:   4087
^CAnaloger Wert:
Traceback (most recent call last):
  File "mcp3208.py", line 56, in <module>
    readAnalogData(ADCChannel, SCLK, MOSI, MISO, CS, PAUSE)
  File "mcp3208.py", line 34, in readAnalogData
    time.sleep(delay) # Kurze Pause
KeyboardInterrupt
pi@raspberrypi ~/RPiGPIO/Projektkapitel07 $ ▮
```

Im nachfolgenden Kapitel möchte ich dich mit einer weiteren interessanten Erweiterungsmöglichkeit bekannt machen. Wir wollen eine Platine zusammenlöten, die ausschließlich der Messwertaufnahme über den *MCP3008/3208* dient. So kannst du sie immer, wenn du sie benötigst, einfach mit deinem Raspberry Pi verbinden und loslegen. Sei gespannt!

> Super, das habe ich alles bisher verstanden. Und dennoch drängt sich mir eine Frage auf. Im GPIO-Grundlagenkapitel hast du ganz am Ende etwas über GPIO-Pin-Sonderfunktionen erzählt. Darunter waren auch Hinweise über Pins, die die SPI-Schnittstelle betrafen. Warum haben wir sie nicht direkt verwendet? Wäre das nicht viel einfacher gewesen?

Gut aufgepasst, *RasPi*! Ich wollte mit diesem Kapitel zuerst ein paar SPI-Grundlagen vermitteln und die Ansteuerung quasi *zu Fuß* machen. Jetzt, da du alles verstanden hast, können wir uns dem einfacheren Part widmen. Um die Funktionalität zu nutzen, müssen wir drei Dinge vorbereiten, was wir später im Kapitel über den I²C-Bus noch einmal in ähnlicher Form wiederholen müssen.

Schritt 1: SPI-Treiber von der Blacklist entfernen

Es gibt eine Datei, in der Treiber aufgelistet werden, die beim Booten des Systems nicht geladen werden sollen. Eine sogenannte *Blacklist*. Editiere die Datei mit dem folgenden Kommando:

```
# sudo nano /etc/modprobe.d/raspi-blacklist.conf
```

Analog/Digital-Wandlung ────────────────────────────────────

Deren Inhalt schaut wie folgt aus:

Abbildung 14-7-30 ▶
Die Raspberry Pi-Blacklist

Es sind dort zwei Einträge vorhanden, von denen der erste sich auf den SPI-Treiber bezieht. Um ihn beim nächsten Booten zu laden, musst du vor diese Zeile ein *Hash*-Zeichen # setzen, so dass daraus eine Kommentarzeile wird. Die Zeile schaut dann wie folgt aus:

```
#blacklist spi-bcm2708
```

Schritt 2: Automatisches Laden des Treibers beim nächsten Booten

Damit der Treiber beim nächsten Reboot geladen wird, editiere die Modul-Datei mit dem folgenden Kommando:

```
# sudo nano /etc/modules
```

Abbildung 14-7-31 ▶
Die Datei /etc/modules

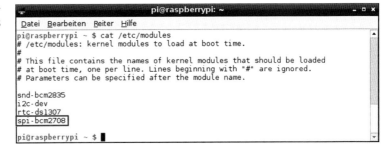

Falls noch nicht geschehen, füge den rot markierten Eintrag *spi-bcm2708* hinzu. Nun kannst du den Treiber manuell über das folgende Kommando laden, ohne unmittelbar einen Reboot durchführen zu müssen.

```
# modprobe spi-bcm2708
```

Überprüfe das Laden des Treibers mit dem *lsmod*-Kommando.

Schritt 3: Installieren der Python-Bibliothek

Um auf die Funktionalität einer Bibliothek zugreifen zu können, die es uns ermöglicht, sehr einfach auf die SPI-Schnittstelle zugreifen zu können, installieren wir die *py-spidev*-Library für den Einsatz unter Python. Führe die folgenden Kommandos aus.

```
# git clone git://github.com/doceme/py-spidev
# cd py-spidev
# sudo python setup.py install
```

Nun sind wir soweit, ein Python-Programm zu schreiben, das den SPI-Bus auf recht einfache Weise abfragt. Ich habe dazu eine Klasse programmiert, über die du eine Methode aufrufen kannst, die den analogen Wert eines gewünschten Kanals ermittelt.

Die Initialisierung und die Python-Klasse

```python
1  #!/usr/bin/python
2  import RPi.GPIO as GPIO # GPIO-Library
3  import spidev           # SPI-Dev Library
4  from time import sleep  # sleep importieren
5
6  class MCP3008:
7      def __init__(self, bus = 0, client = 0):
8          """ Konstruktor """
9          self.spi = spidev.SpiDev()
10         self.spi.open(bus, client)
11
12     def readAnalogData(self, channel):
13         """ Liest den analogen Wert """
14         if channel not in range(8):
15             return −1
16         rBytes = self.spi.xfer2([1, (8 + channel) << 4, 0])
17         adcValue = ((rBytes[1] & 3) << 8) + rBytes[2]
18         return adcValue
```

▲ Abbildung 14-7-32
Die Initialisierung und die Klassendefinition MCP3008

In Zeile 3 müssen wir die benötigte *py-spidev*-Library einbinden, um später ihre Funktionalität nutzen zu können. In Zeile 6 beginnt die Klassendefinition, die zwei Methoden beinhaltet. Da ist zum einen der Konstruktor, der bei der Instanziierung das Objekt erstellt, wobei implizit die Methode *__init__* aufgerufen wird. Die zu übergebenden Argumente sind die Busnummer, die standardmäßig mit *0* belegt wurde, und die Nummer des SPI-Slaves, mit dem die Kommunikation erfolgt und die hier ebenfalls mit *0* vorbelegt wurde. Geben wir keine Werte bei der Instanziierung an, werden genau diese verwendet. Über die Methode *SpiDev* in Zeile 9 wird ein SPI-Objekt generiert und eine Verbindung über die *open*-Methode in Zeile 10 unter Angabe der Bus- bzw. Clientnummer hergestellt. Nun sind wir soweit, die *readAnalogData*-Methode aufzurufen, die über die Angabe des ADC-Kanals den Wert ermittelt. Wie funktioniert das im Detail? Zuerst wird in Zeile 14 der angeforderte ADC-Kanal hinsichtlich des übergebenen Wertes überprüft, der sich zwischen *0* und *7* befinden darf. Andernfalls wird die Methode mit dem Rückgabewert *-1* verlassen. Kommen wir zu dem auf den ersten Blick nicht ganz verständlichen Code in den Zeilen *16* und *17*. Die *xfer2*-Methode überträgt eine Liste mit *3* Elementen. Sieh her:

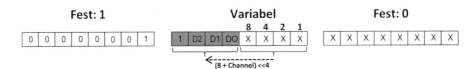

Das erste und das dritte Element haben feste Werte (*1* und *0*), wobei das zweite in Abhängigkeit des angeforderten Kanals ist. Der Wert *8* kommt durch das MSB zustande, der besagt, dass es sich um den Single-Mode handelt. Zu diesem Wert wird der Kanal addiert. Durch das binäre Linksschieben um *4* Positionen wandern die Bitkombinationen an die korrekte Position, wie du in der Grafik gut erkennen kannst. Als Ergebnis liefert die *xfer2*-Methode ebenfalls eine Liste mit *3* Elementen zurück, die wie folgt zu interpretieren sind:

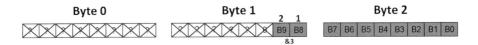

Byte 0

Byte *0* wird nicht benötigt.

Byte 1

Von Byte *1* sind nur die untersten *2* Bits (*B9* und *B8*) von Bedeutung, die über die bitweise UND-Verknüpfung mit dem Wert *3* herausgefiltert werden. Da es sich dabei um das High-Byte des Ergebnisses handelt, wird er vor der Addition mit dem Low-Byte um *8* Bitpositionen nach links verschoben.

Byte 2

Byte *2* repräsentiert das komplette Low-Byte (*B7* bis *B0*) des gemessenen analogen Wertes.

Das Ergebnis

Das Ergebnis wird aus der Summe des High- bzw. Low-Bytes gebildet.

Projekt 14-7: Analog-/Digital-Wandlung

Das Hauptprogramm

```
20  def main():
21      mcp3008 = MCP3008()     # MCP3008 Instanz generieren
22      ch      = 0             # ADC-Kanalnummer
23      delay   = 1             # Pausenwert
24      while True:
25          print mcp3008.readAnalogData(ch)
26          sleep(delay)
27
28  if __name__ == '__main__':
29      main()
```

In Zeile 21 instanziieren wir die Klasse *MCP3008*, um später in Zeile 25 ihre *readAnalogData*-Methode zu nutzen, die den gemessenen Wert ermittelt. Sehen wir uns zum Schluss noch den Schaltplan an.

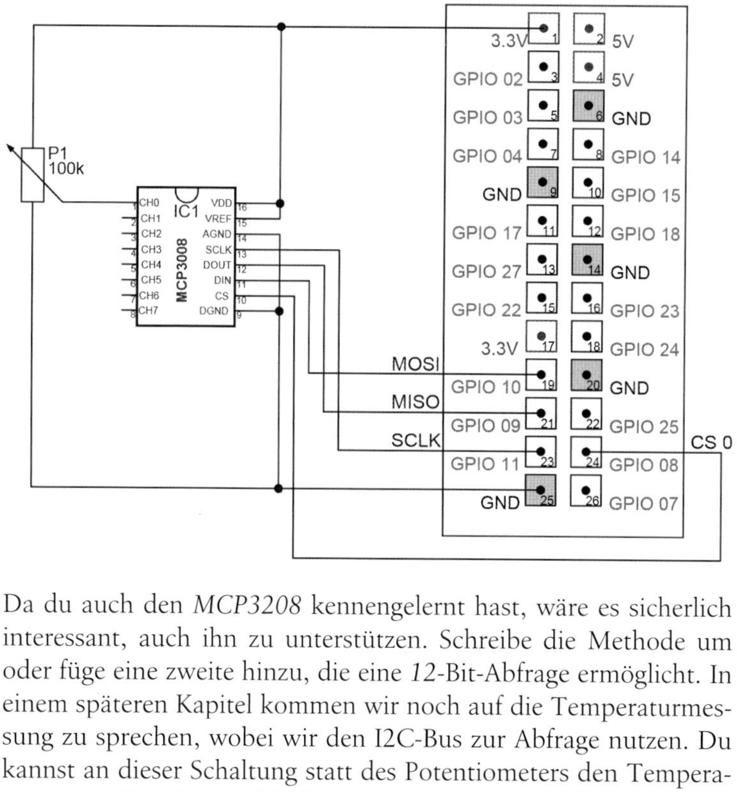

▲ **Abbildung 14-7-33**
Das Hauptprogramm nutzt die Klassendefinition MCP3008

◀ **Abbildung 14-7-34**
Der Schaltplan zur Ansteuerung des MCP3008 über die GPIO-Pin-Sonderfunktionen

Da du auch den *MCP3208* kennengelernt hast, wäre es sicherlich interessant, auch ihn zu unterstützen. Schreibe die Methode um oder füge eine zweite hinzu, die eine *12*-Bit-Abfrage ermöglicht. In einem späteren Kapitel kommen wir noch auf die Temperaturmessung zu sprechen, wobei wir den I2C-Bus zur Abfrage nutzen. Du kannst an dieser Schaltung statt des Potentiometers den Temperatursensor *TMP36* anschließen. Er sieht aus wie ein Transistor, besitzt aber zwei Anschlüsse für die Spannungsversorgung und einen, der als Ausgang dient. Ihn kannst du mit einem Eingang des MCP3008 verbinden.

Was hast du gelernt?

- Du hast gelernt, dass du das Manko der fehlenden analogen Messwertaufnahme des Raspberry Pi mit einem externen integrierten Baustein vom Typ MCP3008 ausgleichen kannst. Dieser Baustein ist ein Analog/Digital-Wandler und verfügt über 8 unabhängige Kanäle, die quasi gleichzeitig abgefragt werden können. Die Kommunikation erfolgt über den SPI-Bus.

- Du hast den SPI-Bus mit dem SPI-Protokoll und das Master-Slave-Prinzip kennengelernt. Der Master kann über 3 bzw. 4 Leitungen einen oder mehrere Slaves ansprechen, die über das Chip-Select-Signal ausgewählt werden. Die eigentliche Kommunikation erfolgt dann über die beiden Leitungen MOSI bzw. MISO, wobei das Clock-Signal die Kommunikation synchronisiert.

- Du hast über ein angeschlossenes Potentiometer den ersten Eingang des Analog/Digital-Wandlers mit unterschiedlichen Spannungswerten versorgt und dir die gemessenen Werte in einem Terminal-Fenster ausgeben lassen.

- Über eine kleine Modifikation des Programms hast du erreicht, dass nur bei Spannungsänderungen einer bestimmten Größe eine Anzeige erfolgte.

- Wir haben durch den Einsatz des Analog/Wandler-Bausteins *MCP3208* die Auflösung auf 12 Bit erhöht und erreichen damit einen Wertebereich, der sich von 0 bis 4095 erstreckt.

- Du hast gesehen, dass du über die fertige Python-Library *pyspidev* den SPI-Bus sehr einfach abfragen kannst.

Projekt 14-8:
Analog-/Digital-
Wandlung (Erweitert)

Nun hast du einiges über die Analog/Digital-Wandlung erfahren, und ich hatte ja schon versprochen, dass wir eine Platine entwickeln wollen, auf der du die Schaltung zur Messwerterfassung ständig präsent hast. Außerdem haben wir bislang nur einen einzigen AD-Kanal ausgelesen. Wäre es nicht sinnvoll und spannend, alle Kanäle gleichzeitig auszulesen und die Messergebnisse zu präsentieren? Ich denke schon! In diesem Experiment besprechen wir folgende Themen:

• Wir bauen uns eine Messwerterfassungsplatine.
• Wir gehen auf die Programmierung in *PyGame* ein.
• Wir programmieren unser erstes wirklich brauchbares Programm, das auf der objektorientierten Programmierung fußt. Du wirst einiges über Eigenschaften, Methoden und einen Konstruktor lernen.

Benötigte Bauteile

Die folgenden Bauteile benötigst du für das Anfertigen der Messwerterfassungsplatine:

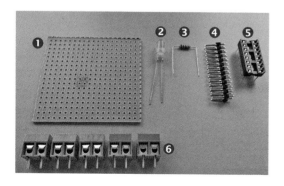

◄ **Abbildung 14-8-1**
Die benötigten Bauteile für die
Messwerterfassungsplatine
MCP3008/3208

1. Stück einer Lochrasterplatine (Maße ca. 5cm x 5cm)
2. LED grün (5mm)
3. Vorwiderstand 330Ohm (orange / orange / braun)
4. Doppelreihige Stiftleiste 2x13 Pins, RM: 2.54 oder entsprechender Wannenstecker
5. 16-poliger IC-Sockel
6. Leiterplattenklemmen 2-polig 5x, RM: 5

Vorschau auf die Platine

Auf dem folgenden Bild siehst du die Platine, die wir zusammen bauen möchten.

Abbildung 14-8-2 ▶
Die Messwerterfassungsplatine mit dem MCP3008/3208

Auf der linken Seite befindet sich unser GPIO-Anschluss, mit dem wir über ein geeignetes Flachbandkabel eine Verbindung zum Raspberry Pi aufnehmen. Die grüne LED zeigt an, ob die Spannungsversorgung hergestellt ist. In der Mitte siehst du den AD-Wandler, direkt darunter zwei schraubbare Anschlussklemmen für die etwaige Spannungsversorgung von *3,3V* bzw. Masse für angeschlossene Potentiometer und auf der rechten Seite die schraubbaren Anschlussklemmen für die AD-Kanäle *0* bis 7. Damit du eine ungefähre Vorstellung davon bekommst, wie einfach das Zusammenlöten der Pins auf der Rückseite der Lochrasterplatine ist, hier ein Bild davon (siehe Abbildung 14-8-3).

Du benötigst einen Lötkolben – besser Lötstation – mit Lötzinn, Draht-Litze *0,5mm* (am besten in unterschiedlichen Farben), natürlich einen Seitenschneider und am besten eine Abisolierzange. Das sind alles Dinge aus dem Kapitel »Nützliches Equipment«. Falls du dir unsicher bist, kannst du dort nachschauen.

Projekt 14-8: Analog-/Digital-Wandlung (Erweitert)

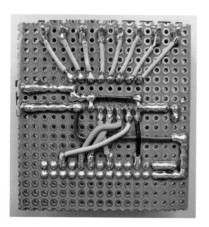

◀ **Abbildung 14-8-3**
Die Messwerterfassungsplatine
(Rückseite)

Der Schaltplan

Den Schaltplan hast du ja schon einmal gesehen. Ich habe ihn lediglich um die LED mit Vorwiderstand und die schraubbaren Klemmleisten erweitert.

▼ **Abbildung 14-8-4**
Der Schaltplan für die Messwerterfassungsplatine MCP3008/3208

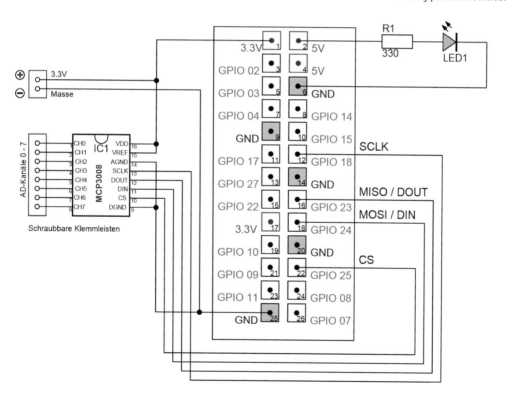

Der Einsatz der Platine

Du hast dich sicherlich gefragt, wann es so weit ist, nicht nur einen einzigen AD-Kanal abzufragen und die Werte zu präsentieren, sondern mehrere, wenn nicht alle. Das wollen wir an dieser Stelle nachholen. Wie machen wir das am besten? Zur Visualisierung stehen uns zwei Möglichkeiten offen. Eine reine Textausgabe innerhalb eines Terminal-Fensters oder eine grafische Ausgabe in Form von horizontalen Balken je Kanal mit unterschiedlichen Farben innerhalb eines eigens dafür programmierten Fensters. Beides hat seinen Reiz.

Das Programm

Ich denke, dass es schöner und auch anspruchsvoller sein wird, wenn wir die Ausgabe innerhalb eines Grafik-Fensters ausgeben. Es gibt für Python eine sehr interessante Erweiterung, die in Debian Wheezy sogar vorinstalliert ist, so dass du dich darum nicht weiter kümmern musst. Diese Erweiterung nennt sich *PyGame* und ist primär für die plattformübergreifende Spieleprogrammierung unter Python entwickelt worden. Sie beinhaltet eine Sammlung unterschiedlicher Module für Grafik, Sound und die Abfrage von Eingabegeräten. Die offizielle PyGame-Seite findest du unter

http://www.pygame.org/

Sie ist voller Projekte, Dokumentationen und Tipps und Tricks. Ein Blick lohnt sich allemal. Ich zeige dir eine Ausgabe, wie ich sie mir vorstelle. Du kannst das Programm, das ich dir gleich vorstellen werde, als Basis für deine eigenen Entwicklungen nehmen, denn jeder hat eine andere Vorstellung von Farben, Formen und Aussehen einer grafischen Ausgabe.

Abbildung 14-8-5 ▶
Die Ausgabe der Messwerte mit Hilfe von PyGame

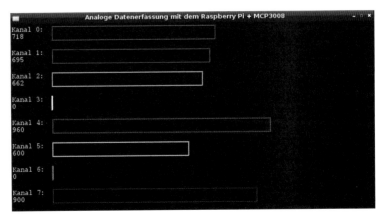

Projekt 14-8: Analog-/Digital-Wandlung (Erweitert)

Du siehst die 8 voneinander unabhängigen AD-Kanäle in Form einer Balkengrafik in unterschiedlichen Farben und Breiten untereinander angeordnet. So kannst du das Verhältnis der Werte zueinander sehr gut beobachten. Bevor wir jedoch fortfahren, habe ich in meinem neuen Projektverzeichnis zu diesem Kapitel den Quellcode zur Ansteuerung des MCP3008 in eine separate Datei kopiert und unter dem Namen *mcp3008.py* abgespeichert. Darauf kann ich bequem aus meiner neuen Python-Datei zur grafischen Anzeige der Messwerte zugreifen und ich muss sie lediglich über eine *import*-Anweisung einbinden. Beide Dateien müssen sich in dem Fall im selben Verzeichnis befinden. Was genau lagere ich aber in diese Datei aus?

- die import-Anweisungen (time, RPi.GPIO)
- den Aufruf *GPIO.setmode(GPIO.BCM)*
- den Aufruf *GPIO.setwarnings(False)*
- die komplette *readAnalogData*-Funktion
- die komplette *setupGPIO*-Funktion

Jetzt kannst du über eine entsprechende *import*-Anweisung in deiner neuen Python-Datei darauf zugreifen. Das wirst du gleich sehen.

```
12  import pygame           # PyGame importieren
13  import sys
14  import os
15  import mcp3008 as MCP3008 # MCP3008-Funktionen importieren
```

◀ **Abbildung 14-8-6**
Die notwendigen
import-Anweisungen

Um *PyGame* nutzen zu können, musst du die in Zeile *12* gezeigte *import*-Anweisung hinzufügen. Wie ich gerade eben erwähnte, ist das Einbinden des MCP3008-Quelltextes notwendig, was du in der Zeile *15* siehst. Um auf die in der Datei *mcp3008.py* enthaltenen Funktionen zugreifen zu können, musst du als Präfix *MCP3008* vor jeden Funktionsaufruf setzen. Dieser Name wurde hinter dem Wörtchen *as* angegeben und von mir frei gewählt. Die folgenden Zeilen definieren unterschiedliche Farben, die für die Balkengrafiken benötigt werden.

```
17  # Farb-Definitionen
18  black   = (   0,   0,   0)
19  white   = ( 255, 255, 255)
20  red     = ( 255,   0,   0)
21  green   = (   0, 255,   0)
22  blue    = (   0,   0, 255)
23  yellow  = ( 255, 255,   0)
24  magenta = ( 255,   0, 255)
25  cyan    = (   0, 255, 255)
26  orange  = ( 255, 128,  64)
27  braun   = ( 128,  64,   0)
28  lila    = ( 128,   0, 255)
```

◀ **Abbildung 14-8-7**
Die Farbdefinitionen für die
Balkengrafiken

Die Definitionen werden in Form von RGB-Werten in runden Klammern gespeichert. Natürlich kannst du auch hier wieder eigene Werte wählen. Nun folgt der etwas komplexere Teil, der ein Verständnis der objektorientierten Programmierung voraussetzt. Das ist aber auch kein Hexenwerk und allemal zu schaffen.

> Du hast in den Kapiteln über die Programmierung schon ein paar Worte über die objektorientierte Programmierung verloren, und das habe ich auch verstanden. Aber warum man das so macht, ist mir noch schleierhaft. Kannst du mir einen kleinen Tipp geben, damit es bei mir *klick* macht!?

Hey, *RasPi*, warum sollte es dir anders ergehen als mir oder anderen Programmierern, die noch nie etwas mit der OOP (*Objektorientierten Programmierung*) am Hut hatten? Die Sache ist aber nicht sonderlich schwer. Man muss nur versuchen, es aus einem anderen Blickwinkel zu betrachten. Da wir es hier mit mehreren AD-Kanälen zu tun haben, soll auch jeder einzelne separat darstellbar sein. Ein einzelner Kanal schaut in der Anzeige wie folgt aus:

Abbildung 14-8-8 ▶
Ein einzelner Kanal in PyGame

```
Kanal 0:
718
```

Wenn du den Kanal so betrachtest, fallen unterschiedliche Details auf:

- Anzeigetext für den Kanal (hier: *Kanal 0* in Textfarbe Gelb in einem bestimmten Text-Font, einer gewissen Größe und an einer festgelegten Position)
- Anzeigetext für den gemessenen Wert (hier: *718* in Textfarbe Weiß in einem bestimmten Text-Font, einer gewissen Größe und an einer festgelegten Position)
- Die Balkengrafik (hier: ein nicht ausgefülltes Rechteck in der Linienfarbe (Outline) Blau in einer bestimmten Dicke, Höhe und Breite und an einer festgelegten Position, wobei die Breite vom gemessenen analogen Wert abhängt)

Die von mir genannten Punkte nennt man in der OOP *Eigenschaften* oder *Properties*. Wenn du diese Eigenschaften für lediglich einen einzigen Kanal definieren müsstest, wäre der Einsatz der OOP wie »*mit Kanonen auf Spatzen schießen*«, also ziemlich übertrieben. Du hast es aber mit 8 Kanälen zu tun und da ist es durchaus sinnvoll. Warum? Jeder einzelne Kanal wird durch ein *Objekt*

Projekt 14-8: Analog-/Digital-Wandlung (Erweitert)

beschrieben, dem wir die o.g. Eigenschaften mit auf den Weg geben. Den Rest erledigt das Objekt automatisch. Schauen wir uns die Klassendefinition an, die quasi eine Schablone darstellt, mit deren Hilfe das konkrete Objekt erstellt wird. Wir sprechen von einer *Instanz*, die gebildet wird. Die Klasse wird über das Schlüsselwort *class* in Zeile *30* eingeleitet.

```python
30 class ValueBar():
31     """ Konstruktor """
32     def __init__(self, screen, color, (x,y), thickness, height, labeltext):
33         self.screen = screen
34         self.color = color
35         self.x = x
36         self.y = y
37         self.thickness = thickness
38         self.height = height
39         self.labeltext = labeltext
40         # Textdefinition
41         self.myfont = pygame.font.SysFont("CourierNew", 15)
42
43     def update(self, value):
44         """ Update-Methode """
45         self.value = value
46         # Label anzeigen
47         label = self.myfont.render(self.labeltext, 1, yellow)
48         self.screen.blit(label, (self.x,  self.y))
49         # value anzeigen
50         labelvalue = self.myfont.render(str(self.value), 1, white)
51         self.screen.blit(labelvalue, (self.x,  self.y + 15))
52         # Rechteck zeichnen
53         pygame.draw.rect(self.screen, self.color, \
54         [self.x + 90, self.y, self.value/2, self.height], self.thickness)
```

Innerhalb der Klassendefinition siehst du durch die Schlüsselwörter *def* eingeleitet zwei Funktionen, die in der OOP *Methoden* genannt werden. Damit ein Objekt bei der Instanziierung einen definierten Anfangszustand erhält, wird ein sogenannter *Konstruktor* aufgerufen. Es handelt sich eigentlich um eine ganz normale Methode, die jedoch eine Sonderstellung einnimmt. Der Konstruktor nimmt u.a. die benötigten Eigenschaftswerte entgegen und versorgt das Objekt damit.

▲ **Abbildung 14-8-9**
Die Klassendefinition für die Klasse ValueBar

Welche Werte in der Klasse sind denn für welche Eigenschaften zuständig? Einiges verstehe ich, anderes wiederum nicht!

Schau her, *RasPi*.

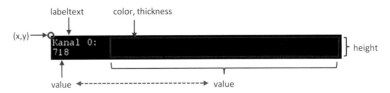

Und wenn wir uns den Konstruktor mit seinen Parametern anschauen, wirst du die in der Grafik genannten Namen wiederfinden.

```
""" Konstruktor """
def __init__(self, screen, color, (x,y), thickness, height, labeltext):
```

Abbildung 14-8-11 ▲
Die Konstruktor-Signatur

Ein Konstruktor besitzt im Gegensatz zu Methoden, deren Namen frei vergeben werden können, eine feste Bezeichnung, die _init_ (je zwei Unterstriche vor und hinter dem Namen) lautet. Diese Bezeichnung muss immer gleich lauten, denn der Aufruf des Konstruktors erfolgt implizit bei der Instanziierung. Wenn er ständig anders lauten würde, wie sollte Python wissen, welche Methode denn nun der Konstruktor ist? Werfen wir einen Blick auf die Arbeitsweise des Konstruktors.

```
31 |     """ Konstruktor """
32 |     def __init__(self, screen, color, (x,y), thickness, height, labeltext):
33 |         self.screen = screen
34 |         self.color = color
35 |         self.x = x
36 |         self.y = y
37 |         self.thickness = thickness
38 |         self.height = height
39 |         self.labeltext = labeltext
40 |         # Textdefinition
41 |         self.myfont = pygame.font.SysFont("CourierNew", 15)
```

Abbildung 14-8-12 ▲
Der Konstruktor

Die Parameter in der Konstruktor-Signatur versorgen die Instanzvariablen, die immer das Präfix *self* besitzen, mit den angeforderten Werten, damit sie im gesamten Objekt verfügbar sind. Es finden an dieser Stelle lediglich Wertezuweisungen statt. Die Instanzvariablen werden später beim Aufruf der *update*-Methode benötigt.

Mir fallen gleich *zwei* Dinge auf, die ich nicht verstehe. Zum einen enthält die Konstruktor-Signatur noch zwei weitere Parameter wie *self* und *screen*. Die werden anscheinend nirgendwo berücksichtigt. Und was ist eigentlich mit dem Wert *value*? Der Konstruktor hat diesen Wert nicht in seiner Signatur.

Ok, *RasPi*, eins nach dem anderen. Das Schlüsselwort *self* wird bei Python in der OOP implizit verwendet und weist immer auf das Objekt selbst. Du siehst das z. B. in der Zeile 3,3 wo es

```
self.screen = screen
```

lautet. Dort wird der Parameter *screen* an die Instanzvariable *self. screen* übergeben. Merke dir, dass *self* nicht explizit beim Instanziieren angegeben werden muss. Ich komme gleich noch dazu.

> Wie und wann wird denn überhaupt ein Konstruktor aufgerufen? Du sagst, implizit. Wie habe ich das zu verstehen?

Dazu wollte ich später noch kommen, doch wenn du es jetzt ansprichst, zeige ich dir kurz eine Zeile, in der die Instanziierung des ersten *ValueBar* stattfindet.

```
75      # ValueBar(screen, color, StartPos, Thickness, Height, Channel)
76      vb0 = ValueBar(screen, blue,   (0, 5),    2, 30, "Kanal 0:")
```

◀ **Abbildung 14-8-13**
Die Instanziierung des ersten ValueBar

Diese Zeile ist Bestandteil der *main*-Funktion und wird einmalig aufgerufen. Du siehst, dass hinsichtlich des vermeintlichen *self*-Arguments nichts Gleichnamiges übergeben wird, obwohl es Bestandteil des Konstruktors ist. Die anderen Argumente sprechen für sich, wobei das erste mit Namen *screen* sich auf den PyGame-Screen bezieht. Alle nachfolgenden initialisieren das erste ValueBar-Objekt. Deine zweite Frage bezog sich auf das fehlende *value*-Argument, das ja die Breite des Rechtecks festlegt. Wir müssen das nicht in den Konstruktor packen, sondern in die *update*-Methode, die die eigentliche Aufgabe zum Anzeigen des ValueBar-Objektes innehat. Schau einmal her:

▼ **Abbildung 14-8-14**
Die update-Methode und ihre Auswirkung auf das ValueBar-Objekt

```
43   def update(self, value):
44       """ Update-Methode """
45       self.value = value
46       # Label anzeigen
47       label = self.myfont.render(self.labeltext, 1, yellow)
48       self.screen.blit(label, (self.x,   self.y))
49       # value anzeigen
50       labelvalue = self.myfont.render(str(self.value), 1, white)
51       self.screen.blit(labelvalue, (self.x,   self.y + 15))
52       # Rechteck zeichnen
53       pygame.draw.rect(self.screen, self.color, \
54       [self.x + 90, self.y, self.value/2, self.height], self.thickness)
```

```
Kanal 0:
718
```

Die *update*-Methode besitzt lediglich einen Übergabeparameter (nicht vergessen: *self* wird implizit angegeben und verwendet!), der den anzuzeigenden analogen Wert repräsentiert. Das erfolgt sowohl in reiner Textform als auch in der Anzeige der Rechteckbreite. In Zeile 45 wird der Parameterwert an die Instanzvariable *self.value* übergeben. Damit können wir jetzt objektintern arbeiten.

Label anzeigen

In Zeile 47 wird ein Label (Label-Text: Kanal-Nr.) über *self.myfont. render()* erstellt, das in Zeile 48 über *self.screen.blit()* zur Anzeige gebracht wird. Die Kanal-Nummer wird aus der Instanzvariablen *self.labeltext* übernommen.

Analogen Wert anzeigen

In Zeile 50 wird ein Label über *self.myfont.render()* erstellt, das in Zeile 51 über *self.screen.blit()* zur Anzeige gebracht wird. Es ist mit der zuvor gezeigten Label-Erstellung vergleichbar. Hier wird jedoch der Wert der Instanzvariablen *self.value* verwendet, der kontinuierlich erneuert wird.

Rechteck anzeigen

Kommen wir zum Anzeigen des Rechtecks, das lediglich in der Breite eine Anpassung erfährt. In Zeile 50 wird die Funktion *pygame.draw.rect* zum Zeichnen des Rechtecks aufgerufen, die Farbe, Position, Dimensionen und Strichstärke benötigt.

Abbildung 14-8-15 ▼
Der Beginn der main-Funktion (PyGame + MCP3008 Initialisierungen)

Damit hätten wir die Klassendefinition eingehend besprochen und können zum Aufruf aus der *main*-Funktion kommen. Der nachfolgende Code ist ausnahmslos Bestandteil der *main*-Funktion.

```
56 def main():
57     # Initialisierung von screen
58     pygame.init()
59     size=[800,400]
60     screen = pygame.display.set_mode(size)
61     pygame.display.set_caption\
62     ('Analoge Datenerfassung mit dem Raspberry Pi + MCP3008')
63
64     # Variablendefinition
65     ADCChannel = 0     # AD-Kanal
66     SCLK       = 18    # Serial-Clock
67     MOSI       = 24    # Master-Out-Slave-In
68     MISO       = 23    # Master-In-Slave-Out
69     CS         = 25    # Chip-Select
70     PAUSE      = 0.05 # Anzeigepause
71
72     # Pin-Initialisierung
73     MCP3008.setupGPIO(SCLK, MOSI, MISO, CS) # GPIO-Pin Setup
```

Projekt 14-8: Analog-/Digital-Wandlung (Erweitert)

Bevor du die Funktionalität von PyGame nutzen kannst, muss eine Initialisierung stattfinden, die in Zeile 58 mit dem Aufruf der PyGame *init*-Methode erfolgt. Damit PyGame weiß, wie groß das Ausgabefenster (*screen*) sein soll, werden die benötigten Dimensionen in Zeile 59 definiert und dem *screen*-Objekt in Zeile 60 zugewiesen. Ein Fenster besitzt in der Regel eine Kopfzeile, in der z.B. der Programmname angezeigt wird. Wir machen das mit dem Aufruf der *pygame.display.set_caption*-Methode. Wie im vorangegangenen Kapitel zur Ansteuerung des MCP3008 müssen auch hier die verwendeten Variablen-Initialisierungen vorgenommen werden, was in den Zeilen 65 bis 70 erfolgt. Der Aufruf der *setupGPIO*-Funktion in Zeile 73 kann jetzt nicht direkt erfolgen, sondern nur über das Präfix MCP3008, das wir ganz zu Beginn des Programms bei der entsprechenden *import*-Anweisung vergeben haben. Der Grund liegt darin, dass der Code zur Ansteuerung des MCP3008 nicht direkter Bestandteil des hier gezeigten PyGame-Codes ist. Kommen wir zur Instanziierung der 8 benötigten ValueBar-Objekte, von denen ich dir schon das erste gezeigt hatte.

```
75  # ValueBars instanziieren
76  # ValueBar(screen, color, StartPos, Thickness, Height, Channel)
77  vb0 = ValueBar(screen, blue,    (0, 5),    2, 30, "Kanal 0:")
78  vb1 = ValueBar(screen, red,     (0, 55),   2, 30, "Kanal 1:")
79  vb2 = ValueBar(screen, green,   (0, 105),  2, 30, "Kanal 2:")
80  vb3 = ValueBar(screen, white,   (0, 155),  2, 30, "Kanal 3:")
81  vb4 = ValueBar(screen, magenta, (0, 205),  2, 30, "Kanal 4:")
82  vb5 = ValueBar(screen, cyan,    (0, 255),  2, 30, "Kanal 5:")
83  vb6 = ValueBar(screen, orange,  (0, 305),  2, 30, "Kanal 6:")
84  vb7 = ValueBar(screen, lila,    (0, 355),  1, 30, "Kanal 7:")
```

▲ **Abbildung 14-8-16**
Die Instanziierung der
8 ValueBar-Objekte

Es werden 8 ValueBar-Objekte mit den Namen *vb0* bis *vb7* instanziiert. Höre ich da ein paar Spezialisten rufen, dass das viel einfacher über *Listen* oder *Arrays* zu realisieren ist? Natürlich habt ihr Recht, doch ich mache es eben mal anders, ok!? Jetzt ist es an der Zeit, die *update*-Methode der einzelnen Objekte regelmäßig aufzurufen, damit die ermittelten analogen Werte zur Anzeige gebracht werden können.

```
 86    done = False
 87    # Event-Schleife
 88    while done == False:
 89        for event in pygame.event.get():
 90            if event.type == pygame.QUIT:
 91                done=True
 92
 93        # Schwarzer Hintergrund
 94        screen.fill((0, 0, 0))
 95
 96        # ValueBar-Update
 97        vb0.update(MCP3008.readAnalogData(0, SCLK, MOSI, MISO, CS, PAUSE))
 98        vb1.update(MCP3008.readAnalogData(1, SCLK, MOSI, MISO, CS, PAUSE))
 99        vb2.update(MCP3008.readAnalogData(2, SCLK, MOSI, MISO, CS, PAUSE))
100        vb3.update(MCP3008.readAnalogData(3, SCLK, MOSI, MISO, CS, PAUSE))
101        vb4.update(MCP3008.readAnalogData(4, SCLK, MOSI, MISO, CS, PAUSE))
102        vb5.update(MCP3008.readAnalogData(5, SCLK, MOSI, MISO, CS, PAUSE))
103        vb6.update(MCP3008.readAnalogData(6, SCLK, MOSI, MISO, CS, PAUSE))
104        vb7.update(MCP3008.readAnalogData(7, SCLK, MOSI, MISO, CS, PAUSE))
105
106        # Update des Bildschirms
107        pygame.display.flip()
108    # Programm-Ende
109    pygame.quit()
```

Abbildung 14-8-17 ▲
Der kontinuierliche Aufruf der
update-Methoden

Damit ein PyGame-Programm auf Ereignisse entsprechend reagieren kann, müssen sie adäquat behandelt werden. Ein Ereignis kann z.B. das Bewegen der Maus oder auch das Schließen eines Fensters sein. Es gibt hunderte von Ereignissen, die im Leben eines Programms auftreten können. Jedenfalls möchten wir auf das *Schließen-Event* – in PyGame lautet es *pygame.QUIT* – richtig reagieren, damit das Programm auch sauber beendet werden kann. Die kontinuierliche Abfrage des MCP3008 (Zeilen *97* bis *104*) lassen wir in einer *while*-Schleife laufen, die über den Abbruchparameter *done* gesteuert und auf Anforderung verlassen wird. Solange er *False* ist, läuft die Schleife unentwegt durch und ruft die *update*-Methoden auf. Die neuen analogen Werte für die Anzeige im PyGame-Fenster werden durch die *pygame.display.flip*-Methode in Zeile *107* refreshed. Wird jedoch das angesprochene *pygame.QUIT-Event* beim Schließen des Fensters zutage gefördert, bekommt die Variable *done* den Wert *True* zugewiesen, und dann war's das für den Schleifendurchlauf. Er wird beendet, und die *pygame.quit*-Methode wird ausgeführt.

Die Zeilen *87* bis *91* bereiten mir noch Probleme. Darauf bist du überhaupt nicht eingegangen. Wie verhält es sich damit?

Du hast vollkommen Recht, *RasPi*, und das habe ich mit Absicht gemacht. Stelle dir alle Ereignisse, die auftreten können, in Form einer Einkaufsliste vor, auf die ggf. reagiert werden muss. Nicht alle Ereignisse sind es wert, Beachtung zu finden.

Projekt 14-8: Analog-/Digital-Wandlung (Erweitert)

```
87 |      # Event-Schleife
88 ⊟    while done == False:
89 ⊟        for event in pygame.event.get():
90 ⊟            if event.type == pygame.QUIT:
91 |                  done=True
```

◀ **Abbildung 14-8-18**
Die Event-Behandlungsroutine

Über die *for*-Schleife wird über alle aufgetretenen Ereignisse, die im Moment anstehen, iteriert. Das erfolgt über den Aufruf der *pygame.event.get*-Methode, die nach und nach alle Ereignisse der Liste der Variablen *event* zuweist. Dort einmal abgespeichert, können wir nachschauen, wie es lautet. Über die Eigenschaft *event.type* stellen wir einen Vergleich mit dem *pygame.QUIT*-Ereignis an. Findet eine Übereinstimmung statt, wird die Variable *done* auf *True* gesetzt, und die gerade eben beschriebene Prozedur zur Programmbeendung nimmt ihren Lauf. Dann wären wir soweit durch.

Der Code, den wir gerade besprochen haben, ist Teil der *main*-Funktion. Wird sie jetzt automatisch, ähnlich wie bei der Programmiersprache C, beim Programmstart aufgerufen?

Das ist ein sehr guter Punkt, RasPi! Dem ist nicht so, ich war noch nicht ganz fertig mit meinen Ausführungen. Ein kleiner Programmteil fehlt nämlich noch, denn andernfalls würde die besagte *main*-Funktion nicht aufgerufen und das Programm nicht gestartet.

```
111 ⊟if __name__ == '__main__':
112  └    main()
```

◀ **Abbildung 14-8-19**
Der Aufruf der main-Funktion

In der Zeile *111* wird über das Python-Attribut mit Namen *__name__* (je zwei Unterstriche vor und hinter dem Namen) überprüft, ob das Hauptprogramm gestartet wurde. Ist das der Fall, wird die *main*-Funktion ausgeführt.

Ein kleiner Ausblick

Was hältst du von der Idee, wenn wir ein Projekt realisieren, das einen gemessenen analogen Wert in einem Browser darstellt? Wie das funktioniert? Nun, da musst du dich noch ein wenig gedulden, denn wir müssen zuerst die Installation eines Web-Servers besprechen, was etwas weiter hinten im Buch erfolgt. Zudem musst du ein wenig über die Sprache *PHP* lernen, die einer sonst statischen Webseite zu mehr Dynamik verhilft. Das folgende Bild habe ich auf einem Windows-Rechner in einem Web-Browser aufgenommen.

Abbildung 14-8-20 ▶
Die Anzeige eines analogen Wertes
innerhalb eines Web-Browsers

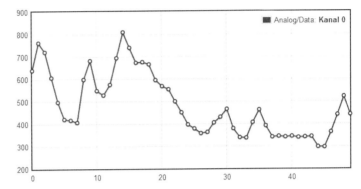

In diesem Graphen werden die gemessenen analogen Werte des *MCP3008* angezeigt.

Der zeitliche Verlauf des gemessenen Wertes ist sehr gut zu erkennen. Der aktuelle Wert wird auf der rechten Seite eingeschoben, wobei der älteste Wert auf der linken Seite verschwindet. Lass dich also überraschen.

Was hast du gelernt?

- Du hast in diesem Kapitel gesehen, wie du mit wenigen Handgriffen und wenig Material eine eigene Datenerfassungsplatine bauen kannst, um alle 8 analogen Eingänge des MCP3008 komfortabel abgreifen zu können.

- Du hast gesehen, wie du den Code einer Python-Datei auslagern kannst, um sie in einem Hauptprogramm aufzurufen.

- Über die objektorientierte Programmierung in Python hast du ein erstes Programm dieser Art erstellt und einiges über die PyGame-Erweiterung erfahren. Auf diese Weise hast du den Code modular gestaltet und für die spätere Verwendung vorbereitet. Pro AD-Kanal hast du eine eigene Instanz über die zuvor definierte Klasse ValueBar generiert und damit erreicht, dass dein Programm kompakter und übersichtlicher wurde. Ein Klasse dient als Schablone zur Erstellung beliebig vieler Instanzen. Ihre Funktionalität wird quasi gekapselt, und es handelt sich um eine Zusammenführung von Variablen und Funktionen, die im OOP-Umfeld Eigenschaften und Methoden genannt werden.

Projekt 14-8: Analog-/Digital-Wandlung (Erweitert)

Projekt 14-9:
Eine Porterweiterung

Du hast in den beiden letzten Kapiteln einiges über die Ansteuerung eines externen Bausteins zur Analog/Digital-Wandlung erfahren. In diesem Zusammenhang sind wir näher auf das SPI-Protokoll eingegangen. Es gibt eine Unmenge weiterer integrierter Schaltkreise, die über dieses Protokoll bzw. diese Schnittstelle kommunizieren. In diesem Kapitel möchte ich dich mit einem interessanten Baustein bekannt machen. Es handelt sich um einen sogenannten *Port-Expander*, der die digitalen Ein- bzw. Ausgänge eines vorhandenen Systems erweitert. In diesem Experiment besprechen wir folgende Themen:

- Was ist der Port-Expander MCP23S17?
- Wie können wir ihn über ein relativ einfaches Python-Programm ansteuern?
- Wie kannst du dir recht einfach ein eigenes I/O-Board herstellen, das mit LEDs, Tastern und einem kleinen Breadboard ausgestattet ist?
- Wir werden unterschiedliche LED-Pattern zur Anzeige bringen, die in einem Python-Tupel abgelegt werden.

Benötigte Bauteile

Benötigte Bauteile	
	1 x MCP23S17 (Port-Expander)
	8 x Widerstand 470 (gelb/lila/braun)

8 x rote LED (z. B. 5mm)

Der Port-Expander MCP23S17

Ein Mikrocontroller oder auch die GPIO-Schnittstelle des Raspberry Pi verfügen über eine begrenzte Anzahl I/O-Ports. In manchen Situationen kann es vorkommen, dass du an die physikalischen Grenzen stößt und dir wünschst, dass dir mehr Ports zur Verfügung stünden. Hier kommt der Port-Expander ins Spiel. Der *MCP23S17* verfügt über zwei Ports mit jeweils *8* I/O-Leitungen. Insgesamt stehen dir also *16* Leitungen zur Verfügung. Wir können natürlich nicht sagen, dass du mit diesem Baustein über *16* zusätzliche *I/O-Ports* verfügst, denn du benötigst zur Ansteuerung des Port-Expanders die *SPI* typischen Leitungen der GPIO-Schnittstelle des Raspberry Pi, also MOSI, MISO, CS und CLCK. Das Interessante ist aber, dass du mehrere Port-Expander kaskadieren kannst, so dass du wieder über mehr I/O-Ports verfügst. In diesem Kapitel wollen wir uns aber auf die Ansteuerung eines einzelnen konzentrieren. Schauen wir uns den Port-Expander MCP23S17 genauer an. Im folgenden Bild zeige ich dir die Pinbelegung, auf die wir gleich im Detail eingehen werden.

Abbildung 14-9-1 ▶
Die Pinbelegung des MCP23S17

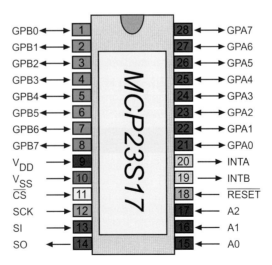

Das sind eine Menge Pins, die fast an das Volumen eines Mikrocontrollers heranreichen. Aber es handelt sich nicht um einen Mikrocontroller. Der MCP23S17 hat so viele Pins, weil er auch so viele Ein- bzw. Ausgänge zu bieten hat und noch einiges mehr.

> Kannst du mir ein paar Details zu diesem Baustein geben, damit ich eine ungefähre Vorstellung davon bekomme, was er leistet.

Stimmt, das das sollte ich tun. Der MCP23S17 hat folgende Grundfunktionen:

- 16 I/O-Ports mit Interrupt-Ausgängen
- Ansteuerung von 8 unterschiedlichen Bausteinen über den 3-Bit-Bus
- Strom von 25mA pro I/O
- SPI-Clock-Speed bis zu 10MHz

Die Ein- bzw. Ausgänge sind in zwei getrennte Port-Bänke aufgeteilt, *GPA* und *GPB*, die jeweils über eine *8-Bit-Breite* verfügen. Jeder einzelne Pin kann entweder ganz individuell als Ein- oder Ausgang programmiert werden. Wie das funktioniert, wirst du in Kürze erfahren. Du kannst ebenfalls mehrere Port-Expander kaskadieren, denn jeder Baustein verfügt über einen 3-Bit-Adress-Bus. So ist es dir möglich, 2^3 – also 8 – unabhängig voneinander arbeitende Port-Expander zu betreiben. Wir beschränken uns jedoch auf die Ansteuerung eines einzigen.

> Wie soll das mit dem Bus funktionieren? Das habe ich noch nicht so ganz verstanden.

Kein Problem! Das ist ganz einfach. Sehen wir uns dazu das komplette Bus-System mit allen möglichen Bus-Adressen an. Der folgende Plan entspricht nicht der Verdrahtung, denn jeder einzelne Baustein wird fest mit einer Bus-Adresse versehen. Was du hier siehst, entspricht der logischen Adressierung durch die Programmierung. Darauf kommen wir später noch zu sprechen.

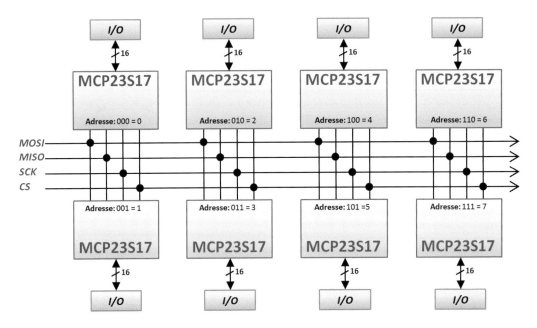

Abbildung 14-9-2 ▲
Das Bus-System des MCP23S17

Jeder einzelne Bus-Pin (*15, 16* u. *17*) wird fest mit einem logischen Pegel (LOW bzw. HIGH) verdrahtet. LOW entspricht hierbei V_{SS} (*0V*) und HIGH V_{DD} (*3,3V*). Über die Programmierung bestimmen wir, welchen Port-Expander wir ansprechen möchten. Dazu kommen wir gleich. Sehen wir uns zunächst den Schaltungsaufbau an.

> Noch eine Kleinigkeit! Der MCP3008 hatte u.a. die SPI-Bezeichnungen D_{IN} und D_{OUT}. Hier sieht das schon wieder vollkommen anders aus. Es gibt *SI* und *SO*. Wie habe ich das zu verstehen?

Das ist nicht weiter schwer. *SI* bedeutet *Serial Data In* und *SO* bedeutet *Serial Data Out*. Damit du das besser verstehst, setze ich die unterschiedlichen Bezeichnungen einmal untereinander. Sieh her:

Allgemeine SPI-Kommunikation

Abbildung 14-9-3 ▶
Die allgemeine Bezeichnung der
SPI-Kommunikation

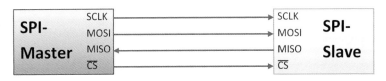

Projekt 14-9: Eine Porterweiterung

MCP3008 SPI-Kommunikation

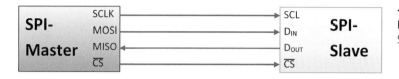

◀ **Abbildung 14-9-4**
Die MCP3008-Bezeichnung der
SPI-Kommunikation

MCP23S17-SPI-Kommunikation

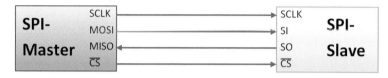

◀ **Abbildung 14-9-5**
Die MCP23S17-Bezeichnung der
SPI-Kommunikation

Du siehst, es gibt die unterschiedlichsten Bezeichnungen, doch mit ein wenig Überlegung funktioniert es. Kommen wir zum Schaltplan, den ich in der ersten Version etwas minimiert habe. Ich steuere hier lediglich den Port-B an. Etwas später werden wir noch eine komplexere Schaltung kennenlernen.

Der Schaltplan

Die Verdrahtung ist einfach. Sei aber sehr sorgfältig mit der Zuweisung der wiringPi-Nummerierung. Man kann sich damit schnell vertun. Das ist zwar nicht weiter schlimm, äußert sich jedoch in der nicht korrekten bzw. beabsichtigten Leuchtreihenfolge der LEDs.

▼ **Abbildung 14-9-6**
Der Schaltplan zur Ansteuerung des
MCP23S17

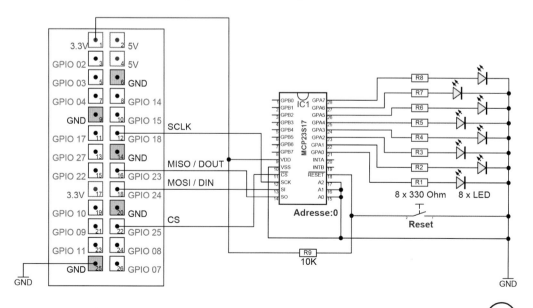

Das Programm und das Code-Review

Da das Programm wieder etwas umfangreicher wird und nicht zur Demonstration auf eine Seite passt, werde ich wie im AD-Kapitel das Code-Review direkt starten. Zu Beginn haben wir wieder die bekannten import-Anweisungen bzw. die GPIO-Grundkonfiguration.

Abbildung 14-9-7 ▶
Die grundlegenden Initialisierungen

```
11  import time
12  import RPi.GPIO as GPIO
13
14  GPIO.setmode(GPIO.BCM)
15  GPIO.setwarnings(False)
```

Nun wird es spannend, denn wir müssen einige Adressen zur Ansteuerung des Port-Expanders festlegen, die wir im späteren Programmverlauf benötigen.

Abbildung 14-9-8 ▶
Die zur Adressierung des Port-Expanders benötigten Variablen

```
18  SPI_SLAVE_ADDR = 0x40
19  SPI_IOCTRL     = 0x0A
20  SPI_IODIRA     = 0x00
21  SPI_IODIRB     = 0x01
22  SPI_GPIOA      = 0x12
23  SPI_GPIOB      = 0x13
```

Das mag dir auf den ersten Blick überhaupt nichts sagen, doch ich gehe sofort darauf ein. Fangen wir mit der obersten Zeile *18* an. Dort steht

```
SPI_SLAVE_ADDR = 0x40
```

Ich hatte dir gesagt, dass du bis zu *8* Port-Expander anschließen kannst. Jeder einzelne muss natürlich separat ansteuerbar sein, was über eine sogenannte Adresse erfolgt. Der MCP22S17 verfügt über einen 3-Bit-Bus, so dass wir vor der Inbetriebnahme der Schaltung dem Baustein eine Adresse zuweisen müssen. Die niedrigste Adresse lautet *0*, die höchste *7*, was in Summe *8* ergibt. Für unser Beispiel habe ich die niedrigste Adresse *0* verwendet.

> Das habe ich schon verstanden, und doch ist es sehr verwunderlich, warum du den Wert *0x40* verwendest. Ich hätte *0x00* geschrieben. Das ist mir schleierhaft!

Das ist wahrlich etwas merkwürdig, hat aber einen ganz einfachen Hintergrund. Bevor wir mit dem Versenden von Informationen hinsichtlich der Ansteuerung der angeschlossenen LEDs beginnen können, müssen wir den Port-Expander konfigurieren. Dazu gibt es u.a. ein Control-Byte mit einer Breite von 8-Bit, deren einzelnen Bits jeweils eine besondere Bedeutung zukommt. Sehen wir uns dazu einen kleinen Auszug aus dem Datenblatt des MCP23S17 hinsichtlich des Control-Bytes an.

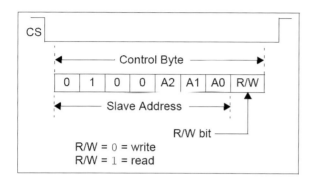

◀ **Abbildung 14-9-9**
Das Control-Byte des MCP23S17
(Quelle: Datenblatt des Herstellers)

Die Interpretation ist am Anfang etwas gewöhnungsbedürftig, deswegen habe ich etwas übersichtlicher gestaltet. Du kannst aber trotzdem sehr gut erkennen, dass zwischen Control-Byte und dem CS-Signal zeitlich gesehen ein Zusammenhang besteht. Das CS-Signal erfährt eine negative Flanke, dann wird das Control-Byte versandt, abschließend wird das CS-Signal wieder auf einen HIGH-Pegel gesetzt.

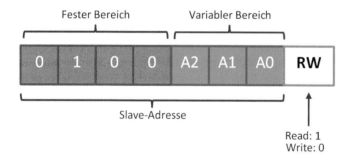

◀ **Abbildung 14-9-10**
Das Control-Byte des MCP23S17

Beginnen wir mit den linken 4 Bits, die eine feste Kombination vorweisen, also nicht angepasst werden können, gefolgt von unseren 3 Adress-Bits, denen wir den Wert 0 zuweisen wollen. Am Ende steht das *Read/Write-Bit*, das wir fest mit 0 versehen, da wir im Moment nur Daten verschicken, also schreiben wollen. Wie kommen wir nun zu dem hexadezimalen Wert *0x40*? Ganz einfach!

Abbildung 14-9-11 ▶
Der hexadezimale Wert 0x40 des
Control-Bytes

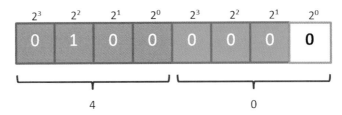

Wie und wann wir diesen Wert und auch die anderen der Programmzeilen *18* bis *23* zum Port-Expander versenden, erkläre ich etwas später. Dieser 8Bit breite Block wird *OP-Code (Operation-Code)* genannt. Er besagt, welcher Port-Expander angesprochen werden soll. Den hexadezimalen Wert müssen wir per SPI an den Port-Expander versenden. Wie das funktioniert, wirst du in Kürze sehen, wenn ich dir alle übrigen notwendigen Informationen gegeben habe. Jetzt geht es darum, zu bestimmen, welche Ports bzw. Pins als Eingänge bzw. Ausgänge arbeiten sollen. Diese und noch viele andere Informationen werden in internen Registern vorgehalten. Jedes dieser Register ist mit einer Adresse versehen. Die Adresse habe ich ja zu Beginn des Programms definiert. Es sind einige dabei, die wir im Moment nicht benötigen. Da wir *Port-A* komplett als Ausgang programmieren möchten, schauen wir uns die Zeile *20* an. Dort steht die Adresse *0x00*.

```
20 SPI_IODIRA    = 0x00
21 SPI_IODIRB    = 0x01
```

Für *Port-B* müsstest du die untere Variable benutzen. Wir müssen demnach den oberen Wert ebenfalls via SPI an den Port-Expander versenden. Der 8Bit breite hexadezimale Code wird – wer hätte es gedacht – Adresse genannt. Zu guter Letzt fehlen noch die Daten, die wir an das ausgewählte Register senden. Welche Pins an *Port-A* sollen als Ausgänge programmiert werden? Für den Anfang nehmen wir alle! Dafür sind die folgenden Werte vorgesehen:

- 0: Ausgang
- 1: Eingang

Demzufolge müssen wir, da alle Pins als Ausgänge arbeiten sollen, den Wert *0x00* via SPI an den Port-Expander versenden. Dieser hexadezimale Wert stellt die *Daten* dar. Zusammenfassend können wir sagen, dass immer drei 8Bit breite Blöcke via SPI an den Port-Expander versandt werden, um mit ihm in Verbindung zu treten.

OP-Code	Adresse	Daten

Projekt 14-9: Eine Porterweiterung

Bevor wir weiter auf die SPI-Kommunikations-Funktionen eingehen, hier der Definitionsblock, der festlegt, über welche Pins die SPI-Kommunikation erfolgt. Das kennst du schon aus vorangegangenen Kapiteln, sie wurden nicht verändert. Um verschiedene LED-Pattern zu generieren, habe ich ein Tupel mit entsprechenden Werten versehen.

```
25  # MCP23S17-Pins
26  SCLK          = 18 # Serial-Clock
27  MOSI          = 24 # Master-Out-Slave-In
28  MISO          = 23 # Master-In-Slave-Out
29  CS            = 25 # Chip-Select
30
31  ledPattern = (0b01010101, 0b10101010, 0b01010101, 0b10101010, \
32                0b00000001, 0b00000010, 0b00000100, 0b00001000, \
33                0b00010000, 0b00100000, 0b01000000, 0b10000000)
```

Jetzt wird es wieder ernst, denn wir schauen uns die SPI-Kommunikationen an. Zur besseren Übersicht habe ich zwei Funktionen definiert, wobei die eine (sendSPI) immer die andere (sendValue) aufruft.

▲ **Abbildung 14-9-12**
Die SPI-Pins und verschiedene LED-Pattern

◀ **Abbildung 14-9-13**
Die SPI-Funktionen sendSPI und sendValue

▼ **Abbildung 14-9-14**
Die SPI-Funktionen sendSPI und sendValue

Hier nun die beiden Funktionen.

```
35  def sendValue(value):
36      # Value senden
37      for i in range(8):
38          if (value & 0x80):
39              GPIO.output(MOSI, GPIO.HIGH)
40          else:
41              GPIO.output(MOSI, GPIO.LOW)
42          # Negative Flanke des Clocksignals generieren
43          GPIO.output(SCLK, GPIO.HIGH)
44          GPIO.output(SCLK, GPIO.LOW)
45          value <<= 1 # Bitfolge eine Position nach links schieben
46
47  def sendSPI(opcode, addr, data):
48      # CS aktiv (LOW-Aktiv)
49      GPIO.output(CS, GPIO.LOW)
50
51      sendValue(opcode) # OP-Code senden
52      sendValue(addr)   # Adresse senden
53      sendValue(data)   # Daten senden
54
55      # CS nicht aktiv
56      GPIO.output(CS, GPIO.HIGH)
```

Der Aufruf aus *main* heraus erfolgt über die Funktion *sendSPI* mit den eben genannten Informationen

- OP-Code
- Adresse
- Daten

Sie müssen als Argumente in der angegebenen Reihenfolge übergeben werden. Die Funktion *sendSPI* ruft ihrerseits die Funktion *sendValue* auf, die für die eigentliche Übertragung über die GPIO-Schnittstelle verantwortlich ist. Sie schiebt ihrerseits die einzelnen Bits des übergebenen Wertes in Richtung Port-Expander, die dort an Pin *13* (*Serial-In*) ankommen und verarbeitet werden. Ein paar Worte noch zum Timing. Jedes einzelne Bit wird innerhalb der Funktion *sendValue* mit einer negativen Flanke des Clock-Signals quittiert, das beim Port-Expander an Pin *12* (*SCK*) ankommt. Die komplette Sequenz von OP-Code, Adresse und Daten wird durch ein entsprechendes *CS*-Signal (*Chip-Select*) an Pin *11* innerhalb der Funktion *sendSPI* begleitet, was LOW-Aktiv ist und wie folgt ausschaut:

Abbildung 14-9-15 ▶
Der zeitliche Verlauf der Datenübertragung im Zusammenspiel mit
dem CS-Signal

Zwischen den Zeitmarken t_0 und t_1 findet die Übertragung statt. Kommen wir nun zur *main*-Funktion.

```
58 ⊟def main():
59        # Pin-Programmierung
60        GPIO.setup(SCLK, GPIO.OUT)
61        GPIO.setup(MOSI, GPIO.OUT)
62        GPIO.setup(MISO, GPIO.IN)
63        GPIO.setup(CS,   GPIO.OUT)
64
65        # Pegel vorbereiten
66        GPIO.output(CS,   GPIO.HIGH)
67        GPIO.output(SCLK, GPIO.LOW)
68
69        # Initialisierung de MCP23S17
70        # GPPIOA als Ausgaenge programmieren
71        sendSPI(SPI_SLAVE_ADDR, SPI_IODIRA, 0x00)
72        # Reset des GPIOA
73        sendSPI(SPI_SLAVE_ADDR, SPI_GPIOA, 0x00)
74
75 ⊟      while True:
76 ⊟          for i in range(len(ledPattern)):
77                  # PortA ansprechen
78                  sendSPI(SPI_SLAVE_ADDR, SPI_GPIOA, ledPattern[i])
79                  time.sleep(0.5)
80
81 ⊟if __name__ == '__main__':
82        main()
```

In der *main*-Funktion werden in den Zeilen *60* bis *63* die SPI-Kommunikationspins entsprechend ihrer Datenflussrichtungen programmiert und die Pegel des *CS*- bzw. *SCLK*-Pins vorbereitet. Damit alle Pins von Port-A als Ausgänge arbeiten, wird dies in Zeile *71* vorbereitet und anschließend ein Reset in Zeile *73* abgesetzt. Jetzt kann die Ansteuerung der Pins an Port-A erfolgen, wobei wir auf die zu Beginn des Programms definierten LED-Pattern im Python-Tupel zugreifen. Die *for*-Schleife iteriert über alle enthaltenen Elemente und nutzt dafür die *len*-Funktion, die die Anzahl zurückliefert. Jedes Bit steht stellvertretend für eine angeschlossene LED an Port-A, die angesteuert wird.

▲ **Abbildung 14-9-16**
Die main-Funktion

Der Aufbau auf dem Simple-Board

Auch diesmal zeigt sich der Vorteil des Simple-Board mit seinen zahlreichen LEDs, so dass eine umständliche Verkabelung bzw. das Einsetzen der Vorwiderstände entfällt.

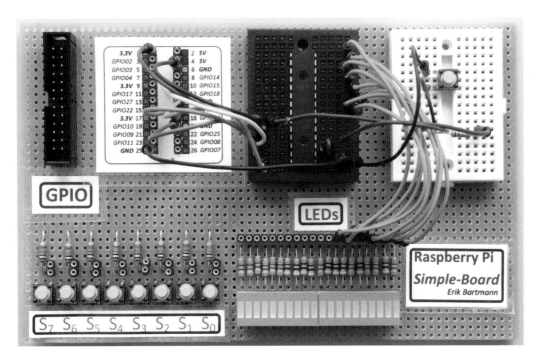

Abbildung 14-9-17 ▲
Der Aufbau auf dem Simple-Board

Auf dem rechten Breadboard befindet sich lediglich der Reset-Taster mit seinem *10KOhm* Pull-Up-Widerstand. Der Reset-Eingang des MCP23S17 ist LOW-aktiv und deswegen legen wir einen HIGH-Pegel über *3.3V* über den genannten Widerstand

Das I/O-Board

Da ich mir sicher bin, dass man mit dem Port-Expander interessante Experimente durchführen kann, habe ich ein eigenes Board dafür aufgebaut. Ich nenne es *I/O-Board*.

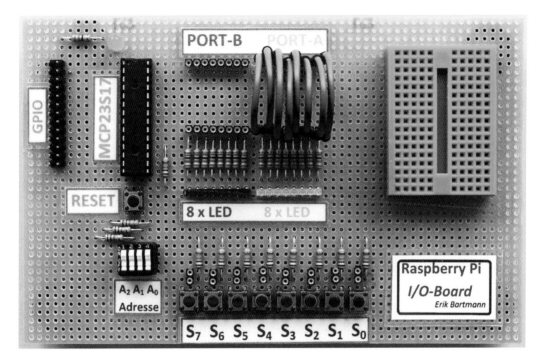

▲ **Abbildung 14-9-18**
Das I/O-Board

Am oberen Ende der Platine sind die 16 Pins nach außen geführt und du kannst über flexible Steckbrücken die erforderlichen Verbindungen entweder zu den LEDs mit passenden Vorwiderständen oder zu den Tastern mit Pull-Down-Widerständen herstellen. Für dieses Experiment habe ich die 8 Pins von Port-A, der sich auf der rechten Seite befindet, mit den 8 LEDs direkt darunter verbunden.

Was hast du gelernt?

- Du hast gelernt, wie du über den externen Baustein MCP23S17, der ein Port-Expander ist, die Anzahl der vorhandenen digitalen Ein. Bzw. Ausgänge des Raspberry Pi erweitern kannst. Die Ansteuerung erfolgte über die SPI-Schnittstelle des Bausteins.

- Auch in diesem Kapitel hast du die Programmierung der SPI-Ansteuerung über die Programmiersprache Python selbst vorgenommen und nicht über etwaige vorhandene Funktionen, die die benötigten Funktionalitäten kapseln und vor dir verbergen. Auf diese Weise hast du einiges über das SPI-Protokoll mit den Datenleitungen MOSI bzw. MISO und dem Chip-Select- bzw. Clock-Signal erfahren. Das ist sicherlich etwas umständlicher, als das einfache Aufrufen von Funktionen aus einer vorgefertigten Library, doch dadurch lernst du mehr über die Dinge, die sich im Hintergrund abspielen.

Projekt 14-10:
Eine Porterweiterung
(Teil 2)

Im ersten Teil der Porterweiterung hast du gesehen, wie die Ansteuerung der angeschlossenen Leuchtdioden an Port-A funktioniert.
Dabei hast du die einzelnen Pins des Ports lediglich als Ausgänge
betrieben. Sicherlich möchtest du auch einmal sehen, wie z.B. der
Status eines oder mehrerer Taster abgefragt werden kann. Das ist
ebenfalls möglich. Jeder einzelne Pin des Port-A und Port-B kann
einzeln angesprochen und individuell als Ein- oder Ausgang programmiert werden. Ich habe die Schaltung komplett auf dem vorgestellten *I/O-Board* aufgebaut. In diesem Experiment besprechen wir
folgende Themen:

- Wir lassen den kompletten Port-A, wie im letzten Kapitel
  besprochen, als Ausgangsport arbeiten, um darüber weiterhin
  die unterschiedlichen LED-Pattern anzeigen zu lassen. Zusätzlich wollen wir Port-B komplett als Eingangsport programmieren und darüber den Status angeschlossener Taster abfragen.
  Beide Ports arbeiten also unabhängig voneinander.

- Wir erweitern unser bisheriges Python-Programm, damit
  Daten vom MCP23S17 empfangen werden können.

Benötigte Bauteile

Benötigte Bauteile

1 x MCP23S17 (Port-Expander)

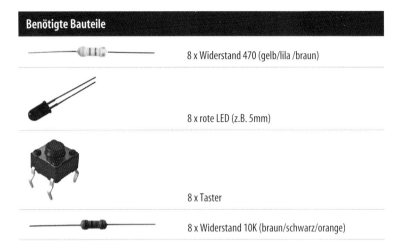

	8 x Widerstand 470 (gelb/lila /braun)
	8 x rote LED (z.B. 5mm)
	8 x Taster
	8 x Widerstand 10K (braun/schwarz/orange)

Der Port-Expander MCP23S17 für beide Richtungen

Damit du nicht zurückblättern musst, zeige ich dir noch einmal die Pinbelegung des MCP23S17.

Abbildung 14-10-1 ▶
Die Pinbelegung des MCP23S17

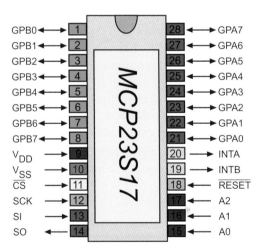

Um eine bessere Übersicht über das zu bekommen, was wir gleich vorhaben, hier das Blockschaltbild der einzelnen Ports und ihrer Datenflussrichtungen.

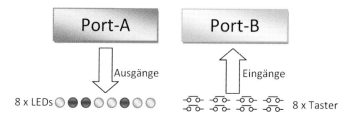

8 x LEDs ○ ● ● ○ ○ ● ○ ○   8 x Taster

Das Programm soll so arbeiten, dass die LED-Pattern ungestört nacheinander abgearbeitet werden und zur gleichen Zeit der Status der 8 Taster in einem Terminal-Fenster zur Anzeige gebracht wird. Sehen wir uns zunächst unseren Schaltplan an.

Der Schaltplan

Aus Platzmangel habe ich den GPIO-Header des Raspberry Pi weggelassen. Die Verkabelung der SPI-Schnittstelle hat sich gegenüber dem letzten Kapitel nicht geändert. Die Taster habe ich aus benannten Gründen durch sogenannte *DIP-Switches* ersetzt, bei denen es sich um Miniaturschalter handelt, die in eine 16-polige IC-Fassung passen.

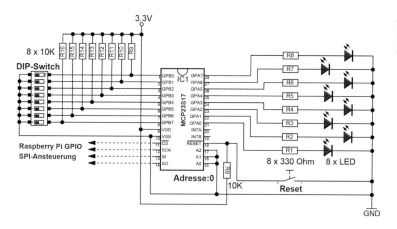

◀ **Abbildung 14-10-2**
Der Schaltplan zur Ansteuerung des MCP23S17

Das habe ich zwar schon mal gesehen, doch warum hast du an jeden Eingang des Port-B einen Widerstand geklemmt?

Schon wieder vergessen, *RasPi*!? Es handelt sich um Widerstände, die den Eingang bei einem offenen Taster auf einen definierten Pegel ziehen. Hier sind es allesamt Pull-up-Widerstände. Sind die Taster nicht gedrückt, sollten wir später bei der Ausgabe der Pegel lauter Einsen erhalten. Wir werden sehen. Aber das ist ein guter Zeitpunkt, um dir ein wenig über die logischen Pegel zu erzählen. In der Digitaltechnik gibt es in Abhängigkeit der verwendeten Spannungsversorgung, also z.B. 5V (etwa beim Arduino Uno) oder wie hier beim Raspberry Pi 3,3V, fest definierte Logik-Pegel. Es wird in diesem Fall auch zwischen Eingangs- und Ausgangssignalen unterschieden. 5V entspricht in der Regel *TTL*, wobei 3,3V CMOS ist. Schau her:

Abbildung 14-10-3 ▶
Die unterschiedlichen Logikpegel
bei TTL und 3,3V – CMOS

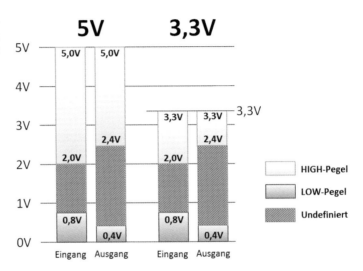

Wenn nun ein Eingang eines Logikbausteins z.B. mit VSS (Masse) verbunden ist, ist sein Logikpegel LOW, ist er mit VDD verbunden, befindet er sich auf HIGH-Pegel. Aus Sicherheitsgründen und hinsichtlich bestimmter Toleranzen ist den Logikpegeln nicht ein fester Wert, sondern ein Bereich zugeordnet, wie du das auch im Diagramm erkennen kannst. Damit es an der Grenzschicht zwischen LOW und HIGH nicht zu Sprüngen kommt, gibt es eine Grauzone ohne definierten Pegel. Sie sollte auf keinen Fall durchschritten werden, denn dann ist der Pegel undefiniert, und das ist unter allen Umständen zu vermeiden. Kommen wir zu dem schon bekannten Problem, wenn du z.B. einen Taster oder Schalter mit einem Eingang verbindest, um dort ein entsprechendes Signal oder besser ausgedrückt einen definierten Logikpegel anliegen zu lassen. Wenn der Taster auf der einen Seite mit dem Eingang des Bausteins und auf der anderen Seite mit der Spannungsquelle verbunden und auch noch geschlossen ist, liegt ein definierter HIGH-Pegel vor. Was passiert aber, wenn der Taster offen ist? Der Eingang ist dann nicht mit der Spannungsquelle verbunden. Wir haben das Problem, dass der Eingang quasi in der Luft hängt. Er ist mit keinem definierten Potential verbunden, weder mit Masse noch mit dem positiven Pol der Spannungsquelle. Er ist offen für jegliche Art von Einstrahlungen von außen. Das kann z.B. eine statische Aufladung einer Person sein, die sich in der unmittelbaren Nähe der Schaltung aufhält, oder der Funksender eines Mobiltelefons, der sein Signal in alle Richtungen aussendet. All diese Störeinflüsse können dazu führen, dass sich die Schaltung nicht so verhält, wie es eigentlich beabsichtigt war. Aus diesem Grund werden externe oder interne Pull-up- bzw. Pull-down-Widerstände eingesetzt. Wir sollten uns jetzt der Programmierung zuwenden.

Das Programm und das Code-Review

Auch hier ist das Programm wieder etwas umfangreicher, so dass ich das Code-Review direkt starte. Die folgenden Grafiken sollen dir noch mal einen kurzen Überblick über die Datenflussrichtungen geben. Das erste Bild zeigt dir den Zustand, wie du ihn aus dem letzten Kapitel kennst, wo es nur um die Ansteuerung von LEDs ging.

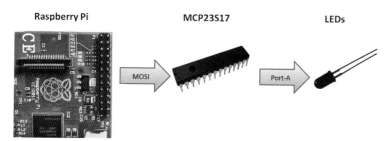

◀ **Abbildung 14-10-4**
Der Raspberry Pi bzw. MCP23S17 steuert nur die Ausgänge an

Es wurde lediglich die MOSI-Leitung hin zum Port-Expander genutzt, die dort in den *SI*-Pin (*Serial-Data-In*) geleitet wurde. Zur Ansteuerung der LEDs war das vollkommen ausreichend. Nun wollen wir auch die entgegengesetzte Richtung berücksichtigen.

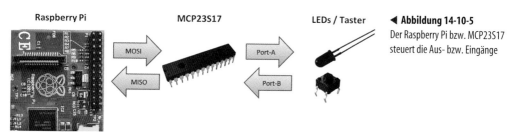

◀ **Abbildung 14-10-5**
Der Raspberry Pi bzw. MCP23S17 steuert die Aus- bzw. Eingänge

Die bisher ungenutzte MISO-Leitung des Raspberry Pi empfängt Daten vom *DO*-Pin (*Serial-Data-Out*) des Port-Expanders. Ich denke, dass das als kurze Einleitung genügen mag. Sehen wir uns das Control-Byte noch einmal genauer an.

Abbildung 14-10-6 ▶
Das Control-Byte des MCP23S17

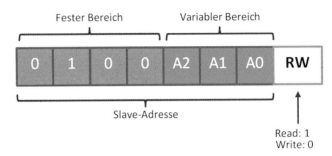

Links haben wir den festen und den variablen Bereich, der auf der rechten Seite mit dem *R/W*-Bit abschließt. Dieses Bit hatten wir im vorangegangenen Kapitel fest mit dem Wert *0* versehen, da wir nur schreiben wollten. Daraus ergab sich ein konstanter Wert von *0x40*. Um das für unser kommendes Experiment flexibler zu gestalten, lassen wir zwar den Wert so bestehen, passen ihn aber in Hinblick auf die anstehenden Operationen (*Schreiben + Lesen*) später an.

> Wie wollen wir denn einen bestehenden Wert anpassen, wenn du ihn aber eigentlich nicht anpassen willst? Das ist doch widersprüchlich.

Du hast vollkommen Recht! Der ursprüngliche Wert wird so belassen, doch wir verknüpfen ihn über eine bitweisen Operation mit einem anderen Wert. Hier meine Deklarationszeilen, die ich um zwei weitere Zeilen (*25* und *26*) ergänzt habe:

Abbildung 14-10-7 ▶
Zwei zusätzliche Variablen
(SPI_SLAVE_WRITE und
SPI_SLAVE_READ)

```
17  # MCP23S17 Werte
18  SPI_SLAVE_ADDR  = 0x40
19  SPI_IOCTRL      = 0x0A
20  SPI_IODIRA      = 0x00
21  SPI_IODIRB      = 0x01
22  SPI_GPIOA       = 0x12
23  SPI_GPIOB       = 0x13
24
25  SPI_SLAVE_WRITE = 0x00
26  SPI_SLAVE_READ  = 0x01
```

Die Variablen *SPI_SLAVE_WRITE* und *SPI_SLAVE_READ* werden dazu genutzt, den Datenfluss entsprechend zu steuern. Wir müssen den Wert der *SPI_SLAVE_ADDR* irgendwie so anpassen, dass es nach unseren Wünschen funktioniert. Das geht über eine bitweise *ODER*-Verknüpfung. Die Logiktabelle schaut wie folgt aus:

Bit A	Bit B	Bit A | Bit B
0	0	0
0	1	1
1	0	1
1	1	1

◀ **Tabelle 14-10-1**
Die bitweise ODER-Verknüpfung

Sehen wir uns dazu die Verknüpfung der entscheidenden Werte an.

Schreiben

Beginnen wir mit der Funktion des Schreibens. Das *R/W*-Bit muss den Wert *0* bekommen.

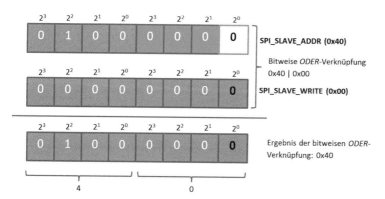

◀ **Abbildung 14-10-8**
Das Control-Byte wird für das Schreiben vorbereitet

Bei einer ODER-Verknüpfung mit dem Wert *0x00* ändert sich nichts am ursprünglichen Wert, was ja auch in unserem Sinne ist.

Lesen

Möchten wir Werte vom Port-Expander lesen, muss das R/W-Bit angepasst werden und den Wert *1* erhalten.

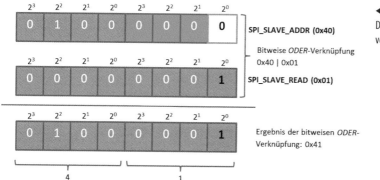

◀ **Abbildung 14-10-9**
Das Control-Byte wird für das Lesen vorbereitet

Der Port-Expander MCP23S17 für beide Richtungen ——————————

Durch das niederwertigste Bit auf der rechten Seite, das auch *LSB* (*Least-Significant-Bit*) genannt wird, erreichen wir durch die *1*, dass die Funktion des *Lesens* ermöglicht wird. So weit, so gut! Kommen wir zum Datenempfang. Zuerst möchte ich dir noch einmal das Versenden in den einzelnen Schritten zeigen, was ich im vorangegangenen Kapitel ausführlich beschrieben habe. Die Übertragung erfolgte in 3 Blöcken mit den Elementen *OP-Code*, *Adresse* und *Daten*.

Abbildung 14-10-10 ▼
Das Senden der Daten

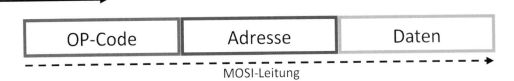

Jetzt wollen wir auch Daten empfangen, so dass ein Rücktransport erfolgen muss.

Abbildung 14-10-11 ▶
Das Senden und Empfangen der Daten

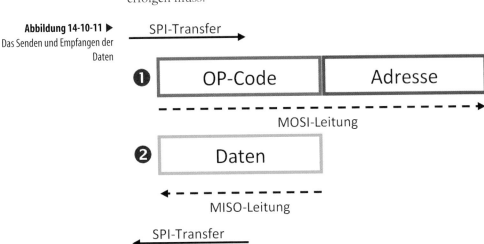

zu 1) Versenden der Anforderung zum späteren Empfang der Daten

zu 2) Empfang der Daten

Kommen wir zur Python-Funktion, die das Empfangen der Daten erledigt. Ich habe sie entsprechend *readSPI* genannt. Bedenke, dass sich die restlichen Funktionen aus dem letzten Kapitel, also *sendSPI* bzw. *sendValue*, nicht geändert haben.

```
61 def readSPI(opcode, addr):
62     # CS aktive (LOW-Aktiv)
63     GPIO.output(CS, GPIO.LOW)
64
65     sendValue(opcode|SPI_SLAVE_READ)  # OP-Code senden
66     sendValue(addr)                   # Adresse senden
67
68     # Empfangen der Daten
69     value = 0
70     for i in range(8):
71         value <<= 1 # 1 Postition nach links schieben
72         if(GPIO.input(MISO)):
73             value |= 0x01
74         # Abfallende Clock-Flanke generieren
75         GPIO.output(SCLK, GPIO.HIGH)
76         GPIO.output(SCLK, GPIO.LOW)
77
78     # CS nicht aktiv
79     GPIO.output(CS, GPIO.HIGH)
80     return value
```

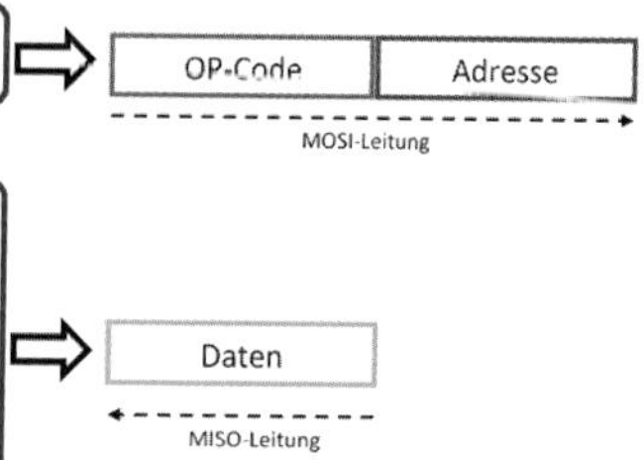

▲ **Abbildung 14-10-12**
Die readSPI-Funktion

Du erkennst im oberen Bereich das Versenden von OP-Code und Adresse, im unteren das Empfangen der Daten. Die Funktion liefert über eine *Return*-Anweisung den empfangenen Wert an den Aufrufer zurück. Jetzt bist du so weit, dass ich dich mit der eigentlichen *main*-Funktion konfrontieren kann.

```
82 def main():
83     # Pin-Programmierung
84     GPIO.setup(SCLK, GPIO.OUT)
85     GPIO.setup(MOSI, GPIO.OUT)
86     GPIO.setup(MISO, GPIO.IN)
87     GPIO.setup(CS,   GPIO.OUT)
88
89     # Pegel vorbereiten
90     GPIO.output(CS,   GPIO.HIGH)
91     GPIO.output(SCLK, GPIO.LOW)
92
93     # Initialisierung de MCP23S17
94     # GPPIOA als Ausgaenge programmieren
95     sendSPI(SPI_SLAVE_ADDR, SPI_IODIRA, 0x00)
96     # GPPIOB als Eingaenge programmieren
97     sendSPI(SPI_SLAVE_ADDR, SPI_IODIRB, 0xFF)
98     # Reset des GPIOA
99     sendSPI(SPI_SLAVE_ADDR, SPI_GPIOA, 0x00)
100
101     while True:
102         for i in range(len(ledPattern)):
103             sendSPI(SPI_SLAVE_ADDR, SPI_GPIOA, ledPattern[i])
104             print bin(readSPI(SPI_SLAVE_ADDR, SPI_GPIOB))
105             time.sleep(1)
```

▲ **Abbildung 14-10-13**
Die main-Funktion

Die neue wichtige Zeile zur Initialisierung von *Port-B* als Eingang erfolgt in Zeile 97. Durch das dritte Argument mit dem Wert *0xFF* werden alle 8 Pins als Eingänge vorbereitet. Die Abfrage der Pin-Status erfolgt innerhalb der *while*-Schleife in Zeile *104* über den Aufruf der *readSPI*-Funktion. Das Ansteuern der LEDs in Zeile *103* wird durch diesen Befehl nicht beeinflusst. Die LED-Pattern werden an Port-A ungestört angezeigt. Zur Anzeige der Binärkombinationen verwende ich die *bin*-Funktion in Zeile *104*, die in Python implementiert ist. Beachte aber, dass führende Nullen nicht mit angezeigt werden und die Bitkombination nach links rutscht. Das kann auf den ersten Blick etwas verwirrend sein. Das passiert, wenn du z.B. den Taster *S7* drückst. Etwas später in diesem Kapitel zeige ich dir, wie du eine eigene Konvertierungsfunktion programmieren kannst, die immer alle zur Verfügung stehenden Bits zur Anzeige bringt.

> Etwas hast du aber noch vergessen! Wie sieht die Ausgabe der Statuswerte auf der Konsole aus? Kannst du mir das bitte zeigen.

Du bist ja wieder schnell! Das wollte ich gerade machen. Du musst mir schon ein wenig Zeit geben, die Sache so vorzubereiten, damit du es auch sicher verstehst. Ich starte jetzt das Python-Programm, und wir wollen sehen, was das Terminal-Fenster an Ausgaben liefert. Um zu sehen, welche Änderungen sich auftun, werde ich unterschiedliche Taster drücken.

```
                pi@raspberrypi: ~/RPiGPIO/Projektkapitel10           _ □ ×

 Datei  Bearbeiten  Reiter  Hilfe
pi@raspberrypi ~/RPiGPIO/Projektkapitel10 $ sudo python mcp23s17_read_write001.py
0b11111111
0b11111110
0b11111101
0b11111100
0b11110100
0b11010100
^CTraceback (most recent call last):
  File "mcp23s17_read_write001.py", line 109, in <module>
    main()
  File "mcp23s17_read_write001.py", line 105, in main
    time.sleep(3)
KeyboardInterrupt
pi@raspberrypi ~/RPiGPIO/Projektkapitel10 $ █
```

Abbildung 14-10-14▲
Die Ausgabe im Terminal-Fenster
bei unterschiedlichen
Tastendrücken

Beachte, dass wir es hier mit einer umgekehrten Logik zu tun haben. Wird kein Taster gedrückt, werden lauter Einsen angezeigt, wie du es in der ersten Zeile hinter dem Programmaufruf siehst. Die Ausgabe lautet *0b11111111*. In der zweiten Ausgabezeile ist das niederwertigste Bit auf *0* gewechselt, was darauf hindeutet, dass ich den Taster *S0* auf dem I/O-Board gedrückt habe. Natürlich werden auch mehrere Tastendrücke zur gleichen Zeit registriert, was du an der Kombination *0b11111100* in der *4.* Zeile erkennen kannst. Schauen wir uns die einzelnen Kombinationen in einer Tabelle an.

Projekt 14-10: Eine Porterweiterung (Teil 2)

S7	S6	S5	S4	S3	S2	S1	S0	Was würde gedrückt?
1	1	1	1	1	1	1	1	kein Taster
1	1	1	1	1	1	1	0	Taster S0
1	1	1	1	1	1	0	1	Taster S1
1	1	1	1	1	1	0	0	Taster S0 + S1
1	1	1	1	0	1	0	0	Taster S0 + S1 + S3
1	1	0	1	0	1	0	0	Taster S0 + S1 + S3 + S5

◀ **Tabelle 14-10-2**
Wertetabelle des Tasterstatus

> Das ist sehr interessant, doch in meinen Augen etwas umständlich. Wie kann ich denn den Status eines einzelnen Tasters abfragen? Gibt es keine komfortablere Lösung?

Die gibt es in der Tat! Ich habe dazu eine weitere Funktion geschrieben, die sich *digitalReadPortB* nennt:

```
82 def digitalReadPortB(pin):
83     if(~readSPI(SPI_SLAVE_ADDR, SPI_GPIOB) & (1 << pin) > 0):
84         return True
85     return False
```

◀ **Abbildung 14-10-15**
Die Funktion digitalReadPortB

Ihr wird lediglich die Pin-Nummer übergeben, wobei die Zählung bei *0* beginnt. Um die umgekehrte Logik in eine normale Logik umzuwandeln, bilde ich mit dem *Komplement*-Operator (das Tilde-Zeichen ~) das *Einerkomplement*, bei dem alle Bits umgedreht werden. Nun kann ich über das Schieben der *1* an die betreffende Bitposition, die mit der Pin-Nummer korrespondiert, eine bitweise UND-Verknüpfung durchführen. Ist das Ergebnis größer als *0*, wurde die Taste gedrückt und der Wert *True* an den Aufrufer zurückgeliefert. Andernfalls ist der Wert *False*.

> Stopp! Das mag für dich alles schön und gut sein, doch für mich geht es etwas zu schnell. Komplement-Operator und Einerkomplement sind schon erklärungswürdig, findest du nicht auch!?

Du hast ja vollkommen Recht, *RasPi*! Ich zeige dir das am besten mit einem kurzen Exkurs in die Welt der Bits und Bytes. Angenommen, wir haben einen dezimalen Wert von *154*, der die in der folgenden Grafik gezeigte Bitkombination aufweist. Der Einfachheit halber beschränke ich mich auf einen Byte-Wert mit *8* Bits. Das lässt sich natürlich beliebig erweitern.

Abbildung 14-10-16 ▶

Die Bildung des Einerkomplements

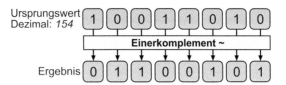

Über den Komplement-Operator werden alle Bits in ihr Gegenteil gewandelt. Du kannst dir das sogar in Python über ein kleines Programm anschauen.

 Achtung

Dieser Code ist nicht Bestandteil des MCP23S17-Programms!

Abbildung 14-10-17 ▶

Die Bildung des Einerkomplements in Python

```python
1  # Anzahl der anzuzeigenden Bits
2  ANZAHLBITS = 8
3  # Variable mit Wert initialisieren
4  wert1 = 154
5  # Bildung des Einerkomplementes
6  wert2 = ~wert1
7
8  def dez2bin(value):
9      ergebnis = ""
10     for i in range(ANZAHLBITS):
11         if i % 8 == 0:
12             # Nach 8 Bits eine Leerstelle einfuegen
13             ergebnis = " " + ergebnis
14         ergebnis = (str((value >> i) & 1)) + ergebnis
15     return ergebnis
16
17 print "Ursprungswert:   ", dez2bin(wert1)
18 print "Einerkomplement: ", dez2bin(wert2)
```

Zur Anzeige der Bitkombination habe ich eine kleine Funktion geschrieben. Über die Konstante ANZAHLBITS kannst du die anzuzeigenden Bits beeinflussen. Beachte aber, dass eine Zahl bzw. ein Literal einen bestimmten Wertebereich besitzt, der hinsichtlich der zur Verfügung stehenden Bits in der Anzeige durch die *dez2bin*-Funktion nicht überschritten werden kann bzw. soll. Versuche die Funktion einmal zu analysieren, die Grundlagen dazu hast du bereits kennengelernt. Die Ausgabe in einem Terminal-Fenster schaut wie folgt aus:

```
pi@raspberrypi: ~/RPiGPIO/Projektkapitel10

Datei  Bearbeiten  Reiter  Hilfe

pi@raspberrypi ~/RPiGPIO/Projektkapitel10 $ python einerkomplement001.py
Ursprungswert:    10011010
Einerkomplement:  01100101
pi@raspberrypi ~/RPiGPIO/Projektkapitel10 $ █
```

Wie du siehst, wurden wirklich alle Bits des Ursprungswertes ins Gegenteil gekehrt.

Kommen wir zu den Aufrufen aus der *main*-Funktion.

```
106   while True:
107      for i in range(len(ledPattern)):
108         sendSPI(SPI_SLAVE_ADDR, SPI_GPIOA, ledPattern[i])
109         if(digitalReadPortB(0)):
110            print "Taster S0 wurde gedrueckt."
111         if(digitalReadPortB(1)):
112            print "Taster S1 wurde gedrueckt."
113         if(digitalReadPortB(2)):
114            print "Taster S2 wurde gedrueckt."
115         time.sleep(0.1)
```

◀ **Abbildung 14-10-19**
Die Aufrufe aus der main-Funktion

Als kleines Beispiel habe ich die ersten drei Taster *S0* bis *S2* abgefragt, und der Status wird entsprechend an das Terminal-Fenster zurückgeliefert. Das ist natürlich nur ein Anfang, der dich dazu animieren soll, selbst Funktionen zu entwickeln. Vielleicht schreibst du nur eine einzige Funktion zum Abfragen der Taster-Status und übergibst als zweites Argument den zu lesenden Port. Es gibt in der Programmierung nahezu keine Grenzen.

Der Aufbau auf dem I/O-Board

Du siehst, dass sich an Port-A weiterhin die LEDs befinden und ich mit Port-B die 8 Taster verbunden habe.

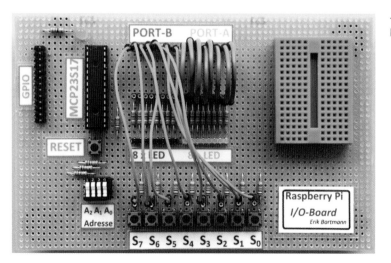

◀ **Abbildung 14-10-20**
Der Aufbau auf dem I/O-Board

Was hast du gelernt?

- Du hast in diesem Kapitel gelernt, dass du die Ports nicht nur als Ausgänge, sondern auch als Eingänge programmieren kannst. An Port-A arbeiten weiterhin alle Pins komplett als Ausgänge, wohingegen Port-B als Eingangsport programmiert wurde. An ihm befinden sich 8 Taster, deren Status abgefragt werden kann.

- Über den Komplement-Operator ~ hast du eine Möglichkeit der Bit-Umkehrung kennengelernt.

- Du hast gesehen, dass man zur Abfrage des Pin-Status einen komfortableren Weg einschlagen kann. Wir haben eine Funktion geschrieben, die diese Aufgabe übernimmt und bei der du lediglich die Pin-Nummer übergeben musst. Als Ergebnis erhältst du entweder True oder False zurück, was direkt auf den Taster-Status schließen lässt.

Projekt 14-11: Der I²C-Bus

In diesem Kapitel möchte ich dir ein weiteres Bus-System vorstellen, das zur Kommunikation zwischen elektronischen Komponenten verwendet wird. Du hast bei der Ansteuerung des Port-Expanders MCP23S17 den SPI-Bus kennengelernt. Dieses Bus-System verwendet zur Kommunikation 4 Leitungen (MOSI, MISO, CS und SCLK). Es gibt jedoch noch ein weiteres System, das in die Kategorie *Zwei-Draht-Bus-Systeme* fällt, obwohl der SPI-Bus genau genommen ein *Vier-Draht-Bus-System* ist. Der Name lautet *I²C*, und es handelt sich ebenfalls um einen seriellen und synchronen Bus, der im Jahre *1979* von *Philips Semiconductors* entwickelt wurde. *I²C* steht für *Inter-Integrated Circuit* und wird I-Quadrat-C ausgesprochen. Für dieses Bus-System kursiert noch ein weiterer Namen, der durch andere Firmen etabliert wurde. Aufgrund der zwei Leitungen hat sich der Name *Two-Wire-Interface* – kurz *TWI* – durchgesetzt.

- Was genau ist der *I²C*-Bus?
- Welche Vorbereitungen sind zu treffen, damit der *I²C*-Bus auf deinem Raspberry Pi genutzt werden kann?
- Wie kannst du erreichen, dass die erforderlichen Software-Module nach jedem Reboot geladen werden?
- Wie kannst du am *I²C*-Bus angeschlossene Geräte anzeigen lassen?
- Wie können wir den Port-Expander *MCP23017* am *I²C*-Bus sowohl über die Kommandozeile als auch über Python ansteuern?

Der I²C-Bus

Wir haben in den Grundlagen über das GPIO-Interface gesehen, dass es alternative Funktionalitäten gibt und dein Raspberry Pi ebenfalls den I²C-Bus bedienen kann. Dieses Kapitel soll dich mit den Grundlagen dieses Bus-Systems ein wenig vertraut machen. Der I²C-Bus folgt ebenfalls dem Master-Slave-Prinzip. Auf dem Bus gibt es einen Master, der die Kommunikation steuert, was bedeutet, dass er für die Generierung des Clock-Signals auf der *SCL*-Leitung verantwortlich ist. Der Slave oder die Slaves empfangen dieses Signal und reagieren entsprechend darauf. Sehen wir uns dazu das folgende Diagramm an.

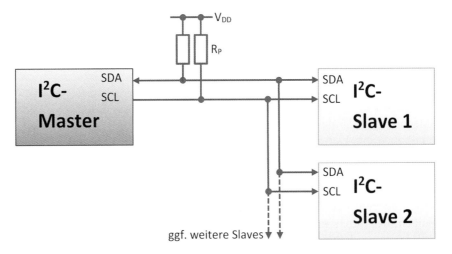

Abbildung 14-11-1 ▲
Das Master-Slave-Prinzip beim
I²C-Bus (hier mit 2 Slaves) Auf der linken Seite befindet sich der Master, dessen Funktion in der Regel von der Steuereinheit, also deinem Raspberry Pi oder einem Mikrocontroller wahrgenommen wird. Weiter rechts befinden sich ein oder mehrere Slaves, die allesamt über die beiden Leitungen *SDA (Serial-Data)* und *SCL (Serial-Clock)* mit dem Master verbunden sind. Zusätzlich sind zwei Pull-Up-Widerstände erforderlich, über die beide Leitungen mit der Spannungsversorgung verbunden sind. Würden sie fehlen, befände sich der Bus in einem ständigen LOW-Pegel-Zustand. Da aber die aktive Kommunikation über diesen Zustand (LOW-aktiv) gesteuert wird, ist der Bus blockiert, und kein Gerät könnte die Kommunikation starten. Du brauchst dich jedoch beim Raspberry Pi nicht um diese Pull-Up-Widerstände (*2 x 1,8K*) kümmern, denn sie sind schon Teil des Bus-Systems.

Benötigte Bauteile

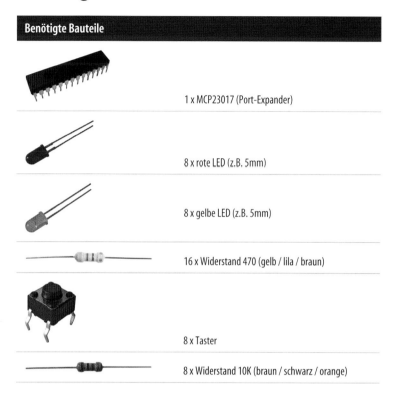

	1 x MCP23017 (Port-Expander)
	8 x rote LED (z.B. 5mm)
	8 x gelbe LED (z.B. 5mm)
	16 x Widerstand 470 (gelb / lila / braun)
	8 x Taster
	8 x Widerstand 10K (braun / schwarz / orange)

I²C-Vorbereitungen

Damit du die *I²C*-Funktionalität auf deinem Raspberry Pi nutzen kannst, musst du einige manuelle Schritte durchführen. Das benötigte Kernelmodul ist zwar schon unter Wheezy installiert, doch standardmäßig aus ressourcentechnischen Gründen bzw. aufgrund der Reservierung der Pins GPIO0 und GPIO1 bei Rev 1 bzw. GPIO2 und GPIO3 bei Rev 2 deaktiviert. Wir gehen die einzelnen Schritte durch:

Schritt 1: Benötigtes I2C-Modul von der Black-List nehmen

Es gibt eine Blacklist, die unter

```
/etc/modprobe.d/raspi-blacklist.conf
```

zu finden ist. Es ist allemal gut, eine Sicherheitskopie der Datei anzulegen, die man editieren möchte. Wie das geht, weißt du inzwischen. Editiere die Original-Datei am besten mit dem Nano-Texteditor mit *sudo*-Rechten und tippe Folgendes in ein Terminal-Fenster ein.

```
# sudo nano /etc/modprobe.d/raspi-blacklist.conf
```

Sie enthält zwei Einträge (SPI und I2C), die u.a. das benötigte Modul *i2c-bcm2708* auf die Blacklist setzt, was bedeutet, dass es beim Booten nicht in den Speicher geladen wird.

Abbildung 14-11-2 ▲
Der originale Inhalt der Datei /etc/modeprobe.d/raspi-blacklist.conf

Setz einfach ein # (Hash-Mark bzw. Lattenzaun) vor die untere Zeile, die daraus eine Kommentarzeile macht. Das schaut dann wie folgt aus.

```
#blacklist i2c-bcm2708
```

Speichere die geänderte Datei ab.

Schritt 2: Automatisches Laden beim Booten ermöglichen

Damit das Modul auch nach jedem Booten verfügbar ist, musst du die Datei

```
/etc/modules
```

editieren. In früheren Linux-Versionen musste der Kernel sämtliche Treiber der zu verwaltenden Hardware fest integriert haben. Für neue Hardware war es dann zwingend notwendig, den Kernel mit

Projekt 14-11: Der I²C-Bus

dem betreffenden Treiber neu zu kompilieren. Das war natürlich recht unflexibel, und aus diesem Grund wurde ab der Kernel-Version 1.2 ein Modul-Konzept eingeführt, welches das Laden bzw. Entladen von Treibern erleichtert. In der genannten Datei können wir nun das erforderliche Modul für die I^2C-Unterstützung hinzufügen. Öffne dazu die Datei wieder mit *sudo*-Rechten.

```
# sudo nano /etc/modules
```

und füge die *Zeile i2c-dev* hinzu. Der Inhalt sieht dann wie folgt aus:

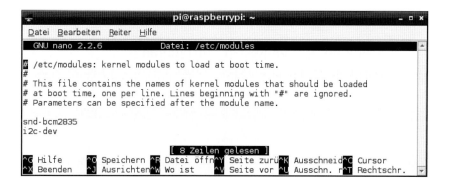

Speichere die Änderung wieder ab.

▲ **Abbildung 14-11-3**
Der notwendige Inhalt der Datei /etc/modules

Schritt 3: Führe ein Update durch

Damit du die neuesten Software-Versionen bekommst, führe ein Update über die folgende Zeile durch:

```
# sudo apt-get update
```

Schritt 4: Installation der I2C-Entwicklungs-Tools bzw. Python-smbus

Damit du den I^2C-Bus entsprechend programmieren kannst, sind ein Entwicklungspaket und eine Python-Library notwendig. Führe die folgende Zeile aus:

```
# sudo apt-get install i2c-tools python-smbus
```

Schritt 5: Den Benutzer pi der Gruppe i2c hinzufügen

Damit ein normaler Benutzer wie *pi* den I²C-Bus ohne adminsitrativen Rechte nutzen kann, füge in der Gruppe *i2c* hinzu.

```
# sudo adduser $USER i2c
```

Nachfolgend hast du 2 abschließende Möglichkeiten.

Schritt 6a: Module manuell laden

Möchtest du zu diesem Zeitpunkt noch keinen Reboot durchführen, kannst du die Treiber über die folgende Zeile laden:

```
# modprobe i2c-bcm2708 i2c-dev
```

Schritt 6b: System-Restart durchführen

Damit die Änderungen wirksam werden, kannst du natürlich auch einen Systemstart durchführen. Sichere ggf. alle noch offenen Dokumente, da ansonsten alle Änderungen verloren wären.

```
# sudo shutdown -r now
```

oder

```
# sudo reboot
```

Mit dem *lsmod*-Befehl kannst du dir die geladenen Module anzeigen lassen.

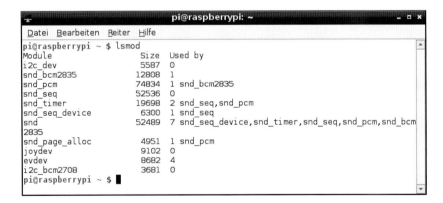

Abbildung 14-11-4 ▲
Die Ausgabe des lsmod-Befehls nach dem Reboot

In der letzten Zeile sehen wir den Eintrag, auf den wir so sehnsüchtig gewartet haben. Das Modul *i2c_bcm2708* wurde in den Speicher geladen. Im Filesystem kannst du dir die beiden I²C-Ports schon anschauen, auf die wir später zugreifen möchten.

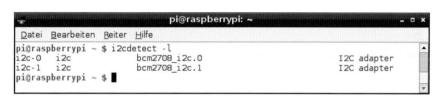

Jetzt können wir den Versuch starten, ein an dem I²C-Bus eventuell angeschlossenes Device automatisch erkennen zu lassen. Es gibt dafür einen speziellen Befehl, der *i2cdetect* lautet. Wir setzen ihn mit *sudo*-Rechten in einem Terminal-Fenster ab. Wenn du den Benutzer *pi* der *i2c*-Gruppe hinzugefügt hast, geht das auch ohne den *sudo*-Zusatz. Zu Beginn wollen wir uns ein paar allgemeine Informationen über die Busse einholen. Verwende dazu den Befehl *i2cdetect* mit der Option *-l*.

▲ **Abbildung 14-11-5**
Die beiden I²C-Bus Ports im Filesystem

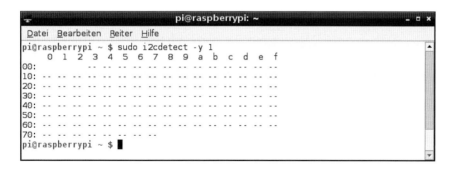

Als Nächstes wollen wir sehen, welche Informationen der Bus *1* für uns bereithält.

▲ **Abbildung 14-11-6**
Die Ausgabe des i2cdetect-Befehls für alle I²C-Busse

```
pi@raspberrypi ~ $ sudo i2cdetect -y 1
     0  1  2  3  4  5  6  7  8  9  a  b  c  d  e  f
00:          -- -- -- -- -- -- -- -- -- -- -- -- --
10: -- -- -- -- -- -- -- -- -- -- -- -- -- -- -- --
20: -- -- -- -- -- -- -- -- -- -- -- -- -- -- -- --
30: -- -- -- -- -- -- -- -- -- -- -- -- -- -- -- --
40: -- -- -- -- -- -- -- -- -- -- -- -- -- -- -- --
50: -- -- -- -- -- -- -- -- -- -- -- -- -- -- -- --
60: -- -- -- -- -- -- -- -- -- -- -- -- -- -- -- --
70: -- -- -- -- -- -- -- --
pi@raspberrypi ~ $
```

Der Befehl wurde mit *2* Argumenten versehen.

▲ **Abbildung 14-11-7**
Die Ausgabe des i2cdetect-Befehls für I²C-Bus 1 (hier mit sudo-Zusatz)

- *-y*: Bei der Ausgabe wird nicht auf die Bestätigung des Benutzers durch Tastatureingaben gewartet. Alle Nachfragen werden mit *y* für *yes* beantwortet. Während des Scanvorgangs wird der I²C-Bus kurzzeitig gestört, so dass es zu etwaigen Datenverlusten kommen kann.

- *1*: In Abhängigkeit von der verwendeten Board-Revision muss hier für Rev *2* eine *1*, für die ältere Rev *1* eine *0* eingegeben werden. Es handelt sich um die I^2C-Bus Bezeichnung. Schau ggf. noch einmal in das GPIO-Grundlagen-Kapitel, denn dort wird am Ende der Bus gezeigt.

Ok, dann wollen wir ein passendes Device mit dem Bus verbinden und den *i2cdetect*-Befehl erneut ausführen. Es sollte sich bei korrekter Verkabelung eine Änderung im Vergleich zur letzten Ausgabe ergeben.

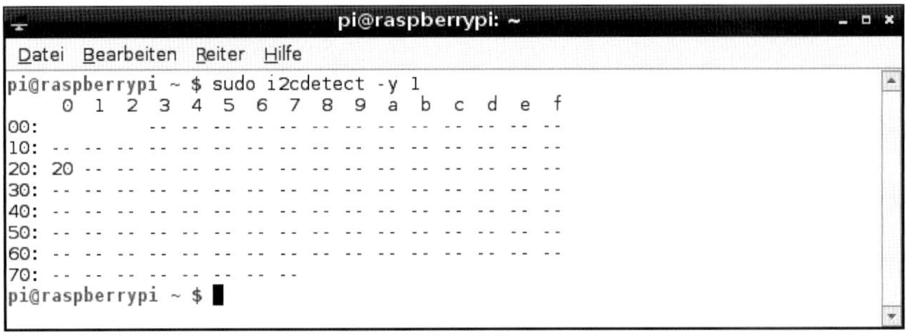

```
                                  pi@raspberrypi: ~                          _ □ ✗
  Datei  Bearbeiten  Reiter  Hilfe
pi@raspberrypi ~ $ sudo i2cdetect -y 1
     0  1  2  3  4  5  6  7  8  9  a  b  c  d  e  f
00:          -- -- -- -- -- -- -- -- -- -- -- -- --
10: -- -- -- -- -- -- -- -- -- -- -- -- -- -- -- --
20: 20 -- -- -- -- -- -- -- -- -- -- -- -- -- -- --
30: -- -- -- -- -- -- -- -- -- -- -- -- -- -- -- --
40: -- -- -- -- -- -- -- -- -- -- -- -- -- -- -- --
50: -- -- -- -- -- -- -- -- -- -- -- -- -- -- -- --
60: -- -- -- -- -- -- -- -- -- -- -- -- -- -- -- --
70: -- -- -- -- -- -- -- --
pi@raspberrypi ~ $ ▮
```

Abbildung 14-11-8 ▲
Die Ausgabe des i2cdetect-Befehls
(mit erkanntem Device)

Hey, das hat funktioniert! Dann will ich dich nicht weiter auf die Folter spannen und dir sagen, was ich wie an den I^2C-Bus angeschlossen habe. Es handelt sich um einen weiteren Port-Expander vom Typ *MCP23017*. Er ist vergleichbar mit dem Typ *MCP23S17*, der über die SPI-Schnittstelle angesprochen wird, und hat fast die gleiche Pinbelegung. Die Ausgabe im Terminal-Fenster sagt uns, dass ein I^2C-Device mit der Slave-Adresse *0x20* erkannt wurde. Höre ich da ein Stöhnen? Schon wieder ein Port-Expander? Ich denke, dass es ein guter Einstieg in die Programmierung mit dem I^2C-Bus ist, denn zu Beginn wollen wir ihn über die Kommandozeile ansprechen. So lernst du einiges über die Befehle und unterschiedlichen Register, die es anzusprechen gilt.

Noch ein Port-Expander

Mit dem Port-Expander MCP23S17 bist du ja schon bestens vertraut. Der Name des neuen Bausteins lautet *MCP23017*, anstelle des *S* – steht für SPI – im Namen haben wir es nun mit einer *0* zu tun. Du musst sehr genau hinschauen, wenn du diese beiden Bausteine nicht verwechseln willst. Die Pinbelegung ist fast identisch.

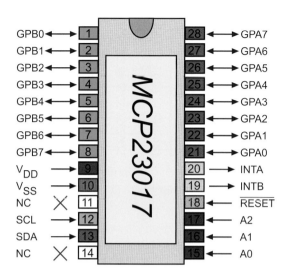

Anstelle der 4 Drähte bei der SPI-Ansteuerung haben wir es nun lediglich mit zwei Drähten zu tun. Deshalb haben wir auch zwei überflüssige Pins, die eine *NC*-Bezeichnung haben. In diesem Zusammenhang steht *NC* für *Not Connected*, also *nicht verbunden*, und sie werden einfach nicht benötigt. Auch dieser Baustein besitzt 2 Ports bzw. Bänke mit jeweils 8 Bits. Um Port A bzw. Port B ansprechen zu können, müssen wir die entsprechenden Register nutzen. Sie sind identisch mit den Registern des MCP23S17.

◀ **Abbildung 14-11-10**
Die Register für die Port-
Ansteuerung des MCP23017

Die ganze Kommunikation zur Ansteuerung der beiden Ports erfolgt über eben diese Register, in denen du etwas hineinschreibst oder etwas herausliest.

Der Schaltplan

Bevor wir uns jedoch die Programmierung des Port-Expanders anschauen, werfen wir einen Blick auf den Schaltplan.

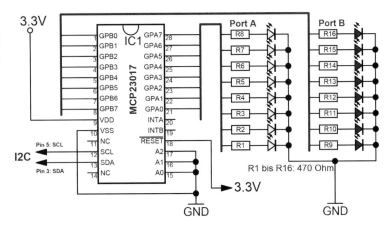

◀ Abbildung 14-11-11
Der Schaltplan zur Ansteuerung des
MCP23017 (LEDs an Port A und
Port B)

In einem Schaltplan können mehrere Leitungen, die quasi parallel verlaufen, als *Bus* angesehen werden. Zwar sind die Verbindungen zu den LEDs keine Busleitungen, doch habe ich sie hier aus Platzgründen zusammengefasst und als dickere blaue Linien gekennzeichnet.

Die Programmierung über die Kommandozeile

Bevor du den Port-Expander nutzen kannst, musst du ihm sagen, welche Datenflussrichtungen du verwenden möchtest, also welche Pins Ein- und welche Ausgänge sein sollen. Damit sind wir schon beim ersten Konsolenkommando, das Daten zum I²C-Bus versendet. Es lautet *i2cset*. Das Kommando legt fest, welche Datenflussrichtung wir für welchen Port und für welche Bits nutzen wollen. Zu Beginn wollen wir alle Pins von Port A als Ausgänge nutzen. Das Kommando lautet:

```
# i2cset -y 1 0x20 0x00 0x00
```

Die Erklärung dafür lautet wie folgt:

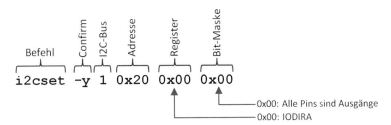

Das Register *0x00* steht für *IODIRA* und ist für die Konfiguration der Ein- bzw. Ausgänge von Port A zuständig. Port B hat übrigens den Wert *0x01*. Jedes Bit der darauffolgenden Bit-Maske *0x00* legt nun fest, ob es sich um einen Ein- oder Ausgang handeln soll. Die Werte

- *0*: Output (Ausgang)
- *1*: Input (Eingang)

Da unsere Bit-Maske *0x00* lautet, haben wir an jeder Bitposition eine *0* stehen, was bedeutet, dass alle Pins von Port A als Ausgänge arbeiten. Jetzt ist unser MCP23017 vorkonfiguriert, so dass wir einzelne LEDs direkt ansteuern können. Wir machen das wieder mit einer Bitkombination, die in Form einer hexadezimalen Zahl übergeben wird. Lassen wir doch einmal jede zweite LED von Port A aufleuchten. Wie würde eine Bitkombination aussehen?

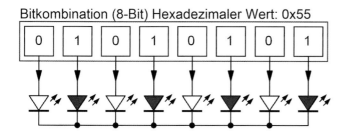

◀ **Abbildung 14-11-12**
Die 8 Bits steuern die 8 LEDs von Port A an

Das entsprechende Kommando zur Anzeige dieser LED-Folge lautet:

```
# i2cset -y 1 0x20 0x12 0x55
```

Die Erklärung dafür:

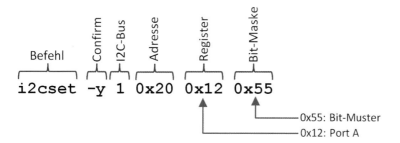

Um Port A anzusprechen, müssen wir das entsprechende Register *0x12* verwenden. Port B hat übrigens den Wert *0x13*. Die gewünschte Bitkombination, die ich dir eben gezeigt habe, wird durch den hexadezimalen Wert *0x55* repräsentiert. Setzt du den o.g. Befehl ab, werden die LEDs unmittelbar angesteuert. Um auch noch Port B anzusteuern, musst du die Register-Werte entsprechend anpassen.

◉ Achtung

Ich hatte dir schon im GPIO Grundlagenkapitel einen entscheidenden und sehr wichtigen Hinweis bezüglich des max. zulässigen Stromflusses gegeben, den die *3,3V*-Spannungsquelle in der Lage zu liefern ist. *50mA* dürfen unter keinen Umständen überschritten werden!

Ich habe mit meinem Multimeter den Strom gemessen und nach und nach einige LEDs zugeschaltet. Bei der Ansteuerung aller LEDs an Port A habe ich einen Strom von ca. *22mA* gemessen. Das würde bedeuten, dass bei der zusätzlichen Ansteuerung von Port B mit all seinen angeschlossenen LEDs die magische Grenze von *50mA* schon fast erreicht würde. Das ist nicht unbedingt erstrebenswert. Pass also auf, was du anschließt bzw. ansteuerst. Fassen wir zusammen und steuern nun auch an Port B alle LEDs an. Welche Befehle sind notwendig:

```
# i2cset -y 1 0x20 0x00 0x00
# i2cset -y 1 0x20 0x01 0x00
# i2cset -y 1 0x20 0x12 0x55
# i2cset -y 1 0x20 0x13 0xff
```

Auf unserem Simple-Board würde das Ganze dann wie folgt ausschauen:

Abbildung 14-11-13 ▶
Die Ansteuerung von Port A und
Port B auf dem Simple-Board

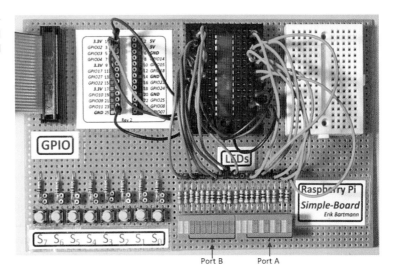

Projekt 14-11: Der I²C-Bus

Gibt es eigentlich irgendeine Möglichkeit, ein zum *I²C*-Bus versende-
tes Signal mit einem Messgerät sichtbar zu machen? Ich sehe immer
nur die Auswirkungen, was ja schon ganz toll ist. Wie stellt sich so
ein Signal dar?

Gute Frage, *RasPi*! Klar, es gibt die Möglichkeit der Bus-Analyse.
Ich zeige es dir an einem Beispiel, wobei ich das folgende Kommando absetze:

```
# i2cset -y 1 0x20 0x12 0x55
```

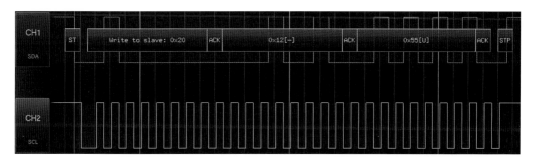

Du siehst die beiden Kanäle SDA und SCL, die untereinander angeordnet sind. Der Logic-Analyzer kann im *I²C*-Modus die übertragene Adresse bzw. die übertragenen Werte erkennen und stellt sie
grafisch sehr gut dar. Die Werte 0x20, 0x12 und 0x55 sind einwandfrei identifiziert worden.

▲ **Abbildung 14-11-14**
I2C-Bus-Analyse

Wir wollen einmal versuchen, einen angeschlossenen Taster abzufragen, um den Status im Terminal-Fenster anzuzeigen. Ich werde
dazu Port A so lassen, wie er ist, und nur Port B entsprechend konfigurieren. Die Taster *S0* bis *S7* verbinde ich mit Port B an Pin GPB0
bis GPB7. Zur Konfiguration muss ich das folgende Kommando
eingeben.

```
# i2cset -y 1 0x20 0x01 0xff
```

Die Erklärung dafür lautet wie folgt:

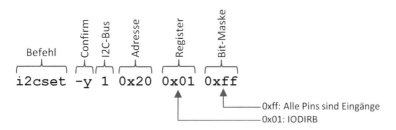

Jetzt sind die Pins von Port B für Eingangssignale vorbereitet, und du kannst sie mit dem Befehl *i2cget* abfragen. Schreibe dazu die folgende Zeile:

```
# i2cget -y 1 0x20 0x13
```

Lass uns mal schauen, was die einzelnen Werte bedeuten:

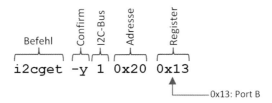

Als Ausgabe bekommst du einen hexadezimalen Wert geliefert, der den Status aller *8* angeschlossenen Taster widerspiegelt.

> Kannst du mir noch den Schaltplan zeigen, damit ich weiß, wie ich die Taster anzuschließen habe.

Klar, *RasPi*, das ist kein Problem.

Abbildung 14-11-15 ▶
Der Schaltplan zur Ansteuerung des MCP23017 (LEDs an Port A und Taster an Port B)

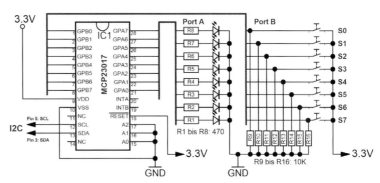

Wenn du jetzt einen oder mehrere Taster drückst, bekommst du die entsprechende Bitkombination angezeigt, wobei die Taster die folgenden Werte haben.

Abbildung 14-11-16 ▶
Die Taster und ihre Werte

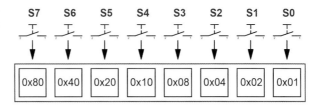

Sehen wir uns ein paar Ausgaben im Terminal-Fenster genauer an.

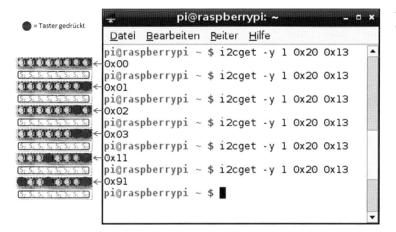

◀ **Abbildung 14-11-17**
Gedrückte Taster und ihre Werte

Die Verkabelung auf dem Simple-Board schaut dann wie folgt aus:

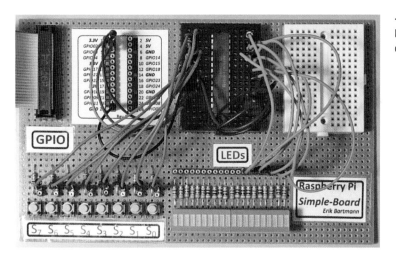

◀ **Abbildung 14-11-18**
Das Abfragen der Taster-Status auf dem Simple-Board

Nun hast du gesehen, wie du auf sehr einfache Weise allein über die Eingaben im Terminal-Fenster den Port-Expander beeinflussen kannst. Es existiert ein zusätzlicher Befehl, mit dem du die Inhalte der Register zur Anzeige bringen lassen kannst. Er nennt sich *i2cdump*. Gib einmal die folgende Zeile ein und betätige unterschiedliche Tastenkombinationen:

```
# i2cdump -y 1 0x20
```

Ich habe das entsprechende Register für Port B gekennzeichnet. Es handelt sich um die Adresse *0x13*, die für diesen Port verantwortlich ist. In der Anzeige siehst du auf der linken Seite in den Zeilen die Adressen und am oberen Rand den Offset, den du dazu addieren musst. Was glaubst du, welche Tasten ich beim Absetzen des Kommandos gedrückt hielt?

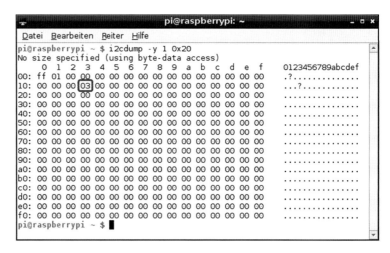

Ich denke, dass es auch möglich ist, den Port-Expander z.B. unter Python anzusprechen. Wenn das machbar ist, würde ich auch diesen Weg ganz gerne einmal sehen.

Klar, *RasPi*, das liegt im Bereich des Machbaren.

Die Programmierung über Python

Erinnere dich an die Installation der notwendigen Softwaremodule, die wir zu Beginn dieses Kapitels besprochen haben. Da war u.a. die folgende Zeile:

```
# sudo apt-get install i2c-tools python-smbus
```

Wie du unschwer erkennen kannst, beinhaltet der zweite Name schon das Wörtchen *Python,* und das ist auch das Modul, das wir zur Programmierung benötigen. Für das folgende Python-Programm kannst du die Verkabelung auf dem Simple-Board unverändert lassen, also die LEDs an Port A und die Taster an Port B. Ich gehe die einzelnen Code-Blöcke der Reihe nach durch. Zu Beginn werden wieder die benötigten Libraries eingebunden und die Variablen definiert.

```python
1  #/usr/bin/python
2  import smbus
3  from time import sleep
4
5  # Variablen-Definitionen
6  BUSNR  = 1        # I2C-Bus-Nummer
7  ADDR   = 0x20     # MCP23017 I2C-Adresse
8  IODIRA = 0x00     # Register fuer I/O-Datenflussrichtung Port A
9  IODIRB = 0x01     # Register fuer I/O-Datenflussrichtung Port B
10 GPIOA  = 0x12     # Register fuer I/O Manipulation von Port A
11 GPIOB  = 0x13     # Register fuer I/O Manipulation von Port B
12
13 PATTERN = [0x55, 0xff, 0xf0, 0x0f] # Anzuzeigendes LED-Muster
14 DELAY   = 1 # Pause
```

◀ **Abbildung 14-11-20**
Das Einbinden der smbus-Library und die Variablen-Definitionen

In Zeile 2 siehst du das Einbinden der Python-Library *smbus*, die verschiedene Methoden bereitstellt, die wir gleich nutzen werden. In den Zeilen 6 bis 11 werden die I^2C-Bus-spezifischen Variablen gesetzt, die Busnummer, Adresse und Register festlegen. Wir wollen gleich unterschiedliche LED-Muster zur Anzeige bringen, die ich in Zeile 13 in *PATTERN* hinterlegt habe. Zuerst müssen wir ein I^2C-Bus Objekt generieren und alle Pins von Port A als Ausgänge programmieren.

```python
16 i2cBus = smbus.SMBus(BUSNR) # I2C-Objekt instanziieren
17 i2cBus.write_byte_data(ADDR, IODIRA, 0x00) # Port A -> komplett  Ausgang
```

▲ **Abbildung 14-11-21**
I^2C-Objektgenerierung und Port-A-Programmierung

In Zeile 16 wird die Variable *i2CBus* als *smbus*-Objekt über die Methode *SMBus* generiert, wobei das übergebene Argument die Busnummer ist. In der darauffolgenden Zeile 17 wird die Methode *write_byte_data* aufgerufen, die mehrere Argumente benötigt. Sehen wir uns das genauer an.

Wie der Name der Methode schon vermuten lässt, wird ein einzelnes Byte an den Bus gesendet. Kommen wir zum eigentlich Anzeigen der vorher festgelegten LED-Muster.

```
19  def main():
20      try:
21          while True:
22                  # Anzeigen der LED-Muster
23              for leds in PATTERN:
24                  i2cBus.write_byte_data(ADDR, GPIOA, leds)
25                  sleep(DELAY)
26      except KeyboardInterrupt:
27          # Bei einer Programmunterbrechung alle LED's ausschalten
28          print "Programm wurde durch Benutzer unterbrochen.\n"
29          i2cBus.write_byte_data(ADDR, GPIOA, 0x00)
30
31  if __name__ == '__main__':
32      main()
```

Abbildung 14-11-22 ▲
Die Ansteuerung der LEDs an Port A

> Whow, da ist aber was drin, was ich nicht verstehe. Dieses *try* und *except* ist mir nicht geläufig.

Das wollte ich doch gerade erklären. Du musst mir schon etwas Zeit geben. Die Sache mit dem *try* und *except* wird immer dann erforderlich, wenn im Programm etwas Unerwartetes auftritt und entsprechend darauf reagiert werden soll. Es handelt sich dabei um sogenannte *Laufzeitfehler* oder auch Ereignisse, die erst nach dem Programmstart auftreten können. Das kann in unterschiedlichen Situationen der Fall sein. Zum Beispiel kommt es bei einer Berechnung, die eine Division durch den Wert *0* durchführt, zu einem Programmabbruch, weil diese mathematische Operation nicht erlaubt ist. Oder beim Aufruf einer Datei im Filesystem, die nicht mehr vorhanden ist, kommt es ebenfalls zu einem Fehler. Derartige kritische Operationen, bei denen das Ausführen des Programmcodes ggf. Probleme bereitet, werden innerhalb eines *try*-Blocks platziert. Kommt es zu einem Laufzeitfehler, wird das Programm nicht unkontrolliert beendet, sondern kontrolliert im *except*-Block fortgesetzt. Das soll als kleine Einführung genügen. Aber warum mache ich das an dieser Stelle? Ganz einfach! Ich lasse über das Programm die unterschiedlichsten LED-Muster anzeigen, möchte aber beim Verlassen über *Strg-C* ein Verhalten erreichen, dass automatisch alle LEDs ausgehen, um den Port nicht unnötig zu belasten. Eine Programmunterbrechung über *Strg-C* stellt zwar keinen Laufzeitfehler dar, jedoch ein Ereignis, das zur Laufzeit auftreten kann. Dieser *KeyboardInterrupt* wird im *except*-Block abgefangen und in Zeile *29* werden alle LEDs ausgeschaltet. Wir wollen im nächsten Schritt den Status eines Tasters abfragen. Die Zeilen *1* bis *11* werde ich hier nicht noch einmal aufführen.

```
16  def main():
17      try:
18          while True:
19                  # Taster-Status von Port B abfragen
20                  taster = i2cBus.read_byte_data(ADDR, GPIOB)
21                  if taster > 0:
22                      print taster
23                      sleep(1)
24      except KeyboardInterrupt:
25          # Bei einer Programmunterbrechung alle LED's ausschalten
26          print "Programm wurde durch Benutzer unterbrochen.\n"
```

Über die *read_byte_data*-Methode kannst du den kompletten Status des angegebenen Ports abfragen, wobei der zurückgegebene Wert wieder auf Bitebene abgefragt werden muss, damit du weißt, welche Taster gedrückt wurden.

▲ **Abbildung 14-11-23**
Das Abfragen des Taster-Status von Port B

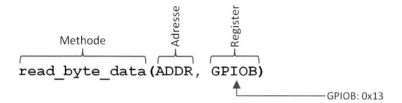

Der zurückgegebene Wert ist eine Dezimalzahl, bei der du nicht auf Anhieb erkennen kannst, welche Taster betätigt wurden. Im Kapitel über die Port-Erweiterung mit dem MCP23S17 habe ich dir die *dez2bin*-Funktion vorgestellt. Verwende sie doch auch einmal an dieser Stelle und lass dir die entsprechenden Bits der übergebenen Dezimalzahl ausgeben. In einem der nachfolgenden Kapitel wollen wir unser gelerntes Wissen bei der Ansteuerung eines Würfelspiels umsetzen. So wird die ganze Theorie doch noch ihre spielerische Komponente zeigen.

Auf der Internetseite *http://quick2wire.com/* findest du weitere Hinweise zur Ansteuerung des I²C-Busses und sogar eine komplette Library. Aber du solltest zunächst deine eigenen Erfahrungen mit der Ansteuerung sammeln, bevor du auf etwas Fertiges zugreifst.

Was hast du gelernt?

- In diesem Kapitel hast du die Grundlagen zur Ansteuerung eines I²C-Bausteins sowohl über die Kommandozeile als auch über Python gelernt.

- Du hast den Port-Expander MCP23017 mit deinem Raspberry Pi verbunden und verschiedene LED-Muster und den Tasterstatus anzeigen lassen.

Projekt 14-12:
Die Statemachine

In diesem Kapitel möchte ich dir zu Beginn eine einfache Ampel-
schaltung zeigen, die wir im weiteren Verlauf um eine interaktive
Komponente erweitern werden. Was besprechen wir in diesem
Kapitel?

- Zu Beginn bauen wir uns eine einfache Ampelschaltung.
- Darauf basierend realisieren wir eine interaktive Ampelschaltung mit einer angeschlossenen Fußgängerampel. Erst durch
  einen Tastendruck an der Fußgängerampel soll der entsprechende Phasenwechsel eingeleitet werden.

Benötigte Bauteile

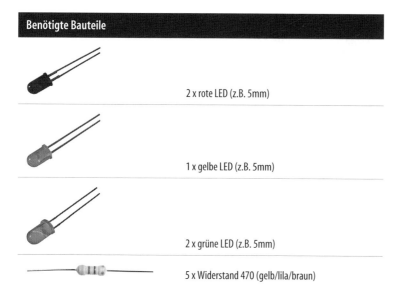

Benötigte Bauteile	
	2 x rote LED (z.B. 5mm)
	1 x gelbe LED (z.B. 5mm)
	2 x grüne LED (z.B. 5mm)
	5 x Widerstand 470 (gelb/lila/braun)

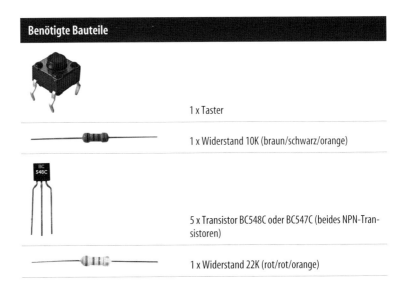

	1 x Taster
	1 x Widerstand 10K (braun/schwarz/orange)
	5 x Transistor BC548C oder BC547C (beides NPN-Transistoren)
	1 x Widerstand 22K (rot/rot/orange)

Die Ampelschaltung

Beginnen wir mit einer Schaltung, die die drei Lichter einer Ampelanlage für Autofahrer nachbildet.

Abbildung 14-12-1 ▶
Ampelzustände mit Phasenwechsel
(Phasenwechsel in Deutschland)

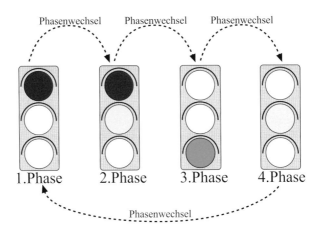

Die einzelnen Ampelphasen werden von der *1.* bis zur *4.* Phase durchlaufen. Danach wird wieder von vorne begonnen. Der Einfachheit halber beschränken wir uns auf eine Ampel für eine Fahrtrichtung. Das Beispiel regt sicherlich zum Experimentieren an. Die Bedeutung der einzelnen Farben sollte klar sein, doch ich nenne sie zur Sicherheit noch einmal:

- Rot (keine Fahrerlaubnis)
- Gelb (auf nächstes Signal warten)
- Grün (Fahrerlaubnis)

Jede einzelne Phase hat eine festgelegte Leuchtdauer und muss dem Verkehrsteilnehmer genug Zeit geben, die einzelne Phase wahrzunehmen, um entsprechend zu reagieren. Wir werden für unser Beispiel folgende Leuchtdauern definieren, die nicht der Realität entsprechen. Du kannst die Zeiten aber nach Belieben anpassen.

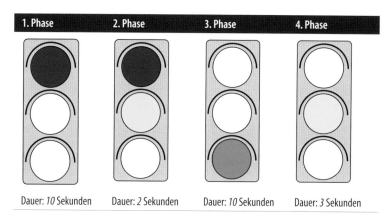

◀ **Tabelle 14-12-1**
Phasen mit Leuchtdauer

Nach dem Starten des Programms soll die Ampelschaltung die gerade gezeigten *4* Phasen durchlaufen und wieder von vorne beginnen. Soweit die Theorie. Sehen wir uns die Schaltung an, die nicht viel komplizierter ist als die der *Blink-Schaltung*. Es werden zusätzlich zwei weitere LEDs mit Transistoren und Vorwiderständen benötigt. Das ist wirklich nichts Wildes.

Der Schaltplan

Zur Ansteuerung werden einfach zwei weitere GPIO-Pins hinzugezogen, was sich nachher auch in der Programmierung bemerkbar macht. Ich muss zu diesem Beispiel erwähnen, dass die Transistoren nicht unbedingt erforderlich sind, sondern bei entsprechenden

Vorwiderständen funktioniert die Schaltung auch ohne, wie du das bereits aus dem Blink-Kapitel kennst. Trotzdem habe ich mich dazu entschieden, um dir damit zeigen zu können, dass du mit geringen Strömen einen Transistor ansteuern kannst, der in der Lage ist, größere Lasten zu schalten. Du siehst im Schaltbild, dass ich die Versorgungsspannung von *5V* genutzt habe, um die LEDs anzusteuern. Du solltest dabei beachten, dass diese Spannung in keiner Weise an einen GPIO-Pin geführt wird, was mit Sicherheit eine Gefahr für den Prozessor darstellen würde. Beim verwendeten Transistor vom Typ *BC548* handelt es sich um einen NPN-Transistor, der eine Kollektor-Emitter-Spannung von *30V* besitzt. Vielleicht hast du auch welche des Typs *BC547* in deiner Kramkiste, der eine Kollektor-Emitter-Spannung von *45V* besitzt. Beide Typen kannst du für unsere Zwecke einsetzen. Der angehängte Buchstabe gibt übrigens Aufschluss über die Stromverstärkung. Er kann A, B oder C lauten, wobei A die kleinste und C die größte Stromverstärkung bedeutet.

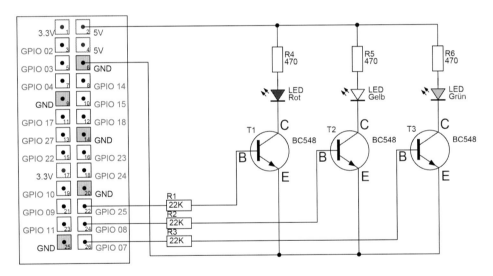

Abbildung 14-12-2 ▲
Die Ansteuerung der Ampel-LEDs

Folgende GPIO-Pins habe ich für die Ansteuerung vorgesehen:

- LED Rot: *Pin 22*
- LED Gelb: *Pin 24*
- LED Grün: *Pin 26*

Kommen wir zur Ansteuerung durch ein Python-Programm.

Das Programm

Zu Beginn müssen wir wieder die erforderlichen Initialisierungen durchführen.

Die Inititialisierungen

```
1  #/usr/bin/python
2  import RPi.GPIO as GPIO      # Benoetigte Library
3  import time                   # Fuer sleep-Funktion
4  LED_ROT_AUTO_GPIOPin   = 22   # Pin-Nummer Auto-Rot
5  LED_GELB_AUTO_GPIOPin  = 24   # Pin-Nummer Auto-Gelb
6  LED_GRUEN_AUTO_GPIOPin = 26   # Pin-Nummer Auto-Gruen
7  GPIO.setmode(GPIO.BOARD)      # Pin-Nummern verwenden
8  GPIO.setwarnings(False)       # Warnungen deaktivieren
9  GPIO.setup(LED_ROT_AUTO_GPIOPin, GPIO.OUT)    # Pin als Ausgang
10 GPIO.setup(LED_GELB_AUTO_GPIOPin, GPIO.OUT)   # Pin als Ausgang
11 GPIO.setup(LED_GRUEN_AUTO_GPIOPin, GPIO.OUT)  # Pin als Ausgang
12 GPIO.output(LED_ROT_AUTO_GPIOPin, GPIO.LOW)   # Auto-Rot aus
13 GPIO.output(LED_GELB_AUTO_GPIOPin, GPIO.LOW)  # Auto Gelb aus
14 GPIO.output(LED_GRUEN_AUTO_GPIOPin, GPIO.LOW) # Auto Gruen aus
```

◀ **Abbildung 14-12-3**
Die Ansteuerung der Ampel-LEDs auf dem Simple-Board (Initialisierungen)

In den Zeilen *4*, *5* und *6* habe ich die Variablen definiert, die mit den jeweiligen Pin-Nummern initialisiert werden. Jetzt können wir sehr einfach im weiteren Programmverlauf diese sprechenden Namen verwenden, so dass der Überblick zu keiner Zeit gefährdet ist. Nun erfolgt die eigentliche Ansteuerung der Ampelphasen.

Die Phasenumschaltungen

```
16 while True:
17     # Rot
18     GPIO.output(LED_ROT_AUTO_GPIOPin, GPIO.HIGH)
19     time.sleep(10)
20     # Rot / Gelb
21     GPIO.output(LED_GELB_AUTO_GPIOPin, GPIO.HIGH)
22     time.sleep(2)
23     # Gruen
24     GPIO.output(LED_ROT_AUTO_GPIOPin, GPIO.LOW)
25     GPIO.output(LED_GELB_AUTO_GPIOPin, GPIO.LOW)
26     GPIO.output(LED_GRUEN_AUTO_GPIOPin, GPIO.HIGH)
27     time.sleep(10)
28     # Gelb
29     GPIO.output(LED_GELB_AUTO_GPIOPin, GPIO.HIGH)
30     GPIO.output(LED_GRUEN_AUTO_GPIOPin, GPIO.LOW)
31     time.sleep(3)
32     # Gelb aus
33     GPIO.output(LED_GELB_AUTO_GPIOPin, GPIO.LOW)
```

◀ **Abbildung 14-12-4**
Die Ansteuerung der Ampel-LEDs auf dem Simple-Board (Ansteuerung der Ampelphasen)

In den Zeilen *18* bis *33* werden die einzelnen Ampelphasen geschaltet. Du erkennst sicher sofort den Vorteil der Verwendung von Variablen-Namen statt irgendwelcher Zahlen wie *22*, *24* oder *26*. Die einzelnen Ampelphasen hier im Buch visuell zu verdeutlichen, ist nicht ganz einfach. Dennoch gibt es eine Möglichkeit, die Phasen im zeitlichen Verlauf darzustellen. Wie? Über ein *Impulsdia-*

gramm. Ich habe dazu einen *Logic-Analyzer* genommen und die drei Ausgänge der *GPIO-Pins* mit den Eingängen des Analyzers verbunden:

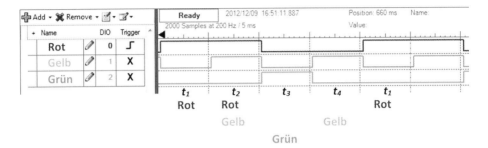

Abbildung 14-12-5 ▲
Die Ansteuerung der Ampel-LEDs
mit einem Logic-Analyzer
dargestellt

Der zeitliche Verlauf für einen kompletten Phasendurchlauf von links, beginnend mit *t1*, nach rechts, endend mit *t4*.

Der Aufbau auf dem Simple-Board

Jetzt zahlt es sich aus, dass wir über zwei kleine Breadboards verfügen, denn die Anzahl der Bauteile übersteigt das Fassungsvermögen eines einzigen Boards.

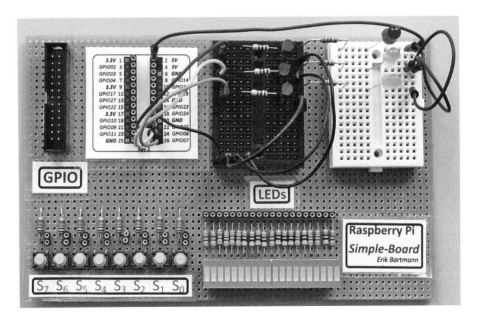

Abbildung 14-12-6 ▲
Der Aufbau der Ampelschaltung auf
dem Simple-Board

Projekt 14-12: Die Statemachine

Wir werden interaktiv

Du besitzt nun alle Informationen, um die gezeigte Ampelschaltung ein wenig zu erweitern. Wir werden eine *Fußgängerampel* hinzufügen, damit du das gerade Gelernte direkt einbauen kannst. Du hast sicher hier und da schon eine derartige Ampelschaltung gesehen. Auf einer stark befahrenen Straße befindet sich irgendwo ein Zebrastreifen mit einer Ampelanlage. Dort haben Fußgänger die Möglichkeit, die Straße mehr oder weniger sicher zu überqueren. Die Ampel für die Autofahrer zeigt immer grünes Licht, wogegen die für die Fußgänger immer rotes Licht zeigt. Erscheint ein mutiger Fußgänger mit der Absicht, die Straße genau an dieser Stelle zu überqueren, drückt er den Ampelknopf und wartet geduldig, bis die Signalanlage umspringt und die Autofahrer *Rot* bekommen und er *Grün*. Dann dauert es eine Weile, und die Ampel springt wieder in ihren stabilen Ausgangszustand zurück, bis irgendwann wieder der Knopf gedrückt wird. Dieses Szenario wollen wir nachstellen, also die Schaltung aufbauen und den *Raspberry Pi* entsprechend programmieren. Die Ausgangssituation schaut folgendermaßen aus:

1. Phase

Auto	Fußgänger	Erläuterungen
		Diese beiden Lichtsignale bleiben solange bestehen, bis ein Fußgänger den Ampelknopf drückt. Erst dadurch werden die Phasenwechsel in Gang gesetzt, damit der Autofahrer rotes Licht und der Fußgänger grünes Licht bekommt.

Schauen wir uns die Sache im Detail an:

2. Phase

Auto	Fußgänger	Erläuterungen
		Der Phasenwechsel wurde durch den Druck auf den Ampelknopf eingeleitet. Der Autofahrer bekommt das Signal *Gelb* angezeigt, was bedeutet, dass *Rot* in Kürze folgt. Dauer: 2 Sekunden

3. Phase

Auto	Fußgänger	Erläuterungen
		Autofahrer und Fußgänger haben zuerst aus Sicherheitsgründen ein rotes Signal bekommen. Das gibt dem Autofahrer die Möglichkeit, den Gefahrenbereich des Zebrastreifens zu räumen. Dauer: 2 Sekunden

4. Phase

Auto	Fußgänger	Erläuterungen
		Nach einer kurzen Zeit bekommt der Fußgänger das *Gehsignal*. Dauer: 5 Sekunden

5. Phase

Auto	Fußgänger	Erläuterungen
		Nach seiner Grünphase erhält der Fußgänger wieder das Stoppsignal. Dauer: 2 Sekunden

6. Phase

Auto	Fußgänger	Erläuterungen
		Der Autofahrer bekommt das Rot-/Gelbsignal, was ankündigt, dass er gleich freie Fahrt durch das Grünsignal erhält. Dauer: 2 Sekunden

Projekt 14-12: Die Statemachine

7. Phase

Auto	Fußgänger	Erläuterungen
		Die letzte Phase ist identisch mit der ersten Phase: grünes Licht für den Autofahrer und das rote Stoppsignal für den Fußgänger.
		Dauer: bis zum nächsten Knopfdruck

Der Schaltplan dazu schaut wie folgt aus:

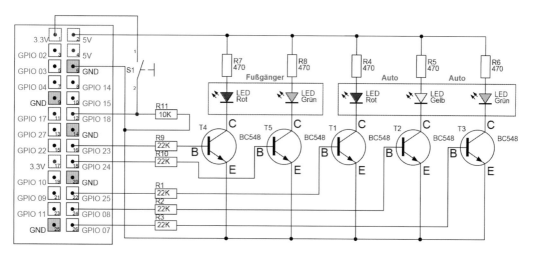

Folgende GPIO-Pins habe ich für die Ansteuerung vorgesehen:

- LED Rot: *Pin 22 (Auto)*
- LED Gelb: *Pin 24 (Auto)*
- LED Grün: *Pin 26 (Auto)*
- LED Rot: *Pin 16 (Fußgänger)*
- LED Grün: *Pin 18 (Fußgänger)*

▲ **Abbildung 14-12-7**
Der Schaltplan der erweiterten Ampelschaltung

Da die Anschlüsse auf dem *GPIO-Bus* recht dicht beieinander liegen und auch auf dem *Simple-Board* die Schaltungsdichte etwas zugenommen hat, musst du unbedingt aufpassen, dass es zu keinen ungewollten elektrischen Verbindungen zwischen direkt benachbarten Anschlüssen kommt. Da die Programmierung ebenfalls etwas umfangreicher geworden ist, werde ich den Code in drei Bereiche unterteilen, die du in der angegebenen Reichenfolge in die Entwicklungsumgebung eintippen musst.

Die Initialisierungen

```
 1  #/usr/bin/python
 2  import RPi.GPIO as GPIO        # Benoetigte Library
 3  import time                    # Fuer sleep-Funktion
 4  LED_ROT_AUTO_GPIOPin   = 22 # Pin-Nummer Auto-Rot
 5  LED_GELB_AUTO_GPIOPin  = 24 # Pin-Nummer Auto-Gelb
 6  LED_GRUEN_AUTO_GPIOPin = 26 # Pin-Nummer Auto-Gruen
 7  LED_ROT_FUSS_GPIOPin   = 16 # Pin-Nummer Fuss-Rot
 8  LED_GRUEN_FUSS_GPIOPin = 18 # Pin-Nummer Fuss-Gruen
 9  TASTERPin              = 12 # Taster
10  GPIO.setmode(GPIO.BOARD)       # Pin-Nummern verwenden
11  GPIO.setwarnings(False)        # Warnungen deaktivieren
12  GPIO.setup(LED_ROT_AUTO_GPIOPin, GPIO.OUT)       # Pin als Ausgang
13  GPIO.setup(LED_GELB_AUTO_GPIOPin, GPIO.OUT)      # Pin als Ausgang
14  GPIO.setup(LED_GRUEN_AUTO_GPIOPin, GPIO.OUT)     # Pin als Ausgang
15  GPIO.setup(LED_ROT_FUSS_GPIOPin, GPIO.OUT)       # Pin als Ausgang
16  GPIO.setup(LED_GRUEN_FUSS_GPIOPin, GPIO.OUT)     # Pin als Ausgang
17  GPIO.setup(TASTERPin, GPIO.IN)                   # Pin als Eingang
18  GPIO.output(LED_ROT_AUTO_GPIOPin, GPIO.LOW)    # Auto-Rot aus
19  GPIO.output(LED_GELB_AUTO_GPIOPin, GPIO.LOW)   # Auto Gelb aus
20  GPIO.output(LED_GRUEN_AUTO_GPIOPin, GPIO.HIGH) # Auto Gruen an
21  GPIO.output(LED_ROT_FUSS_GPIOPin, GPIO.HIGH)   # Fuss Rot an
22  GPIO.output(LED_GRUEN_FUSS_GPIOPin, GPIO.LOW)  # Fuss Gruen aus
```

Abbildung 14-12-8 ▲
Die Ansteuerung der Ampel-LEDs
auf dem Simple-Board
(Initialisierungen)

Auch hier habe ich den einzelnen *GPIO-Pins* eine sprechende Bezeichnung gegeben. Die Definition erfolgt in den Zeilen *4* bis *9*. Anschließend müssen wir festlegen, welche Pins als *Eingänge* und welche als *Ausgänge* programmiert werden müssen. Die Zeilen *12* bis *17* erledigen diese Aufgabe. Um einen definierten Ausgangszustand zu haben, wird sowohl die Auto- als auch die Fußgängerampel in den Zeilen *18* bis *22* entsprechend initialisiert. Kommen wir zum zweiten Teil der Programmierung. Die Phasenumschaltung erfolgt diesmal innerhalb einer Funktion mit dem Namen *phasenumschaltung*.

Die Phasenumschaltungsfunktion

Abbildung 14-12-9 ▶
Die Ansteuerung der Ampel-LEDs
auf dem Simple-Board (die Phasenumschaltung)

```
24  def phasenumschaltung():
25      GPIO.output(LED_GELB_AUTO_GPIOPin, GPIO.HIGH)
26      GPIO.output(LED_GRUEN_AUTO_GPIOPin, GPIO.LOW)
27      time.sleep(2)
28      GPIO.output(LED_ROT_AUTO_GPIOPin, GPIO.HIGH)
29      GPIO.output(LED_GELB_AUTO_GPIOPin, GPIO.LOW)
30      time.sleep(2)
31      GPIO.output(LED_ROT_FUSS_GPIOPin, GPIO.LOW)
32      GPIO.output(LED_GRUEN_FUSS_GPIOPin, GPIO.HIGH)
33      time.sleep(5)
34      GPIO.output(LED_ROT_FUSS_GPIOPin, GPIO.HIGH)
35      GPIO.output(LED_GRUEN_FUSS_GPIOPin, GPIO.LOW)
36      time.sleep(2)
37      GPIO.output(LED_GELB_AUTO_GPIOPin, GPIO.HIGH)
38      time.sleep(2)
39      GPIO.output(LED_ROT_AUTO_GPIOPin, GPIO.LOW)
40      GPIO.output(LED_GELB_AUTO_GPIOPin, GPIO.LOW)
41      GPIO.output(LED_GRUEN_AUTO_GPIOPin, GPIO.HIGH)
```

Projekt 14-12: Die Statemachine

Der dritte Teil besteht wieder aus einer Endlosschleife, damit der Taster-Status kontinuierlich abgefragt werden kann, um bei Bedarf die Phasenumschaltung einzuleiten.

Endlosschleife

```
43 □while True:
44         # Taster-Status lesen
45         taster = GPIO.input(TASTERPin)
46 □     if taster:
47 ʟ         phasenumschaltung()
```

◀ **Abbildung 14-12-10**
Die Ansteuerung der Ampel-LEDs auf dem Simple-Board (Die Endlosschleife)

Es wird wieder die *input*-Methode verwendet und der Status der Variablen *taster* zugewiesen. Diese können wir in der Zeile *46* in einer *if*-Anweisung abfragen. Ist der Inhalt *True*, wird die Funktion *phasenumschaltung* aufgerufen und alle dort definierten Ampelphasen-Umschaltungen werden vorgenommen. Erst wenn die Funktion komplett abgearbeitet wurde, erfolgt ein Rücksprung in die *while*-Schleife. Am Schluss möchte ich dir den Schaltungsaufbau auf dem Simple-Board nicht vorenthalten.

Der Aufbau auf dem Simple-Board

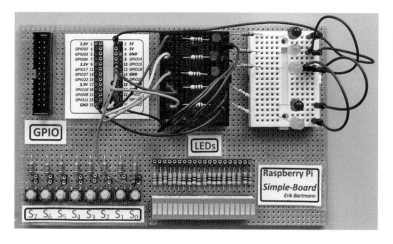

◀ **Abbildung 14-12-11**
Der Aufbau der erweiterten Ampelschaltung auf dem Simple-Board

Was hast du gelernt?

- Du hast in diesem Kapitel zu Beginn eine einfache Ampelanlage realisiert, die über die hier in Deutschland gültigen Phasenwechsel Rot, Gelb und Grün schalten.

- Im zweiten Schritt hast du eine interaktive Komponente eingebaut, so dass eine angeschlossenen Fußgängerampel auf einen
  Tastendruck entsprechend reagiert.

Projekt 14-13:
Der elektronische Würfel

Ich hatte dir schon im Kapitel über die I^2C-Programmierung versprochen, dass wir das Gelernte spielerisch umsetzen wollen. Dazu eignet sich ein elektronischer Würfel ganz gut. Was besprechen wir in diesem Kapitel:

- Wir bauen uns einen elektronischen Würfel.
- Wie können wir dieses Vorhaben mit dem Port-Expander MCP23017 realisieren?
- Gibt es eine Möglichkeit, die Ansteuerung der einzelnen LEDs noch zu vereinfachen, so dass weniger Ansteuerungsleitungen benötigt werden?

Benötigte Bauteile

Benötigte Bauteile	
	7 x rote LEDs (z.B. 5mm)
	7 x Widerstand 470 (gelb/lila/braun)
	1 x Taster
	1 x Widerstand 10K (braun/schwarz/orange)

Der Würfel

Es ist immer noch spannend, einen elektronischen Würfel zu bauen. Vor einigen Jahren – oder waren es Jahrzehnte –, als es die Mikroprozessoren noch nicht gab oder sie unerschwinglich waren, hat man die Schaltung mit mehreren integrierten Schaltkreisen aufgebaut. Im Internet finden sich zahllose Bastelanweisungen dafür. Wir wollen den elektronischen Würfel über den Port-Expander MCP23017 ansteuern. Jeder von euch kennt mindestens ein Würfelspiel, sei es *Kniffel*, *Mensch ärgere dich nicht* oder *Heckmeck*. Wir wollen mit unserer nächsten Schaltung einen elektronischen Würfel realisieren. Er besteht aus einer Anzeigeeinheit, den 7 LEDs und einem Taster, der das Würfeln startet. Ich zeige dir zuerst die Anordnung der LEDs, die den Punkten eines richtigen Würfels nachempfunden ist, wobei die einzelnen Punkte mit einer Nummer versehen sind, damit wir später bei der Ansteuerung der einzelnen LEDs den Überblick behalten. Die Nummer *1* ist in der linken oberen Ecke und die Zählweise geht nach unten bzw. nach rechts weiter und endet bei Nummer 7 ganz rechts unten.

Abbildung 14-13-1 ▶
Die Nummerierung der
Würfelaugen

Unser Aufbau soll einen Taster besitzen, der im gedrückten Zustand anfängt zu würfeln, was bedeutet, dass alle LEDs unregelmäßig aufflackern. Lässt man den Taster wieder los, stoppt die Anzeige bei einer bestimmten LED-Kombination, die dann die gewürfelte Zahl anzeigt. Die einzelnen Augenkombinationen setzen sich wie folgt zusammen:

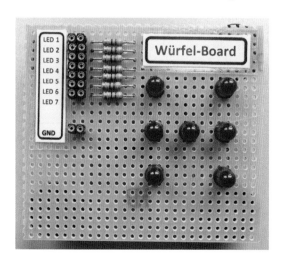

◀ **Tabelle 14-13-1**
Welche LED leuchtet bei
welcher Zahl?

Würfel	Zahl	LED						
		1	2	3	4	5	6	7
	1				✓			
	2	✓						✓
	3	✓			✓			✓
	4	✓		✓		✓		✓
	5	✓		✓	✓	✓		✓
	6	✓	✓	✓		✓	✓	✓

Es ist zwar durchaus möglich, die Schaltung auf einem Breadboard aufzubauen, doch aufgrund der Symmetrie der LEDs ist es nicht immer ganz einfach, sie zu realisieren. Aus diesem Grund habe ich die LEDs auf einer kleinen Platine untergebracht.

◀ **Abbildung 14-13-2**
Die Würfel-Platine

Der Würfel

Auf der Platine befinden sich links oben die passenden Vorwiderstände und rechts daneben die 7 LEDs. Unterhalb der Widerstände ist der Masse-Anschluss zu sehen. Den Taster leihe ich mir von unserem Simple-Board. Natürlich kannst du ihn auch mit auf die Platine löten.

Der Schaltplan

Zur Ansteuerung der Würfel-LEDs reicht ein einzelner Port des MCP23017 gerade aus. Die Ansteuerung der einzelnen LEDs 1 bis 7 erfolgt über die Ausgänge GPA0 bis GPA6.

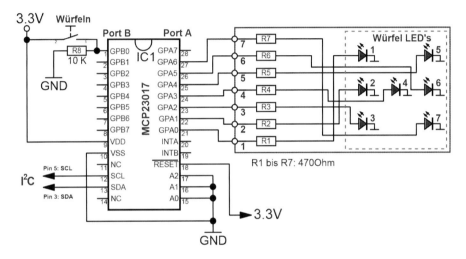

Abbildung 14-13-3 ▲
Die Ansteuerung des elektronischen Würfels

Jeder einzelne Pin (GPA0 bis GPA6) ist für eine LED verantwortlich. Du wirst später noch sehen, dass das noch vereinfacht werden kann und wir nicht 7 Pins zur Ansteuerung benötigen.

Wie soll das gehen? Du kannst doch nicht einfach ein paar LEDs wegfallen lassen. Dann ist der Würfel doch nicht mehr komplett.

Da hast du recht, wir dürfen keine LEDs einfach weglassen. Tun wir auch nicht. Aber wir können mehrere LEDs gleichzeitig ansteuern. Du wirst schon sehen.

Das Programm

Zu Beginn haben wir wieder die erforderlichen Initialisierungen durchzuführen.

Die Inititialisierungen

```
1  #/usr/bin/python
2  import smbus
3  from time import sleep
4  import random
5
6  # Variablen-Definitionen
7  BUSNR   = 1      # I2C-Bus-Nummer
8  ADDR    = 0x20   # MCP23017 I2C-Adresse
9  IODIRA  = 0x00   # Register fuer I/O-Datenflussrichtung Port A
10 IODIRB  = 0x01   # Register fuer I/O-Datenflussrichtung Port B
11 GPIOA   = 0x12   # Register fuer I/O Manipulation von Port A
12 GPIOB   = 0x13   # Register fuer I/O Manipulation von Port B
13 WUERFEL = [0x08, 0x41, 0x49, 0x55, 0x5d, 0x77] # Wuerfel-Muster
14 DELAY   = 0.05   # Pause (qqf. anpassen)
```

◀ **Abbildung 14-13-4**
Die erforderlichen Initialisierungen
zum Ansteuern des I²C-Busses

In der Zeile 2 wird die erforderliche Library zur Ansteuerung des
I²C-Busses importiert. Da ein Würfel in gewisser Weise ein Zufalls-
ergebnis liefert, obwohl es ja eigentlich keine Zufälle gibt, müssen
wir das in Python simulieren und Zufallszahlen generieren. Damit
wir das machen können, wird eine zusätzliche Library mit Namen
random (*zufällig*) benötigt, die in Zeile 4 importiert wird. In den
Zeilen 7 bis 12 folgen die schon bekannten Registeradressen. Sehen
wir uns aber die Zeile 13 etwas genauer an. Dort sind Werte in
einer Liste hinterlegt, die zur Ansteuerung der Würfel-LEDs verwendet werden.

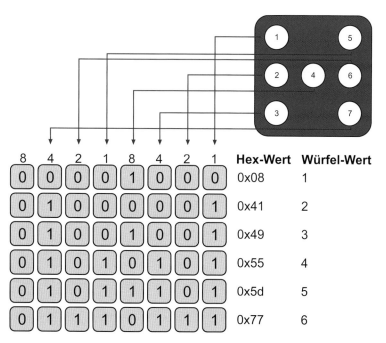

◀ **Abbildung 14-13-5**
Wie kommen die Hex-Werte
zustande?

8	4	2	1	8	4	2	1	Hex-Wert	Würfel-Wert
0	0	0	0	1	0	0	0	0x08	1
0	1	0	0	0	0	0	1	0x41	2
0	1	0	0	1	0	0	1	0x49	3
0	1	0	1	0	1	0	1	0x55	4
0	1	0	1	1	1	0	1	0x5d	5
0	1	1	1	0	1	1	1	0x77	6

Jedes einzelne Bit eines Hex-Wertes steht für eine anzusteuernde LED. Anhand dieser Darstellung kannst du sehen, wie alle 6 Werte zustande kommen. Wenn wir nun die einzelnen Elemente dieser Liste ansprechen und die Werte an den Port-Expander schicken, leuchten die LEDs entsprechend den Würfelaugen auf. Die eigentliche Arbeit übernimmt wieder unsere *main*-Funktion. Doch zuvor werfen wir einen Blick auf die Initialisierung des I²C-Busses, weil nicht nur LEDs angesteuert werden, sondern wir auch auf einen angeschlossenen Taster reagieren müssen.

Abbildung 14-13-6 ▶
Die Instanziierung bzw. Initialisierung des I²C-Busses

```
16  i2cBus = smbus.SMBus(BUSNR) # I2C-Objekt instanziieren
17  i2cBus.write_byte_data(ADDR, IODIRA, 0x00) # Port A -> komplett
18  i2cBus.write_byte_data(ADDR, IODIRB, 0xff) # Port B -> komplett
```

Das Würfeln

```
20  def main():
21      go = True
22      augen = 0
23      while go:
24          augen = random.randrange(0, 6) # Zufallszahl zwischen 0 und 5
25          try:
26              if i2cBus.read_byte_data(ADDR, GPIOB) > 0:
27                  i2cBus.write_byte_data(ADDR, GPIOA, WUERFEL[augen])
28                  sleep(DELAY)
29          except KeyboardInterrupt:
30              # Bei einer Programmunterbrechnung alle LED's ausschalten
31              print "Programm wurde durch Benutzer unterbrochen.\n"
32              i2cBus.write_byte_data(ADDR, GPIOA, 0x00)
33              go = False
34
35  if __name__ == '__main__':
36      main()
```

Abbildung 14-13-7 ▲
Das Würfeln

Die *while*-Endlosschleife wird über eine Variable mit dem Namen *go* gesteuert. Solange ihr Wert *True* ist, ist der elektronische Würfel bereit und reagiert auf Tastendrücke. In Zeile *24* werden über *random.randrange* Pseudo-Zufallszahlen generiert. Eigentlich ist der Zusatz *Pseudo* nicht notwendig, denn es gibt im Endeffekt keine wirklichen Zufallszahlen, sie werden allesamt nach mathematischen Algorithmen generiert, und es hat für uns nur den Anschein, dass es zufällige Werte sind.

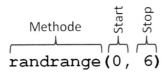

Das erste Argument gibt den inklusiven Startwert an und das zweite den exklusiven Endwert. Es werden also Werte zwischen *0*

Projekt 14-13: Der elektronische Würfel

und 5 generiert, die wir als Indexwert zum Ansprechen der Elemente der Liste *WUERFEL* verwenden.

```
WUERFEL[augen]
```

Betätigst du den Taster an Pin GPB0, ist der ermittelte Wert von GPIOB gleich *1* und somit größer als *0*. Der Zufallswert wird der *write_byte_data*-Methode für Port A übergeben und die entsprechenden LEDs leuchten. Über die kurze Pause in Zeile *28* siehst du den LED-Wechsel, der jedoch so schnell ist, dass du keinen Einfluss auf das anzuzeigende Ergebnis hast. Unterbrichst du jetzt über *Strg-C* das Programm, tritt eine Ausnahme, eine *Exception* auf. Unter Python gibt es eine Menge vordefinierter Exceptions, auf die das Programm reagieren kann, wenn du es im Code so vorsiehst. Die Unterbrechung des Programms löst ein sogenanntes *Keyboard-Interrupt* aus. Über die Kapselung des Codes innerhalb eines *try*-Blocks wird beim Auftreten des KeyboardInterrupts der Code im *except*-Block ausgeführt, was zur Folge hat, dass alle LEDs über Zeile *32* ausgeschaltet werden und der Variablen *go* den Wert *False* zugewiesen wird. Beim erneuten *while*-Schleifendurchlauf wird das natürlich vor der Ausführung bemerkt und die Schleife verlassen. Das Programm wird beendet.

Der Aufbau auf dem Simple-Board

Jetzt zahlt es sich aus, dass wir über zwei kleine Breadboards verfügen, denn die Anzahl der Bauteile übersteigt das Fassungsvermögen eines einzelnen Boards.

▼ **Abbildung 14-13-8**
Die Verbindung des Simple-Boards mit der Würfel-Platine

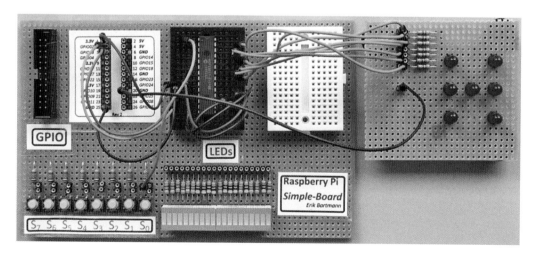

Ich hatte dir versprochen, dass ich eine verbesserte Version des elektronischen Würfels vorstelle. Nun ist es soweit. Ein Programm oder eine Schaltung kann immer auf die eine oder andere Weise verbessert werden und eigentlich ist nie etwas richtig vollkommen fertig. Wenn du dir die einzelnen Augen des Würfels bei unterschiedlichen Werten anschaust, wird dir möglicherweise etwas auffallen. Wirf noch einmal einen Blick auf die Tabelle *Welche LED leuchtet bei welcher Zahl?* Ein kleiner Tipp: Leuchten alle LEDs unabhängig voneinander oder kann es sein, dass manche eine Gruppe bilden und immer gemeinsam angehen? Doofe Frage, was? Natürlich ist das so! Ich habe die einzelnen Gruppen in der folgenden Abbildung dargestellt.

Abbildung 14-13-9 ▶
LED-Gruppen beim elektronischen Würfel

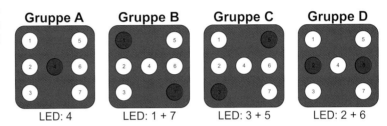

Für sich alleine machen nur *Gruppe A* und *Gruppe B* einen Sinn, *Gruppe C* und *Gruppe D* dagegen weniger. Erst eine einzelne Gruppe oder eine Kombination aus mehreren Gruppen bringt die gewünschten Würfelaugen hervor. Wir wollen mal schauen, welche Gruppen bei welchen Würfelaugen betroffen sind:

Tabelle 14-13-2 ▶
Würfelaugen und LED-Gruppen

Es ist tatsächlich so, dass wir mit 4 statt 7 Ansteuerungsleitungen zu den LEDs auskommen. Damit du ein besseres Verständnis der Ansteuerung bekommst, zeige ich dir zu Beginn den Schaltplan.

Der Schaltplan

Nun wird nicht jede LED einzeln, sondern in Gruppen angesteuert.

▼ **Abbildung 14-13-10**
Die Ansteuerung des elektronischen
Würfels in LED-Gruppen

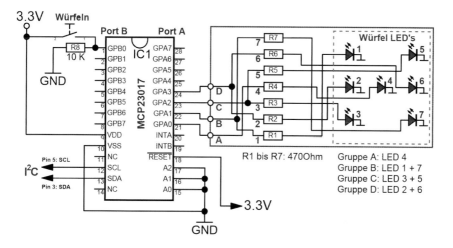

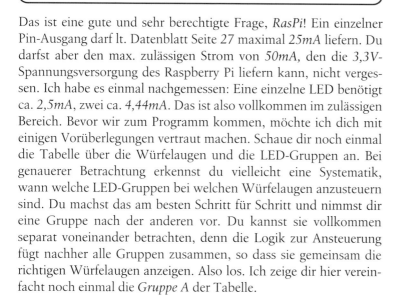

Du hast ja schon einiges über den maximal zulässigen Stromfluss erzählt. Hier steuern die Ausgänge GPA *1*, *2* und *3* des MCP23017 zwei LEDs an. Ist das ok so?

Das ist eine gute und sehr berechtigte Frage, *RasPi*! Ein einzelner Pin-Ausgang darf lt. Datenblatt Seite 27 maximal *25mA* liefern. Du darfst aber den max. zulässigen Strom von *50mA,* den die 3,3V-Spannungsversorgung des Raspberry Pi liefern kann, nicht vergessen. Ich habe es einmal nachgemessen: Eine einzelne LED benötigt ca. *2,5mA*, zwei ca. *4,44mA*. Das ist also vollkommen im zulässigen Bereich. Bevor wir zum Programm kommen, möchte ich dich mit einigen Vorüberlegungen vertraut machen. Schaue dir noch einmal die Tabelle über die Würfelaugen und die LED-Gruppen an. Bei genauerer Betrachtung erkennst du vielleicht eine Systematik, wann welche LED-Gruppen bei welchen Würfelaugen anzusteuern sind. Du machst das am besten Schritt für Schritt und nimmst dir eine Gruppe nach der anderen vor. Du kannst sie vollkommen separat voneinander betrachten, denn die Logik zur Ansteuerung fügt nachher alle Gruppen zusammen, so dass sie gemeinsam die richtigen Würfelaugen anzeigen. Also los. Ich zeige dir hier vereinfacht noch einmal die *Gruppe A* der Tabelle.

Würfel	1	2	3	4	5	6
Gruppe A	✓		✓		✓	

Hier noch ein kleiner Tipp: Was haben die Zahlen *1, 3* und *5* gemeinsam?

> Das sind allesamt ungerade Zahlen.

Perfekt, *RasPi*! Das ist die korrekte Lösung zur Ansteuerung von *Gruppe A*. Du kannst demnach festhalten:

Formulierung zur Ansteuerung von Gruppe A

Ist die ermittelte Zufallszahl *ungerade*, dann steuere *Gruppe A* an.

Jetzt kommt *Gruppe B* an die Reihe. Hier der entsprechende Tabellenauszug:

Würfel	1	2	3	4	5	6
Gruppe B		✓	✓	✓	✓	✓

Was stellst du hier fest?

> Es sind alle Zahlen außer der *1* betroffen.

Klasse, *RasPi*! Aber wie können wir das in eine Formulierung umwandeln, damit Python das versteht? Es wäre etwas umständlich zu sagen: Wenn die Zahl *2* oder *3* oder *4* oder *5* oder *6*, dann steuere *Gruppe B* an. Suche wieder die Gemeinsamkeit, dann kannst du es viel kürzer formulieren:

Formulierung zur Ansteuerung von Gruppe B

Ist die ermittelte Zufallszahl *größer als 1*, dann steuere *Gruppe B* an.

Schauen wir uns jetzt *Gruppe C* an:

Würfel	1	2	3	4	5	6
Gruppe C				✓	✓	✓

Jetzt hast du den Dreh heraus, nicht wahr!?

> Es sind alle Zahlen größer als *3* betroffen.

Super, *RasPi*!

Formulierung zur Ansteuerung von Gruppe C

Ist die ermittelte Zufallszahl *größer als 3*, dann steuere *Gruppe C* an.

Und zu guter Letzt die *Gruppe D*:

Würfel	1	2	3	4	5	6
Gruppe D						✓

Ich brauche dich nicht mehr zu fragen, oder?

Formulierung zur Ansteuerung von Gruppe D

Ist die ermittelte Zufallszahl *gleich 6*, dann steuere *Gruppe D* an.

Ich denke, du bist so weit, dass wir mit dem Programmieren anfangen können. Ok!?

Das Programm

Zu Beginn haben wir wieder die erforderlichen Initialisierungen durchzuführen.

Die Initialisierungen

```
1  #/usr/bin/python
2  import smbus
3  from time import sleep
4  import random
5
6  # Variablen-Definitionen
7  BUSNR   = 1       # I2C-Bus-Nummer
8  ADDR    = 0x20    # MCP23017 I2C-Adresse
9  IODIRA  = 0x00    # Register fuer I/O-Datenflussrichtung Port A
10 IODIRB  = 0x01    # Register fuer I/O-Datenflussrichtung Port B
11 GPIOA   = 0x12    # Register fuer I/O Manipulation von Port A
12 GPIOB   = 0x13    # Register fuer I/O Manipulation von Port B
13 DELAY   = 0.01    # Pause (ggf. anpassen)
14
15 i2cBus = smbus.SMBus(BUSNR) # I2C-Objekt instanziieren
16 i2cBus.write_byte_data(ADDR, IODIRA, 0x00) # Port A -> komplett Ausgang
17 i2cBus.write_byte_data(ADDR, IODIRB, 0xff) # Port B -> komplett Eingang
```

▼ **Abbildung 14-13-11**
Die erforderlichen Initialisierungen zum Ansteuern des I²C-Busses

Da fehlt doch etwas Entscheidendes. Wo sind die Würfelaugen hinterlegt, die zur Ansteuerung der LEDs benötigt werden? Mir ist schon klar, dass wir jetzt LED-Gruppen verwenden, aber die müssen doch auch definiert werden.

Ok, *RasPi*, das ist kein Problem. Die Würfelgruppen werden über die 4 ersten Ausgänge von Port A angesteuert.

- GPA0: Gruppe A
- GPA1: Gruppe B
- GPA2: Gruppe C
- GPA3: Gruppe D

Wenn wir diese Ausgänge geschickt beeinflussen, können wir sehr einfach die LEDs an- bzw. ausschalten. Dazu gleich mehr.

Das Würfeln

```
19 ⊟def main():
20     go = True
21     augen = 0
22     portwert = 0x00
23 ⊟   while go:
24         augen = random.randrange(1, 7) # Zufallszahl zwischen 1 und 6
25 ⊟       try:
26
27 ⊟           if i2cBus.read_byte_data(ADDR, GPIOB) > 0:
28                 portwert = 0x00 # Port zuruecksetzen
29 ⊟           if augen%2 != 0:
30 ├               portwert |= 1 << 0
31 ⊟           if augen > 1:
32 ├               portwert |= 1 << 1
33 ⊟           if augen > 3:
34 ├               portwert |= 1 << 2
35 ⊟           if augen == 6:
36 ├               portwert |= 1 << 3
37             i2cBus.write_byte_data(ADDR, GPIOA, portwert)
38 ├           sleep(DELAY)
39 ⊟       except KeyboardInterrupt:
40             # Bei einer Programmunterbrechung alle LED's ausschalten
41             print "Programm wurde durch Benutzer unterbrochen.\n"
42             i2cBus.write_byte_data(ADDR, GPIOA, 0x00)
43             go = False
```

Abbildung 14-13-12 ▲
Das Würfeln

Es gibt hier weiterhin die Variable *augen*, die die gewürfelten Augen aufnimmt. Sie wird jedoch nicht als Index für eine Liste verwendet, sondern beinhaltet wirklich die Zufallswerte zwischen 0 und 6. Die Variable *portwert* ist nun dafür zuständig, die angeschlossenen LED-Gruppen anzusteuern.

Abbildung 14-13-13 ▶
Das Ansteuern der LED-Gruppen über die Variable portwert

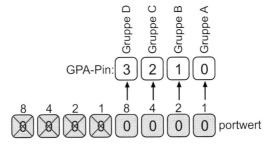

Projekt 14-13: Der elektronische Würfel

Vielleicht ahnst du schon, worauf ich hinaus will. Wir müssen den Zufallswert deinen Formulierungen entsprechend bewerten und dann die untersten 4 Bits der Variable *portwert* setzen. Das geschieht in den Zeilen 28 bis 36. Über Bitmanipulationen werden die 1-Werte an die betreffende Position der Variablen *portwert* geschoben. Sehen wir uns dazu die Zeilen 29 und 30 genauer an.

```
if augen%2 != 0:
    portwert |= 1 << 0
```

Über den *Modulo*-Operator % wird ermittelt, ob die Division einen Restwert ungleich 0 hat. Das bedeutet, dass wir es mit einer ungeraden Zahl zu tun haben. Über die Schiebeoperation *1 << 0* wird die *1* an die *0.* Position geschoben und bleibt an der Ursprungsstelle. Anschließend erfolgt eine bitweise ODER-Verknüpfung der Variablen *portwert* mit sich selbst. Auf gleiche Weise werden alle nachfolgenden Formulierungen abgearbeitet und die *1* durch die Schiebeoperation immer eine Stelle weiter nach links geschoben. So wird erreicht, dass alle LED-Gruppen mit den erforderlichen HIGH- bzw. LOW-Pegeln versorgt werden. Vor jedem erneuten Durchgang wird die Variable *portwert* in Zeile 28 zurückgesetzt, da sonst alle LED-Gruppen in kürzester Zeit angesteuert und alle LEDs gleichzeitig leuchten würden.

Was hast du gelernt?

- Du hast in diesem Kapitel die Realisierung eines elektronischen Würfels über den Port-Expander MCP23017 gesehen.
- Im zweiten Schritt haben wir festgestellt, dass mehrere LEDs bei unterschiedlichen Würfelaugen immer zusammen aufleuchten. Mit dieser Erkenntnis wurden LED-Gruppen geschaffen, die die Ansteuerung von 7 auf 4 Leitungen reduzierte.

Projekt 14-14:
Die
Temperaturmessung

Wir bleiben beim Thema I^2C-Bus und verbinden in diesem Kapitel einen Temperatursensor mit dem Raspberry Pi. Es gibt eine große Anzahl unterschiedlicher Temperatur-Module, und ich habe mich für den Sensor *LM75* entschieden. Was besprechen wir in diesem Kapitel?

- Wie arbeitet der Temperatursensor LM75?
- Wir bauen uns eine Temperatursensor Platine.
- Wie fragen wir den Sensor ab, um die vorherrschende Temperatur zu ermitteln?
- Was ist eine Datenbank und wie können wir dort gemessene Temperaturwerte abspeichern, um sie später auszuwerten oder zu bearbeiten?
- Wie kannst du eine einfache Datenbank über SQLite realisieren?

Benötigte Bauteile

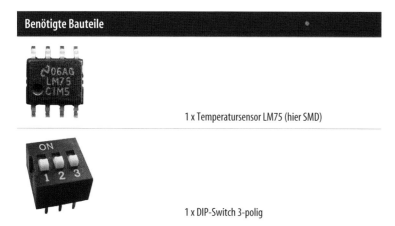

Benötigte Bauteile	

1 x Temperatursensor LM75 (hier SMD)

1 x DIP-Switch 3-polig

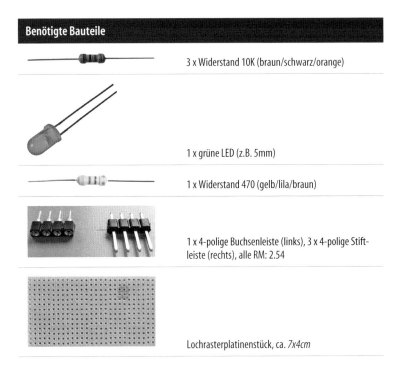

	Benötigte Bauteile
	3 x Widerstand 10K (braun/schwarz/orange)
	1 x grüne LED (z.B. 5mm)
	1 x Widerstand 470 (gelb/lila/braun)
	1 x 4-polige Buchsenleiste (links), 3 x 4-polige Stift-leiste (rechts), alle RM: 2.54
	Lochrasterplatinenstück, ca. *7x4cm*

Der Temperatursensor LM75

Es gibt unterschiedliche Verfahren, um eine Temperatur zu messen. Es gibt zum einen die temperaturempfindlichen Widerstände vom Typ PTC und NTC, die z.B. in der KFZ-Elektronik zum Einsatz kommen. Die Werte werden analog übertragen und meistens mit Hilfe von Spannungsteilern bzw. Operationsverstärkern an die Auswerte-Elektronik übermittelt. In unserem Experiment wollen wir aber einen Temperatur-Sensor verwenden, der über den I^2C-Bus kommuniziert.

Abbildung 14-14-1 ▶
Der Temperatursensor LM75
(SMD-Technik)

Werfen wir zuerst wieder einen Blick auf die Pinbelegung des Bausteins. Beachte bei der SMD-Variante, dass es eine sehr kleine und unscheinbare Markierung in Form einer kreisrunden Vertiefung gibt.

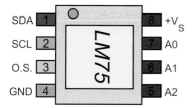

◀ **Abbildung 14-14-2**
Der Temperatursensor LM75 (SMD-Technik)

Wenn du dir den Baustein in der SMD-Variante besorgst – ich glaube, die Anbieter vertreiben nur noch diese Version –, musst du sehr vorsichtig beim Löten sein. Natürlich werden die Spezialisten unter euch eine geätzte Platine bevorzugen, doch ich habe den LM75 auf einer Lochrasterplatine angebracht. Wenn du dich ebenfalls dafür entscheidest, sind eine feine Lötspitze und eine ruhige Hand angesagt. Bis auf Pin 3 sollten dir die Funktionen geläufig sein. Dieser Pin stellt einen Schaltausgang dar, der bei Erreichen einer festgelegten Temperatur ein Signal abgibt. Wir nutzen diesen Ausgang jedoch nicht. Auf dem folgenden Bild zeige ich dir meine Platine, auf der sich der LM75 mit diversen anderen Bauteilen tummelt. Da sind z.B. ein 3-poliger Dip-Switch, mit dem du die I^2C-Bus-Adresse einstellen kannst, und die erforderlichen *10K* Pulldown-Widerstände.

Das könnte wichtig für dich sein

Falls du dir die Mühe mit der Lochrasterplatine nicht machen möchtest, schaue unter *http://www.watterott.com/en/SOIC-to-DIP-Adapter-8-Pin* nach.

◀ **Abbildung 14-14-3**
Das LM75-Board mit Adresswahl

Des Weiteren habe ich eine grüne LED angebracht, die über den *470 Ohm*-Vorwiderstand aufleuchtet, wenn die Spannungsversorgung anliegt. Ganz links außen befinden sich *4* Anschlüsse, um sowohl die Spannungsversorgung als auch die Bus-Anschlüsse anzubringen. Der LM75 befindet sich übrigens auf klebbaren, kreisrunden Klettverschluss-Pads, mit dem ich den Baustein auf der Platine fixiert habe. Es gibt aber unzählig Möglichkeiten, um dies zu realisieren. Um zu verstehen, wie der Temperatursensor funktioniert und wie wir ihn ansprechen, kommen wir nicht um ein paar grundlegende Details herum. Du kannst über die Adressleitungen *A0* bis *A3*, die ja eine *3-Bit*-Adresse darstellen, *8* unterschiedliche Temperatursensoren an einem Bus betreiben. Die Adresse ist jetzt jedoch nicht *0x00* bis *0x08*, sondern setzt sich aus einem festen und einem variablen Bit-Anteil zusammen. Schau her:

Abbildung 14-14-4 ▶
Die möglichen Adressen des LM75

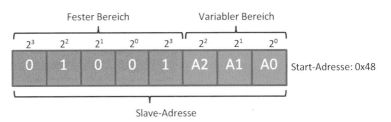

Auf der linken Seite befinden sich die *5* Bits, die den festen Adressanteil festlegen, gefolgt von *3* variablen Bits auf der rechten Seite. Auf der folgenden Grafik siehst du ein paar der möglichen Bus-Adressen und wie sie sich zusammensetzen.

Abbildung 14-14-5 ▶
Ein paar der möglichen Adressen
des LM75

2^3	2^2	2^1	2^0	2^3	2^2	2^1	2^0	
0	1	0	0	1	0	0	0	Adresse: 0x48
0	1	0	0	1	0	0	1	Adresse: 0x49
0	1	0	0	1	0	1	0	Adresse: 0x4A
				...				
0	1	0	0	1	1	1	0	Adresse: 0x4E
0	1	0	0	1	1	1	1	Adresse: 0x4F

Projekt 14-14: Die Temperaturmessung

Eine dieser 8 Adressen kannst du sehr komfortabel über den auf der Platine befindlichen Dip-Switch einstellen. Für unser Beispiel habe ich die Start-Adresse *0x48* gewählt, bei der sich alle Switches in Stellung *Off* befinden. Ich habe die LM75-Platine mit dem Raspberry Pi verbunden, wobei wir weiterhin I²C-Bus *1* nutzen. Wir schauen einmal nach, ob sich der Baustein auch richtig zu erkennen gibt. Wir nutzen dafür wieder unseren *i2cdetect*-Befehl.

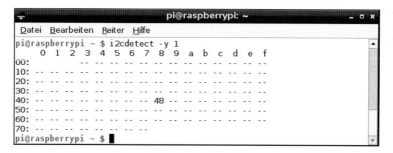

◀ Abbildung 14-14-6
Die Adresse 0x48 des LM75 wird korrekt erkannt

Die Grundvoraussetzung zum Ansprechen des LM75 ist also gegeben. Im zweiten Schritt müssen wir irgendwie an die Temperatur gelangen, die der Sensor ermittelt. Natürlich werden auch diese und andere Informationen wieder in internen Registern vorgehalten, die über spezielle Adressen zu erreichen sind. Die Adressierung erfolgt über einen internen Zeiger (*Pointer*), der standardmäßig auf das Temperaturregister weist. Direkt das erste Register mit der Bezeichnung *Register 0* beinhaltet eben diese Temperatur.

D15	D14	D13	D12	D11	D10	D9	D8	D7	D6	D5	D4	D3	D2	D1	D0
MSB	Bit 7	Bit 6	Bit 5	Bit 4	Bit 3	Bit 2	Bit 1	LSB	x	x	x	x	x	x	x

◀ **Abbildung 14-14-7**
Register 0 – Temperatur-Register
(Quelle: Datenblatt des Herstellers)

Es handelt sich um ein Register, aus dem nur gelesen werden kann (*read only*). Wie du anhand der Datenbreite von *16*-Bits (D0 bis D15) siehst, sind die Informationen auf *2* Byte verteilt. Das höherwertige Byte (D8 bis D15) beinhaltet die Temperatur, die vor dem Komma steht. Vom niederwertigen Byte wird lediglich das höchstwertige Bit D7 verwendet. Es ist für die Nachkommastelle verantwortlich und gibt den *0,5*- Grad-Schritt an. Ist das Bit gesetzt, werden *0,5* Grad auf die Vorkommastelle draufgerechnet. Damit ist klar, dass der LM75 die Temperatur in *0,5*- Grad-Schritten ermitteln kann.

Abbildung 14-14-8 ▶
Register 0 – Temperatur-Register
(HIGH- und LOW-Byte)

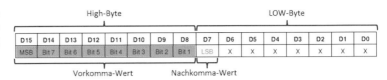

Das soll als Grundlageneinführung reichen. Bevor wir mit der Programmierung beginnen, mache ich dich mit dem Schaltplan vertraut.

Der Schaltplan

Zur Ansteuerung des LM75 benötigst du zur Minimalverdrahtung nur den IC selbst. Alles, was du hier auf dem Schaltplan siehst, ist nützliches Beiwerk – und doch solltest du dich dafür entscheiden. Denn dann kannst du mit den Adressen ein wenig spielen und ggf. mehrere Sensoren an den Bus anschließen.

Abbildung 14-14-9 ▶
Die Ansteuerung des Temperatursensors LM75

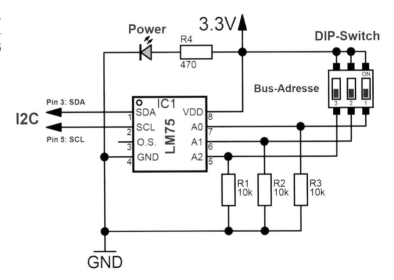

Der LM75 kann übrigens im Spannungsbereich von *3,0V* bis *5,5V* betrieben werden und ist somit für unsere Belange sehr gut geeignet.

Das Programm

Die ersten Versuche werden wir innerhalb eines Terminal-Fensters machen und die Sensordaten über den dir schon bekannten *i2cget-*

Projekt 14-14: Die Temperaturmessung

Befehl abrufen. Setz das folgende Kommando ab, damit du mehr Informationen über *i2cget* erhältst:

```
# i2cget -h
```

Du wirst sehen, dass du nicht nur ein einzelnes Byte abrufen kannst, was der Standard ist. Über die Option *-w*, was for *word* steht, wird ein Datenwort mit *2 x 8* Bit abgerufen. Und das ist genau das, was wir benötigen, denn das Temperaturregister verfügt genau über diese Datenbreite. Wenn du deinen Sensor angeschlossen hast, gib das folgende Kommando ein:

```
# i2cget -y 1 0x18 0x00 w
```

Die Antwort hängt natürlich von der ermittelten Temperatur ab. In meinem Fall war das der folgende hexadezimale Wert:

```
0x8015
```

Was meinst du, ist das ein Wert aus der Hölle oder eher einer aus der Arktis? Auf Anhieb können wir das nicht sagen. Beachte jedoch, dass bei dieser Ausgabe das höherwertige bzw. das niederwertige Byte vertauscht angezeigt werden:

- *0x80*: niederwertiges Byte
- *0x15*: höherwertiges Byte

Möchtest du den ganzzahligen Gradwert ermitteln, wandle den hexadezimalen Wert des höherwertigen Bytes *0x15* in eine Dezimalzahl um. Es ergibt die Temperatur von *21 Grad Celsius*. Zum Schluss musst du noch das höherwertige Bit des niederwertigen Bytes ermitteln. Das hört sich verzwackt an, nicht wahr!? Die binäre Darstellung des hexadezimalen Wertes *0x80* lautet *10000000₂*. Und siehe da, das MSB-Bit ist gesetzt und es bedeutet, dass du *0,5 Grad Celsius* zum zuvor ermittelten Temperaturwert hinzuaddieren musst. Das Ergebnis lautet also:

```
21,0 Grad + 0,5 Grad = 21,5 Grad Celsius
```

> Das ist im Moment einfach zu viel für mich. Wie sieht es denn mit den negativen Temperaturwerten aus? Wie soll das funktionieren?

Das mit den negativen Werten ist ein guter Einwand, den ich beinahe vergessen hätte. Ich zeige dir das am besten an ein paar Beispielen. Die Temperatur wird im ersten Byte (*HIGH-Byte*) als sogenanntes *Zweierkomplement* abgespeichert. Das gibt uns die

Möglichkeit, auch negative Zahlen im Binärsystem darzustellen. Es gibt bei den Dualzahlen keine Bit-Stelle, die ein Plus- oder Minuszeichen darstellen kann. Alles wird über Einsen und Nullen geregelt. Wenn wir es z.B. mit einer Variablen zu tun haben, die sowohl negative wie auch positive Werte abspeichern muss, wird in der Regel das *MSB* (*Most Significant Bit*) als Vorzeichenbit verwendet. So auch in unserem Fall beim LM75. Das Bit *D15* ist das besagte Bit. Positive Werte werden durch eine *0*, negative durch eine *1* in diesem Bit gekennzeichnet. Wie das Zweierkomplement zu handhaben ist, wirst du gleich sehen, wenn wir eine *1* in Bit *D15* bemerken. Steht dort eine *0* (positiver Wert), können wir den Wert unmittelbar umrechnen.

Beispiel 1: Positiver Wert und keine Nachkommastelle

Die 0,5-Grad-Stelle in Bit *D7* ist *0*, und somit haben wir keine Nachkommastelle.

Beispiel 2: Positiver Wert und eine Nachkommastelle

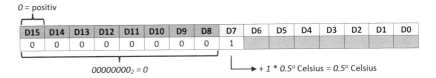

Jetzt haben wir in Bit *D7* eine *1* stehen, was bedeutet, dass wir auf das Ergebnis des HIGH-Bytes 0,5 Grad hinzuaddieren müssen.

Beispiel 3: Negativer Wert und eine Nachkommastelle

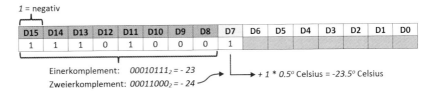

Projekt 14-14: Die Temperaturmessung

Da das Bit *D15* eine *1* enthält, wird signalisiert, dass wir es mit einer negativen Zahl zu tun haben. Die Zweierkomplementdarstellung müssen wir für die Anzeige des Gradwertes schrittweise zurückrechnen. Zuerst wird das *Einerkomplement* gebildet, was eine Invertierung aller Bits bedeutet. Aus einer *1* wird eine *0* und aus einer *0* eine *1*. Dann wird das *Zweierkomplement* gebildet, was eine einfache binäre Addition des Wertes *1* bedeutet. Da bei unserem Beispiel das Nachkommastellenbit *D7* gesetzt ist, muss auf das negative Ergebnis von *-24* noch *0,5* hinzuaddiert werden, was im Endeffekt einen Wert von *-23,5* Grad Celsius macht. Ich hoffe, dass du aufgrund dieser Beispiele eine ungefähre Vorstellung davon bekommen hast, wie die Werte des LM75 zu interpretieren sind.

Ich möchte dir in der folgenden Programmierung zeigen, wie du ganz einfach Konsolenbefehle ausführen kannst. Auf diese Weise müssen wir noch nicht einmal die *smbus*-Library in Python einbinden.

```python
1  #/usr/bin/python
2  import commands
3  from time import sleep
4  cmd = 'i2cget -y 1 0x48 0x00 w' # Abzusetzendes Kommando
5
6  def calcTemp(wert):
7      vorkomma = wert & 0xFF
8      nachkomma = wert >> 15
9      # Ist Wert positiv oder negativ?
10     if (vorkomma & 0x80) != 0x80: # positiv
11         temp = vorkomma + nachkomma * 0.5
12     else: # negativ
13         # Zweierkomplementbildung
14         vorkomma = -((~vorkomma & 0xFF) + 1)
15         temp = vorkomma + nachkomma * (0.5)
16     print str(temp) + ' Grad Celsius'
17
18 def main():
19     go = True
20     while go:
21         try:
22             status, output = commands.getstatusoutput(cmd)
23             # Ergebnis ist ein Tuple
24             if status == 0:
25                 calcTemp(int(output, 16))
26                 sleep(1) # Kurze Pause
27             else:
28                 print 'Fehler!'
29                 print output
30                 go = False
31         except KeyboardInterrupt:
32             go = False
33
34 if __name__ == '__main__':
35     main()
```

Wenn du dir das Programm anschaust, wirst du möglicherweise überrascht sein, denn wirklich lang ist es nicht. Die ganze Funktionalität zur Ansteuerung des I^2C-Busses steckt im *i2cget*-Befehl, den

▲ **Abbildung 14-14-10**
Das Python-Programm zum Abfragen des Temperaturwertes vom LM75

wir aus Python heraus aufrufen. Die Methode *getstatusoutput* erwartet einen Command-String, der einen Befehl auf der Kommandozeile, also innerhalb des Terminal-Fensters, darstellt. Dafür ist die Einbindung der *commands*-Library in Zeile 2 erforderlich. Darüber setzen wir unseren schon bekannten Befehl

```
# i2cget -y 1 0x48 0x00 w
```

ab. Das Ergebnis der Methode wird in Form eines Tupels zurückgeliefert. Zum einen interessiert es natürlich, ob der Befehl ohne Probleme ausgeführt wurde, und zum anderen, wie das Ergebnis bzw. der Output lautet.

```
status, output = commands.getstatusoutput(cmd)
```

Ist der Wert in *status* gleich *0*, bedeutet das eine fehlerfreie Ausführung des Kommandos, das in der Variablen *cmd* hinterlegt ist. Jeder Wert ungleich *0* bedeutet einen Fehler. Das Ergebnis, der Ausführung wird der Variablen *output* zugewiesen. Dort steht – wenn es zu keinem Fehler gekommen ist – die gemessene Temperatur in Form eines hexadezimalen Wertes, den es zu analysieren gilt. Er wird der *calcTemp*-Funktion in Form eines ganzzahligen Wertes übergeben. Die *int*-Funktion in Zeile *25* wandelt die Zeichenkette in einen Integerwert um. Sehen wir uns die *calcTemp*-Funktion genauer an.

Abbildung 14-14-11 ▶
Die Funktion calcTemp

```
 6 def calcTemp(wert):
 7     vorkomma  = wert & 0xFF
 8     nachkomma = wert >> 15
 9     # Ist Wert positiv oder negativ?
10     if (vorkomma & 0x80) != 0x80: # positiv
11         temp = vorkomma + nachkomma * 0.5
12     else: # negativ
13         # Zweierkomplementbildung
14         vorkomma = -((~vorkomma & 0xFF) + 1)
15         temp = vorkomma + nachkomma * (0.5)
16     print str(temp) + ' Grad Celsius'
```

Über die Zeile *7* werden aus dem übergebenen Wert nur die untersten *8* Bit herausgefiltert bzw. berücksichtigt, was über die bitweise UND-Verknüpfung mit dem Wert *0xFF* gemacht wird. Das Ergebnis dieser Operation ist der Temperaturwert in der Zweierkomplementdarstellung. Den Nachkommawert ermitteln wir in Zeile *8* über das Verschieben des höchstwertigen Bits (MSB) an die niederwertigste Stelle (LSB). Nun müssen wir überprüfen, ob das höchstwertige Bit des Vorkommawertes *0* oder *1* ist. Du erinnerst dich ...

- *0*: positiver Temperaturwert (Temperatur kann so übernommen werden)

- *1*: negativer Temperaturwert (Zweikomplementbildung erforderlich)

Ist der Vorkommawert positiv, ist die Temperatur gleich diesem Wert unter Berücksichtigung der Nachkommastelle. Bei einem negativen Vorkommawert muss in Zeile *14* das Zweikomplement gebildet werden, was in der Umkehrung der Bits und der nachfolgenden Addition von *1* resultiert. Anschließend wird wieder die Nachkommastelle berücksichtigt und ggf. hinzuaddiert. Startest du dein Python-Programm, werden dir die gemessenen Temperaturwerte im Rhythmus der festgelegten Pausenzeit in Zeile *26* angezeigt.

◀ **Abbildung 14-14-12**
Die Anzeige der gemessenen Temperaturwerte

Der Aufbau auf dem Simple-Board

Das kleine LM75-Board passt wunderbar auf die beiden kleinen Breadboards und kann von dort aus mit der GPIO-Schnittstelle verbunden werden.

▼ **Abbildung 14-14-13**
Die Verbindung des Simple-Boards mit der LM75-Platine

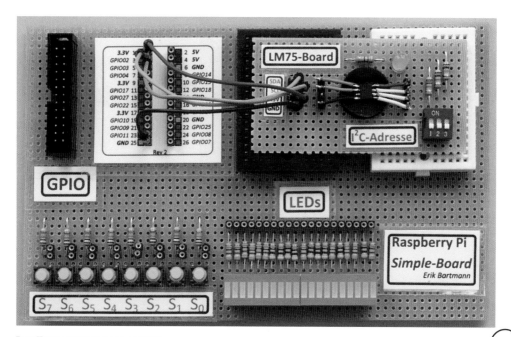

Was ist eine Datenbank?

Wenn du dir die gemessenen Temperaturwerte des LM75 in bestimmten Zeitabständen anschaust, ist es sehr interessant zu sehen, wie sich die Werte ändern, wenn du z.B. deinen warmen Finger auf das Modul legst oder mit deinem Atem die Umgebungstemperatur veränderst. Möchtest du jedoch z.B. den Temperaturverlauf in deinem Zimmer über einen längeren Zeitraum verfolgen, wäre es recht mühsam und langweilig, die gemessenen Werte über mehrere Stunden im Auge zu behalten. Die Werte werden zwar durch das Programm im Terminal-Fenster schön untereinander aufgelistet, doch das ist für Langzeitmessungen irgendwie nicht praktikabel. Zum Glück gibt die Möglichkeit, auch größere Datenmengen zu speichern. Gerade im Informationszeitalter und unserer schnelllebigen Zeit sind die anfallenden Datenmengen fast nicht mehr beherrschbar. Das Internet mit seiner nicht mehr überschaubaren Menge an Internetseiten ist das beste Beispiel für eine Flut von Informationen, die in irgendeiner Weise verwaltet werden müssen. In den Anfängen der Datenverarbeitung waren die Informationseinheiten noch klein und handhabbar, so dass sie z.B. in einer recht flachen Struktur in Textdateien verwaltet wurden.

Abbildung 14-14-14 ▶
Das Datenbank-System

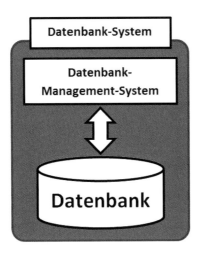

Dieses Verfahren war jedoch durch das exponentiell anwachsende Datenaufkommen grenzenlos überfordert. Gerade wenn es darum ging, unterschiedliche Daten in Bezug zueinander zu setzen oder Daten einfach nur abzufragen, stieß man an seine Grenzen. Auch die bekannten Programmiersprachen waren zum Speichern, Auslesen oder Filtern der Daten nicht oder nur bedingt geeignet, so dass auch hier Probleme aufkamen. Eine Lösung brachten die Datenbanksysteme, die in den *1960er* Jahren eingeführt wurden. Sie gaben uns nach und nach die Möglichkeit, die Menge der Daten derart zu verwalten, dass sie in eine bestimmte Beziehung zueinander gestellt werden konnten und in einer bestimmten Struktur vorlagen. Natürlich werden die Daten einer Datenbank auch weiterhin in Dateien verwaltet, doch der Zugriff darauf wird durch ein sogenanntes *Datenbank-Management-System* geregelt. Derartige Datenbank-Systeme sind heute weit verbreitet und werden von namhaften Firmen wie *Oracle* oder *Microsoft* vertrieben, um nur einige zu nennen. Es handelt sich dabei um eine Client-Server-Architektur, die die Daten im Netzwerk zur Verfügung stellt bzw. verwaltet. Auf diese Weise können sehr viele Nutzer mehr oder weniger auf einen gemeinsamen Datenbestand zugreifen.

Das beste Beispiel ist die Suchmaschine *Google*. Ihr riesiger Datenbestand mit Unmengen an Informationen über alle Themenbereiche des menschlichen Lebens wird zentral auf mehreren Servern vorgehalten, und wir mit unseren Internet-Browsern greifen als Clients darauf zu. Der eigentliche Datenbankzugriff bleibt vor uns verborgen, wir geben lediglich bestimmte Begriffe in die Suchmaske ein, zu denen wir Informationen erhalten möchten. Was im Hintergrund passiert, braucht uns nicht zu interessieren. Wie aber erfolgt ein Zugriff auf die Datenbank? Im Zuge der modernen relationalen Datenbankentwicklungen wurde eine Abfragesprache entwickelt, die einen schnellen und komfortablen Zugriff gewährt. Diese Sprache nennt sich *SQL*, was für *Structured Query Language* steht. Bevor wir uns dieser Sprache zuwenden, möchte ich dich mit ein paar grundlegenden Elementen einer Datenbank vertraut machen, denn irgendwo und irgendwie müssen die Daten ja gespeichert werden. Eines dieser *Datenbankobjekte*, wie sie genannt werden, ist die *Tabelle*. Wie können wir uns eine derartige Tabelle vorstellen? Nehmen wir unseren Temperatursensor LM75 und überlegen, welche Informationen neben dem gemessenen Temperaturwert für uns wichtig sind. Erstellen wir eine kurze Liste mit allen relevanten Daten, die es zu speichern gilt.

- Wie war der gemessene Temperaturwert?
- Wann wurde der Wert ermittelt (Datum + Zeit)?
- An welchem I^2C-Bus wurde die Messung vorgenommen?

Das sind nur einige wenige Fragen, dir fallen bestimmt noch weitere ein, doch für unser Beispiel soll das genügen. Wenn du diese Angaben in eine Tabelle eintragen müsstest, wie würdest du vorgehen? Ich denke, es ist am besten, die o.g. Details in einzelne Spalten einzutragen und für jede neue Messung eine weitere Zeile in der Tabelle hinzuzufügen, wie etwa im folgenden Diagramm:

Abbildung 14-14-15 ▶
Die Temperaturwert-Tabelle

Temperaturwert:	I2C-Bus:	Datum:
20.5	1	2013-02-11 11:47:00
21.0	1	2013-02-11 11:48:00
24.0	1	2013-02-11 11:49:00

Du siehst anhand des Zeitstempels, der Datum und Uhrzeit beinhaltet, dass die gemessenen Temperaturen untereinander gelistet werden. Auf diese Weise werden auch wir gleich eine Tabelle in einer Datenbank erstellen. Natürlich existieren neben den Tabellen in Datenbanken noch weitere Datenbankobjekte, die uns hier jedoch nicht interessieren.

Bevor es losgehen kann, sollten wir uns für eine Datenbank entscheiden, die du auf deinem Raspberry Pi installieren musst. Es wäre sicher übertrieben, eine Oracle-Datenbank oder auch *MySQL* zu installieren, auch wenn das mit der zuletzt Genannten durchaus machbar wäre Ich möchte dich mit einer Lösung vertraut machen, die ein relationales Datenbanksystem darstellt und den Großteil der in den *SQL-92*-Standards festgelegten Sprachbefehle unterstützt. Ihr Name lautet *SQLite* und sie umfasst eine Programmbibliothek zur Kommunikation mit dem Datenbanksystem. Der Unterschied zu großen Datenbanken wie *Oracle*, *MySQL* oder *Microsoft SQL-Server* besteht darin, dass es sich bei SQLite nicht um eine Client-Server-Architektur handelt, sondern um eine recht kleine Bibliothek, die in die unterschiedlichsten Programmiersprachen eingebunden werden kann, wobei die eigentliche Datenbank aus einer einzigen Datei besteht, die die Datenbank-Objekte wie z.B. Tabellen, Views oder Trigger beinhaltet. Auf diese Weise kann eine Anwendung mit einer integrierten SQLite-Datenbank recht einfach weitergegeben werden, ohne auf dem Zielsystem eine Installation eines Datenbanksystems vornehmen zu müssen. Kommen wir also zu den erforderlichen Installationsschritten, damit SQLite auch auf deinem Raspberry Pi läuft.

Die Installation von SQLite

Die Installation von SQLite erfolgt über die folgenden Zeilen:

```
# sudo apt-get update
# sudo apt-get install sqlite3
```

Die im Moment aktuelle Version ist *SQLite 3.7.13*, was sich aber im Laufe der Zeit ändern wird. Du kannst die Version über

```
# sqlite3 -version
```

abfragen. Ich möchte dich zuerst mit ein paar Datenbankgrundlagen versorgen, bevor ich dir das Python-Programm zeige. Leider kann ich nicht so in die Tiefe gehen, wie ich das gerne möchte, denn das würde den Buchumfang sprengen und zu Lasten anderer Themen gehen. Du findest im Internet und in der Fachliteratur eine Menge Lesestoff, der dir sicherlich bei weitergehenden Fragen hilfreich sein wird.

Das Anlegen der erforderlichen Tabelle

Bevor wir eine Tabelle anlegen, in der wir die Temperaturwerte abspeichern, müssen wir uns ein wenig über die Datentypen unterhalten. Aus der bisherigen Programmierung kennst du die verschiedenen Datentypen, die z.B. in der Programmiersprache *C* für die Deklaration zur Verfügung stehen. In SQLite gibt es verschiedene Datentypen, die zwar nicht den Umfang von *C* aufweisen, doch für die Speicherung von Werten innerhalb einer Datenbank vollkommen ausreichend sind.

Datentyp	Erklärung
NULL	nicht zu verwechseln mit *0*-Wert
INTEGER	ein Vorzeichen-behafteter Ganzzahlwert mit *1, 2, 3, 4, 6* oder *8* Bytes
REAL	ein Fließkommawert mit *8* Byte Datenbreite nach IEEE-Norm
TEXT	eine Zeichenkette mit unterschiedlichem Encoding nach UTF-8, UTF-16BE bzw. UTF-16LE
BLOB	ein Rohdatenwert, der genauso abgespeichert wird, wie er angegeben wurde

◀ **Tabelle 14-14-1**
SQLite-Datentypen

Nähere Informationen findest du unter *http://www.sqlite.org/datatype3.html*.

> Da fehlt doch ein entscheidender Datentyp, der das Datum abspeichern soll. Wie machen wir das denn?

SQLite verfügt über keinen speziellen Datentyp zur Speicherung von Datum und Zeit. Wir verwenden dafür den Datentyp *TEXT* und speichern den Wert in der Form

`YYYY-MM-DD HH:MM:SS.SSS`

ab. Die Buchstaben stehen für:

- YYYY: (Y= Year) Jahresangabe wie z.B. *2013*
- MM: (M = Month) Monatsangabe wie z.B. *02*
- DD: (D = Day) Tagesangabe wie z.B. *11*
- HH: (H = Hour) Stundenangabe wie z.B. *12*
- MM: (M = Minute) Minutenangabe wie z.B. *08*
- SS: (S = Second) Sekundenangabe wie z.B. *18*
- SSS: (Millisekunden) – kann entfallen

Bevor wir zum Anlegen der Tabelle kommen, muss ich ein paar Worte über eine Spalte verlieren, die eine spezielle Bedeutung hat. Hinsichtlich einer Eindeutigkeit der abgespeicherten Daten gibt es bei Datenbanken einen sogenannten *Schlüssel*. Jede Zeile in einer Tabelle wird als *Tupel* oder *Datensatz* bezeichnet. Um einen einzigen Datensatz eindeutig anzusprechen, ist ein eindeutiger Schlüssel zu definieren. Er wird als *Primary Key* bezeichnet und wird in vielen Tabellen über eine fortlaufende ganzzahlige Nummer, der sogenannten *Id* realisiert, die in der Regel am Anfang der Tabelle in der ersten Spalte aufgeführt wird. Das werden wir auch in unserer Tabelle umsetzen. Ich habe mich für die folgenden Datentypen entschieden:

Tabelle 14-14-2 ▶
Temperatur-Datenbank-Tabelle

Spaltenname	Datentyp	Bemerkung
id	INTEGER	*Primary Key*
temperatur	REAL	
i2cbus	INTEGER	
datum	*TEXT*	

Ok, jetzt können wir die Tabelle anlegen. Öffne ein Terminal-Fenster und tippe *sqlite3* gefolgt vom gewünschten Datenbanknamen ein. Ich schlage den Namen *lm75.db* vor, wobei die Endung *db* den

Rückschluss zulässt, dass es sich um eine Datenbankdatei handelt. Nach dieser Eingabe bekommst du den sqlite-Prompt (*sqlite>*) angezeigt, wo du die Datenbank-Kommandos absetzen kannst. Um eine Datenbanktabelle zu erstellen, werden folgende Informationen benötigt:

- Tabellenname
- Spaltenname(n)
- Datentyp der Spalte(n)

Über die *create table* Anweisung

```
sqlite> create table <Tabellenname> (<Spalteninformationen>, ...);
```

wird die Tabelle erzeugt. Du kannst die Eingaben über mehrere Zeilen fortsetzen, wobei erst beim abschließenden Semikolon die Anweisung ausgeführt wird.

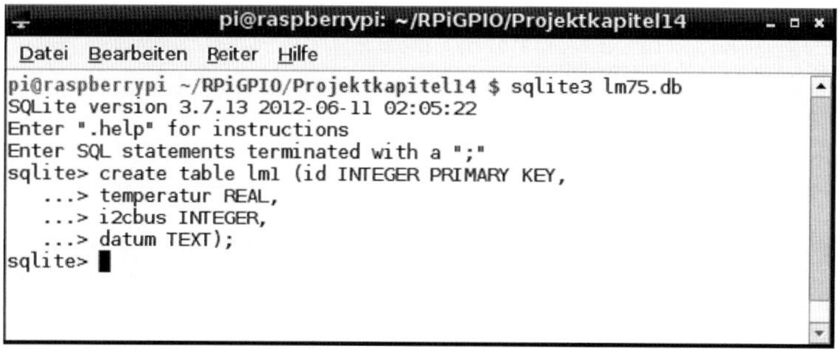

◀ **Abbildung 14-14-16**
Die Temperaturwert-Tabelle lm75 in SQLite erstellen

Innerhalb der runden Klammern werden die Spaltennamen mit ihren Datentypen aufgeführt und jede einzelne Spalte durch ein Komma getrennt. Beachte, dass die erste Spalte mit dem Namen *id* eine Sonderfunktion hat. Sie bildet den schon erwähnten Primary Key und wird hinter dem Datentyp erwähnt. Nach erfolgreicher Erstellung der Tabelle kannst du dir über den Befehl

```
sqlite> .schema lm75
```

das Tabellenschema anzeigen lassen. Lässt du dem Namen der Tabelle weg, werden alle in der Datenbank vorhandenen Tabellen-Schemata gelistet. Falls du eine Tabelle mit falschen Informationen angelegt hast. kannst du sie über die *drop table*-Anweisung wieder aus der Datenbank entfernen.

```
sqlite> drop table lm75;
```

Datensätze einer Tabelle hinzufügen

Bevor Datensätze angezeigt werden können, müssen sie erst einmal ihren Weg in die Datenbank bzw. Tabelle finden. Dazu verwenden wir die *insert into*-Anweisung. Es müssen die Tabelle, die Spalten und ihre Werte übergeben werden.

```
sqlite> insert into <Tabellenname> (<Spalten>,...) values (<Werte>, ...);
```

Dabei muss die Anzahl der genannten Spalten gleich der Anzahl der genannten Werte sein und in der gleichen Reihenfolge gelistet werden. Ich zeige dir das an einem Beispiel, bei dem ich der Tabelle fiktive Werte hinzufüge.

Abbildung 14-14-17 ▶
Einen Datensatz der Tabelle lm75
hinzufügen

```
pi@raspberrypi: ~/RPiGPIO/Projektkapitel14

Datei  Bearbeiten  Reiter  Hilfe

pi@raspberrypi ~/RPiGPIO/Projektkapitel14 $ sqlite3 lm75.db
SQLite version 3.7.13 2012-06-11 02:05:22
Enter ".help" for instructions
Enter SQL statements terminated with a ";"
sqlite> insert into lm75 (temperatur, i2cbus, datum)
   ...> values (99, 1, '2013-02-11 16:03:55');
sqlite> select * from lm75;
1|99.0|1|2013-02-11 16:03:55
sqlite>
```

Beachte, dass die Datumsangabe als Zeichenkette übergeben werden muss.

> Eins stimmt hier doch nicht! Wir übergeben überhaupt nicht die *id*, die in der ersten Spalte der Tabelle genannt wird. Warum kommt es hier zu keinem Fehler?

Whow, *RasPi*! Das hast du gut bemerkt, das ist ein sehr wichtiger Punkt. Wenn die Spalte als *Primary Key* deklariert wurde, wird der Wert beim Hinzufügen eines neuen Datensatzes automatisch inkrementiert (*auto-increment*), also hochgezählt. Aus diesem Grund wird diese Angabe nicht mit ausgeführt. Als letzte Anweisung habe ich mir den Inhalt der Tabelle anzeigen lassen. Wie das genau funktioniert, wirst du sofort sehen.

Den Inhalt einer Tabelle anzeigen lassen

Um den Inhalt einer Tabelle anzeigen zu lassen, wird die *select*-Anweisung verwendet. Damit du eine Vorstellung davon bekommst, wie die Ausgabe aussieht, habe die Tabelle *lm75* schon mit ein paar

Werten versehen. Das Abrufen der Daten aus einer Tabelle erfolgt über das Schlüsselwort *select*, gefolgt von der Auflistung der Spaltennamen und der Angabe, aus welcher Tabelle gelesen werden soll, was über das Schlüsselwort *from* geschieht. Möchtest du alle in der Tabelle enthaltenen Spalten anzeigen lassen, verwende den Stern *.

```
sqlite> select * from lm75;
```

Anschließend werden alle Datensätze der Tabelle *lm75* aufgelistet.

```
pi@raspberrypi: ~/RPiGPIO/Projektkapitel14                    _  □  ×
Datei  Bearbeiten  Reiter  Hilfe
pi@raspberrypi ~/RPiGPIO/Projektkapitel14 $ sqlite3 lm75.db
SQLite version 3.7.13 2012-06-11 02:05:22
Enter ".help" for instructions
Enter SQL statements terminated with a ";"
sqlite> select * from lm75;
1|23.0|1|2013-02-11 15:59:02.951044
2|24.5|1|2013-02-11 15:59:04.091823
3|25.5|1|2013-02-11 15:59:05.222310
4|26.0|1|2013-02-11 15:59:06.348335
5|26.5|1|2013-02-11 15:59:07.467714
sqlite>
```

◀ **Abbildung 14-14-18**
Die Temperaturwert-Tabelle lm75 in SQLite auslesen

Möchtest du lediglich den Temperaturwert und das Datum angezeigt bekommen, gib statt des Sterns diese Spaltennamen durch ein Komma getrennt an:

```
sqlite> select temperatur, datum from lm75;
```

> Das ist alles sehr spannend und auch sehr schön, aber ich sehe nicht unbedingt den Vorteil einer Datenbankspeicherung im Gegensatz zu einer Speicherung der Daten in einer flachen Textdatei.

Du hast du nicht ganz Unrecht, doch ich bin auch noch nicht ganz fertig mit meinen Erläuterungen. Speicherst du die Daten in einer flachen Textdatei, müsstest du die einzelnen Spaltenwerte durch ein Trennzeichen, auch *Delimiter* genannt, auseinanderhalten, damit du später genau unterscheiden kannst, welcher Wert welcher Spalte zuzuordnen ist. Dieses Verfahren wird z.B. bei sogenannten CSV-Daten verwendet. Es ist aber recht umständlich, den Datenbestand auf diese Weise nach bestimmten Kriterien zu filtern. Ich möchte dir kurz ein sehr nützliches SQLite-Frontend vorstellen. Es besitzt eine grafische Oberfläche und kann einerseits auf sehr einfache Weise die Daten darstellen und andererseits direkt SQL-Kommandos entgegennehmen, deren Ergebnisse unmittelbar angezeigt werden. Der Name ist *SQLite Database Browser* und es ist recht

Was ist eine Datenbank? ———————————————————

einfach über das Repository zu installieren. Gib dazu das folgende Kommando ein:

```
# sudo apt-get install sqlitebrowser
```

Nach der Installation findest du im Entwicklungs-Menü den Eintrag *SQLite database browser*. Ich habe den Browser schon mal gestartet:

Abbildung 14-14-19 ▶
Der SQLite-Database-Browser

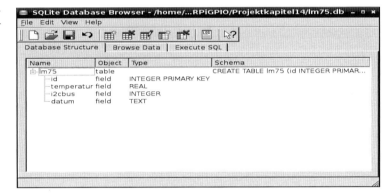

Über den Menüpunkt *File|Open Database* habe ich mir meine Datenbankdatei *lm75.db* geladen. Sofort werden alle in der Datenbank enthaltenen Tabellen im Tab-Reiter *Database Structure* angezeigt. Da wir im Moment mit nur einer Tabelle arbeiten, wird auch nur diese angezeigt. In der einer Baumstruktur ähnlichen Ansicht wird die Tabelle *lm75* mit ihren Spaltennamen, den Objektnamen und Datentypen angezeigt. Für den folgenden Test habe ich einige fiktive Daten in die Tabelle eingetragen und bin dazu in den Tab-Reiter *Browse Data* gewechselt.

Abbildung 14-14-20 ▶
Der SQLite-Database-Browser und
die Daten der Tabelle lm75

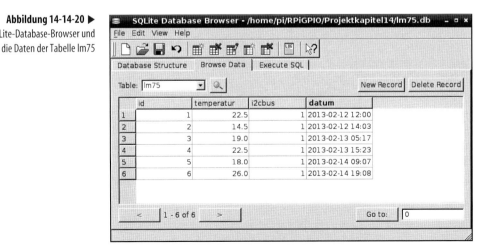

Wie du siehst, haben wir es mit 6 Datensätzen zu tun, die an unterschiedlichen Tagen erstellt wurden. Wir wollen nachschauen, an welchen Tagen die Temperatur unter *20* Grad Celsius lag. Wir wechseln dazu in den Tab-Reiter *Execute SQL* und geben dort im Eingabefenster *SQL string* das folgende SQL-Kommando ein:

```
select * from lm75 where temperatur < 20
```

Bei der Eingabe im Browser wird das abschließenden Semikolon nicht benötigt.

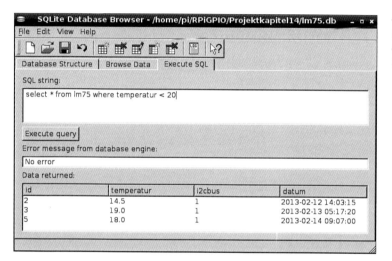

◀ **Abbildung 14-14-21**
Der SQLite-Database-Browser und die gefilterten Daten der Tabelle lm75

Das *select*-Kommando kennst du ja inzwischen. Es gibt ohne weitere Angaben alle in der genannten Tabelle enthaltenen Datensätze aus. Über einen Zusatz hast du eine interessante Möglichkeit der Datenfilterung bzw. -eingrenzung. Über die *where*-Klausel, die hinter der *select*-Anweisung aufgeführt wird, kannst du die Datensätze in ihrer Gesamtheit bestimmte Einschränkungen in der Anzeige der Ergebnismenge auferlegen. Diese Klausel kann als wichtigster Bestandteil der *select*-Anweisung angesehen werden. Der Zusatz

```
where temperatur < 20
```

filtert die Datensätze derart, dass nur diejenigen ihren Weg in die Ergebnismenge finden, deren Wert in der Spalte *temperatur* kleiner als *20* ist. Wie du siehst, trifft das für *3* Datensätze zu. Um z.B. einen Temperaturbereich abzudecken, kannst du den *between*-Operator einsetzen. Er dient zur Bereichseingrenzung. Angenommen, du möchtest alle Datensätze anzeigen lassen, deren Temperaturwerte zwischen *18* und *19* Grad Celsius liegen. Das machst du wie folgt:

```
select * from lm75 where temperatur between 18 and 19
```

Wie sieht es mit der Ermittlung des höchsten bzw. niedrigsten Temperaturwertes aus? Dafür gibt es die sogenannte *Aggregatfunktionen*. Dazu gehören *min()* bzw. *max()*. Gib dafür die folgende Zeile ein:

```
select max(temperatur) from lm75
```

Den Inhalt einer Tabelle löschen

Sicherlich wirst du gerade in der Testphase immer wieder mit unterschiedlichen Werten in der Tabelle arbeiten und irgendwann möchtest du den kompletten Inhalt auch wieder löschen. Dazu musst du nicht die ganze Tabelle löschen und neu anlegen. Über den delete-Befehl kannst du alle oder nur bestimmte Datensätze einer Tabelle löschen. Um den komplette Datenbestand zu löschen, gib die folgende Zeile ein:

```
sqlite> delete from lm75;
```

Eine Einschränkung der zu löschenden Datensätze kann wieder über die where-Klausel erfolgen. Möchtest du alle Datensätze, deren Temperaturwerte größer als 20.0 sind, löschen, verwende die folgende Zeile:

```
sqlite> delete from lm75 where temperatur > 20;
```

Sei vorsichtig mit der Verwendung dieses Befehls! Selbst die besten und intelligentesten Datenbank-Programmierer haben bei der *delete from*-Anweisung schon die *where*-Klausel vergessen, was zu einer Vernichtung des gesamten Datenbestandes geführt hat. Kommen wir zum Programm, das die gemessenen Temperaturwerte in die Datenbank speichert.

Das Programm

Bevor du das Programm ausführst, solltest du die Datenbank *lm75.db* mit der erforderlichen Tabelle *lm75* im Projektverzeichnis angelegt haben. Ich habe den Code in *4* Teile untergliedert, die zusammengefügt ein lauffähiges Programm ergeben.

Initialisierungen

```
1  #/usr/bin/python
2  import commands
3  import sys
4  from time import sleep
5  import sqlite3              # SQLite einbinden
6  import datetime             # Datums-Methoden
7  dbfile = 'lm75.db'          # Datenbank-File
8  cmd = 'i2cget -y 1 0x48 0x00 w' # Abzusetzendes Kommando
```

◀ **Abbildung 14-14-22**
Die notwendigen Initialisierungen
für das SQLite-Programm

Den Datenbanknamen habe ich in die Datei *dbfile* ausgelagert, du kannst ihn ggf. anpassen.

Datenbanksicherung

Kommen wir zur Funktion, die die ermittelten Temperaturwerte in die Datenbank speichert.

```
10 def toDB(temp):
11     try:
12         dbconnection = sqlite3.connect(dbfile) # Datenbanverbindung
13         cursor = dbconnection.cursor()         # Cursor
14         timestamp = datetime.datetime.now()    # Aktuelle Zeit
15         datensatz = (temp, 1, timestamp)       # Werte-Tupel
16         sql = 'insert into lm75 (temperatur, i2cbus, datum) \
17                values(?, ?, ?)'
18         cursor.execute(sql, datensatz) # SQL-Anweisung ausfuehren
19         dbconnection.commit()          # Transaktion bestaetigen
20         dbconnection.close()           # Datenbankverbindung schliessen
21     except sqlite3.Error, e:
22         print 'SQLite Error:', e
23     print temp
```

▲ **Abbildung 14-14-23**
Die Speicherung der Temperaturwerte in die Datenbank

Um Daten in eine bestehende Datenbank zu schreiben, muss zuerst eine Verbindung zu dieser Datenbank hergestellt werden. Das erfolgt über die *connect*-Methode von SQLite in Zeile *12*. Ist die Verbindungsaufnahme erfolgreich verlaufen, wird ein Datenbank-Objekt erstellt und *dbconnection* zugewiesen. Damit mit einer Datenbank gearbeitet werden kann, wird ein sogenannter *Cursor* (*Zeiger*) in Zeile *13* über die *cursor*-Methode der Datenbankverbindung *dbconnection* erstellt. Wozu brauchen wir einen Cursor und was ist das überhaupt? Ein Cursor wird immer dann benötigt, wenn es darum geht, etwas innerhalb einer Datenbank zu machen, also Daten abfragen, hinzufügen oder verändern. Der Name Cursor ist dir sicherlich nicht ganz unbekannt, du hast ja schon den Cursor in einem Terminal-Fenster gesehen. Er steht für die gerade aktuelle Position, an der etwas eingegeben werden kann. Er ist also ein Positionszeiger. Vergleichbares machen wir mit dem Cursor innerhalb einer Datenbank, wenn wir z.B. in einer Tabelle von einem Datensatz zum nächsten springen. Damit wir in einem Datensatz sehen, wann ein Temperaturwert abgespeichert wurde, benötigen wir einen Zeitstempel, der in Zeile *14* über die Methode *datetime.now()* der Variablen *timestamp* zugewiesen wird. Um Temperatur, I²C-Bus und Zeitstempel als eine Einheit an die Datenbank zu übergeben, generieren wir in Zeile *15* ein Tupel mit dem Namen *datensatz*. Nun gilt es, eine SQL-Anweisung in Richtung SQLite abzusetzen. Dazu bereiten wir in Zeile *16* eine Zeichenkette vor, die alle notwendigen Informationen für einen Datenbank-Insert enthält. Sehen wir uns die Zeile ein wenig genauer an.

```
sql = 'insert into lm75 (temperatur, i2cbus, datum) \
       values(?, ?, ?)'
```

 Genau diese Zeile bereitet mir Kopfschmerzen. Da stehen *3* Fragezeichen. Hast du da nicht gewusst, was du einsetzen sollst?

Du traust mir ja einiges zu! Bei den *3* Fragezeichen handelt es sich nicht um einen kurzen Gedächtnisverlust meinerseits, sondern um Platzhalter, die in der darauffolgenden Programmzeile *18* mit Leben gefüllt werden.

```
cursor.execute(sql, datensatz)
```

Die *execute*-Methode nimmt einerseits die SQL-Anweisung entgegen und andererseits das Tupel des Datensatzes. Es werden die übergebenen Werte an die Stelle der Fragezeichen gesetzt, und zwar genau in der angegebenen Reihenfolge. Damit die Änderungen an der Datenbank auch wirklich übernommen werden, ist eine abschließende Bestätigung, ein *Commit*, erforderlich, was über die *commit*-Methode in Zeile *19* erreicht wird. Die Datenbankverbindung wird dann in Zeile *20* geschlossen. Alle Datenbank-Aktionen sind innerhalb eines *try*-Blocks untergebracht, was eine etwaige Störung in der Verbindungsaufnahme zur Datenbank abfangen soll.

Messwerte-Erfassung

Die *calcTemp*-Funktion zur Messwerte-Erfassung habe ich derart abgeändert, dass sie über eine *return*-Anweisung in Zeile *35* den gemessenen Temperaturwert zurückliefert.

```
25 ⊟def calcTemp(wert):
26        vorkomma  = wert & 0xFF
27        nachkomma = wert >> 15
28        # Ist Wert positiv oder negativ?
29 ⊟     if (vorkomma & 0x80) != 0x80: # positiv
30 ├          temp = vorkomma + nachkomma * 0.5
31 ⊟     else: # negativ
32            # Zweierkomplementbildung
33            vorkomma = -((~vorkomma & 0xFF) + 1)
34 ├          temp = vorkomma + nachkomma * (0.5)
35        return temp
```

◀ **Abbildung 14-14-24**
Die calcTemp-Funktion

Die main-Funktion

In der *main*-Funktion habe ich ein paar Anpassungen vorgenommen, so dass du einen Zeitwert beim Aufruf des Python-Programms übergeben kannst. Er bestimmt den Zyklus, wann der Temperaturwert in die Datenbank geschrieben werden soll.

```
37 ⊟def main():
38 │     go = True
39 ⊟    try:
40 ├        pause = float(sys.argv[1]) # Pausenwert ermitteln
41 ⊟    except:
42 ├        pause = 1.0
43     print 'Messzyklus: ' + str(pause) + ' Sekunde(n)'
44 ⊟   while go:
45 ⊟        try:
46 │             status, output = commands.getstatusoutput(cmd)
47 │             # Ergebnis ist ein Tuple
48 ⊟          if status == 0:
49 │                 temp = calcTemp(int(output, 16))
50 │                 toDB(temp)
51 ├               sleep(pause) # Pause einlegen
52 ⊟           else:
53 │                 print 'Fehler!'
54 │                 print output
55 ├               go = False
56 ⊟        except KeyboardInterrupt:
57 └            go = False
58
59 ⊟if __name__ == '__main__':
60 └    main()
```

◀ **Abbildung 14-14-25**
Die main-Funktion

In Zeile *40* wird über *sys.args[1]* ein eventuell vorhandenes Argument beim Programmaufruf abgefragt. Ich habe diese Abfrage innerhalb eines *try*-Blocks untergebracht, denn du musst diese Angabe nicht unbedingt machen. Fehlt sie, wird ein Pausenwert von *1.0* genommen, der in Zeile *42* steht. Du kannst das Programm also ohne Argument aufrufen:

```
# python lm75sqlite.py
```

Oder mit einem Argument

```
# python lm75sqlite.py 3
```

Was ist eine Datenbank? —————————————————————

Der Messzyklus wird über die *print*-Anweisung in Zeile *43* ausgegeben.

Warum gibst du den Index *1* für *args* an? Beginnt die Zählung nicht immer bei *0*?

Das ist vollkommen richtig, *RasPi*! Aber in Index *0* ist der Programmname selbst hinterlegt.

Was hast du gelernt?

- Du hast in diesem Kapitel den Temperatursensor LM75 kennengelernt.
- Du hast ihn über die I^2C-Schnittstelle mit dem Raspberry Pi verbunden und über den *3*-poligen Dip-Switch die Busadresse eingestellt. Somit hast du die Möglichkeit, *8* unterschiedliche Adressen vorzuwählen.
- Die Abfrage des Temperaturwertes erfolgte nicht mit Hilfe der *smbus*-Library von Python, sondern über das Ausführen des *i2cget*-Befehl mittels der *getstatusoutput*-Methode der *commands*-Library.
- Du hast Grundlegendes zur Datenbankprogrammierung über SQLite erfahren und wie die Daten über den *insert*-Befehl in der Datenbank gespeichert werden können.
- Ebenso hast du gesehen, wie du vorhandene Daten über den *select*-Befehl anzeigen und über die *where*-Klausel filtern kannst, um die Ergebnismenge einzuschränken.
- Um den Inhalt einer Tabelle zu löschen, musstest du nicht die ganze Tabelle löschen und neu anlegen. Du hast dazu den *delete from*-Befehl verwendet.

Projekt 14-15: Der elektronische Kompass

14
___
15

Unsere Erde umgibt aufgrund des eisenhaltigen Erdkerns, der wie eine Art Dynamo arbeitet, ein Magnetfeld. Die Pole dieses Magnetfeldes liegen in der Nähe des geografischen Nord- bzw. Südpols.

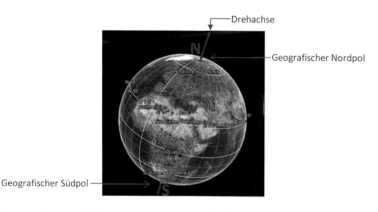

◀ **Abbildung 14-15-1**
Die Erde (Quelle: Google Earth)

Dieses Magnetfeld mit seinen Magnetfeldlinien wird zur Richtungsbestimmung mit einem Kompass genutzt, wobei sich die Kompassnadel in Richtung dieser Linien ausrichtet. Für die Navigation war und ist ein derartiger Kompass ein unerlässliches Hilfsmittel. In unserer heutigen hoch technisierten Zeit wird jedoch für die präzisere Positionsbestimmung bzw. Navigation das *GPS* (*Global Positioning System*) verwendet. Zur Unterstützung der Navigation ist ein elektronischer Kompass unerlässlich. Derartige Geräte arbeiten z.B. auf der Basis von Feldplattensensoren und ermitteln über eine Wheatstone'sche Brücke aus vier magnetoresistiven Widerständen, die ihre Widerstandswerte unter Einfluss des Magnetfeldes verändern, die Lage der Schaltung in Bezug zum vorherrschenden Erdmagnetfeld. Natürlich gibt es eine große Anzahl elektronischer

Module, die diese Aufgabe übernehmen. Ein sehr interessanter elektronischer Kompass ist der *CMPS10*. Was besprechen wir in diesem Kapitel?

- Wie arbeitet das Kompassmodul CMPS10?
- Was bedeuten Bearing-, Pitch- und Roll-Werte?
- Wie kannst du das Modul über die Tools der *I²C*-Schnittstelle ansprechen?
- Gibt es eine einfache Möglichkeit, das Modul über Python anzusprechen?
- Wie könnte ein virtuelles Cockpit aussehen?

Benötigte Bauteile

Benötigte Bauteile

1 x Kompassmodul CMPS10

Der elektronische Kompass CMPS10

Beim *CMPS10* handelt es sich um einen magnetischen Kompass mit Neigungsausgleich. Im inneren befindet sich sowohl ein 3-Achsen-Magnetometer für die Lage im Raum als auch ein 3-Achsen-Accelerometer für die Beschleunigung. Sehen wir uns die Lageveränderungen am Beispiel eines Flugzeugs an, das sich im *drei*dimensionalen Raum bewegt. Welche Möglichkeiten der Lageveränderungen gibt es?

Rollen

Beim *Rollen* eines Flugkörpers im Raum wird der Rollwinkel (*Roll*) in Bezug zur Horizontalen angegeben.

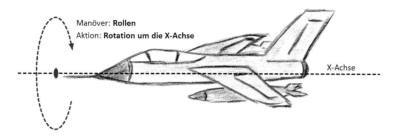

◀ **Abbildung 14-15-2**
Rollen eines Flugzeuges um die
x-Achse (Längsachse)

Gieren

Beim *Gieren* eines Flugkörpers im Raum wird der Kurswinkel
(*Bearing*) angegeben.

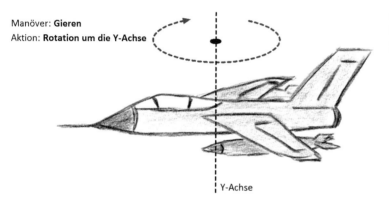

◀ **Abbildung 14-15-3**
Gieren eines Flugzeuges um die
y-Achse (Hochachse)

Nicken

Beim *Nicken* eines Flugkörpers im Raum wird der Anstellwinkel
(Pitch) angegeben.

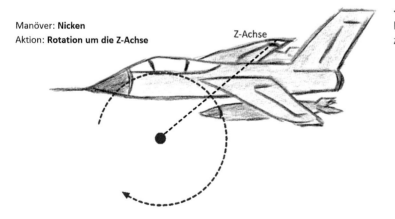

◀ **Abbildung 14-15-4**
Nicken eines Flugzeuges um die
z-Achse (Querachse)

Diese Bewegungen werden vom Kompassmodul registriert und ausgewertet. Die Informationen liegen in internen Registern zum Abruf bereit.

Tabelle 14-15-1 ▶
Die internen Register des
Kompassmoduls CMPS10

Register	Bytes	Funktion
0	1	enthält die Firmware-Version
1	1	enthält den Kurswert (0 bis 255), Angabe ist ungenau
2, 3	2	enthält den Kurswert (0 bis 3599), Angabe ist sehr genau
4	1	enthält den Nickwert
5	1	enthält den Rollwert
6	-	wird nicht verwendet
7	-	wird nicht verwendet
8	-	wird nicht verwendet
9	-	wird nicht verwendet
10, 11	2	enthält Magnetometer x-Achse Raw-Output
12, 13	2	enthält Magnetometer y-Achse Raw-Output
14, 15	2	enthält Magnetometer z-Achse Raw-Output
16, 17	2	enthält Beschleunigungswert x-Achse
18, 19	2	enthält Beschleunigungswert y-Achse
20, 21	2	enthält Beschleunigungswert z-Achse
22	1	enthält Command-Register

Für eine einfache und nicht hoch präzise Kursbestimmung kannst du den Wert aus Register *1* verwenden, das einen Wertebereich von *0* bis *255* (1Byte) abdeckt. Die Genauigkeit wäre wie folgt zu errechnen:

$$Genauigkeit = \frac{360°}{256} = 1,406°$$

Falls du es sehr genau und präzise haben möchtest, lies die beiden Register *2* und *3* aus. Über das Datenwort (2Byte) werden dir Werte von *0* bis *3599* geliefert. Die Genauigkeit ist dann:

$$Genauigkeit = \frac{360°}{3600} = 0,1°$$

Wie du siehst, ist das schon eine Steigerung der Genauigkeit um das *14*-Fache. Wir werden uns in diesem Kapitel auf die genannten drei Bewegungsmöglichkeiten im Raum beschränken. Bevor wir beginnen, möchte ich einige Details zum Kompassmodul CMPS10 nennen. Das Modul kann in *drei* unterschiedlichen Modi mit der Außenwelt kommunizieren und ist werksseitig schon kalibriert.

- *I²C*-Mode
- *Serial*-Mode
- *PWM*-Mode

Wir werden uns auf die *I²C*-Ansteuerung konzentrieren. Für eine abweichende Kommunikation musst du das offizielle Datenblatt bemühen. Schauen wir uns dazu die kleine Platine von oben an.

3.3V - 5V
SDA
SCL
Mode
Factory use
0v (Masse)

◀ **Abbildung 14-15-5**
Das Kompassmodul CMPS10 und seine Anschlüsse

Über den Mode-Pin wird der Kommunikationsmode vorgewählt. Um eine *I²C*-Kommunikation zu wählen, lass diesen Pin ungenutzt, also offen. Das Modul besitzt standardmäßig eine Busadresse von *0x60*, die in bestimmten Fällen geändert werden kann. Wir lassen sie jedoch unverändert. Ich habe nach dem Verbinden mit dem Raspberry Pi die Adresse anzeigen lassen.

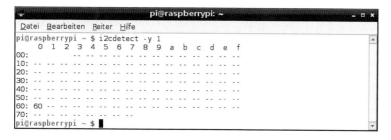

◀ **Abbildung 14-15-6**
Die *I²C*-Adresse des Kompassmoduls CMPS10

Zur besseren Handhabung und für die ersten Tests habe ich das kleine Kompassmodul auf einer Platine befestigt und mit einer Beschriftung versehen.

Abbildung 14-15-7 ▶
Das CMPS10-Board

Das soll als Grundlageneinführung r reichen. Bevor wir mit der Programmierung beginnen, mache ich dich mit dem Schaltplan vertraut, der nur in der Verbindungsherstellung des CMPS10-Boards mit den entsprechenden I^2C-Pins und der Spannungsversorgung des Raspberry Pi-Boards besteht.

Der Schaltplan

Abbildung 14-15-8 ▶
Die Ansteuerung des Kompassmoduls CMPS10

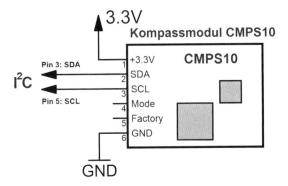

Der CMPS10 kann im Spannungsbereich von $3,3V$ bis $5V$ betrieben werden und ist somit für unsere Belange sehr gut geeignet. Lass die Anschlüsse *Mode* und *Factory use* unbeschaltet, denn so arbeitet das Modul im I^2C-Modus.

Das Programm

Unser Programm zur Abfrage des Kompassmoduls werden wir diesmal in C schreiben. Du hast ja inzwischen die I^2C-Tools installiert, so dass wir einige Funktionen innerhalb unseres C-Programms nutzen können. Bevor wir beginnen, ist es sinnvoll, dass wir uns mit ein paar weiteren Grundlagen auseinandersetzen. Ziel ist es, die ersten 6 Register auszulesen, die die folgenden Informationen beinhalten, die ich schon in der Tabelle der internen Register genannt hatte. Ich liste sie noch einmal auf:

CMPS10-Register

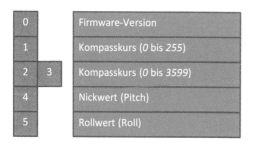

◀ **Abbildung 14-15-9**
Die für uns relevanten internen CMPS10-Register

Um die einzelnen Werte innerhalb unseres Programms zu speichern, bietet sich natürlich der Einsatz eines Arrays an. Bevor du in C über die I²C-Schnittstelle kommunizieren kannst, musst du ein File-Handle bzw. eine File-Description zu dem Pfad im Dateisystem herstellen, wo unsere I²C-Schnittstellen zu finden sind. Das sind

- /dev/i2c-0
- /dev/i2c-1

Wir nutzen weiterhin den unteren Port. Die Adresse, über die du das Kompassmodul ansprechen kannst, ist *0x60*, was standardmäßig vom Werk so vorgegeben wurde. Ok, mit diesen beiden Informationen können wir schon etwas anfangen und unsere Programmierung beginnen. Wir starten mit den notwendigen Initialisierungen. Als Entwicklungsumgebung nutzen wir wieder Geany.

▼ **Abbildung 14-15-10**
Das C-Programm zum Abfragen des Kompassmoduls CMPS10 (Initialisierungen)

Initialisierungen

```
7   #include <stdio.h>
8   #include <stdlib.h>
9   #include <linux/i2c-dev.h>
10  #include <fcntl.h>
11  #include <string.h>
12  #include <sys/ioctl.h>
13  #include <sys/types.h>
14  #include <unistd.h>
15
16  int file;                          // File handle
17  char *fileName = "/dev/i2c-1";     // Name des I2C-Busses
18  int i2caddress = 0x60;             // Adresse des CMPS10 Kompass-Moduls
19  unsigned char cmps10reg[6] =
20      {0, 0, 0, 0, 0, 0};            // CMPS10-Register
21  enum regpos {FIRMWARE, BEARING, BEARINGHIGH, BEARINGLOW, PITCH, ROLL};
```

Auf die notwendigen Include-Anweisungen werde ich im Detail nicht eingehen, sondern nur darauf hinweisen, dass du die Anweisung in Zeile 9 unbedingt für die I²C-Programmierung benötigst. In Zeile 16 findest du die Deklaration des File-Handles, die auf den I²C-Pfad im Dateisystem weist, der in Zeile 17 in der Variablen *fileName* hinterlegt ist. Die erforderliche I²C-Adresse wird in Zeile 18 in der Variablen *i2caddress* abgelegt. Damit wir später sehr einfach auf die einzelnen Werte der internen Kompassmodul-Register zugreifen können, habe ich in Zeile 19 das Array *cmps10reg* mit 6 Elementen angelegt (Index: 0 bis 5) und mit 0-Werten initialisiert. Natürlich kannst du jedes der Array-Elemente später durch den Index ansprechen, doch es ist übersichtlicher, wenn du statt der Magic-Numbers von 0 bis 5 eine aussagekräftigere Methode wählst. In C gibt es die sogenannten *Enumeratoren*. Es handelt sich dabei um Aufzählungen, denen automatisch ein Wert zugewiesen wird. Machst du keine Angaben über den Startwert des ersten Elements in der Aufzählung, wird bei 0 begonnen und automatisch für jedes weitere um den Wert 1 hochgezählt. Kommen wir zur *main*-Funktion, wo die einzelnen Kommunikationsschritte nacheinander ausgeführt werden. Tritt im Ablauf an einer Stelle ein Problem auf, wird das Programm über *exit* mit der entsprechenden Fehlermeldung sofort verlassen. Wurden die Schritte jedoch erfolgreich abgearbeitet, gibt jeder eine Statusmeldung über den Erfolg an die Konsole aus.

Öffnen des I²C-Busses

```
23  int main(int argc, char **argv){
24      int firmware, bearing_unexact;
25      int bearing_exact_full, bearing_exact_fine;
26      char pitch, roll;
27      int pitch_res, roll_res;
28      float bearing_exact_res;
29      // Kann I2C-Bus zum Lesen bzw. Scheiben geöffnet werden?
30      if((file = open(fileName, O_RDWR)) < 0){
31          printf("I2C-Bus kann nicht geöffnet werden.\n");
32          exit(EXIT_FAILURE);
33      }else{
34          printf("I2C-Bus kann geöffnet werden.\n");
35      }
```

Abbildung 14-15-11 ▲
Das C-Programm zum Abfragen des Kompassmoduls CMPS10 (I²C-Bus öffnen)

In den Zeilen 24 bis 28 werden einige weitere Variablen für spätere Berechnungen deklariert. Wir gehen noch darauf ein. Das benötigte *File-Handle* wird in Zeile 30 geöffnet. Wir sollten uns das wieder genauer anschauen. Die *open*-Funktion versucht über die Angabe

Projekt 14-15: Der elektronische Kompass

des File-Namens und eines Access-Modes diesen Pfad zu öffnen und liefert mittels Rückgabewert den Status dieser Aktion zurück.

```
Funktion   Dateiname      Access-Mode
   ┌──┴─┐ ┌───┴───┐      ┌───┴───┐
   open(filename,  O_RDWR)
```

Der *Access-Mode* legt den Schreib-/Lesezugriff fest und beherrscht die folgenden Modi

- O_RDWR: Read/Write (Lesen + Schreiben)
- O_RDONLY: Read (nur Lesen)
- O_WRONLY: Write (nur Schreiben)

Damit auf den zurückgegebenen Status unmittelbar reagiert werden kann, wird die Ausführung des Befehls innerhalb einer *if*-Anweisung platziert. Bei Erfolg wird auf jeden Fall ein Status größer oder gleich *0* zurückgeliefert und das Programm wird fortgeführt. Bei einem Fehler wird der Programmablauf an dieser Stelle über *exit* unterbrochen.

Verbindungsaufnahme zum I²C-Bus

```
36    // Kann mit dem I2C-Bus kommuniziert werden?
37    if(ioctl(file, I2C_SLAVE, i2caddress) < 0){
38        printf("I2C-Bus reagiert nicht mit der Adresse.\n");
39        exit(EXIT_FAILURE);
40    }else{
41        printf("Kommunikation mit I2C-Bus ist ok.\n");
42    }
```

Nun wird nachgeschaut, ob mit dem geöffneten *I²C*-Bus unter der angegebenen Adresse kommuniziert werden kann. Dafür wird die *ioctl*-Funktion verwendet in Zeile 37, die wiederum in einer *if*-Abfrage ihren Platz gefunden hat und einen Statuswert zurückliefert.

▲ **Abbildung 14-15-12**
Das C-Programm zum Abfragen des Kompassmoduls CMPS10 (I²C-Bus Verbindungsaufnahme)

```
Funktion File-Handle  Slave-Adresse
                        setzen          Slave-Adresse
   ┌──┴─┐ ┌─┴──┐    ┌────┴────┐    ┌──────┴──────┐
   ioctl(file,  I2C_SLAVE,  i2caddress)
```

Über I2C_SLAVE wird mitgeteilt, dass jetzt die Slave-Adresse angepasst wird, damit später über die Schreib-/Lese-Funktionen das richtige Gerät angesprochen wird. Hier findet die gleiche Fehlerbehandlung statt wie beim Öffnen des *I²C*-Busses.

Startregister senden, von dem aus gelesen werden soll

```
43   // Start-Register senden, von dem aus gelesen werden soll
44   if((write(file, cmps10reg, 1)) != 1){
45       printf("Zum I2C-Slave kann nicht gesendet werden.\n");
46       exit(EXIT_FAILURE);
47   }else{
48       printf("Daten erfolgreich zum I2C-Slave gesendet.\n");
49   }
```

Abbildung 14-15-13 ▲
Das C-Programm zum Abfragen des
Kompassmoduls CMPS10
(Startregister senden)

Damit das Kompassmodul bereit ist, Daten zurückzuschicken, müssen wir ihm einen Tipp geben, von welchem Register aus gelesen werden soll. Dazu versenden wir über dir *write*-Funktion in Zeile *44* den Inhalt des Arrays *cmps10reg*. Jedoch nicht das komplette Array, sondern nur *1*Byte, denn wir wollen ja ab Register *0* alle nachfolgenden Register – also *0* bis *5* – ansprechen bzw. auslesen. Wie das funktioniert? Sieh mal:

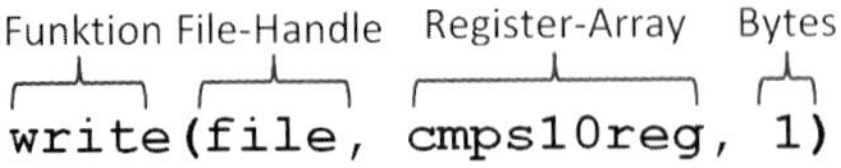

```
Funktion  File-Handle   Register-Array   Bytes
write(file, cmps10reg, 1)
```

Die *write*-Funktion versendet über das File-Handle die Anzahl der Bytes aus dem angegebenen Array und liefert als Rückgabewert bei Erfolg eben diese versendete Anzahl zurück. Sollte die Anzahl der Sende-Bytes und die Anzahl der zurückgemeldeten Bytes voneinander abweichen, ist auf dem Kommunikationsweg irgendetwas verlorengegangen, und das wird wiederum über die umschließende *if*-Anweisung überprüft bzw. abgefangen und entsprechend reagiert. Ich zeige dir eine typische Fehlermeldung des Programms, wenn mit dem I^2C-Bus eigentlich alles in Ordnung ist, du aber ggf. das Kompassmodul falsch angeschlossen hast oder eine Unterbrechung in einem Verbindungskabel vorliegt.

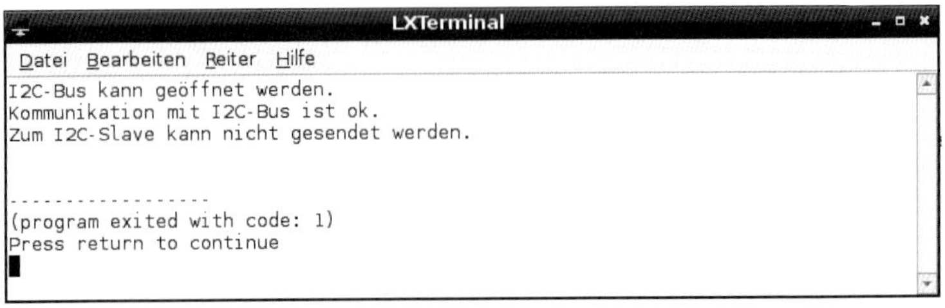

Abbildung 14-15-14 ▶
Eine typische Fehlermeldung, wenn
die Kommunikation zum Kompassmodul gestört ist.

```
                          LXTerminal                    _ □ ×
Datei  Bearbeiten  Reiter  Hilfe
I2C-Bus kann geöffnet werden.
Kommunikation mit I2C-Bus ist ok.
Zum I2C-Slave kann nicht gesendet werden.

------------------
(program exited with code: 1)
Press return to continue
```

An den ersten beiden Zeilen kannst du erkennen, dass mit dem I^2C-Bus alles in Ordnung ist, die dritte Zeile sagt jedoch, dass die Kommunikation zum Kompassmodul gestört ist. Falls aber alles ok ist – und das hoffe ich sehr –, ist das Komapassmodul vorbereitet und kann auf eine nachfolgende Leseanfrage mit den Daten rausrücken.

Lesen der Registerinhalte und Daten berechnen

```
50    // Lesen der 6 Registerinhalte
51    if (read(file, cmps10reg, 6) != 6) {
52        printf("Daten können nicht vom I2C Slave empfangen werden.\n");
53        exit(EXIT_FAILURE);
54    }else{
55        printf("Daten wurden erfolgreich vom I2C-Slave empfangen.\n");
56        firmware            = cmps10reg[FIRMWARE];
57        bearing_unexact     = cmps10reg[BEARING] / 255.0 * 360;
58        bearing_exact_full  = ((cmps10reg[BEARINGHIGH] << 8) + cmps10reg[BEARINGLOW]) / 10;
59        bearing_exact_fine  = ((cmps10reg[BEARINGHIGH] << 8) + cmps10reg[BEARINGLOW]) % 10;
60        bearing_exact_res   = bearing_exact_full + (bearing_exact_fine * 0.1);
61        pitch               = cmps10reg[PITCH];
62        roll                = cmps10reg[ROLL];
63        // Da vorzeichenbehaftet, muss ggf. umgerechnet werden
64        if(pitch > 128){
65            pitch = ~pitch + 1; // Zweierkomplement bilden
66            pitch_res = -pitch;
67        }
68        else {
69            pitch_res = pitch;
70        }
71        // Da vorzeichenbehaftet, muss ggf. umgerechnet werden
72        if(roll > 128){
73            roll = ~roll + 1; // Zweierkomplement bilden
74            roll_res = -roll;
75        }
76        else {
77            roll_res = roll;
78        }
```

Über die *read*-Funktion werden die angeforderten Bytes in das Array *cmps10reg* gelesen. Die Anzahl wird wieder über den angegeben Wert bestimmt.

▲ **Abbildung 14-15-15**
Das C-Programm zum Abfragen des Kompassmoduls CMPS10 (Registerinhalte lesen)

Funktion File-Handle Register-Array Bytes

```
read(file, cmps10reg, 6)
```

Über die umschließende *if*-Anweisung werden angeforderte und zurückgemeldete Bytes miteinander verglichen und in der schon bekannten Weise verfahren. Sind alle Daten in das Array übernommen worden, können wir mit der Anzeige bzw. der Berechnung der Daten beginnen. Über die Zeilen 56 bis 62 werden die Daten aus dem Array ausgelesen und den entsprechenden Variablen zugewiesen. Die Firmware-Version bedarf natürlich keiner weiteren Berechnung. Der relativ ungenaue Kurs in Zeile 57 wird nicht in Grad abgerufen, sondern als Byte-Wert mit dem Wertebereich 0 bis 255. Über die Umrechnungsformel

$$Gradwert = \frac{Byte - Wert}{255} \cdot 360^0$$

erhältst du den ungenaueren Kurswert. Für den hoch genauen Kurs sieht das ein wenig anders aus. Dieser Wert steckt verborgen in 2Bytes und muss erst noch berechnet werden. Er errechnet sich in 2 Schritten.

- Vorkomma-Anteil
- Nachkomma-Anteil

Wenn du einen Wert errechnen musst, der sich aus einem HIGH- und einem LOW-Byte zusammensetzt, kannst du beide natürlich nicht einfach addieren, denn das HIGH-Byte hat einen viel höheren Stellenwert. Aus diesem Grund musst du alle Bits des HIGH-Byte um 8 Positionen nach links schieben und dieses Ergebnis erst dann zum LOW-Byte addieren. Da der Wertebereich sich aber von 0 bis 3599 erstreckt, also 3600 einzelne Schritte vorweist, sind das in Bezug zu einem Vollkreis, der 360 Grad hat, zehnmal so viele Einheiten. Um an die Vorkommastelle zu gelangen, müssen wir den errechneten Wert aus HIGH- bzw. LOW-Byte in Zeile 58 noch durch 10 dividieren. Mit der Nachkommastelle verhält es sich ähnlich. Wir müssen den Modulo-Operator % in Zeile 59 anwenden, um an den Restwert einer Division zu gelangen. Das Endergebnis berechnet sich dann aus Vorkommastelle + 0,1 * Nachkomma-stelle, wie du das in Zeile 60 siehst.

Hinsichtlich der Berechnung des Pitch- und Roll-Wertes müssen wir ebenfalls einige Berechnungen anstellen, denn diese Werte können sowohl positiv als auch negativ sein. Ansonsten können wir nicht bestimmen, welchen Winkel im Verhältnis zur horizontalen Ruhelage ein Flugkörper eingenommen hat. Ich zeige dir das am besten anhand eines Beispiels für unterschiedliche Rollwinkel.

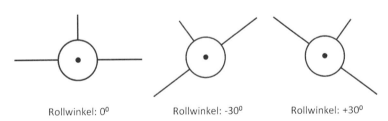

Rollwinkel: 0°   Rollwinkel: -30°   Rollwinkel: +30°

In den Zeilen 64 bis 78 werden die Winkel entsprechend umgerech-net, denn wenn das höchstwertige Bit (MSB) gesetzt ist, wird der Wert negativ, was bei einem Wert größer als 128 der Fall ist. Dann wird das dir schon bekannte Zweierkomplement gebildet und ent-

Projekt 14-15: Der elektronische Kompass

sprechend weiter verfahren. Der Rest des Codes bezieht sich auf die
Ausgabe der ermittelten Kompasswerte.

▼ **Abbildung 14-15-17**
Das C-Programm zum Abfragen
des Kompassmoduls CMPS10
(Werte ausgeben)

Ausgeben der berechneten Kompass-Werte

```
79              // Ausgabe der Kompass-Werte
80              printf("CMPS10 Firmware-Version: %d\n", firmware);
81              printf("Bearing [ungenau]      : %d\n", bearing_unexact);
82              printf("Bearing [genau]        : %f\n", bearing_exact_res);
83              printf("Pitch                  : %d\n", pitch_res);
84              printf("Roll                   : %d\n", roll_res);
85         }
86         return EXIT_SUCCESS;
87    }
```

Die Ausgabe bei mir sah wie folgt aus:

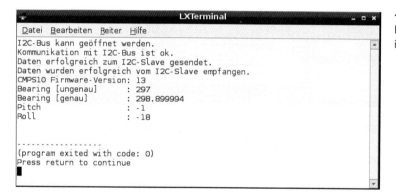

◀ **Abbildung 14-15-18**
Das Anzeigen der Kompass-Werte
im Terminal-Fenster

Du bemerkst sicherlich den geringen Unterschied zwischen unge-
nauem und genauem Kurswert.

Der Aufbau auf dem Simple-Board

Das kleine CMPS10-Board passt wieder wunderbar auf die beiden
kleinen Breadboards und kann von dort aus mit der GPIO-Schnittstelle verbunden werden. Möchtest du das Board richtig im Raum
bewegen, solltest du viel längere Kabel verwenden. Eine Kabellänge
von z.B. 3 Metern stellt kein Problem dar. Eine Funkübertragung
ist auch eine interessante Angelegenheit, doch das würde leider den
Rahmen dieses Buches sprengen.

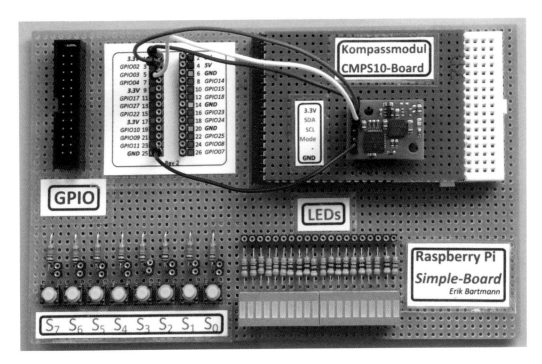

> Wie schwierig ist es eigentlich, das Ganze in Python umzusetzen?

Hey, *RasPi*, das ist absolut easy! Ich zeige dir den Code, aber auf die detaillierte Beschreibung musst du verzichten, denn das habe ich schon bei der C-Programmierung gemacht. Ich habe eine Kompassmodul-Klasse programmiert, damit die Abfrage ein wenig eleganter wird. Außerdem sprechen wir die internen Register einzeln an, was auch ganz interessant ist. Auf eine Fehlerbehandlung habe ich absichtlich verzichtet. Was hältst du davon, wenn du sie selbst programmierst!?

Initialisierung

In der Initialisierung werden die Registeradressen definiert, damit wir später einfach darauf zugreifen können. Die Klasse habe ich der Eindeutigkeit halber *CMPS10* genannt.

```
 1  #/usr/bin/python
 2  import smbus
 3  from time import sleep
 4
 5 □class CMPS10():
 6      FIRMWARE            = 0x00 # internes Register fuer die Firmware
 7      BEARING_BYTE        = 0x01 # internes Register fuer den Kurs (1 Byte)
 8      BEARING_HIGH_BYTE   = 0x02 # internes Register fuer den Kurs (HIGH-Byte)
 9      BEARING_LOW_BYTE    = 0x03 # internes Register fuer den Kurs (LOW-Byte)
10      PITCH_ANGLE         = 0x04 # internes Register fuer Pitch
11      ROLL_ANGLE          = 0x05 # internes Register fuer Roll
```

Kommen wir nun zu den einzelnen Methoden, die die Registerinhalte auslesen.

▲ **Abbildung 14-15-20**

Das Python-Programm zum Abfragen des Kompassmoduls CMPS10 (Initialisierungen)

Klassen-Methoden, Teil 1

```
13 □    def __init__(self, addr=0x60, i2cBus=1):
14          """ Konstruktor """
15          self.i2cBus = smbus.SMBus(i2cBus)
16          self.addr   = addr
17
18 □    def firmware(self):
19          """ Liest die Firmware-Version aus """
20          return self.i2cBus.read_byte_data(self.addr, self.FIRMWARE)
21
22 □    def bearing(self):
23          """ Liest Bearing 1 Byte (ungenau) aus """
24          byte = self.i2cBus.read_byte_data(self.addr, self.BEARING_BYTE)
25          return float(byte) / 255 * 360
26
27 □    def bearing_exact(self):
28          """ Liest Bearing 2 Byte (genau) aus """
29          highbyte = self.i2cBus.read_byte_data(self.addr, self.BEARING_HIGH_BYTE)
30          lowbyte  = self.i2cBus.read_byte_data(self.addr, self.BEARING_LOW_BYTE)
31          return float(((highbyte << 8) + lowbyte)) / 10
```

Zu Beginn haben wir wieder unseren Konstruktor, der den I^2C-Bus initialisiert. Werden bei der Instanziierung keine zusätzlichen Angaben über I^2C-Adresse bzw. I^2C-Bus gemacht, werden die angegebenen Standardwerte übernommen. Danach folgen die Methoden für Firmware, Bearing ungenau und Bearing genau. Das sollte dir alles geläufig sein. Es fehlen nun noch die Methoden für Pitch- und Roll-Winkel bzw. der Aufruf aus der *main*-Funktion.

▲ **Abbildung 14-15-21**

Das Python-Programm zum Abfragen des Kompassmoduls CMPS10 (Methoden, Teil 1)

```
33  def pitch(self):
34      """ Liest den Pitch-Wert aus """
35      pitchangle = self.i2cBus.read_byte_data(self.addr, self.PITCH_ANGLE)
36      if pitchangle > 128:
37          pitchangle = (~pitchangle & 0xFF) + 1
38          pitchangleres = -pitchangle
39      else:
40          pitchangleres = pitchangle
41      return pitchangleres
42
43  def roll(self):
44      """ Liest den Roll-Wert aus """
45      rollangle = self.i2cBus.read_byte_data(self.addr, self.ROLL_ANGLE)
46      if rollangle > 128:
47          rollangle = (~rollangle & 0xFF) + 1
48          rollangleres = -rollangle
49      else:
50          rollangleres = rollangle
51      return rollangleres
52
53  cmps10 = CMPS10() # Kompass-Modul Objekt instanziieren
54
55  def main():
56      while True:
57          print 'Firmware-Version : ', cmps10.firmware()
58          print 'Bearing [ungenau]: ', cmps10.bearing()
59          print 'Bearing [genau]  : ', cmps10.bearing_exact()
60          print 'Pitch            : ', cmps10.pitch()
61          print 'Roll             : ', cmps10.roll()
62          print '-----------------------------'
63          sleep(0.5)
64
65  if __name__ == '__main__':
66      main()
```

Abbildung 14-15-22 ▲

Das Python-Programm zum Abfragen des Kompassmoduls CMPS10 (Methoden, Teil 2)

Über die *while*-Schleife werden die kontinuierlich abgefragten Kompass-Werte im Rhythmus des Pausenwertes angezeigt, und du kannst nun wunderbar sehen, wie sich die Werte verändern, wenn du das Modul in alle möglichen Positionen bewegst. Wenn du die Wartezeit über die *sleep*-Funktion in Zeile 63 verkürzt, weil du vielleicht einen schnelleren Refresh beabsichtigst, kann es dir passieren, dass du einen I/O-Error bekommst. Das muss jedoch nicht sein. Mein Modul hat auch schon mit viel niedrigeren Pausenwerten funktioniert. Da ist ein bisschen Ausprobieren angesagt.

Abbildung 14-15-23 ▶

Eine mögliche Fehlermeldung, wenn die Register zu schnell abgefragt werden

```
Traceback (most recent call last):
  File "cmps10.py", line 66, in <module>
    main()
  File "cmps10.py", line 61, in main
    print 'Roll             : ', cmps10.roll()
  File "cmps10.py", line 45, in roll
    rollangle = self.i2cBus.read_byte_data(self.addr, self.ROLL_ANGLE)
IOError: [Errno 5] Input/output error
```

Das Datenblatt des CMPS10 sagt, dass alle *640ms* der interne Buffer – also die Register – refreshed werden. Mit meinen *500ms* liege ich schon etwas darunter. Falls es bei dir zu Problemen kommen sollte, erhöhe diesen Wert schrittweise.

Das virtuelle Cockpit

Ich möchte dir eine kleine Aussicht auf ein virtuelles Cockpit geben, was natürlich recht rudimentär anmutet, doch es zeigt sehr gut, wie sich die Werte ändern.

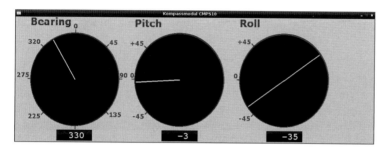

◀ **Abbildung 14-15-24**
Das virtuelle Cockpit

Wenn du dir lediglich die herunterlaufenden Zahlenkolonnen anschaust, ist das zwar alles sehr schön und faszinierend, doch man kann sich nicht ohne Weiteres vorstellen, wie die Lage eines Flugkörpers im Raum ist. Aus diesem Grund habe ich mittels Python und PyGame ein virtuelles Cockpit programmiert. Die schon bekannten Parameter für Bearing, Pitch- und Roll-Winkel werden sehr gut dargestellt, auch wenn es sich sicher noch viel schöner gestalten ließe. Das Bild soll eine kleine Anregung zu weiteren Experimente sein. Zu Testzwecken habe ich mir ein hoch modernes Flugzeug meiner Kinder kurz ausgeliehen und etwas modifiziert. Ob sie es wiederbekommen werden, weiß ich noch nicht.

◀ **Abbildung 14-15-25**
Das Flugzeugmodell mit dem eingebauten Kompassmodul CMPS10

Ich habe das Kompassmodul in das Flugzeug eingebaut und mit einem längeren Kabel versehen. Auf diese Weise kann ich gut mit dem Teil spielen und sehen, wie sich die Daten im virtuellen Cockpit verändern. Das hat ein bisschen mehr Stil, als mit der nackten Platine herumzuwirbeln. Ein entsprechendes Video mit einer Demonstration ist bei mir auf YouTube zu sehen.

Was hast du gelernt?

- Du hast in diesem Kapitel das Kompassmodul CMPS10 kennengelernt.
- Die unterschiedlichen Werte über Bearing (Kurs), Pitch und Roll werden in internen Registern abgelegt und können über die I²C-Schnittstelle sehr einfach abgerufen werden.
- Um die Kommunikation zu ermöglichen, hast du die I²C-Tools mit den Funktionen *open*, *ioctl*, *read* bzw. *write* gesehen und verwendet.
- Über das Versenden bzw. Empfangen einer bestimmten Anzahl von Bytes bzw. das Vergleichen der Anzahl beider konntest du feststellen, ob die Kommunikation erfolgreich vonstattenging.
- Du hast gesehen, wie wir die Ansteuerung des Kompassmoduls über Python realisiert haben, und dass das sehr einfach ist.
- Mit der Python-Erweiterung PyGame kannst du grafische Elemente hinzufügen, und darüber wurde ein virtuelles Cockpit realisiert.

Projekt 14-16:
Das Mini-Roulette

14
___
16

Ich finde es immer wieder sehr anregend und spannend, wenn man mit einem Computer ein Spiel nachbilden kann. Ähnlich wie beim elektronischen Würfel werden wir in diesem Kapitel ein paar Leuchtdioden ansteuern, um auf Knopfdruck eine Reaktion von einer elektronischen Schaltung zu erzielen.

In diesem Experiment besprechen wir folgende Themen:

- Wir werden uns ein Mini-Roulette mit einer ansprechenden Frontplatte bauen.
- Die Ansteuerung erfolgt über den schon bekannten MCP23017.

Das Roulette-Spiel

Nachdem du schon mit dem Lauflicht in Berührung gekommen bist, möchte ich dich mit einer weiteren ähnlichen Schaltung bzw. Programmierung bekanntmachen. Du kennst bestimmt das Spiel *Roulette*, das es in jedem Casino bzw. jeder Spielbank gibt. Es ist mit das bekannteste Glücksspiel, und wir wollen uns ein *Mini-Roulette* basteln. Der Sinn des Spiels besteht darin, vorauszusagen, in welchem Feld eine Kugel, die sich im Roulettekessel im Kreis bewegt, zu liegen kommt. Es gibt unterschiedliche Roulette-Varianten mit einer abweichenden Anzahl Fächer. Für unser Spiel werden wir *12* LEDs ansteuern, was natürlich etwas weniger ist als in einem Originalspiel. Deswegen nennen wir es auch *Mini-Roulette*. Da der Aufbau des Spieles hinsichtlich der runden Anordnung der LEDs auf einem Breadboard recht mühsam ist und nicht gerade schön aussieht, habe ich mich für eine Frontplatte mit einer darunterliegenden Platine entschieden. Auf der Frontplatte aus *Hartschaum*, wie sie z.B. für Werbetafeln oder Displays benutzt werden, kann man wunderbar passende Löcher an beliebigen Stellen bohren und ist nicht an die festen Rasterabstände einer Lochrasterplatine gebunden. Du kannst die Platte mit Distanzhülsen oben auf der Platine platzieren, das sieht echt gut aus. Lass dich überraschen.

Abbildung 14-16-1 ▶
Frontplatte für das Roulette-Spiel

Auf dem folgenden Bild erkennst du die beiden Komponenten, also die Platine auf der linken Seite und rechts davon die Frontplatte von der Rückseite gesehen.

Abbildung 14-16-2 ▶
Platine und Frontplatte für das Roulette-Spiel

Projekt 14-16: Das Mini-Roulette

Auf dem folgenden Bild siehst du die Maße für die Frontplatte:

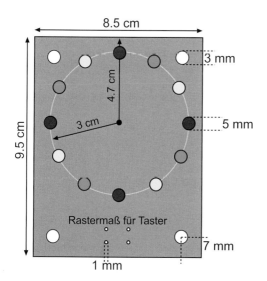

◀ **Abbildung 14-16-3**
Maße der Frontplatte für das
Roulette-Spiel

Zusammengebaut sieht das Spiel mit Frontplatte und Platine folgendermaßen aus:

◀ **Abbildung 14-16-4**
Das Roulette-Spiel

Am Rand kannst du den Wannenstecker erkennen, über den die Verbindung zum Raspberry Pi über ein Flachbandkabel hergestellt wird.

Benötigte Bauteile

Benötigte Bauteile	
	12 x LEDs 5mm / je *4* rote, grüne und gelbe
	12 x Widerstand *330* (gelb / lila / braun)
	1 x Widerstand *10K* (braun / schwarz / orange)
	1 x Taster
	1 x 26-poliger Wannenstecker + 1 x Stiftleiste
	1 x Platine ca. 8,5cm x 9,5cm
	1 x Hartschaumplatte, gelb oder in einer anderen Farbe (z.B. aus dem Baumarkt: *500* x *250* x *3*)
	4 x Distanzhülsen 20mm
	4 x Gewindeschrauben M3/ 30mm + 4 x Mutter

Projekt 14-16: Das Mini-Roulette

Das Roulette-Spiel soll so funktionieren, dass bei einem Druck auf den Taster die einzelnen LEDs im Kreisverlauf nacheinander angesteuert werden, wobei die Geschwindigkeit des Wechsels – ganz wie im echten Roulette – nach und nach geringer wird. Am Ende leuchtet eine einzelne LED. Du kannst die LEDs mit Ziffern versehen, so dass du auf eine bestimmte Zahl etwas setzen kannst. Ebenso kannst du auf eine der *drei* Farben wetten und hoffen, dass sie an irgendeiner Stelle zum Leuchten kommt. Sehen wir uns dazu den Schaltplan an.

Der Schaltplan

Der Schaltplan erinnert ein wenig an den eines Lauflichtes, und im Grunde genommen ist er es auch. Aufgrund der *12* LEDs müssen wir beide Ports zur Ansteuerung nutzen.

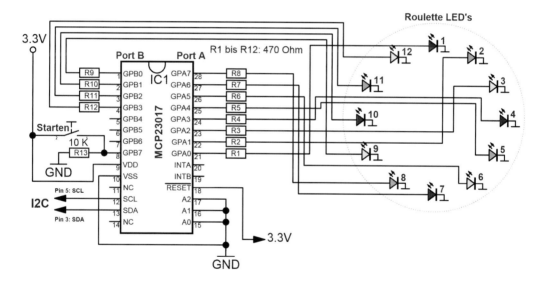

▲ **Abbildung 14-16-5**
Die Ansteuerung des
Roulette-Spiels

Das Programm

Zu Beginn haben wir wieder die bekannten Initialisierungen durchzuführen.

Die Initialisierungen

```
1   #/usr/bin/python
2   import smbus
3   from time import sleep
4   import random
5
6   # Variablen-Definitionen
7   BUSNR  = 1      # I2C-Bus-Nummer
8   ADDR   = 0x20   # MCP23017 I2C-Adresse
9   IODIRA = 0x00   # Register fuer I/O-Datenflussrichtung Port A
10  IODIRB = 0x01   # Register fuer I/O-Datenflussrichtung Port B
11  GPIOA  = 0x12   # Register fuer I/O Manipulation von Port A
12  GPIOB  = 0x13   # Register fuer I/O Manipulation von Port B
13  DELAY  = 0.04   # Start-Pause
14
15  i2cBus = smbus.SMBus(BUSNR) # I2C-Objekt instanziieren
16  i2cBus.write_byte_data(ADDR, IODIRA, 0x00) # Port A -> komplette Ausgang
17  i2cBus.write_byte_data(ADDR, IODIRB, 0x80) # Port B -> Eingang + Ausgang
```

Abbildung 14-16-6 ▲
Die erforderlichen Initialisierungen
zum Ansteuern des I²C-Busses

Anhand der Initialisierungswerte für Port A und Port B kannst du
sehen, dass alle Pins bis auf GPB7 als Ausgänge arbeiten. Der
Taster zum Starten des Roulette-Spiels muss sich natürlich an
einem Eingang befinden, und deswegen lautet der Initialisierungs-
wert für Port B auch *0x80*, wo das MSB auf *1* ist.

Die Ansteuerung der LEDs

Für die Ansteuerung der LEDs werden 2 Funktionen benötigt:

Abbildung 14-16-7 ▼
Die Ansteuerung der LEDs

- showLED()
- roll()

```
19  def showLED(wert):
20      """ Steuert LED an """
21      led = 1 << (wert - 1)
22      i2cBus.write_byte_data(ADDR, GPIOA, led)
23      i2cBus.write_byte_data(ADDR, GPIOB, led >> 8)
24
25  def roll(zahl):
26      """ Rollt das Roulette """
27      k = 1 # Delay-Verlaengerungsfaktor
28      for i in range(10):
29          if i > 4: k = k + 1      # Verzoegerungszeit erhoehen
30          for j in range(1, 13): # LEDs durchlaufen
31              showLED(j)          # LEDs ansteuern
32              sleep(DELAY * k)    # Verzoegerung
33              if i == 9 and zahl == j:
34                  return # Funktion verlassen
```

Projekt 14-16: Das Mini-Roulette

Werfen wir zunächst einen Blick auf die *showLED*, die die Aufgabe der LED-Ansteuerung innehat. Sie nimmt einen Wert zwischen *1* und *12* entgegen, der der anzusteuernden LED entsprechen soll. Da die LEDs über beide Ports verteilt sind, müssen wir sie natürlich getrennt ansteuern. Da immer nur eine LED aufleuchten soll, verhält es sich mit der Ansteuerung recht einfach. Wir müssen lediglich in Abhängigkeit des übergebenen Wertes eine *1* an die betreffende LED-Position schieben, was über den Schiebeoperator << erfolgt. Haben wir es z.B. mit einem übergebenen Wert von *1* zu tun, muss die erste LED aufleuchten und es darf zu keiner Schiebeoperation kommen. Aus diesem Grund wird in Zeile *21* immer eine *1* subtrahiert und erst danach mit dem Ergebnis die Schiebeoperation durchgeführt. In Zeile *22* wird Port A angesteuert und Port B über Zeile *23*.

> Genau das bereitet mir noch Probleme. Wie funktioniert das mit der Ansteuerung von Port B?

Das ist eigentlich recht simpel, *RasPi*. Wenn der Wert, der zur Anzeige gebracht werden soll, z.B. *10* beträgt, dann ist er quasi *2* Positionen zu weit links für Port A, was bedeutet, dass dieser Port nichts zur Anzeige bringt. Es muss aber die *zweite* LED von Port B angesteuert werden. Über das Schieben um *8* Positionen nach rechts in Zeile *23* hole ich mir für Port B die binäre *1* an die zweite Position, damit dort die LED aufleuchtet. Höre ich da schon wieder einige sagen, dass das aber auch anders geht!? Hey, ihr habt wie immer Recht, und es ist eine wahre Freude, Menschen zu treffen, die es noch besser machen. Kommen wir jedoch zur *roll*-Funktion, die den anzuzeigenden Wert aus der *main*-Funktion erhält und dann die *showLED*-Funktion aufruft. Die Aufrufreihenfolge ist wie folgt:

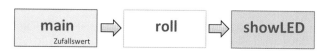

Über die *for*-Schleife in Zeile *28* werden *10* LED-Runden simuliert, wobei am Ende eine LED an bleibt. Wenn der Rundenzähler größer als *4* ist, wird über das Erhöhen der Verzögerungszeit in Zeile *29* die rotierende Kugel – ähm, LED – langsamer, was in Zeile *32* über die *sleep*-Funktion zum Tragen kommt. Jede einzelne LED wird über die innere *for*-Schleife in Zeile *30* angesteuert, wobei der Aufruf der *showLED*-Funktion in Zeile *31* mit der Übergabe der Laufvariablen *j* erfolgt. Irgendwann einmal muss aber die ermittelte Zufallszahl angezeigt werden bzw. die betreffende LED kontinuierlich leuchten. Das geschieht im letzten Schleifendurchlauf, wenn der Wert der Laufvariablen *i* der äußeren *for*-Schleife gleich 9 ist. Hat jetzt die innere Schleife bzw. deren Laufvariable *j*, die die LEDs ansteuert, den gleichen Wert wie die generierte Zufallszahl, wird die Funktion über die *return*-Anweisung verlassen. Die LED, die gerade an war, leuchtet weiterhin. Kommen wir letztlich zur *main*-Funktion, die alles ins Rollen bringt.

Die main-Funktion

```
36 def main():
37     roulettezahl = 0
38     try:
39         while True:
40             taster = i2cBus.read_byte_data(ADDR, GPIOB) & 0x80
41             if taster != 0:
42                 roulettezahl = random.randrange(1, 13) # Zufallszahl
43                 roll(roulettezahl)                      # Roulette starten
44     except KeyboardInterrupt:
45         # Bei einer Programmunterbrechung alle LED's ausschalten
46         print "Programm wurde durch Benutzer unterbrochen.\n"
47         i2cBus.write_byte_data(ADDR, GPIOA, 0x00)
48         i2cBus.write_byte_data(ADDR, GPIOB, 0x00)
49
50 if __name__ == '__main__':
51     main()
```

Abbildung 14-16-8 ▲
Die main-Funktion

Innerhalb der Endlosschleife wird der Wert von Port B abgefragt, an dem der Taster angeschlossen ist. Über die bitweise ODER-Verknüpfung mit dem Wert *0x80* wird das MSB herausgefiltert. Wenn dieser Wert beim Drücken des Tasters ungleich 0 wird, erfolgt in Zeile 42 eine Generierung einer Zufallszahl zwischen 1 und 12. Über die Zeile 43 kommt es dann zum Aufruf der *roll*-Funktion mit der Übergabe eben dieser Zufallszahl, und das Spiel kann beginnen. Möchtest du das Spiel erneut starten, drücke einfach wieder den Taster. Falls du das Programm über die Tastenkombination *Strg-C* beenden solltest, wird über die Zeilen 47 und 48 die noch leuchtende LED ausgeschaltet.

Das Zusammenspiel mit dem Raspberry Pi

Wenn du das Roulette-Spiel mit deinem Raspberry Pi verbindest, sieht das schon recht ansprechend aus.

Entwickle doch ein richtig großes Roulette-Spiel mit z.B. drei oder mehr MCP23017, so dass dir mindestens *48* Leuchtdioden zur Ansteuerung zur Verfügung stehen. Den Taster kannst du über einen anderen GPIO-Pin anschließen.

▲ **Abbildung 14-16-9**
Der Raspberry Pi mit dem Roulette-Spiel

Was hast du gelernt?

Du hast in diesem Kapitel gesehen, wie du mit ein wenig zusätzlichem Material wie einer Hartschaumplatte, Distanzhülsen und ein paar Schrauben ein ansehnliches Gerät bzw. Spiel basteln kannst.

Projekt 14-17:
Das LC-Display

Bisher haben wir zur Ausgabe von Informationen über die GPIO-Schnittstelle lediglich Leuchtdioden verwendet, sei es bei einem Lauflicht, beim Würfelspiel oder beim Mini-Roulette. Du kannst aber auch ein sehr interessantes Ausgabegerät mit dieser Schnittstelle verbinden. Fast jeder verfügt heutzutage über ein Smartphone, und diese Geräte verwenden zur Anzeige der unterschiedlichen Informationen sogenannte LC-Displays. Dabei steht *LCD* für *Liquid Crystal Display*, was übersetzt *Flüssigkeitskristallanzeige* bedeutet. Diese Displays gibt es in diversen Größen und Auflösungen, wobei die verschiedenen Inhalte mit Hilfe einer Punktmatrix dargestellt werden können. In diesem Experiment besprechen wir folgende Themen:

- Wie können wir ein LC-Display mit dem Raspberry Pi verbinden?

- Wir bauen uns ein Display-Board.

- Wie können wir über verschiedene Funktionen geometrische Objekte wie Punkte, Linien, Rechtecke, Kreise oder Ellipsen darstellen?

- Ist es auch möglich, ganz normalen Text darzustellen?

- Du wirst sehen, wie man mit Hilfe der Herstellerinformationen zur Ansteuerung des Displays mittels eines C++-Programms eigene Funktionen schreiben kann.

- Wir steuern über das Touch-Display an den Raspberry Pi angeschlossene Leuchtdioden an und nutzen dazu die schon bekannte wiringPi-Library, um Zugriff auf die GPIO-Schnittstelle zu erlangen.

Das LC-Display

Schauen wir uns ein solches Display aus der Nähe an. Die Anzeigeeinheit, also das reine LC-Display, befindet sich auf einer Trägerplatine, auf der wiederum ein Controller-Baustein für die Ansteuerung verantwortlich ist. Dieser Controller dient als Schnittstelle, denn ein pures Display besitzt von Haus aus keine Logik.

Abbildung 14-17-1 ▶
Das LC-Display

Das hier gezeigte Display hat die offizielle Bezeichnung *MI0283QT-Adapter v2*, ist unter der Adresse

http://www.watterott.com/de/MI0283QT-Adapter-v2

zu beziehen und hat folgende Merkmale:

- *2.8"* Farbdisplay
- Touch-Funktion
- Auflösung von *240* x *320* Pixcl
- Ansteuerung über *I²C*, *SPI* und *UART*
- Versorgungsspannung *3,3V* oder *5V*

Für einen Versuchsaufbau reicht es aus, die Platine, auf dem sich das Display befindet, über Kabel mit dem Raspberry Pi zu verbinden, doch ich habe mir gedacht, es wäre eine gute Sache, ein eigenes Display-Board zu bauen. Auf dem folgenden Bild kannst du den Aufbau auf einer Lochrasterplatine sehen, wo ich die Möglichkeit habe, sowohl das Display sehr komfortabel mit dem Raspberry Pi zu verbinden, als auch elektronische Bauteile für Experimente auf einem kleinen Breadboard zu platzieren. Die Ansteuerung erfolgt über den *I²C*-Bus; die Ansteuerung bzw. Programmierung werde ich dir später zeigen.

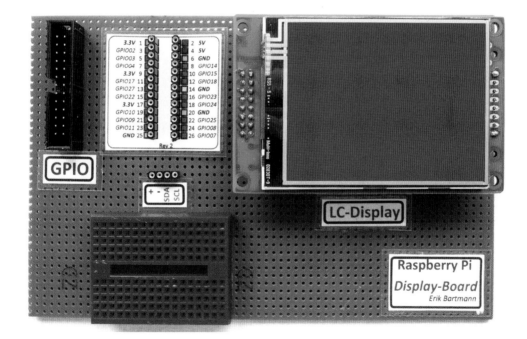

Das Display befindet sich in Querlage auf meinem Board, wobei du es natürlich auch um *90* Grad gedreht anordnen kannst, das bleibt dir überlassen. Natürlich ist die Darstellung dann etwas anders,

▲ **Abbildung 14-17-2**
Das Display-Board

und du musst die Programmierung ggf. anpassen. Sehen wir uns zunächst die Pinbelegung des Displays mit seiner Trägerplatine an.

Abbildung 14-17-3 ▶
Die Pinbelegung des Displays
(Ansicht von oben)

Zur Ansteuerung werden lediglich die Versorgungsspannung *VCC* und *GND* bzw. die Daten- und Clock-Leitung *SDA* und *SCL* benötigt. Du kannst das Board direkt mit den *5V* deines Raspberry Pi verbinden.

> Mache ich mir damit nicht meinen Raspberry Pi kaputt!? Die *I²C*-Anschlüsse von SDA und SCL werden mit der GPIO-Schnittstelle verbunden, aber du hast gesagt, dass die Spannung an den GPIO-Pins maximal *3,3V* betragen darf.

Das ist ein guter Einwand, *RasPi,* der zeigt, dass du aufpasst! Du musst dir keine Sorgen machen, denn auf der Display-Platine befindet sich ein Spannungswandler, der die 5V auf 3,3V herunterregelt.

Für eine etwaige Versorgung mit 3,3V kannst du diesen Spannungswandler überbrücken, so dass dir auch diese Möglichkeit offen steht. Bevor ich fortfahre, möchte dich ein wenig mit der Punktmatrix vertraut machen. Wie zu sehen ist, habe ich das Display quer angeordnet. Somit befindet sich der Null-Punkt für das Koordinatensystem in der linken oberen Ecke. Sehen wir uns das genauer an.

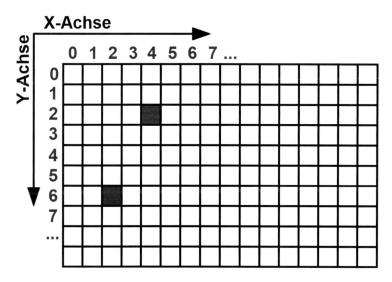

Das Bild zeigt nur einen kleinen und sehr vergrößerten Ausschnitt der Punktmatrix, doch du erkennst sicher, wie es nach rechts und unten weitergeht. Der rote Punkt hat die Koordinaten 4/2 und der blaue 2/6. Der x-Wert wird bei der Angabe des Wertepaares immer an erster Stelle genannt.

> Das wird ja eine mühsame Angelegenheit, wenn ich mir z.B. ein Rechteck anzeigen lassen möchte, das aus vielen Einzelpunkten besteht.

Hey, *RasPi*, das ist nicht dein Ernst!? Dafür ist doch der Controller zuständig. Der steuert nicht nur einzelne Punkte an, sondern bietet eine Reihe von eingebauten Funktionen, um die unterschiedlichsten geometrischen Figuren zu zeichnen. Ich nenne dir am besten ein paar grundlegende Objekte, die der Controller zeichnen kann:

• Punkt
• Linie

- Rechteck
- Kreis
- Ellipse
- Text
- Bild

Da wir es bei diesem Display mit der Möglichkeit der Farbdarstellung zu tun haben, kannst du jeden einzelnen Punkt separat mit einem individuellen Farbwert versehen. Natürlich kannst du für die komplexeren Objekte wie Line, Rechteck, Kreis und Ellipse nur einen Farbwert vergeben, doch es gibt bei den geschlossenen Objekten auch die Möglichkeit, ihren Inhalt mit einer Farbe zu füllen. Möchtest du einen Farbwert für ein Objekt vergeben, hast du bei diesem Display immer drei Möglichkeiten:

- die direkte Angabe des Farbwertes
- die Festlegung einer Vordergrundfarbe
- die Festlegung einer Hintergrundfarbe

Für einige geometrische Objekte gibt es somit 6 unterschiedliche Funktionen (*3x* ohne Füllung, *3x* mit Füllung), mit denen du die Farbe beeinflussen kannst. Ich zeige dir das am Beispiel der Kreis-Funktion, die wir später noch ausführlicher betrachten:

- *drawCircle* (Kreis mit angegebener Farbe zeichnen)
- *drawCircleFG* (Kreis mit vorher definierter Vordergrundfabe zeichnen)
- *drawCircleBG* (Kreis mit vorher definierter Hintergrundfarbe zeichnen)
- *fillCircle* (Kreis mit angegebener Farbe füllen)
- *fillCircleFG* (Kreis mit vorher definierter Vordergrundfarbe füllen)
- *fillCircleBG* (Kreis mit vorher definierter Hintergrundfarbe füllen)

Das Präfix *draw* besagt, dass nur der Umriss des Kreises gezeichnet wird, das Präfix *fill*, dass die Kreisfläche gefüllt werden soll. Zum Festlegen der Vorder- bzw. Hintergrundfarbe werden die beiden sprechenden Funktionen genutzt:

- *setForegroundColor*
- *setBackgroundColor*

Projekt 14-17: Das LC-Display

Das soll erst einmal genügen, alles Weitere zeige ich dir an einzelnen Beispielen.

Der Schaltplan

Der Schaltplan zur Verbindung mit dem I^2C-Bus ist recht einfach, denn du musst lediglich die angesprochenen 4 Verbindungen zu deinem Raspberry Pi herstellen.

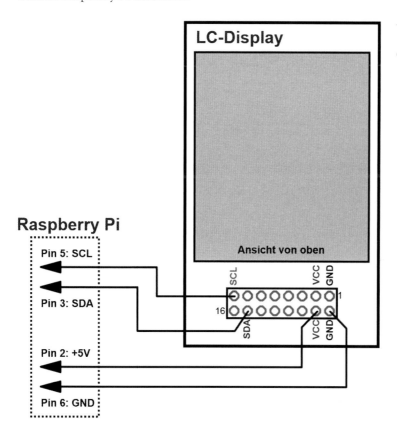

◀ **Abbildung 14-17-5**
Die Verbindung des LC-Displays mit dem Raspberry Pi (hier über I^2C)

Das Programm, das wir in C++ entwickeln werden, besteht aus zwei Teilen. Zum einen haben wir eine Header-Datei, die alle Adressinformationen beinhaltet, die wir zur Ansteuerung des LC-Displays benötigen. Angenommen, wir wollen einen internen Test initiieren oder das Touch-Display kalibrieren, dann müssen wir wissen, welche Adressen aufzurufen sind. Zusätzlich sind Funktionen erforderlich, die es uns ermöglichen, die Grafikfähigkeiten komfortabel zu nutzen. Möchtest du z.B. einen einzelnen Punkt zur Anzeige bringen, solltest du deine Zeit nicht mit dem Suchen von Adressinformationen für den Aufruf der internen Zeichen-Routine vergeuden müssen. Einzig um die Koordinaten und die Farbe des Punktes solltest du dich in diesem Fall kümmern, alles andere sollte vor dir verborgen sein. Zum anderen haben wir es mit dem Hauptprogramm zu tun, das die bereitgestellten Grafikfunktionen aufruft, damit das von dir Gewünschte auf dem Display erscheint. Wir werden das Projekt mit der Entwicklungsumgebung Geany umsetzen. Folgende Compilereinstellungen sind dafür nowendig:

Abbildung 14-17-6 ▲
Die erforderlichen Geany-Compilereinstellungen

Für den späteren Aufruf der wiringPi-Library ist in der *Erstellen*-Zeile der Zusatz *-lwringPi* erforderlich, was wiederum bedeutet, dass du erweiterte Rechte benötigst, die du über den *sudo*-Zusatz in der *Ausführen*-Zeile bekommst.

Das Programm

Die Header-Datei wird vom Hersteller geliefert, denn die umfangreichen Adressinformationen benötigen wir für die Programmierung unserer Grafik-Funktionen. Den kompletten Quellcode findest du auf meiner Internetseite, denn wegen des Umfangs der Datei ist es nicht möglich, hier alles abzudrucken, was zum Verständnis aber auch nicht notwendig ist.

```
22   enum _COMMANDS
23   {
24       CMD_NOP1 = 0xFF,              //NOP / poll
25       CMD_NOP2 = 0x00,              //NOP / poll
26       CMD_VERSION,                  //get firmware version (4bytes "x.xx")
27       CMD_TEST,                     //start test program
28       CMD_CTRL,                     //system options (1byte CTRLOPTIONS)
29       CMD_PIN,                      //pin mode/config
30       CMD_ADC,                      //read ADC pin
31
32       CMD_LCD_LED = 0x10,           //set backlight: power (1byte 0-100%)
33       CMD_LCD_RESET,                //reset display
34       CMD_LCD_POWER,                //display panel power: power (1byte 0=off, 1=on)
35       CMD_LCD_RAWCMD,               //send raw command to display (1byte)
36       CMD_LCD_RAWDAT,               //send raw data to display (1byte)
```

Über sogenannte *Enumerationen*, was übersetzt *Aufzählungen* bedeutet, werden die Adressen definiert. Mit der Initialisierung über den Zuweisungsoperator wird das zuvor genannte Element mit dem nachfolgend aufgeführten Wert versehen. Alle nachfolgenden Elemente benötigen keine explizite Initialisierung, wenn es sich dabei um Elemente handelt, deren Werte immer um 1 erhöht werden sollen. Sehen wir uns dazu die Zeile 25 an, in der *CMD_NOP2* den Wert *0x00* zugewiesen bekommt. Alle nachfolgenden Elemente der Enumeration, die durch ein Komma getrennt aufgelistet sind, bekommen eine um den Wert *1* erhöhte Zuweisung.

▲ **Abbildung 14-17-7**
Die erforderlichen Informationen zur Ansteuerung des LC-Displays (Auszug Header-Datei)

- CMD_VERSION: *0x01*
- CMD_TEST: *0x02*
- usw.

Das erspart eine Menge Tipparbeit. Da es sich um eine Kommunikation über die I²C-Schnittstelle handelt, nutzen wir die I²C-Tools, die du schon im I²C-Kapitel installiert hast. Im Kapitel über den elektronischen Kompass hast du bereits gesehen, wie die du die Tools nutzen kannst. Schaue dort evtl. noch einmal nach. In der Header-Datei muss zur Nutzung dieser Funktionalität ein entsprechender Eintrag über *#include* erfolgen, der wie folgt lautet:

```
#include <linux/i2c.dev.h>
```

Die Funktion, die für das Senden der Daten benötigt wird, schaut wie folgt aus:

▼ **Abbildung 14-17-8**
Die Funktion zum Versenden der Daten über die I²C-Schnittstelle

```
166   // Daten an die I2C-Schnittstelle versenden
167   int sendI2CRegister(int file, unsigned char *values, int len){
168       if((write(file, values, len)) != len)
169           return -1;
170       usleep(5000); // ggf. Wert anpassen (Mikrosekunden!)
171       return 0;
172   }
```

Wie der Aufruf erfolgt, wirst du später noch genauer sehen. Die Funktion benötigt eine File-Description, die z.B. auf die Datei */dev/i2c-1* verweist, über den der Bus anzusprechen ist. Da es sich u.U. um mehr als einen zu übertragenden Wert handelt, müssen wir über einen Pointer (Grundlagen dazu findest du im C-Grundlagenkapitel), der auf ein übergebenes Werte-Array zeigt, Zugriff auf alle Array-Elemente erlangen. Der letzte Parameter *len* beinhaltet die Anzahl der Elemente und dient der Überprüfung, ob alles korrekt übertragen wurde. Die in Zeile *167* aufgeführte *write*-Funktion versendet die Array-Elemente und liefert als Rückgabewert die Anzahl der erfolgreich versendeten Werte, der mit dem Parameter *len* verglichen wird. Stimmen beide überein, liefert die Funktion den Wert *0* an den Aufrufer zurück, im Fehlerfall den Wert *-1*. Eine wirklich wichtige Sache sollte ich hier noch ansprechen. Es dreht sich um die Zeile *170*, in der die *usleep*-Funktion aufgerufen wird. Mit ihr kann eine Pause im Programmablauf eingelegt werden, wobei der Wert in Mikrosekunden interpretiert wird. Du wirst dich sicherlich fragen, warum das an dieser Stelle notwendig ist. Es gibt I²C-Slaves, die in ihrer Bus-Verarbeitungsgeschwindigkeit nicht so schnell sind wie der Master und deswegen die empfangenen Daten nicht korrekt interpretieren. Das Stichwort zum Thema lautet *Clock-Stretching*. Im Internet gibt es Ansätze, den Bus-Transfer zu verlangsamen. Gib den folgenden Suchbegriff bei *Google* ein und du findest einige interessante Hinweise:

```
raspberry pi clock stretching
```

Ich hatte beim Testen des Displays das folgende Problem: Beim Anzeigen von Textzeilen, die hintereinander über die entsprechende Funktion *drawText* realisiert wurden, kam es nach der *10.* Zeile zu Unregelmäßigkeiten der Art, dass entweder die ersten Zeilen nicht zur Anzeige gebracht wurden, sondern nur die letzten, oder einfach nichts zu sehen war. Durch das Einfügen einer kurzen Pause in Zeile *170* wurde das Problem behoben. Der Effekt tritt aber nicht immer in Erscheinung, so dass du mit dem Wert ein wenig spielen solltest oder ihn u.U. ganz auf *0* setzen kannst. Sehen wir uns eine Funktion an, die *sendI2CRegister* aufruft.

Die Hintergrundbeleuchtung einschalten

Über die Funktion *setBacklight* kannst du Einfluss auf die Hintergrundbeleuchtung nehmen. Du übergibst ihr einen Hex-Wert, der zwischen *0x00* und *0xFF* liegen darf, so dass du die Helligkeit in *256* Abstufungen kontrollieren kannst.

```
245   // LCD Hintergrundbeleuchtung setzen
246   int setBacklight(int file, unsigned char value){
247       unsigned char cmd[] = {CMD_LCD_LED, value};
248       return sendI2CRegister(file, cmd, sizeof(cmd));
249   }
```

◀ **Abbildung 14-17-9**
Die Funktion zur Manipulation der
Hintergrundbeleuchtung

Du siehst, dass die Funktion die File-Description und den Wert für die Helligkeit benötigt. Nun kommen wir nicht umhin, einen kurzen Blick auf unser Hauptprogramm zu werfen, damit du erkennst, wie der Aufruf vonstattengeht.

```
setBacklight(file, 0x32); // Hintergrundbeleuchtung ändern
```

Die Vordergrund- bzw. Hintergrundfarbe setzen

Wie eingangs angesprochen, gibt es die Möglichkeit, einen Vorderbzw. Hintergrundfarbwert zu definieren. Das machen wir über die beiden Funktionen

- *setForegroundColor*
- *setBackgroundColor*

Damit du die Farbinformationen, die im RGB-Format vorliegen müssen, besser nuzen kannst, habe ich als Beispiel das Programm mit einigen vordefinierten Werten versehen.

```
10   // Farbdefinitionen
11   RGB WHITE     = {0xFF, 0xFF, 0xFF};
12   RGB BLACK     = {0x00, 0x00, 0x00};
13   RGB RED       = {0xFF, 0x00, 0x00};
14   RGB GREEN     = {0x00, 0xFF, 0x00};
15   RGB BLUE      = {0x00, 0x00, 0xFF};
16   RGB YELLOW    = {0xFF, 0xFF, 0x00};
17   RGB MAGENTA   = {0xFF, 0x00, 0xFF};
18   RGB CYAN      = {0x00, 0xFF, 0xFF};
19   RGB GREY1     = {0xBE, 0xBE, 0xBE};
20   RGB GREY2     = {0x7F, 0x7F, 0x7F};
21   RGB GREY3     = {0x3F, 0x3F, 0x3F};
22   RGB GREY4     = {0x1F, 0x1F, 0x1F};
```

◀ **Abbildung 14-17-10**
Vordefinierte Farbinformationen für
gängige Farbwerte

Damit du den Datentyp *RGB* in der Art nutzen kannst, müssen wir in der Header-Datei einen sogenannten *struct* definieren, der mehrere Datentypen zu einer Struktur zusammenfasst und darüber einen neuen Datentyp generiert.

```
155   struct RGB{
156       unsigned char r;
157       unsigned char g;
158       unsigned char b;
159   };
```

◀ **Abbildung 14-17-11**
Der RGB-struct

Nun können wir im Hauptprogramm die Funktionen wie folgt aufrufen:

```
setForegroundColor(file, RED);   // Vordergrundfarbe auf Rot setzen
setBackgroundColor(file, BLUE);  // Hintergrundfarbe auf Blau setzen
```

Du kannst natürlich auch eigene Werte direkt beim Funktionsaufruf eintragen. Verwende dazu die folgende Syntax, wobei du die RGB-Werte in geschweiften Klammern auflistest:

```
setBackgroundColor(file, {0xF3, 0x3B, 0x12});
```

Den Inhalt des Displays löschen

Um einen definierten Ausgangszustand mit einem leeren Display zu erhalten, kannst du die Funktionen

- *clear*
- *clearFG*
- *clearBG*

nutzen. Sehen wir uns dazu eine kurze Initialisierung des Displays an.

```
38    setBacklight(file, 0x32);         // Hintergrundbeleuchtung ändern
39    setForegroundColor(file, WHITE);  // Vordergrundfarbe auf Weiss setzen
40    clearFG(file);                    // Inhalt mit Vordergrundfarbe löschen
```

In Zeile *38* bestimmen wir über die *setBacklight*-Funktion die Helligkeit. Anschließend wird in Zeile *39* die Vordergrundfarbe mit der *setForegroundColor*-Funktion auf Weiß gesetzt und der Inhalt mit dieser Farbe in Zeile *40* über die *clearFG*-Funktion gelöscht. Du solltest nun ein leeres weißes Display angezeigt bekommen.

Einen einzelnen Punkt setzen

Beginnen wir mit dem grundlegendsten geometrischen Objekt, dem *Punkt*, der auch *Pixel* genannt wird. Es stehen dir wiederum 3 Funktionen zur Verfügung, mit denen du die Farbgebung beeinflussen kannst:

- *drawPixel*
- *drawPixelFG*
- *drawPixelBG*

Alle Funktionen erfordern eine Koordinatenangabe für die Position des zu zeichnenden Punktes. Sehen wir uns dazu die folgenden Beispiele an:

```
42    // Pixel setzen
43    drawPixel(file, 10, 10, RED);        // (x, y, color)
44    setForegroundColor(file, BLUE);      // Vordergrundfarbe setzen
45    drawPixelFG(file, 20, 20);           // (x, y)
46    setBackgroundColor(file, GREEN);     // Hintergrundfarbe setzen
47    drawPixelBG(file, 40, 40);           // (x, y)
```

Was sagt das Display dazu? Ich habe die Anzeige etwas übertrieben dargestellt, denn ein einzelner Punkt ist auf dem Display nur sehr schwer zu erkennen. Zudem stimmen die Maßstäbe nicht, doch das können wir hier vernachlässigen.

▲ **Abbildung 14-17-13**
Pixel setzen

◀ **Abbildung 14-17-14**
Die Ausgabe der Pixel auf dem Display

Eine Linie zeichnen

Im Hinblick auf die Komplexität ist die nächst höhere Form nach dem Punkt die *Linie*. Sie wird durch die Angabe von Start- und Endpunkt definiert bzw. gezeichnet. Die drei möglichen Funktionen lauten:

- *drawLine*
- *drawLineFG*
- *drawLineBG*

Alle Funktionen erfordern zwei Koordinatenangaben für die Start- bzw. Endposition der Linie. Sehen wir uns die folgenden Beispiele an:

```
42    // Linien zeichnen
43    drawLine(file, 0, 0, 50, 50, RED);  // (x1, y1, x2, y2, color)
44    setForegroundColor(file, BLUE);     // Vordergrundfarbe setzen
45    drawLineFG(file, 50, 0, 0, 50);     // (x1, y1, x2, y2)
46    setBackgroundColor(file, GREEN);    // Hintergrundfarbe setzen
47    drawLineBG(file, 0, 60, 60, 60);    // (x1, y1, x2, y2)
```

Abbildung 14-17-15 ▲
Linien zeichnen

Die Ausgabe auf dem Display schaut wie folgt aus:

Abbildung 14-17-16 ▶
Die Ausgabe der Linien auf dem
Display

Ein Rechteck zeichnen

Kommen wir nun zum ersten geometrischen Objekt, das eine geschlossene Fläche beschreibt. Ein Rechteck hat eine Breite und eine Höhe, die seine Form bzw. Größe beschreibt. Natürlich müssen wir auf unserem Display noch einen Startpunkt definieren, der beim Rechteck die linke obere Ecke ist. Die folgenden Funktionen stehen dir dabei zur Verfügung:

- *drawRect*
- *drawRectFG*
- *drawRectBG*
- *fillRect*
- *fillRectFG*
- *fillRectGB*

Wie du siehst, gibt es neben den Zeichnen-Funktionen auch Füll-Funktionen. Schauen wir uns wieder ein paar Beispiele an, wobei ich aber nicht alle zur Verfügung stehenden Funktionen aufzeige.

```
42    // Rechtecke zeichnen
43    drawRect(file, 0, 0, 200, 100, BLUE);   // (x, y, width, height, color)
44    setForegroundColor(file, GREEN);        // Vordergrundfarbe setzen
45    drawRectFG(file, 20, 20, 50, 60);       // (x, y, width, height)
46    setBackgroundColor(file, RED);          // Hintergrundfarbe setzen
47    fillRectBG(file, 50, 50, 50, 60);       // (x, y, width, height)
```

Die Ausgabe auf dem Display schaut wie folgt aus:

▲ **Abbildung 14-17-17**
Rechtecke zeichnen

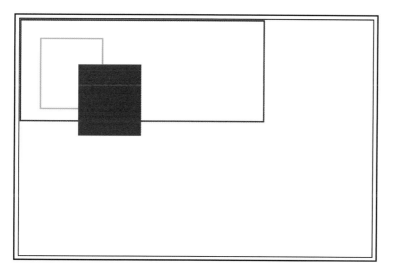

◀ **Abbildung 14-17-18**
Die Ausgabe der Rechtecke auf
dem Display

Du kannst wunderbar erkennen, dass das rote ausgefüllte Rechteck
das grüne überlagert, was damit zusammenhängt, dass es zuletzt
gezeichnet wurde. Sieh es wie einen Stapel transparenter Folien mit
unterschiedlichen grafischen Objekten an, die übereinandergelegt
werden.

Einen Kreis zeichnen

Um einen Kreis zu zeichnen, musst du seinen Mittelpunkt und seinen Radius angeben. Die folgenden Funktionen stehen dir zur Verfügung:

- *drawCircle*
- *drawCircleFG*
- *drawCircleBG*
- *fillCircle*
- *fillCircleFG*
- *fillCircleGB*

Auch hier gibt es neben den Zeichnen- auch Füll-Funktionen. Schauen wir uns ein paar Beispiele an, wobei ich wiederum nicht alle Funktionen aufzeige.

```
42    // Kreise zeichnen
43    fillCircle(file, 150, 150, 50, BLUE); // (x, y, radius, color)
44    setForegroundColor(file, RED);        // Vordergrundfarbe setzen
45    drawCircleFG(file, 50, 50, 50);       // (x, y, radius)
46    setBackgroundColor(file, GREEN);      // Hintergrundfarbe setzen
47    fillCircleBG(file, 90, 90, 50);       // (x, y, radius)
```

Abbildung 14-17-19 ▲
Kreise zeichnen

Die Ausgabe auf dem Display schaut wie folgt aus:

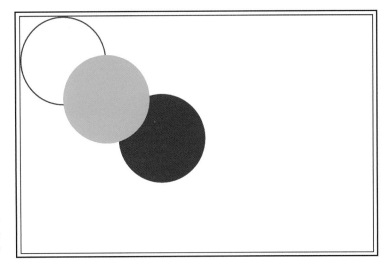

Abbildung 14-17-20 ▶
Die Ausgabe der Kreise auf dem Display

Beachte auch hier wieder die Überlagerung der gezeichneten Objekte.

Eine Ellipse zeichnen

Um eine Ellipse zu zeichnen, musst du den Mittelpunkt und den Radius sowohl in x- als auch in y-Richtung angeben. Die folgenden Funktionen stehen dir zur Verfügung:

- *drawElipse*
- *drawEllipseFG*
- *drawEllipseBG*
- *fillEllipse*
- *fillEllipseFG*
- *fillEllipseGB*

Projekt 14-17: Das LC-Display

Schauen wir uns ein paar Beispiele an, wobei ich wiederum nicht alle Funktionen aufzeige.

```
42    // Ellipsen zeichnen
43    drawEllipse(file, 100, 100, 80, 50, RED);  // (x, y, x_r, y_r, color)
44    setForegroundColor(file, BLUE);            // Vordergrundfarbe setzen
45    fillEllipseFG(file, 200, 150, 20, 80);     // (x, y, x_r, y_r)
46    setBackgroundColor(file, CYAN);            // Hintergrundfarbe setzen
47    fillEllipseBG(file, 250, 50, 80, 20);      // (x, y, x_r, y_r)
```

Die Ausgabe auf dem Display schaut wie folgt aus:

▲ **Abbildung 14-17-21**
Ellipsen zeichnen

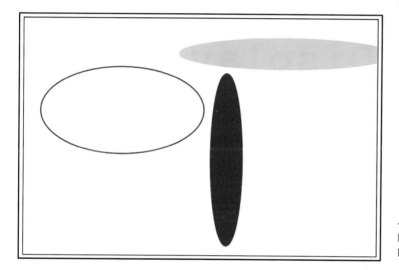

◀ **Abbildung 14-17-22**
Die Ausgabe der Ellipsen auf dem Display

Wenn eine Figur, wie hier die Ellipse in Cyan, die Bereiche des Displays verlässt, führt das nicht zu Problemen oder gar einem Programmabsturz.

Einen Text anzeigen

Was wäre ein Display ohne die Möglichkeit, einen ganz normalen Text darzustellen? Wir wollen ja nicht nur ein paar nette bunte Linien, Rechtecke oder Kreise darstellen, sondern auch passende Beschreibungen dazu liefern. Die folgenden Funktionen stehen dir zur Verfügung:

- *drawText*
- *drawTextFG*
- *drawTextBG*

```
43     // Text anzeigen
44     // *** drawText(colorFG, colorBG, x, y, size, length, text) ***
45     drawText(file, WHITE, BLUE, 0,  0, 1, 13, "Display-Board");
46     drawText(file, RED, WHITE, 0,  20, 2, 10, "Display-Board");
47     drawText(file, BLUE, WHITE, 0, 50, 3, 13, "Display-Board");
48     setForegroundColor(file, GREEN); // Vordergrundfarbe auf Grün setzen
49     // *** drawTextFG(x, y, size, length, text) ***
50     drawTextFG(file, 0,  90, 3, 7, "Display-Board");
```

Abbildung 14-17-23 ▲
Text anzeigen

Die Ausgabe auf dem Display schaut wie folgt aus:

Abbildung 14-17-24 ▶
Die Ausgabe von Text auf dem
Display

Achte auf die erforderliche Reihenfolge der Parameter, die zu übergeben sind:

- *colorFG*: Vordergrundfarbe
- *colorBG*: Hintergrundfarbe
- *x*: x-Koordinate (linke obere Ecke)
- *y*: y-Koordinate (linke obere Ecke)
- *size*: Fontgröße (Wert zwischen 1 und 30)
- *length*: Anzahl der darzustellenden Zeichen
- *text*: anzuzeigender Text

Über die Angabe der Anzahl der anzuzeigenden Zeichen kannst du einen vorhandenen Text beschneiden.

Das Touchpad abfragen

Was wäre ein LC-Display mit Touchpad-Funktionalität, würden wir sie nicht nutzen und einige interessante Dinge damit anstellen. Das Touchpad liefert 3 Werte, die uns interessieren:

Projekt 14-17: Das LC-Display

- x-Koordinate

- y-Koordinate

- z-Koordinate

Unter der *x*- und *y*-Koordinate kann ich mir etwas vorstellen, doch was soll *z* bedeuten?

Das ist ganz einfach, *RasPi*. Die *z*-Koordinate steht für den Anpressdruck auf das Panel und liefert einen von *0* verschiedenen Wert, wenn du einen Druck an einer bestimmten Stelle ausübst. Darüber kannst du dann ermitteln, ob du z.B. mit einem Stift eine Position auf dem Panel berührst. Ich habe dazu den Zeichenstift eines *Nintendo DS* verwendet. Sehen wir uns den Quellcode genauer an, denn es gibt dort einige Dinge zu beachten.

```
39    setBacklight(file, 0x32);           // Hintergrundbeleuchtung ändern
40    setForegroundColor(file, WHITE);    // Vordergrundfarbe auf Weiss setzen
41    clearFG(file);                      // Inhalt mit Vordergrundfarbe löschen
42    calibrate(file);                    // Touchpad kalibrieren
43    getchar();                          // Auf Tastendruck warten
44
45    while(true){
46        // Touchpad abfragen
47        getTouchpadPosition(file, xPos, yPos, zPos);
48        if(zPos){
49            printf("X-Pos: %i\n", xPos);
50            printf("Y-Pos: %i\n", yPos);
51            printf("-----------\n");
52        }
53    }
```

▲ **Abbildung 14-17-25**
Abfragen des Touchpads

Zu Beginn starten wir eine ganz normale Prozedur, die du schon kennst. Wir aktivieren die Hintergrundbeleuchtung, setzen die Vordergrundfarbe auf Weiß und löschen den Inhalt des Displays mit dieser Farbe, so dass eine leere Fläche entsteht. Bevor du das Touchpad nutzen kannst – und dieser Schritt ist außerordentlich wichtig –, musst du das Touchpad kalibrieren, was über den Aufruf der *calibrate*-Funktion erreicht wird. Du wirst aufgefordert, an drei unterschiedlichen Punkten innerhalb kleiner Kreise das Display zu berühren. Hast du das gemacht, wartet das Programm über die *get-char*-Funktion auf einen Tastendruck. Erst danach geht es weiter, wobei die Endlosschleife in Zeile 45 aufgerufen wird. Es erfolgt ein kontinuierlicher Aufruf der *getTouchpadPosition*-Funktion, die die Positionswerte des Touchpads ermittelt.

Hier stimmt doch etwas nicht. Eine Funktion liefert doch – falls gewünscht – nur einen Wert an den Aufrufer zurück. Das passiert hier aber nicht und wir benötigen ja 3 Werte. Wie soll das funktionieren?

Das ist eine berechtigte Frage, *RasPi,* und doch funktioniert das wirklich sehr gut. Sehen wir uns das einmal genauer an. Zu Beginn des Programms habe ich 3 Variablen deklariert, die die Positionswerte des Touchpads aufnehmen sollen.

```
int xPos, yPos, zPos;          // Positionen für Touchpad
```

Ich denke, dass das bis hierher kein Problem für dich bedeutet. Beim Funktionsaufruf in Zeile 47 werden diese Variablen übergeben. Ab jetzt wird's etwas spezieller, denn die Funktion (Teil der Header-Datei), die du gleich sehen wirst, nimmt nicht die Werte der einzelnen Variablen entgegen, sondern die Adressen, an der sie sich im Speicher befinden. Sieh her:

```
709   // Touchpad Position ermitteln
710   void getTouchpadPosition(int file, int &xPos, int &yPos, int &zPos){
711       unsigned char buf[6]; // Input-Buffer
712       unsigned char cmd[] = {CMD_TP_POS};
713       sendI2CRegister(file, cmd, sizeof(cmd));
714       read(file, buf, 6);
715       xPos  = buf[0] << 8;
716       xPos |= buf[1] << 0;
717       yPos  = buf[2] << 8;
718       yPos |= buf[3] << 0;
719       zPos  = buf[4] << 8;
720       zPos |= buf[5] << 0;
721   }
```

Abbildung 14-17-26 ▲
Die Funktion zur Ermittlung der Touchpad-Koordinaten

In der Funktionssignatur stehen hinter dem *file*-Parameter zwar die Variablen *xPos, yPos* und *zPos,* doch über den jeweils vorangestellten Adressoperator & werden die Adressen der Variablen des Aufrufers entgegengenommen und nicht die Werte. Die hier genannten Variablen stehen quasi als *Aliase* für die Variablen aus dem Hauptprogramm und verweisen auf sie. Ändert sich einer der Werte von *xPos, yPos* oder *zPos* innerhalb der Funktion, hat das unmittelbare Auswirkungen auf die Werte des Hauptprogramms, denn es handelt sich um ein und dieselben Variablen. Mit dieser Technik kannst du mehr als einen Wert aus einer Funktion an den Aufrufer zurückliefern. Wenn du das Programm gestartet hast und die Kalibrierung durchgeführt wurde, bekommst du beim Druck auf das

Projekt 14-17: Das LC-Display

Touchpad die jeweiligen *xy*-Koordinaten angezeigt. Über die *if*-Anweisung in Zeile *48* wird erreicht, dass die Daten nur dann zur Anzeige gebracht werden, wenn der Wert der *z*-Koordinate von *0* verschieden ist. Die Ausgabe kann wie folgt aussehen:

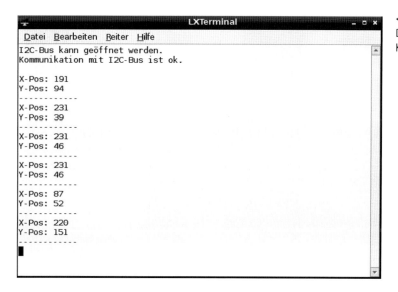

◀ **Abbildung 14-17-27**
Die Anzeige der Touchpad-Koordinaten

Das Display-Board am Raspberry Pi

Auf dem folgenden Bild siehst du die Verbindung zwischen dem Raspberry Pi und dem Display-Board.

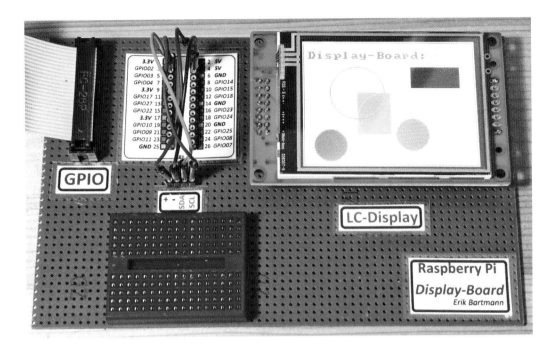

Um das Display zu betreiben, sind tatsächlich nicht mehr als *4* Leitungen notwendig.

Wir steuern die GPIO-Schnittstelle über das Touchpad

Nun wird es Zeit, etwas mehr oder weniger Sinnvolles mit dem LC-Display anzufangen. Was hältst du davon, wenn wir über Schaltflächen ein paar angeschlossene Leuchtdioden ansteuern? Natürlich soll das lediglich als kurzes Einführungsbeispiel dienen und deine Ideen sprudeln lassen. Der Aufbau ist denkbar einfach.

Auf dem kleinen Breadboard habe ich die beiden LEDs mit den Vorwiderständen untergebracht und sie mit den GPIO-Pins *21* und *23* verbunden.

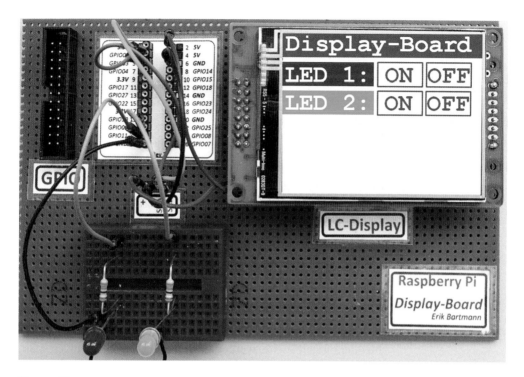

Das Programm

Da wir das Programm zur Ansteuerung des LC-Displays in C++ geschrieben haben, liegt es nahe, die schon bekannte wiringPi-Library zu verwenden, um damit die GPIO-Schnittstelle anzusprechen. Sehen wir uns die relevanten Stellen im Programm an (das ganze Programm findest auf meiner Internetseite unter dem entsprechenden Kapitelnamen).

▲ **Abbildung 14-17-29**
Das LC-Display steuert die beiden Leuchtdioden an

◀ **Abbildung 14-17-30**
Die notwendigen Vorbereitungen

```
1    #include <iostream>
2    #include <linux/i2c-dev.h>
3    #include <wiringPi.h>
4    #include "cmd.h"
5
6    #define LED_RED    14 // Pin rote LED
7    #define LED_GREEN 13 // Pin grüne LED
8
9    int file;
10   char *filename = "/dev/i2c-1"; // I2C-Device
11   int i2caddress = 0x20;         // I2C-Adresse
12   int xPos, yPos, zPos;          // Positionen für Touchpad
```

In Zeile 3 wurde die benötigte wiringPi-Library eingebunden und in den Zeilen 6 und 7 die symbolischen Konstanten der Pins zur Ansteuerung der LEDs. Beachte, dass es sich hier um die spezielle Nummerierung der wiringPi-Library handelt. Schau zur eindeutigen Identifizierung noch einmal im GPIO-Grundlagenkapitel nach. Um die beiden LEDs eindeutig an- bzw. auszuschalten, benötigen wir die korrekten Positionen der Rechtecke, die den Schriftzug *ON* bzw. *OFF* tragen. Die Funktion, die diese Aufgabe übernimmt, lautet *leds* und hat folgenden Inhalt:

```
28  void leds(int xPos, int yPos){
29      if((xPos > 150)&&(xPos < 220)&&(yPos > 30)&&(yPos < 55))
30          digitalWrite(LED_RED, HIGH);    // Schalte rote LED an
31      if((xPos > 230)&&(xPos < 300)&&(yPos > 30)&&(yPos < 55))
32          digitalWrite(LED_RED, LOW);     // Schalte rote LED aus
33      if((xPos > 150)&&(xPos < 220)&&(yPos > 60)&&(yPos < 85))
34          digitalWrite(LED_GREEN, HIGH); // Schalte grüne LED an
35      if((xPos > 230)&&(xPos < 300)&&(yPos > 60)&&(yPos < 85))
36          digitalWrite(LED_GREEN, LOW);  // Schalte grüne LED aus
37  }
```

Abbildung 14-17-31 ▲
Die leds-Funktion steuert die rote bzw. grüne LED an

Sie wird beim Aufruf lediglich mit den aktuell vorherrschenden xy-Koordinaten versehen. Bewegen sich die Koordinaten innerhalb der hier definierten Werte, werden die LEDs entsprechend angesteuert. Bevor es zur Ansteuerung kommen kann, werden wir die wiringPi-Library initialisieren und die beiden Pins der LEDs als Ausgänge programmieren.

Abbildung 14-17-32 ▶
Die Initialisierung der wiringPi-Library und die Programmierung der LED-Pins

```
54      // wiringPi
55      if(wiringPiSetup() == -1){
56          printf("WiringPi-Problem.\n");
57          exit(EXIT_FAILURE);
58      }
59      // Pins als Ausgang programmieren
60      pinMode(LED_RED,   OUTPUT);
61      pinMode(LED_GREEN, OUTPUT);
```

Im nächsten Schritt bereiten wir die Ausgabe der grafischen Elemente auf dem LC-Display vor und platzieren die Texte und die Rechtecke an die gewünschten Positionen.

Projekt 14-17: Das LC-Display

```
63    setBacklight(file, 0x32);           // Hintergrundbeleuchtung ändern
64    setForegroundColor(file, WHITE);    // Vordergrundfarbe auf Weiss setzen
65    clearFG(file);                      // Inhalt mit Vordergrundfarbe löschen
66    calibrate(file);                    // Touchpad kalibrieren
67    getchar();                          // Auf Tastendruck warten
68    // Text-Header
69    drawText(file, WHITE, BLUE, 0, 0, 3, 13, "Display-Board");
70    // Text LED 1 + 2 / Rechtecke zeichnen
71    drawText(file, WHITE, RED, 0, 30, 3, 6, "LED 1:");
72    drawText(file, WHITE, GREEN, 0, 60, 3, 6, "LED 2:");
73    drawText(file, BLUE, WHITE, 151, 31, 3, 2, "ON");
74    drawText(file, BLUE, WHITE, 231, 31, 3, 3, "OFF");
75    drawText(file, BLUE, WHITE, 151, 61, 3, 3, "ON");
76    drawText(file, BLUE, WHITE, 231, 61, 3, 3, "OFF");
77    drawRect(file, 150, 30, 70, 25, BLUE);
78    drawRect(file, 230, 30, 70, 25, BLUE);
79    drawRect(file, 150, 60, 70, 25, BLUE);
80    drawRect(file, 230, 60, 70, 25, BLUE);
```

Wenn du die Positionierung nach deinen Wünschen anpasst, musst du das ebenfalls innerhalb der *leds*-Funktion machen, andernfalls stimmen die Koordinaten nicht mehr überein und die LEDs werden nicht korrekt an- bzw. ausgeschaltet. Zu guter Letzt wird innerhalb der Endlosschleife die *leds*-Funktion mit den aktuellen xy-Koordinaten bei einem Druck auf das Display versorgt.

▲ **Abbildung 14-17-33**
Die Platzierung der Texte und Rechtecke

```
82    while(true){
83        // Touchpad abfragen
84        getTouchpadPosition(file, xPos, yPos, zPos);
85        if(zPos)
86            leds(xPos, yPos); // LEDs ansteuern
87    }
```

◄ **Abbildung 14-17-34**
Der kontinuierliche Aufruf der leds-Funktion zur Ansteuerung der beiden LEDs

Was hast du gelernt?

- Du hast in diesem Kapitel gesehen, wie du ein LC-Display über die I^2C-Schnittstelle mit deinem Raspberry Pi verbinden kannst.

- Über unterschiedliche Funktionen kannst du verschiedene geometrische Objekte wie Punkte, Linien, Rechtecke, Kreise oder Ellipsen darstellen.

- Du hast gesehen, wie du die Touchpad-Position abfragen kannst.

- Am Ende haben wir zwei an der GPIO-Schnittstelle angeschlossene LEDs über das Touchpad angesteuert und dazu u.a. die wiringPi-Library verwendet.

Projekt 14-18:
Der Roboterarm

Ich möchte dich mit einem Thema bekanntmachen, das sicherlich Jung und Alt begeistern wird. Blinkende Leuchtdioden sind an sich schon etwas Feines, doch wenn es darum geht, dass sich etwas bewegt und du es kontrollieren kannst, ist das eine andere Dimension. Was hältst du davon, wenn wir einen Roboterarm ansteuern, der die unterschiedlichsten Bewegungen ausführen kann und am Ende des Arms einen Greifer besitzt? In diesem Experiment besprechen wir folgende Themen:

- Wie wird eine USB-Unterstützung für die Programmiersprache Python eingerichtet?
- Wie verbinden wir den Roboterarm mit deinem Raspberry Pi?
- Wie können wir den Roboterarm ansteuern?

Der Roboterarm

Der Roboterarm, den ich die vorstelle, ist von der Firma *Playtastic*, und du kannst ihn inklusive USB-Ansteuerungsmodul günstig über die Firma *Pearl* beziehen. Es handelt sich dabei um einen Bausatz, der dich ca. 3 Stunden beschäftigen wird. Das ist Frickelei pur! Die Adresse findest du im Anhang.

Abbildung 14-18-1 ▶
Der Roboterarm

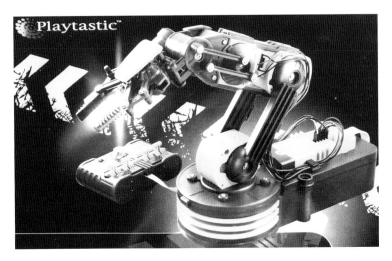

Der Roboterarm kann sowohl manuell über eine Kontrolleinheit, wie du es auf dem Bild sehen kannst, als auch über ein USB-Modul, das du mit einem Computer verbindest, gesteuert werden. Es liegt eine Software bei, damit die Steuerung auch über Windows möglich ist. Wir konzentrieren uns in diesem Kapitel auf die Ansteuerung über deinen Raspberry Pi. Zunächst ist es gut zu wissen, wie der Roboterarm mechanisch funktioniert. Wir haben es mit einem Roboterarm zu tun, der 5 Gelenke bzw. Freiheitsgrade besitzt. Zusätzlich ist eine leuchtstarke Leuchtdiode an der Spitze des Greifers vorhanden, die ein- bzw. ausgeschaltet werden kann.

Abbildung 14-18-2 ▶
Der Roboterarm von der Seite
gesehen

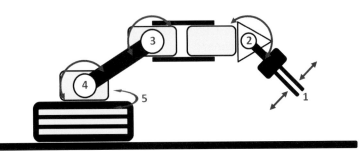

Die Nummern stehen für:

1. Greifer
2. Handgelenk
3. Ellbogen
4. Schulter
5. Basis

Projekt 14-18: Der Roboterarm

Wenn wir gleich die einzelnen Gelenke bzw. die Leuchtdiode ansteuern, erfolgt das mit der Übergabe dreier Werte, die als Kommando (Tuple) an den Roboterarm gesendet werden.

Greifer, Handgelenk, Ellbogen, Schulter	Basis	Leuchtdiode

Du kannst alle Bewegungen miteinander kombinieren, so dass die gewünschten Aktionen gleichzeitig und nicht nacheinander erfolgen. Wie das funktioniert, wirst du bei der Programmierung sehen. Bevor wir beginnen, möchte ich einige Informationen zur USB-Schnittstelle liefern.

Ein wenig zu USB

Ich bin mir fast sicher, dass du die USB-Schnittstelle schon sehr oft an deinem Computer verwendet hast. Sei es beim Anschluss eines USB-Sticks, einer externen Festplatte oder einer USB-Kamera, um nur einige wenige Möglichkeiten zu nennen. Die Programmierung dieser Schnittstelle ist aber nicht so trivial, wie es vielleicht aussieht. Aus diesem Grund greifen wir auf eine Python-Library zurück, die uns den Zugriff erleichtert. Dazu später mehr. Wenn du ein USB-Gerät mit deinem Rechner verbindest, muss es natürlich als solches erkannt werden. Damit die Identifikation einwandfrei funktioniert und eine eindeutige Zuweisung erfolgen kann, hat man sich dazu entschieden, jedem Hersteller, der eigene USB-Geräte im großen Stil entwickelt, eine Hersteller-Nummer zuzuweisen. Die entsprechende Instanz ist *usb.org*. Da jeder einzelne Hersteller möglicherweise unterschiedliche Geräte entwickelt und vermarktet, ist ein zweites Unterscheidungsmerkmal notwendig, das sich auf das Produkt bezieht. Also gibt es noch eine Produkt-Nummer. Diese beiden Nummern heißen

- idVendor
- idProduct

Anhand dieser Informationen wird bei unterschiedlichen Betriebssystemen versucht, automatisch den passenden Treiber zu installieren, was aber leider nicht immer funktioniert. Wie aber gelangen wir an diese beiden Informationen? Wenn du das dir schon bekannte Kommando

```
# tail -f /var/log/messages
```

ausführst und dann ein USB-Gerät mit dem Raspberry Pi verbindest, kannst du sehen, was der Linux-Kernel erkannt hat.

Abbildung 14-18-3 ▶
Ein Ausschnitt aus dem /var/log/
messages

```
Feb 25 10:47:29 raspberrypi kernel: [ 8567.403603] usb 1-1.2: new low-speed USB
device number 6 using dwc_otg
Feb 25 10:47:29 raspberrypi kernel: [ 8567.527475] usb 1-1.2: New USB device fou
nd, idVendor=1267, idProduct=0000
Feb 25 10:47:29 raspberrypi kernel: [ 8567.527507] usb 1-1.2: New USB device str
ings: Mfr=0, Product=0, SerialNumber=0
```

Ich habe die beiden für uns wichtigen Informationen rot umrahmt. Dort siehst du die *idVendor* als auch die *idProduct*. Möchtest du dir über alle angeschlossenen USB-Geräte Informationen einholen, verwende das folgende Kommando:

```
# sudo lsusb -v
```

Damit du aber die Möglichkeit des USB-Zugriffs unter Python bekommst, musst du das Softwarepaket *PyUSB* herunterladen und installieren. Ich habe die PyUSB-Library unter *http://sourceforge. net/projects/pyusb/* geladen und entpackt. Im Anschluss wechsle mit dem *cd*-Kommando in das Verzeichnis *pyusb-1.0.0a2* (es kann auch eine aktuellere Version verfügbar sein) und starte die Installation über

```
# sudo python setup.py install
```

Nun ist alles vorbereitet, damit du mit der Programmierung beginnen kannst.

Das Programm

Bevor es losgeht, muss ich eine Warnung aussprechen. Der komplette Roboterarm besteht in seinen Gelenken bzw. den Übersetzungen und Zahnrädern aus Plastik. Wenn du einen Freiheitsgrad in den Anschlag oder darüber hinaus bewegst, knackt es fürchterlich, da die Zahnräder versuchen, sich gegen den vorherrschenden Widerstand weiterzudrehen. Die Zähne rutschen über die Welle, was auf Dauer eine vernichtende Wirkung auf die Funktionsfähigkeit des Roboters hat. Es gibt keine Rückmeldung vom Roboterarm an die Steuerung, dass ein Endanschlag erreicht wurde. Bevor du eine Aktion einleitest, vergewissere dich also, dass in den angeforderten Aktionsrichtungen genügend Platz vorhanden ist, um die Bewegungen zu Ende zu führen. Es ist eine schöne Herausforderung, den Roboterarm mit entsprechenden Sensoren zu versehen, die über die GPIO-Schnittstelle abgefragt werden, damit eine sichere Bewegung gewährleistet ist. Sehen wir uns die Kommandos an, mit denen du den Roboterarm ansteuern kannst. Ich sagte schon, dass es sich dabei um ein Tuple mit *3* Werten handelt. Um sie zu verwenden, beginnen wir mit der Steuerung von *Greifer*, *Handgelenk*, *Ellbogen* und *Schulter*, die im ersten Wert des Tuples verborgen sind.

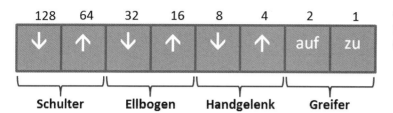

◀ **Abbildung 14-18-4**
Die Ansteuerung von Greifer, Handgelenk, Ellbogen und Schulter

Ist der Wert z.B. *16*, bewegt sich der Ellbogen nach oben. Bei einem Wert von *1* schließt sich der Greifer. Ich hatte bereits von der Machbarkeit der Ansteuerung verschiedener Freiheitsgrade zur gleichen Zeit gesprochen. Möchtest du Ellbogen und Greifer gleichermaßen ansteuern, addiere einfach die beiden Werte *16* und *1*. Mit dem Wert *17* bewegt sich der Ellbogen nach oben und der Greifer schließt sich. Überträgst du den Wert *0*, dann stoppen alle Aktionen. Kommen wir zur Drehung der Basis.

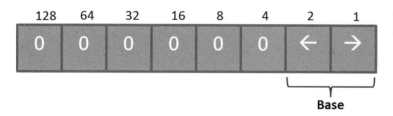

◀ **Abbildung 14-18-5**
Die Ansteuerung der Basis

Die Drehung des Roboterarms kannst du über den zweiten Tuple-Wert realisieren. Bei einem Wert von *1* erfolgt eine Drehung im Uhrzeigersinn, bei *2* entgegen des Uhrzeigersinns, bei *0* stoppt die Drehung. In Kombination von erstem und zweitem Tuple-Wert kannst alle Aktionen gleichzeitig ausführen. Über den dritten Tuple-Wert wird die LED angesteuert.

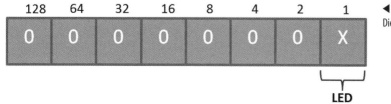

◀ **Abbildung 14-18-6**
Die Ansteuerung der LED

Überträgst du eine *1*, leuchtet die LED, bei einer *0* verlischt sie wieder. Kommen wir zur Programmierung und im ersten Schritt zur Initialisierung.

Initialisierung

Abbildung 14-18-7 ▶
Die Initialisierung

```
1   import usb.core, usb.util # pyUSB einbinden
2   from time import sleep
3
4   # Deklarationen
5   NO_MOVE        = 0    # Keine Bewegung
6   GRIP_CLOSE     = 1    # Greifer schliessen
7   GRIP_OPEN      = 2    # Greifer oeffnen
8   WRIST_UP       = 4    # Hanfgelenk rauf
9   WRIST_DOWN     = 8    # Handgelenk runter
10  ELBOW_UP       = 16   # Ellbogen rauf
11  ELBOW_DOWN     = 32   # Ellbogen runter
12  SHOULDER_UP    = 64   # Schulter rauf
13  SHOULDER_DOWN  = 128  # Schulter runter
14
15  BASE_RIGHT     = 1    # Basis nach rechts drehen
16  BASE_LEFT      = 2    # Basis nach links drehen
17
18  LED_OFF        = 0    # LED aus
19  LED_ON         = 1    # LED an
20
21  robot = usb.core.find(idVendor=0x1267, idProduct=0x0000)
```

In Zeile *1* werden die benötigten Paketkomponenten eingebunden, damit wir später auf USB zugreifen können. Damit eine komfortable und einfache Ansteuerung der Freiheitsgrade möglich wird, habe ich in den Zeilen *5* bis *19* Variablen mit genau *den* Werten initialisiert, die für die betreffenden Bitpositionen stehen. Auf diese Weise ist eine Kombination der Aktionen über eine bitweise ODER-Verknüpfung recht einfach. In Zeile *21* wird das Roboter-Objekt *robot* generiert. Bevor wir mit der Ansteuerung beginnen, sollten wir im Programm überprüfen, ob der Roboterarm korrekt erkannt wurde. Wenn ein Objekt erfolgreich generiert wurde, wird die Objektvariable mit einer Adresse versehen, was quasi einen Zeiger im Speicher darstellt. Konnte dieser Vorgang nicht abgeschlossen werden, bekommt die Variable den Wert *None* zugewiesen. Genau diesen Wert fragen wir in Zeile *25* ab, jedoch nicht mit einem Vergleichsoperator ==, sondern mit dem Schlüsselwort *is*, das bei Objektvergleichen verwendet werden sollte.

Ist der Roboterarm verfügbar?

```
23 def initRobot():
24     """ Ist Roboter erkannt worden? """
25     if robot is None:
26         print 'Keinen Roboter gefunden!'
27         return 0
28     else:
29         print 'Roboter wurde gefunden!'
30         return 1
```

◀ **Abbildung 14-18-8**
Ist der Roboterarm erkannt
worden?

Wurde der Roboterarm gefunden, liefert die Funktion den Wert *1* zurück, andernfalls *0*. Damit eine Ansteuerung erfolgen kann, habe ich eine eigene Funktion dafür geschrieben, die *moveRobot* lautet.

Die Ansteuerung des Roboterarms

```
33 def moveRobot(cmd, t):
34     """ Roboterarm bewegen """
35     # Start
36     robot.ctrl_transfer(0x40, 6, 0x100, 0, cmd, 1000)
37     sleep(t)
38     # Stop
39     robot.ctrl_transfer(0x40, 6, 0x100, 0, (0, 0, 0), 1000)
```

◀ **Abbildung 14-18-9**
Die Ansteuerung des Roboterarms

Die Methode *ctrl_transfer* ist für den Datentransfer verantwortlich und kann sowohl Daten versenden als auch empfangen. In unserem Experiment wollen wir jedoch nur Daten versenden. Der für uns wichtige Parameter ist der vorletzte, der in Zeile *36* mit der Variablen *cmd* gekennzeichnet ist. Hier wird das Kommando-Tuple übergeben, das die Bewegungen des Roboterarms steuert. Wenn es darum geht, eine Verbindung zu einem externen Gerät aufzunehmen, ist ein sogenanntes Timeout sehr sinnvoll. Wir wollen ja nicht unendlich lange warten, bis das angeschlossene Gerät reagiert. Der Wert *1000* legt diesen Timeout fest. Unsere *moveRobot*-Funktion nimmt sowohl die Kommandos als auch einen Zeitwert entgegen, der besagt, wie lange die angeforderten Bewegungen ausgeführt werden sollen. In Zeile *39* erfolgt mit der Übergabe des *(0, 0, 0)*-Tuples ein Stopp aller Aktivitäten.

Die Ansteuerung des Roboterarms

Abbildung 14-18-10 ▶
Der Aufruf der moveRobot-Funktion

```
41 def main():
42     if initRobot() == 1:
43         arm_cmd  = WRIST_UP | SHOULDER_DOWN
44         base_cmd = BASE_LEFT
45         led_cmd  = LED_OFF
46         cmd = (arm_cmd, base_cmd, led_cmd)
47         time = 0.5
48         moveRobot(cmd, time)
49
50 if __name__ == '__main__':
51     main()
```

In der *main*-Funktion wird in Zeile *42* erst einmal überprüft, ob der Roboterarm verfügbar ist. Ist das der Fall, werden die gewünschten Aktionen in den Variablen

- arm_cmd
- base_cmd
- led_cmd

hinterlegt. Wie du in Zeile *43* siehst, kannst du mit der bitweisen ODER-Verknüpfung mehrere Aktionen kombinieren, denn auf diese Weise werden die Bits an den betreffenden Positionen gesetzt. Das Kommando wird in Zeile *46* als Tuple zusammengesetzt und in Zeile *48* mit dem vorher definierten Zeitwert abgeschickt. Der Roboterarm sollte sich jetzt bewegen.

Was hast du gelernt?

- Du hast in diesem Kapitel gesehen, wie du einen Roboterarm, der über die USB-Schnittstelle anzusteuern ist, unter der Programmiersprache Python verwenden kannst.
- Du hast dazu das Python-Paket *pyUSB* installiert und mit Hilfe von *idVendor* bzw. *idProduct* den Roboterarm eindeutig adressieren können.

Projekt 14-19: Der Operationsverstärker

Was wäre die Elektronik ohne die *Operationsverstärker*? Dieses Bauteil besitzt im Inneren einen Differenzverstärker, der auf unterschiedliche Weise zum Einsatz kommen kann. Wenn wir von einem Verstärker sprechen, muss das angelegte Signal in irgendeiner Weise verändert werden. Der Name sagt ja schon einiges über die Art der Veränderung aus: Das Signal wird verstärkt. In diesem Kapitel verwenden wir den Operationsverstärker – auch kurz *OPV* genannt – jedoch nicht zur Verstärkung eines angelegten Signals, sondern als sogenannten *Komparator*.

Ein Komparator vergleicht Spannungen miteinander, und das Ergebnis des Vergleichs steuert den Ausgang. Wird ein Operationsverstärker ohne eine Gegenkopplung betrieben, arbeitet er u.a. im Komparator-Modus. Eine Gegenkopplung würde bedeuten, dass das Ausgangssignal zurück an einen der Eingänge geführt wird, was wiederum den Ausgang beeinflusst. Operationsverstärker werden für die unterschiedlichsten Anwendungen wie etwa Filter, A/D-Wandler und natürlich Verstärker eingesetzt. Das sind hier aber nicht unsere Themen. In diesem Experiment besprechen wir folgende Themen:

- Wie arbeitet ein Operationsverstärker als Komparator?
- Wie können wir das Ausgangssignal beeinflussen?
- Wie können wir über einen Darlington-Transistor einen angeschlossenen Motor in Abhängigkeit der Helligkeit auf dem LDR steuern?

Der Operationsverstärker als Komparator

Sehen wir uns das Schaltbild des Operationsverstärkers an. Es gibt zwei unterschiedliche Symbole, von denen eines nicht genormt, aber meistens verwendet wird, das andere genormt und selten verwendet wird. Das erste Symbol zeigt den OPV mit zusätzlichen Spannungsversorgungsanschlüssen. Das ist zwar durchaus ok, wird aber in der Praxis oft weggelassen, wie du am zweiten Symbol siehst.

Abbildung 14-19-1 ▶

Das nicht genormte, aber meistens verwendeten OP-Symbol (mit und ohne Spannungsquelle)

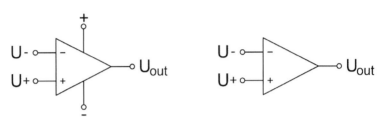

Und nun das genormte Symbol:

Abbildung 14-19-2 ▶

Das nicht genormte OP-Symbol (ohne Spannungsquelle)

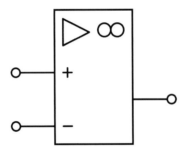

Was fällt uns bei den Symbolen des OPV auf? Es gibt einen Eingang mit einem Plus- und einen mit einem Minus-Zeichen. Es handelt sich dabei um den *nicht-invertierenden* bzw. den *invertierenden* Eingang. Ein Operationsverstärker hat also immer zwei Eingänge und einen Ausgang. Der nicht-invertierende Eingang ist mit dem Ausgangssignal phasengleich, wogegen der invertierende Eingang ein gegenphasiges Signal am Ausgang erzeugt. Ich möchte dir in diesem Kapitel eine Schaltung zeigen, mit der du über einen lichtempfindlichen Widerstand, einen *LDR*, den Pegel an einem GPIO-Pin steuern kannst – und das ohne eine Analog/Digital-Wandlung.

Benötigte Bauteile

1 x TLC3702 (Dualkomparator)

4 x Widerstand 10K (braun/schwarz/orange)

1 x LDR (nach Möglichkeit auch mit 10K)

1 x Transistor TIP 120 oder TIP 122

1 x Gleichstrommotor (6V, 9V oder 12V), hier ein Motor von *Lego*.

1 x externe Spannungsquelle für Motoransteuerung (hier eine Batteriehalterung für 4 x 1,5V)

1 x Potentiometer (z.B. 100KOhm)

1 x 1N4004

Du musst mir mal helfen. Wenn ich das richtig sehe, schließt du einen LDR an einen Operationsverstärker an, der aber keine Analog/Digital-Wandlung vornimmt. Wie willst du dann in Abhängigkeit einer auftreffenden Lichtmenge den Eingang eines GPIO-Pins steuern? Wir haben es doch mit einem analogen Signal zu tun, das in irgendeiner Weise bewertet werden muss.

Ich sehe dein Problem. Du hast in deinem letzten Satz schon etwas Entscheidendes gesagt: Das analoge Signal muss bewertet werden. Das erfolgt aber nicht über eine Analog/Digital-Wandlung, sondern über einen Vergleich eines vorgegebenen Potentials. Jetzt kommt der Operationsverstärker ins Spiel, der als Komparator arbeitet und die Signale an seinen beiden Eingängen vergleicht. Ich konfrontiere dich am besten zu Beginn mit dem Schaltplan, der dich aber nicht verunsichern soll, denn die Sache ist wirklich recht einfach.

Der Schaltplan

Abbildung 14-19-3 ▶
Der Schaltplan zur Steuerung des GPIO-Pins über den LDR

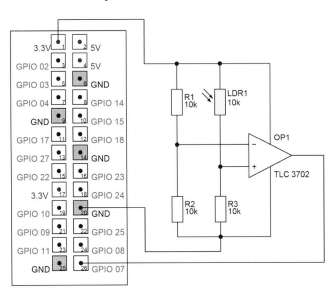

Wir haben auf der linken Seite unsere GPIO-Schnittstelle des Raspberry Pi und rechts davon die Operationsverstärkerschaltung. Du siehst, dass wir lediglich ein paar Widerstände inklusive einem LDR mit dem OPV verbunden haben. Bei dieser Schaltung geht es darum, zwei Spannungen miteinander zu vergleichen. Haben diese

Spannungen ein bestimmtes Verhältnis zueinander, wird darüber das Ausgangssignal verändert. Um einen definierten Spannungspegel zu erreichen, setzen wir – wie du schon gelernt hast – einen Spannungsteiler ein. Über zwei Widerstände, die in einem von dir festgelegten Verhältnis stehen und mit der Versorgungsspannung bzw. Masse verbunden sind, erreichst du einen gewünschten Spannungspegel in den Grenzen von $0V$ bis maximal zur angelegten Versorgungsspannung. Wir haben es in dieser Schaltung mit einem festen und einem variablen Spannungsteiler zu tun. Sehen wir uns zunächst den festen genauer an.

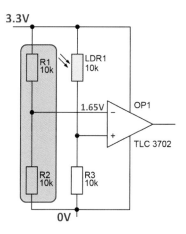

◀ **Abbildung 14-19-4**
Der feste Spannungsteiler ist mit dem invertierenden Eingang verbunden

Die beiden Widerstände $R1$ und $R2$ bilden den festen Spannungsteiler, der mit der Versorgungsspannung von $3,3V$ verbunden ist. Da beide Widerstände den gleichen Widerstandswert von $10KOhm$ besitzen, errechnet sich die Spannung wie folgt. Dazu ein kurzer Blick auf den Spannungsteiler:

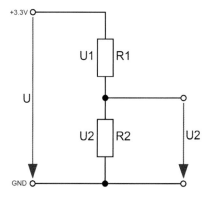

◀ **Abbildung 14-19-5**
Der feste Spannungsteiler

Über die folgende Formel kannst du den Spannungswert errechnen:

$$U_2 = \frac{R_2}{R_1 + R_2} \cdot U$$

Mit den konkreten Werten kommen wir auf den folgenden Spannungswert:

$$U_2 = \frac{10K}{20K} \cdot 3,3V = 1,65V$$

Du hättest es dir auch leichter machen können, denn bei gleichen Widerstandswerten wird die angelegte Versorgungsspannung einfach halbiert, da an jedem einzelnen Widerstand der gleiche Spannungswert abfällt. Der Wert von *1,65* wird also an den invertierenden Eingang des OPV geleitet und dient quasi als Referenzspannung. Kommen wir zum zweiten Spannungsteiler, der mit dem nicht-invertierenden Eingang verbunden ist.

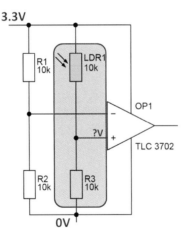

In Abhängigkeit des Widerstandswertes, der natürlich von der auftreffenden Lichtmenge auf den LDR abhängt, ändert sich das Spannungsteilerverhältnis und resultierend daraus auch die Spannung. Wenn mehr Licht auf den LDR fällt, sinkt sein Widerstandswert und somit nähert sich der Spannungswert am nicht-invertierenden Eingang dem Level der Versorgungsspannung von *3,3V*. Gehen wir einmal davon aus, dass der LDR in völliger Dunkelheit sein Dasein fristet und sein Widerstandswert deshalb sehr hoch ist. Das bedeu-

Projekt 14-19: Der Operationsverstärker

tet, dass das Massepotential am Spannungsteiler die Oberhand gewinnt und über den Widerstand R3 an den nicht-invertierenden Eingang des OPV geleitet wird. Dieses Potential liegt damit weit unterhalb des eingestellten Grenzwertes – auch *Threshold* genannt – von *1,65V* (fest am invertierenden Eingang), was bedeutet, dass der Ausgang des OPV auf *0V* geht. Erhöhen wir jetzt schrittweise die Lichtzufuhr auf unseren LDR, so dass der Spannungswert des Spannungsteilers größer als *1,65V* wird, schaltet der OPV um und es liegen *3,3V* an seinem Ausgang an. Ich habe mit dem Oszilloskop sowohl den nicht-invertierenden Eingang, an dem sich der LDR befindet, als auch das Ausgangssignal aufgenommen.

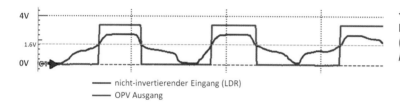

◀ **Abbildung 14-19-7**
Die Aufnahme mit dem Oszilloskop (nicht-invertierender Eingang + Ausgang)

— nicht-invertierender Eingang (LDR)
— OPV Ausgang

Du kannst sehr gut erkennen, dass der Ausgang des OPV immer dann auf HIGH-Pegel geht, wenn die Spannung am nicht-invertierenden Eingang den Wert von etwas mehr als *1,6V* überschreitet. Natürlich benötigst du für die spätere Verdrahtung auch die Pinbelegung. Sieh her:

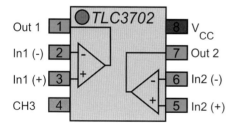

◀ **Abbildung 14-19-8**
Die Pinbelegung des OPV TLC3702

Beim *TLC 3702* handelt es sich um einen Dualkomparator, der in unterschiedlichen Gehäusen angeboten wird. Wenn du also den Komparator z.B. auf dein Breadboard stecken möchtest, achte auf die in diesem Kapitel unter *benötigte Bauteile* gezeigte Bauform in einem DIP-8-Gehäuse. Der erlaubte Bereich für die Versorgungsspannung liegt zwischen *3V* und *16V*. Aufgrund der niedrigen bzw. unteren Betriebsspannung von *3V* habe ich diesen Baustein ausgewählt. Ich rate dir aber auf jeden Fall, noch einmal einen Blick auf das Datenblatt zu werfen. Auch dieses Bauteil hat zur Orientierung eine Markierung in Form einer kleinen kreisrunden Einbuchtung

Der Operationsverstärker als Komparator ————————————

an einer Seite. Achte unbedingt auf die korrekte Positionierung. Kommen wir zum Programm, das hinsichtlich der Anforderung bescheiden ausfällt, aber in diesem Kapitel geht es ja vor allem um das Verständnis der Arbeitsweise des Komparators.

Das Programm

```
1  #!/usr/bin/python
2  import RPi.GPIO as GPIO # GPIO-Library
3  from time import sleep  # sleep importieren
4
5  OPVPin    = 7            # GPIO07 / Pin 26
6  GPIO.setmode(GPIO.BCM)   # GPIO-Bezeichnungen verwenden
7  GPIO.setwarnings(False)  # Warnungen deaktivieren
8  GPIO.setup(OPVPin, GPIO.IN) # Pin als Eingang nutzen
9
10 while True:
11     value = GPIO.input(OPVPin)
12     if value:
13         print 'LDR ist im Licht'
14     else:
15         print 'LDR ist im Dunkeln'
16     sleep(1) # Kurze Pause
```

Abbildung 14-19-9 ▲
Das Python-Programm zum
Abfragen des LDR-Status

Mit dem festen Spannungsteiler ist die Sache recht statisch. Ersetze die beiden festen *10K*-Widerstände des Spannungsteilers am invertierenden Eingang durch ein Potentiometer. Das kann ruhig einen Wert von z.B. *100K* haben, wie es bereits in einem früheren Experiment zum Einsatz gekommen ist. Die Schaltung sieht wie folgt aus:

Abbildung 14-19-10 ▶
Der variable Spannungsteiler ist mit
dem invertierenden Eingang
verbunden

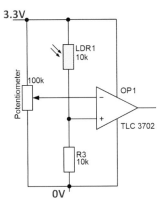

Über das Potentiometer kannst du sehr leicht die Referenzspannung regulieren und damit den Punkt variieren, an dem der OPV seinen Pegel wechselt. Auf dem folgenden Bild kannst du sehen, wie einfach der Aufbau auf dem Simple-Board ist.

Projekt 14-19: Der Operationsverstärker

Der Aufbau auf dem Simple-Board

Ich zeige auf diesem Bild die Schaltung, bei der der Ausgang des OPV nicht mit dem GPIO-Pin 07 verbunden ist, sondern direkt eine LED angesteuert wird.

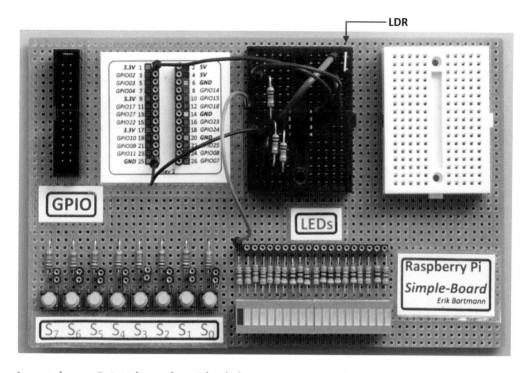

▲ **Abbildung 14-19-11**
Der Aufbau auf dem Simple-Board

Im nächsten Beispiel möchte ich dich mit etwas Konkretem bekanntmachen. Was hältst du davon, wenn wir einen Motor ansteuern, der in Abhängigkeit der Lichtstärke dreht oder eben nicht?

Wir steuern einen Motor an

Bevor wir einfach einen Motor nehmen und an den Raspberry Pi anschließen, sollten wir uns ein paar Gedanken machen. Da ein Motor – auch wenn es sich um einen Kleinmotor handelt – einiges an Leistung benötigt, ist der Raspberry Pi nicht in der Lage, genügend Strom über einen einzelnen GPIO-Pin zu liefern. Die Lösung für das Problem kennst du ja mittlerweile: Es heißt Transistor. Zur Ansteuerung eines Motors verwenden wir jedoch keinen normalen Transistor, sondern einen Darlington-Transistor, der in der Lage ist, höhere Ströme bzw. Spannungen zu regeln. Für unsere Belange eignen sich die Typen *TIP 120* oder *TIP 122*. Des Weiteren müssen wir uns Gedanken um einen Effekt machen, der gerade bei Spulen, die in Motoren oder Relais verbaut sind, zum Tragen kommt. Damit ein Relais arbeiten kann, um die Kontakte bei einem Stromfluss zu schließen, bedarf es einer Spule, die ein Magnetfeld in einem Eisenkern erzeugt und einen Anker bewegt. Eine Spule wird in der Elektronik auch als *Induktivität* bezeichnet. Diese Induktivität hat eine besondere Fähigkeit: Fließt durch den sehr langen Draht der Spule ein Strom, wird dadurch ein Magnetfeld erzeugt. Soweit nichts Neues. Dieses Magnetfeld bewirkt jedoch nicht nur das Anziehen des Ankers, sondern induziert in der Spule selbst eine Spannung. Dieser Vorgang wird *Selbstinduktion* genannt. Die Spule zeigt uns ein gewisses Maß an Bockigkeit, denn die Induktionsspannung ist derart gerichtet, dass sie einer Änderung immer entgegen wirkt. Wenn ich eine Spule mit Strom versorge, versucht die Selbstinduktionsspannung der eigentlichen Spannung entgegenzuwirken. Die eigentliche Spulenspannung baut sich erst langsam auf. Schalten wir den Strom wieder ab, bewirkt die Änderung des Magnetfeldes eine Induktionsspannung, die dem Spannungsabfall entgegenwirkt und um ein Vielfaches höher ist als die ursprüngliche Spannung. Das ist genau das Problem, dem wir uns gegenübersehen. Das Einschalten mit der leichten Verzögerung stellt kein Risiko für die Schaltung und ihre Bauteile dar. Dem Abschalten mit seinem extrem unerwünschten Nebeneffekt der überhöhten Spannungsspitze *(>100V)* muss jedoch so begegnet werden, dass die Schaltung danach noch zu gebrauchen ist. Die Überlebenschancen für den Transistor wären ansonsten verschwindend gering. Aus diesem Grund wird eine Diode parallel zum Relais platziert, die die Spannungsspitze blockt bzw. den Strom in Richtung Spannungsquelle ableitet.

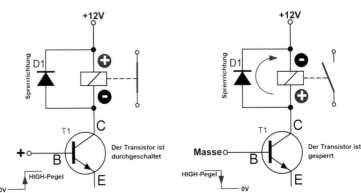

Abbildung 14-19-12 ▶
Die Freilaufdiode schützt den Transistor vor Überspannung

Projekt 14-19: Der Operationsverstärker

Wird der Transistor im linken Schaltbild durchgesteuert, zieht das Relais ein wenig verzögert an, so dass sich die gezeigten Potentiale an der Diode einstellen. Plus kommt an die Kathode und Minus an die Anode. Das bedeutet, dass die Diode in Sperrrichtung arbeitet und sich die Schaltung so verhält, als wenn die Diode nicht vorhanden wäre. Steuern wir jedoch den Transistor mit Masse an, sperrt er und durch die Änderung des Magnetfeldes der Spule stellen sich die gezeigten umgekehrten Potentiale ein. Plus kommt an die Anode und Minus an die Kathode. Die Diode arbeitet in Durchlassrichtung und leitet den Strom in Richtung Spannungsversorgung ab. Der Transistor bleibt verschont.

Wenn wir gleich unseren Motor ansteuern, müssen wir eine derartige Freilaufdiode parallel zu den Anschlüssen platzieren. Achte auf die korrekte Polung! Sehen wir uns dazu den Schaltplan an.

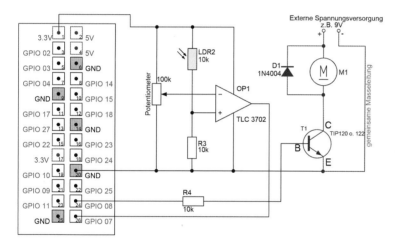

◀ **Abbildung 14-19-13**
Der Schaltplan zur Motoransteuerung

Wir haben es hier mit zwei unabhängig voneinander arbeitenden Spannungsquellen zu tun. Für den Betrieb bzw. zur Ansteuerung des OPV nutzen wir die 3,3V des Raspberry Pi. Jetzt müssen wir aber den Motor ansteuern, was über den Transistor erfolgt. Die Pinbelegung des *TIP120* bzw. *TIP122* schaut wie folgt aus:

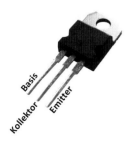

Der Operationsverstärker als Komparator —————————————————— 653

Die Versorgung der Basis des Transistors mit einem entsprechenden Pegel sorgt dafür, dass er entweder sperrt oder durchsteuert, was wiederum bedeutet, dass der Motor steht oder sich dreht. Der Steuerstrom, der von *GPIO08* über den *10Kohm*-Vorwiderstand in die Basis hineinfließt, beträgt ungefähr *0,25mA* und bedeutet absolut keine Gefahr für deinen Raspberry Pi.

Wäre es nicht auch möglich gewesen, den Ausgang des OPV direkt mit dem Transistor über seinen Vorwiderstand anzusteuern?

Klar, *RasPi*! Das wäre auch möglich gewesen, doch die Programmierung ermöglicht dir, Einfluss auf die Motoransteuerung zu nehmen. Ich habe beide Stromkreise farblich voneinander getrennt. Auf der linken Seite in Schwarz der Steuerstromkreis mit dem OPV und auf der rechten Seite in Blau der Arbeitsstromkreis für den Motor.

Bedeuten die *9V* der externen Spannungsquelle keine Gefahr für den Raspberry Pi? Der kann doch lediglich *3,3V* an den GPIO-Pins vertragen.

Die 9V bedeuten keine Gefahr für den Raspberry Pi, da sich diese Spannung ausschließlich auf den Arbeitskreis des Transistors bezieht und nur dort wirksam ist. Es fließt kein Strom vom Kollektor des Transistors über die Basis in den Raspberry Pi hinein. Du musst jedoch die Masse beider Spannungsquellen, also die des Raspberry Pi und die der externen Spannungsversorgung, zusammenschalten. Beachte folgende Warnung:

 Achtung

Verbinde niemals – ich wiederhole: niemals – die Pluspole (*3,3V* bzw. *9V*) beider Spannungsquellen! Dann kracht es gewaltig, und dein Raspberry Pi löst sich in Wohlgefallen auf.

Sehen wir uns das Programm an, das über den LDR bzw. den OPV den Motor steuert.

```
 1  #!/usr/bin/python
 2  import RPi.GPIO as GPIO  # GPIO-Library
 3  from time import sleep   # sleep importieren
 4
 5  OPVPin    = 7                        # GPIO07 / Pin 26
 6  MotorPin  = 8                        # GPIO08 / Pin 24
 7  GPIO.setmode(GPIO.BCM)               # GPIO-Bezeichnungen verwenden
 8  GPIO.setwarnings(False)              # Warnungen deaktivieren
 9  GPIO.setup(OPVPin, GPIO.IN)          # Pin als Eingang nutzen
10  GPIO.setup(MotorPin, GPIO.OUT)       # Pin als Ausgang nutzen
11
12  def main():
13      try:
14          while True:
15              value = GPIO.input(OPVPin)
16              if value:
17                  # Motor an
18                  GPIO.output(MotorPin, GPIO.HIGH)
19              else:
20                  # Motor aus
21                  GPIO.output(MotorPin, GPIO.LOW)
22      except KeyboardInterrupt:
23          # Motor aus
24          GPIO.output(MotorPin, GPIO.LOW)
25
26  if __name__ == '__main__':
27      main()
```

Jetzt zahlt es sich aus, dass wir über zwei kleine Breadboards auf unserem Simple-Board verfügen. Auf dem rechten stecken wir die Motoransteuerung zusammen.

▲ **Abbildung 14-19-14**
Das Python-Programm zum Abfragen des LDR-Status und zur Motoransteuerung

◀ **Abbildung 14-19-15**
Die Motoransteuerung auf dem Simple-Board

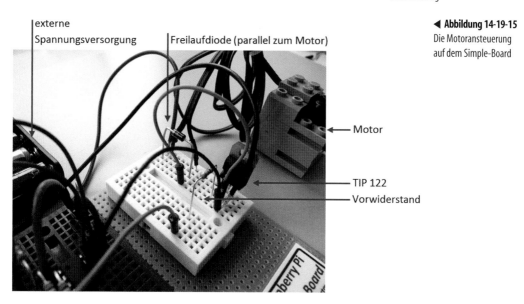

externe
Spannungsversorgung   Freilaufdiode (parallel zum Motor)

← Motor

← TIP 122
← Vorwiderstand

Der Operationsverstärker als Komparator

Was hast du gelernt?

- Du hast in diesem Kapitel gelernt, wie du einen Operationsverstärker als Komparator einsetzen kannst, um damit zwei angelegte Spannungen zu vergleichen.

- Du hast über einen Darlington-Transistor einen angeschlossenen Motor unter der Zuhilfenahme einer externen Spannungsquelle angesteuert.

Projekt 14-20:
Die Motoransteuerung

Im vorangegangenen Kapitel hast du gesehen, wie du einen Motor über einen Darlington-Transistor ansteuern kannst. Wurde der Transistor durchgesteuert, drehte sich der Motor, in Sperrrichtung blieb der Motor stehen bzw. rollte aus. Wenn wir aber z.B. ein Roboterfahrzeug steuern wollen, das über zwei Motoren verfügt, kommen wir an die Grenzen des Machbaren. Damit die Steuerung des Fahrzeugs in alle Richtungen möglich ist, muss die Schaltung in der Lage sein, jeden einzelnen Motor vor- sowie rückwärts drehen zu lassen. Das ist mit der zuvor gezeigten Schaltung nicht ohne Weiteres zu realisieren. In diesem Experiment besprechen wir folgende Themen:

- Wie können wir allgemein einen Gleichstrommotor vor- bzw. rückwärts laufen lassen?
- Wie funktioniert der Motortreiberbaustein L293DNE?
- Wie können wir sehr leicht über den Motortreiberbausteinen einen Gleichstrommotor ansteuern?

Die Motoransteuerung

Machen wir uns zuvor ein paar Gedanken über die Ansteuerung eines Motors. Wenn du ihn fest mit einer Spannungsquelle verbindest, gibt es nur zwei Zustände.

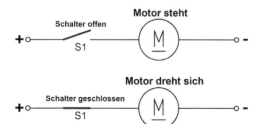

◀ **Abbildung 14-20-1**
Die Ansteuerung eines
Gleichstrommotors

Du siehst, dass der Motor fest in der Schaltung verdrahtet wurde und die beiden Zustände *Motor steht* und *Motor dreht sich* annehmen kann.

> Für die Ansteuerung eines Fahrzeuges ist diese Schaltung wohl kaum zu gebrauchen. Wie können wir dann in die entgegengesetzte Richtung fahren? Ich kann ja schlecht den Motor während der Fahrt umpolen.

Du hast vollkommen Recht, *RasPi*. Und wieder einmal enthält deine Antwort schon fast die Lösung des Problems. Wir müssen in irgendeiner Weise den Motor bzw. die Spannungsquelle umdrehen, damit der Motor in die entgegengesetzte Richtung dreht. Ich möchte dich mit einer besonderen Schaltung bekanntmachen, die diese Aufgabe übernimmt.

Abbildung 14-20-2 ▶
Die Ansteuerung eines Gleichstrommotors über eine H-Bridge

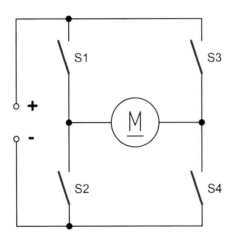

Du siehst in dieser Schaltung den Motor in der Mitte, der von *4* Schaltern umgeben ist. Je nachdem, in welcher Kombination die Schalter *S1* bis *S4* betätigt, also geschlossen werden, dreht sich der Motor entweder *links* oder *rechts* herum oder bleibt stehen. Wenn du dir die Anordnung der Schalter und Anschlüsse aus der Ferne anschaust, kannst du den Buchstaben *H* erkennen. Daher hat diese Schaltung ihren Namen bekommen: *H-Schaltung* oder *H-Bridge*. Lass uns einmal sehen, welche Schalterkombinationen für eine sinnvolle Ansteuerung in Frage kommen.

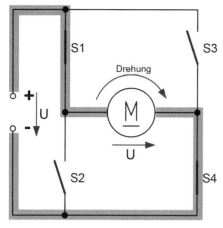 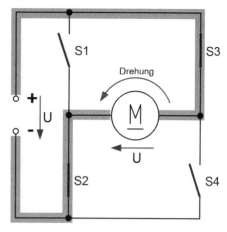

Schalter **S1** + **S4** geschlossen: Motor dreht **rechts** herum

Schalter **S2** + **S3** geschlossen: Motor dreht **links** herum

Du siehst, dass je nach gewünschter Drehrichtung des Motors die Schalter *S1* bis *S4* entsprechend geschlossen werden müssen. Es ist darauf zu achten, dass kein Kurzschluss entsteht, denn das Schließen von *S1* + *S2* bzw. *S3* + *S4* verbindet unmittelbar die beiden Pole der Spannungsquelle. Fassen wir die Schalterkombinationen in einer Tabelle zusammen. Dabei bedeutet *0* offener und *1* geschlossener Schalter.

▲ **Abbildung 14-20-3**
Die sinnvolle Ansteuerung eines
Motors über eine H-Bridge

S1	S2	S3	S4	Motorverhalten
1	0	0	1	Rechtsdrehung des Motors
0	1	1	0	Linksdrehung des Motors
1	0	1	0	Bremsung (Motoranschlüsse werden kurzgeschlossen)
0	1	0	1	Bremsung (Motoranschlüsse werden kurzgeschlossen)
0	0	0	0	Motor läuft ungebremst aus
1	1	0	0	verbotene Schalterstellung (Kurzschluss der Spannungsquelle!)
0	0	1	1	verbotene Schalterstellung (Kurzschluss der Spannungsquelle!)

◀ **Tabelle 14-20-1**
Schalterkombinationen
der H-Bridge

Natürlich könnten wir die gezeigten Zustände mit Schaltern und Relais aufbauen, doch es ist am sinnvollsten, den Treiberbaustein *L293* zu verwenden. Er besitzt vier Ein- bzw. Ausgänge und kann demnach zwei separate Motoren ansteuern. Über je zwei Eingänge pro Motoransteuerung werden die internen Schalter, die in elektronischer Form vorhanden sind, entsprechend geschaltet werden, so dass sich ein angeschlossener Motor gemäß der am Eingang anliegenden Pegelkombination verhält.

Benötigte Bauteile

Benötigte Bauteile

1 x L293DNE (Motortreiber)

1 x Gleichstrommotor (6V, 9V oder 12V), hier ein Motor von *Lego*.

1 x externe Spannungsquelle für Motoransteuerung, hier eine Batteriehalterung für 4 x 1,5V

Bevor wir zum Schaltplan kommen, zeige ich dir den Motortreiber *L293DNE*.

Abbildung 14-20-4 ▶
Der Motortreiber L293DNE

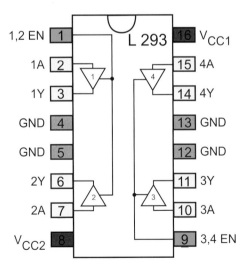

Projekt 14-20: Die Motoransteuerung

Die kleinen Dreiecke stellen das Symbol für einen *Treiber* dar, um die Leistung zu bringen, die ein angeschlossener Motor für seinen Betrieb benötigt. Die IC-Anschlüsse (hier gelb) mit den Buchstaben A sind die Eingänge und die mit Y die Ausgänge. Jeweils zwei Treiber teilen sich einen Freigabeanschluss (hier grün), der mit den Abkürzungen *1,2EN* bzw. *3,4EN* versehen ist. Das *EN* steht für *Enable*, was so viel wie *ermöglichen* bedeutet. Dieser Motortreiber kann pro Ausgang einen Strom von *600mA* bereitstellen. Die Spannungsversorgung erfolgt über zwei separate Pins. Zum einen natürlich die *5V*-Versorgung des Treibers selbst, die an Pin *16* angeschlossen wird. Zum anderen die Versorgung des Motors über Pin *8*, wobei die Spannung zwischen *4,5V* und *36V* liegen darf. Weitere Hinweise findest du auf dem Datenblatt, das im Internet verfügbar ist. Wir werden gleich einen Motor ansteuern, der an den Treibern *1* und *2* angeschlossen ist. Dafür müssen wir die Eingänge *1A* und *2A* nutzen, wobei der Motor an den Ausgängen *1Y* und *2Y* angeschlossen wird. Rufen wir uns die *H-Bridge* ins Gedächtnis: Hier haben wir es mit 4 Schaltern zu tun, die aber immer paarweise und über Kreuz durch den Baustein L293DNE geschaltet werden.

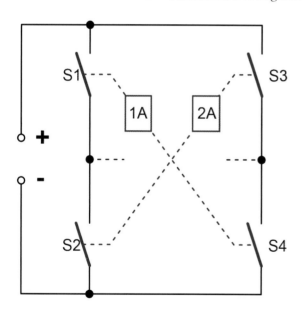

◀ **Abbildung 14-20-5**
Die Steuerung der internen Schalter S1 bis S4 durch den Motortreiber L293DNE

Der folgenden Tabelle kannst du entnehmen, wie die Eingänge 1A und 2A bzw. 1,2EN anzusteuern sind:

Tabelle 14-20-2 ▶
Ansteuerungskombination des
Treiberbausteins L293DNE

1A	2A	1,2EN	Motorverhalten
LOW	LOW	LOW	Motor stopp
X	X	LOW	Motor stopp
LOW	HIGH	HIGH	Motor dreht rechts herum
HIGH	LOW	HIGH	Motor dreht links herum

Das *X* bedeutet, dass der Zustand sowohl HIGH als auch LOW sein kann und in diesem Fall keine Rolle spielt. Folgende Treiberbausteine sind in der Lage, einen höheren Strom zu liefern:

- SN754410 (*1Ampere*)
- L298 (*2Ampere*)

Es gibt unterschiedliche Typen dieses Treiberbausteins mit abweichenden Buchstabenkombinationen am Ende. Achte unbedingt darauf, dass du den Typ mit der Endung *DNE* auswählst, denn nur dann hast du auch die erforderlichen Freilaufdioden direkt im Baustein integriert und musst sie nicht extern anschließen. Kommen wir zum Schaltplan, der dir den Anschluss eines Motors über den Treiberbaustein *L293DNE* am Raspberry Pi zeigt.

Der Schaltplan

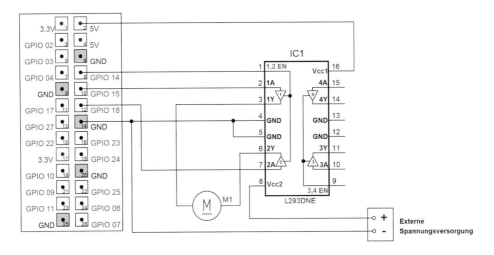

Abbildung 14-20-6 ▲
Der Schaltplan zur Steuerung eines
Motors über den Treiberbaustein
L293DNE

Wie du sicherlich erkennst, habe ich die Anschlüsse *1,2EN* und *Treiber1* bzw. *Treiber2* mit je einem GPIO-Pin verbunden, um darüber den Motor anzusteuern. Auch hier benötigen wir eine externe

Projekt 14-20: Die Motoransteuerung

Spannungsquelle zur Versorgung des Motors. Vergiss nicht, die Masse des Raspberry Pi und die der externen Spannungsquelle miteinander zu verbinden.

Achtung

Wie schon im letzten Kapitel erwähnt, dürfen die Plus-Pole der beiden Spannungsquellen (Raspberry Pi und externe Spannungsquelle) auf keinen Fall miteinander verbunden werden! Das würde deinen Raspberry Pi zerstören.

Kommen wir zum Programm, das den Motor ansteuert. Wir wollen den Motor über die Tastatur steuern. Du kannst folgende Eingaben machen, die über die *Return*-Taste zu bestätigen sind:

- *0*: Motor aus
- *1*: Motor rechts drehen
- *2*: Motor links drehen

Das Programm

Zu Programmbeginn ist wieder die Initialisierung der benötigen GPIO-Pins erforderlich.

Initialisierung

```python
1  #!/usr/bin/python
2  import RPi.GPIO as GPIO  # GPIO-Library
3  from time import sleep   # sleep importieren
4  import sys               # Wird fuer Tastaturabfrage benoetigt
5
6  MotorEnable = 14                  # GPIO14 / Pin 8
7  Motor1A     = 15                  # GPIO15 / Pin 10
8  Motor2A     = 18                  # GPIO18 / Pin 12
9  GPIO.setmode(GPIO.BCM)            # GPIO-Bezeichnungen verwenden
10 GPIO.setwarnings(False)           # Warnungen deaktivieren
11 GPIO.setup(MotorEnable, GPIO.OUT) # Pin als Ausgang nutzen
12 GPIO.setup(Motor1A, GPIO.OUT)     # Pin als Ausgang nutzen
13 GPIO.setup(Motor2A, GPIO.OUT)     # Pin als Ausgang nutzen
```

Wenn du noch einmal einen Blick auf den Schaltplan wirfst, siehst du, dass die GPIO-Pins *14*, *15* und *18* zur Steuerung des Motortreibers *1* verwendet werden. Diese Pins werden u.a. in den Zeilen *6* bis *13* initialisiert.

▲ **Abbildung 14-20-7**
Das Python-Programm zur Ansteuerung des Motortreibers L293DNE (Initialisierung)

Die motor-Funktion

Damit wir den angeschlossenen Motor einfach ansteuern können, habe ich eine motor-Funktion geschrieben, die in Abhängigkeit eines übergebenen Wertes die beiden Treibereingänge *1A* bzw. *2A* ansteuert.

Abbildung 14-20-8 ▶

Das Python-Programm zur Ansteuerung des Motortreibers
L293DNE (Motoransteuerung)

```
15 def motor(move):
16        # Motor aus
17        if move == 0:
18            GPIO.output(Motor1A, GPIO.LOW)
19            GPIO.output(Motor2A, GPIO.LOW)
20        # Motor rechts drehen
21        if move == 1:
22            GPIO.output(Motor1A, GPIO.HIGH)
23            GPIO.output(Motor2A, GPIO.LOW)
24        # Motor links drehen
25        if move == 2:
26            GPIO.output(Motor1A, GPIO.LOW)
27            GPIO.output(Motor2A, GPIO.HIGH)
```

Das Hauptprogramm

Damit wir den Motor über die Tastatur steuern können, verwenden wir die *std.read*-Funktion.

```
29 def main():
30        GPIO.output(MotorEnable, GPIO.HIGH) # Enable auf HIGH setzen
31        try:
32            while True:
33                c = sys.stdin.read(1) # Eingabe lesen
34                if c == '0': motor(0) # Motor aus
35                if c == '1': motor(1) # Motor rechts drehen
36                if c == '2': motor(2) # Motor links drehen
37        except KeyboardInterrupt:
38            # Motor aus
39            motor(0)
40
41 if __name__ == '__main__':
42     main()
```

Abbildung 14-20-9 ▲

Das Python-Programm zur Ansteuerung des Motortreibers
L293DNE (Tastaturabfrage)

Die kontinuierliche Abfrage der Standardeingabe erfolgt in Zeile *33*, wobei das eingegebene Zeichen in die Variable *c* gespeichert wird. In den Zeilen *34*, *35* und *36* wird nun diese Eingabe ausgewertet und der Motor entsprechend angesteuert. Bei der Unterbrechung des Programms über *Strg-C* wird der Motor ausgeschaltet.

Der Aufbau auf dem Simple-Board

Ich zeige auf diesem Bild den Schaltungsaufbau mit dem Motortreiber L293DNE, dem Motor und der externen Spannungsquelle.

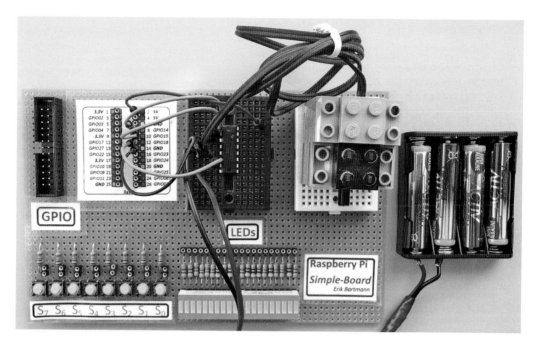

▲ **Abbildung 14-20-10**
Der Aufbau auf dem Simple-Board

Was hast du gelernt?

- Du hast in diesem Kapitel gelernt, wie du über den Motortreiberbaustein L293DNE einen Motor ansteuern kannst.

- Der Motortreiber mit der Endung DNE besitzt intern Freilaufdioden, die zur Absicherung der Schaltung gegen zu hohe Induktionsspannungen erforderlich sind.

Projekt 14-21:
Der PiRover

Aus dem letzten Kapitel kennst du nun die Vorgehensweise, wie du einen Motor ansteuern kannst. In diesem Kapitel wollen wir ein Roboterfahrzeug mit Namen *PiRover, der über zwei Motoren verfügt,* über die Tastatur steuern. In diesem Experiment besprechen wir folgende Themen:

- Wie können wir zwei Gleichstrommotoren des *PiRovers* ansteuern?
- Wie können wir eine Motoren-Steuerplatine bauen?

Der PiRover

Wenn du einen Motor in beide Richtungen steuern kannst, ist das mit zwei Motoren unmerklich schwieriger. Der Treiberbaustein L293DNE hat vier Ein- bzw. Ausgänge, so dass du sehr gut zwei Motoren darüber kontrollieren kannst. Zu diesem Zweck habe ich eine kleine Steuerplatine für die komfortable Ansteuerung der Motoren auf einer kleinen Lochrasterplatine zusammengelötet, die ich dir gleich zeigen möchte. Doch zuerst werfen wir einen Blick auf den *PiRover*, den ich aus Legosteinen zusammengebaut habe.

Abbildung 14-21-1 ▶

Der PiRover

Du erkennst im Hintergrund die Anschlusskabel für die beiden Motoren, die zur Motoren-Steuerplatine führen, die wiederum vom Raspberry Pi angesteuert wird.

Benötigte Bauteile

Benötigte Bauteile	
	1 x L293DNE (Motortreiber)
	2 x Gleichstrommotor (6V, 9V oder 12V) – hier ein Motor von *Lego*.
	1 x externe Spannungsquelle für Motoransteuerung (hier eine Batteriehalterung für 4 x 1,5V)

Der Schaltplan

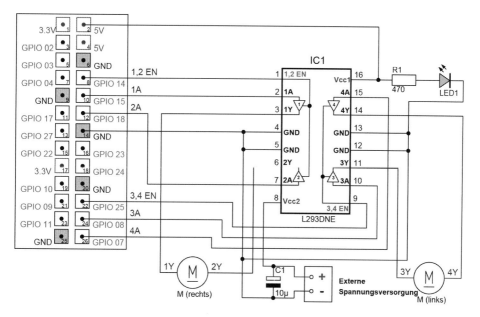

Der zweite Motor, der hier auf der rechten Seite des Schaltplans für die Steuerung der linken Seite des PiRovers zuständig ist, wird über die Treiber 3 und 4 kontrolliert. Zusätzlich habe ich zur Kontrolle der 5V Spannungsversorgung über den Raspberry Pi eine Kontroll-LED über einen *470Ohm*-Vorwiderstand hinzugefügt.

▲ **Abbildung 14-21-2**
Der Schaltplan zur Steuerung des PiRovers

> Kannst du mir bitte verraten, warum ein Kondensator in der Schaltung vorhanden ist?

Bei diesem Kondensator handelt es sich um einen sogenannten Elektrolytkondensator, auch *Eklo* genannt. Die Funktion des Kondensators ist die folgende: Um etwaige Spannungsspitzen oder Spannungseinbrüche zu kompensieren, die entstehen können, wenn der Motor einem Lastwechsel unterzogen wird, ist dieser Elko parallel zur externen Spannungsquelle geschaltet. Er arbeitet quasi als Puffer, um das vorherrschende Spannungsniveau kurzzeitig aufrecht zu erhalten.

Die Motoren-Steuerplatine

Natürlich benötigst du nicht unbedingt eine Motoren-Steuerplatine, denn du kannst die ganze Schaltung auch auf dem Simple-

Board realisieren. Möchtest du jedoch deinen Raspberry Pi und die Motorenansteuerung zusammen oben auf dem Fahrzeug unterbringen, ist es von Vorteil, eine spezielle Platine mit diversen Schraubklemmen, wie du das gleich sehen wirst, zu basteln. Über diese Klemmen kannst du sehr einfach und sicher die Motoren, die externe Spannungsversorgung sowie die Ansteuerung des Motortreibers anschließen.

Abbildung 14-21-3 ▶
Die Motor-Steuerplatine für den
PiRover

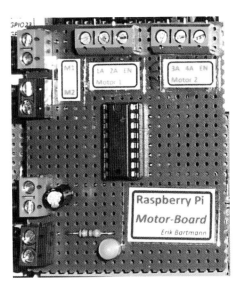

Über die Schraubklemmen (hier in Schwarz und Blau), die sich am linken und oberen Rand befinden, kannst du alle benötigten elektrischen Verbindungen sauber herstellen. In der Mitte befindet sich der integrierte Schaltkreis des Motortreibers L293DNE. Diese Platine ist nur ein Vorschlag, du kannst sie bei Bedarf in Größe und Positionierung der Bauteile anpassen. Folgende Steuerung habe ich mir ausgedacht, die du nach deinen Wünschen anpassen kannst:

- *0*: PiRover bleibt stehen
- *1*: PiRover dreht links herum
- *2*: PiRover dreht rechts herum
- *3*: PiRover fährt vorwärts
- *4*: PiRover fährt rückwärts

Schauen wir uns nun das Programm an. Ich habe es ohne eine Klassendefinition programmiert und möchte dich dazu motivieren, selbst eine PiRover-Klasse zu schreiben, die passende Methoden für das Manövrieren bereitstellt. Über die notwendigen Grundlagen verfügst du allemal.

Das Programm

Zu Programmbeginn ist wieder die Initialisierung der benötigen GPIO-Pins erforderlich. Aus Platzgründen habe ich die *import*-Anweisungen weggelassen. Sie stimmen mit denen aus dem vorherigen Kapitel überein, so dass du sie von dort übernehmen kannst.

Initialisierung

```
 6  Motor1_Enable = 14          # GPIO14 / Pin 8
 7  Motor1_1A     = 15          # GPIO15 / Pin 10
 8  Motor1_2A     = 18          # GPIO18 / Pin 12
 9  Motor2_Enable = 25          # GPIO25 / Pin 22
10  Motor2_1A     =  8          # GPIO08 / Pin 24
11  Motor2_2A     =  7          # GPIO07 / Pin 26
12  MotorRechts   = 1           # Rechter Motor
13  MotorLinks    = 2           # Linker Motor
14  Vorwaerts     = 1           # Vorwaertsdrehung
15  Rueckwaerts   = 2           # Rueckwaertsdrehung
16  Stopp         = 0           # Stoppen
17  GPIO.setmode(GPIO.BCM)      # GPIO-Bezeichnungen verwenden
18  GPIO.setwarnings(False)     # Warnungen deaktivieren
19  GPIO.setup(Motor1_Enable, GPIO.OUT) # Pin als Ausgang nutzen
20  GPIO.setup(Motor1_1A, GPIO.OUT)     # Pin als Ausgang nutzen
21  GPIO.setup(Motor1_2A, GPIO.OUT)     # Pin als Ausgang nutzen
22  GPIO.setup(Motor2_Enable, GPIO.OUT) # Pin als Ausgang nutzen
23  GPIO.setup(Motor2_1A, GPIO.OUT)     # Pin als Ausgang nutzen
24  GPIO.setup(Motor2_2A, GPIO.OUT)     # Pin als Ausgang nutzen
```

Zur Ansteuerung des Motortreibers habe ich die folgenden GPIO-Pins verwendet. Du kannst das im Schaltplan zwar erkennen, doch der Übersicht wegen, zeige ich das hier noch einmal.

▲ **Abbildung 14-21-4**
Das Python-Programm zur Ansteuerung des PiRovers (Initialisierung)

◄ **Abbildung 14-21-5**
GPIO-Interface und PiRover-Motoren

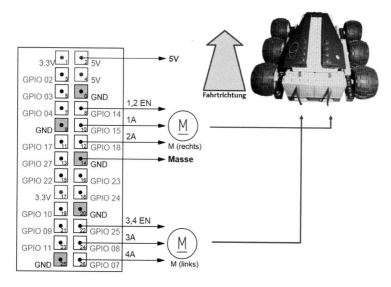

Vergiss nicht, dass zwischen den GPIO-Ausgängen und den beiden Motoren noch die Motor-Ansteuerplatine mit dem Treiber vorhanden ist, die in dieser Grafik nicht eingezeichnet ist.

Die Motor-Funktion

Ich habe die Motor-Funktion aus dem letzten Kapitel etwas modifizieren müssen, denn jetzt müssen wir ja einen zweiten Motor ansteuern und zwischen beiden differenzieren. Deshalb habe ich einen weiteren Parameter eingefügt, der für die Ansteuerung des jeweiligen Motors verantwortlich ist.

Abbildung 14-21-6 ▶
Die motor-Funktion

```
27 def motor(motor, move):
28     """ Steuert die beiden Motoren an """
29     if motor == 1:
30         # Motor aus
31         if move == 0:
32             GPIO.output(Motor1_1A, GPIO.LOW)
33             GPIO.output(Motor1_2A, GPIO.LOW)
34         # Motor rechts drehen
35         if move == 1:
36             GPIO.output(Motor1_1A, GPIO.HIGH)
37             GPIO.output(Motor1_2A, GPIO.LOW)
38         # Motor links drehen
39         if move == 2:
40             GPIO.output(Motor1_1A, GPIO.LOW)
41             GPIO.output(Motor1_2A, GPIO.HIGH)
42     if motor == 2:
43         # Motor aus
44         if move == 0:
45             GPIO.output(Motor2_1A, GPIO.LOW)
46             GPIO.output(Motor2_2A, GPIO.LOW)
47         # Motor rechts drehen
48         if move == 1:
49             GPIO.output(Motor2_1A, GPIO.HIGH)
50             GPIO.output(Motor2_2A, GPIO.LOW)
51         # Motor links drehen
52         if move == 2:
53             GPIO.output(Motor2_1A, GPIO.LOW)
54             GPIO.output(Motor2_2A, GPIO.HIGH)
```

Ist der Motor-Wert gleich *1*, ist der rechte Motor gemeint, bei *2* der linke. Wir übergeben aber beim Aufruf nicht die Werte, sondern sprechende Variablen-Namen, die du der Initialisierung entnehmen kannst. Du wirst den Aufruf der *motor*-Funktion über die *move*-Funktion gleich noch im Detail sehen, denn für das Manövrieren des PiRovers werden immer beide Motoren gleichzeitig angesteuert.

Die move-Funktion

Die *move*-Funktion übernimmt die Ansteuerung der beiden Motoren, die für das Manövrieren wie folgt angesteuert werden:

- *vorwärts*: Motor links, Motor rechts: vorwärts
- *rückwärts*: Motor links, Motor rechts: rückwärts
- *links drehen*: Motor links: rückwärts, Motor rechts: vorwärts
- *rechts drehen*: Motor links: vorwärts, Motor rechts: rückwärts
- *Stopp*: Motor links, Motor rechts: Stopp

```
56 def move(cmd):
57     """ Koordiniert Bewegung """
58     if cmd ==1: # links
59         motor(MotorRechts, Vorwaerts)
60         motor(MotorLinks, Rueckwaerts)
61     if cmd ==2: # rechts
62         motor(MotorRechts, Rueckwaerts)
63         motor(MotorLinks, Vorwaerts)
64     if cmd ==3: # vorwaerts
65         motor(MotorRechts, Vorwaerts)
66         motor(MotorLinks, Vorwaerts)
67     if cmd ==4: # rueckwarts
68         motor(MotorRechts, Rueckwaerts)
69         motor(MotorLinks, Rueckwaerts)
70     if cmd ==0: # stopp
71         motor(MotorRechts, Stopp)
72         motor(MotorLinks, Stopp)
```

◀ **Abbildung 14-21-7**
Die move-Funktion

Die Aufrufe der *motor*-Funktion aus der *move*-Funktion heraus erfolgt immer über die Variablen-Namen, so dass du sofort erkennst, was passiert.

Das Hauptprogramm

Damit du den PiRover über die Tastatur steuern kannst, verwenden wir auch hier wieder die *std.read*-Funktion.

Die kontinuierliche Abfrage der Standardeingabe erfolgt in Zeile 79, wobei das eingegebene Zeichen in die Variable *c* gespeichert wird. In den Zeilen *80* bis *84* wird nun diese Eingabe ausgewertet und die *move*-Funktion mit den entsprechenden Werten aufgerufen. Bei der Unterbrechung des Programms über *Strg*-C werden beide Motoren ausgeschaltet.

```
74 def main():
75     GPIO.output(Motor1_Enable, GPIO.HIGH)  # Enable1 auf HIGH setzen
76     GPIO.output(Motor2_Enable, GPIO.HIGH)  # Enable2 auf HIGH setzen
77     try:
78         while True:
79             c = sys.stdin.read(1)  # Eingabe lesen
80             if c == '1': move(1)   # Links drehen
81             if c == '2': move(2)   # Rechts drehen
82             if c == '3': move(3)   # Vorwarts fahren
83             if c == '4': move(4)   # Rueckwaerts fahren
84             if c == '0': move(0)   # Stopp
85     except KeyboardInterrupt:
86         move(0)  # Stopp
87
88 if __name__ == '__main__':
89     main()
```

Abbildung 14-21-8 ▲
Das Python-Programm zur
Ansteuerung des PiRovers

Der Aufbau auf dem Simple-Board

Ich zeige auf diesem Bild den Schaltungsaufbau mit der Motor-Steuerplatine, dem PiRover und der externen Spannungsquelle.

Abbildung 14-21-9 ▶
Der Aufbau auf dem Simple-Board

Was hast du gelernt?

- Du hast in diesem Kapitel gelernt, wie du über den Motortreiberbaustein L293DNE zwei Motoren separat ansteuern kannst.
- Wir haben das Roboterfahrzeug PiRover über einer Motor-Steuerplatine angesteuert, die ihre Signale vom Raspberry Pi erhält.

Projekt 14-22:
Der Schrittmotor

Im Kapitel über die Motoransteuerung bist du das erste Mal mit einem Bauteil in Berührung gekommen, das elektrischen Strom in Bewegung umwandelt. Ein normaler Motor dreht sich solange, wie du ihn mit Spannung versorgst, wobei das Drehen eher unkontrolliert erfolgt. Ich meine damit, dass du nie genau bestimmen kannst, wo z.B. die aktuelle Position zum Zeitpunkt x ist. Natürlich kannst du über eine definierte Startposition den Motor loslaufen lassen und ihn exakt für 2 Sekunden ansteuern. Dann steht seine Endposition mehr oder weniger fest. Was aber, wenn die Batterie schwächer wird oder ein unerwarteter Widerstand auf ihn einwirkt? Das hat zur Folge, dass die Endposition nicht mehr *die* ist, die du in vorherigen Versuchen ermittelt hast. Angenommen, du möchtest einen Roboterarm ansteuern, der sehr genau und absolut reproduzierbar immer dieselbe Position anfährt, um damit z.B. ein Werkstück aufzunehmen, das von Position A nach Position B transportiert werden soll. Mit einem normalen Motor ohne eine Art Rückmeldung über die gerade vorherrschende Position ist das schier unmöglich. Ich möchte dich mit einem speziellen Motor bekanntmachen, der die besondere Fähigkeit besitzt, eine gewünschte Position exakt anzufahren, ohne irgendeine Form der Rückmeldung z.B. über Sensoren an die Ansteuerung zu liefern. Im Kapitel über die elektronischen Grundlagen habe ich dir schon gezeigt, auf welcher Basis der Motor funktioniert. In diesem Experiment besprechen wir folgende Themen:

- Was ist ein Schrittmotor?
- Wie kannst du ihn ansteuern?

Der Schrittmotor

Inzwischen hast du den Namen schon so oft gehört, dass ich ihn ja kaum noch zu nennen wage. Es ist der *Schrittmotor*. Um einige Experimente mit diesem Motor durchzuführen, musst du nicht unbedingt einen neuen kaufen; sie sind nicht gerade günstig. In den folgenden Geräten findest du mindestens einen Schrittmotor, den du ausschlachten kannst:

- Drucker
- Flachbettscanner
- CD/DVD Laufwerke
- alte Floppy-Drives (3,5 Zoll)

Ich habe meinen aus einem alten Drucker ausgebaut, der auf den Müll geworfen werden sollte.

Abbildung 14-22-1 ▶
Ein Mitsumi-Schrittmotor M42SP-7
aus einem alten Drucker

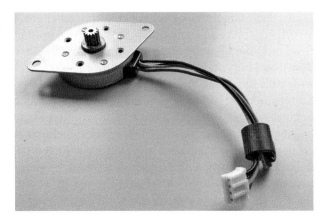

Dieser Schrittmotor hat 4 Anschlüsse, was darauf hindeutet, dass es sich um einen *bipolaren Schrittmotor* handelt. Um den Motor in Gang zu setzen, müssen die gezeigten Anschlüssen mit bestimmten Impulsen in zeitlicher Abfolge versehen werden.

Abbildung 14-22-2 ▶
Die Ansteuerungssequenzen für
den Schrittmotor M42SP-7 (CW:
Clock-Wise)

Schritt	Anschlüsse			
	Gelb	Orange	Schwarz	Braun
1	LOW	HIGH	HIGH	LOW
2	LOW	HIGH	LOW	HIGH
3	HIGH	LOW	LOW	HIGH
4	HIGH	LOW	HIGH	LOW

CW ↓

Wenn wir ein Programm schreiben, das nacheinander die Schritte von *1* bis *4* abarbeitet und die entsprechenden Pegel *LOW* bzw.

HIGH an den Schrittmotor schickt, wird er sich im Uhrzeigersinn drehen. Bei entgegengesetzter Schrittfolge erfolgt die Drehung gegen den Uhrzeigersinn. Natürlich kannst den Schrittmotor – wie den normalen Motor – nicht einfach an die digitalen Ausgänge anschließen, ohne ihn derart zu belasten, dass dein Raspberry Pi sich in einer Rauchwolke verabschiedet. Wir nutzen deshalb den dir schon vertrauten Motortreiber vom Typ *L293DNE*, den ich hier noch einmal zeige.

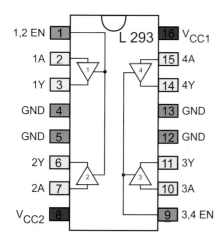

◀ **Abbildung 14-22-3**
Der Motortreiber vom Typ L293DNE

Benötigte Bauteile

1 x L293DNE (Motortreiber)

1 x bipolarer Schrittmotor (M42SP-7 oder ein ähnliches Modell)

1 x externe Spannungsquelle für die Motoransteuerung (hier eine Blockbatterie mit 9V und Batterieclip)

Sehen wir uns den Schaltplan an, wobei ich wieder auf mein Motor-Board zurückgreife.

Der Schaltplan

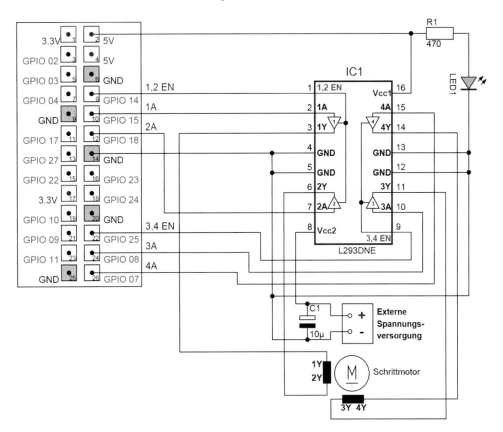

Abbildung 14-22-4 ▶
Die Ansteuerung des Schrittmotors
über den Motortreiber L293DNE

Im Gegensatz zur Motoransteuerung des PiRovers haben wir die Ansteuerung des zweiten Motors für die zweite Spule des Schrittmotors verwendet. Laut Datenblatt des Schrittmotors benötigt er zum Betrieb 12V. Die 9V-Blockbatterie reicht hier aber allemal aus. Falls du über den Antrieb mehr Kraft benötigst, schließe ein externes Netzgerät an und erhöhe die Spannung schrittweise. Wirf zur Sicherheit einen Blick auf das entsprechende Datenblatt, das im Internet verfügbar ist. Wenden wir uns der Programmierung zu.

Das Programm

Zu Programmbeginn ist wieder die Initialisierung der benötigen GPIO-Pins erforderlich, um den Motortreiber anzusteuern.

Initialisierung

```
 1  #!/usr/bin/python
 2  import RPi.GPIO as GPIO # GPIO-Library
 3  from time import sleep  # sleep importieren
 4  import sys               # Wird fuer Tastaturabfrage benoetigt
 5
 6  Motor1_Enable = 14                # GPIO14 / Pin 8
 7  Motor_1A      = 15                # GPIO15 / Pin 10
 8  Motor_2A      = 18                # GPIO18 / Pin 12
 9  Motor2_Enable = 25                # GPIO25 / Pin 22
10  Motor_3A      =  8                # GPIO08 / Pin 24
11  Motor_4A      =  7                # GPIO07 / Pin 26
12  DELAY         = 0.01              # Kurze Verzoegerung
13  KeineDrehung  = 0                 # Schrittmotor stoppen
14  Rechtsdrehung = 1                 # Schrittmotor nach rechts drehen
15  Linksdrehung  = 2                 # Schrittmotor nach links drehen
16  GPIO.setmode(GPIO.BCM)            # GPIO-Bezeichnungen verwenden
17  GPIO.setwarnings(False)           # Warnungen deaktivieren
18  GPIO.setup(Motor1_Enable, GPIO.OUT) # Pin als Ausgang nutzen
19  GPIO.setup(Motor_1A, GPIO.OUT)     # Pin als Ausgang nutzen
20  GPIO.setup(Motor_2A, GPIO.OUT)     # Pin als Ausgang nutzen
21  GPIO.setup(Motor2_Enable, GPIO.OUT) # Pin als Ausgang nutzen
22  GPIO.setup(Motor_3A, GPIO.OUT)     # Pin als Ausgang nutzen
23  GPIO.setup(Motor_4A, GPIO.OUT)     # Pin als Ausgang nutzen
```

▲ **Abbildung 14-22-5**
Das Python-Programm zur Ansteuerung des Motortreibers L293DNE (Initialisierung)

Als Nächstes definieren wir innerhalb einer Liste die Schritte, die für die Ansteuerung der 4 Leitungen des Schrittmotors erforderlich sind. Es handelt sich dabei um festgelegte Pegelwechsel, die genau in der gezeigten Reihenfolge erfolgen müssen, damit sich der Schrittmotor in die gewünschte Richtung dreht. Bei einem anderen Schrittmotor musst du diese Werte den Angaben des Datenblattes anpassen. Achte dabei sehr genau auf die Wertezuordnung zu den unterschiedlichen Farben der Anschlussdrähte.

Initialisierung (Schrittmotor-Pegelwechsel)

```
25  StepValues = [[0, 1, 1, 0], # Schritt 1
26                [0, 1, 0, 1], # Schritt 2
27                [1, 0, 0, 1], # Schritt 3
28                [1, 0, 1, 0]] # Schritt 4
```

◀ **Abbildung 14-22-6**
Definierte Pegelwechsel zur Ansteuerung des Schrittmotors

Der Wert 0 entspricht dabei einem GPIO.LOW, eine 1 einem GPIO.HIGH.

Das bedeutet also, dass der Schrittmotor *4* Schritte macht. Kann er sich denn auch um einen einzelnen Schritt bewegen? Dann wäre seine Auflösung doch viel größer.

Stopp, *RasPi*! Da bringst du mächtig was durcheinander! Bei den hier gezeigten Schritten handelt es sich nicht um Bewegungsschritte, die der Schrittmotor ausführt. Es sind die Pegelwechsel auf den *4* Ansteuerungsleitungen, die für einen einzelnen Bewegungsschritt erforderlich sind. Werden die Pegel in den Zeilen *25* bis *28* der Reihe nach abgearbeitet, bedeutet das einen einzelnen Bewegungsschritt.

Die move-Funktion

Damit wir den angeschlossenen Schrittmotor einfach ansteuern können, habe ich eine m*ove*-Funktion geschrieben, die in Abhängigkeit eines übergebenen Wertes die beiden Treibereingänge *1A*, *2A*, *3A* und *4A* ansteuert.

Abbildung 14-22-7 ▶
Die move-Funktion zur
Ansteuerung des Motortreibers
L293DNE

```
30 def move(a):
31     """ Schrittmotor ansteuern """
32     if a == 0: # Keine Drehung
33         for step in StepValues:
34             GPIO.output(Motor_1A, 0)
35             GPIO.output(Motor_2A, 0)
36             GPIO.output(Motor_3A, 0)
37             GPIO.output(Motor_4A, 0)
38             sleep(DELAY)
39     if a == 1: # Rechtsdrehung
40         for step in StepValues:
41             GPIO.output(Motor_1A, step[0])
42             GPIO.output(Motor_2A, step[1])
43             GPIO.output(Motor_3A, step[2])
44             GPIO.output(Motor_4A, step[3])
45             sleep(DELAY)
46     if a == 2: # Linksdrehung
47         for step in StepValues:
48             GPIO.output(Motor_1A, step[3])
49             GPIO.output(Motor_2A, step[2])
50             GPIO.output(Motor_3A, step[1])
51             GPIO.output(Motor_4A, step[0])
52             sleep(DELAY)
```

Wir sehen, dass für den Stillstand des Schrittmotors alle Eingänge auf LOW-Pegel liegen müssen. Für eine Rechtsdrehung werden die in der Liste definierten Schritte nacheinander von oben nach unten abgearbeitet; für eine Linksdrehung müssen die Schritte in umgekehrter Reihenfolge, von unten nach oben, abgearbeitet werden.

Ein sehr wichtiger Aspekt ist das Einräumen einer kurzen Pause, die es dem Schrittmotor erlaubt, den nächsten Schritt auszuführen, was über die *sleep*-Funktion in den Zeilen *38*, *45* und *52* erreicht wird. Vergrößerst du den *DELAY* in Zeile *12* auf einen entsprechend großen Wert, kannst du die einzelnen Schritte wahrnehmen. Würdest du die Pause komplett entfernen, würde das in einem wilden Gezucke des Schrittmotors enden, ohne dass auch nur ein einziger Schritt korrekt ausgeführt würde.

Das Hauptprogramm

Das Hauptprogramm führt endlos *100* Schritte nach rechts bzw. nach links aus, zwischen denen immer eine Pause von *1* Sekunde eingelegt wird.

```
54 def main():
55     GPIO.output(Motor1_Enable, GPIO.HIGH)  # Enable1 auf HIGH setzen
56     GPIO.output(Motor2_Enable, GPIO.HIGH)  # Enable2 auf HIGH setzen
57     try:
58         while True:
59             for i in range(100):
60                 move(Rechtsdrehung)
61             move(KeineDrehung)
62             sleep(1)
63             for i in range(100):
64                 move(Linksdrehung)
65             move(KeineDrehung)
66             sleep(1)
67     except KeyboardInterrupt:
68         move(KeineDrehung)  # Schrittmotor stoppen
69
70 if __name__ == '__main__':
71     main()
```

Bei einem Abbruch über *Strg-C* wird der Schrittmotor stromlos geschaltet.

Achtung

Vergisst du in deiner Programmierung, deinen Schrittmotor bei Stillstand stromlos zu schalten, erhitzen sich sowohl dein Treiberbaustein als auch dein Schrittmotor.

Erweitere das Programm so, dass du wie bei der Steuerung des PiRovers den Schrittmotor über die Tastatur beeinflussen kannst. Auf dem folgenden Bild siehst du eine Konstruktion aus Legosteinen, an der ich einen Schrittmotor aus einem alten Flachbettscanner montiert habe.

Abbildung 14-22-9 ▶
Ein bipolarer Schrittmotor an einer
Legokonstruktion

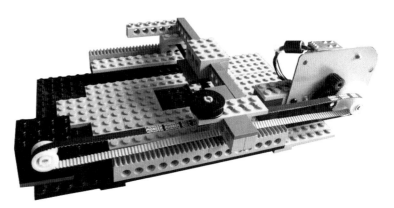

Den Zahnriemen und die Umlenkrolle sind ebenfalls aus besagtem Flachbettscanner. Wird der Schrittmotor angetrieben, bewegt sich der Schlitten, der auf Zahnstangen läuft, von links nach rechts und zurück. Mit ein wenig Geschick und einer guten Idee kannst du dir auf diese Weise einen *XY-Schreiber* bauen.

Was hast du gelernt?

- Du hast in diesem Kapitel gelernt, wie ein *bipolarer Schrittmotor* anzusteuern ist.
- Die Ansteuerung haben wir über den Treiberbaustein *L293DNE* realisiert.

Server-Anwendungen mit dem Raspberry Pi

15

Projekt 15-1: Samba

Wenn du diesen Titel hörst, wirst du vielleicht auf den Gedanken kommen, dass wir eine Tanzstunde einlegen. Das wäre gar nicht schlecht, denn ein wenig Bewegung würde unsereinem nicht schaden, wenn wir von morgens bis abends vor dem Rechner sitzen und Spaß mit unserem *Raspberry Pi* haben. Aber mal im Ernst: Der Name *Samba* ist unter Linux/Unix-Spezialisten kein Fremdwort. *Samba* fällt in die Kategorie Server-Anwendungen. Ok, damit bist du bist keinen Schritt weiter. Es handelt sich um eine Software-Kollektion, die z.B. in der Linux/Unix-Umgebung Datei- oder auch Drucksysteme unter dem Betriebssystem *Windows* verfügbar macht. Besitzt du mehrere Rechner mit installierten Windows-Betriebssystemen, die über ein Netzwerk miteinander verbunden sind, ist es bei entsprechender Konfigurierung und ohne Installation weiterer Software ein Leichtes, Daten untereinander auszutauschen. Das Netzwerk nennt sich *homogen*.

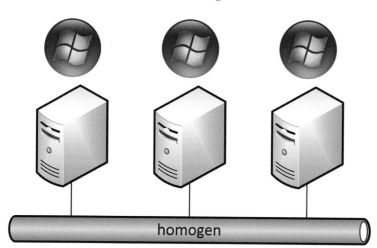

◀ **Abbildung 15-1-1**
Ein homogenes Netzwerk
(hier nur Windows-Maschinen)

Server und Clients besitzen das gleiche Betriebssystem. Die einzelnen Dateisysteme der Rechner werden unter Beachtung der vergebenen Rechte mehr oder weniger im Netzwerk sichtbar und es kann darauf zugegriffen werden. Verbindest du mit dem Netzwerk einen Computer mit einem für Windows fremden Betriebssystem, wie z.B. deinen *Raspberry Pi* mit Linux-Betriebssystem, stellt das für das Netzwerk an sich kein Problem dar. Dein *Raspberry Pi* kann über die Vergabe einer IP-Adresse und der weiteren notwendigen Parameter ein gleichberechtigter Teilnehmer im Netz werden. Was aber Probleme bereitet, ist die Kommunikation der nicht mehr einheitlichen Software bzw. Betriebssysteme. Das Netzwerk ist *heterogen* geworden.

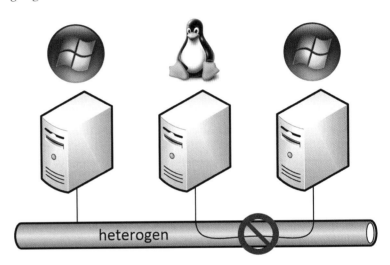

Abbildung 15-1-2 ▶
Ein heterogenes Netzwerk (hier Windows- und Linux-Maschinen)

Der neue Linux-Rechner befindet sich zwar im selben Netzwerk, doch der Austausch von Informationen ist ohne weitere Software nicht möglich. Was besprechen wir in diesem Kapitel?

- Ein wenig Hintergrundinformation zur Samba-Entwicklung
- Was wird mit Samba ermöglicht?
- Wir installieren einen Samba-Server auf dem *Raspberry Pi*.
- Die Konfiguration von Samba über die *smb.conf*-Datei
- Wie können wir einen Samba-User anlegen?
- Wie führst du einen *Restart* des Samba-Servers durch?
- Wie können wir von einem Windows-Rechner auf das *Home*-Verzeichnis des Pi-Users zugreifen?

Projekt 15-1: Samba

- Wir machen aus dem Raspberry Pi einen *NAS* (Network Attached Storage).

- Wie kannst du deinen *Raspberry Pi* mit Samba über einen SSH-Client administrieren, wenn weder Monitor noch Maus + Tastatur angeschlossen sind?

- Wie können wir ein Netzlaufwerk verbinden, um sehr einfach auf den Raspberry Pi-Share zugreifen zu können?

- Wie können wir das NAS absichern und nur für bestimmte User verfügbar machen?

- Das Konfigurationstool *SWAT*

Samba

Bei *Samba* handelt es sich um ein Softwarepaket, das *1992* vom Australier *Andrew Tridgell* aus der Not heraus entwickelt wurde. Er wollte einen Datenaustausch zwischen einem DOS-Rechner und einer Sun-Workstation ermöglichen, doch das war zum damaligen Zeitpunkt nicht möglich. Es existierte zwar unter *DOS* ein sogenanntes *SMB*-Protokoll (Server-Message-Block), aber das verstand er nicht. Eine Analyse brachte ihn soweit, dass er erfolgreich ein eigenes Protokoll schrieb und einen Server etablierte. Einige Zeit später portierte er sein Projekt auf die *Linux*-Plattform, wodurch es an Fahrt gewann und sehr beliebt wurde. Durch das *SMB*-Protokoll können z.B. die folgenden Aspekte von Samba übernommen werden:

- die Freigabe von Dateien

- die Freigabe von Verzeichnissen

- die Freigabe von Druckern

- eine Authentifizierung und Autorisierung

- eine Namensauflösung

- und so einiges mehr

In diesem Kapitel wollen wir das *Samba*-Softwarepaket auf deinem *Raspberry Pi* installieren und das *Home*-Verzeichnis der Users *Pi* auf einem Windows-Rechner sichtbar bzw. verfügbar machen.

Die Samba-Installation

Bevor du die notwendigen Pakete installierst, verbinde deinen Raspberry Pi mit dem Netzwerk und führe ein Update über die folgende Zeile durch:

```
# sudo apt-get update
```

Nun installiere die notwendigen Pakete

- samba
- samba-common-bin

über

```
# sudo apt-get install samba samba-common-bin
```

> Das *Samba*-Paket ist mir klar, doch wozu benötige ich das zweite Paket?

Das wird sowohl vom Samba-Server als auch von Samba-Clients benötigt und hängt auch ein bisschen von der verwendeten Linux-Distribution ab. Wir installieren es mit. Nach der erfolgreichen Installation wird der Samba-Server sofort gestartet. Nun können wir mal schauen, was unser Windows-Rechner an Informationen preisgibt, wenn wir den *Raspberry Pi* im Netzwerk suchen. Dazu habe ich den *Windows-Explorer* meines *Windows 7* geöffnet und auf das Netzwerk-Icon geklickt.

Abbildung 15-1-3 ▶
Die erkannten Netzwerk-Teilnehmer auf meinem Windows-7-Rechner

    ◢ 🖳 Netzwerk
        ▷ 🖥 ERIKS-PC
        ▷ 🖥 FRITZ!NAS
        ▷ 🖥 RASPBERRYPI

Das sieht ganz vielversprechend aus, denn mein *Raspberry Pi* wird schon angezeigt.

⏩ Das könnte wichtig für dich sein

Es kann vorkommen, dass es Probleme mit der Sichtbarkeit des Raspberry Pi-Netzwerkicons gibt. Ich habe das Problem einige Male bei Windows *7* feststellen können. Manchmal hilft es, den Explorer zu schließen und erneut zu öffnen oder ein Druck auf die *F5-Taste*, die den Inhalt des Fensters refreshed. Sollte das alles nichts bringen, gib den Freigabenamen angeführt von *2* Backslashes in die Adresszeile des Explorers ein. In meinem Fall wäre das der Name *\\RASPBERRYPI*. Das sollte immer funktionieren, sofern der Samba-Server wirklich im Netz verfügbar ist.

Doch die Ernüchterung folgt, wenn ich auf das *Raspberry Pi*-Icon klicke. Die Ansicht in meinem Explorer bleibt leer, es werden weder Dateien noch Verzeichnisse angezeigt. Die Ursache ist aber klar, denn wir haben den Samba-Server auf dem *Raspberry Pi* noch überhaupt nicht konfiguriert. Zur Konfiguration des Samba-Servers gibt es eine Datei mit dem Namen *smb.conf*. Halte dich unbedingt an folgenden Rat: Bevor du eine Datei editierst, lege dir eine Sicherheitskopie an. Es kann nämlich leicht passieren, dass du etwas modifizierst, was im Endeffekt dazu führt, dass nichts mehr geht. Mit deiner Sicherheitskopie hast du dann immer noch die Möglichkeit, den Urzustand wieder herzustellen. Tippe also zuerst folgendes Kommando ein:

```
# sudo cp /etc/samba/smb.conf /etc/samba/smb.conf.org
```

Mit dieser Zeile wird die Originaldatei *smb.conf* in die Datei *smb.conf.org* kopiert. Die Konfigurationsdatei von Samba hat im Grunde genommen den gleichen Aufbau wie eine sogenannte *Ini*-Datei unter *Windows*. In ihr werden die Konfigurationseinheiten in logischen Blöcken organisiert und durch Überschriften in eckigen Klammern eingeleitet. Hier ein kurzes Beispiel für zwei unterschiedliche Blöcke:

```
[global]
  workgroup  WORKGROUP
  server string = %h server
  wins support = no
[home]
  comment = Home Directories
  read only = yes
  create mask = 0700
  directory mask = 0700
```

Nun kannst du ohne große Probleme die Datei editieren. Dazu gibst du wieder den kompletten Pfad an:

```
# sudo nano /etc/samba/smb.conf
```

Wir wollen im ersten Beispiel eine Minimalkonfiguration vornehmen, damit du dich z.B. von deinem Windows-Rechner auf deinen *Raspberry Pi* verbinden kannst, um dort im Home-Verzeichnis des Pi-Users */home/pi* lesende und schreibende Aktionen vorzunehmen. Dazu sollst du dich mit dem Pi-User authentifizieren. Wir arbeiten dazu die folgenden Punkte ab.

Linux-Usern erlauben, sich einzuloggen

Blättere in der Datei bis zum Punkt *Authentication* hinunter und entferne das Doppelkreuz vor dem Eintrag *security = user*. Das veranlasst den Samba-Server dazu, beim Verbindungsaufbau nach dem Benutzernamen bzw. dem Passwort zu fragen.

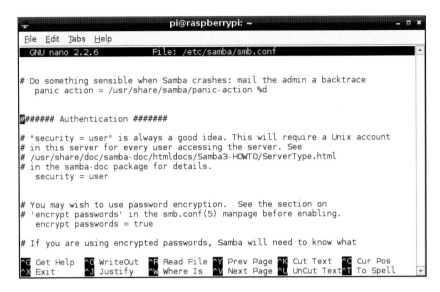

Samba-Freigabe erstellen

Nun musst du dem Samba-Server mitteilen, welches Verzeichnis bzw. Share auf dem Raspberry Pi freigegeben werden soll und wie die Rechte dazu lauten. Blättere dazu bis ans Ende der Datei und füge die folgenden Zeilen ein, die mit *[RaspberryPiHomeShare]* beginnen:

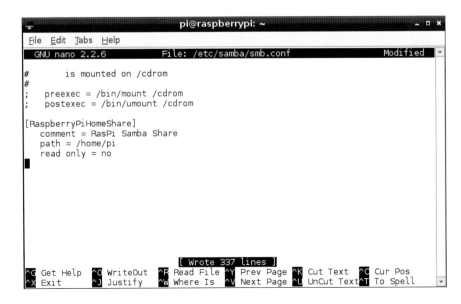

Projekt 15-1: Samba

Was bedeuten die einzelnen Zeilen?

- *[RaspberryPiHomeShare]*: der Share-Name, über den der Zugriff erfolgt
- *comment*: stellt eine reine Kommentarzeile dar
- *path*: der Zugriff auf den genannten Pfad wird ermöglicht
- *read only*: regelt den Lesezugriff (no = schreib/lese-Zugriff)

Das könnte wichtig für dich sein

Wenn du die Samba-Konfigurationsdatei *smb.conf* editierst, kann sich hier und da ein Schreibfehler einschleichen. Wenn du dann den Server neu startest, kann es aufgrund einer Unachtsamkeit beim Tippen zu einem Verhalten kommen, das so nicht beabsichtigt war. Dann ist guter Rat teuer und die Fehlersuche kann beginnen. Deshalb gibt es einen sehr nützlichen Befehl, der die Datei *smb.conf* auf Validität hin überprüft und notwendigenfalls Warnungen herausgibt. Tippe dazu *testparm /etc/samba/smb.conf* und beobachte die Ausgaben. Für meinen Share-Namen *RaspberryPiHomeShare* wird eine Warnung ausgegeben, da der Name mehr als 12 Buchstaben lang und für Clients wie Windows *9x* bzw. *Me* nicht verfügbar ist. Aber ich denke, dass fast niemand mehr diese alten Betriebssysteme verwendet.

Samba-Server-Neustart

Jedes Mal, wenn du die Konfigurationsdatei manipuliert hast, musst du den Samba-Server neu starten, damit die Änderungen auch wirksam werden. Das machst du über die Zeile:

```
# sudo /etc/init.d/samba restart
```

▲ **Abbildung 15-1-6**
Neustart des Samba-Servers

Ein kleiner Tipp am Rande: Wenn du deinen Samba-Server neu gestartet hast und sogar beide grünen *ok* erschienen sind, musst du eine kleine Weile warten, bevor du im Windows-Explorer wieder auf das *Raspberry Pi Icon* klickst. Machst du das zu früh, dann kannst du u.U. mit der folgenden Fehlermeldung beglückt werden:

Abbildung 15-1-7 ▶
Eine Fehlermeldung, wenn der
Samba-Server noch ein Weilchen
braucht...

Warte ein paar Sekunden und versuche es erneut.

Kannst du mir bitte verraten, was *daemons* sind? Und was bedeutet
nmbd bzw. *smbd*? Das habe ich im letzten Terminal-Fenster nach dem
Restart gesehen.

Das sind berechtigte Fragen an dieser Stelle, *RasPi*! Ein sogenannter
daemon ist ein Linux-Programm, das im Hintergrund läuft, normalerweise keine grafische Oberfläche besitzt und seine Dienste im
Verborgenen ausführt. Um richtig zu funktionieren, benötigt unser
Samba-Server zwei Daemons.

nmbd (Nameserver Daemon)

Der erste lautet *nmbd* und ist u.a. für Anfragen zur Namensauflösung verantwortlich. Er wird als erster gestartet und kommt zum
Einsatz, wenn das Netzwerk durchsucht werden soll. Sein Spezial-
gebiet sind die *UDP*-basierten Protokolle.

smbd (Server Message Daemon)

Der Name des zweiten ist *smbd* und seine Aufgabe besteht u.a. in
der Kommunikation über das *TCP/IP* Protokoll, das für datei- bzw.
druckerbasierende Operationen erforderlich ist. Die Benutzer-
Authentifikation läuft ebenfalls über diesen Daemon.

Jetzt wollen wir einen Blick auf unseren Windows-Rechner werfen
und erneut den Explorer öffnen.

Den Windows-Explorer öffnen

Damit du Zugriff auf das Linux-Share von der Windows-Seite her
bekommen kannst, öffne den Windows-Explorer und gehe zum
Netzwerk-Icon, wie du das schon zu Beginn gemacht hast.

Whow, das sieht schon richtig gut aus! Der in der Konfigurationsdatei genannte Share-Name wird hier angezeigt. Nun sollten wir
einen Blick in das Share werfen können und im Home-Verzeichnis
des *Pi-Users* landen. Ich führe einen Doppelklick darauf aus.

Hmm, da stimmt noch irgendetwas nicht. Hast du eine Idee, woran
es liegen könnte?

> Ich glaube, dass wir noch ein Passwort vergeben müssen, damit wie
> uns erfolgreich einloggen können.

Hey, das ist richtig, *RasPi*! Das müssen wir auf Samba-Ebene
machen. Dafür gibt es ein spezielles *smbpasswd*-Kommando:

Samba-Benutzer hinzufügen

Das folgende Kommando musst du natürlich wieder mit dem *sudo*-
Zusatz ausführen.

Ich habe als Passwort das gleiche genommen, das auch anfänglich für den Pi-User verwendet wurde, also *raspberry*. Im Anschluss habe ich wieder einen Samba-Server Neustart durchgeführt und mich erneut mit dem Share verbunden. Und siehe da, es funktioniert.

Abbildung 15-1-11 ▶

Der Inhalt des Home-Shares des
Pi-Users

Wenn wir uns das auf der Linux-Seite anschauen, sollte der Inhalt gleich sein.

Abbildung 15-1-12 ▶

Der Inhalt des Home-Verzeichnisses des Pi-Users

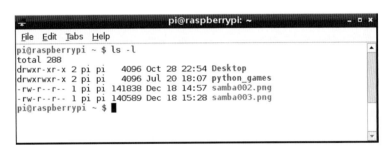

Du siehst, dass der Inhalt wirklich der gleiche ist.

(▸▸) **Das könnte wichtig für dich sein**

Mir ist es ein paar Mal passiert, dass nach einem Restart des Samba-Servers das Raspberry Pi-Icon bei den Netzwerkverbindungen unter Windows nicht erschienen ist. Sollte das bei dir auch einmal der Fall sein, öffne einfach den Windows-Explorer und gib in der Adresszeile *\\RASPBERRYPI* ein. Falls der Server wirklich gestartet ist, bekommst du das Share auf diese Weise angezeigt.

Möchtest du dich weiter mit dem Thema Samba befassen, wirf einen Blick auf die Internetseite *http://www.samba.org/*.

Hier noch ein kleiner Tipp, wenn du die Anmeldeinformationen für eines deiner Shares gespeichert hast, es aber wieder löschen möchtest. Es gibt unter *Windows 7* keinen direkten Menüpunkt im Explorer, so dass du den folgenden Weg nehmen musst.

Schritt 1: Kommandozeilen-Eingabe öffnen

Öffne über die Tastenkombination *Windows + R* das Fenster *Ausführen*, gib dort *cmd* ein und bestätige mit *OK*.

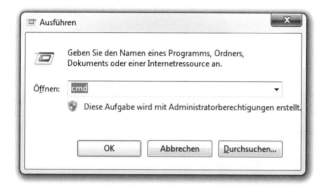

Schritt 2: DLL ausführen

Führe das folgende Kommando aus:

```
Administrator: C:\Windows\system32\cmd.exe
Microsoft Windows [Version 6.1.7601]
Copyright (c) 2009 Microsoft Corporation. Alle Rechte vorbehalten.

C:\Users\Highli>rundll32.exe keymgr.dll KRShowKeyMgr

C:\Users\Highli>
```

Lösche den entsprechenden Eintrag für das gespeicherte Passwort

Im sich nun öffnenden Dialogfenster bekommst du die Anmeldeinformationen für diverse Server angezeigt. Wähl den entsprechenden aus und klicke im Anschluss auf die *Entfernen*-Schaltfläche.

Damit hast du das gespeicherte Passwort entfernt und musst es beim nächsten Öffnen des Windows-Explorers erneut eingeben.

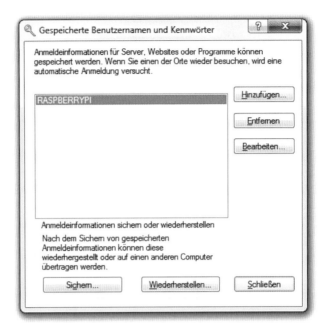

Der Raspberry Pi als NAS

Kommen wir zu einem sehr spannenden Einsatzgebiet, der deinen *Raspberry Pi* in Verbindung mit einer externen Festplatte in einen *NAS* (Network Attached Storage) verwandelt. Wolltest du ein derartiges Gerät auf dem freien Markt kaufen, müsstest du ein paar hundert Euro hinlegen. Hier kostet es gerade mal den Preis für den Raspberry Pi (ca. *30* Euro) + eine Festplatte (unter *100* Euro). Angenommen, du hast in deinem Haushalt mehrere Familienmitglieder, die sich gerne Musik oder Filme oder Fotos auf dem Computer anhören bzw. anschauen. Da ist es sicher sinnvoll, dass ein zentraler Ablageort die ganzen Dateien verwaltet, denn es würde wenig Sinn machen, die Sammlung aller Dateien jeweils doppelt und dreifach lokal auf jedem Rechner abzulegen.

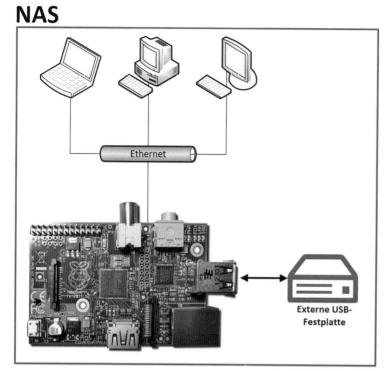

Alles, was du neben deinem *Raspberry Pi* benötigst, ist eine externe Festplatte, die eine etwas größere Speicherkapazität – *1* bis *2 Tbyte* – vorweisen sollte. Sinnvollerweise wird diese Platte über einen freien USB-Port mit dem Raspberry Pi verbunden und sollte ein externes Netzteil besitzen. Es gibt zwar Festplatten, die ihre Spannung direkt und ausschließlich über den verwendeten USB-Port beziehen, doch das ist aufgrund der manchmal zu geringen Leistung, den ein Port liefern kann, nicht ratsam. Möchtest du eine derartige Platte trotzdem anschließen, verwende zwischen Raspberry Pi und der externen Festplatte einen aktiven HUB, der eine eigene Spannungsversorgung besitzt. Auf diese Weise wird die erforderliche Leistung zum Betrieb der Platte über den HUB erbracht. Dann sollte das auch funktionieren. Die etwas größeren Festplatten ab *1 TByte* besitzen meines Wissens ohnehin fast immer ein externes Netzteil, so dass es da nicht zu Problemen kommen sollte.

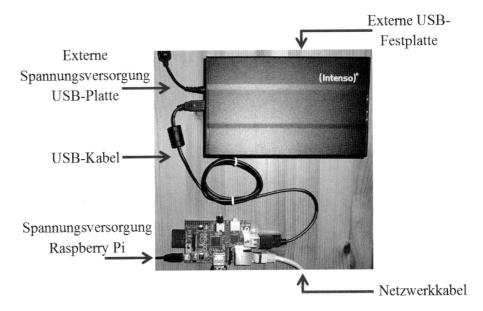

Externe USB-
Festplatte

Externe
Spannungsversorgung
USB-Platte

USB-Kabel

Spannungsversorgung
Raspberry Pi

Netzwerkkabel

Ich habe meine externe USB-Festplatte mit meinem *Raspberry Pi* verbunden und wollte sehen, was passiert. Sie ist mit dem Dateisystem *fat32* vorformatiert und unter Linux gab es keine Probleme, die Platte zu erkennen bzw. auf sie zuzugreifen.

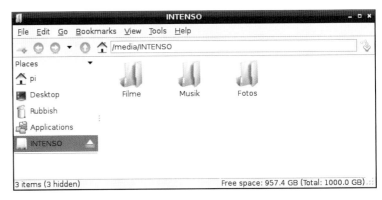

Nach dem Verbinden mit einem freien USB-Port wurde die Platte nach kurzer Zeit vom *Raspberry Pi* respektive *Debian Wheezy* korrekt erkannt und ins Filesystem eingebunden. Meine Festplatte weist auf oberster Ebene schon 3 existierende Verzeichnisse vor, damit die einzelnen Dateien hinsichtlich ihrer Kategorie auch richtig eingeordnet werden und leichter gefunden werden. Ich kann zu diesem Zeitpunkt schon wunderbar lesend und schreibend auf die-

Projekt 15-1: Samba

ses externe Speichermedium zugreifen. Das nützt aber den anderen Teilnehmern nicht viel, die sich in meinem Netz tummeln, denn für sie ist die Platte weder sichtbar, noch ist ein Zugriff darauf möglich. Jetzt kommt – wer hätte es gedacht – *Samba* wieder ins Spiel. Wir müssen die Konfigurationsdatei so erweitern, dass weitere Netzwerkteilnehmer einen *Share* angeboten bekommen, den sie auch für ihre Zwecke nutzen können. Wir wollen im nächsten Schritt also diese Festplatte für alle zugänglich machen, um dort Daten zu lesen oder neue abzulegen. Das entspricht in groben Zügen der Funktionsweise eines *Fileservers*. Du kannst im *File-Manager* sehen, dass die USB-Platte unter dem Verzeichnis */media/INTENSO* in das Filesystem eingehängt wurde und darüber zu erreichen ist.

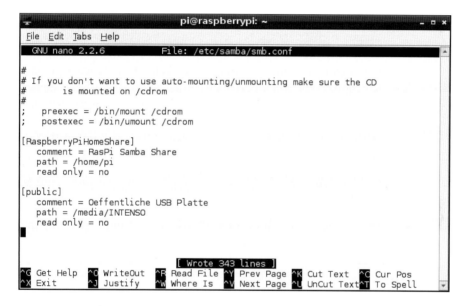

Du siehst, dass ich unterhalb des eben hinzugefügten Blocks für das *Home*-Verzeichnis einen weiteren mit dem Namen *public* unten angefügt habe. Als Pfad habe ich den im File-Manager angezeigten und vom System automatisch vergebenen Namen */media/INTENSO* verwendet. Da jeder das Verzeichnis lesen und beschreiben können soll, gibt es den Eintrag

```
read only = no
```

Öffnest du jetzt auf deinem Windows-Rechner wieder den Explorer, kannst du das Share erkennen und auf alle in ihm enthaltenen Daten zugreifen.

▲ **Abbildung 15-1-16**
Der public-Block für die Freigabe der USB-Platte im Netzwerk

Abbildung 15-1-17 ▶

Das public-Share der externen USB-
Festplatte

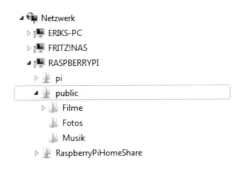

Möchtest du einen *Nur-Lese-Zugriff* ermöglichen, ändere den letzten Eintrag ab, so dass er wie folgt lautet:

```
read only = yes
```

Vergiss nicht, dass du bei jeder Änderung den Samba-Server neu starten musst. Ich hatte das zu Beginn schon einmal erwähnt, doch man kann es nicht oft genug sagen. Wie oft habe ich eine neue Konfiguration erprobt und mich gefragt, warum sich nichts ändert. Nach einiger Zeit fiel es mir dann wieder ein... *Den Server neu starten, oh Mann!* Wenn du alles so konfiguriert hast, wie du es dir vorstellst, kannst du deinen Raspberry Pi mit der externen Festplatte in eine entsprechende Box packen. Es werden kein Monitoranschluss und auch keine Maus + Tastatur benötigt. Der Rechner bootet ganz normal und stellt die eingerichteten *Shares* im Netz zur Verfügung. Nur wenn es Probleme gibt oder du etwas anpassen möchtest, trennst du deinen Raspberry Pi von der Spannungsversorgung, schließt Monitor, Maus und Tastatur an und bootest erneut.

Das bedeutet also, dass ich jedes Mal, wenn ich etwas konfigurieren oder auch nur überprüfen möchte, Monitor, Maus und Tastatur zu der Samba-Box im Keller schleppen muss!? Das ist ganz schön umständlich. Hoffentlich kommt das nicht zu oft vor!

Stopp! Ganz so schlimm wird es nicht. Wenn ich dich richtig verstehe, soll dein Raspberry Pi inklusive externer Festplatte irgendwo im Keller liegen, wo dein Router steht, damit er dort ins Netzwerk eingebunden werden kann. Es gibt eine sehr elegante Möglichkeit, die ich noch nicht erwähnt hatte. Dein Raspberry Pi ist ja nach korrekter Installation ein Teilnehmer deines Netzwerks. Wenn du bei deiner erstmaligen Konfiguration der SD-Karte einen *SSH-Server* aktiviert hast, kannst du über das Netzwerk von einem anderen

Netzwerkteilnehmer aus, der einen *SSH-Client* besitzt, auf den Raspberry Pi zugreifen. Ich zeige dir das anhand eines Clients für Windows, der sich *PuTTY* nennt. Es handelt sich um einen freien *SSH-* bzw. *Telnet-Client*, der sich unter Windows zu einem Standard gemausert hat. Er ist unter der Adresse *http://www.putty.org/* zu beziehen.

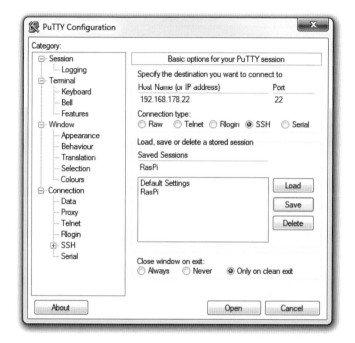

◀ **Abbildung 15-1-18**
Der SSH-Client PuTTY

Ich habe den Client unter Windows heruntergeladen und gestartet. Trage die IP-Adresse deines *Raspberry Pi* in das Textfeld *Host name (or IP address)* ein und vergib einen sprechenden Namen in das Feld unterhalb von *Saved Sessions*. Danach klickst du auf den *Save*-Button und die Informationen werden gespeichert. Nun kannst du mit einem Doppelklick auf den Listeneintrag eine *SSH-Session* zu deinem *Raspberry Pi* aufnehmen. Zu Beginn wirst du gefragt, ob du eine sichere Verbindung aufnehmen möchtest und ein sogenannter *RSA2-Fingerprint* von PuTTY übernommen bzw. gespeichert werden soll. Bestätige in diesem Fall mit *Ja*. Bei allen weiteren Verbindungen kommt diese Abfrage dann nicht mehr.

Abbildung 15-1-19▲
Der SSH-Client PuTTY bei der ersten
Verbindungsaufnahme

Im Anschluss kannst du dich ganz normal in einem Terminal-Fenster einloggen. Verwende dazu einfach den schon vorhandenen Pi-User oder einen anderen, den du vielleicht zusätzlich noch angelegt hast. Möchtest du dich nicht immer mit dem Passwort authentifizieren, wirf einen Blick in das *Linux-Grundlagen*-Kapitel. Dort findest du Informationen, wie du einen *RSA-Fingerprint* erzeugen

Abbildung 15-1-20▼
Der SSH-Client PuTTY nach der
erfolgreichen Anmeldung durch pi

kannst und mit Hilfe eines Schlüsselpaars (*Private* und *Public*) die Eingabe des erforderlichen Passworts für den Pi-User überflüssig machst.

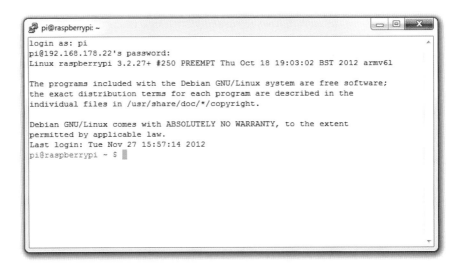

Projekt 15-1: Samba

Jetzt kannst du deinen *Raspberry Pi* so administrieren, als wenn du direkt vor ihm sitzen würdest. Im folgenden Screenshot siehst du, dass ich meinen Samba-Server erfolgreich neu gestartet habe.

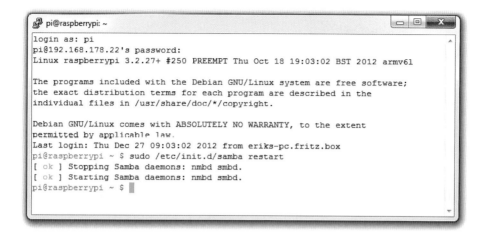

Du kannst sogar die grafische Benutzeroberfläche des *Raspberry Pi* auf deinen Windows-Rechner holen. Doch dazu später mehr.

▲ **Abbildung 15-1-21**
Erfolgreicher Restart meines
Samba-Servers

Anzeigen der Shares im laufenden Betrieb

Es existiert ein sehr nützlicher Befehl, um die Freigaben, also Shares, im laufenden Betrieb anzuzeigen. Er hat die folgende Syntax:

```
# smbclient -L <hostname>
```

Nach der Eingabe wirst du erneut nach dem Passwort des Pi-Users gefragt und dann erscheint auch schon die Ausgabe. Auf diese Weise erfährst du auch die Samba-Version, die in diesem Fall die 3.6.6 ist.

```
                              pi@raspberrypi: ~                          _ □ ×
 File  Edit  Tabs  Help

pi@raspberrypi ~ $ smbclient -L raspberrypi
Enter pi's password:
Domain=[WORKGROUP] OS=[Unix] Server=[Samba 3.6.6]

        Sharename        Type        Comment
        ---------        ----        -------
        print$           Disk        Printer Drivers
        RaspberryPiHomeShare Disk        RasPi Samba Share
        public           Disk        Oeffentliche USB Platte
        IPC$             IPC         IPC Service (raspberrypi server)
        pi               Disk        Home Directories
Domain=[WORKGROUP] OS=[Unix] Server=[Samba 3.6.6]

        Server                   Comment
        ---------                -------
        FRITZ!NAS                FRITZ!Box
        RASPBERRYPI              raspberrypi server

        Workgroup                Master
        ---------                -------
        WORKGROUP                RASPBERRYPI
pi@raspberrypi ~ $ █
```

Abbildung 15-1-22 ▲
Anzeigen der Freigaben bzw.
Shares

Ein Netzlaufwerk verbinden

Es ist recht umständlich, ständig das Netzwerk zu scannen und
unter den ggf. verschiedenen angezeigten Shares das richtige auszuwählen, wenn du Zugriff auf deinen Raspberry Pi und dein angeschlossenes USB-Laufwerk bekommen möchtest. Das kannst du
viel komfortabler einrichten. Das Stichwort unter Windows dazu
lautet *Netzlaufwerk*. Öffne dazu mit der rechten Maustaste das
Kontextmenü des Netzwerk-Icons und wähle den Menüpunkt
Netzlaufwerk verbinden.

Abbildung 15-1-23 ▶
Ein Netzlaufwerk verbinden

Im folgenden Dialog kannst du den Pfad zum gewünschten Share auswählen. Zuerst wählst du das Laufwerk aus, unter dem später das Share zu erreichen sein soll. In meinem Fall habe ich *Laufwerk Z:* gewählt.

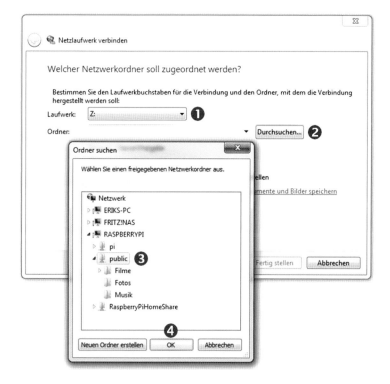

◀ **Abbildung 15-1-24**
Ein Netzlaufwerk verbinden
(Schritte 1 bis 4)

Gehen wir die Schritte einmal durch:

1. das Laufwerk auswählen (hier: *Z*)
2. den *Durchsuchen*-Button anklicken
3. das gewünschte *Share* suchen und auswählen (hier: *RASP-BERRYPI\public*)
4. mit *OK* bestätigen

Nun werden die gewählten Informationen in den Abschlussdialog übernommen, den du über den *Fertig stellen*-Button schließen kannst.

Abbildung 15-1-25 ▶
Ein Netzlaufwerk verbinden
(Abschlussdialog)

Wenn du dir nun im Windows-Explorer die Laufwerke anschaust, wirst du u.a. das *Laufwerk Z* finden, das wir gerade eben erstellt haben.

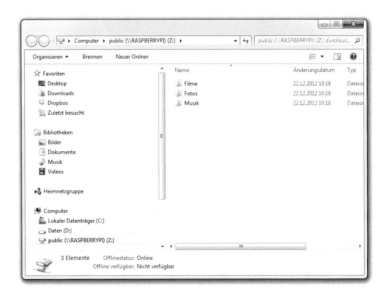

Nun kannst du sehr komfortabel auf das am *Raspberry Pi* ange-schlossene USB-Laufwerk zugreifen und dort nach Lust und Laune deine Multimedia-Daten verwalten.

Also, ich verzweifle noch. Ich habe alles so gemacht, wie du gesagt hast. Das war alles korrekt und der Zugriff hat wunderbar funktioniert. Das Problem war jedoch, dass mein Bruder – der alte Sack – nach einem Streit alle meine Lieblingslieder gelöscht hat. Daraufhin habe ich seine Filme geschreddert und nun ist die gesamte Festplatte leer. Ich traue mich nicht mehr, dort überhaupt noch etwas abzulegen. Eine externe Festplatte, auf die mehrere Leute gleichzeitig Zugriff haben, ist doch wirklich Sch…

Hey, RasPi, das Problem kann ich nachvollziehen und ich kann dir sogar eine Lösung anbieten, wobei wir beim nächsten Kapitel wären.

Das NAS absichern

Wir werden in diesem Unterkapitel das NAS so anpassen, dass es auf der externen Festplatte unterschiedliche Verzeichnisse gibt, denen besondere Rechte zugewiesen wurden. Wir müssen diesbezüglich aber einige Vorbereitungen treffen. Wenn du dir die folgende Grafik anschaust, kannst du sicherlich erahnen, worauf ich hinaus will.

NAS

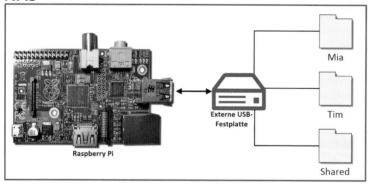

◀ **Abbildung 15-1-27**
Das NAS mit unterschiedlichen Ordnern

Vorgaben

Folgende Vorgaben müssen für unser NAS-Vorhaben erfüllt sein:

- User Mia kann sich nur mit dem Ordner *Mia* verbinden, das passwortgeschützt ist
- User Tim kann sich nur mit dem Ordner *Tim* verbinden, das passwortgeschützt ist
- User Mia und Tim können gemeinsam den Ordner *Share* nutzen, um darüber untereinander Daten auszutauschen

Wir gehen die erforderlichen Schritte in der Reihenfolge durch, in der du sie ausführen solltest.

Schritt 1: Anpassen des Dateisystems der externen Festplatte

Wenn du dir eine externe Festplatte kaufst, ist sie höchstwahrscheinlich vorformatiert, und zwar mit dem Dateisystem *fat32*. Dieses Dateisystem ist zwar unter Linux einwandfrei im Schreib/Lese-Modus zu verwenden, doch wenn es um die individuelle Rechtevergabe einzelner Dateien bzw. Verzeichnissen unter Linux geht, solltest du ein anderes Dateisystem nutzen. Unter Linux ist das Dateisystem ext4 eine gute Wahl. Wir wollen also die externe Festplatte mit diesem Dateisystem formatieren. Ich habe dazu die Anwendung GParted installiert, die diesen Vorgang sehr gut übernehmen kann. Installiere sie mit der folgenden Befehlszeile:

```
# sudo apt-get install gparted
```

Anschließend startest du sie mit der Befehlszeile

```
# sudo gparted
```

⬛ Achtung

Mit dem Tool *GParted* kannst du dein System – wenn du nicht sehr gut aufpasst – richtig gegen die Wand fahren. Es verwaltet die einzelnen Partitionen eines Systems, und wenn du das falsche auswählst und formatierst, ist Schluss mit lustig!

Wähle also zuerst die richtige Partition aus, die du beabsichtigst zu bearbeiten. Schau her:

Abbildung 15-1-28 ▶
Wähle die richtige Partition aus, bevor du weitermachst!

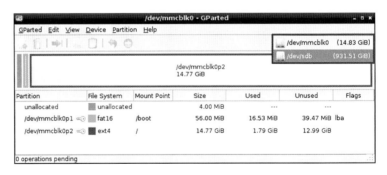

In der rechten oberen Ecke befindet sich eine Drop-down-Box, über die du die von GParted erkannten Partitionen selektieren kannst.

Meine Raspberry Pi-Partition bzw. meine SD-Karte besitzt eine Größe von *16 GByte* und deswegen sollte ich sie nicht auswählen. Meine externe Festplatte weist eine Größe von *1 TByte* vor, ich muss demnach den unteren Listeneintrag auswählen. Geh wie folgt vor:

- Partition der externen Festplatte aus der Drop-down-Box auswählen,
- die Partition in der unteren Listenansicht auswählen,
- über das Kontextmenü den Punkt *Unmount* wählen,
- über das Kontextmenü den Punkt *Format to|ext4* wählen.
- Im unteren Bereich des Tools erscheint die Meldung, dass das Formatieren der Partition in *ext4* ansteht.
- In der Icon-Leiste den grün umrandeten Pfeil anklicken (Apply All Opeations).
- Die Dialogbox mit *Apply* bestätigen (vorher aber noch mal alles Revue passieren lassen!!!).
- Die Formatierung beginnt, was einen Augenblick dauern kann.
- Wurde alles ordnungsgemäß durchgeführt, erscheint die Abschlussmeldung *»All operations successfully completed«* und du kannst den *Close*-Button betätigen.
- Die Datenträgerbezeichnung ist nach diesem Vorgang etwas kryptisch. Wir wollen aber einen aussagekräftigen Namen vergeben. Wähle dazu wieder die richtige Partition aus und gehe über das Kontextmenü, um den Eintrag *Label* auszuwählen.
- Nun kannst du im nachfolgenden Dialogfenster z.B. *NAS* eintragen und mit dem grün umrandeten Pfeil in der Icon-Leiste bestätigen.

Achtung

Die formatierte Festplatte ist nach diesem Vorgang noch nicht in das Linux-System integriert. Gib das *sync*-Kommando ein, was ggf. gepufferte Daten auf die Festplatte schreibt, ziehe dann den USB-Stecker vom Raspberry Pi ab und verbinde ihn erneut. Jetzt wird die Platte erkannt und in das Dateisystem mit dem neuen Label-Namen eingebunden. In meinem Fall wäre das der Pfad */media/NAS*.

Wenn du dein *GParted*-Tool noch geöffnet hast, wähle den Menüpunkt *GParted|Refresh Devices* und du bekommst die Festplatte wieder angezeigt.

Schritt 2: Erstellen von weiteren Linux- bzw. Samba-Usern

Den beiden Usern *Mia* und *Tim* soll unter Linux je ein Login-Namen bzw. ein Passwort zugewiesen werden, denn wir arbeiten ja mit einem Rechtesystem, um den Zugriff auf die externe Festplatte zu regeln.

```
# sudo useradd -g users -d /home/mia -s /bin/bash -m mia
# sudo useradd -g users -d /home/tim -s /bin/bash -m tim
# sudo passwd mia
# sudo passwd tim
```

In den beiden letzten Zeilen wirst du jeweils nach einem Passwort für den entsprechenden User gefragt. Über die Option *-g* weist du die User der Gruppe *users* zu. Die Option *-d* zeigt den Pfad des Home-Verzeichnisses an. Die Option *-s* zeigt auf die Standard-Shell (Bash) und die Option *-m* legt, falls noch nicht vorhanden, das genannte Home-Verzeichnis an. Du kannst die explizite Angabe der Shell über *-s* auch weglassen. Es wird dann die Standard-Shell verwendet. Bei einem ausschließlich als Fileserver eingesetzten NAS kann man aus Sicherheitsgründen den Standard-Benutzern keinen Shell-Zugriff gewähren. Falls du das für erforderlich hältst, ersetze z.B. die Zeile für den User Mia durch die folgende:

```
# sudo useradd -g users -d /home/mia -s /bin/false - mia
```

Nun müssen diese User noch unter Samba angelegt werden. Verwende dazu dir folgenden Kommandos:

```
# sudo smbpasswd -a mia
# sudo smbpasswd -a tim
```

Ich habe bei der Passwortfrage die gleichen Passwörter verwendet wie im vorherigen Schritt unter Linux.

Schritt 3: Erstellen von Verzeichnissen und anpassen von Berechtigungen der externen Festplatte

Nun wird es Zeit, die entsprechenden Verzeichnisse auf der externen Festplatte mit den entsprechenden Rechten bzw. Zugehörigkeiten anzulegen. Wechsle dazu über das folgende Kommando in das NAS-Verzeichnis (pass ggf. den NAS-Namen bei dir an):

```
# cd /media/NAS
```

Nun erstelle die benötigten Unterverzeichnisse mit dem *mkdir*-Kommando. Um die Tipparbeit zu minimieren, kannst du die Verzeichnisse alle hintereinander schreiben.

```
# sudo mkdir mia tim shared
```

Schauen wir uns einmal an, was wir verbrochen haben.

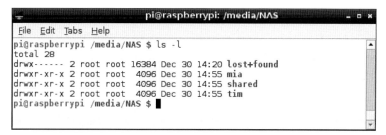

◀ **Abbildung 15-1-29**
Die Verzeichnisse mia, tim und shared

Du erkennst ein weiteres Verzeichnis, das wir überhaupt nicht angelegt haben. Das Verzeichnis *lost+found* wird standardmäßig unter Linux angelegt, um bei möglichen Software- oder Hardwareproblemen nicht mehr zuzuordnende Dateien aufzunehmen. In der Regel ist dieses Verzeichnis aber leer und bleibt es hoffentlich auch! Unsere neuen Verzeichnisse liegen also wie gewünscht vor, doch gehören sie alle dem Root-User, und die Zugriffsrechte sind auch nicht korrekt vergeben. Wir vergeben den beiden Usern Mia und Tim jetzt die Eigentumsrechte an den Verzeichnissen:

```
# sudo chown mia:users mia
# sudo chown tim:users tim
```

und passen die Zugriffsrechte an:

```
# sudo chmod 700 mia
# sudo chmod 700 tim
# sudo chmod 777 shared
```

oder für eine weitere Einschränkung der Rechte für *shared* auch

```
# sudo chmod 770 shared
```

Wie hat sich das auf unsere Anzeige ausgewirkt?

Abbildung 15-1-30 ▶

Die Verzeichnisse mia, tim und
shared mit neuen Besitzern und
Rechten

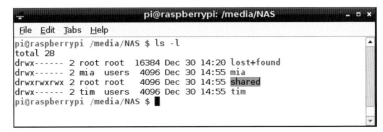

Nun sind die Vorbereitungen auf Dateisystemebene soweit getroffen, dass wir uns der Samba-Konfiguration zuwenden können.

Schritt 4: Die Samba-Konfiguration

Unseren Vorgaben entsprechend müssen wir drei Blöcke in die *smb.conf* eintragen:

- Mia
- Tim
- Shared

Abbildung 15-1-31 ▼

Die Konfigurationsblöcke für die
User Mia und Tim

Schauen wir uns zuerst die beiden Blöcke für die User Mia und Tim an, die die unterschiedlichen Pfade bzw. Zugriffsmöglichkeiten regeln.

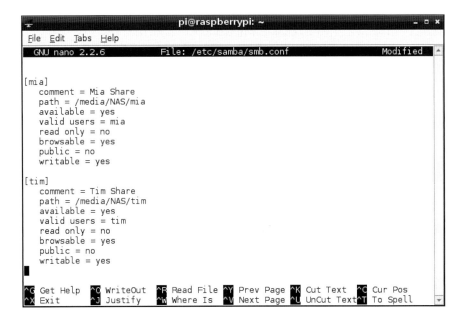

Wir haben es jetzt nicht mit nur einem einzigen Pfad zu tun:

- Mia (/media/NAS/mia)
- Tim (/media/NAS/tim)

Jedes Verzeichnis gehört einem der genannten User und nur der Besitzer hat dafür die folgenden Rechte:

- in das Verzeichnis wechseln zu dürfen
- eine Datei/Ordner erstellen zu dürfen
- Skripte auszuführen

Unter Samba ist der Eintrag *valid users* von entscheidender Bedeutung. Er regelt die Zugriffsberechtigung auf den unter *path* genannten Pfad. Bei Mia wird der User *mia*, bei Tim der User *tim* zugewiesen. Schauen wir uns dazu den Konfigurationsblock für das Shared-Verzeichnis an, auf den beide User – also Mia und Tim – zugreifen können sollen. Es handelt sich um das Austauschverzeichnis für beide. Ahnst du schon, worauf ich hinaus will?

> Ich vermute, dass unter der Zeile für *valid users* jetzt beide User aufzuführen sind.

Whow *RasPi*, ich bin beeindruckt! Das ist vollkommen korrekt.

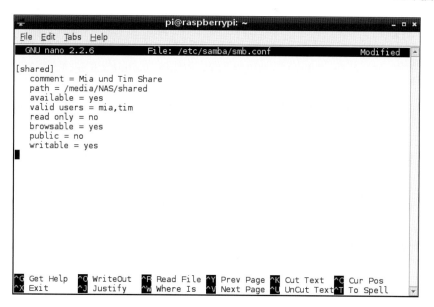

```
 pi@raspberrypi: ~                                    _ □ ×
File  Edit  Tabs  Help
 GNU nano 2.2.6          File: /etc/samba/smb.conf          Modified

[shared]
    comment = Mia und Tim Share
    path = /media/NAS/shared
    available = yes
    valid users = mia,tim
    read only = no
    browsable = yes
    public = no
    writable = yes
█




^G Get Help   ^O WriteOut   ^R Read File  ^Y Prev Page  ^K Cut Text   ^C Cur Pos
^X Exit       ^J Justify    ^W Where Is   ^V Next Page  ^U UnCut Text ^T To Spell
```

▲ **Abbildung 15-1-32**
Der Konfigurationsblock für das
Shared-Verzeichnis

Der Raspberry Pi als NAS

Du siehst, dass hinter *shared users* beide, *mia* und *tim*, durch Komma separiert aufgelistet sind. Natürlich zeigt der Pfad auf das Shared-Verzeichnis */media/NAS/shared*.

Schauen wir uns die Einträge an, die die einzelnen User in den unterschiedlichen Verzeichnissen abgelegt haben.

```
pi@raspberrypi: /media/NAS/shared                             _ □ ✕

File  Edit  Tabs  Help

pi@raspberrypi ~ $ su - mia
Password:
mia@raspberrypi ~ $ cd /media/NAS/mia/
mia@raspberrypi /media/NAS/mia $ ls -l
total 4
-rwxr--r-- 1 mia users    0 Dec 30 15:29 MeineTextDatei.txt
drwxr-xr-x 2 mia users 4096 Dec 30 15:29 MeinOrdner
mia@raspberrypi /media/NAS/mia $ logout
pi@raspberrypi ~ $ su - tim
Password:
tim@raspberrypi ~ $ cd /media/NAS/tim/
tim@raspberrypi /media/NAS/tim $ ls -l
total 4
-rwxr--r-- 1 tim users    0 Dec 30 15:36 MeineTextDatei.txt
drwxr-xr-x 2 tim users 4096 Dec 30 15:36 MeinOrdner
tim@raspberrypi /media/NAS/tim $ logout
pi@raspberrypi ~ $ cd /media/NAS/shared/
pi@raspberrypi /media/NAS/shared $ ls -l
total 0
-rwxr--r-- 1 mia users 0 Dec 30 15:31 MiaWasHere.txt
-rwxr--r-- 1 tim users 0 Dec 30 15:36 TimWasHere.txt
pi@raspberrypi /media/NAS/shared $ █
```

Abbildung 15-1-33 ▲
Die Rechte bzw. Eigentümer
nach dem Erstellen von Dateien
bzw. Ordnern

Ich habe mich nach dem Erstellen der Dateien bzw. Ordnern durch die beiden User Mia und Tim in den jeweiligen Ordnern umgesehen. Über das Kommando *su - <User>* konnte ich mich als Mia und Tim personifizieren und mir die Verzeichnisinhalte anschauen. Du kannst erkennen, dass im jeweiligen Userverzeichnis auf den Shares nur die Dateien bzw. Verzeichnisse mit korrekten Besitzangaben zu finden sind. Im Shared-Verzeichnis können natürlich beide User ihre Dateien ablegen. Alles verhält sich also genau so, wie wir es beabsichtigt haben.

Ich verzweifle noch, denn ich habe mich zu Testzwecken mit einem User auf das NAS verbunden. Jetzt wollte ich mich über den zweiten User verbinden, habe das erforderliche Passwort eingegeben und bekomme immer wieder eine Fehlermeldung, dass das nicht geht, weil ich auf das Share nicht zugreifen kann. Warum klappt das nicht?

Nun, *RasPi*, mit diesen Problemen bist du nicht allein, denn das ist ein Windows-Feature, wenn ich das mal so nennen darf. Hast du zwei oder mehr User, die von einem Client nacheinander mit unterschiedlichen Usernamen nebst Passwort auf einen Samba-Server zugreifen möchten, hast du keine Chance. Nutzt du ein Netzlaufwerk, kannst du dieses Laufwerk über die Kommandozeile mit dem Befehl *net use x: /delete* (x: ist jetzt ein fiktives Netzlaufwerk) freigeben. Es ist dann kein Reboot erforderlich.

Ich möchte den Linux-, Unix- und Samba-Spezialisten an dieser Stelle etwas mit auf den Weg geben, wenn sie jetzt stöhnen und meinen, dass das alles viel eleganter und ganz anders zu realisieren wäre. Viele Wege führen bei Samba nach Rom, und dieses Beispiel zeigt nur eine von vielen Möglichkeit auf, wie man z.B. ein NAS mit Samba umsetzt. Ganz locker bleiben und an den Blutdruck denken! Ach ja, einen hab' ich noch! Nicht vergessen, den Samba-Server zu restarten☺.

Das Konfigurationstool SWAT

Hier geht es nicht direkt um *Special Weapons and Tacticts*, obwohl das Tool, das ich jetzt vorstelle, auch eine gewisse spezielle Funktion hat, das für knifflige und schwierige Operationen herangezogen werden kann. Die Konfiguration der Datei *smb.conf* kann in manchen Fällen schon sehr schwierig werden, das *SWAT-Tool* ist ein offizielles Tool zur Bearbeitung dieser Datei. Du installierst es inklusive Samba-Dokumentation über die folgende Kommandozeile:

```
# sudo apt-get install swat samba-doc-pdf
```

Das Tool ist *webbasiert* und kann über einen Browser aufgerufen werden. Das hat natürlich den Charme, dass du es an jeder Stelle im Netzwerk über einen Browser aufrufen kannst. Gib die folgende URL in deinem Browser auf dem *Raspberry Pi* ein. Ich verwende dazu den *Midori Web-Client*:

```
http://127.0.0.1:901
```

Das ist die Adresse des *Localhost* über den Port *901*. Über deinen Windows-Rechner kannst du den Zugriff herstellen, indem du die IP-Adresse deines *Raspberry Pi + Port 901* angibst. In meinem Fall wäre das die folgende Adresse:

```
http://192.168.178.22:901
```

Gebe ich diese Adresse auf meinem Windows-Rechner in den Firefox ein, bekomme ich folgende Anzeige, nachdem ich mich als *Pi-User* mit erweiterten Rechten authentifiziert habe:

Abbildung 15-1-34 ▶

Das SWAT Samba Administration Tool

Über die angebotenen Icons kannst du die unterschiedlichen Konfigurationsblöcke der *smb.conf*-Datei anpassen. Für den Standard-User sind nur die Icons *Home*, *Status*, *View* und *Passwort* sichtbar, denn er darf keine Administrativen Aufgaben durchführen. Ich würde dir wieder raten, von der Original-Datei eine Kopie zu erstellen, denn du kannst über das Tool sehr schnell etwas anpassen, was vielleicht so nicht beabsichtigt war. Dann kannst du immer wieder auf die Originaldatei zurückgreifen. Hast du die Konfigurationsdatei erst einmal mit SWAT editiert, erhält sie einen entsprechenden Hinweis mit Zeitstempel in den ersten Zeilen.

Abbildung 15-1-35 ▶

Das SWAT Samba Administration Tool setzt einen Hinweis auf Modifikation

Detail-Informationen über das Tool findest du unter

http://www.samba.org/samba/docs/man/Samba-HOWTO-Collection/SWAT.html

Wenn ich hier alles ausführlich beschreiben wollte, würde das etwas den Rahmen sprengen. Deshalb zeige ich dir nur die wichtigsten Punkte, obwohl sie sehr intuitiv sind und die Handhabung relativ einfach ist. Es kann aber nicht schaden, wenn man sich vorher etwas intensiver mit Samba auseinandergesetzt hat, denn die Masse an Parametern, die du einstellen kannst, ist nicht zu unterschätzen. Über die an der oberen Seite befindlichen Icons kannst du die entsprechende Konfiguration auswählen. Ich habe die folgenden drei herausgezogen, die die einzelnen Blöcke Globals, Shares und Printer verwalten.

Für manche Einstellungen kannst du zwischen einfacher und erweiterter Ansicht umschalten.

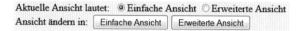

Entscheidest du dich für die erweiterte Ansicht, bekommst du noch mehr Stellschrauben angezeigt, an denen du drehen kannst, um Samba nach deinen Wünschen zu konfigurieren. Das ist aber meistens den Profis vorbehalten. Die drei gezeigten Icons korrespondieren im Großen und Ganzen mit denen in der smb.conf, die über die eckigen Klammern eingeleitet werden, wobei Globals dem [global]-Block entspricht. Bei den Shares hängt es natürlich davon ab, wie du sie genannt hast. In meinem Fall schaut das wie folgt aus:

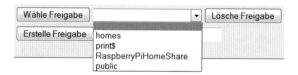

Du erkennst die beiden von mir angelegten *RaspberryPiHomeShare* und *public*. Um ein vorhandenes Share mit den Details anzuzeigen, wählst du es aus der angezeigten Liste aus und klickst auf den *Wähle Freigabe*-Button, um es zu löschen, auf den *Lösche Freigabe*-Button. Auch hier gilt wieder die Devise: Vorher immer eine Sicherheitskopie erstellen, denn gelöscht ist gelöscht und ein für alle Mal weg! Möchtest du ein neues Share anlegen, tipp den von dir gewählten Namen in das Feld hinter den *Erstelle Freigabe*-Button ein und klicke auf den Button. Hast du ein vorhandenes Share ausgewählt und möchtest deine Änderungen speichern, benutze den *Änderungen Speichern*-Button, der nach der Auswahl sichtbar wird. Vergiss danach nicht, deinen Samba-Server neu zu starten. Du kannst dir ebenfalls den Inhalt der Konfigurationsdatei *smb.conf* im Browser anzeigen lassen, ohne dass du in einem Terminal-Fenster des *Raspberry Pi* diese Datei öffnen musst.

Klicke dazu auf das *View*-Icon, das dir die aktuelle Konfiguration sofort präsentiert.

Projekt 15-2: Der Apache Web-Server

15

2

Damit du mit deinem Browser, der als Web-Client arbeitet, ins Internet gehen kannst, ist auf der Gegenseite ein Server erforderlich, der auf die Anfragen deines Clients reagiert und die von dir angeforderten Seiten zur Verfügung stellt. Dieser Server wird *Web-Server* genannt. Der bekannteste Web-Server ist wohl – und ich übertreibe sicherlich nicht – der *Apache HTTP-Server* der *Apache Software Foundation*. Er ist quelloffen und der am meisten verwendete Web-Server im Internet. Was wirst du in diesem Kapitel lernen?

- Was genau ist ein Web-Server?
- Wie erfolgt eine Anfrage ins Internet?
- Wie wird der Apache Web-Server installiert?
- Wie wird die Startseite des Web-Servers angezeigt?
- Welche Aufgabe hat die Datei */etc/hosts* auf deinem Raspberry Pi?
- Gibt es eine vergleichbare Host-Datei unter Windows?
- Was sind die grundlegenden Elemente einer HTML-Datei?
- Wie lautet der Speicherort der Startdatei und wie ist ihr Name?
- Was ist PHP?

Was ist ein Web-Server?

Das Internet wurde geschaffen, um Informationen schnell und komfortabel jedem, der daran angeschlossen ist, zugänglich zu machen. Diese Informationen werden in Form von Dateien verwaltet und können unterschiedliche Inhalte beherbergen. Unabhängig vom jeweiligen Verwendungszweck stellen diese Dateien lediglich eine Folge aus Einsen und Nullen im Computer dar. Somit gibt es also auf dieser Ebene keinen Unterschied zwischen *Textdateien*, *Fotos*, *Videos* oder auch *Musikdateien*. Vergleichbar mit den diversen Lebensformen auf der Erde, die allesamt aus Kohlenstoffatomen – den Bausteinen des Lebens – aufgebaut sind, bestehen Computer-Informationen aus einer Abfolge binärer Werte. Erst die Interpretation durch eine Instanz macht sie zu dem, was sie sind, bzw. zu dem, wozu sie geschaffen wurden. Wollten wir z.B. eine Musikdatei, die im MP3-Format vorliegt, in einem Grafikprogramm sichtbar machen, wäre die Interpretation der Daten zum Scheitern verurteilt. Dem Übertragungsmedium Kupfer, Glasfaser oder Funk ist dies jedoch vollkommen gleichgültig. Erst am Ende der Übertragungskette wird der Inhalt der Datei – so Gott will – korrekt interpretiert und dem Nutzer präsentiert. Im folgenden Bild kannst du den groben Ablauf der Anfrage eines Nutzers mit einem Web-Client an einen Web-Server erkennen.

Abbildung 15-2-1 ▶
Eine Anfrage ins Internet

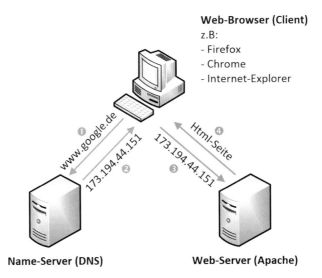

Die Computer im Internet werden über sogenannte numerische Adressen angesprochen, die jedoch aufgrund der Abstraktheit für einen Menschen nicht leicht zu handhaben sind. Eine derartige *IP-Adresse* in Form der Zahlenfolge *173.194.44.51* könnte ich mir persönlich nicht merken. Ja ok, diese eine vielleicht und ggf. noch eine zweite oder dritte, aber dann hört es mit meinem Zuordnungsvermögen zu passenden Internetanbietern schon auf. Die genannte IP-Adresse gehört zum Suchmaschinenanbieter *Google,* und für uns Menschen sind Namen viel leichter zu merken, als eine endlose Folge von Zahlen.

> Das habe ich verstanden, doch wie werden die Namen in IP-Adressen übersetzt?

Du musst mich schon zu Ende erklären lassen, *RasPi*, denn darauf wollte ich gerade zu sprechen kommen. Wenn du in deinem Internet-Client, also deinem Browser – sei es *Firefox*, *Chrome* oder der *Internet-Explorer* – den Namen eines Teilnehmers eingibst, erfolgen die in der Grafik gezeigten Schritte.

1. Der Web-Browser schickt die von dir angeforderte Internetseite, die normalerweise in Form eines Namens angegeben wird (hier *www.google.de*), an einen *Name-Server (DNS: Domain-Name-Server)*. Dieser Server fungiert als Übersetzungsinstanz und versucht den Namen in einer Datenbank zu finden, um eine passende IP-Adresse zurückzuliefern. In Wirklichkeit handelt es sich um eine Vielzahl (mehrere tausend) Name-Server, die allesamt einen hierarchischen Verzeichnisdienst bilden, um den zur Verfügung stehenden Namensraum des Internets abzudecken.

2. Wurde der Name gefunden und die IP-Adresse ermittelt (hier *173.194.44.51*), wird sie an den Aufrufer, also den Web-Client, zurückgeliefert. Führt die Anfrage zu keinem positiven Ergebnis, wird gemeldet, dass die Internetseite nicht auffindbar ist (*Fehler: Server nicht gefunden*).

3. Hat aber die Namensauflösung funktioniert, sendet der Web-Client mit Hilfe der ermittelten IP-Adresse eine Anfrage an den passenden Web-Server.

4. Der Web-Server antwortet z.B. mit Informationen der von dir angeforderten Webseite. In unserem Fall ist das die Startseite der Suchmaschine *Google*.

Einen derartigen *Web-Server* wollen wir auf deinem *Raspberry Pi* installieren und auch ein wenig konfigurieren. Sei also gespannt, was du damit alles anstellen kannst.

Der Apache Web-Server

Beginnen wir mit der Installation des Apache Web-Servers inklusive weiterer Module. Die Programmier- bzw. Skriptsprache *PHP* wird normalerweise immer im Zusammenhang mit Apache als Modul installiert, was eine mächtige Erweiterung des Web-Servers darstellt. Für die Installation müssen ein spezieller User und eine besondere Gruppe (*www-data*) existieren, die aber in der aktuellen Wheezy-Version schon vorhanden sind. Wir überprüfen das mit den beiden folgenden Kommandos:

Das *grep*-Kommando filtert nach dem angegebenen Suchwort. Du siehst, dass es sowohl einen User als auch eine Gruppe mit dem Namen *www-data* gibt. Der User *www-data* ist ebenfalls Mitglied der gleichnamigen Gruppe. Der Installationsprozess des Apache Web-Servers legt ein erforderliches Unterverzeichnis */var/www* an, was jedoch mit falschen User/Gruppen-Rechten *root:root* versehen wird. Um dem vorzubeugen, legen wir das Verzeichnis eigenhändig an und vergeben so die korrekten Rechte.

```
pi@raspberrypi ~ $ sudo mkdir /var/www
pi@raspberrypi ~ $ sudo chown -R www-data:www-data /var/www
pi@raspberrypi ~ $ ls -l /var | grep www
drwxr-xr-x  2 www-data www-data     4096 Dec 27 13:02 www
pi@raspberrypi ~ $ 
```

Über das *mkdir*-Kommando wird das benötigte Verzeichnis */var/www* angelegt und mit *chown* werden die Rechte angepasst. Mit dem *ls*-Kommando überprüfe ich noch einmal die vergebenen Rechte auf dem *www*-Verzeichnis. Das sieht schon mal ok aus. Jetzt können wir mit der eigentlichen Installation des Apache Web-Servers beginnen.

Die Installation des Web-Servers

Wir setzen folgende Kommandos in einem Terminal-Fenster ab.

```
sudo apt-get update
sudo apt-get install apache2 php5 libapache2-mod-php5
```

Wurde die Installation erfolgreich beendet, kannst du davon ausgehen, dass der Apache Web-Server automatisch gestartet ist. Kurz vor Abschluss der Installation erscheint noch eine Meldung, die aber nicht auf einen Fehler hinweist, sondern auf den Umstand, dass der Servername deines *Raspberry Pi* kein voll qualifizierter ist und somit noch nicht als Web-Server für das Internet arbeiten kann. Das stellt für uns kein Problem dar, da dies nicht unser Bestreben war. Die Meldung lautet:

```
Starting web server: apache2apache2: Could not reliably determine the
server's fully qualified domain name, using 127.0.0.1 for ServerName
```

Die genaue Version kannst du über die folgende Kommandozeile erfragen:

◀ **Abbildung 15-2-4**
Die Version des Apache
Web-Servers ermitteln

Das ist zwar nicht die aktuellste Version – das ist im Moment 2.4.3 –, doch du kannst auf jeden Fall damit arbeiten. Falls der Server nicht gestartet ist – was eigentlich nicht passieren sollte –, gib eins der beiden folgenden Kommandos ein:

```
# sudo /etc/init.d/apache2 start
```

oder auch

```
# sudo service apache2 start
```

Ich habe ein klitzekleines Verständnisproblem. Wir installieren also einen Web-Server auf einem *Raspberry Pi* – und dann können sofort alle Internetnutzer darauf zugreifen. Wie soll das denn funktionieren? Wie kann jemand aus dem Internet heraus auf meinen kleinen *Raspberry Pi* zugreifen?

Nun, *RasPi*, ganz so, wie du das siehst, ist es dann doch nicht. Aber das ist kein Problem! Woher solltest du es auch wissen. Haben wir den Apache Web-Server auf dem *Raspberry Pi* installiert, läuft dieser Server nur lokal auf deinem Rechner und ist nicht im großen *World Wide Web* zu erreichen.

Dann drängt sich mir aber die folgende Frage auf: Wie kann denn wenigstens ich auf meinen Web-Server zugreifen, wenn er nicht im Internet verfügbar ist? Da gibt es doch keine Chance, oder!?

Glaubst du allen Ernstes, dass wir einen Web-Server installieren, auf den niemand zugreifen kann? Sicher nicht!

Die Startseite

Jeder Linux-Rechner bekommt eine eigene lokale IP-Adresse zugewiesen, die unabhängig von einer etablierten Netzwerkverbindung immer zur Verfügung steht. Sie lautet *127.0.0.1* und stellt den sogenannten *Local-Host* dar. Das ist eine interessante Einrichtung, denn somit kannst du Server-Anwendungen auf einem Client-Rechner betreiben und auch testen, wie wir das hier mit dem Apache Web-Server gerade tun. Um die Verfügbarkeit von deinem hoffentlich erfolgreich installierten Apache Web-Server zu testen, öffne einfach einmal den schon vorinstallierten Midori Web-Browser und gib in der Adresszeile die IP *127.0.0.1* ein. Nach kurzer Zeit sollte sich der Apache Web-Server mit der folgenden Meldung zeigen:

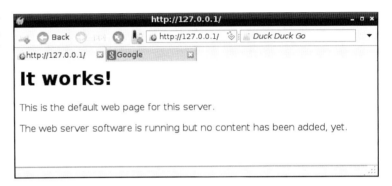

Abbildung 15-2-5 ▶
Der Apache Web-Server meldet sich
im Midori Web-Browser

Diese Seite wird angezeigt, weil während der Installation in dem Verzeichnis */var/www* eine Datei mit dem Namen *index.html* angelegt wurde (dazu später mehr). Sie dient als Rückmeldung beim Aufruf der IP-Adresse, dass der Apache auch funktioniert. Neben der gezeigten IP-Adresse *127.0.0.1* kannst du auch den Namen *raspberrypi* verwenden. Das funktioniert ebenfalls.

> Das verstehe nun, wer will! Wenn ich den Namen *raspberrypi* verwenden kann, findet ja gewissermaßen eine Namensauflösung wie bei einem Name-Server statt. Haben wir den Zugang zum Internet, der meinen Namen auflöst? Somit wäre mein *Raspberry Pi* ja doch im Internet verfügbar!

Mit der Namensauflösung liegst du vollkommen richtig, aber das hat weniger mit einem Name-Server im Internet zu tun als mit einer lokalen Datei, die bei dir diese Aufgabe übernimmt. Schau her.

Die Datei */etc/hosts* übernimmt eine ähnliche Funktion wie ein im Internet verfügbarer Name-Server. Sie wird dazu verwendet, um Rechnernamen in IP-Adressen aufzulösen. Der Inhalt ist wie folgt aufgebaut:

```
<IP-Adresse> <Tab> <Rechnername>
```

In der ersten Spalte stehen die IP-Adressen, die durch einen Tabulator mit den in der zweiten Spalte stehenden Rechnernamen verbunden werden. Du kannst übrigens den Apache Web-Server auch sofort über den Namen *RASPBERRYPI* unter Windows innerhalb eines Web-Browsers wie z.B. den *Firefox* erreichen, wenn du vorher den Samba-Server installiert hast. Dann ist dieser Name dem Windows-System bekannt. Andernfalls musst du die IP-Adresse des *Raspberry Pi* – nicht die Local-Host-Adresse – verwenden, um Zugang zu erhalten. In meinem Fall ist das die Adresse *192.168.178.22.*

> Gibt es eigentlich unter dem Windows-Betriebssystem eine vergleichbare Datei, die wie die */etc/hosts* unter Linux arbeitet?

Das ist eine gute und berechtigte Frage von dir, *RasPi*! Die gibt es in der Tat! Der Pfad unter Windows 7 dahin lautet *C:\Windows \System32\drivers\etc\hosts*. Dort könntest du bei Bedarf auch einen für dich sinnvollen Namen für deinen *Raspberry Pi* eintragen. Ich habe diese Datei mit dem *Notepad++* geöffnet und eine neue Zeile hinzugefügt.

```
 hosts
 1   # Copyright (c) 1993-2009 Microsoft Corp.
 2   #
 3   # This is a sample HOSTS file used by Microsoft TCP/IP for Windows.
 4   #
 5   # This file contains the mappings of IP addresses to host names. Each
 6   # entry should be kept on an individual line. The IP address should
 7   # be placed in the first column followed by the corresponding host name.
 8   # The IP address and the host name should be separated by at least one
 9   # space.
10   #
11   # Additionally, comments (such as these) may be inserted on individual
12   # lines or following the machine name denoted by a '#' symbol.
13   #
14   # For example:
15   #
16   #      102.54.94.97     rhino.acme.com          # source server
17   #       38.25.63.10     x.acme.com              # x client host
18
19   # localhost name resolution is handled within DNS itself.
20   #    127.0.0.1       localhost
21   #    ::1             localhost
22   192.168.178.22       MeinRasPi
```

Die IP-Adresse ist die, die ich auf Linux-Seite über den Befehl *ifcon-fig* ermittelt habe. Den Namen habe ich frei gewählt, und nach dem Abspeichern der *hosts*-Datei kann ich ihn sofort im Web-Browser verwenden.

> Hey, das ist ja fantastisch! Die Frage, die sich mir nun stellt ist: Wie kann ich denn eigene Inhalte auf dem Apache Web-Server bereitstellen? Die Seite, die mir angezeigt wird, ist zwar schön und gut, doch ich möchte etwas Eigenes präsentieren!

Diese Frage ist mehr als berechtigt. Was wäre sonst der Sinn eines Web-Servers? Um deiner zweiten Frage vorzubeugen, werde ich dir gleich zeigen, wie der Pfad lautet, die für den Inhalt zuständig ist.

Die Konfigurationsdatei

Jedes Server-Programm stellt in der Regel auch eine Konfigurationsdatei zur Verfügung, in der es verschiedene Parameter gibt, über die das Verhalten gesteuert werden kann. Beim Apache Web-Server ist das natürlich nicht anders. Diese Datei befindet sich in einem besonderen Pfad, denn unser *Wheezy* basiert auf *Debian*, und da ist manches schon ein wenig anders als in anderen Linux-Distributionen. Du findest diese Datei also unter

`/etc/apache2/apache2.conf`

Im »Normalfall«, also bei anderen Linux-Distributionen, befindet sich die Datei unter dem sonst üblichen Namen *httpd.conf* im folgenden Verzeichnis:

```
/etc/httpd/conf/httpd.conf
```

Der Aufbau dieser Konfigurationsdatei ist nicht wie bei Samba einer Windows Ini-Datei ähnlich, sondern ähnelt der einer HTML-Datei mit unterschiedlichen TAGs, die als Container fungieren. Da die Konfiguration ein sehr umfangreiches Ausmaß annehmen kann, verweise ich an dieser Stelle auf die offizielle Internetseite *http://httpd.apache.org/* mit vielen Hinweisen zu den unterschiedlichen Apache-Themen. Für unsere Belange brauchen wir die Konfigurationsdatei nicht anzupassen und nutzen den Web-Server diesbezüglich »out of the box«.

Wie werden Webseiten erstellt?

Bevor wir uns dem Pfad der Datei widmen, die für den anzuzeigenden Inhalt verantwortlich ist, sollte ich ein paar Worte über *die* Sprache verlieren, die zur Darstellung von Web-Inhalten genutzt wird. Wenn ich nur eine Sprache zur Erstellung von Webseiten erwähne, ist das natürlich nicht ganz korrekt, denn es gibt unzählige Möglichkeiten, doch die Ursprache – wenn man das mal so nennen darf – ist *HTML* und steht für *Hypertext-Markup-Language*. Es handelt sich dabei um eine textbasierte Auszeichnungssprache, um z.B. Texte, Bilder, Videos oder Links auf einer Internetseite zu präsentieren, die der Web-Browser lesen und darstellen (Fachausdruck: *rendern*) kann. Im Folgenden werde ich dir das Grundgerüst einer Internetseite zeigen, das wir später ein wenig mit Inhalt füllen, um unsere Informationen darzustellen. Die meisten *HTML*-Elemente werden durch sogenannte *TAG-Paare* gekennzeichnet. Dabei existieren in der Regel immer ein öffnendes und ein schließendes *TAG*. Die HTML-Sprache ist nicht *case-sensitive*. Es macht also keinen Unterschied, ob du die Elemente in Klein- oder Großbuchstaben schreibst. Du könntest die Schreibweise sogar mischen, wovon ich jedoch strikt abraten möchte. Entscheide dich für eine Schreibweise und behalte sie kontinuierlich bei. Die folgende Grafik zeigt dir das angekündigte Grundgerüst, wobei ich die korrespondierenden Paare farblich markiert haben.

Abbildung 15-2-8 ▶
Das Grundgerüst einer Internetseite mit HTML-Tags

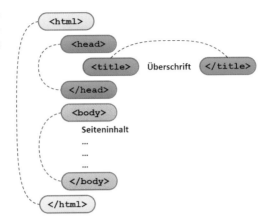

Durch die rot gestrichelten Linien erkennst du zusätzlich die Paar-bildungen. Die einzelnen *TAGs* bzw. HTML-Elemente werden durch die Elementnamen, die sich innerhalb spitzer Klammern befinden, gebildet. Schauen wir uns ein beliebiges *TAG-Paar* ein-mal genauer an.

Abbildung 15-2-9 ▶
Das TAG-Paar »title«

Dieses Paar ist für die Überschrift einer Internetseite verantwortlich, wobei der Text zwischen dem öffnenden bzw. schließenden TAG steht. Das schließende *TAG* besitzt den gleichen Elementnamen wie das öffnende, ist jedoch mit einem Schrägstrich (auch *Slash* genannt) vor dem Namen versehen. Ich schlage vor, dass wir uns einmal den HTML-Code der Startseite des Apache Web-Servers anschauen.

```
1  ┌─<html>
2  ┌    <body>
3  │      <h1>It works!</h1>
4  │      <p>This is the default web page for this server.</p>
5  │      <p>The web server software is running but no content has been added, yet.</p>
6  └    </body>
7  └─</html>
```

Abbildung 15-2-10 ▲
Der Quellcode der Startseite des
Apache Web-Servers

Ich habe die Datei, die den HTML-Code für die Startseite enthält, in einem Text-Editor geöffnet. Wie diese Datei lautet und wo sie zu finden ist, werde ich später noch erklären. Im Moment sind lediglich der Inhalt und seine Auswirkung auf die Darstellung innerhalb eines Web-Browsers wichtig. Du siehst, dass das äußere *html*-TAG alle anderen umschließt. Nun sollte als Nächstes das *head-* bzw. *title-*TAG erscheinen, die aber in diesem Fall fehlen. Sie sind nicht unbedingt notwendig. Um eine Überschrift innerhalb der Textausgabe vom restlichen Inhalt abzuheben, gibt es verschiedene Möglichkeiten. Hier wird das *h-*TAG, was für *Header* steht, verwendet. Die darauffolgende Ziffer steht für die Größe des darzustellenden Textes, wobei eine *1* maximale Größe und eine *6* minimale Größe bedeuten. Sie stellen quasi die Ordnungen (*1.* bis *6.* Ordnung) der Überschriften dar.

Wenn du dir noch einmal die Ausgabe im Browser anschaust, siehst du, dass der Text *It works* im Verhältnis zum restlichen recht groß dargestellt wird.

It works!

This is the default web page for this server.

Kommen wir zum nächsten noch unbekannten HTML-Element. Das *p-*TAG, was für *Paragraph* steht, definiert einen Absatz und kommt in unserer Startseite zweimal vor.

Beide Textzeilen im Browser sind optisch durch Zeilenumbrüche voneinander getrennt, besitzen jedoch eine normale Schriftgröße.

This is the default web page for this server.

The web server software is running but no content has been added, yet.

Das sollte als kleine Einführung in die Erstellung einer HTML-Seite reichen. In HTML existieren noch viele weitere Sprachelemente, und ich kann eine sehr gute Seite im Internet empfehlen, die sicherlich einen Blick wert ist. Der Titel der Seite lautet *selfhtml* und sie ist unter *http://de.selfhtml.org/* zu finden.

Wir verändern den Inhalt der Startseite

Nun ist es an der Zeit, dass ich dich mit ein paar Details vertraut mache, wenn es um das Anpassen der Startseite einer Internetseite geht. Der Speicherort, auch *DocumentRoot* genannt, auf deinem Raspberry Pi ist das Verzeichnis

```
/var/www
```

Das Kürzel *www* steht für *World Wide Web* und sollte eigentlich jedem ein Begriff sein. In diesem Verzeichnis befindet sich eine Datei, die den Namen

```
index.html
```

trägt und die Startseite repräsentiert. Die Endung *html* spricht für sich und deutet darauf hin, dass es sich um eine Textdatei handelt, die zur Darstellung von HTML-Seiten verwendet wird. Den Inhalt hast du eben gesehen. Wenn du diese Datei entsprechend anpasst, kannst du das Erscheinungsbild der Startseite beeinflussen.

Achtung

> Wenn du den Inhalt der Startdatei anpasst, musst du den Apache Web-Server *nicht* neu starten! Wie das Neustarten dennoch funktioniert, wirst du später noch sehen.

Du lernst in diesem Abschnitt noch ein weiteres sehr interessantes HTML-Element kennen, ohne das das Internet nicht das wäre, was es ist. Wir wollen folgenden Text anzeigen lassen:

Abbildung 15-2-15 ▶
Die geplante Raspberry Pi-Webseite

Meine eigene Raspberry-Pi Seite

Hier ein paar interessante RasPi-Links

Raspberry Pi-Downloads
SD-Karten

Du siehst einen vollkommen anderen Text, und das angesprochene neue HTML-Element ist ein sogenannter *Link*. Natürlich stellt das für dich an sich nichts Neues dar, denn Links vernetzen das Internet bzw. die HTML-Seiten untereinander – und was wäre das Internet ohne diese Links. Ein Link wird standardmäßig unterstrichen und der Mauszeiger ändert sein Aussehen vom *Pfeil-Symbol* in ein *Hand-Symbol*, so dass auf diese Weise optisch signalisiert wird, dass es hier etwas zum Anklicken gibt. Schauen wir uns die modifizierte *index.html* Datei einmal genauer an:

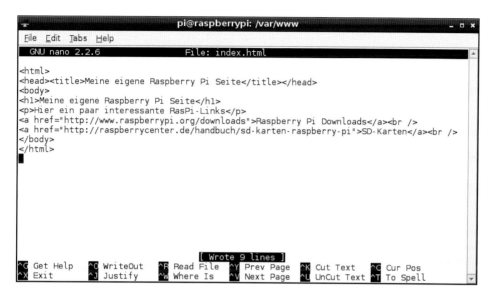

▲ **Abbildung 15-2-16**
Der Inhalt der neuen index.html-Datei

Natürlich schaut so ein Link auf den ersten Blick etwas kryptisch aus, doch es ist halb so wild. Die formale Schreibweise ist die folgende:

◀ **Abbildung 15-2-17**
Das TAG-Paar »a«

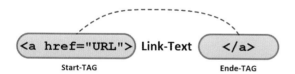

So ein Link wird auch als *Verweis* auf eine andere Ressource im Internet angesehen und dient dazu, die Internetseite zu strukturieren. Wenn du dir am Ende eines Buches z.B. den Index anschaust, ist das nichts anderes. Du suchst dir ein passendes Stichwort aus der angebotenen Liste heraus und merkst dir die dahinter stehende Seitenzahl. Sie ist ein Verweis auf die Seite, auf der das Stichwort im Satzzusammenhang zu finden ist. Quasi ein *Missing Link* zu ggf. unerforschten Textpassagen. Das *a*-Element steht für *anchor* bzw. *Anker* und stellt für sich alleine noch keinen Verweis auf eine andere HTML-Seite dar. Es fehlt noch ein sogenanntes *HTML-Attribut*, was durch *href* repräsentiert wird. Das Wörtchen *href* steht für *Hypertext-Reference*, und ihm muss die Zieladresse zugewiesen werden, die sich in doppelten Hochkommata befindet. Zwischen dem Start- bzw. End-TAG befindet sich der Text, der dem

Anwender angezeigt wird, um aussagekräftig auf die Zieladresse hinzuweisen. Wenn wir einen Text im Browser ausgeben und einen Zeilenumbruch bewirken möchten, dann nützt es nicht viel, wenn wir im HTML-Code einfach einen Zeilenumbruch mit der RETURN-Taste eingeben. Der Text wird, wenn es sich nicht gerade um einen Absatz handelt, immer schön hintereinander ausgegeben. Wir benötigen zu diesem Zweck z.B. das *br*-TAG. Dadurch wird ein harter Zeilenumbruch (Linefeed) erzielt und der darauffolgende Text wird in der nächsten Zeile weitergeführt.

Abbildung 15-2-18 ▶
Das br-TAG

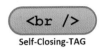

Self-Closing-TAG

Aber etwas an diesem TAG ist anders. Was mag das sein?

Stimmt, es gibt hier scheinbar kein Start-TAG oder Ende-TAG. Die Syntax ist irgendwie anders als bei den Elementen, die wir bisher gesehen haben.

Richtig, *RasPi*! Wenn du einen Zeilenumbruch am Ende eines Textes erreichen willst, musst du nicht den gesamten Text mit einem TAG-Paar umschließen. Jedoch gehört es zum guten HTML-Stil, wenn es ein Start- bzw. Ende-TAG gibt, und deswegen gibt es quasi eine Kurzform mit dem TAG-Namen und einem anschließenden Leerzeichen + Schrägstrich. Diese besondere Form nennt sich *Self-Closing-TAG*.

Du hast jetzt einiges über die Grundlagen der HTML-Seitenerstellung erfahren und doch haben wir lediglich an der Oberfläche gekratzt, denn das Thema ist derart umfangreich, wir könnten mehrere Meter Bücher damit befüllen.

Die Skriptsprache PHP

Beim nun folgenden Thema handelt es sich wieder um einen Giganten, denn die Skriptsprache *PHP* (PHP Hypertext Preprocessor) ist derart mächtig, dass ich auch hierüber nur ein Minimalpaket an Informationen zusammenstellen kann. Bisher hast du die HTML-Datei im Nano-Text-Editor bearbeitet. Das ist natürlich vollkommen ok, doch es gibt hinsichtlich der Bedienerfreundlichkeit und des Komforts noch weitaus bessere Editoren. Ein nennenswerter freier Editor für HTMP bzw. PHP ist der *Bluefish*-Editor (Web Development Editor), den du über die folgende Kommandozeile installieren kannst:

```
# sudo apt-get install bluefish
```

Anschließend befindet sich im Startmenü unter *Programming* ein neues Icon mit dem Namen *Bluefish Editor*. Jetzt kannst du schon loslegen und nach Herzenslust HTML-Seiten erstellen. Falls du Root-Rechte benötigst, starte Bluefish über die Kommandozeile:

```
# sudo bluefish
```

Der Editor bietet u.a. *Syntax-Highlighting* und *Code-Vervollständigung*. Nähere Informationen zu diesem Editor findest du unter *http://bluefish.openoffice.nl*.

Im Moment haben wir lediglich HTML genutzt und PHP nicht angetastet. Wir wollen an dieser Stelle überprüfen, ob das PHP-Modul überhaupt richtig in den Apache Web-Server integriert wurde. Aber zu allererst starten wir Bluefish. Ich habe zum Testen von PHP schon den erforderlichen Code eingegeben, der recht übersichtlich erscheint. Es handelt sich lediglich um einen Funktionsaufruf, der aber alle notwendigen Informationen liefert.

▼ **Abbildung 15-2-19**
Der Bluefish-Editor

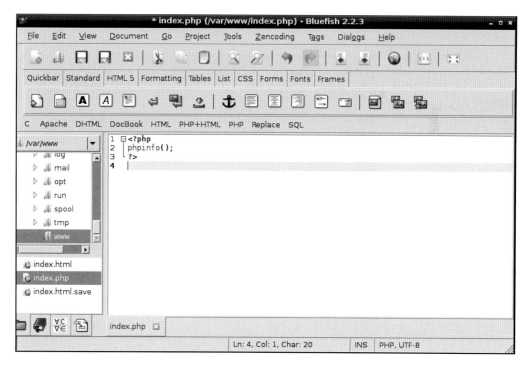

Der Funktionsaufruf von *phpinfo()* bringt es gleich ans Tageslicht. Um eine PHP-Datei zu programmieren, wird in der Regel die Datei-

Erweiterung *php* verwendet, so wie ich das auch in diesem Fall gemacht habe. Auf der linken Seite des Editors bin ich zu Beginn in das Verzeichnis */var/www* gewechselt, habe dort die Datei *index.php* angelegt und mit dem besagten Inhalt versehen.

Wenn ich jetzt in meinem Internet-Browser die Adresse des Apache Web-Servers eingebe, erhalte ich immer noch den vorherigen Inhalt angezeigt. Was stimmt da nicht?

Nun, *RasPi*, damit stimmt alles. Du musst dem Web-Server abweichend mitteilen, dass du anstatt der Startseite *index.html* jetzt die *index.php* aufrufen möchtest. Füge dazu den Namen der gewünschten Datei über einen Slash hinter der IP-Adresse an. Schreibe also z.B.

```
http://192.168.178.22/index.php
```

Passe die IP-Adresse deinen Gegebenheiten an oder verwende einen sprechenden Namen, falls du ihn in die */etc/hosts* unter Linux bzw. *C:\Windows\System32\drivers\etc\hosts* unter Windows 7 eingetragen hast. Nach dieser Eingabe erfolgt der Zugriff auf die genannte PHP-Datei und es erfolgt hoffentlich die folgende Ausgabe, die sehr lang sein kann und die ich hier nur im Ansatz zeige.

Abbildung 15-2-20 ▶
Die PHP-Version 5.4.4-10 wurde erkannt

PHP Version 5.4.4-10

System	Linux raspberrypi 3.2.27+ #250 PREEMPT Thu Oct 18 19:03:02 BST 2012 armv6l
Build Date	Dec 5 2012 03:48:16
Server API	Apache 2.0 Handler
Virtual Directory Support	disabled
Configuration File (php.ini) Path	/etc/php5/apache2
Loaded Configuration File	/etc/php5/apache2/php.ini
Scan this dir for additional .ini files	/etc/php5/apache2/conf.d
Additional .ini files parsed	/etc/php5/apache2/conf.d/10-pdo.ini
PHP API	20100412
PHP Extension	20100525

Wie es aussieht, ist bei mir alles in Ordnung, und ich denke, dass das bei dir auch der Fall sein wird.

Muss ich denn zum Aufruf dieser php-Datei immer den Zusatz index.php in der URL bringen? Ich kann mich nicht entsinnen, das jemals bei einer Eingabe einer Internetadresse gemacht zu haben. Oder verwenden die alle kein PHP?

Projekt 15-2: Der Apache Web-Server

Natürlich wird in vielen Fällen PHP verwendet, doch wenn eine *index.html*-Datei vorliegt, wird diese an erster Stelle zum Anzeigen der Daten verwendet. Lösche sie oder benenne sie um und starte den Apache Web-Server über eines der beiden folgenden Kommandos neu:

```
# sudo /etc/init.d/apache2 restart
```

oder

```
# sudo service apache2 restart
```

Nun kannst du ohne den besagten Zusatz die Internetseite aufrufen. Ich denke, dass es jetzt an der Zeit ist, ein paar Worte über die Skriptsprache PHP zu verlieren. In unserem Beispiel betten wir PHP als Skriptsprache in HTML ein, die im Gegensatz zu z. B. *Java* oder *Java-Script*, die lokal auf dem Client ausgeführt werden, serverseitig ausgeführt wird. Mit PHP können jedoch auch Kommandozeilen orientierte Skripte geschrieben werden, die unabhängig vom Internetzugriff sind, worauf wir aber nicht weiter eingehen. Schauen wir uns den Unterschied zu statischem HTML anhand zweier Grafiken an.

Die statische Webseite

Das erste Diagramm zeigt den Apache Web-Server ohne den Zugriff auf PHP, um eine statische HTML-Seite anzuzeigen, die sich im *DocumentRoot*-Verzeichnis befindet.

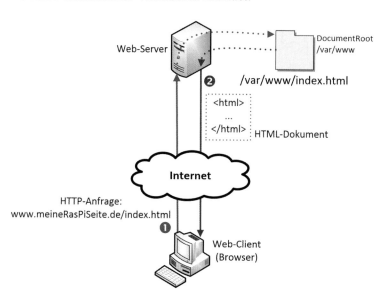

◀ **Abbildung 15-2-21**
Der Abruf einer statischen Webseite

Im ersten Schritt (blaue Linie) wird die gewünschte URL in den Web-Browser eingegeben, und der Web-Server holt sie – falls vorhanden – aus dem DocumentRoot-Verzeichnis, um sie im zweiten Schritt (rote Linie) an den Aufrufer zu verschicken.

Die dynamische Webseite

Im zweiten Diagramm siehst du den Apache Web-Server, wie er mit Hilfe von PHP und ihrer Scripting-Engine die Daten dynamisch generiert.

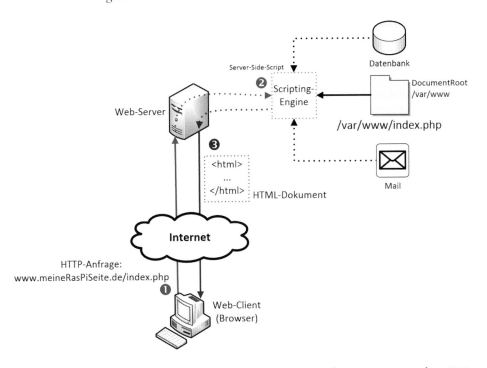

Abbildung 15-2-22 ▲
Der Abruf einer dynamischen
Webseite

Im ersten Schritt (blaue Linie) wird wieder eine gewünschte URL eingegeben, die jetzt aber die Endung php besitzt. Der Web-Server erkennt dies und versucht diese Datei im zweiten Schritt über die sogenannte Scripting-Engine im Dateisystem zu finden. Der ggf. enthaltene PHP-Code wird interpretiert und daraus wird im dritten Schritt eine HTML-Seite generiert, die dann wieder zurück an den Web-Client geschickt wird. Im Diagramm erkennst du auf der rechten Seite noch weitere Elemente, die über gestrichelte Linien mit der Scripting-Engine verbunden sind. Das soll dir verdeutlichen, dass du z.B. auch auf Datenbanken oder Mail-Server zugreifen kannst. Auf diese Weise wird das Web-Server-Konstrukt enorm flexibel. Wenn du dich für weitere Web-Server interessierst, wirf einen Blick auf die folgende Liste. Leider kann ich aus Platzgründen nicht auf die Installation eines jeden einzelnen eingehen.

- Cherokee
- Lighttpd
- Monkey
- Nginx

Ich muss zugeben, dass der Apache Web-Server ein Schwergewicht ist und sich auf einem Raspberry Pi manchmal etwas schwertut.

Kommen wir jetzt zu konkreten Beispielen. PHP ist leicht zu erlernen und besitzt ihren Fokus auf der Programmierung bzw. Erstellung von Webseiten, so dass sie von Haus aus alle notwendigen Sprachelemente schon besitzt. PHP wird von einigen Web-Servern einheitlich unterstützt und ist frei verfügbar. Wenn du PHP innerhalb des HTML-Codes nutzen möchtest, musst du folgende Dinge beachten:

- Die Endung der betreffenden Datei muss *php* lauten (falls nicht anders konfiguriert).
- Der Code muss speziell gekennzeichnet bzw. eingebettet sein.
- Der Code ist im Gegensatz zu HTML *case-sensitiv*. Es wird also zwischen Groß- bzw. Kleinschreibung unterschieden.

Wenden wir uns direkt dem zweiten Punkt, der sich mit der Kennzeichnung des PHP-spezifischen Codes befasst. Wie du das in unserem ersten Beispiel zur Anzeige der PHP-Informationen mit Bluefish sicherlich schon bemerkt hast, habe ich folgende Syntax verwendet:

```
<?php ... ?>
```

Der PHP-Code wird also über die gezeigte Struktur gekapselt, wobei die drei Punkte für x-beliebige PHP-Befehle stehen.

Kleine Beispiele in PHP

Natürlich kann ich aufgrund des begrenzten Platzangebotes hier im Buch über den Raspberry Pi nicht detailliert auf PHP eingehen, und es wäre auch nicht sinnvoll für dich, denn du möchtest an dieser Stelle bestimmt nicht in *dem* Umfang Webseiten erstellen, wie es mit PHP machbar ist. Dafür gibt es spezielle Literatur. Bei PHP handelt es sich um eine objektorientierte Programmiersprache mit enormem Potential. Die PHP-Syntax ist an *C/C++* angelehnt, so dass (fast) jeder einzelne Befehl mit einem Semikolon abgeschlossen werden muss. Um elementaren PHP-Code ohne Web-Elemente zu testen, musst du ihn nicht in eine Webseite einbetten. Speichere die PHP-Datei im Filesystem unter einem aussagekräftigen Namen ab und tippe die folgende Zeile in einem Terminal-Fenster ein.

Abbildung 15-2-23 ▶

PHP auf der Kommandozeile

Setz vor dein auszuführendes Skript einfach *php* und bestätige diese Zeile. Du kannst auch direkt in das Skript die Ausführung von PHP integrieren, indem du in die *Shebang-Zeile* (erste Zeile mit #!) den Pfad des PHP-Interpreters einfügst. Wenn du das Skript startest, wird dort nachgeschaut und entsprechend verfahren.

Abbildung 15-2-24 ▶

PHP-Skript mit Shebang-Zeile

```
1   #!/usr/bin/php
2   <?php
3       echo "Hallo, hier spricht PHP!\n";
4   ?>
```

Jetzt musst du dein PHP-Skript noch für die Ausführung vorbereiten. Das erfolgt über das *chmod*-Kommando.

Abbildung 15-2-25 ▶

PHP-Skript mit Ausführungsrechten versehen und starten

Wie du siehst, kannst du das PHP-Skript starten,, ohne *php* voranzustellen, denn der PHP-Interpreter wird gefunden. Dieser Interpreter parst den PHP-Code und überprüft ihn hinsichtlich der von dir verwendeten Syntax. Ist damit alles in Ordnung, generiert er daraus entsprechenden HTML-Code, denn der Internet-Browser kann mit PHP-Befehlen nichts anfangen.

Eine einfache Textausgabe

Um eine reine Textausgabe im Browser zu bewirken, kannst du den *echo*-Befehl verwenden. Es handelt sich hierbei um keine PHP-

Funktion, und somit braucht das übergebene Argument nicht in runde Klammern gefasst zu werden.

```
1  <?php
2      echo "Hallo, hier spricht PHP!";
3  ?>
```

◀ **Abbildung 15-2-26**
Der echo-Befehl

Die Ausgabe in meinem Browser schaut – wer hätte es gedacht – wie folgt aus:

Hallo, hier spricht PHP!

◀ **Abbildung 15-2-27**
Die Ausgabe im Browser

Es existiert noch ein alternativer *print*-Befehl, der in seiner Wirkung identisch zum *echo*-Befehl ist.

Eine Kombination aus HTML und PHP

Natürlich kannst du HTML- und PHP-Sprachelemente mischen, denn wie ich schon sagte, handelt es sich bei PHP um eine eingebettete Sprache.

```
1   <html>
2   <head><title>Meine PHP-Seite</title></head>
3   <body>
4   <h1>Das ist eine HTML-Textueberschrift:</h1>
5   Es folgt ein Hinweis auf das aktuelle Datum.<br />
6   <?php
7       echo "<b>Jetzt spricht PHP:</b><br />";
8       echo "Heute ist der ", Date("d.m.Y");
9   ?>
10  </body>
11  </html>
```

◀ **Abbildung 15-2-28**
HTML und PHP im Zusammenspiel

Die Ausgabe im Browser stellt sich wie folgt dar:

◀ **Abbildung 15-2-29**
Die Ausgabe im Browser (hier über eine index2.php-Datei)

Das ist eine HTML-Textueberschrift:

Es folgt ein Hinweis auf das aktuelle Datum.
Jetzt spricht PHP:
Heute ist der 01.01.2013

Du kannst wunderbar erkennen, dass innerhalb von PHP ebenfalls HTML-TAG-Elemente z.B. zur Formatierung verwendet werden können. Zur Anzeige des aktuellen Datums habe ich die *Date*-Funktion von PHP verwendet. Der Aufruf dieser Funktion bedeutet ja schon, dass wir es nicht mehr mit statischem HTML zu tun haben, sondern mit einer gewissen Dynamik. Ich hatte dir gesagt, dass über den PHP-Parser der PHP-Code in reines HTML übersetzt wird. Ich habe mir den Seitenquelltext anzeigen lassen, und du wirst sehen, dass dort nicht ein einziger PHP-Befehl enthalten ist, den ich eben verwendet habe.

Abbildung 15-2-30 ▼
PHP wurde in HTML-Code übersetzt

```
<html>
<head><title>Meine PHP-Seite</title></head>
<body>
<h1>Das ist eine HTML-Textueberschrift:</h1>
Es folgt ein Hinweis auf das aktuelle Datum.<br />
<b>Jetzt spricht PHP:</b><br />Heute ist der 01.01.2013</html>
```

Kommentare

Kommentare dienen als Inline-Gedankenstützen und haben die Aufgabe, den Code an den betreffenden Stellen hinsichtlich ihrer Funktion zu erläutern. Das ist sowohl für den Programmierer als auch für Außenstehende eine große Hilfe beim Verständnis des Codes. Einzeilige Kommentare werden ganz so wie in *C/C++* mit zwei Slashes // eingeleitet. Für mehrzeilige musst du /* ... */ verwenden, was über beliebig viele Zeilen verwendet werden kann.

Abbildung 15-2-31 ▶
Mehrere Kommentar-Varianten

```php
 1 <?php
 2    // Das ist ein einzeiliger Kommentar
 3    echo "Diese Zeile wird ausgefuehrt!\n";
 4    /*
 5      Das ist ein
 6      mehrzeilger
 7      Kommentar
 8    */
 9    # Ach ja, hier ist noch eine einzeilige Variante
10 ?>
```

Wie du in Zeile 9 siehst, ist sogar das Doppelkreuz # für einen einzeiligen Kommentar zu verwenden.

Rechnen mit PHP

Im folgenden Beispiel wollen wir mit PHP ein wenig rechnen. Ich verwende zur Speicherung der Daten verschiedene Variable.

Variablen werden durch das Voranstellen eines Dollarzeichens $ gekennzeichnet. Nach dem Dollarzeichen muss entweder ein Buchstabe oder ein Unterstrich folgen. Danach kann eine beliebige Folge von Buchstaben, Unterstrichen oder Ziffern auftreten.

```
1  <?php
2      echo "<b>Wir rechnen in PHP:</b><br />";
3      $a = 17; // Vatiable a
4      $b = 4;  // Variable b
5      $ergebnis = $a + $b;         // Ergebniszuweisung
6      echo "$a + $b = $ergebnis"; // Ergebnisanzeige
7  ?>
```

◀ **Abbildung 15-2-32**
Eine Addition zweier Variable

Die Ausgabe im Browser stellt sich wie folgt dar:

◀ **Abbildung 15-2-33**
Die Ausgabe im Browser (hier über eine index3.php-Datei)

Wir rechnen in PHP:
17 + 4 = 21

Natürlich gibt es auch in PHP unterschiedliche Datentypen, die ähnlich wie bei Python über *Literale* erkannt werden. Es existieren die folgenden Datentypen, die wir aber nicht alle behandeln werden:

- *boolean* (Wahrheitswert true bzw. false)
- *integer* (Ganzzahl)
- *float* (Fließkomma)
- *string* (Zeichenkette)
- *array* (Feldvariable)
- *object* (Objekt)
- *resource* (Referenz externe Quellen)
- *null* (Datentyp für Variablen ohne zugewiesenen Wert)

Hier ein paar Zuweisungsbeispiele:

```
1  <?php
2      $phpboolean = true;
3      $phpint     = 17;
4      $phpfloat   = 47.02;
5      $phpstring  = "Hier eine Zeichenkette.";
6  ?>
```

◀ **Abbildung 15-2-34**
PHP-Wertezuweisungen

Konstanten definieren

Konstanten können ihren Inhalt nach der Initialisierung im Gegensatz zu Variablen nicht mehr verändern. Du darfst bei der Zuweisung des Wertes jedoch dem Namen kein Dollarzeichen voranstellen. Ab der PHP-Version *5.3.0* kannst du das Schlüsselwort *const* zur Kennzeichnung einer Konstanten verwenden. Unsere PHP-Version ist *5.4.4.-10* vom 5. Dezember *2012*, also recht neu.

Abbildung 15-2-35 ▶
Die Initialisierung einer Konstanten

```php
1 <?php
2     const PI = 3.14; // Das ist eine Konstante
3     echo "Der Wert von Pi lautet ".PI."\n";
4 ?>
```

Bei der Ausgabe des Wertes kannst du sehen, dass in PHP eine Ausgabeverkettung über den Punkt, den *Verknüpfungsoperator*, stattfinden kann. Ist eine Konstante einmal initialisiert, kann sie weder neu definiert noch inhaltsmäßig gelöscht werden. Es existiert noch eine ältere, aber noch gültige Variante, um eine Konstante zu definieren. Verwende dafür den *define*-Befehl:

```php
define("PI", 3.14);
```

Beachte, dass der Name der Konstanten in doppelte Anführungszeichen eingeschlossen werden muss und wie eine Zeichenkette verwendet wird.

Zeichenketten

Eine Zeichenkette kann über zwei unterschiedliche Initialisierungen einer Variablen zugewiesen werden. Du kannst ein einfaches oder ein doppeltes Anführungszeichen verwenden. Bisher haben wir nur die zweite Variante verwendet. Wenn wir uns den folgenden Code anschauen, wirst du einige Unterschiede feststellen.

Abbildung 15-2-36 ▶
Die Textausgabe über doppelte
bzw. einfache Hochkommata

```php
1 <?php
2     $a = 17;
3     $b = 4;
4     echo "Der Wert von a = $a \n";
5     echo 'Der Wert von b = $b \n';
6 ?>
```

Dann wollen wir einmal schauen, wo die Abweichungen in der Ausgabe sind.

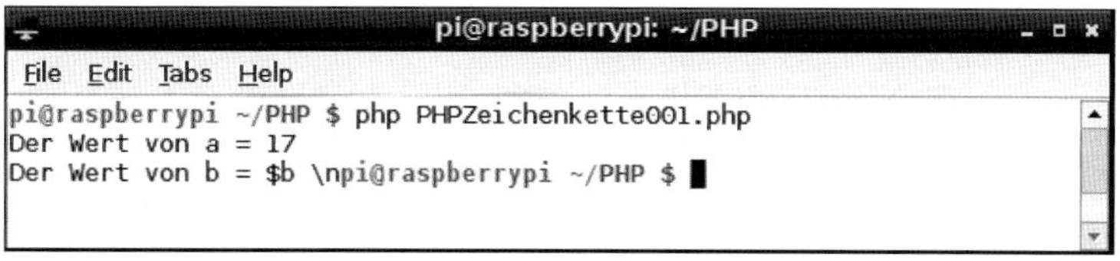
pi@raspberrypi: ~/PHP
File Edit Tabs Help
pi@raspberrypi ~/PHP $ php PHPZeichenkette001.php
Der Wert von a = 17
Der Wert von b = $b \npi@raspberrypi ~/PHP $

Abbildung 15-2-37
Die Unterschiede in der Textausgabe

Bei doppelten Anführungszeichen wird die innerhalb der Zeichenkette verwendete Variable *$a* vom Parser richtig erkannt bzw. interpretiert und ihr Wert vom Skript ausgegeben. Alle zusätzlich enthaltenen Sonderzeichen und Variablen werden umgesetzt. Im Gegensatz dazu wird die Variable *$b*, die in einfachen Anführungszeichen steht, lediglich als weiteres Textelement der Zeichenkette angesehen und auch als solches ausgegeben, ohne einer Auswertung unterzogen zu werden. Auch die Escape-Sequenz *\n* für den Zeilenvorschub bleibt in ihrer Funktion unbeachtet und wird einfach ausgegeben. Möchtest du Sonderzeichen, die du in doppelte Anführungszeichen gesetzt hast, nicht interpretiert wissen, musst du sie *maskieren*, indem du einen Backslash davorsetzt.

```
<?php
  $a = 17;
  echo "$a";  // Ausgabe bzw. Interpretation der Variablen $a
  echo "\$a"; // Ausgabe der Zeichenkette $a
?>
```

Abbildung 15-2-38
Die Maskierung der Variablen $a

Schleifen

Natürlich gibt es auch in PHP Schleifenkonstrukte, die immer wiederkehrende Aufgaben bzw. Prozesse mehrfach zur Ausführung bringen. Fangen wir mit der *for*-Schleife an.

Die for-Schleife

Sie hat folgende Syntax:

```
for (Initialisierung; Bedingung; Update){
    // Anweisung(en)
}
```

In einer *for*-Schleife wird eine sogenannte Laufvariable verwendet, deren Wert bei jedem Schleifendurchlauf hinsichtlich einer Bedingung überprüft wird. Am Ende muss diese Variable noch ein Update erfahren, denn ansonsten könnten wir in eine Endlosschleife geraten. Schau dir folgenden Code an:

Abbildung 15-2-39 ▶

Die for-Schleife

```
1  <?php
2      for($i = 0; $i <= 10; $i++){
3          echo "Die Variable i hat den Wert: $i\n";
4      }
5  ?>
```

Die Laufvariable *$i* wird mit dem Wert *0* initialisiert und ist quasi ihr Startwert. Die darauffolgende Bedingung wird auf Wahrheitsgehalt hin überprüft. Sofern der Wert der Variablen *$i* kleiner/gleich *10* ist, wird die Schleife durchlaufen. Am Ende wird ihr Wert um *1* erhöht. Die Ausführung der *for*-Schleife wird also solange fortgeführt, wie die Bedingung den Wahrheitswert *true* – also wahr – zurückliefert.

Abbildung 15-2-40 ▶

Die for-Schleife und ihre Ausgabe
im Terminal-Fenster

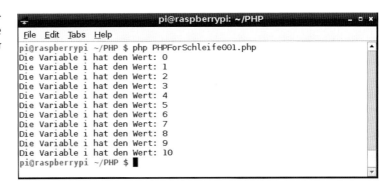

```
pi@raspberrypi: ~/PHP

File  Edit  Tabs  Help
pi@raspberrypi ~/PHP $ php PHPForSchleife001.php
Die Variable i hat den Wert: 0
Die Variable i hat den Wert: 1
Die Variable i hat den Wert: 2
Die Variable i hat den Wert: 3
Die Variable i hat den Wert: 4
Die Variable i hat den Wert: 5
Die Variable i hat den Wert: 6
Die Variable i hat den Wert: 7
Die Variable i hat den Wert: 8
Die Variable i hat den Wert: 9
Die Variable i hat den Wert: 10
pi@raspberrypi ~/PHP $
```

Achtung

Wenn ich dir zu Beginn über PHP gesagt habe, dass jeder Befehl mehr oder weniger mit einem Semikolon abgeschlossen werden soll, dann ist hier *weniger* angebracht. Mach also nicht den folgenden Fehler bei der *for*-Schleife und schließe mit einem Semikolon ab.

Abbildung 15-2-41 ▶

Die for-Schleife mit einem kleinen,
aber entscheidenden logischen
Fehler

```
1  <?php
2      for($i = 0; $i <= 10; $i++);{
3          echo "Die Variable i hat den Wert: $i\n";
4      }
5  ?>
```

Das kleine Semikolon am Ende der *for*-Anweisung fällt fast überhaupt nicht auf, hat aber eine fatale Auswirkung. Es wird als einzige (Leer-)Anweisung für die Schleife angesehen und der darauffolgende Block in geschweiften Klammern wird anschließend einmalig ausgeführt. Zwar wird die Schleife ganz normal durchlaufen, doch es findet keine Ausgabe unter ihrer Kontrolle statt. Das Einzige, was am Ende im Terminal-Fenster steht, ist:

```
Die Variable hat den Wert: 11
```

Warum wird denn der Wert *11* ausgegeben? Das verstehe ich nicht!

Ich sagte schon, dass die Schleife trotz des logischen Fehlers durchlaufen und in der Update-Anweisung der Inhalt der Laufvariablen kontinuierlich um den Wert *1* erhöht wird. Wurde der Wert *11* erreicht, ist die Bedingung für einen erneuten Schleifendurchlauf nicht mehr erfüllt und die Schleife wird verlassen. Dieser letzte Wert bleibt natürlich in der Variablen gespeichert. Es gibt aber noch weitere Schleifenvarianten.

Die while-Schleife

Die *while*-Schleife hat die folgende Syntax:

```
while(Bedingung){
    // Anweisung(en)
}
```

Ich zeige dir zu Beginn eine *while*-Schleife mit einem gravierenden Fehler. Schau her:

```
1  <?php
2      $i = 0;
3      while($i <= 10){
4          echo "Die Variable i hat den Wert: $i\n";
5      }
6  ?>
```

◄ **Abbildung 15-2-42**
Die while-Schleife mit einem gravierenden Fehler

Was passiert wohl, wenn du das PHP-Skript startest? Na, erkannt? Da die Laufvariable *$i* innerhalb der Schleife niemals ein Update erfährt, hast du eine Endlosschleife programmiert, die du nur über die Tastenkombination *Strg-C* abbrechen kannst. Die Ausgabe lautet endlos:

```
Die Variable i hat den Wert: 0
Die Variable i hat den Wert: 0
Die Variable i hat den Wert: 0
Die Variable i hat den Wert: 0
...
```

Ist zwar auch ganz nett, doch auf die Dauer sicherlich nicht erfüllend. Richtig wäre also der folgende Code:

```
1  <?php
2      $i = 0;
3      while($i <= 10){
4          echo "Die Variable i hat den Wert: $i\n";
5          $i++; // Update der Laufvariablen
6      }
7  ?>
```

◄ **Abbildung 15-2-43**
Die korrekte while-Schleife mit einem Update der Laufvariablen

Die Skriptsprache PHP ————————————————— 745

Es existieren noch weitere Schleifen in PHP, auf die ich aber nicht eingehen werde. Näheres dazu findest du im Internet oder in der PHP-Fachliteratur.

Projekt 15-3: Analoge Werte im Netz

15

―――

3

Ich hatte dir im Kapitel über die Analog/Digital-Wandlung schon einen kurzen Vorgeschmack auf die Möglichkeit gegeben, gemessene analoge Werte in einem Web-Browser darzustellen. Nun ist es so weit. Folgende Themen werden wir in diesem Kapitel besprechen:

- Du wirst *Flot-Chart* kennenlernen und sehen, wie du damit sehr schnell Grafiken erstellen kannst, um sie innerhalb eines Web-Browsers zu präsentieren.

- Wir werden den zur Darstellung erforderlichen Code für unsere Belange anpassen, so dass die gemessenen analogen Werte des MCP3008 unmittelbar einfließen.

- Wir werden PHP nutzen, um der vermeintlich statischen Anzeige einen dynamischen Charakter zu verleihen.

Flot-Chart

Es gibt eine sehr interessante und leistungsstarke Software, die auf der Programmiersprache JavaScript basiert und in der Lage ist, einfach und schnell Grafiken innerhalb eines Web-Browsers darzustellen. Ihr Name lautet *Flot* und die Sourcen sind auf der Seite *http://www.flotcharts.org/* zu finden. Auf der Startseite wirst du mit einem fortlaufenden und dynamischen Diagramm erfreut, das dir einen Messwertverlauf anzeigt. In ähnlicher Art wollen wir in diesem Kapitel einen gemessenen analogen Kanal zur Anzeige bringen. Du wirst alles Notwendige erfahren: Wie du an die benötigten Sourcen von Flot gelangst, sie mit Hilfe von PHP mit aktuellen analogen Daten versorgst und das Ganze in den Apache Web-Server integrierst. Das Beispiel soll dich dazu animieren, selbst kreativ zu werden und den Code nach deinen Wünschen anzupassen. Auf der

Internetseite des Anbieters findest du viele Beispiele zu unterschiedlichen Darstellungsformen wie Liniendiagramme, Punktdiagramme, Balkendiagramme, Kuchendiagramme oder eine Kombination aus allem. Die Möglichkeiten sind wirklich enorm und du bekommst sicherlich schon beim Anschauen der Beispiele Ideen für eigene Projekte. So ist es mir jedenfalls ergangen. In der folgenden Grafik sehen wir unterschiedliche Grafikelemente, die allesamt in einer Grafik dargestellt werden.

Abbildung 15-3-1 ▶
Unterschiedliche Grafikelemente
im Flot-Chart

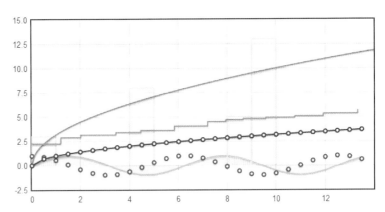

Das sind in meinen Augen sehr ansprechende Grafiken. Wir wollen eine Liniengrafik mit Kreiselementen für die entsprechenden Messwerte erstellen, wie du das in der folgenden Grafik sehen kannst.

Abbildung 15-3-2 ▶
Die Anzeige eines analogen
Messwertes im Flot-Chart-
Diagramm (für 50 Messwerte)

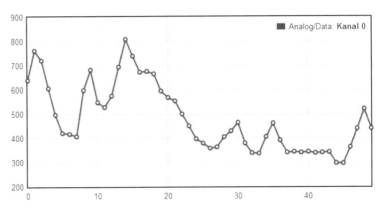

A/D-Wandler-Messwerte (MCP3008)

Um diese Grafik zu erzeugen, habe ich die Messwerterfassungsplatine mit dem Raspberry Pi verbunden, ein Potentiometer an Kanal *0* angeschlossen und daran in unterschiedliche Richtungen gedreht. Das Ergebnis siehst du oben in der Grafik. Du wirst jetzt die notwendigen Details kennenlernen, damit das bei dir zu Hause ebenfalls funktioniert. Die Messwerte laufen von rechts nach links durch das Grafikfenster, wobei aktuelle Werte rechts eingeschoben werden und alte Werte links verschwinden.

Flot-Software herunterladen

Um an die Flot-Chart Software zu gelangen, besuche die URL, die ich dir oben genannt habe. Auf der Startseite befinden sich oberhalb der Grafik zwei Ordnersymbole, die du zum Download der Software nutzen kannst.

Version 0.7

Development

◀ **Abbildung 15-3-3**
Die Ordnersymbole zum Herunterladen der Flot-Chat-Software

Es gibt eine stabile Version 0.7 und eine Entwicklungsversion, die eventuell noch mit Fehlern behaftet ist. Ich habe mich für die Version 0.7 entschieden. Lt. Anbieter gibt es schon eine Version 0.8, die mit *stable* gekennzeichnet ist. Möchtest du diese verwenden, dann musst du entsprechend verfahren und die Dokumentation studieren. Nach dem Abspeichern der gepackten Datei ist ein Entpacken in ein Verzeichnis deiner Wahl erforderlich. In dem Verzeichnis befinden sich zum einen die benötigten JavaScript-Dateien und zum anderen ein Unterverzeichnis mit Namen *examples*, das viele nützliche Beispiele beinhaltet. Für die diversen angebotenen Grafikelemente gibt es entsprechende JavaScript-Dateien, die du mit in dein Projekt übernehmen musst:

- alle JavaScript-Dateien mit der Endung *js*
- *die Cascading-Stylesheet-Datei layout.css, die sich im examples-Verzeichnis befindet*

Mit diesen Dateien werden wir später arbeiten und sie stellen die Basis für unser geplantes Experiment dar.

Wie sieht ein einfacher Flot-Chart aus?

Damit du eine ungefähre Vorstellung davon bekommst, wie ein Flot-Chart erzeugt wird, werfen wir einen Blick in den HTML-Code einer Internetseite, die z.B. die folgende Grafik darstellt.

Abbildung 15-3-4 ▶
Ein einfacher Flot-Chart

Flot Beispiel

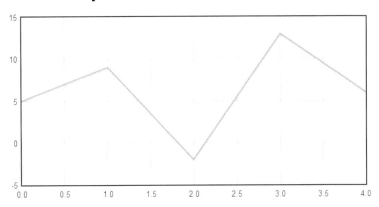

Wir haben es in diesem Beispiel mit der Darstellung von 5 Messwerten zu tun, die im Diagramm die folgenden x/y-Koordinaten besitzen.

- Punkt *1*: 0/5
- Punkt 2: 1/9
- Punkt 3: 2/-2
- Punkt 4: 3/13
- Punkt 5: 4/6

Abbildung 15-3-5 ▼
Der korrespondierende HTML-Code für den gezeigten Flot-Chart

Nun ist es interessant zu wissen, wie der entsprechende HTML-Code ausschaut.

```
2    <html>
3    <head>
4        <meta http-equiv="Content-Type" content="text/html; charset=utf-8">
5        <title>Ein einfaches Flot-Diagramm</title>
6        <link href="layout.css" rel="stylesheet" type="text/css">
7        <!--[if lte IE 8]><script language="javascript" type="text/javascript"
8            src="../excanvas.min.js"></script><![endif]-->
9        <script language="javascript" type="text/javascript" src="../jquery.js"></script>
10       <script language="javascript" type="text/javascript" src="../jquery.flot.js"></script>
11   </head>
12   <body>
13       <h1>Flot Beispiel</h1>
14       <div id="placeholder" style="width:600px;height:300px;"></div>
15       <p>Ein einfaches Flot-Diagramm.</p>
16       <script type="text/javascript">
17           $(function (){
18               var graph = [[0, 5], [1, 9], [2, -2], [3, 13], [4, 6]];
19               $.plot($("#placeholder"), [ graph ]);
20           });
21       </script>
22   </body>
23   </html>
```

Gehen wir die für Flow-Chart wichtigen Codezeilen durch und sehen, was sie im Detail bewirken.

Zeile 6

In Zeile 6 wird das gewünschte Layout über eine Cascading-Stylesheet-Datei eingebunden, deren Inhalt standardmäßig wie folgt ausschaut.

```
1  body {
2      font-family: sans-serif;
3      font-size: 16px;
4      margin: 50px;
5      max-width: 800px;
6  }
```

◀ **Abbildung 15-3-6**
Der Inhalt der layout.css-Datei

Für das *body*-Tag werden Zeichensatz (*font-family*), Zeichengröße (*font-size*), allgemeiner Außenabstand (*margin*) und die maximale Breite eines Elementes bzw. Bereiches (*max-width*) angegeben. Auf diese Weise kannst du sehr komfortabel das Aussehen einer oder mehrerer HTML-Seiten zentral verwalten.

Zeilen 9 und 10

In den Zeilen 9 und 10 werden die zur Darstellung des ausgewählten Graphen benötigten JavaScript-Dateien eingebunden. Ihr Inhalt braucht uns nicht weiter zu interessieren.

Zeile 14

Über das *div*-Tag in Zeile 14 wird quasi ein Platzhalter mit einer eindeutigen *id* bzw. Breite und Höhe definiert, der später im Code angesprochen wird, um genau an dieser Stelle die Grafik anzuzeigen. Diese Aufgabe wird eine JavaScript- bzw. *jQuery*-Funktion übernehmen, die sich über die Zeilen 16 bis 21 erstreckt.

Zeilen 16 bis 21

Nun erfolgt die Definition des JavaScript-Bereichs, in dem der Aufruf einer *jQuery*-Funktion erfolgt, die für die Anzeige der Messwerte innerhalb des Graphen erforderlich ist. In Zeile 18 wird eine Variable bzw. ein Array definiert, um die Wertepaare, die die x/y-Koordinaten repräsentieren, aufzunehmen.

```
              Punkt 1    Punkt 2    Punkt 3    Punkt 4    Punkt 5
var graph = [[0, 5], [1, 9], [2, -2], [3, 13], [4, 6]];
```

Dieser Inhalt, der die Daten repräsentiert, muss der *plot*-Funktion in Zeile *19* übergeben werden.

```
$.plot($("#placeholder"), [ graph ]);
```

Nähere Informationen findest du in der Flot-API Referenz.

Das ist wirklich einfach zu handhaben und ich habe es sogar auf Anhieb verstanden. Aber wie schleusen wir da unsere gemessenen Wert ein?

RasPi, das ist wirklich eine klasse Vorlage. Das Stichwort ist *einschleusen*. Wenn wir jetzt auf irgendeine Weise Einfluss auf die Zeile *18* nehmen können, in der sich die Array-Definition befindet, versorgen wir die HTML-Seite mit neuen und aktuellen Daten.

Aber wie können wir diese Zeile austauschen?

Ich hatte dich ja schon mit der Skriptsprache PHP bekannt gemacht. Sie werden wir für unser Vorhaben bemühen, damit an der betreffenden Stelle die benötigten Daten erneuert werden. Ich denke mir das wie folgt: Die bisherige Datenanzeige erfolgte, wie auf der Grafik zu erkennen ist. Die anzuzeigenden Werte werden aus dem *graph*-Array bezogen.

Abbildung 15-3-7 ▶
Aufruf der Plot-Funktion mit statischen Daten

jQuery-Funktion zum Anzeigen der Daten (bisher)

```
Daten
var graph = [[0, 5], [1, 9], [2, -2], [3, 13], [4, 6]];

Graph zeichnen
$.plot($("#placeholder"), [ graph ]);
```

Über ein angepasstes HTML wird der Bereich zur Datenbereitstellung jetzt über ein eingebettetes PHP-Skript realisiert, dass Daten aus einer Datei bezieht, die wiederum durch ein Skript befüllt wird, das den analogen Wert vom Analog/Digital-Wandler MCP3008 erhält.

Abbildung 15-3-8 ▶
Aufruf der Plot-Funktion mit dynamischen Daten

jQuery-Funktion zum Anzeigen der Daten (neu)   Daten

```
Daten
<?php var graph = [[x1, y1], [x2, y2], [xn, yn], ...]; ?>
Graph zeichnen
$.plot($("#placeholder"), [ graph ]);
```

MCP3008

Projekt 15-3: Analoge Werte im Netz

Natürlich steht die einzige PHP-Zeile stellvertretend für eine ganze Reihe von Codezeilen, die eine etwas komplexere Aufgabe übernehmen. Sehen wir uns dazu die einzelnen Schritte genauer an. Es gibt unzählige Konfigurationsmöglichkeiten zur Anzeige eines Graphen, von denen ich für unser Beispiel exemplarisch ein paar ausgewählt habe. Du kannst sie nach Belieben anpassen. Schauen wir uns dazu den kompletten neuen Funktions-Code an.

```
18   $(function () {
19       var options = {
20           lines: { show: true },
21           points: { show: true },
22           xaxis: { tickDecimals: 0, tickSize: 10 },
23           grid: {hoverable: false }
24       };
25
26       <?php
27           $datafilename = "channeldata.txt"; // Daten-Datei
28           if(file_exists($datafilename)){    // Existiert die Datei?
29               $file_handle = fopen($datafilename, "rw"); // Datei lesen
30               $i = 0;        // Laufvariable
31               $line  = ""; // Gelesener Wert
32               $tupel = ""; // Tupel [x, y]
33               $var   = ""; // Variable
34               while (!feof($file_handle)){
35                   $line = fgets($file_handle);
36                   $tupel .= "[".$i.", ".trim($line)."], ";
37                   $i++;
38               }
39               fclose($file_handle);
40               $var = "var a0 = [".$tupel."];\n";
41               echo $var; // Benoetigte Variable für Flot-Chart ausgeben
42           } else{ /* ... */ }
43       ?>
44       // Anzeigen des Graphen
45       $.plot($("#placeholder"),
46       [{data: a0, label: "Analog/Data: <b>Kanal 0</b>", color: 2}], options);
47   });
```

Wie du siehst, ist hier einiges an Code hinzugekommen, was aber recht einfach zu verstehen ist. Gehen wir die Zeilen wieder gemeinsam durch.

▲ **Abbildung 15-3-9**
Die neue Funktionsdefinition

Zeilen 19 bis 23

Hier werden einige Flot-Chart-Konfigurationen vorgenommen, um Einfluss auf die Darstellung des Graphen zu nehmen.

- *lines*: Über das *show*-Attribut kannst du bestimmen, ob die einzelnen Messpunkte durch Linien miteinander verbunden werden sollen.

- *points*: Über das *show*-Attribut kannst du festlegen, ob die Messpunkte in Form von kleinen Kreisen angezeigt werden sollen.
- *xaxis*: Mit Hilfe des *tickDecimals*-Attributes kannst du die Anzahl der Nachkommastellen für die x-Achsen-Beschriftung vorgeben. Über das *tickSize*-Attribut werden die Abstände der senkrechten Linien festgelegt. In unserem Fall wird alle *10* Messpunkte eine senkrechte Linie eingezeichnet.
- *grid*: Wenn du mit dem Mauszeiger über einen Messpunkt fährst, kannst du über das *hoverable*-Attribut bestimmen, ob der entsprechende Kreis reagiert und etwas größer dargestellt wird.

Jetzt würde eigentlich die Zeile mit der Array-Definition im Java-Script-Code auftauchen. Diese einzelne Zeile haben wird durch den PHP-Code ersetzt, der in den Zeilen *26* bis *43* definiert wurde.

Zeile 26

Start des PHP-Codes durch die einleitenden Zeichen *<?php*

Zeile 27

In PHP beginnen Variablen immer mit einem Dollarzeichen. Über den Namen *$datafilename* wird diese Variable mit dem Namen der Datei initialisiert, die die anzuzeigenden Daten beinhaltet. In unserem Fall lautet die Datei *channeldata.txt*. Jeder einzelne Messwert wird in einer separaten Zeile gelistet.

Zeile 28

In dieser Zeile wird die Existenz der erforderlichen Messwertedatei über die *file_exists*-Funktion überprüft. Nur wenn sie vorhanden ist, werden die nachfolgenden PHP-Befehle ausgeführt.

Zeile 29

Über den *fopen*-Befehl wird die Datei gelesen, damit wir später auf die einzelnen Zeilen zugreifen können.

Zeilen 30 bis 33

In diesen Zeilen werden einige benötigte Variablen definiert, die zur späteren Verarbeitung notwendig sind. Dazu gleich mehr.

Zeilen 34 bis 38

In den Zeilen 34 bis 38 wird über die *while*-Schleife jeder einzelne Wert der Messwertedatei eingelesen und der Variablen *$line* in Zeile 35 über die *fgets*-Funktion zugewiesen. Der Durchlauf der *while*-Schleife wird über die *feof*-Funktion gesteuert. Die Buchstaben *eof* bedeuten *End-of-File (Ende-der-Datei)* und das Ausrufezeichen vor der Funktion bedeutet eine Negierung des Rückgabewertes. Solange das Ende der Datei noch nicht erreicht wurde, soll die Schleife durchlaufen werden. Jeder einzelne Messwert muss das folgende Format vorweisen:

```
[x, y]
```

Durch Zeile 36 werden diese Werte in einem *Tupel* zusammengesetzt, wobei der x-Wert durch eine fortlaufende Nummerierung mit Hilfe der Laufvariablen *$i* ermittelt wird, deren Inhalt bei jedem Schleifendurchlauf in Zeile 37 durch *$i++* inkrementiert wird. Die Zusammensetzung – auch Konkatinierung genannt – der einzelnen Zeichen erfolgt durch den Punkt in PHP. Damit die Zeilenumbrüche aus der Datei nicht mit übernommen werden, werden über die *trim*-Funktion Leerzeichen, Tabulatoren und Zeilenumbrüche am Anfang und am Ende einer Zeichenkette entfernt. Bei jedem erneuten Schleifendurchlauf wird an die Variable *$tupel* der neue Wert angehängt.

Zeile 39

Nach dem Lesen und Verarbeiten der Datei muss sie wieder geschlossen werden. Das wird in Zeile 39 über die *fclose*-Funktion erreicht.

Zeile 40

Damit aus den einzelnen Messwertepaaren die Struktur einer Array-Definition entsteht, müssen sie mit einem eckigen Klammerpaar umschlossen werden. Die eigentliche Variablendefinition wird durch das Voranstellen von *var a0 =* erreicht. Ich habe hier anstelle von *graph* den Namen *a0* für analogen Kanal 0 gewählt.

Zeile 41

Damit innerhalb des HTML-Codes die Variablendefinition auftaucht, verwenden wir den *echo*-Befehl, der in unserem Fall die Zeichenkette *$var* ausgibt. Und das ist genau das, was wir für unsere dynamische Umsetzung benötigt haben.

Zeile 43

Hier findet der eingebettete PHP-Code durch die abschließenden Zeichen *?>* sein Ende.

Zeilen 45 und 46

In den Zeilen *45* und *46* wird die *plot*-Funktion aufgerufen und der Graph gezeichnet. Die in Zeile *46* enthaltenen Elemente geben die Daten, das Label, die Farbe (Farb-Code) und die in den Zeilen *19* bis *23* festgelegten Optionen an.

Das ist ja wirklich schön, und doch ist mir eines nicht ganz klar. In der Messwertedatei laufen immer neue gemessene Werte auf. Zum einen wird diese Datei immer länger und zum anderen wird die HTML-Seite nur einmal aufgerufen. Neue Werte werden dann trotzdem nicht berücksichtigt und zur Anzeige gebracht. Oder sehe ich das irgendwie falsch!?

Das sind gute Punkte, *RasPi*, auf die ich jetzt eingehen werde. Ich fange mit der letzten Frage an. Du siehst es vollkommen richtig, dass eine HTML-Seite standardmäßig nur einmal bei der Eingabe der URL aufgerufen wird. Du müsstest zum Aktualisieren jedes Mal die Funktionstaste *F5* drücken. Auf Dauer macht das einen dicken Finger und deshalb gibt es einen Meta-Eintrag in HTML:

```
<meta http-equiv="refresh" content="1" >
```

Diese Zeile muss in innerhalb des *head*-Tags platziert werden. Die HTML-Seite wird dann im Rhythmus von *1* Sekunde (*content = 1*) automatisch aktualisiert. Nun zur ersten Frage, die auch sehr wichtig ist. Ich hatte dir zu Beginn gesagt, dass die Anzeige in der Form erfolgen soll, dass neue und aktuelle Werte auf der rechten Seite hereinlaufen und alte Werte auf der linken Seite aus dem Fenster verschwinden. Wenn der Messwertedatei jedoch immer neue Werte hinzugefügt werden, würden die Inhalte bzw. Daten mit der Zeit immer gedrängter in ihrer Darstellung, so dass es auf Dauer recht unübersichtlich würde. Das wollen wir natürlich nicht und deswegen erfolgt die Befüllung der Messwertedatei nach einem anderen Schema. Zu Beginn sollten wir definieren, wie viele Messwerte dein Graph anzeigen soll. Es handelt sich dabei um die x-Achse, auf der die Messwerte abgetragen werden. Sagen wir, du möchtest immer *50* analoge Messwerte innerhalb des Graphen anzeigen lassen, so wie ich das zu Beginn im Diagramm »A/D-

Projekt 15-3: Analoge Werte im Netz

Wandler-Messwerte (MCP3008)« gezeigt habe. Die erforderliche Messwertedatei *channeldata.txt* muss demnach immer über *50* Zeilen mit analogen Messwerten verfügen. Ganz zu Beginn existieren natürlich noch keine Messwerte, so dass die Datei mit *50* Zeilen versehen werden muss, die alle *0* enthalten. Jetzt wird ein erster aktueller Messwert vom A/D-Wandler MCP3008 ermittelt. Was ist zu tun? Es ist ganz einfach: Du löschst die erste Zeile aus der Messwertedatei und fügst die neue einfach hinten an. Auf diese Weise verfügst du immer über einen Messwerte-Vorrat von *50* Datensätzen. Bringst du dies zur Anzeige, laufen die einzelnen ermittelten Werte von rechts nach links über den Bildschirm. Diese Aufgabe übernimmt wieder unser Python-Programm, das wir zur Messwerterfassung des MCP3008 geschrieben haben. Für dieses Kapitel verwenden wir jedoch eine optimierte Version. Ich habe eine Python-Klasse programmiert, so dass die Handhabung ein wenig einfacher ist. Sehen wir uns die Klasse genauer an. Ich beginne mit dem ersten Teil der Klassendefinition, die den Konstruktor beinhaltet.

```python
#!/usr/bin/python
import time
import RPi.GPIO as GPIO

class mcp3008:
    def __init__(self, sclk, mosi, miso, cs, delay = 1):
        self.sclk = sclk
        self.mosi = mosi
        self.miso = miso
        self.cs = cs
        self.delay = delay
        GPIO.setmode(GPIO.BCM)
        GPIO.setwarnings(False)
        GPIO.setup(self.sclk, GPIO.OUT)
        GPIO.setup(self.mosi, GPIO.OUT)
        GPIO.setup(self.miso, GPIO.IN)
        GPIO.setup(self.cs,   GPIO.OUT)
```

◀ **Abbildung 15-3-10**
Die MCP3008-Klassendefinition
(Teil 1: Der Konstruktor)

Die Klassedefinition beginnt in Zeile *5* mit dem Schlüsselwort *class*, gefolgt vom Namen der Klasse. Der Konstruktor, der für die anfängliche Initialisierung des späteren Objekts verantwortlich ist, übernimmt die Pin-Werte für Clock, MOSI, MISO und CS. Das letzte Argument für eine Pause ist optional und wird mit dem Wert *1* vorbelegt. Wenn es bei der Instanziierung nicht angegeben wird, erfolgt implizit eine Initialisierung mit dem Wert *1*. In den Zeilen *7* bis *11* werden die Argumente den *self*-Attributen zugewiesen, damit sie objektintern verwendet werden können. Die Initialisierungen in den Zeilen *12* bis *17* sollten dir mittlerweile bekannt sein. Kommen wir zur Methode, die die Daten vom MCP3008 abruft. Sie ist ebenfalls Teil der Klassendefinition.

```
19⊟    def readAnalogData(self, adc):
20         """ Methode zum Daten holen"""
21         # Negative Flanke des CS-Signals generieren
22         GPIO.output(self.cs,   GPIO.HIGH)
23         GPIO.output(self.cs,   GPIO.LOW)
24         GPIO.output(self.sclk, GPIO.LOW)
25         sendCMD = adc
26         sendCMD |= 0b00011000 # Entspricht 0x18 (1: Startbit, 1: Single/ended)
27         # Senden der Bitkombination (Es finden nur 5 Bits Beruecksichtigung)
28⊟       for i in range(5):
29⊟           if(sendCMD & 0x10): # Bit an Position 4 pruefen.
30                GPIO.output(self.mosi, GPIO.HIGH)
31⊟           else:
32                GPIO.output(self.mosi, GPIO.LOW)
33             # Negative Flanke des Clock-Signals generieren
34             GPIO.output(self.sclk, GPIO.HIGH)
35             GPIO.output(self.sclk, GPIO.LOW)
36             sendCMD <<= 1 # Bitfolge eine Position nach links schieben
37         # Empfangen der Daten des AD-Wandlers
38         adcValue = 0 # Reset des gelesenen Wertes
39⊟       for i in range(11):
40             # Negative Flanke des Clock-Signals generieren
41             GPIO.output(self.sclk, GPIO.HIGH)
42             GPIO.output(self.sclk, GPIO.LOW)
43             adcValue <<= 1 # Bitfolge 1 Position nach links schieben
44⊟           if(GPIO.input(self.miso)):
45                adcValue |=0x01
46         time.sleep(self.delay) # Kurze Pause
47         return adcValue
```

Abbildung 15-3-11▲
Die MCP3008-Klassendefinition
(Teil 2: Die readAnalog
Data-Methode)

Die Methode besitzt lediglich einen Parameter, der den angeforderten analogen Kanal entgegennimmt. Auf die Funktion werde ich nicht weiter eingehen, denn sie sollte dir mittlerweile geläufig sein. Kommen wir zum eigentlichen Hauptprogramm, das die Klasse nutzt.

Abbildung 15-3-12 ▶
Das Hauptprogramm (Teil 1:
Die write2file-Funktion)

```
13  import sys
14  import os
15  import time
16  from mcp3008 import *
17
18  # Pfad zur Messwerterfassungsdatei
19  datafilepath = "/var/www/mcp3008/channeldata.txt"
20
21⊟ def write2file(zeilen, wert):
22      """ Daten in Datei schreiben """
23      lines = ""
24      insert = "\n" + str(wert)
25⊟     try:
26          file = open(datafilepath, "r") # Datei oeffnen
27          print "Datei existiert."
28          # Erste Zeile loeschen und neuen Wert anhaengen
29          lines = file.readlines()
30          file.close() # Datei schliessen
31          file = open(datafilepath, "w") # Datei oeffnen
32          file.write("".join(lines[1:]) + insert)
33          file.close() # Datei schliessen
34⊟     except Exception, e:
35          print e, "Error!"
36          print "Datei wird neu angelegt."
37          # Datei mit Anzahl Zeilen anlegen
38          newfile = open(datafilepath, "w") # Datei oeffnen
39⊟         for i in range(zeilen):
40⊟             if (i + 1) < zeilen:
41                  newfile.write("0\n")
42⊟             else:
43                  newfile.write("0")
44          newfile.close() # Datei schliessen
```

Projekt 15-3: Analoge Werte im Netz

Um die zuvor programmierte Klasse nutzen zu können, binden wir sie in Zeile 16 ein. Der absolute Pfad hin zur Messwerterfassungsdatei wird in Zeile 19 definiert. Dieser Pfad weist direkt in das Unterverzeichnis *mcp3008* des *DocumentRoot*-Verzeichnisses des Apache-Servers. Auf die genaue Struktur dieses Verzeichnisses werde ich natürlich noch eingehen. Kommen wir zur Funktion, die das Speichern der erfassten analogen Daten in die Messwerterfassungsdatei erledigt. Ihr Name ist *write2file* und sie besitzt zwei Parameter. Der erste gibt im Falle des nicht Vorhandenseins der Datei die Anzahl der Zeilen vor, die mit *0*-Werten gefüllt werden sollen. Das wird gemacht, damit die Anzahl der anzuzeigenden Werte im Diagramm immer gleichbleibend ist. Der zweite Parameter nimmt den Wert entgegen, der an das Ende der Datei angefügt wird, wobei zuvor die erste Zeile entfernt wird. Somit bleibt die Zeilenanzahl stets gleich. Doch nun zu den Details. Die Variable *lines* in Zeile 23 wird zur Aufnahme aller in der Datei enthaltenen Zeilen benötigt. Der neu einzufügende Wert wandert in Zeile 24 nach der Konvertierung über die *str*-Funktion in eine Zeichenkette in die Variable *insert*, wobei zuvor ein Zeilenvorschub über die Escape-Sequenz \n vorangesetzt wird. Im nächsten Schritt müssen wir überprüfen, ob die Zieldatei schon vorhanden ist. Aus diesem Grund wird das Öffnen der Datei im Lesemodus in Zeile 26 in einen *try*-Block gesetzt. Schlägt diese Aktion fehl, kommt es zur sofortigen Verzeigung zum *except*-Block in Zeile 34 und die dort enthaltenen Befehle werden abgearbeitet. Gehen wir einmal davon aus, dass wir das Programm zum ersten Mal starten und die Datei noch nicht im Dateisystem vorhanden ist.

Die Datei ist noch nicht vorhanden

Es erfolgt der besagte Sprung in Zeile 34, wo der Fehler und eine Nachricht angezeigt werden, dass die Datei neu angelegt wird. Um die Datei jedoch neu anzulegen, muss ein sogenanntes Datei-Handle erzeugt werden, was in Zeile 38 über die *open*-Funktion erfolgt. Sie bekommt als Argumente den Namen der Datei und den Hinweis, dass die Datei im Schreibmodus zu öffnen ist, was über das kleine *w* (write) signalisiert wird. Die *for*-Schleife in Zeile 39 übernimmt das Hinzufügen der *0*-Werte, deren Anzahl durch den Parameter *zeilen* beim Funktionsaufruf bestimmt wird. Über *newfile.write* in den Zeilen 41 bzw. 43 werden die Werte in die Datei geschrieben, wobei nach Verlassen der Schleife die Datei in Zeile 44 über *newfile.close* geschlossen wird. Kommen wir jetzt zu dem Fall, bei dem die Datei schon existiert.

Die Datei ist schon vorhanden

Ist die Datei schon vorhanden, kommen die Befehle im *try*-Block zur Ausführung, denn sie kann ja ohne Probleme im Lesemodus in Zeile 26 geöffnet werden. Das Datei-Handle lautet in dem Fall *file*, und alle in der Datei enthaltenen Zeilen werden über die Zeile 29 mit *file.readlines* in die Variable *lines* eingelesen. Mehr wollen wir an dieser Stelle mit der Datei noch nicht anstellen, so dass wir sie in Zeile 30 mit *file.close* wieder schließen können. Im nächsten Schritt wird die Datei im Schreibmodus in Zeile 31 geöffnet, um in Zeile 32 die geänderten Daten wieder zurückzuschreiben. Jetzt kommt es aber darauf an, was wir zurückschreiben. Wir wollen ja die erste zuvor gelesene Zeile entfernen und eine neue anfügen. Das wird durch Zeile 32 erreicht, die wir uns genauer anschauen sollten.

```
file.write("".join(lines[1:]) + insert)
```

Über die *write*-Funktion werden die Daten, die sich in der zuvor gefüllten Variablen lines befinden, zurück in die Datei gespeichert. Jedoch nicht alle Zeilen, sondern nur diejenigen ab Zeile 1 (die Zählung beginnt bei 0!). Damit wird die erste Zeile bei der erneuten Abspeicherung übersprungen und quasi gelöscht. Gleichzeitig wird die neu anzufügende Zeile, die sich in der Datei *insert* befindet, hinten angefügt. In Summe werden beide Aktionen, also das Löschen und das Hinzufügen, durch die *write*-Funktion übernommen. Am Ende wird die Datei in Zeile 33 über *file.close* geschlossen. Das Ganze schaut dann wie folgt aus:

Kommen wir schließlich zum Aufruf der *main*-Funktion.

```
46 def main():
47      # Variablendefinition
48      ADCChannel = 0       # AD-Kanal
49      SCLK       = 18      # Serial-Clock
50      MOSI       = 24      # Master-Out-Slave-In
51      MISO       = 23      # Master-In Slave Out
52      CS         = 25      # Chip-Select
53      PAUSE      = 1       # Anzeigepause
54
55      # Instanz generieren
56      ad = mcp3008(SCLK, MOSI, MISO, CS, 0)
57
58      while True:
59          value = ad.readAnalogData(ADCChannel)
60          write2file(50, value)
61          print value
62          time.sleep(PAUSE)
63
64 if __name__ == '__main__':
65      main()
```

◀ **Abbildung 15-3-13**
Das Hauptprogramm (Teil 2:
Die main-Funktion)

Das Objekt wird durch die Instanziierung der Klasse *mcp3008* in Zeile 56 generiert. Der Konstruktor wird mit den übergebenen Werten versorgt und das Objekt entsprechend initialisiert. Innerhalb der *while*-Schleife findet der Aufruf der *readAnalogData*-Methode statt, dessen Rückgabewert der Variablen *value* zugewiesen wird. Diese wird wiederum in Zeile 60 zum Aufruf der *write2file*-Funktion benötigt und der neue analoge Wert der Messwerterfassungsdatei wird hinzugefügt.

Ok, so weit, so gut! Ich habe aber noch nicht so ganz verstanden, wo die einzelnen Python-Dateien, die die Messwerterfassungen vornehmen, bzw. die Dateien zum Generieren der Flot-Grafik im Filesystem hingehören.

Stimmt, *RasPi*, dass sollte ich hier nachholen.

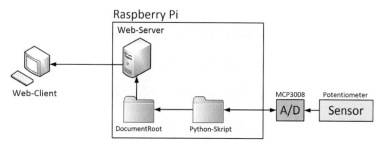

◀ **Abbildung 15-3-14**
Der A/D-Workflow

Auf der rechten Seite befindet sich der A/D-Wandler mit seinem Sensor in Form eines Potentiometers. Diese Daten werden vom Python-Programm bzw. -Skript erfasst und in eine Messwertedatei unterhalb des DocumentRoot-Verzeichnisses abgelegt. Der Web-Server greift über ein PHP-Skript auf diese Messwertedatei zu und bringt sie mit Hilfe von Flot-Chart in einem Web-Browser zur Anzeige. Dieser Web-Browser kann sich natürlich irgendwo im Netz befinden, solange er Zugriff auf den Apache-Server des Raspberry Pi hat. Sehen wir uns die Verzeichnisse auf dem Raspberry Pi etwas genauer an.

Abbildung 15-3-15 ▶
Die Verzeichnisstruktur

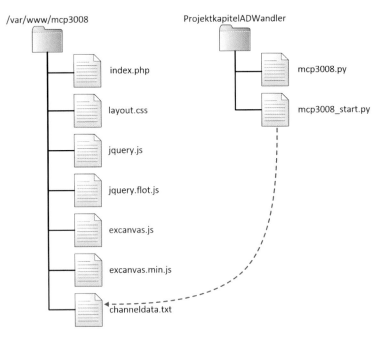

Werden wir konkret. Ich habe folgende Schritte durchgeführt:

Schritt 1

In einem beliebigen Projektverzeichnis unterhalb meines HOME-Verzeichnisses habe ich die beiden Python-Dateien *mcp3008.py* und *mcp3008_start.py* abgelegt. Damit die erfassten analogen Daten später zum Web-Server ins *DocumentRoot*-Verzeichnis übertragen werden, musst du am Ende dieser Schritte die Startdatei ausführen.

```
# sudo python mcp3008_start.py
```

Schritt 2

Im zweiten Schritt müssen wir die erforderlichen Dateien anlegen, die gleich in das Unterverzeichnis *mcp3008* unterhalb des DocumentRoot-Verzeichnisses kopiert werden. Ich habe dazu den Ordnernamen *htdoc* gewählt. Kopiere dort die oben genannten JavaScript-Dateien und die *css*-Datei hinein. Die noch fehlende *index.php*-Datei wird von dir am besten über den Bluefish-Editor eingegeben. Natürlich fehlt noch die *channeldata.txt*-Datei, doch sie wird beim ersten Python-Programmlauf automatisch erzeugt.

Schritt 3

Nun legen wir das benötigte Unterverzeichnis *mcp3008* unterhalb des *DocumentRoot*-Verzeichnisses an.

```
# sudo mkdir /var/www/mcp3008
```

Schritt 4

Jetzt ist es an der Zeit, die Dateien auf meinem *htdoc*-Verzeichnis zum Web-Server zu übertragen. Mach das mit den folgenden Zeilen:

```
# cd htdoc
# sudo cp * /var/www/mcp3008
```

Schritt 5

Geh wieder eine Hierarchieebene in deinem Projektverzeichnis nach oben und starte das Python-Programm.

```
# cd ..
# sudo python mcp3008_start.py
```

Die Anzeige der Messwerte sollte im Terminal-Fenster zu sehen sein.

Schritt 6

Öffne auf deinem Windows-Rechner den Web-Browser und gib die folgende URL in die Adresszeile ein:

Natürlich musst du diese IP-Adresse deinen Gegebenheiten anpassen oder du verwendest den in der *hosts*-Datei eingetragenen Namen.

Nun solltest du einen Graphen angezeigt bekommen, der dir die Messwerte zeitnah im Sekundenrhythmus anzeigt. Die Anzeige in einem Web-Browser auf dem Raspberry Pi selbst läuft etwas schleppender ab als unter Windows. Falls du ein anderes Messwerte-Array festlegen möchtest und anstatt *50* jetzt *200* Werte im Graphen sehen willst, geh wie folgt vor:

- Lösch die Messwertedatei *channeldata.txt*
- Ändere das erste Argument beim *write2file*-Funktionsaufruf von *50* auf *200*

Projekt 15-3: Analoge Werte im Netz

Projekt 15-4:
Der Raspberry Pi als Multimediacenter

Kommen wir nun zu einem Thema, dass viele Multimedia-Freunde interessieren wird (den Rest sicherlich auch). Du kannst deinen Raspberry Pi in wenigen Schritten zu einem Multimediacenter umwandeln und alles, was du dazu benötigst, ist neben deinem Raspberry Pi eine leere SD-Karte und das freie Softwarepaket *XBMC*. Dieses Softwarepaket wird für viele Plattformen angeboten; du findest viele Informationen unter der Internetadresse

http://xbmc.org/

Das Multimediacenter XBMC ermöglicht dir das Abspielen lokal gespeicherter Videos und Musikdateien sowie das Anzeigen von Bildern, außerdem das Streamen von Videos und Musikdateien aus dem Netz über einen Server bzw. das Internet. Da die Installation von XBMC nicht gerade einfach ist und viele Abhängigkeiten berücksichtigt werden müssen, wird ein sogenannter *Installer* angeboten, den das *Raspbmc-Team* programmiert hat. Wie die Installation im Detail funktioniert, wirst du in Kürze sehen. Folgende Themen werden wir in diesem Kapitel besprechen:

- Wie gelangst du an den XBMC-Installer?
- Wie startest du den Installer und erstellst ein Linux-Minimalsystem auf deiner SD-Karte?

Das Multimediacenter XBMC

Zu Beginn müssen wir uns für einen XBMC-Installer entscheiden, den es sowohl für Windows als auch für Linux bzw. Mac OS X (ab Version *10.5*) gibt. Sehen wir uns die erste Variante an.

Schritt 1: Herunterladen und Entpacken des Windows-Installers

Öffne den folgenden Link in deinem Web-Browser

http://www.raspbmc.com/wiki/user/windows-installation/

und lade den Windows-Installer herunter, der Name lautet *raspbmc-win32.zip*. Entpacke die gezippte Datei und verwende dazu z.B. das Programm *7Zip*.

Schritt 2: Starten des Setup-Programms

Im nächsten Schritt startest du das Setup-Programm mit einem Doppelklick auf die gleichnamige Datei *setup.exe*, was die Wirkung hat, dass der Installer entpackt und gleichzeitig gestartet wird.

Abbildung 15-4-1 ▶
Das Starten des Raspbmc-Installers

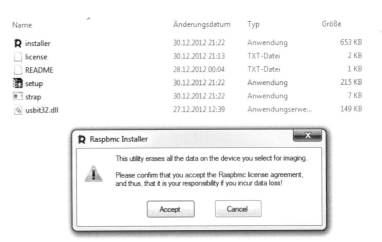

Bestätigen den Dialog über die *Accept*-Schaltfläche.

Schritt 3: Starten der Installation über den Installer

Nun erscheint der Raspbmc-Installer, in dem du zu Anfang deine SD-Karte auswählen musst. Ich hatte das vor dem Start schon gemacht, so dass die Karte unter dem Laufwerksbuchstaben *K:* verfügbar ist. Für eine nach dem Start des Installers hinzugefügte SD-Karte klicke auf die *Refresh*-Schaltfläche mit den beiden grünen Pfeilen rechts neben der Liste.

◀ **Abbildung 15-4-2**
Der Raspbmc-Installer

Setz ein Häkchen sowohl bei der angezeigten SD-Karte als auch im Feld »*I accept the license agreement*«. Anschließend klickst du auf die *Install*-Schaltfläche.

Achtung

Alle auf der SD-Karte befindlichen Daten gehen verloren! Versichere dich also, ob du die ggf. vorhandenen Daten nicht vorher noch sichern musst.

Der Vorgang der Installation dauert nur ein paar Augenblicke, was aber nicht bedeutet, dass XBMC schon fertig auf deiner SD-Karte installiert wurde. Du kannst den Verlauf am Fortschrittsbalken erkennen, der sich am unteren Rand befindet.

Abschließend kommt ein Dialogfenster mit der Meldung, dass *Raspbmc* – nicht XBMC! – auf deiner ausgewählten SD-Karte installiert wurde.

◀ **Abbildung 15-4-3**
Der Raspbmc-Installer mit der abschließenden Erfolgsmeldung

Jetzt ist der Start der vorbereiteten SD-Karte in deinem Raspberry Pi notwendig. Bis zu diesem Zeitpunkt wurde die SD-Karte lediglich mit einer Grundinstallation, einem Minimalsystem von Linux, versehen. Die komplette XBMC-Installation erfolgt erst nach dem Booten des Raspberry Pi und dauert ein paar Augenblicke länger. Rechne mit ca. *15* Minuten.

Schritt 4: Booten des Raspberry Pi mit der initialisierten SD-Karte

Nun kannst du deine vorbereitete SD-Karte in den Karten-Slot des Raspberry Pi stecken und mit Strom versorgen.

Achtung

Stelle sicher, dass dein Raspberry Pi mit dem Internet verbunden ist, denn alle erforderlichen Softwarepakete werden darüber bezogen.

Die Installation von XBMC erfolgt vollkommen automatisch mit fortlaufenden Hinweisen über die gerade stattfindenden Aktionen der benötigten Software, die aus dem Internet geladen wird. Es wird mit dem Root-Dateisystem begonnen.

Abbildung 15-4-4 ▶
Der Raspbmc-Updater (Laden des Filesystems)

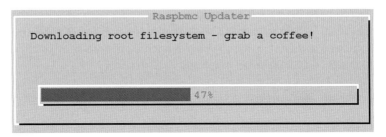

Abbildung 15-4-5 ▶
Der Raspbmc-Updater (Installieren des Filesystems)

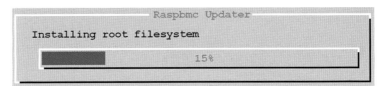

Es folgen weitere Dialoge, die das Laden von Kernel-Modulen ankündigen und ebenfalls allesamt ohne dein Zutun bzw. Eingreifen ausgeführt werden. Am Ende der Dialog-Orgie musst du noch deine bevorzugte Sprache auswählen und die Installation damit abschließen.

Projekt 15-4: Der Raspberry Pi als Multimediacenter

Der erste Start

Nach der erfolgreichen Installation wirst du mit dem folgenden Startbildschirm beglückt, über den du dein Mediacenter steuern kannst.

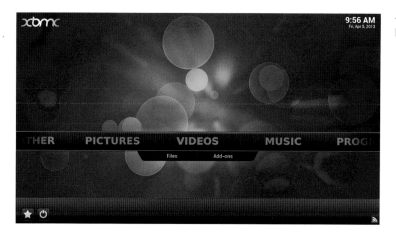

◀ **Abbildung 15-4-6**
Der erste Start von XBMC

In der Mitte befindet sich eine Auswahlleiste in Form eines horizontalen Menübandes, das du entweder über die Cursortasten *Links* und *Rechts* oder über den Mauszeiger verschieben kannst, indem du ihn an den linken oder rechten Bildschirmrand positionierst. Anschließend bestätigst du die Auswahl mit der *Return*-Taste. Wir wollen uns zu Beginn mit dem XBMC ein Video anschauen, das ich auf einer externen USB-Festplatte abgelegt habe. Über einen freien USB-Port am Raspberry Pi oder einen angeschlossenen USB-HUB schließe ich meine USB-Platte an. Diese Festplatte hatten wir im Samba-Kapitel schon vorbereitet und mit dem erforderlichen Dateisystem versehen. Im *shared*-Ordner habe ich zuvor mit Root-Rechten die folgenden Unterordner angelegt:

- Videos
- Musik
- Bilder

und über Samba von Windows aus ein paar Dateien hinüberkopiert. Das geht sehr schnell und unkompliziert. Danach habe ich das XBMC gestartet und die Menüpunkte *Videos*, *Musik* und *Bilder* nacheinander ausgewählt. Die Navigation durch die Untermenüs ist intuitiv und bedarf keiner weiteren Beschreibung. Wähl den Namen deiner externen USB-Festplatte aus und wechsle in den *shared*-Ordner, in dem sich die Multimediadateien in den zuvor angelegten Unterordnern befinden. Über die *ESC*-Taste kommst du aus den meisten Menüs wieder heraus und navigierst darüber entweder eine Hierarchieebene höher oder gelangst zurück auf den Startbildschirm.

Add-Ons

Was wäre eine professionelle Software ohne die Möglichkeit der Erweiterung über Zusatzmodule, die *Add-Ons* genannt werden. Auch das XBMC verfügt über diese Einrichtung. Auf diese Weise kannst du dein Multimediacenter beliebig mit weiteren Fähigkeiten versehen und erweitern. Im Internet gibt es viele kostenlose Zusatzmodule, die du installieren und testen kannst. Gefällt dir ein Add-On nicht, löschst du es einfach wieder von deiner SD-Karte. Beachte, dass jedes Add-On – was in der Natur der Sache liegt – einen gewissen Speicherplatz auf deiner SD-Karte belegt. Installierst du zu viele Module, kommst du irgendwann an die Grenze des Fassungsvermögens deiner SD-Karte. Ein Ausmisten nicht mehr benötigter Add-Ons ist (spätestens) dann ratsam. Sehen wir uns ein paar interessante Module an. Einige Punkte des horizontalen Menübandes verfügen über ein Add-On-Untermenü. Über den Menüpunkt *Mehr...* gelangst du in eine Auswahl der zur Verfügung stehenden Add-Ons. Wer sich z.B. schon immer gerne den *WDR-Computerclub* – den es leider in der Form nicht mehr gibt – angeschaut hat, kann sich die Nachfolgesendung *Computer:club 2* über *DrDish-TV* ansehen.

Abbildung 15-4-7 ▶
Das XBMC Video-Add-On
»DrDish-TV"

Dort kannst du u.a. die Moderatoren Wolfgang Back und Wolfgang Rudolph sehen, die unermüdlich interessante Themen rund um das Thema Computer präsentieren. Ein absolutes Muss! Natürlich bieten die Video Add-Ons eine Fülle an weiteren Informationen und wenn du mit dem Mauszeiger über die angezeigten Listeneinträge fährst, erscheinen auf der rechten Seite Hinweise über Autor, Version, Bewertung und eine Kurzbeschreibung der angebotenen Inhalte. Klickst du auf einen Listeneintrag, stehen unterschiedliche Aktionen wie *Konfigurieren*, *Aktualisieren*, *Installieren*, *Deinstallieren* usw. zur Auswahl bereit. Kommen wir zu einem Musik-Add-On, das dir über *7000* nationale bzw. internationale Radiostationen anbietet.

◀ **Abbildung 15-4-8**
Das XBMC Musik-Add-On »Radio"

Nach der Installation bekommst du je Radiostation bzw. Genre ein Icon angezeigt.

◀ **Abbildung 15-4-9**
Die Auswahl der Radiostation fällt bei dem riesigen Angebot nicht unbedingt leicht

Für jeden Sender und jedes gerade laufende Lied werden Zusatzinformationen aus dem Netz abgerufen und angezeigt, so dass du z.B.

Titel und Interpret erfährst. Über einen Klick mit der rechten Maustaste auf ein Icon kannst du unterschiedliche Aktionen zur Handhabung des Senders aufrufen. Das alles hier zu erklären, würde den Rahmen etwas sprengen. Da hilft nur *Ausprobieren*.

Unterstützte Multimediaformate

Von einem so bekannten Multimediacenter wie XMBC sollten nahezu alle Multimediaformate unterstützt werden – und das werden sie auch. Detaillierte Informationen kannst du unter

http://wiki.xbmc.org/index.php?title=Features_and_supported_formats

abrufen. Hinsichtlich der Videoformate gibt es jedoch einiges zu beachten. Standardmäßig werden *MPEG4* und *H.264* angeboten, doch Formate wie z.B. *MPEG2* bzw. *VC-1* müssen käuflich erworben werden. Gehe dazu auf die Internetseite

http://www.raspberrypi.com/license-keys/

Abbildung 15-4-10 ▶
Käuflich zu erwerbende
Video-License-Keys

Remote-Zugriff

Das XBMC bietet dir für den Remote-Zugriff unterschiedliche Möglichkeiten an, die ich dir nun zeigen möchte.

Der Zugriff über das Web-Interface

Da dein Raspberry Pi bzw. das XBMC über eine IP-Adresse verfügt und dort u.a. ein Web-Server läuft, kannst du deinen Web-Browser starten und die von XBMC vergebene IP-Adresse in die Adresszeile eintragen. Wenn du nicht mehr genau weißt, wie die IP-Adresse lautet, geh zum Menüpunkt *System* und wähle dort den Eintrag *Systeminfo*. Direkt auf der ersten Seite unter *Info* befindet sich die vergebene IP-Adresse. Das ist in meinem Fall die *192.168.178.43*. Deine IP-Adresse solltest du dir merken oder notieren, denn sie muss im Web-Browser in die Adresszeile eingetragen werden. Weitere Netzwerk-Informationen findest du auf der gleichen Seite unter dem Reiter

Netzwerk. Ob der Webserver aktiviert ist, kannst du unter dem Menüpunkt *System|Einstellungen|Dienste|Webserver* überprüfen. Dort muss die Steuerung über *HTTP zulassen* aktiviert sein.

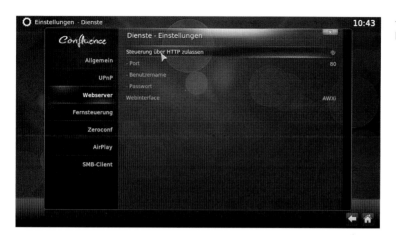

◀ **Abbildung 15-4-11**
Der Menüpunkt Webserver

Der Port steht standardmäßig auf *80*, so dass bei der Eingabe der IP-Adresse in die Adresszeile des Web-Browsers keine zusätzliche Portangabe erforderlich ist. Hättest du dort z. B. *8080* stehen, wäre die folgende Zeile im Web-Browser erforderlich:

```
192.168.178.43:8080
```

Eine Portangabe in der Adresszeile erfolgt immer über einen Doppelpunkt hinter der IP-Adresse. Das Web-Interface ist das Standard-Web-Interface, was aber noch über einen Mausklick auf die entsprechende Zeile bzw. auf die *Mehr...*-Schaltfläche angepasst werden kann. Sehen wir uns zunächst das Standard-Web-Interface an.

◀ **Abbildung 15-4-12**
Der Remote-Zugriff über das Standard-Web-Interface

Im oberen Bereich erkennst du die unterschiedlichen Reiter wie *Remote*, *Movies*, *TV Shows* und *Music*. Ich habe den ersten Eintrag *Remote* gewählt, der daraufhin eine kleine Fernbedienung anzeigt. Du kannst die XBMC-Menüauswahl über das Navigationskreuz auf der linken Seite steuern. Lass XBMC offen und navigiere mit der Fernbedienung und du wirst sehen, wie sich die Menüeinträge entsprechend ändern. Bei einer endgültigen Auswahl klickst du auf die *OK*-Schaltfläche. Wenn du ein netteres und ansprechenderes Web-Interface möchtest, installiere über die schon angesprochene *Mehr...*-Schaltfläche das *AWXi*-Web-Interface. Hierüber hast du einen komfortablen Zugriff auf die kompletten Medien, die über XBMC zur Verfügung gestellt werden.

Abbildung 15-4-13 ▶
Der Remote-Zugriff über das
AWXi-Web-Interface

Hier findest du ebenfalls die bekannten Navigationsmöglichkeiten über eine virtuelle Fernbedienung, wie es sie beim Standard-Web-Interface gibt.

Der Zugriff über SSH

Was SSH bedeutet, weißt du inzwischen. Dein XBMC bietet neben einem Zugriff über das Web-Interface auch einen über SSH, der standardmäßig aktiviert ist. Benutz am besten das dir schon bekannt PuTTY und bau eine SSH-Verbindung zum XBMC auf. Das System bemerkt, dass du zum ersten Mal eine Verbindung über diesen Weg aufbaust und fordert dich auf, bestimmte

Einstellungen hinsichtlich deines Tastaturlayouts bzw. der Sprache vorzunehmen.

Schritt 1: Anpassung von Locales I

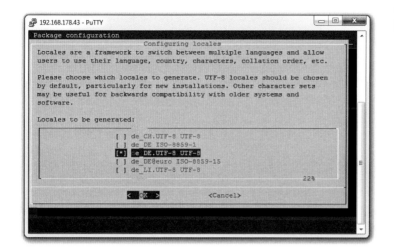

◀ **Abbildung 15-4-14**
Konfigurierung von Locales I

Schritt 2: Anpassung von Locales II

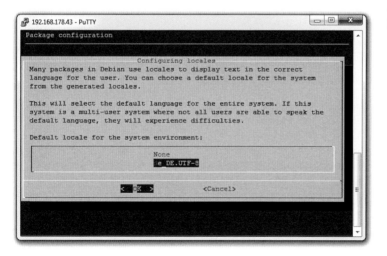

◀ **Abbildung 15-4-15**
Konfigurierung von Locales II

Schritt 3: Anpassung der geografischen Region

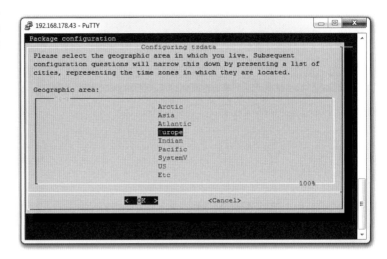

Schritt 4: Anpassung der Stadt

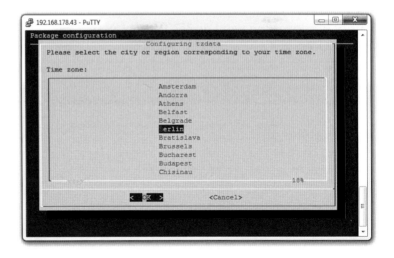

Anschließend ist das System konfiguriert und du musst dich noch authentifizieren.

- Benutzername: *pi*
- Passwort: *raspberry*

Es erscheint eine Linux-Shell, in die du deine Kommandos eingibst.

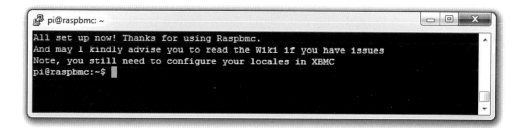

Nun kannst du dein Linux-System ganz normal verwalten, administrieren und ggf. mit den bekannten Mitteln auf den neuesten Stand bringen. Um einen Überblick über die vorhandenen Partitionen zu bekommen, habe ich mir das Dateisystem über *df -h* anzeigen lassen.

▲ **Abbildung 15-4-18**
Die Linux-Shell unter XBMC

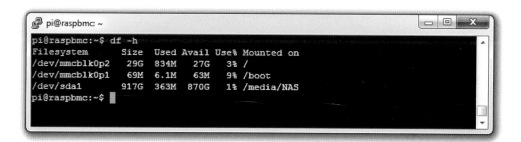

Du erkennst als letzten Listeneintrag meine angeschlossene externe USB-Festplatte, die den Mount-Point */media/NAS* hat und die ich zum Verwalten meiner Multimediadaten verwende.

▲ **Abbildung 15-4-19**
Das vorhandene Dateisystem unter XBMC

Achtung

Verwendest du deinen Raspberry Pi mit deinem XBMC im Netz, ist es ratsam, das Passwort für deinen Benutzer zu ändern, denn das Standardpasswort ist weltweit bekannt. Nutze dazu das Kommando *sudo passwd pi*.

Der FTP-Zugriff

Es gibt ein Dateiübertragungsverfahren, das sich *FTP* (*File-Transfer-Protocol*) nennt. Mit Hilfe dieses Protokolls kannst du Dateien zwischen einem Client und Server austauschen. Der Server ist dabei dein XBMC-System und dein Client z.B. dein Windows-Rechner. *FTP* ist unter XBMC standardmäßig schon aktiviert. Wie greifst du aber auf den Server zu? Das kann auf verschiedene Weise passieren. Die meisten Web-Browser bieten die Möglichkeit eines FTP-

Zugriffs an. Du musst lediglich in der Adresszeile des Browsers das *http*, das für den Zugriff auf Webseiten benötigt wird und das du normalerweise nicht mit angeben musst, gegen *ftp* austauschen. Gib die folgende Zeile in den Web-Browser deines Vertrauens ein und pass die IP-Adresse deinen Verhältnissen an.

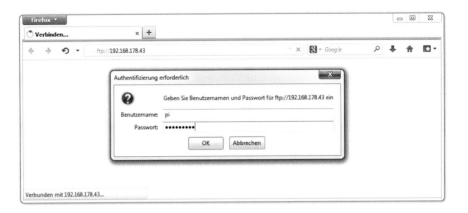

Abbildung 15-4-20 ▲
Der FTP-Zugriff auf dein XBMC über
den Web-Browser Anschließend musst du dich mit Benutzernamen und Passwort Authentifizieren. Nun kannst du innerhalb der Verzeichnisstruktur des Linux-Dateisystems navigieren.

Abbildung 15-4-21 ▲
Die Anzeige der Dateisystem-Struk-
tur im Web-Browser Über das Anklicken der entsprechenden Ordner bzw. den Punkt *In den übergeordneten Ordner wechseln* kannst du innerhalb der Dateisystem-Struktur navigieren. Zum Herunterladen von Dateien vom Server auf den Client ist dieses Verfahren sicherlich brauchbar, doch ich schlage einen speziellen FTP-Client vor, der sehr professionell und zudem noch frei verfügbar ist. Sein Name ist *FileZilla*.

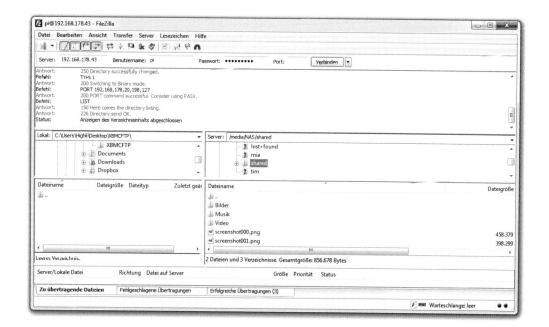

Mit diesem Client hast du die komfortable Möglichkeit, Dateien zwischen Client und Server hin- und herzuschieben.

▲ **Abbildung 15-4-22**
FileZilla als FTP-Client

Die Fernbedienung

Wenn du auf dem Sofa sitzend deine Filme, deine Bilder oder deine Musik an deinem Flachbildschirm genießt, ist es auf Dauer sehr umständlich und nervtötend, aufzustehen, um etwas anderes abzurufen. Ich möchte dir zwei interessante Möglichkeiten der Fernbedienung zeigen, um alles im Sitzen, Liegen oder einer anderen Position zu managen.

Das Android-Smartphone

Das erste Beispiel befasst sich mit dem Android-Smartphone und wie du es als Fernbedienung missbrauchst. Zu Beginn zeige ich dir, wie du den WiFi-Adapter, also das *WLAN* einrichtest, damit die Funkübertragung auch problemlos funktioniert.

Einrichten von WiFi

Um deinen WiFi-Adapter für XBMC zugänglich zu machen, müssen wir den *Network-Manager* installieren. Führe die folgenden Schritte nacheinander durch:

Schritt 1: Aufruf des Menüpunktes Programme

Klick im horizontalen Menüband auf den Eintrag *Programme*.

Schritt 2: Anzeige aller zur Verfügung stehenden Add-Ons

Damit alle zur Verfügung stehenden Add-Ons für diesen Menüpunkt angezeigt werden, klickst du auf die *Mehr...*-Schaltfläche.

Schritt 3: Auswahl des Network-Managers

Nun scrollst du über den am rechten Rand befindlichen Balken soweit herunter, bis der Eintrag für den *Network-Manager* zu sehen ist, den du auswählst.

Im anschließenden Dialogfenster klickst du auf die *Installieren*-Schaltfläche und wartest, bis die Installation abgeschlossen ist.

Schritt 4: Starten des Network-Managers

Jetzt startest du den *Network-Manager* über einen Klick auf den entsprechenden Eintrag der Add-Ons-Liste.

Schritt 5: Hinzufügen einer WiFi-Connection

Nun ist alles dafür bereit, eine neue WiFi-Connetion zu deinem Router einzurichten. Klick dazu auf die *Add*-Schaltfläche

und wähle den richtigen Access-Point aus der angezeigten Liste aus.

Die erfolgreiche Auswahl wird im folgenden Dialogfenster angezeigt.

Schritt 6: Überprüfen der zugewiesenen IP-Adresse

Im Untermenüpunkt *Systeminfo* von *System* bekommst du die vom Router zugewiesene IP-Adresse angezeigt, die in meinem Fall die *192.168.178.40* ist. Die IP-Adresse weicht von der über ein LAN-Kabel zugewiesenen IP-Adresse ab.

Nun können wir auf unserem Android-Smartphone die Fernsteuerungssoftware für das XBMC installieren.

Die XBMC-Remote-App auf dem Android-Smartphone installieren und einrichten

Das machst du über den sogenannten *Play-Store*, falls sich der Name in nächster Zeit nicht wieder ändert. Gib als Suchbegriff einfach *xbmc* ein und installiere die App.

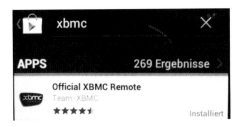

Bei mir ist sie schon installiert, was du an der Meldung rechts unten erkennen kannst. Bevor du eine Verbindung von der XBMC-App zum Raspberry Pi mit dem XBMC-Server aufnehmen kannst, musst du die App mit ein paar Verbindungsinformationen versorgen. Du findest sie bei den schon bekannten *Webserver-Dienste-Einstellungen*.

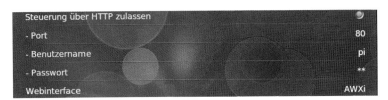

Dort habe ich einen Benutzernamen und ein Passwort vergeben, die du später in der XBMC-App eintragen musst. Der zweite Schritt ist das Zulassen von entfernten Programmen, wozu eine App ja gehört, die als Fernsteuerung auf den XBMC-Server zugreifen möchten. Das machst du über den Punkt *Fernsteuerung*, der sich direkt unterhalb der Webserver-Einstellungen befindet.

Steuerung über lokale Programme zulassen

Steuerung über entfernte Programme zulassen

Markiere den unteren Punkt, so dass der kleine blaue Kreis zu sehen ist. Auf XBMC-Server-Seite ist nun alles für die Fernsteuerung über das Android-Smartphone mit der XBMC-App vorbereitet. Öffne die App und trage dort bei den Settings (*XBMC Hosts*) die folgenden Informationen ein, wobei der Instanz-Name im ersten Feld frei von dir gewählt werden kann.

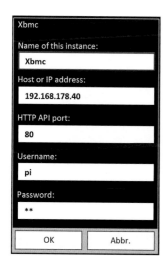

◀ **Abbildung 15-4-23**
Die notwendigen Daten für die XBMC-App

Alle weiteren Daten, die sich weiter unten in den Settings befinden, kannst du unverändert lassen.

Ich habe alles so gemacht, wie du es gesagt hast, und bekomme immer die Fehlermeldung *Socket Timeout*.

Ich denke, dass es daran liegt, dass du dein WLAN unter den allgemeinen *Smartphone-Settings* nicht aktiviert hast.

◀ **Abbildung 15-4-24**
Ist das WLAN aktiviert?

Das Multimediacenter XBMC

Die *I* auf dem grünen Button muss sichtbar sein. Falls du dann immer noch Probleme haben solltest, überprüf noch einmal die von dir eingetragenen Informationen über *IP-Adresse*, *HTTP-Port*, *Username* und *Passwort*. Stimmt das alles, sollte es funktionieren.

Abbildung 15-4-25 ▶
Nach erfolgreicher Verbindungs-
aufname und Wahl von Remote
Control

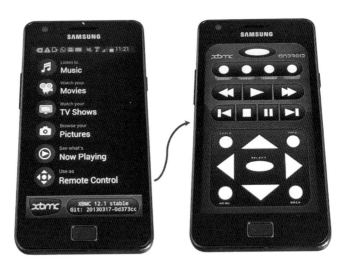

Nach erfolgreicher Verbindungsaufnahme erscheint die App mit der Auswahl verschiedener Menüpunkte, die du auf der linken Seite siehst. Über *Remote Control* kannst du dein Multimediacenter nun sehr einfach aus der Ferne bedienen.

Das Mini Wireless Keyboard

Kommen wir zu einer weiteren Möglichkeit, dein Multimediacenter über eine Fernbedienung zu steuern. Es handelt sich um ein *Mini Wireless Keyboard* mit 69 Tasten, einem Touchpad und einem integrierten Laserpointer.

Abbildung 15-4-26 ▶
Das Mini Wireless Keyboard

Die Maße sind *151 x 59 x 13mm*, was also richtig klein ist und für eine Fernbedienung genau richtig. Der Wireless-Adapter *RF 2.4G* liegt schon bei, du musst ihn lediglich in einen freien USB-Port deines Raspberry Pi stecken. Er wird unmittelbar erkannt und du kannst sofort loslegen. Über das Touchpad ist es sehr leicht, den Mauszeiger auf das gewünschte Anzeigeelement zu positionieren und es mit einem kleinen Fingertipp auszuwählen. Du kannst die Fernbedienung natürlich auch als ganz normale Tastatur – die übrigens beleuchtet ist – für das Arbeiten mit dem Raspberry Pi ohne XBMC verwenden, wenngleich die Tasten etwas klein sind, um auf Dauer damit zu arbeiten. Doch für unterwegs ist diese Lösung aufgrund der geringen Ausmaße sicherlich einen Blick wert. Die exakte Typenbezeichnung lautet *»iClever Wireless 2,4GHz Rii Mini Funk Tastatur«*. Der Preis liegt bei ungefähr 35€.

Wenn du dich für eine Lightweight-Variante von XBMC mit Namen *XBian* interessierst, so wirf doch einmal einen Blick auf die folgende Seite:

http://wiki.xbmc.org/index.php?title=XBian

Raspberry Pi und WLAN 16

Bisher hast du sicherlich für den Zugang zum Internet dein Netzwerkkabel genommen, um damit eine Verbindung zwischen Raspberry Pi und Router herzustellen. Da aber in der heutigen Zeit vieles auch drahtlos funktioniert, ist der Begriff WLAN (Wireless-LAN) nichts Neues für dich. Es existieren in freier Wildbahn viele Möglichkeiten, einen drahtlosen Zugang zum Internet zu bekommen. Derartige *Hotspots*, wie sich diese Zugangspunkte nennen, gibt es z.B. an Flughäfen, in ICE-Zügen oder in Hotels, die den Service für eine Gebühr zur Verfügung stellen. Du kannst deinen Raspberry Pi mit einem WLAN-Adapter ausrüsten, der die Verbindung zum Router herstellt. Natürlich muss dafür dein Router ebenfalls mit einer WLAN-Funktionalität ausgerüstet sein.

Der WLAN-Stick

Beim WLAN-Adapter, den ich verwende, handelt es sich um den *D-Link N 150*, wobei ich keine Werbung für diesen Adapter machen möchte. Ich sage nur, dass er funktioniert und es eine ganze Menge anderer gibt, die ebenfalls mit deinem Raspberry Pi arbeiten. Ein derartiger Adapter kostet etwas mehr als *10* Euro und ist sicherlich für jeden erschwinglich.

◀ **Abbildung 16-1**
Der WLAN-Adapter

Wenn diese Module früher noch die Größe eines USB-Sticks besaßen, muss man heute schon suchen, wenn einem das Teil auf den Boden fällt, denn sie sind wirklich klein geworden.

 Achtung

> Manche Adapter ziehen im Moment des Aufsteckens auf einen USB-Anschluss des Raspberry Pi soviel Strom, dass die Stromversorgung des Rechners kurzzeitig zusammenbricht und er bootet. Stecke ihn also nicht im laufenden Betrieb auf, sondern wenn er stromlos ist.

Zur Konfiguration deines WLANs für deinen Raspberry Pi nutze am besten ein Icon, das Debian Wheezy standardmäßig direkt auf dem Desktop anbietet und mit dem Namen *WiFi Config* versehen ist.

WiFi Config

Wenn du deinen Raspberry Pi mit aufgestecktem WLAN-Adapter gebootet hast und das WiFi-Config-Programm öffnest, bekommst du ein Tool mit einer grafischen Oberfläche zur Verfügung gestellt.

Abbildung 16-2 ▶
Das WiFi-Config-Tool

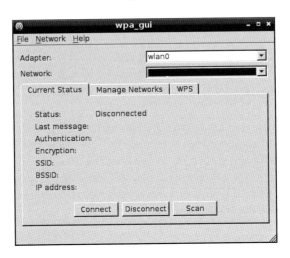

Wurde der WLAN-Adapter korrekt erkannt – und das ist bei dem von mir verwendeten Modell der Fall –, bekommst du in der Adapterzeile den Eintrag *wlan0* angezeigt, der schon ausgewählt ist. Nun müssen wir noch ein uns zur Verfügung stehendes WLAN-Netzwerk suchen, mit dem eine Verbindung aufgenommen werden kann. Klicke dazu auf die *Scan*-Schaltfläche.

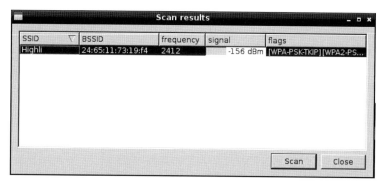

◀ **Abbildung 16-3**
Die Anzeige der für den WLAN-
Adapter erreichbaren WLAN-Netze

Anscheinend haben alle meine Nachbarn ihre Router ausgeschaltet, ich bekomme nur meinen eigenen mit der SSID *Highli* angezeigt. Bei der *SSID (Service-Set-Identifier)* handelt es sich um einen frei wählbaren Namen, über den ein WLAN-Netz zu erreichen ist. Bei der Auswahl über einen Doppelklick gelangst du in das nächste Dialog-Fenster, in dem du lediglich noch die Phrase, also das vergebene Passwort des WLAN-Netzes, in das Feld *PSK* eintragen musst. Alle anderen Setzungen können so bleiben, wie sie beim Aufruf stehen.

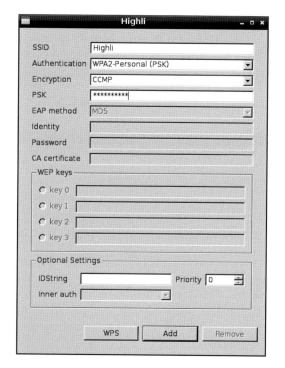

◀ **Abbildung 16-4**
Eintragen des Passwortes in das
Feld PSK

Abschließend klicke auf die *Add*-Schaltfläche. Bei einem Klick auf die *Connect*-Schaltfläche im Ursprungsdialog sollte eine erfolgreiche Verbindung zum Router bzw. Internet bestehen.

Abbildung 16-5 ▶
Die Verbindungsinformationen
werden angezeigt

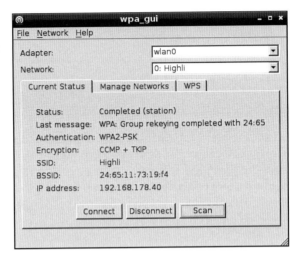

Die letzte Information ganz unten im Dialog-Fenster zeigt dir die vom Router vergebene IP-Adresse an, mit der dein Raspberry Pi nun im Netzwerk unterwegs ist bzw. über die er zu erreichen ist. Da dein WLAN-Adapter ein USB-Device ist, kannst du über den Befehl

```
# lsusb
```

alle zur Verfügung stehenden Devices auflisten.

Abbildung 16-6 ▶
Die Anzeige der USB-Devices
über lsusb

```
pi@raspberrypi ~ $ lsusb
Bus 001 Device 002: ID 0424:9512 Standard Microsystems Corp.
Bus 001 Device 001: ID 1d6b:0002 Linux Foundation 2.0 root hub
Bus 001 Device 003: ID 0424:ec00 Standard Microsystems Corp.
Bus 001 Device 004: ID 2001:3308 D-Link Corp. DWA-121 802.11n Wireless N 150 Pic
o Adapter [Realtek RTL8188CUS]
Bus 001 Device 005: ID 040b:2013 Weltrend Semiconductor
pi@raspberrypi ~ $ █
```

Das WLAN-Device ist das mit der Nummer *004*. Du kennst möglicherweise den *ifconfig*-Befehl, der dir u.a. Informationen zu IP-Netzwerk-Interfaces liefert. Führe den *iwconfig*-Befehl aus, um Informationen über die drahtlose Netzwerkverbindung zu erhalten.

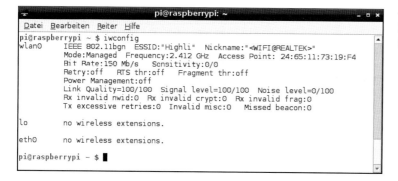

◀ **Abbildung 16-7**
Die Anzeige der Informationen über
den iwconfig-Befehl

Hier werden sogar Hinweise über die vorherrschende Signalstärke
bzw. -qualität angezeigt. Mein Raspberry Pi befindet sich im
Moment ca. *20cm* vom Router entfernt. ☺

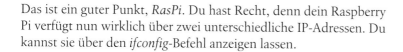

Wenn ich mein Netzwerkkabel vorher nicht vom Raspberry Pi
getrennt habe und nun auch noch den WLAN-Adapter verwende,
habe ich dann mehrere IP-Adressen von meinem Router erhalten?

Das ist ein guter Punkt, *RasPi*. Du hast Recht, denn dein Raspberry
Pi verfügt nun wirklich über zwei unterschiedliche IP-Adressen. Du
kannst sie über den *ifconfig*-Befehl anzeigen lassen.

Erweiterungen für den Raspberry Pi

17

Projekt 17-1:
Die Raspberry Pi-
Arduino-Bridge

Wenn du dich schon mit dem Arduino-Mikrocontroller befasst hast, wird das Board, das ich dir nun vorstelle, bestimmt interessant sein. Es dient als Brücke zwischen deinem Raspberry Pi und fertigen Arduino-Shields und wurde von der Firma *Cooking Hacks* (www.cooking-hacks.com) entwickelt. Ein Shield ist eine Erweiterungsplatine, die oben auf dem Arduino aufgesteckt wird, um seine Funktion zu erweitern. In diesem Kapitel besprechen wir folgende Themen:

- Was ist die Raspberry Pi-Arduino-Bridge?
- Wie wird das Board mit dem Raspberry Pi verbunden?
- Welche Software ist notwendig, um die Bridge zu betreiben?
- Welche Arduino-Shields können wir verwenden?

Die Raspberry Pi-
Arduino-Bridge

Sehen wir uns doch zuerst das Board an und wie es mit deinem Raspberry Pi verbunden wird. Auf dem folgenden Bild siehst du das Board von der Unterseite, auf der sich eine Buchsenleiste befindet, die genau auf die GPIO-Schnittstelle passt und somit eine elektrische Verbindung zum Raspberry Pi-Board herstellt.

Raspberry Pi Buchsenleiste

Hast du das Board oben aufgesteckt, bilden beide eine Einheit, wie du das auf dem folgenden Bild sehen kannst.

Abbildung 17-1-2 ▶
Die Raspberry Pi-Arduino-Bridge

Achtung

Die Bridge verfügt auf der Oberseite über mehrere Buchsenleisten, auf die die Arduino-Shields aufgesteckt werden können. Kommen wir zuvor zu ein paar Details.

- 8 digitale Ein- bzw. Ausgänge
- Verbindungsbuchsen für XBee-Modul (drahtlose Kommunikation)
- UART-Pins (RX, TX)
- I²C-Pins (SDA, SCL)
- SPI-Pins (SCK, MISO, MOSI, CS)
- 8 Kanal Analog/Digital-Wandler
- Schalter für externe Spannungsversorgung
- ICSP-Verbindung

Du siehst, dass mit dem Board einiges zu machen ist, und wenn du dich mit dem Arduino schon ein wenig auskennst, hast du einen kleinen Wissensvorsprung. Auf dem folgenden Bild kannst du sehen, wo du Zugriff auf die gerade genannten Details hast.

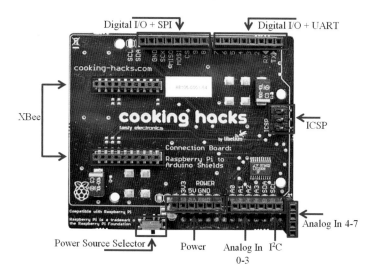

◀ **Abbildung 17-1-3**
Die Raspberry Pi-Arduino-Bridge von der Oberseite gesehen

Die *Raspberry Pi-Arduino-Bridge* hat keinen Überspannungs-schutz, der ein evtl. angelegtes Signal von *5V* auf *3,3V* begrenzt. Hier noch einmal der Hinweis, dass die GPIO-Pins nicht *5V*-tole-rant sind und nur *3,3V* vertragen. Jegliche Spannungen, die über *3,3V* liegen, zerstören deinen Raspberry Pi.

Bevor wir mit der Bridge arbeiten können, müssen wir eine Library herunterladen.

Die notwendige Software installieren

Da es Raspberry Pi-Revision-1- und -Revision-2-Boards gibt, soll-test du nachschauen, welches du hast, denn in Abhängigkeit davon musst du eine abweichende *arduPi*-Library installieren. Ich für werde mein Board die Software für Revision 2 installieren. Nach dem erfolgreichen Download liegt eine Datei mit dem Namen

```
arduPi_rev2_1-3.tar.gz
```

in dem Verzeichnis, das ich beim Speichern ausgewählt habe. Leg dir zu diesem Zweck am besten einen eigenen Ordner an, vielleicht mit dem Namen *arduPi*. Darin speicherst du alle deine Projekte ab und hast somit immer direkten Zugriff auf die benötigten Library-Dateien. Nun musst du diese Datei noch dekomprimieren bzw. entpacken. Mach das wie folgt:

```
#  tar xvf arduPi_rev2_1-3.tar.gz
```

Im aktuellen Verzeichnis befinden sich nun 3 Dateien:

- *arduPi.cpp*
- *arduPi.h*
- *arduPi_template.cpp*

Die Datei *arduPi_template.cpp* beinhaltet schon Code, den du für dein zukünftiges Projekt verwenden kannst. Ihr Inhalt schaut wie folgt aus:

```
1    //Include ArduPi library
2    #include "arduPi.h"
3
4    SerialPi Serial;
5
6    //Needed for accesing GPIO (pinMode, digitalWrite, digitalRead, I2C functions)
7    WirePi Wire;
8
9    //Needed for SPI
10   SPIPi SPI;
11
12   /*******************************************************
13    *   IF YOUR ARDUINO CODE HAS OTHER FUNCTIONS APART FROM   *
14    *   setup() AND loop() YOU MUST DECLARE THEM HERE         *
15    * *****************************************************/
16
17   /***************************
18    * YOUR ARDUINO CODE HERE *
19    * *************************/
20
21   int main (){
22       setup();
23       while(1){
24           loop();
25       }
26       return (0);
27   }
```

Zur Programmierung verwende ich wieder den schon bekannten Editor *Geany*. In der Zeile 2 wird die benötigte *arduPi*-Library eingebunden. Diese Zeile muss auf jeden Fall Teil des Programmcodes sein. Falls du keinen seriellen Zugriff und keine SPI-Funktionalität benötigst, kannst du die Zeilen 4 und 10 weglassen oder besser auskommentieren, denn auf diese Weise kannst du sie bei Bedarf wieder aktivieren. Zeile 7 ist aber auf jeden Fall für den Zugriff auf die GPIO-Schnittstelle erforderlich. Wie ist der Code des Templates zu verstehen? In der Arduino-Programmierung gibt es zwei grundsätzliche und unbedingt erforderliche Funktionen:

▲ **Abbildung 17-1-4**
Das arduPi-Template

- setup
- loop

In der *setup*-Funktion werden nach dem Programmstart einmalig erforderliche Initialisierungen vorgenommen, z.B. welche Pins als Ein-, welche als Ausgänge arbeiten sollen. Die *loop*-Funktion wird kontinuierlich aufgerufen, weshalb sie im Programmcode in Zeile 24 innerhalb der *while*-Endlosschleife platziert ist. Wundere dich nicht, dass im gezeigten Template sowohl die Definition für die *setup*- als auch für die *loop*-Funktion fehlt. Stellvertretend dafür steht der Kommentar in den Zeilen 17 bis 19. Ich möchte zu Beginn ein sehr einfaches Programm starten, das eine LED an einem digitalen Arduino-Pin blinken lässt. Wie aber wird ein geschriebenes Programm mit der erforderlichen *arduPi*-Library kompiliert? Ich zeige dir das anhand einer Konsoleneingabe, in der wir den *g++*, der ein C++-Compiler ist, bemühen. Angenommen, meine Quellcodedatei lautet *blink.cpp*, dann musst du die folgende Zeile eintippen:

```
# g++ lrt -lpthread blink.cpp arduPi.cpp -o blink
```

Wow, das soll einer verstehen!?

Moment, *RasPi*, das ist ganz einfach. Sehen wir uns das Kommando mit den Zusatzparametern genauer an.

- *g++*: Starten des C++-Compilers
- *lrt*: Das Flag ist notwendig, weil die *clock_gettime*-Funktion (time.h) benötigt wird.
- *-lpthread*: Diese Option ist für die Funktionen *attachInterrupt()* und *detachInterrupt()* erforderlich, da beide mit Threads arbeiten.
- *blink.cpp*: Hierbei handelt es sich um die Quellcode-Datei.
- *arduPi.cpp*: Die erforderliche *arduPi*-Library muss beim Kompilieren mit eingebunden werden.
- *-o*: Über diesen Schalter kannst du den Namen der Output-Datei festlegen, der anschließend genannt wird.
- *blink*: Der Name der Output-Datei (ausführbare Datei)

Nach der erfolgreichen Kompilierung befindet sich eine Datei mit dem Namen *blink* im aktuellen Verzeichnis. Die Ausführung benötigt Root-Rechte, so dass du das Programm mit der folgenden Zeile starten musst:

```
# sudo ./blink
```

Das Blinkprogramm

Kommen wir zum angekündigten Blinkprogramm.

Abbildung 17-1-5 ▶
Das Blinkprogramm

```
1    //Include ArduPi library
2    #include "arduPi.h"
3    #define LEDPIN 8
4    #define DELAY  1000
5
6    WirePi Wire;
7
8    void setup(){
9        pinMode(LEDPIN, OUTPUT); // Pin als Ausgang
10   }
11
12   void loop(){
13       digitalWrite(LEDPIN, HIGH); // Pin auf HIGH-Pegel
14       delay(DELAY);               // Pause
15       digitalWrite(LEDPIN, LOW);  // Pin auf LOW-Pegel
16       delay(DELAY);               // Pause
17   }
18
19   int main (){
20       setup();
21       while(1){
22           loop();
23       }
24       return (0);
25   }
```

— Projekt 17-1: Die Raspberry Pi-Arduino-Bridge

Eine an einen Vorwiderstand von *330Ohm* angeschlossene LED wird über den digitalen Ausgang Pin *8* angesteuert. Die LED soll dabei wiederholt eine Sekunde leuchten und eine Sekunde dunkel sein. Innerhalb der *setup*-Funktion wird der betreffende digitale Pin *8* in Zeile *9* über die *pinMode*-Funktion als Ausgang programmiert. In Zeile *13* wird der Pegel auf HIGH gesetzt, so dass die LED leuchtet. In Zeile *15* erfolgt ein Pegelwechsel nach LOW, so dass die LED verlischt. Zwischen beiden Pegelwechseln erfolgt über die *delay*-Funktion eine Pause.

Unterstützte Arduino-Boards

Auf der Internetseite von *Cooking Hacks* findest du einige Shields, die mit der Bridge wunderbar zusammenarbeiten. Ich möchte hier einige nennen, die ich sehr interessant finde. Das ist natürlich nur eine sehr kleine Auswahl, und ich möchte dich nochmals darauf hinweisen, keine Arduino-Shields zu verwenden, die eine externe Spannungsversorgung von *5V* erfordern. Ebenfalls funktionieren Shields nicht, die eine Spannungsversorgung von *5V* über den Arduino benötigen. Nähere Hinweise findest du auf der Internetseite von Cooking Hacks.

GPS-Shield

Mit diesem Shield kannst du u.a. deine Position bestimmen lassen. Es wird dazu das *GPS (Global Positioning System)* genutzt. Es handelt sich dabei um ein satellitengestütztes Positions- bzw. Zeitbestimmungssystem.

◀ **Abbildung 17-1-6**
Das GPS-Shield
(Quelle: Cooking Hacks)

Das Board wartet noch mit weiteren Features auf:

- Anschluss einer SD-Karte zum Speichern von Daten
- 3G-Modem
- Anschluss für Video-Kamera
- Anschluss für Mikrofon bzw. Lautsprecher
- Versenden von Mails über POP3 bzw. SMTP
- Upload/Download von Dateien über FTP/SFTP

Geigerzähler-Shield

Mit dem Geigerzähler-Shield kannst du ionisierende Strahlung messen. Er wird meistens zur Ermittlung von radioaktiver Strahlung verwendet. Aber auch die ganz normale kosmische Strahlung, mit der wir tagtäglich bestrahlt werden, kann mit einem derartigen Gerät gemessen werden.

Was hast du gelernt?

- Du hast in diesem Kapitel gelernt, dass du mit Hilfe eines *Raspberry Pi-Arduino-Bridge*-Boards eine Verbindung zwischen Arduino-Shields und deinem Raspberry Pi herstellen kannst.

Projekt 17-2:
Das AlaMode-Board

Wie du gleich siehst, werde ich hinsichtlich der Arduino-Unterstützung nicht locker lassen. Das folgende Board nennt sich *AlaMode-Board* und stellt nicht nur eine Brücke zwischen Arduino-Shields und deinem Raspberry Pi dar, sondern es handelt sich um einen vollwertigen Arduino, der einen Mikrocontroller vom Typ *ATMEGA 328P-PU* (mit Uno-Bootloader) besitzt. Es ist der gleiche Mikrocontroller, der z.B. auch beim *Arduino Uno* Verwendung findet. In diesem Kapitel besprechen wir folgende Themen:

- Was ist das AlaMode-Board?
- Wie wird das Board mit dem Raspberry Pi verbunden?
- Was musst du hinsichtlich der Spannungsversorgung beachten?
- Welche Software ist notwendig, um das Board zu betreiben?

Das AlaMode-Board

Sehen wir uns zuerst das Board an und wie es mit deinem Raspberry Pi verbunden wird. Auf dem folgenden Bild siehst du das Board von der Unterseite, auf der sich u.a. eine Buchsenleiste befindet, die genau auf die GPIO-Schnittstelle passt und somit eine elektrische Verbindung zum Raspberry Pi-Board herstellt.

Achtung

> Achte wie bei der Raspberry Pi-Arduino-Bridge auf die absolut korrekte Positionierung der Buchsenleiste beim Zusammenstecken beider Boards. Eine kurze Unachtsamkeit, und der Schaden ist angerichtet.

microUSB
Spannungsversorgung
(keine Daten)

Batteriehalterung für
Real-Time-Clock

Raspberry Pi Buchsenleiste

Abbildung 17-2-1 ▲
Das AlaMode-Board von der
Unterseite gesehen

Über den microUSB-Adapter kannst du eine externe Spannungsversorgung anschließen, falls das AlaMode-Board inklusive aufgestecktem Shield etwas mehr Strom zum Betrieb benötigt, als das
Raspberry Pi-Board zu liefern im Stande ist. Auf der Vorderseite
befindet sich ein kleiner Jumper, über den du die Spannungsversorgung konfigurieren kannst. Dazu später mehr. Wenn du das Board
oben aufgesteckt hast, bilden beide eine Einheit, wie du das auf
dem folgenden Bild sehen kannst.

Abbildung 17-2-2 ▶
Das AlaMode-Board auf dem
Raspberry Pi

Projekt 17-2: Das AlaMode-Board

Ähnlich wie beim *Raspberry Pi-Arduino-Bridge*-Board kannst du hier Arduino-Shields auf das *AlaMode*-Board aufstecken. Kommen wir zuvor jedoch zu ein paar Details:

- microSD-Card Slot
- Temperatur-kontrollierte und hoch präzise Real-Time-Clock mit Batterie-Pufferung
- GPS-Interface für Fastrax *UP501* Module
- Arduino kompatibel mit Standard-Header für entsprechende Shields
- Onboard-LED für digitalen Pin *D13*
- Interface zur Raspberry Pi-GPIO-Schnittstelle
- Kommunikation zum Raspberry Pi über *I²C*, *SPI* und *UART* möglich
- Analoge Referenzspannung kann entweder *3,3V* oder *5V* betragen.
- Analoge Header verfügen über *5V*-, *3,3V*- und *GND*-Anschlüsse, so dass *3*-Wire-Sensoren unterstützt werden.
- Servo-Header verfügt über *5V* und *GND*, so dass *3*-Wire-Servos unterstützt werden.
- Angeschlossene Servos können entweder über Onboard *5V* oder über die externe Spannungsversorgung betrieben werden.
- FTDI und ISP Header für Programmierung
- Spannungsversorgung entweder über den Raspberry Pi oder über den microUSB-Anschluss (beachte Informationen zum Jumper-Setting!)
- Spannungsversorgungs-LED für *3,3V* bzw. *5V*

Die Einsatzmöglichkeiten sind wahrlich gewaltig, und über das Board kannst du die beiden Welten des Raspberry Pi und des Arduino wunderbar kombinieren. Einige der vielen Vorteile des Boards bestehen z.B. im Betrieb als *Stand-Alone-Arduino* oder als Datenlogger, um die unterschiedlichsten Messwerte zu erfassen und auf der SD-Karte für eine spätere Auswertung zu speichern. Die Anschaffungskosten werden dadurch minimiert. Ich finde es u.a. sehr schön, dass der Mikrocontroller auf der Platine gesockelt ist. Solltest du ihn einmal – aus welchen Gründen auch immer – geschrottet haben, ist ein Austausch sehr leicht durchzuführen. Genaueste Informationen findest du auf der Internetseite des Anbieters unter *http://wyolum.com/projects/alamode*. Auf dem folgenden Bild kannst du sehen, wo du Zugriff auf die gerade genannten Details hast.

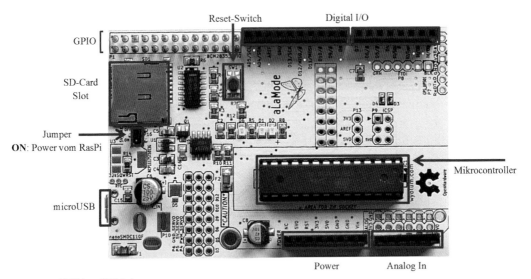

Abbildung 17-2-3 ▲
Das AlaMode-Board von der
Oberseite gesehen

Eine Sache bereitet mir ein wenig Kopfschmerzen. Wie ist das mit der Spannungsversorgung? Das AlaMode-Board besitzt einen microUSB-Anschluss, um dort eine externe Spannungsversorgung anzuschließen. Aber das Board wird auch über den Raspberry Pi versorgt. Wie funktioniert das?

Das ist eine sehr berechtigte Frage an dieser Stelle, *RasPi*. Ich werde das im nächsten Abschnitt detailliert erklären.

Die Spannungsversorgung

Um das AlaMode-Board zu betreiben, gibt es mehrere Möglichkeiten. Wie du schon richtig erkannt hast, ist ein microUSB-Anschluss zur externen Versorgung vorhanden und ebenfalls eine Versorgung über den Raspberry Pi. Nicht zu vergessen der auf dem Board befindliche Jumper, der eine entscheidende Rolle in diesem Fall spielt. Wir werden verschiedene Konfiguration durchspielen. Zuvor zeige ich dir die genaue Position des wirklich sehr kleinen Jumpers, der sich direkt neben dem SD-Karten-Slot befindet. Standardmäßig befindet er sich in der *OFF*-Position, doch es ist besser, sich vor der Inbetriebnahme von seiner Position zu überzeugen.

Befindet er sich in der *OFF*-Position, wird eine externe Spannungsversorgung über den microUSB-Anschluss erwartet. Ist er in der
ON-Position, bezieht er seine Spannungsversorgung über Pin 2 der
GPIO-Schnittstelle, an dem bekanntlich *5V* anliegen. Doch nun zu
den unterschiedlichen Szenarien.

Möglichkeit 1

Die erste Möglichkeit, die ich dir vorstelle, ist die Spannungsversorgung des AlaMode-Boards über die GPIO-Schnittstelle des Raspberry Pi, bei dem der *5V*-Link-Jumper in der Position *ON* stehen
muss. Aus diesem Grund sollte das Netzteil mindestens *1A* liefern
können.

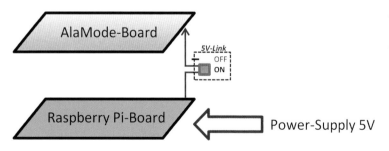

◀ **Abbildung 17-2-5**
Spannungsversorgung des
AlaMode-Boards erfolgt über den
Raspberry Pi

Es wird nur der Raspberry Pi über ein Netzteil mit Spannung versorgt. Wähle diese Variante, wenn das AlaMode-Board keine
stromhungrigen Verbraucher wie z.B. Motoren oder Servos versorgen muss.

Möglichkeit 2

Als zweite Möglichkeit stelle ich dir die separate Spannungsversorgung des AlaMode-Boards über den microUSB-Anschluss vor, bei dem der *5V-Link*-Jumper in der Position *OFF* stehen muss.

Abbildung 17-2-6 ▶
Spannungsversorgung des Ala-Mode-Boards erfolgt über den microUSB-Anschluss

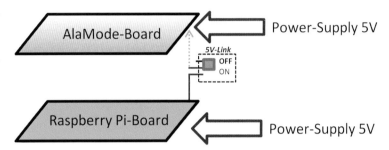

Beide Boards haben ihre eigene Spannungsversorgung, so dass du den *5V-Link-Jumper* auf jeden Fall in die *OFF*-Position bringen musst, um eine Spannungsversorgung seitens des Raspberry Pi zum AlaMode-Board zu unterbinden. Sonst hast du es mit zwei konkurrierenden Netzteilen zu tun. Das ist kein guter Zustand. Wähle diese Variante, wenn dein AlaMode-Board mehr Strom zum Betrieb benötigt, als das Netzteil des Raspberry Pi im Stande zu liefern ist. Wenn du immer auf der sicheren Seite sein möchtest, entscheide dich für diese Variante. Natürlich benötigst du ein zusätzliches Netzteil. Wenn du dein AlaMode-Board richtig angeschlossen und mit Spannung versorgt hast, leuchten zwei LEDs (*D1* und *D2*) grün auf. Das ist für dich das Zeichen, dass hardwaremäßig bis hierhin alles ok ist.

Möglichkeit 3

Wenn du die Spannungsversorgung über ein angeschlossenes FTDI-Kabel herstellen möchtest, muss der *5V-Link-Jumper* auf jeden Fall wieder in der *OFF*-Position stehen. Ich möchte an dieser Stelle nicht weiter darauf eingehen, da es für unsere Belange nicht erforderlich ist. Beachte für diesen Fall die Hinweise des Herstellers, die im User-Guide stehen.

Bevor wir loslegen, müssen wir noch die erforderliche Software bzw. einen Patch einspielen.

Projekt 17-2: Das AlaMode-Board

Die notwenige Software installieren

Wenn du es nicht schon im Arduino-Kapitel erledigt hast, wollen wir an dieser Stelle die Entwicklungsumgebung für den Arduino installieren. Das machst du über die folgenden beiden Zeilen:

```
# sudo apt-get update
# sudo apt-get install arduino
```

Nach der erfolgreichen Installation könntest du die Arduino-Entwicklungsumgebung sofort starten, doch das würde dir in Hinblick auf das AlaMode-Board nichts bringen, denn standardmäßig kennt die Entwicklungsumgebung das Board nicht. Über die folgenden Zeilen änderst du dass und machst es verfügbar. Zuerst lädst du das erforderliche AlaMode-Setup herunter.

```
# wget https://github.com/wyolum/alamode/raw/master/bundles/
alamode-setup.tar.gz
```

Im Anschluss musst du die Datei entpacken und installieren. Mache das wie folgt:

```
# tar xvzf alamode-setup.tar.gz
# cd alamode-setup
# sudo ./setup
```

Bei älteren Arduino- bzw. Wheezy-Versionen gab es das Problem, dass die serielle Schnittstelle, über die der Arduino anzusprechen war, aufgrund einer Namenskonvention nicht erkannt wurde. Das scheint aber nun gelöst zu sein. Falls es dennoch Probleme gibt, wirf einen Blick in den User-Guide des AlaMode-Boards. Dort wird erklärt, wie symbolische Links zu erstellen sind. Bei mir hat mit der Wheezy-Version *2013-02-09* bzw. der Arduino-Version *1.0.1* auf Anhieb alles funktioniert. Nach der Installation der Arduino-Software bzw. des Patches kannst du die IDE entweder unter dem Menüpunkt *Elektronik|Arduino IDE* oder durch die Eingabe von *arduino* in einem Terminal-Fenster starten. Folgende zwei Schritte sind notwendig, damit du Zugriff auf dein AlaMode-Board erlangst.

Auswahl der seriellen Schnittstelle

Zu Beginn musst du die serielle Schnittstelle unter dem Menüpunkt *Tools|Serieller Port* auswählen, über die du dein AlaMode-Board erreichen möchtest. Das ist */dev/ttyS0*.

Abbildung 17-2-7 ▶
Die Wahl der seriellen Schnittstelle
(dev/ttyS0)

Auswahl des AlaMode-Boards

Da es eine große Vielfalt an unterschiedlichen Arduino-Boards gibt, musst du der Entwicklungsumgebung mitteilen, welches Board du verwendest. Über das zuletzt aufgerufene *alamode-setup* hast du das Boards der IDE hinzugefügt, so dass es nun unter dem Menü-punkt *Tools|Boards* zur Auswahl angeboten wird.

Abbildung 17-2-8 ▲
Die Wahl des AlaMode-Boards

Nun bist du mit den Vorbereitungen an einen Punkt gelangt, wo es darum geht, das Board erstmalig zu testen. Das machen wir mit dem berühmt-berüchtigten Blinkprogramm, das eine auf dem Arduino-Board vorhandene und mit dem digitalen Pin *13* verbun-dene LED blinken lässt. Immer wieder sehr spannend!

Der erste Test des AlaMode-Boards

Wähle unter den vorhandenen Beispielen der Arduino-Entwick-lungsumgebung unter dem Menüpunkt *Datei|Beispiele|Basics|Blink* den Sketch aus und lade ihn, wie ich es im Arduino-Kapitel beschrie-ben habe, auf das Board. Auf dem AlaMode-Board befindet sich eine LED mit der Bezeichnung *D6*, die nach dem Kompilieren bzw. Hoch-laden des Sketches anfängt zu blinken.

Projekt 17-2: Das AlaMode-Board

Ist das der Fall, kannst du dich zurücklehnen und durchatmen. Alles ist ok.

Die Real-Time-Clock

Der Raspberry Pi verfügt aus Kostengründen von Haus aus über keine Hardware-Uhr. Wenn du das AlaMode-Board mit deinem Raspberry Pi verbunden hast, steht dir eine Batterie-gepufferte Real-Time-Clock (RTC) zur Verfügung. Zur Pufferung bei Stromausfall musst du eine Knopfzelle vom Typ *CR1632 (3V)* in die entsprechenden Halterung auf der Board-Unterseite einsetzen. Diese *RTC* kann über den I^2C-Bus abgerufen werden. Dazu sind die Vorbereitungen notwendig, die ich schon im Kapitel über den I^2C-Bus beschrieben habe. Wir wollen sehen, unter welcher Adresse die RTC auf dem Bus zu erreichen ist.

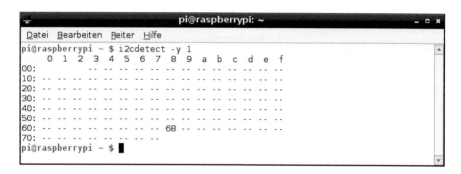

Da haben wir die Antwort. Es handelt sich um die Adresse *0x68*. Damit du die RTC in Zukunft benutzen kannst, musst du ein entsprechendes Kernel-Modul über das *modprobe*-Kommando laden. Du kennst es ja mittlerweile schon.

▲ **Abbildung 17-2-9**
Die I^2C-Adresse der RTC

```
# sudo modprobe rtc-ds1307
```

Überprüfe das korrekte Laden mit dem *lsmod*-Kommando.

```
# lsmod
```

Du solltest u.a. den Eintrag *rtc_ds1307* in der Ausgabeliste vorfinden. Gib jetzt die folgenden Zeilen für das Revision 2 Board ein. Passe den I^2C-Bus für das Revision 1 Board entsprechend an.

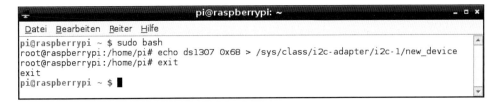

```
pi@raspberrypi: ~                                    _ □ ×
 Datei  Bearbeiten  Reiter  Hilfe
pi@raspberrypi ~ $ sudo bash
root@raspberrypi:/home/pi# echo ds1307 0x68 > /sys/class/i2c-adapter/i2c-1/new_device
root@raspberrypi:/home/pi# exit
exit
pi@raspberrypi ~ $ ▮
```

Abbildung 17-2-10▲
Daten an den I²C-Bus versenden
und das Device erstellen

Nun solltest du Zugriff auf die *hwclock* haben.

Das ist die Hardware-Uhr, *RasPi*, die über RTC synchronisiert wird. Wir wollen sehen, wie sie im Moment steht.

Was ist die *hwclock genau*?

```
pi@raspberrypi: ~                                    _ □ ×
 Datei  Bearbeiten  Reiter  Hilfe
pi@raspberrypi ~ $ sudo hwclock -r
Sa 01 Jan 2000 01:32:02 CET   -0.521852 seconds
pi@raspberrypi ~ $ ▮
```

Abbildung 17-2-11▲
Die Hardware-Uhr abfragen

Ok, ich denke nicht, dass wir derart in der Vergangenheit leben. Die Uhr sollte gestellt werden. Meine Systemzeit, die ich über das *date*-Kommando abrufe, stimmt. Ich kann über einen speziellen Befehl die Systemzeit auf die RTC übertragen.

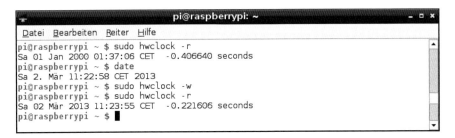

```
pi@raspberrypi: ~                                    _ □ ×
 Datei  Bearbeiten  Reiter  Hilfe
pi@raspberrypi ~ $ sudo hwclock -r
Sa 01 Jan 2000 01:37:06 CET   -0.406640 seconds
pi@raspberrypi ~ $ date
Sa 2. Mär 11:22:58 CET 2013
pi@raspberrypi ~ $ sudo hwclock -w
pi@raspberrypi ~ $ sudo hwclock -r
Sa 02 Mär 2013 11:23:55 CET   -0.221606 seconds
pi@raspberrypi ~ $ ▮
```

Abbildung 17-2-12▲
Die Hardware-Uhr über die Systemzeit stellen

Mit dem Kommando

```
# sudo hwclock -w
```

übertrage ich die Systemzeit auf die Hardware-Uhr.

Projekt 17-2: Das AlaMode-Board

Ich vermute, dass ich das erforderliche Kernel-Modul wieder in die */etc/modules* eintragen muss, damit die Sache auch nach dem nächsten Reboot noch funktioniert – richtig!?

Das ist scharf beobachtet und vollkommen korrekt! Füge die Zeile

```
rtc-ds1307
```

als letzten Eintrag der Datei hinzu und speichere ab.

Perfekt, *RasPi*! Aus diesem Grund müssen wir eine Datei editieren, die beim Booten automatisch ausgeführt wird. Dafür eignet sich die */etc/rc.local*, die Skripte, Programme bzw. Dienste automatisch startet, wenn ein entsprechender Eintrag vorhanden ist.

▲ **Abbildung 17-2-13**
Der erforderliche Eintrag in die /etc /modules

Noch eine Kleinigkeit ist mir aufgefallen. Es ist ja nicht nur notwendig, das benötigte Kernel-Modul zu laden. Du hast doch zu Beginn eine entscheidende Zeile zur Device-Erstellung eingegeben. Ist das nach einem Reboot nicht wieder weg?

Abbildung 17-2-14 ▶

Erforderlicher Eintrag in
die /etc/rc.local

```
# Print the IP address
_IP=$(hostname -I) || true
if [ "$_IP" ]; then
  printf "My IP address is %s\n" "$_IP"
fi
echo ds1307 0x68 > /sys/class/i2c-adapter/i2c-1/new_device
sudo hwclock -r
exit 0
```

Die rot hinterlegten Zeilen habe ich der Datei /etc/rc.local zwischen der Zeile *fi* bzw. *exit 0* hinzugefügt.

Was hast du gelernt?

- Du hast in diesem Kapitel gelernt, wie du das AlaMode-Board mit dem Raspberry Pi verbindest und was du hinsichtlich der erforderlichen Spannungsversorgung alles zu beachten hast.

- Du kannst das Board sowohl über den Raspberry Pi (GPIO-Schnittstelle) als auch über eine separate Spannungsversorgung über den microUSB-Anschluss betreiben. Die zweite Möglichkeit solltest du in Betracht ziehen, wenn es darum geht, stromhungrigere Shields am AlaMode-Board zu betreiben.

- Das AlaMode-Board besitzt eine Batterie-gepufferte Real-Time-Clock, die mit dem I^2C-Bus verbunden ist.

Projekt 17-3:
Das PiFace-Board

Ich möchte es nicht versäumen, ein weiteres sehr interessantes Erweiterungsboard für deinen *Raspberry Pi* vorzustellen. Es nennt sich *PiFace* und ist ein digitales Interface. Die *School of Computer Science* der *University of Manchester* hat das Board entwickelt. Das Einsatzgebiet dieses Boards ist sehr vielfältig, denn du kannst die unterschiedlichsten *Sensoren* anschließen und auswerten. Die Ansteuerung von *Leuchtdioden* oder *Motoren* ist ebenfalls kein Hexenwerk, denn die Programmierung des *PiFace*-Boards ist kinderleicht. Das sind nur sehr wenige Beispiele der möglichen Dinge, die du damit anstellen kannst. Lass deiner Phantasie freien Lauf und du wirst viel Spaß mit dem Board haben. Was wollen wir in diesem Kapitel behandeln?

- Was ist das *PiFace*-Board im Detail?
- Wie wird das *PiFace*-Board mit dem *Raspberry Pi-Board* verbunden?
- Mit welchen *Programmiersprachen* kann das *PiFace*-Board betrieben werden?
- Wie reden wir mit dem *PiFace*-Board über die Programmiersprache *Python*?
- Wie funktioniert der *PiFace-Emulator*?
- Wir bauen uns ein Code-Eingabesystem mit einer Folientastatur
- Die Programmierung mit der wiringPi-Library

Das PiFace-Board

Auf dem folgenden Bild kannst du zwei *PiFace*-Boards sehen. Die erste Ausführung hatte noch ICs in DIL-Form, die zweite wurde in SDM-Technik realisiert.

Abbildung 17-3-1 ▶
Das PiFace-Board (links die erste und rechte die zweite Version)

Das *PiFace*-Board sieht interessant aus, doch warum hat es so eine merkwürdige Form? Wollen die Entwickler ein wenig Material sparen?

Du hast nicht ganz Unrecht mit deiner Annahme, dass die Entwickler etwas Material sparen wollten. Das hatte aber weniger mit evtl. einzusparenden Kosten zu tun, sondern mit ganz praktischen Erwägungen. Das *PiFace*-Board passt – genau wie ein *Arduino-Shield* – oben auf das *Raspberry Pi*-Board drauf. Deswegen die Übereinstimmung der Größen und die vorhandenen Aussparungen. Wir schauen uns das Board einmal von der Unterseite an, dann wirst du sofort erkennen, worauf ich hinaus möchte.

Abbildung 17-3-2 ▶
Das PiFace-Board von unten gesehen (unten links die 26-polige Buchsenleiste)

Wie bei den vorangegangenen Erweiterungsplatinen kannst du das Board über eine Buchsenleiste mit der GPIO-Schnittstelle deines Raspberry Pi verbinden. Es wird ebenfalls oben auf den Raspberry Pi aufgesteckt. Du erkennst am oberen Rand den Gummipuffer, der dazu dient, der Platine an dieser Stelle einen festen Sitz auf dem *Raspberry Pi-Board* zu bieten. Der Puffer liegt genau auf der HDMI-Buchse auf, so dass das *PiFace*-Board einem gewissen Druck standhält, wenn du von oben darauf drücken solltest.

◀ **Abbildung 17-3-3**
Das PiFace-Board als Huckepack-Platine auf dem Raspberry Pi-Board

Jetzt siehst du auch, dass die Aussparungen vorhanden sind, um den Buchsen für *Video*, *Netzwerk* und *USB* den nötigen Platz zu lassen.

Was kann das Board?

Ich hatte eingangs gesagt, dass du mit dem *PiFace*-Board einerseits *Sensoren* wie z. B. *Schalter*, *Taster* usw. auswerten und andererseits auch *Aktoren* wie z. B. *Motoren* ansteuern kannst. Um diese Funktionen zu erfüllen, muss das Board über eine gewisse Anzahl von *Ein-* und *Ausgängen* verfügen. Das *PiFace*-Board liefert:

- 8 digitale Eingänge
- 8 digitale Ausgänge (Open collector)
- 4 Taster
- 8 LEDs
- 2 Relais
- Programmierung in Python, C und Scratch
- Grafischer Emulator bzw. Simulator

Das PiFace-Board ————————————————

Damit du dich auf dem Board zurechtfindest, schauen wir uns die einzelnen Bereiche genauer an. Es ist wirklich sehr schön, dass die nach außen geführten Anschlüsse über kleine schraubbare Anschlussklemmen verfügbar sind. Nutz am besten einen isolierten *3mm*-Schraubendreher.

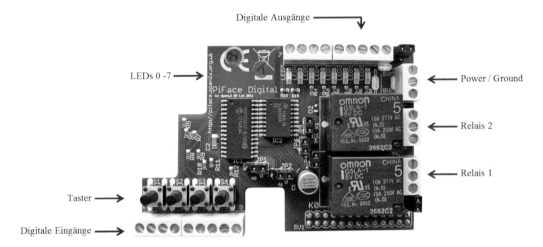

Abbildung 17-3-4 ▲
Die Anschlüsse des PiFace-Boards

Die *8 LEDs* habe ich nicht noch einmal explizit gekennzeichnet, denn sie sind gut zu erkennen und mit den Bezeichnungen *LED 0–7* versehen. Hinsichtlich der beiden Relais sollten wir uns noch die einzelnen Anschlüsse genauer anschauen. Wir haben es pro Relais mit einem Umschalter zu tun.

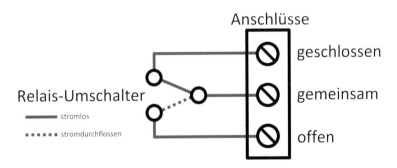

Im *stromlosen* Zustand haben wir eine elektrische Verbindung zwischen den Anschlüssen *gemeinsam* und *geschlossen*.

Die Ansteuerung der einzelnen Relais darf nicht in hoher Frequenz erfolgen. Es sollte immer eine kleine Pause zwischen den Wechseln bestehen. Ein Relais kann nicht in der Funktion von *Puls-Weiten-Modulation* verwendet werden!

Die digitalen Eingänge

Du hast ja schon ein paar Informationen über evtl. offene Eingänge bei digitalen Schaltungen und ihre Auswirkungen gelesen. Auf dem *PiFace*-Board sind die *8 digitalen Eingänge* intern je mit einem *100K Pull-up-Widerstand* versehen. Daraus folgt, dass eine aktive Ansteuerung über das *Masse-Signal* erfolgen muss. Weiterhin sind die Eingänge jeweils mit einem Widerstand versehen, um den Stromfluss zu begrenzen. Die Schaltung für einen einzelnen Eingang schaut wie folgt aus:

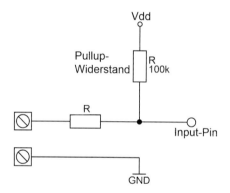

◀ **Abbildung 17-3-5**
Der interne Pull-up-Widerstand eines einzelnen digitalen Eingangs

Die digitalen Ausgänge

Die 8 digitalen Ausgänge werden nicht direkt vom auf dem Board befindlichen *16-Bit I/O-Port Expander MCP 23S17* angesteuert, sondern über einen Baustein mit der Bezeichnung *ULN2803*. Es handelt sich dabei um ein *NPN Darlington-Array* mit offenem Kollektor, das aus *8 Darlington-Schaltungen* inklusive den notwendigen Basisvorwiderständen besteht. Zur Ansteuerung des Relais sind ebenfalls Freilaufdioden integriert. Er wird z.B. dazu verwendet, um größere Lasten bis ca. *500mA* über einen Mikrocontroller zu schalten. Wenn du etwa eine Lampe mit *20V* betreiben möchtest, ist das so ohne Weiteres über das Board nicht möglich, denn es stehen nur *5V* zur Verfügung. Jetzt kommt der *offene Kollektor* ins Spiel. Für die Gesamtverlustleistung des *ULN2803* wirf bitte einen Blick auf das Datenblatt. Schau dir die folgende Schaltung an und du wirst verstehen, was ich meine.

Abbildung 17-3-6 ▶
Ein einzelner Ausgang am
ULN2803A

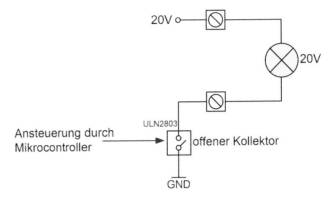

Die Ansteuerung durch das Board wirkt quasi wie ein Schalter, der das angeschlossene Bauteil nach Masse zieht.

Die Spannungsversorgung

Das *PiFace*-Board verfügt über +5V (VCC) an der Ausgangs-Anschlussleiste und *Masse* an der Eingangs-Anschlussleiste. Rechts neben *Relais 1* befindet sich ein *Jumper*, der standardmäßig dort platziert ist und die beiden Pins schließt. Wenn das der Fall ist, werden das *Raspberry Pi* und das *PiFace*-Board über dieselbe Spannungsversorgung betrieben, also entweder vom einen oder vom anderen. Wird der *Jumper* entfernt, können beide separat versorgt werden.

⏹ **Achtung**

Wenn du das *PiFace*-Board auf das *Raspberry Pi-Board* aufsteckst, mach das auf jeden Fall in einem Zustand, in dem beide Boards *nicht* mit einer Spannungsquelle verbunden sind! Das ist eine Grundregel für das Arbeiten mit elektronischen Komponenten. Das *Verbinden* oder *Entfernen* von stromführenden Komponenten sollte immer in einem spannungslosen Zustand erfolgen. Das gilt gleichermaßen für das Verkabeln von externen Bauteilen. Erst wenn alles soweit fertig ist und nochmals überprüft wurde, sollte die Spannungsversorgung angelegt werden. Steckst du das *PiFace*-Board auf dein schon betriebsbereites *Raspberry Pi-Board*, wird dieses aufgrund eines kurzen Spannungseinbruchs schlagartig neu booten, und alle nicht gesicherten Daten sind verloren.

Die Programmierung

Nun wollen wir uns der Programmierung des *PiFace*-Boards widmen. Das kann über die unterschiedlichsten Programmiersprachen wie *Python* und *C* erfolgen, so dass für den einen oder anderen möglicherweise etwas Bekanntes dabei ist. Aber auch für Neulinge, die noch nie mit irgendeiner Programmiersprache gearbeitet haben, ist es sicher interessant zu sehen, wie einfach man schnell zu brauchbaren Ergebnissen kommt. Ich hatte *Python* und *C/C++* angesprochen, die auch von diesem Board unterstützt werden. Natürlich ist es auch hier wieder notwendig, eine entsprechende Bibliothek des Anbieters aus dem Internet herunterzuladen. Sie kapselt die komplette Funktionalität und bietet einfache Möglichkeiten, über *Interfaces*, also z.B. *Funktionen* oder *Methoden*, Einfluss auf das Verhalten des Boards zu nehmen. Gehen wir die einzelnen Schritte durch. Da das PiFace-Board den Chip *MCP23S17* zur Steuerung besitzt – den dir schon bekannten Port-Expander, der über SPI angesteuert wird – musst du die SPI-Programmierung erst freischalten.

Schritt 1: SPI-Modul laden

Editiere die RasPi-Blacklist mit dem folgenden Befehl:

```
# sudo nano etc/modprobe.d/raspi-blacklist.conf
```

Setz vor die Zeile, in der der Eintrag *spi-bcm2708* steht, ein Kommentarzeichen, wie ich das hier gemacht habe, und speichere die Datei ab.

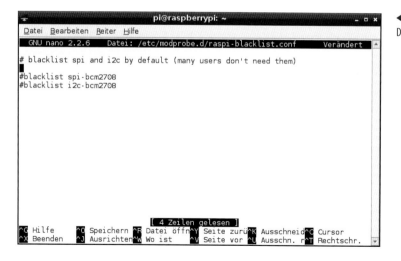

◀ **Abbildung 17-3-7**
Die RasPi-Blacklist

Nun kannst du über die Zeile

```
# sudo modprobe spi-bcm2708
```

das erforderliche Kernel-Modul, das für die SPI-Programmierung verwendet wird, laden. Damit das Modul auch nach jedem Booten verfügbar ist, musst du die Datei

```
/etc/modules
```

editieren. Du kennst die Prozedur schon aus dem I²C-Kapitel. Füge den folgenden Eintrag hinzu:

Abbildung 17-3-8 ▶
Die Datei /etc/modules

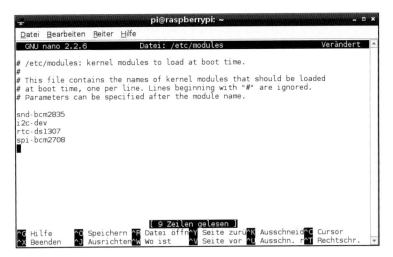

In der letzten Zeile siehst du den benötigten Modul-Namen, der dafür sorgt, dass das SPI-Modul nach jedem Booten geladen wird. Überprüfe das nach einem Reboot mit dem *lsmod*-Kommando.

Schritt 2: PiFace-Library installieren

Nun musst du die PiFace-Library installieren. Lade sie am besten über das folgende Kommando herunter:

```
# sudo apt-get update
# wget -O - http://pi.cs.man.ac.uk/download/install.txt | bash
```

In der Textdatei *install.txt* sind alle Informationen zur Installation enthalten, die ein paar Minuten in Anspruch nehmen wird. Führe im Anschluss über die folgende Zeile einen Reboot durch:

```
# sudo reboot
```

Am schnellsten kannst du die Funktionsfähigkeit über den *PiFace-Emulator* überprüfen. Gib dazu das folgende Kommando in deinem Home-Verzeichnis ein:

```
# piface/scripts/piface-emulator
```

Falls du die notwendigen Softwarepakete nicht extra installieren möchtest, kannst du auch ein komplettes *SD-Karten-Image* herunterladen. Du findest es im Download-Bereich:

http://pi.cs.man.ac.uk/download/

Am Schluss des Kapitels zeige ich dir noch eine Möglichkeit, das PiFace-Board über die wiringPi-Library anzusteuern, so dass auch die Freunde der C-Programmierung auf ihre Kosten kommen werden.

Wir nutzen Python

Damit du über *Python* das *PiFace*-Board ansteuern kannst, wird die *piface*-Bibliothek benötigt. Sie muss über die *import*-Anweisung eingebunden werden. Schauen wir uns das erste Programm an, das eine am *Pin 1* der digitalen Ausgänge angeschlossene LED blinken lassen soll. Das ist absolut nichts Dramatisches, doch so kannst du am besten einen Einstieg finden.

Die Ansteuerung eines digitalen Ausgangs

Der folgende Python-Code zeigt dir, wie du einen digitalen Ausgang ansteuerst.

```
1  import time              # Time-Bibliothek fuer sleep einbinden
2  import piface.pfio as pfio # PiFace-Bibliothek einbinden
3  pfio.init()              # PiFace initialisieren
4
5  # Endlosschleife
6  while True:
7      pfio.digital_write(1, 1) # Pin 1 auf HIGH-Pegel setzen
8      time.sleep(1)            # 1 Sekunde Pause
9      pfio.digital_write(1, 0) # Pin 1 auf LOW-Pegel setzen
10     time.sleep(1)            # 1 Sekunde warten
```

◄ **Abbildung 17-3-9**
Das Python-Programm, um eine am Ausgang 1 angeschlossene LED blinken zu lassen

Schauen wir einmal, was hier passiert. In *Zeile 2* wird die *piface*-Bibliothek eingebunden und in der darauffolgenden wird über die *init*-Funktion das Board initialisiert. Von jetzt an können wir über geeignete Funktionen auf den Pegel der digitalen Ausgänge Einfluss nehmen. Der Name der *digital_write*-Funktion erinnert uns ein wenig an *die* aus dem *Arduino*-Umfeld. Ist halt sehr sprechend und wird immer wieder gerne genommen.

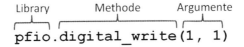

Library   Methode   Argumente

```
pfio.digital_write(1, 1)
```

Der erste Wert der Parameter bezieht sich auf den *Pin*, der zweite auf den zu setzenden *Pegel*. *Pin 1* wird also hiermit auf *HIGH*-Pegel gesetzt. Die *sleep*-Funktion ist dir ja schon geläufig und bedarf keiner weiteren Erklärung. Über die *while*-Endlosschleife wechselt der Ausgang von *Pin 1* ständig zwischen den beiden Pegeln *HIGH* bzw. *LOW*. Werfen wir nun einen Blick auf die Schaltung auf dem Breadboard.

Abbildung 17-3-10 ▶
Eine LED wird über einen digitalen
Ausgang angesteuert

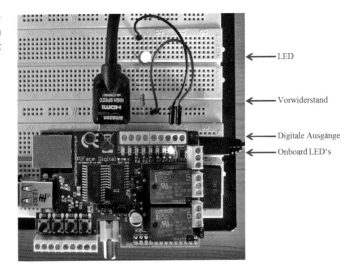

◀──── LED

◀──── Vorwiderstand

◀──── Digitale Ausgänge
◀──── Onboard LED's

Der *+5V*-Ausgang, der sich ganz rechts an der Anschlussleiste befindet, wird über den *330Ohm*-Vorwiderstand mit der Anode (+) der LED verbunden. Dieser Spannungszweig ist also fest. Damit die LED leuchtet, fehlt nur noch die Masse, die über den *offenen Kollektor* an *Pin 1* geliefert wird, wenn wir ihn ansteuern.

Die Abfrage eines digitalen Eingangs

Der umgekehrte Weg besteht nun darin, einen digitalen Eingang abzufragen. Dazu wird die auf der gegenüberliegenden Seite befindliche Anschlussleiste verwendet. Erinnere dich an die Tatsache, dass jeder digitale Eingang intern über einen *Pull-p-Widerstand* mit *+5V* verbunden ist. Damit du einen Eingangsimpuls registrieren kannst, muss demnach ein *Masse-Signal* an einen der Eingänge geführt werden. Im folgenden Programmierbeispiel fragen wir den Status an *Pin 1* ab, der von mir extern beschaltet wurde. Du kannst zu Testzwecken auch den auf dem Board befindlichen *Taster 1* verwenden. *Taster 1* bis *4* sind mit den entsprechenden Eingangs-Pins verbunden. Der folgende Python-Code zeigt dir, wie du einen digitalen Eingang abfragst.

```
1   import time                  # Time-Bibliothek fuer sleep einbinden
2   import piface.pfio as pfio   # PiFace-Bibliothek einbinden
3   pfio.init()                  # PiFace initialisieren
4
5   # Endlosschleife
6   while True:
7       pin1 = pfio.digital_read(1) # Pegel von Pin 1 abfragen
8       if pin1 == 1:
9           print "Taster 1 wird gedrueckt!"
10      else:
11          print "Taster 1 wird nicht gedrueckt!"
12      time.sleep(1)                # 1 Sekunde Pause
```

◀ **Abbildung 17-3-11**
Das Python-Programm, um einen
am Eingang 1 angeschlossenen
Taster abzufragen

Schauen wir einmal, was hier passiert. In *Zeile 7* wird der Wert des digitalen Eingangs an *Pin 1* über die *digital_read*-Funktion gelesen und in der Variablen *pin1* abgespeichert. Über die *if-else*-Anweisungen werden entsprechende Texte in der Konsole ausgegeben, die Aufschluss über den Taster-Status liefern.

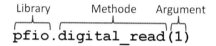

```
pfio.digital_read(1)
```
Library   Methode   Argument

Die *digital_read*-Funktion erwartet lediglich einen einzigen Parameter, der die abzufragende Pin-Nummer angibt. Der Aufbau auf dem Breadboard ist vergleichsweise einfach.

▼ **Abbildung 17-3-12**
Ein Taster wird über einen
digitalen Eingang abgefragt

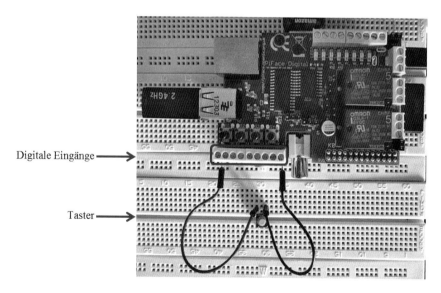

Digitale Eingänge ⟶

Taster ⟶

Mit der genannten Funktion kannst du immer nur den Status eines einzelnen Tasters abfragen. Es gibt eine weitere Funktion, mit der du alle Taster bzw. Eingänge abfragen kannst.

Abbildung 17-3-13 ▶
Das Python-Programm, um alle Eingänge auf einmal abzufragen

```
1  import time                  # Time-Bibliothek fuer sleep einbinden
2  import piface.pfio as pfio   # PiFace-Bibliothek einbinden
3  pfio.init()                  # PiFace initialisieren
4
5  # Endlosschleife
6  while True:
7      allinputs = pfio.read_input() # Pegel aller Eingaenge abfragen
8      print allinputs
9      time.sleep(1)                 # 1 Sekunde Pause
```

In *Zeile 7* wird jetzt nicht ein einzelner Eingang über die Angabe des betreffenden Pins abgefragt. Die *read_input*-Methode besitzt keine Parameter und fragt somit den Status aller Pins auf einmal ab.

```
Library    Methode
pfio.read_input()
```

Aber wie soll das um Himmels willen funktionieren? Wie ich das sehe, wird das Ergebnis des Funktionsaufrufs einer Variablen zugewiesen. Da kann doch immer nur eine einzige Pinnummer abgespeichert werden, also *1*, *2*, *3* usw.

Nun, *RasPi*, du hast schon Recht mit der Annahme, dass in der Variablen immer nur ein Wert abgespeichert werden kann. Doch es wird nicht die eigentliche Pin-Nummer abgespeichert. Wir müssen uns die ganze Sache auf der *Bit-Ebene* anschauen, wo jedem einzelnen Bit ein bestimmter Eingang zugewiesen wurde.

Abbildung 17-3-14 ▶
Jedes einzelne Bit steht für einen digitalen Eingang. Die Taste 3 wurde gedrückt.

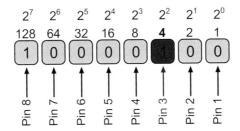

Wenn du jetzt z.B. den *Taster 3* auf dem *PiFace*-Board drückst, liefert die Funktion den *Bit-Wert* dieser Stelle zurück, was in diesem Beispiel eine *4* ist. Das Interessante an dieser Art der Auswertung ist, dass mit einer Abfrage sämtliche Eingänge berücksichtigt werden können. Schau her:

Projekt 17-3: Das PiFace-Board

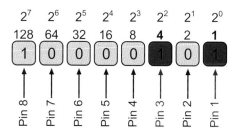

◀ **Abbildung 17-3-15**
Jedes einzelne Bit steht für einen
digitalen Eingang. Die Tasten 1 und
3 wurden gedrückt.

Wenn du die Tasten *1* und *3* gleichzeitig drückst, wirst du sehen, dass dir das Ergebnis den Wert *5* zurückliefert. Das ist die Summe der Wertigkeiten an den beiden Bit-Positionen.

Der Emulator

Das *PiFace*-Board stellt dir zur Steuerung der Ausgänge und zur Statusanzeige der Eingänge ein grafisches *Frontend*, wie man eine grafische Oberfläche auch nennt, zur Verfügung.

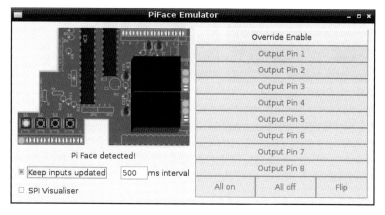

◀ **Abbildung 17-3-16**
Der PiFace-Emulator

Auf der linken Seite ist das Board abgebildet und wenn wir, wie ich das in diesem Fall gemacht habe, die Checkbox *Keep inputs updated* ausgewählt haben, werden die digitalen Eingänge mit der angegebenen *Intervall-Zeit* (hier *500ms*) abgefragt und angezeigt. Ich habe den *Taster 1* gedrückt, was durch den kleinen blauen Kreis links unten visualisiert wird. Auf der rechten Seite befinden sich zahlreiche Schaltflächen, von denen bis auf die erste oben alle deaktiviert sind. Darüber kannst du die einzelnen digitalen Ausgänge manuell beeinflussen. Im Moment werden sie durch ein ggf. laufendes Programm gesteuert. Die Schaltfläche *Override Enable* gibt dir jedoch die Möglichkeit, selbst in das Geschehen einzugreifen. Klickst du sie an, werden alle darunterliegenden Schaltflächen *anklick-bar* und du kannst die Ausgänge einzeln aktivieren bzw. deaktivieren. Die in der letzten Reihe befindlichen Schaltflächen kannst du nutzen, um alle Ausgänge so zu beeinflussen, dass sie alle auf *HIGH*- bzw. *LOW*-Pegel gehen oder ihren gerade inneha-benden Status wechseln.

Ein Code-Eingabesystem

In diesem Abschnitt möchte ich dir zeigen, wie du mit Hilfe einer *Folientastatur* ein Code-Eingabesystem bauen kannst. Folientasta-turen gibt es in unterschiedlichen Ausführungen und Größen.

Abbildung 17-3-17 ▶

Folientastaturen

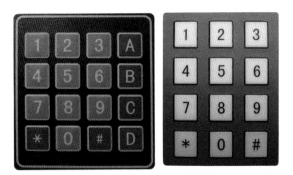

Du kannst sie wunderbar zur Code-Eingabe einer Zugangskontrolle für Sicherheitsbereiche, wie z. B. dein Arbeitszimmer, verwenden. Coole Sache, die etwas hermacht! Die linke Folientastatur mit den *16 Tasten* wollen wir uns genauer anschauen. Du findest einige Folien-tastaturen z. B. unter der folgenden Adresse im Bereich Zubehör:

www.komputer.de/

Im folgenden Projekt werden wir sie nutzen, um Tasteneingaben zu registrieren und eine entsprechende Meldung in einem *Terminal-Fenster* auszugeben.

Whow, wie soll *das* denn gehen? Du willst mich wohl auf den Arm nehmen! Soweit ich mich erinnere, haben wir es lediglich mit *8* digita-len Eingängen zu tun. *16* Taster abzufragen, ist mit dem *PiFace*-Board nicht möglich.

Na, wenn du das sagst, *RasPi*! Aber im Ernst: Ich rede keinen Unsinn, das funktioniert wirklich. Wir wenden dafür eine beson-dere Technik an, denn die einzelnen Taster der Folientastatur sind in einer speziellen Anordnung verdrahtet. Schau einmal her:

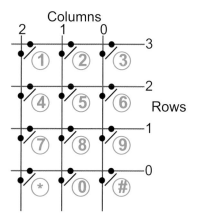

Das Stichwort lautet *Multiplexing*. Es bedeutet, das bestimmte Signale zusammengefasst werden und über ein Übertragungsmedium geschickt werden, um den Aufwand an Leitungen zu minimieren und so den größten Nutzen daraus zu erzielen. Stell dir ein Drahtgitter mit *4x3* Drähten vor, die übereinander gelegt wurden, jedoch keine Berührungspunkte untereinander besitzen. Genau das zeigt dir diese Grafik. Du siehst die *4* blauen horizontalen Drähte, die in Zeilen mit den Bezeichnungen *0* bis *3* angeordnet sind. Darüber liegen in einem geringen Abstand die *3* roten vertikalen Drähte in Spalten mit den Bezeichnungen *0* bis *2*. An jedem Kreuzungspunkt befinden sich kleine Kontakte, die durch das Herunterdrücken des Tasters den jeweiligen Kreuzungspunkt elektrisch leitend verbinden, so dass die betreffende Zeile bzw. Spalte eine elektrische Strecke bilden. Am besten schaust du dir das auf der folgenden Grafik genauer an. Es wurde der Taster mit der Nummer 5 gedrückt.

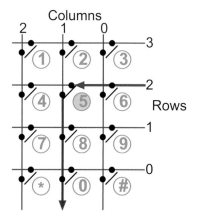

◀ **Abbildung 17-3-19**
Die Taste 5 wurde gedrückt (die
dicken Linien zeigen den Stromfluss)

Der Strom kann demnach von Zeile *2* über den Kreuzungspunkt Nummer *5* nach Spalte *1* fließen und dort registriert werden.

Wenn aber an allen Zeilen gleichzeitig eine Spannung anliegt, könnte auch z.B. die darüberliegende Taste *2* gedrückt werden und ich würde an Spalte *1* etwas registrieren. Wie kann das unterschieden werden?

Ok, *RasPi*! Ich sehe, dass du das Prinzip noch nicht ganz verstanden hast. Das ist kein Beinbruch. Hör zu: Etwas unscharf formuliert schicken wir nacheinander ein Signal durch die Zeilen *0* bis *3* und fragen dann ebenfalls nacheinander den Pegel an den Spalten von *0* bis *2* ab. Der Ablauf erfolgt wie folgt:

HIGH-Pegel an Draht in Reihe 0

- Abfragen des Pegels an Spalte *0*
- Abfragen des Pegels an Spalte *1*
- Abfragen des Pegels an Spalte *2*

HIGH -Pegel an Draht in Reihe 1

- Abfragen des Pegels an Spalte *0*
- Abfragen des Pegels an Spalte *1*
- Abfragen des Pegels an Spalte *2*

etc.

Diese Abfrage geschieht dermaßen schnell, dass es in einer einzigen Sekunde zu so vielen Durchläufen kommt, dass kein einziger Tastendruck unter den Tisch fällt. Den Schaltungsaufbau auf meinem Breadboard siehst du auf dem folgenden Bild.

Du kannst erkennen, dass ich sowohl die digitalen *Ein-* als auch *Ausgänge* bei der Verschaltung verwende. Zudem benötige ich noch *4 Widerstände*, die in der Funktion als *Pull-up-Widerstände* arbeiten. Sie haben den Wert von *10KOhm*. Damit hat es folgende Bewandtnis: Du erinnerst dich sicherlich, dass der offene Kollektor ein Masse-Signal an den betreffenden Ausgang legt. Wird ein Ausgang nicht angesteuert, wird über den Pull-up-Widerstand gewährleistet, dass *+5V* zur Verfügung stehen. Die digitalen Eingänge werden mit einem Masse-Signal angesteuert, was wir an dieser Stelle sehr gut gebrauchen können. Das folgende Schaltbild zeigt dir im Detail, wie alles verdrahtet ist.

Projekt 17-3: Das PiFace-Board

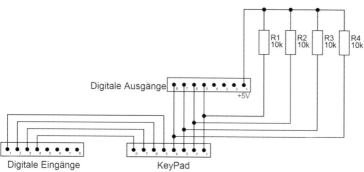

▲ **Abbildung 17-3-20**
Schaltungsaufbau für die Code-
Eingabe auf einer Folientastatur

Digitale Ausgänge

+5V

◄ **Abbildung 17-3-21**
Schaltplan für die Code-Eingabe auf
einer Folientastatur (KeyPad)

Digitale Eingänge

KeyPad

Die Anschlussbelegung für meine verwendete Folientastatur lautet
wie folgt:

Pin 1: Spalte 4 (A, B, C, D)

Pin 2: Spalte 3 (3, 6, 9, #)

Pin 3: Spalte 2 (2, 5, 8, 0)

Pin 4: Spalte 1 (1, 4, 7, *)

Pin 5: Reihe 4 (*, 0, #, D)

Pin 6: Reihe 3 (7, 8, 9, C)

Pin 7: Reihe 2 (4, 5, 6, B)

Pin 8: Reihe 1 (1, 2, 3, A)

Wenn du alles verdrahtet hast, können wir uns den Python-Programmcode anschauen.

Abbildung 17-3-22 ▶
Der Python-Programmcode für
die Code-Eingabe auf einer
Folientastatur

```
2  from time import sleep       # sleep-Funktion einbinden
3  import piface.pfio as pfio   # PiFace-Library einbinden
4  pfio.init()                  # PiFace initialisieren
5
6  # Endlosschleife
7  while True:
8      for c in [4, 5, 6, 7]:
9          # Spalten mit 0 aktivieren
10         pfio.digital_write(c, 1)
11         # Zeilen abfragen
12         for r in [0, 1, 2, 3]:
13             if pfio.digital_read(r) == 1:
14                 if r == 3 and c == 7:
15                     print '1'
16                 if r == 3 and c == 6:
17                     print '2'
18                 if r == 3 and c == 5:
19                     print '3'
20                 if r == 2 and c == 7:
21                     print '4'
22                 if r == 2 and c == 6:
23                     print '5'
24                 if r == 2 and c == 5:
25                     print '6'
26                 if r == 1 and c == 7:
27                     print '7'
28                 if r == 1 and c == 6:
29                     print '8'
30                 if r == 1 and c == 5:
31                     print '9'
32                 if r == 0 and c == 7:
33                     print '*'
34                 if r == 0 and c == 6:
35                     print '0'
36                 if r == 0 and c == 5:
37                     print '#'
38         sleep(0.1)
39         pfio.digital_write(c, 0)
```

In *Zeile 38* steht der *sleep*-Befehl, der dafür sorgt, dass nach einem Tastendruck nicht sofort mehrere hintereinander registriert werden. Du kannst diesen Wert nach Belieben anpassen und mit ihm experimentieren, um herauszufinden, was für dich am besten passt. Dieses *Code-Eingabesystem*-Beispiel soll deine Phantasie in Schwung bringen. Du wirst dich möglicherweise fragen, wie es damit weitergeht und wie du ein Codeschloss bei entsprechender Nummerneingabe öffnen kannst. Nun, das ist deine Aufgabe. Versuch das Programm so zu modifizieren bzw. zu erweitern, dass die einzelnen Tastendrücke gespeichert werden und bei korrekter Eingabe von z.B. *4712* ein Relais auf dem *PiFace*-Board schaltet. Darüber kannst du dann die unterschiedlichsten Funktionen auslösen. Es gibt keine Grenzen des Machbaren!

> Abschließend habe ich dennoch eine Frage. Du schreibst in der Zeile 8 bzw. 9, dass die Spalten mit einem *LOW*-Pegel versorgt werden. Ich sehe aber, dass die *digital_write*-Methode einen *HIGH*-Pegel an die jeweiligen Pins schickt. Wie ist das zu verstehen?

Gut aufgepasst, *RasPi*! Wenn ich einen *HIGH*-Pegel über die Methode an die Pins lege – wie du es formulierst –, stimmt das nicht ganz. Ich aktiviere den *Open-Kollektor*, der dann das *Masse*-Signal an die jeweiligen Pins legt, die zuvor über die *Pull-up*-Widerstände einen *HIGH*-Pegel besessen hatten. Viele weitere Informationen findest du auf der folgenden Internetseite:

http://pi.cs.man.ac.uk/interface.htm

Du kannst die recht einfache Schaltung auch auf einer Lochrasterplatine unterbringen.

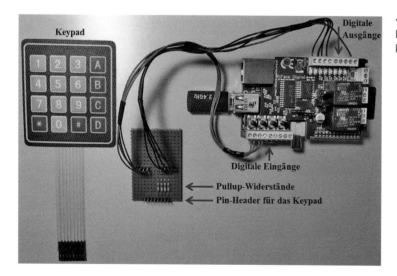

◀ **Abbildung 17-3-23**
Der Schaltungsaufbau mit einer kleinen Lochrasterplatine

So kannst du das Ganze zusammen recht einfach in ein kleines Gehäuse packen, damit die Kabel dort bleiben, wo sie hingehören.

Die WiringPi-Library

Ich hatte zu Beginn schon angedeutet, dass die *wiringPi*-Library das PiFace-Board ebenfalls unterstützt. Du hast sie beim GPIO-Grundlagenkapitel schon installiert. Falls nicht – warum auch immer –, hol es nach. Ansonsten kannst du das folgende Experiment nicht durchführen.

Abbildung 17-3-24 ▶
Die Ansteuerung über ein
C-Programm mit der
wiringPi-Library

```
1    #include "wiringPi.h"
2    #include <stdio.h>
3    #define   LEDPIN 0
4
5    int main(int argc, char **argv)
6    {
7        if(wiringPiSetupPiFace()== -1)
8            exit(1);
9        printf("PiFace-Initialisierung ok.");
10       while(1){
11           digitalWrite(LEDPIN, HIGH);
12           delay(1000);
13           digitalWrite(LEDPIN, LOW);
14           delay(1000);
15       }
16       return 0;
17   }
```

Über die Initialisierungsroutine *wiringPiSetupPiFace* in Zeile 7 wird versucht, das PiFace-Board zu initialisieren. Wird dieser Vorgang erfolgreich abgeschlossen, wird die Programmausführung in Zeile 9 fortgesetzt und das Blinken der Onboard-LED *0* eingeleitet. Da an LED *0* bzw. *1* zusätzlich jeweils ein Relais angeschlossen ist, klickt das Relais *K0* im gleichen Takt. Falls du die Relais *K0* bzw. *K1* deaktivieren möchtest, wirf einen Blick auf die Platine.

Abbildung 17-3-25 ▶
Die Relais-Jumper JP5 und JP6

Dort befinden sich direkt neben den beiden Relais u.a. Jumper mit der Bezeichnung *JP5* und *JP6*. *JP5* ist für *K1* und *JP6* für *K0* verantwortlich. Entfernst du die Jumper, unterbindet das die Ansteuerung der Relais. Sehen wir uns nun das Abfragen eines Taster-Status an.

```
1   #include "wiringPi.h"
2   #include <stdio.h>
3   # define button 0
4
5   int actualButtonStatus = LOW;
6   int lastButtonStatus  = LOW;
7
8   int readButton(int buttonnumber){
9       return digitalRead(buttonnumber);
10  }
11
12  int main(int argc, char **argv)
13  {
14      if(wiringPiSetupPiFace()== -1)
15          exit(1);
16      printf("PiFace-Initialisierung ok.\n");
17      pullUpDnControl(button, PUD_UP); // Pullup-Widerstand aktivieren
18      while(1){
19          actualButtonStatus = readButton(button);
20          if(actualButtonStatus != lastButtonStatus){
21              if(actualButtonStatus == LOW)
22                  printf("Status: Button gedrueckt.\n");
23              else
24                  printf("Status: Button nicht gedrueckt.\n");
25          }
26
27          lastButtonStatus = actualButtonStatus;
28      }
29      return 0;
30  }
```

◀ **Abbildung 17-3-26**
Das Abfragen eines Tasters über ein C-Programm mit der wiringPi-Library

Wir wollen in diesem C-Programm den Status des ersten Tasters *0* abfragen. Damit wir einen definierten Ausgangszustand bekommen, aktivieren wir über die *pullUpDnControl*-Funktion in Zeile *17* den internen Pull-up-Widerstand. In diesem Programm möchte ich den Button-Status nicht fortlaufend anzeigen lassen, sondern nur dann, wenn sich der Status ändert. Aus diesem Grund habe ich zu Beginn in den Zeilen *5* und *6* zwei Variablen deklariert, die einmal den aktuellen und den letzten Status speichern. Nur wenn beide unterschiedlich sind, möchte ich den Status zur Anzeige bringen. Über *digitalRead* innerhalb der *readButton*-Funktion wird in Zeile *9* der Status ermittelt. Der Aufruf erfolgt innerhalb der *while*-Endlosschleife in Zeile *19*, wobei das Ergebnis der Variablen *actualButtonStatus* zugewiesen wird. Eine Ausgabe innerhalb des Terminal-Fensters erfolgt jedoch nur, wenn aktueller bzw. vorheriger Statuswert unterschiedlich ist. In Zeile *27* wird der aktuelle Status zum vorherigen Status gemacht.

Projekt 17-4:
Die Quick2Wire-Boards

Die Firma *Quick2Wire* (*http://quick2wire.com*) hat einen ganzen
Satz interessanter Erweiterungsboards entwickelt, die ich dir nun
einzeln vorstellen möchte. Da gibt es zum einen das *Interface-
Board*, das die Schnittstelle zum Raspberry Pi darstellt, und zum
anderen das *Port-Expander-* bzw. *Analog-Board*.

Das Interface-Board   **Das Analog-Board**

◀ **Abbildung 17-4-1**
Alle Boards von Quick2Wire
(Interface-, Analog- und
Port-Expander-Board)

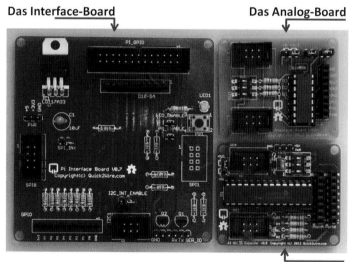

Das Port-Expander-Board

Alle Boards ergänzen den Raspberry Pi um die Möglichkeiten, die
ihm von Haus aus fehlen, also eine Erweiterung der vorhandenen
GPIO-Pins und eine Analog/Digital-Wandlung. Im Moment werden alle Boards als Bausätze angeboten, so dass du ein wenig Zeit
investieren musst, alles selbst zusammenzulöten. Was wollen wir in
diesem Kapitel behandeln?

- Was ist das *Interface*-Board?
- Welche Software muss wie installiert werden?
- Was ist das Analog-Board?
- Was ist das Port-Expander-Board?
- Wie kann PyGame unter Python 3 nachinstalliert werden?

Das Interface-Board

Auf dem folgenden Bild sehen wir das Interface-Board, das über ein Flachbandkabel mit deinem Raspberry Pi verbunden wird. Es stellt das Grund-Board dar, auf dem alle weiteren Boards, die ich noch ansprechen werde, aufbauen.

Abbildung 17-4-2 ▶
Das Interface-Board von Quick2Wire

(●) **Achtung**

Das Interface-Board stellt keinen Schutz bereit, um den Raspberry Pi gegen eine höhere Spannung als *3,3V* an den GPIO-Eingängen zu schützen. Lege also wieder größte Sorgfalt an den Tag, wenn du damit experimentiertst.

Was kann das Board?

Das Interface-Board stellt dir einen Zugriff auf die wichtigsten Komponenten der GPIO-Schnittstelle zur Verfügung.

- 8 GPIO-Pins (welche das sind, wirst du noch sehen)
- *Spannungsversorgung* von 3,3V, 5V und Masse
- *I²C-Bus*-Interface
- *SPI*-Interface
- *UART*-Kommunikation (RX, TX)

Wenn du das Board schon zusammengebaut hast, ist dir sicher der Spannungsregler *LD117A33* aufgefallen. Wozu braucht das Board einen Spannungsregler? Ganz einfach! Die *3,3V*, die der Raspberry Pi über die GPIO-Schnittstelle zur Verfügung stellt, ist sehr schwach dimensioniert und kann nicht viel Strom liefern. Das Interface-Board stellt nun über die *5V* des angeschlossenen USB-Netzteils eine eigene *3,3V*-Spannungsversorgung zur Verfügung, die lediglich durch die Dimensionierung des Netzteils eingeschränkt wird. Die *I²C*-Bus- bzw. *SPI*-Bus-Anschlüsse sind über je einen SDC-Header verfügbar. Wie ich schon mehrfach erwähnt habe, kann das GPIO-Interface lediglich mit 3,3V-Spannungen umgehen. Jede Spannung, die darüber liegt, zerstört das Raspberry Pi-Board. Du könntest auf den Gedanken kommen, z.B. den Arduino Uno über die serielle Schnittstelle mit deinem Raspberry Pi zu verbinden, um über diesen Weg Informationen auszutauschen. Wenn du das so ohne Weiteres machst, hängst du schon wieder am Fliegenfänger, denn der Arduino arbeitet mit *5V*. Das Interface-Board hat jedoch einen integrierten Pegelwandler, auch *Level-Shifter* genannt, der ein direktes Verbinden der beiden seriellen Schnittstellen ermöglicht, ohne dass jemand einen Schaden davonträgt. Sehen wir uns zunächst die GPIO-Pins an, die das Board zur Verfügung stellt.

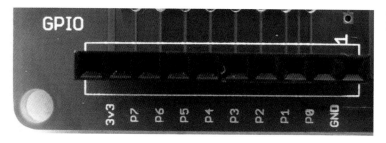

◄ **Abbildung 17-4-3**
Die GPIO-Anschlüsse

Sie tragen die Bezeichnungen *P0* bis *P7* bzw. *3V3* und *GND*.

Mit welchen GPIO-Pins haben wir es denn hier zu tun? Das ist ja schon wieder eine abweichende Bezeichnung.

Bleib ganz locker, *RasPi*! Die folgende Tabelle zeigt dir die Entsprechungen.

Tabelle 17-4-1 ▶
Quick2Wire GPIO-Pins

Quci2Wire	Pin-Nummer	GPIO	Zusatz
P0	11	17	Taster
P1	12	18	LED
P2	13	21 / 27	Rev 1 / Rev 2
P3	15	22	
P4	16	23	
P5	18	24	
P6	22	25	
P7	7	4	

Die Software-Installation

Die Software-Installation ist zweigeteilt, wobei ich zuerst die GPIO-Unterstützung mit dir installieren möchte. Anschließend kommen wir zur Python-API-Unterstützung.

Die GPIO-Unterstützung

Ich möchte auf die Installation dieser Software nicht im Detail eingehen, da sich lt. Anbieter in Zukunft etwas ändern wird. Darum verweise ich auf die folgende Internetseite, die die einzelnen Schritte detailliert beschreibt.

```
http://quick2wire.com/articles/how-to-add-quick2wire-as-a-raspbian-
software-source/
```

Am Schluss der Ausführungen wird das erforderliche Paket zur GPIO-Ansteuerung installiert. Am besten fügst du den Benutzer *pi* zur Gruppe *gpio* hinzu. Das erleichtert die Ansteuerung, so dass kein *sudo*-Zusatz erforderlich ist. Tippe Folgendes ein:

```
# sudo adduser $USER gpio
```

Damit diese Änderung Wirkung zeigt, musst du dich erneut anmelden. Wenn alles richtig ausgeführt wurde, sollten die folgenden

Projekt 17-4: Die Quick2Wire-Boards

Zeilen dazu führen, dass die auf dem Interface-Board aufgelötete LED anfängt zu leuchten, die mit GPIO18 (siehe Tabelle 1) verbunden ist:

```
# gpio-admin export 18
# echo out > /sys/devices/virtual/gpio/gpio18/direction
# echo 1 > /sys/devices/virtual/gpio/gpio18/value
```

Damit die LED wieder verlischt, tippe folgendes Kommando ein:

```
# echo 0 > /sys/devices/virtual/gpio/gpio18/value
```

Kommen wir zum aufgelöteten Taster, der mit GPIO17 (siehe Tabelle 1) verbunden ist. Tippe folgende Zeilen ein:

```
# gpio-admin export 17
# cat /sys/devices/virtual/gpio/gpio17/value
```

Hältst du den Taster gedrückt, wird eine *1* zurückgeliefert, lässt du den Taster wieder los, wird eine *0* in Erscheinung treten. Hast du die Tests zu deiner Zufriedenheit beendet, musst du die Pins, die du über *export* reserviert hattest, wieder freigeben. Mach das über die beiden folgenden Zeilen:

```
# gpio-admin unexport 18
# gpio-admin unexport 17
```

Die Python-API-Unterstützung

Damit du dein Quick2Wire-Board unter Python programmieren kannst, wollen wir eine entsprechende Library installieren.

Achtung

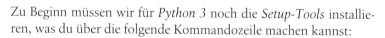

Die Quick2Wire-Python-API kann nur unter *Python 3* installiert bzw. programmiert werden.

Zu Beginn müssen wir für *Python 3* noch die *Setup-Tools* installieren, was du über die folgende Kommandozeile machen kannst:

```
# sudo apt-get install python3-setuptools
```

Lade dir jetzt die Quick2Wire-Library am besten mit *Git* herunter. Tippe die folgende Zeile ein:

```
# git clone https://github.com/quick2wire/quick2wire-python-api.git
```

Wechsle danach in das folgende Verzeichnis:

```
# cd quick2wire-python-api
```

und starte mit

```
# sudo python3 setup.py install
```

die Installation. Nach der erfolgreichen Installation der Python-API kannst du die Source wieder löschen. Gehe dazu über *cd ..* eine Verzeichnisebene höher und entferne den Installationsordner.

 Das könnte wichtig für dich sein
Um immer mit den neuesten Sourcen versorgt zu werden, kannst du sie über *git pull origin* anfordern. Führ diesen Befehl aber im jeweiligen Unterverzeichnis aus.

Die Programmierung des Interface-Boards

Bist du ohne Probleme bis hierher gekommen, können wir mit der Programmierung unter Python beginnen. Bitte nicht stöhnen, wenn wir wieder mit einem einfachen Blink-Programm beginnen.

Abbildung 17-4-4 ▶
Das Blink-Programm

```python
1  #!/usr/bin/python3
2  import sys
3  from quick2wire.gpio import pins, In, Out
4  from time import sleep
5
6  out_pin = pins.pin(0, direction=Out)
7
8  def main():
9      print(sys.version) # Ausgabe der Python-Version
10     with out_pin:
11         while True:
12             out_pin.value = 1 # LED an
13             sleep(1)          # Pause
14             out_pin.value = 0 # LED aus
15             sleep(1)          # Pause
16
17  if __name__ == '__main__':
18      main()
```

In der Zeile 3 wird aus der Quick2Wire-Library des GPIO-Moduls u.a. ein Pin-Objekt importiert. Dieses Pin-Objekt vereint in sich die GPIO-Pins, die auf dem Interface-Board mit *P0* bis *P7* gekennzeichnet sind. Damit klar ist, welcher Pin gemeint ist und ob er als Ein- oder Ausgang arbeiten soll, wird die *pin*-Methode mit 2 Argumenten aufgerufen. Der folgende Befehl steht in Zeile 6

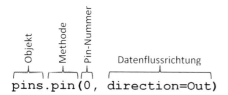

```
pins.pin(0, direction=Out)
```

und legt fest, welcher Pin für das Blinken der LED verwendet werden soll. Die normale Prozedur, um auf einen Pin lesend oder schreibend zuzugreifen, ist das vorherige Öffnen. Nach Abschluss der Operationen muss er wieder geschlossen werden. Am besten lässt sich das am Beispiel des Lesens einer Datei erklären. Bevor du an den Inhalt einer Datei gelangst, müssen bestimmte Schritte in einer festgelegten Reihenfolge abgearbeitet werden. Wo liegt die Datei? Was passiert, wenn ein Fehler auftritt? Wie muss er beantwortet werden? Die normalen Schritte für das Lesen einer Datei sind vereinfacht:

- Datei öffnen
- Datei lesen
- Dateiinhalt ausgeben
- Datei schließen

Wird eine Datei geöffnet und ihr Inhalt konnte – aus welchen Gründen auch immer – nicht gelesen werden, muss die Datei wieder geschlossen werden, da ansonsten eine nicht benötigte Ressource im Speicher verbleiben würde. Diese Aktion würde naturgemäß innerhalb einer *try-finally*-Anweisung ihren Platz finden. Wie du siehst, ist das nicht so trivial, wie es vielleicht auf den ersten Blick schien. Dieses recht aufwendige Verfahren wird durch die *with*-Anweisung von Python vereinfacht. In Zeile *10* wird der Zugriff auf das Pin-Objekt eingeleitet und beim Verlassen des Blocks werden alle Ressourcen freigegeben. Das Verfahren greift auch dann, wenn du z.B. über *Strg-C* das Programm unterbrichst. Sollte die LED zu diesem Zeitpunkt noch leuchten, wird sie ausgeschaltet. Du musst also nicht über eine abgefangene Keyboard-Exception die LED dunkel steuern. Da wir gerade beim Blink-Programm sind, möchte ich dir eine weitere Variante vorstellen.

> Meinst du nicht, dass wir genug Blink-Programme durchgenommen haben!? Mir hängen die Dinger schon zum Hals heraus!

Na, na, na, ein bisschen mehr Respekt bitte! Es wird das vorletzte Programm dieser Art sein und ich wollte dir lediglich die Möglichkeit der Definition eines sogenannten *Cycles* zeigen. Bisher haben wir die LED über die explizite Zuweisung der Werte *1* bzw. *0* blinken (Zeilen *12* und *14*) lassen. Du kannst das aber auch über die Definition eines *cycle* in Zeile *11* erreichen.

Abbildung 17-4-5 ▶
Das Blink-Programm über cycle

```python
1  #!/usr/bin/python3
2  import sys
3  from quick2wire.gpio import pins, In, Out
4  from time import sleep
5  from itertools import cycle
6
7  out_pin = pins.pin(0, direction=Out)
8
9  def main():
10     with out_pin:
11         for x in cycle([1, 0]):
12             out_pin.value = x  # LED an/aus
13             sleep(1)           # Pause
14
15 if __name__ == '__main__':
16     main()
```

Natürlich ist das mit den Werten *1* bzw. *0* nicht viel anders als beim ersten Beispiel. Worauf ich aber hinaus möchte, ist die Definition längerer Cycles. Da bietet sich direkt das Morsealphabet an. Das folgende Programm übersetzt den angegebenen Text ins Morsealphabet und überträgt es in Form von Blinksignalen, die aus kurzen bzw. langen Impulsen zusammengesetzt ist. Aufgrund seiner Länge habe ich das Programm in mehrere Abschnitte unterteilt.

Initialisierung

Abbildung 17-4-6 ▶
Das Morsealphabet-Programm
(Initialisierungen)

```python
1  #!/usr/bin/python3
2  import sys
3  from quick2wire.gpio import pins, In, Out
4  from time import sleep
5  from itertools import cycle
6
7  PAUSE1 = 0.2 # Pause innerhalb Buchstabe
8  PAUSE2 = 0.5 # Pause zwischen Buchstaben
9  out_pin = pins.pin(0, direction=Out)
```

In den Zeilen *2* bis *9* werden grundlegende Initialisierungen vorgenommen.

Das Morsealphabet

Das Morsealphabet wird in einem Array gespeichert, wobei ein kurzer Morseimpulse durch eine Wertefolge *1,0*, ein langer Morseimpuls durch eine Wertefolge *1,1,0* gekennzeichnet wird.

```
11 morsea = [[1,0,1,1],              # A .-
12           [1,1,0,1,0,1,0,1],      # B -...
13           [1,1,0,1,0,1,1,0,1],    # C -.-.
14           [1,1,0,1,0,1],          # D -..
15           [1],                    # E .
16           [1,0,1,0,1,1,0,1],      # F ..-.
17           [1,1,0,1,1,0,1],        # G --.
18           [1,0,1,0,1,0,1],        # H ....
19           [1,0,1],                # I ..
20           [1,0,1,1,1,1,1,1],      # J .---
21           [1,1,0,1,0,1,1],        # K -.-
22           [1,0,1,1,0,1,0,1],      # L .-..
23           [1,1,0,1,1],            # M --
24           [1,1,0,1],              # N -.
25           [1,1,0,1,1,0,1,1],      # O ---
26           [1,0,1,1,0,1,1,0,1],    # P .--.
27           [1,1,0,1,1,0,1,0,1,1],  # Q --.-
28           [1,0,1,1,0,1],          # R .-.
29           [1,0,1,0,1],            # S ...
30           [1,1],                  # T -
31           [1,0,1,0,1,1],          # U ..-
32           [1,0,1,0,1,0,1,1],      # V ...-
33           [1,0,1,1,0,1,1],        # W .--
34           [1,1,0,1,0,1,0,1,1],    # X -..-
35           [1,1,0,1,0,1,1,0,1,1],  # Y -.--
36           [1,1,0,1,1,0,1,0,1]]    # Z --..
```

Die Morse-Funktion

In der *morse*-Funktion wird der übertragene Buchstabe in Blinksignale zerlegt.

```
38 def morse(v):
39     """ Die Morse-Funktion """
40     m = morsea[v]
41     with out_pin:
42         for x in m:
43             out_pin.value = x   # LED an/aus
44             sleep(PAUSE1)       # Pause
45
46 def main():
47     text = 'RasPi' # Zu uebertragender Text
48     print("Ich morse: ", text)
49     for c in text.upper():
50         value = ord(c) - 65
51         morse(value)
52         sleep(PAUSE2)
53
54 if __name__ == '__main__':
55     main()
```

Woher aber kennt die *morse*-Funktion die Blinkfolge, die sie anzeigen soll? Sehen wir uns dazu den entsprechenden Aufruf in der *main*-Funktion an. In Zeile 47 wird der Variablen *text* der zu übermittelnde Text zugewiesen. Die *for*-Schleife in Zeile 49 spricht nun jeden einzelnen Buchstaben des Textes an und weist ihn der Variablen *c* zu. Da das Morsealphabet in einem 2-dimensionalen Array gespeichert wurde und jeder einzelne Buchstabe aufsteigend von »A« bis »Z« dort über einen Index zu erreichen ist, müssen wir lediglich den ASCII-Code des gerade zu übermittelnden Buchstaben über die *ord*-Funktion ermitteln. Für das große *A* ist das der Wert 65. Für genauere Hinweise lohnt der Blick in eine im Internet verfügbare ASCII-Tabelle. Der Index, über den der Buchstabe »A« anzusprechen ist, lautet jedoch *0*, da die Zählweise bei Arrays, Tuples, Listen etc. immer mit 0 beginnt. Zur korrekten Adressierung müssen wir jedoch den Wert 65 von jedem ermittelten ASCII-Wert subtrahieren, was in Zeile 50 erfolgt. Der Aufruf der *morse*-Funktion erfolgt in Zeile 51 mit diesem angepassten Wert, so dass der gewünschte Buchstabe in Blinksignale übersetzt wird. Wenn du die Pausenwerte *PAUSE1* bzw. *PAUSE2* noch anpasst, kannst du die Geschwindigkeit, mit der das Morsen erfolgt, nach deinen Wünschen gestalten. Für einen ersten Test kannst du eine LED direkt auf das Interface-Board in die Buchse *P0* bzw. *GND* stecken, denn das Board verfügt ja schon über entsprechende 330Ohm-Vorwiderstände. Noch einfacher ist es natürlich, die auf dem Board vorhandene LED zu nutzen. Sie hat aber eine abweichende Pin-Nummer!

Abbildung 17-4-9 ▶
Die LED auf dem Interface-Board

Projekt 17-4: Die Quick2Wire-Boards

Das Abfragen eines Tasters ist nicht schwerer als das Ansteuern einer LED. Ich nutze dazu den Onboard-Taster, der mit *P0* verbunden ist. Die LED habe ich an *P2* angeschlossen. Die LED soll immer dann aufleuchten, wenn ich den Taster betätige. Im folgenden Beispiel verwende ich jedoch nicht den *with*-Befehl, sondern ich öffne alle deklarierten Pins explizit mit *open* und schließe sie am Ende mit *close*. Sehen wir uns das Programm dazu an.

```python
 1  #!/usr/bin/python3
 2  from quick2wire.gpio import pins, In, Out
 3  from time import sleep
 4
 5  # Pins-Objekt initialisieren
 6  pins = [pins.pin(0, In), pins.pin(2, Out)]
 7
 8  def main():
 9      for p in pins:
10          p.open()                    # Oeffnen der Pins
11          print('Pin \'%s %s\' wurde geoeffnet.' % (p, p.direction))
12
13      try:
14          while True:
15              v = pins[0].value # Taster lesen
16              pins[1].value = v # LED ansteuern
17      except KeyboardInterrupt:
18          print('Programm unterbrochen.')
19          for p in pins:
20              p.close()               # Schliessen der Pins
21              print('Pin \'%s\' wurde freigegeben.' % p)
22
23  if __name__ == '__main__':
24      main()
```

In Zeile 6 definiere ich das *pins*-Objekt und übergebe die Informationen für den Taster an Pin *0* und die LED an Pin *2*. Damit ich die Pins später im Programm ansprechen kann, muss ich sie in Zeile *9* in der *for*-Schleife ansprechen und in Zeile *10* über die *open*-Methode öffnen. Innerhalb der *while*-Endlosschleife wird der Wert des Tasters in Zeile *15* der Variablen *v* zugewiesen und in der darauffolgenden Zeile *16* der LED übermittelt, die dann in Abhängigkeit leuchtet oder dunkel bleibt.

▲ **Abbildung 17-4-10**
Das Taster-Programm

> Warum verwendest du in den Zeilen *15* und *16* den Index *0* bzw. *1*? Muss es dort nicht *0* und *2* lauten, so wie du es mit der Pin-Definition in Zeile 6 gemacht hast?

Der Index des *pins*-Objektes hat doch mit der Pin-Nummerierung nichts zu tun. Ich habe in Zeile 6 ein pins-Objekt mit *2* Elementen definiert, die über den Index *0* und *1* anzusprechen sind. Das ist vollkommen losgelöst von der Pin-Nummerierung *0* und *2* des Tasters bzw. der LED.

Wenn ich das Programm über *Strg-C* beende, müssen die zuvor exportierten Pins wieder geschlossen werden, was in den Zeilen *19* bzw. *20* erfolgt, die bei einem *KeyboardInterrupt* aufgerufen werden. Die Ausgabe des Programms beim Start bzw. nach der Unterbrechung schaut dann wie folgt aus:

Abbildung 17-4-11 ▶
Das Taster-Programm nach dem
Start bzw. nach der Unterbrechung

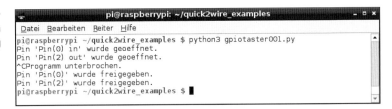

Das Analog-Board

Über das Analog-Board kannst du Spannungen messen, wozu der Raspberry Pi nicht in der Lage ist. Die Kommunikation zwischen diesem Board und dem Raspberry Pi erfolgt über den I²C-Bus, wobei der Baustein *PCF8591* verwendet wird.

Worüber verfügt das Board?

- *4* analoge Eingänge mit einer *8-Bit-Auflösung*
- *Spannungsversorgung* von 3,3V bzw. 5V
- *I²C-Bus-Interface* mit Adressvorwahl für eine ggf. gewünschte Kaskadierung
- *1 analoger Ausgang* mit einer *8-Bit-Auflösung*

Abbildung 17-4-12 ▶
Das Analog-Board

Auf dem Board befinden sich zwei IDC-Anschlussbuchsen, von denen wir *IDC1* nutzen werden. Die Pinbelegung einer solchen Buchse schaut wie folgt aus:

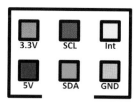

Der *3,3V*-Pin ist mit dem Spannungsregler verbunden und somit in der Lage, mehr Strom als die *3,3V* der GPIO-Schnittstelle zu liefern. Die Verbindung zum Interface-Board erfolgt über ein beiliegendes 6-poliges Flachbandkabel.

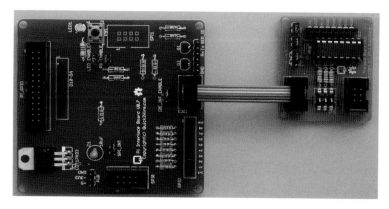

◀ **Abbildung 17-4-13**
Das Analog-Board ist mit dem Interface-Board verbunden

Um zu sehen, ob die Verbindung zum Raspberry Pi einwandfrei funktioniert, setzen wir das *i2cdetect*-Kommando ab. Dann sehen wir, welche *I²C*-Adresse der Baustein *PCF8591* verwendet, wenn sich alle auf dem Board vorhandenen Dip-Switches in der Position *OFF* befinden.

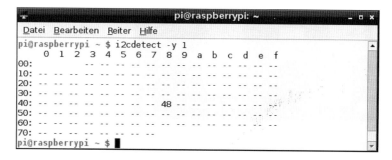

◀ **Abbildung 17-4-14**
Die I²C-Adresse des Analog-Boards

Das Analog-Board —————————————————————————

Ok, das sieht doch schon vielversprechend aus, denn die Adresse *0x48* wurde auf dem I²C-Bus *1* erkannt. Spiel ein wenig mit den Schalterstellungen des Dip-Switches und schau, wie sich die Adresse ändert. Stell anschließend jedoch die ursprüngliche Adresse wieder her.

Benötigte Bauteile

Für dieses Beispiel benötigen wir die folgenden Bauteile.

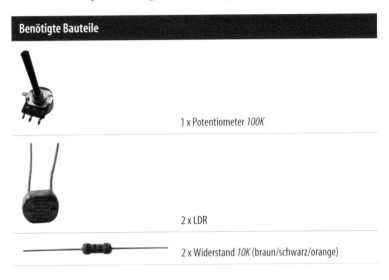

Benötigte Bauteile
1 x Potentiometer *100K*
2 x LDR
2 x Widerstand *10K* (braun/schwarz/orange)

Für unser erstes Analog/Digital-Wandler-Experiment wollen wir ein Potentiometer mit *100KOhm* verwenden. Schließ es wie folgt an das Analog-Board an:

Abbildung 17-4-15 ▶
Das Potentiometer am
Analog-Board

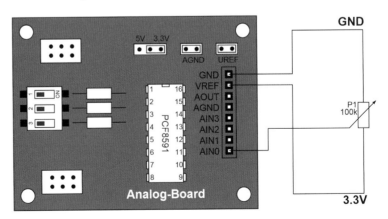

Projekt 17-4: Die Quick2Wire-Boards

Auf diese Weise erreichen wir einen variablen Spannungsteiler, der in Abhängigkeit der Schleiferstellung mehr oder weniger *Masse* bzw. *VREF* an den analogen Eingang *AIN0* legt. Schauen wir uns das Programm an, das den Analog/Digital-Wandler ausliest und das Ergebnis ausgibt.

```python
#!/usr/bin/python3
import sys
from time import sleep
from quick2wire.parts.pcf8591 import *
from quick2wire.i2c import I2CMaster

adc_channel = 0    # ADC-Kanal
DELAY       = 1.0 # Pausenwert

with I2CMaster() as i2c:
    adc = PCF8591(i2c, FOUR_SINGLE_ENDED)
    pin = adc.single_ended_input(adc_channel)
    count = 1 # Messungszaehler
    while True:
        print('Messung: {} : {}'.format(count, pin.value))
        sleep(DELAY)
        count +=1
```

◀ **Abbildung 17-4-16**
Das Programm zum Auslesen des ersten A/D-Kanals

Das Komfortable an der *Quick2Wire*-Library ist das Vorhandensein eines fertigen Moduls zur Abfrage des Analog/Digital-Wandlers *PCF8591*. Die Unterstützung wird über die Zeile 4 durch die *import*-Anweisung eingebunden. Da der Baustein über den I²C-Bus mit deinem Raspberry Pi kommuniziert, muss natürlich auch diese Funktionalität angefordert bzw. eingebunden werden. Wir machen das mit der *import*-Anweisung in Zeile 5. Über die Variable *adc_channel* legen wir in Zeile 7 fest, welchen der 4 Kanäle wir abfragen möchten. Für unser Experiment wollen wir den ersten Kanal mit der Bezeichnung *AIN0* verwenden. In Zeile 10 wird über die *with*-Anweisung das *I2CMaster*-Objekt generiert und ihm der Name *i2c* zugewiesen. Damit wir den Baustein *PCF8591* verwenden können, müssen wir dem Konstruktor in Zeile 11 zwei Dinge mit auf den Weg geben:

- I²C-Bus
- Abfrage-Modus des *PCF8591*

Der zur Verfügung stehende I²C-Bus wird über das I2CMaster-Objekt übermittelt. Du kannst den PCD8591 in unterschiedlichen Modi betreiben, wobei wir uns auf den einfachsten konzentrieren möchten. Sein Name *FOUR_SINGLE_ENDED* besagt, dass jeder der Eingänge für sich alleine den Wert ermitteln soll. Eine weitere Möglichkeit wäre der Modus *THREE_DIFFERENTIAL*, der die

Differenz zwischen *AIN0* zu *AIN2* bzw. *AIN3* berechnet. Weitere Modi findest du auf dem Datenblatt des Bausteins bzw. in der Beschreibung der Library.

Um den analogen Wert zu bestimmen, rufen wir in Zeile *12* die *single_ended_input*-Methode auf und weisen den Wert der Objektvariablen *pin* zu. Über ihre *value*-Eigenschaft gelangen wir in Zeile *15* an den gemessenen Wert und bringen ihn zur Anzeige. Ich habe zur Demonstration an meinem Potentiometer gedreht und dabei u.a. auch die Endanschläge angefahren.

Abbildung 17-4-17 ▶
Die Ausgabe der Werte des ersten
A/D-Kanals

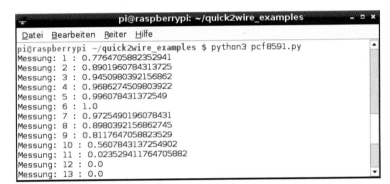

Wie du erkennen kannst, bewegt sich der Wert zwischen *0.0* und *1.0* und hat eine 8-Bit-Auflösung, was bedeutet, dass im Bereich von *0* bis *1* eine Unterteilung in *256* Bereiche erfolgt. Die Datenerfassung erfolgt demnach in *3,9mV*-Schritten. Auf der Grundlage dieses Wissens wollen wir zwei lichtempfindliche Widerstände – auch *LDR* genannt – abfragen und mit der Messung die Bewegung einer Lichtquelle auf dem Bildschirm sichtbar machen.

Der lichtempfindliche Widerstand

Bisher hast du lediglich in den Elektronik-Grundlagen etwas über lichtempfindliche Widerstände erfahren. Nun wollen wir ein Experiment mit diesen Bauteilen starten. Wie wird ein LDR mit dem Analog-Board verbunden? Ich sage nur *Spannungsteiler*.

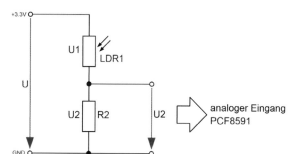

Fällt Licht auf den *LDR*, wird sein Widerstand geringer, was wiederum bedeutet, dass an ihm weniger Spannung abfällt. Da aber zwischen *LDR* und *R2* immer +3,3V anliegen, heißt das, dass an *R2* jetzt ein größeres Spannungspotential anliegt als zuvor. Diese Spannung wird dem analogen Eingang zugeführt. Wir erinnern uns an die Formel zur Berechnung eines Spannungsteilers:

$$U_2 = \frac{R_2}{R_{LDR} + R_2} \cdot U$$

Die folgende Tabelle zeigt Tendenzpfeile für die unterschiedlichen Parameter, wobei die Lichtmenge die Größe ist, die von uns verändert wird.

Lichtmenge LDR	RLDR1	ULDR1	UR2
↑	↓	↓	↑

Damit wir die Bewegung einer Lichtquelle erfassen können, benötigen wir aber 2 LDR.

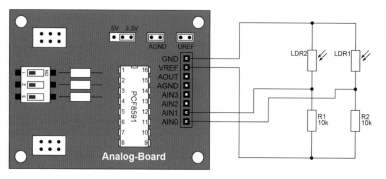

Sehen wir uns zunächst ein kurzes Programm an, das die beiden analogen Eingänge auswertet und das Ergebnis numerisch zur Anzeige bringt.

Abbildung 17-4-20 ▶
Die Ausgabe zweier gemessener Werte

```python
#!/usr/bin/python3
import sys
from time import sleep
from quick2wire.parts.pcf8591 import *
from quick2wire.i2c import I2CMaster

adc_channel0 = 0     # ADC-Kanal 0
adc_channel1 = 1     # ADC-Kanal 1
DELAY        = 1.0 # Pausenwert

with I2CMaster() as i2c:
    adc = PCF8591(i2c, FOUR_SINGLE_ENDED)
    pin0 = adc.single_ended_input(adc_channel0)
    pin1 = adc.single_ended_input(adc_channel1)
    count = 1 # Messungszaehler
    while True:
        v0 = pin0.value # Wert von Kanal 0 speichern
        v1 = pin1.value # Wert von Kanal 1 speichern
        print('Messung LDR1: {} : {}'.format(count, v0))
        print('Messung LDR2: {} : {}'.format(count, v1))
        print('---------------------------------------------')
        sleep(DELAY)
        count +=1
```

In den Zeilen *13* und *14* werden zwei ADC-Objekte generiert, die auf unterschiedliche Kanäle zeigen. Über die *value*-Eigenschaft wird der ermittelte Wert abgerufen und entsprechenden Variablen in den Zeilen *17* und *18* zugewiesen. Die Ausgabe im Terminal-Fenster schaut wie folgt aus:

Abbildung 17-4-21 ▶
Die Ausgabe der gemessenen analogen Werte von Kanal 0 (LDR1) und Kanal 1 (LDR2)

```
                    pi@raspberrypi: ~/quick2wire_examples        _ □ x
 Datei  Bearbeiten  Reiter  Hilfe
pi@raspberrypi ~/quick2wire_examples $ python3 ldr001.py
Messung LDR1: 1 : 0.05490196078431375
Messung LDR2: 1 : 0.8509803921568627
--------------------------------------
Messung LDR1: 2 : 0.7529411764705882
Messung LDR2: 2 : 0.07450980392156863
--------------------------------------
Messung LDR1: 3 : 0.30980392156862746
Messung LDR2: 3 : 0.1568627450980392
--------------------------------------
Messung LDR1: 4 : 0.050980392156862744
Messung LDR2: 4 : 0.06274509803921569
--------------------------------------
Messung LDR1: 5 : 0.8313725490196079
Messung LDR2: 5 : 0.8470588235294118
--------------------------------------
```

Jetzt wollen wir aber anhand der beiden gemessenen Werte eine grafische Ausgabe realisieren, die eine Richtungsänderung einer vorbeigeführten Lichtquelle anzeigt. Wir machen das wieder mit PyGame, womit wir aber in eine klitzekleine Schwierigkeit hineinlaufen. Unsere Quick2Wire-Library läuft nur unter *Python 3* und PyGame ist standardmäßig nur für *Python 2* vorinstalliert. Wir müssen es also nachinstallieren, was im Moment nicht über ein vorgefertigtes Paket geht, weil es einfach noch nicht verfügbar ist. Das kann sich nach der Veröffentlichung des Buches geändert haben. Falls nicht, führe die folgenden Schritte durch:

Schritt 1: Versionskontrollsystem installieren

```
# sudo apt-get install mercurial
```

Schritt 2: Den Source-Code downloaden

```
# hg clone https://bitbucket.org/pygame/pygame
```

Schritt 3: Benötigte Abhängigkeiten installieren

```
# sudo apt-get install python3-dev python3-numpy libsdl-dev libsdl-
image1.2-dev libsdl-mixer1.2-dev libsdl-ttf2.0-dev libsmpeg-dev
libportmidi-dev libavformat-dev libswscale-dev
```

Schritt 4: In das pygame-Verzeichnis wechseln

```
# cd pygame
```

Schritt 5: Build PyGame

```
# python3 setup.py build
```

Schritt 6: PyGame installieren

```
# sudo python3 setup.py install
```

Schritt 5 nimmt ca. *30* Minuten in Anspruch. Nach der Installation steht dir *PyGame* unter *Python 3* zur Verfügung. Bevor wir mit der Programmierung beginnen, hier noch ein paar Grundlagen. Wir wollen zwei lichtempfindliche Widerstände so anordnen, dass sie sich auf horizontaler Ebene in einem bestimmten Abstand voneinander befinden, wie du es in der folgenden Grafik sehen kannst.

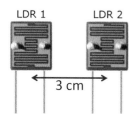

Du magst dich fragen, was diese Anordnung zu bedeuten hat. Ganz einfach: Ich möchte mit einer Lichtquelle, z.B. einer Taschenlampe, an den beiden LDRs vorbeifahren und die Bewegung soll in einem PyGame-Fenster sichtbar gemacht werden. Was bedeutet das für das Widerstandsverhalten der einzelnen LDRs? Schauen wir uns die Sache genauer an. Wir haben schon gesehen, dass der Widerstand eines LDR immer weiter abnimmt, je mehr Licht darauf fällt. Spielen wir mal ein paar markante Szenarien durch.

Fall 1

Im ersten Beispiel befindet sich die Lichtquelle in einer bestimmten Entfernung genau zwischen den bei beiden LDRs. Das bedeutet, dass beide genau die gleiche Lichtmenge empfangen und beide ungefähr den gleichen Widerstand vorweisen müssten. Durch Bauteiltoleranzen verhalten sich zwei identische LDRs nicht immer gleich. Das ist aber für unsere Schaltung nicht weiter von Bedeutung. Weichen die Werte wirklich sehr stark voneinander ab, musst du das z.B. mit einem Korrekturwert mittels einer Konstanten kompensieren.

Abbildung 17-4-22 ▶
Die Lichtquelle steht genau zwischen LDR 1 und LDR 2

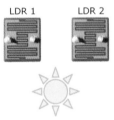

Wir können deshalb folgende Feststellung machen:

$$R_{LDR\,1} = R_{LDR\,2}$$

Fall 2

Im zweiten Beispiel befindet sich die Lichtquelle in einer bestimmten Entfernung *LDR 1* weiter zugewandt als *LDR 2*. Das bedeutet, dass *LDR 1* eine größere Lichtmenge empfängt als *LDR 2* und dementsprechend einen kleineren Widerstand vorweist als sein Nachbar zur Rechten.

Abbildung 17-4-23 ▶
Die Lichtquelle steht LDR 1 weiter zugewandt als LDR 2

Wir können deshalb folgende Feststellung machen:

$$R_{LDR\,1} < R_{LDR\,2}$$

Fall 3

Im dritten Beispiel befindet sich die Lichtquelle in einer bestimmten Entfernung *LDR 2* weiter zugewandt als *LDR 1*. Das bedeutet, dass *LDR 2* eine größere Lichtmenge empfängt als *LDR 1* und dementsprechend einen kleineren Widerstand vorweist als sein Nachbar zur Linken.

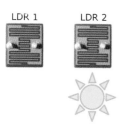

◀ **Abbildung 17-4-24**
Die Lichtquelle steht LDR 2 weiter zugewandt als LDR 1.

Wir können deshalb folgende Feststellung machen:

$$R_{LDR\,1} > R_{LDR\,2}$$

Um dich nicht zu lange auf die Folter zu spannen, zeige ich dir gleich das Ausgabefenster in PyGame.

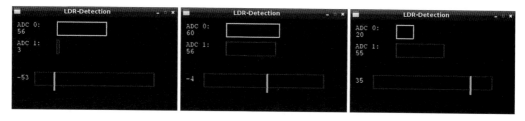

Das linke Bild zeigt die Auswirkungen, als ich die Lichtquelle LDR1 zugewandt habe. Beim mittleren Bild habe ich die Lichtquelle ungefähr mittig gehalten und beim rechten Bild bin ich mit der Lichtquelle Richtung LDR2 gewandert. Sehen wir uns die folgende Tabelle an, in der ich die einzelnen Szenarien zusammengetragen habe:

▲ **Abbildung 17-4-25**
Anzeige der Lichtquellenpositionen in PyGame

Lichtquelle	Widerstände	Spannungen	Differenz
links	RLDR1 < RLDR2	ULDR1 < ULDR2	> 0
mittig	RLDR1 = RLDR2	ULDR1 = ULDR2	= 0
rechts	RLDR1 > RLDR2	ULDR1 > ULDR2	< 0

Anhand der ermittelten Differenz kann man sofort erkennen, wo sich eine Lichtquelle in Bezug auf die beiden LDRs befindet. Wenden wir uns der Programmierung zu.

Initialisierung

Hier erkennst du wieder die notwendigen *import*-Anweisungen, die wir für unser Programm benötigen.

```
1  #!/usr/bin/python3
2  import sys
3  from time import sleep
4  from quick2wire.parts.pcf8591 import *
5  from quick2wire.i2c import I2CMaster
6  import pygame
```

Die Klassendefinition (der Konstruktor)

Für unser Beispiel werden wir wieder eine Klasse programmieren, die das Handling mit PyGame etwas vereinfacht. Ich liste die einzelnen Bereiche wie Konstruktor und Methoden untereinander auf, so dass du sie lediglich in dieser Reihenfolge übernehmen musst, um ein lauffähiges Programm zu erhalten.

```
8  class ValueBar():
9       # Farbdefinitionen
10      black   = (  0,   0,   0)
11      white   = (255, 255, 255)
12      red     = (255,   0,   0)
13      green   = (  0, 255,   0)
14      blue    = (  0,   0, 255)
15      yellow  = (255, 255,   0)
16      """ Konstruktor """
17      def __init__(self, screen, thickness, height):
18          self.screen = screen
19          self.thickness = thickness
20          self.height = height
21          # Textdefinition
22          self.myfont = pygame.font.SysFont("CourierNew", 15)
```

Die Klassendefinition (die display-Methode)

Die *display*-Methode wird von der *update*-Methode ausgerufen und dient zur Anzeige der beiden ADC-Kanäle. Du wirst das gleich bei der Definition der *update*-Methode sehen.

```
24 ⊟    def display(self, color, x, y, value, labeltext):
25          """ Display-Methode """
26          self.color = color
27          self.x = x
28          self.y = y
29          self.labeltext = labeltext
30          self.value = int(value * 100)
31          # Label anzeigen
32          label = self.myfont.render(self.labeltext, 1, self.yellow)
33          self.screen.blit(label, (self.x, self.y))
34          # Value anzeigen
35          labelvalue = self.myfont.render(str(self.value), 1, self.white)
36          self.screen.blit(labelvalue, (self.x, self.y + 15))
37          # Rechteck zeichnen
38          pygame.draw.rect(self.screen, self. color, \
39              [self.x + 90, self.y, self.value/2 * 4, self.height], self.thickness)
```

▲ Abbildung 17-4-28
Die Klassendefinition
(die display-Methode)

Die Klassendefinition (die update-Methode)

Die *update*-Methode ruft die *display*-Methode in den Zeilen *43* und *44* zur Anzeige der beiden ADC-Kanäle auf und ist ebenfalls für die Darstellung der Differenz beider Kanäle verantwortlich.

```
41 ⊟    def update(self, v0, v1):
42          """ Update-Methode """
43          self.display(self.yellow, 10, 10, v0, "ADC 0:")
44          self.display(self.red,    10, 50, v1, "ADC 1:")
45          diff = int(v1 * 100) - int(v0 * 100)
46          labelvalue = self.myfont.render(str(diff), 1, self.white)
47          self.screen.blit(labelvalue, (self.x, self.y + 75))
48          # Rechteck zeichnen
49          x = 50
50          y = 120
51          x_offset = 200
52          pygame.draw.rect(self.screen, self.blue, \
53              [x , y, 270, self.height], self.thickness)
54          diff *=2
55          pygame.draw.line(self.screen, self.green, \
56              (x_offset + diff, y), (x_offset + diff, y + 40), 4)
```

▲ Abbildung 17-4-29
Die Klassendefinition (die update-
Methode)

Das Hauptprogramm (Initialisierung)

Im Hauptprogramm werden an erster Stelle erforderliche Initialisierungen für die ADC-Kanäle bzw. PyGame vorgenommen.

```
58  adc_channel0 = 0    # ADC-Kanal 0
59  adc_channel1 = 1    # ADC-Kanal 1
60  DELAY        = 0.2 # Pausenwert
61
62  pygame.init()
63  size =[370,200]
64  screen = pygame.display.set_mode(size)
65  pygame.display.set_caption("LDR-Detection")
66  adcVB = ValueBar(screen, 2, 30)
```

◀ Abbildung 17-4-30
Das Hauptprogramm
(Initialisierungen)

Das Hauptprogramm (ADC-Aufruf und PyGame-Update)

Kommen wir zu dem Teil, der für die Abfrage der ADC-Kanäle verantwortlich ist, um diese Werte später grafisch darzustellen.

```
68 with I2CMaster() as i2c:
69     adc = PCF8591(i2c, FOUR_SINGLE_ENDED)
70     pin0 = adc.single_ended_input(adc_channel0)
71     pin1 = adc.single_ended_input(adc_channel1)
72     done = False
73     count = 1 # Messungszaehler
74     while done == False:
75         for event in pygame.event.get():
76             if event.type == pygame.QUIT:
77                 done = True
78         v0 = pin0.value # Wert von Kanal 0 speichern
79         v1 = pin1.value # Wert von Kanal 1 speichern
80         print('Messung LDR1: {} : {}'.format(count, v0))
81         print('Messung LDR2: {} : {}'.format(count, v1))
82         print('---------------------------------------------')
83         screen.fill((0, 0, 0))    # Hintergrund loeschen
84         adcVB.update(v0, v1)      # ADC-Werte + Differenz anzeigen
85         pygame.display.flip()     # PyGame aktualisieren
86         sleep(DELAY)              # Kurze Pause
87         count +=1                 # Messungszyklus hochzaehlen
88     pygame.quit()                 # PyGame beenden
```

Abbildung 17-4-31 ▲
Das Hauptprogramm (ADC-Aufruf + PyGame-Update)

Das Programm soll dir lediglich eine kleine Idee von dem vermitteln, was du mit dem Analog/Digital-Wandler alles anstellen kannst. Das Programm ist sicherlich noch nicht ganz ausgereift, und das soll es auch nicht, denn die richtig guten Einfälle wirst du garantiert selbst haben. Befass dich mit den unterschiedlichen Modi des *PCF8591*. Dort gibt es u.a. auch den *Differential-Mode*. Vielleicht kannst du ihn für das gerade gezeigte Beispiel verwenden.

Das Port-Expander-Board

Über das Port-Expander-Board kannst du die zur Verfügung stehenden GPIO-Pins erweitern. Ich habe das Thema im *I²C-Kapitel* schon detailliert angesprochen. Dieses Board verwendet ebenfalls den dir inzwischen bekannten Baustein *MCP23017* mit Port A und B.

Was kann das Board?

- *2 getrennte Ports A und B mit jeweils 8 Ein- bzw. Ausgängen*
- *I²C-Bus-Interface mit Adressvorwahl für eine ggf. gewünschte Kaskadierung*

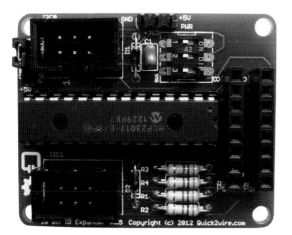

▶ **Abbildung 17-4-32**
Das Port-Expander-Board

Auf dem Board befinden sich ähnlich wie beim Analog-Board zwei IDC-Anschlussbuchsen. Die Verbindung zum Interface-Board erfolgt über ein beiliegendes 6-poliges Flachbandkabel.

▶ **Abbildung 17-4-33**
Das Port-Expander-Board ist mit dem Interface-Board verbunden

Um zu sehen, ob die Verbindung zum Raspberry Pi einwandfrei funktioniert, setzen wir auch hier das *i2cdetect*-Kommando ab. Dann sehen wir, welche I^2C-Adresse der Baustein *MCP23017* verwendet, wenn sich alle auf dem Board vorhandenen Dip-Switches in der Position *OFF* befinden.

Abbildung 17-4-34 ▶

Die I²C-Adresse des Port-Expander-
Boards

```
                                          pi@raspberrypi: ~                         _ □ x
 Datei  Bearbeiten  Reiter  Hilfe
pi@raspberrypi ~ $ i2cdetect -y 1
     0  1  2  3  4  5  6  7  8  9  a  b  c  d  e  f
00:          -- -- -- -- -- -- -- -- -- -- -- -- --
10: -- -- -- -- -- -- -- -- -- -- -- -- -- -- -- --
20: 20 -- -- -- -- -- -- -- -- -- -- -- -- -- -- --
30: -- -- -- -- -- -- -- -- -- -- -- -- -- -- -- --
40: -- -- -- -- -- -- -- -- -- -- -- -- -- -- -- --
50: -- -- -- -- -- -- -- -- -- -- -- -- -- -- -- --
60: -- -- -- -- -- -- -- -- -- -- -- -- -- -- -- --
70: -- -- -- -- -- -- -- --
pi@raspberrypi ~ $ █
```

Ok, das sieht auch diesmal mit der Adresse *0x20* auf dem *I²C*-Bus *1*
gut aus, vermutlich hast du diese Adresse auch erwartet. Das Board
besitzt auf der rechten Seite zwei *8*-polige Buchsenleisten, die die
Anschlüsse von Port A und B zur Verfügung stellen.

Abbildung 17-4-35 ▶

Port A + B des Port-
Expander-Boards

Die Bezeichnungen der beiden Ports befinden sich unterhalb der
Buchsenleisten, so dass sie eindeutig zu identifizieren sind. Für
unser erstes Experiment wollen wir an den Port A 8 LEDs anschließen und alle möglichen Bitkombinationen anzeigen lassen. Den
Aufbau habe u.a. ich mit dem Simple-Board realisiert, auf dem ja
schon genügend LEDs mit entsprechenden Vorwiderständen vorhanden sind.

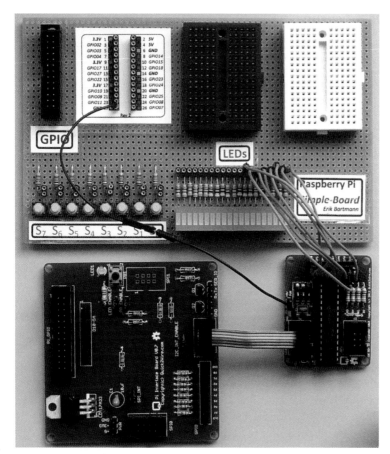

◀ **Abbildung 17-4-36**
Das Port-Expander-Board steuert
die LEDs auf dem Simple-Board an

Verbinde nur das Interface-Board über die GPIO-Schnittstelle mit deinem Raspberry Pi und stell die Verbindungen von Port A zu den LEDs her. Vergiss dabei nicht, die Masse vom Interface-Board zum Simple-Board zu legen, sonst bleiben die LEDs dunkel. Nutze dafür den Masse-Pin, der sich auf dem Interface-Board befindet. Werfen wir einen Blick auf die Programmierung.

Initialisierung

Abbildung 17-4-37 ▶
Das Programm zur Ansteuerung des
MCP23017 (Initialisierung)

```python
1  #!/usr/bin/python3
2  import sys
3  from time import sleep
4  from quick2wire.i2c import I2CMaster, writing_bytes
5
6  address        = 0x20 # MCP23017 I2C-Adresse
7  iodirA_reg     = 0x00 # Register A I/O
8  iodirB_reg     = 0x00 # Register A I/O
9  A_reg          = 0x12 # Register A
10 B_reg          = 0x13 # Register B
11
12 bitmask        = 0x00 # Anzuzeigende Bitmaske
13 DELAY          = 0.08 # Pause
```

In Zeile 4 importieren wir aus der I²C-Library die Module *I2CMaster* bzw. *writing_bytes*. Sie werden benötigt, um einerseits eine Verbindung zum I²C-Bus aufzubauen und andererseits Daten über ihn zu versenden. Die Registerbedeutungen sollten dir aus dem I²C-Kapitel geläufig sein. Ich fasse sie aber noch mal kurz zusammen. Über die *iodir*-Register in den Zeilen 7 und 8 wird festgelegt, welche Pins als Ein- und welche als Ausgänge arbeiten sollen. Die übertragene Bitmaske wird so interpretiert, dass eine *0* als Ausgang, eine *1* als Eingang angesehen wird. Dieser Vorgang bedeutet die Initialisierung der Ports. Im nächsten Schritt müssen wir festlegen, welcher Port mit welchen Werten beaufschlagt werden soll. Jeder der beiden Ports hat eine Registeradresse, die in den Zeilen 9 und 10 definiert sind. Arbeitet ein Port, wie in unserem Beispiel Port A, lediglich als Ausgang, wird die übertragene Bitmaske an diese Registeradresse so interpretiert, dass eine *1* für HIGH-Pegel, eine *0* für LOW-Pegel steht. Kommen wir zum eigentlichen Programmablauf, der das anzuzeigende Bitmuster umsetzt.

Abbildung 17-4-38 ▼
Das Programm zur Ansteuerung
des MCP23017 (Ansteuerung der
Ports)

```python
14
15 with I2CMaster() as master:
16     master.transaction(
17         writing_bytes(address, iodirA_reg, 0x00) # Alles Ausgaenge
18     )
19
20     try:
21         while True:
22             master.transaction(
23                 writing_bytes(address, A_reg, bitmask) # Bits setzen
24             )
25             sleep(DELAY) # Pause
26             bitmask += 1 # Um 1 erhoehen
27             if bitmask > 255: bitmask =0
28     except KeyboardInterrupt:
29         print("Programm unterbrochen.")
30         master.transaction(
31             writing_bytes(address, A_reg, 0x00) # Bits loeschen
32         )
```

Der komplette Code ist wieder in eine *with*-Anweisung eingebettet, so dass die Ressourcen nach Beendigung wieder freigegeben werden. Zu Beginn wird in Zeile 15 ein I²C-Master Objekt erstellt und mit dem Namen *master* versehen, der im weiteren Programmablauf mehrfach Verwendung findet. Im ersten Schritt muss die Initialisierung von Port A erfolgen, was in Zeile 17 über die *writing_bytes*-Methode geschieht. Sie benötigt 3 Informationen:

In der *while*-Endlosschleife wird nun an das Register, das für Port A zuständig ist, in Zeile 23 eine Bitmaske versandt, um sie zur Ansteuerung der LEDs zu verwenden. Damit sich diese Maske jedoch bei jedem Schleifendurchlauf um den Wert 1 erhöht, erfolgt eine Inkrementierung in Zeile 26. Da nur Werte zwischen 0 und 255 erlaubt sind, erfolgt eine entsprechende Anpassung in Zeile 27, die bei einem Wert größer als 255 den Inhalt der Variablen zurücksetzt.

> Warum muss jedes Versenden der Informationen auf den I²C-Bus in eine Transaktion eingebettet werden? Das erfolgt ja in jeder Zeile, in der Daten versandt werden.

Stimmt, *RasPi*, das hätte ich beinahe vergessen zu erwähnen. Sie soll dafür sorgen, dass die Datenübertragung als Einheit angesehen wird, ähnlich einer Transaktion bei SQL-Datenbanken, die sicherstellt, dass entweder der komplette Datensatz übernommen wird oder im Fehlerfall keine Datenleichen in der Datenbank verbleiben. Es wird nach dem Motto »*Alles oder Nichts*« gearbeitet. Die Auswirkungen des Keyboard-Interrupts zur Dunkelsteuerung der LEDs nach Programmabbruch sollten dir mittlerweile bekannt sein.

> Diesbezüglich habe ich noch eine Frage. In vorangegangenen Programmen bzw. Erklärungen hieß es immer, dass bei der Verwendung eines *with*-Blocks nach dem Verlassen des Programms die Ressourcen freigegeben würden. Warum müssen wir die LEDs über einen KeyboardInterrupt nach der Programmunterbrechung über die Zeile 31 trotzdem alle separat ausschalten?

Das ist eine durchaus berechtigte Frage, *RasPi*. Das Programm wird zwar über *Strg-C* beendet, doch die Registerinhalte des Port-Expanders bleiben davon unbeeindruckt. Der letzte dort gespeicherte Inhalt bleibt unverändert und darum hat das auch keine Auswirkungen auf die LEDs.

Die Ansteuerung des Matrix-Boards

Da der Port-Expander über zwei Ports mit je 8 Pins verfügt, möchte ich eine LED-Matrix darüber ansteuern. Sehen wir uns zunächst das von mir erstellte Matrix-Board an.

Abbildung 17-4-39 ▶
Das Matrix-Board

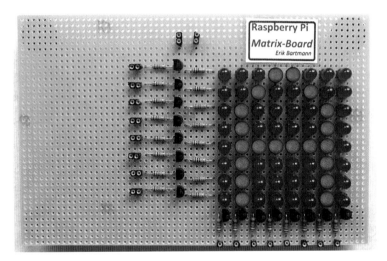

Auf dem Bild habe ich einige LEDs aufleuchten lassen, so dass sie den Buchstaben *A* bilden. Du kannst jedes x-beliebige Muster mit Hilfe der *64* LEDs erstellen. Natürlich wird nicht jede einzelne LED mit einem Ausgang des Port-Expanders verbunden, denn uns stehen über Port A und B lediglich *16* Ausgänge zur Verfügung. Wenn wir sie aber geschickt ansteuern, ist es uns möglich, eine Kontrolle über jede einzelne LED zu erlangen. Die LEDs werden in Spalten und Zeilen zu je 8 Gruppen zusammengefasst. Der folgende Schaltplan zeigt dir, wie die Organisation bzw. Ansteuerung erfolgt.

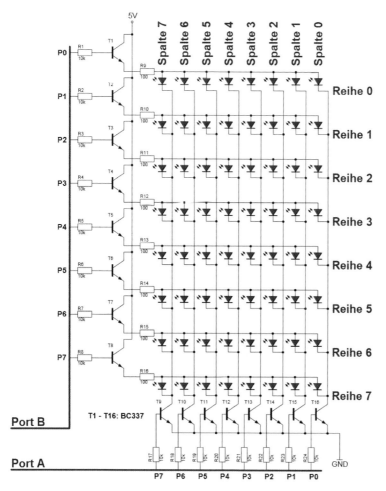

Falls dir das für erste Experimente zu viele LEDs sind, kannst du auch mit einer *4x4*-Matrix beginnen. Das Prinzip bleibt gleich und du kannst die Schaltung ggf. erweitern.

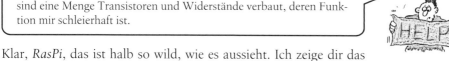

Kannst du mir bitte erklären, wie dass alles funktionieren soll? Da sind eine Menge Transistoren und Widerstände verbaut, deren Funktion mir schleierhaft ist.

Klar, *RasPi*, das ist halb so wild, wie es aussieht. Ich zeige dir das am besten an einem verkleinerten Versuchsaufbau.

Abbildung 17-4-41 ▶
Der vereinfachte Schaltplan für eine
2x2-LED-Matrix

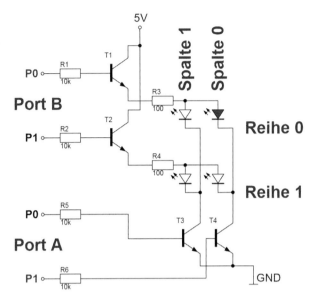

Eine LED leuchtet nur dann, wenn die Anode über einen entsprechenden Vorwiderstand mit der Versorgungsspannung, die Kathode mit Masse verbunden ist. Die Transistoren *T1* und *T2* sind dafür zuständig, die Versorgungsspannung von *5V* vom Kollektor zum Emitter und somit an die Anode einer LED zu leiten. Das tun sie nur, wenn die Basis entsprechend angesteuert wird. Nun fehlt noch das andere Ende der LED. Die Transistoren *T3* und *T4* leiten den Strom, der an der Anode einer LED anliegt, zum Masse-Potential weiter. Das kann allerdings nur dann erfolgen, wenn einer der Transistoren ebenfalls über die jeweilige Basis angesteuert wird. Ich habe das in der Schaltung speziell gekennzeichnet. An Port B liegt ein positives Potential am Anschluss *P0*, so dass der Transistor *T1* durchsteuert und die LEDs in Reihe *0* an den Anoden ein positives Potential bekommen. Das ist aber nur die halbe Miete, denn es fehlt noch die Masse an den Kathoden. An Port A liegt an *P1* ebenfalls ein positives Potential an, so dass der Transistor *T4* durchsteuert und die Spalte *0* mit dem Masse-Potential versorgt. Für welche LED sind also beide Bedingungen zum Leuchten erfüllt? Es ist die rot gekennzeichnete, die sowohl ein Anoden- als auch ein Kathoden-Potential besitzt. Wenn auf diese Weise alle Reihen und Spalten nacheinander mit den erforderlichen Potentialen versorgt werden, leuchten die LEDs wie gewünscht auf. Wir wollen einmal sehen, wie wir den Buchstaben »A« zur Anzeige bringen. Ich habe dazu die Matrix mit den entsprechenden Werten versehen.

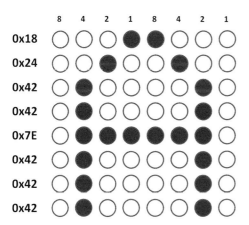

◀ **Abbildung 17-4-42**
Der Buchstabe A in der Matrix

Jede einzelne Zeile ist mit einem hexadezimalen Wert versehen, der den aufleuchtenden LEDs entspricht. Wenn wir jede Zeile von oben nach unten mit den entsprechenden Spaltenwerten versehen, und die Abfolge schnell genug machen, so dass das menschliche Auge die einzelnen Wechsel nicht mehr differenzieren kann, entsteht theoretisch ein stehendes Bild. Beim Raspberry Pi kommt es leider zu einem Flackereffekt, doch es geht hier um das Verständnis des elektronischen bzw. programmtechnischen Ablaufs und nicht um ein *100%ig* klares Bild des anzuzeigenden LED-Musters. Sehen wir uns nun das Python-Programm dazu an.

Initialisierung

Zu Beginn müssen wir die Quick2Wire-Library einbinden und die Adressen für die MCP23017-Ansteuerung vorbereiten. Die Grundlagen dazu habe ich dir schon vermittelt.

```
1  #!/usr/bin/python3
2  import sys
3  from time import sleep
4  from quick2wire.i2c import I2CMaster, writing_bytes
5
6  address      = 0x20 # MCP23017 I2C-Adresse
7  iodirA_reg   = 0x00 # Register A I/O
8  iodirB_reg   = 0x01 # Register A I/O
9  A_reg        = 0x12 # Register A
10 B_reg        = 0x13 # Register B
11
12 matrix = [0x18, 0x24, 0x42, 0x42, 0x7E, 0x42, 0x42, 0x42] # Buchstabe A
```

▲ **Abbildung 17-4-43**
Die Initialisierung

Der Code zur Ansteuerung der LED-Matrix liegt in der Variablen *matrix* vor, die genau mit den Werten versehen wurde, die für den Buchstaben »A« relevant sind. Erstelle deine eigenen Buchstaben oder Muster und bringe sie zur Anzeige. Erstelle ggf. ein 2-dimensionales Array, wo du mehrere Muster hinterlegst, die du dann nach Wunsch direkt abrufen kannst.

Die Ansteuerung der LED-Matrix

Die folgenden Codezeilen dienen zur Ansteuerung der LED-Matrix.

```python
14  with I2CMaster() as master:
15      master.transaction(
16          writing_bytes(address, iodirA_reg, 0x00) # Alles Ausgaenge
17      )
18      master.transaction(
19          writing_bytes(address, iodirB_reg, 0x00) # Alles Ausgaenge
20      )
21
22      try:
23          while True:
24              for row in range(8): # Zeilen waehlen
25                  master.transaction(
26                      writing_bytes(address, A_reg, matrix[row]) # LED-Bits setzen
27                  )
28                  master.transaction(
29                      writing_bytes(address, B_reg, (1<<row)) # Zeile aktivieren
30                  )
31                  sleep(0.004) # Pause 1
32                  master.transaction(
33                      writing_bytes(address, B_reg, 0x00) # Zeile deaktivieren
34                  )
35                  sleep(0.002) # Pause 2
36
37      except KeyboardInterrupt:
38          print("Programm unterbrochen.")
39          master.transaction(
40              writing_bytes(address, A_reg, 0x00) # Bits loeschen
41          )
42          master.transaction(
43              writing_bytes(address, B_reg, 0x00) # Bits loeschen
44          )
```

Abbildung 17-4-44 ▲
Die Ansteuerung der LED-Matrix

Zu Beginn teilen wir dem Port-Expander in den Zeilen *16* und *19* mit, dass wir alle Pins der beiden Ports als Ausgänge nutzen wollen. Jetzt müssen wir alle 8 Zeilen nacheinander mit einem HIGH-Pegel versehen und die für die betreffenden Zeilen erforderlichen Spalten ebenfalls mit einem HIGH-Pegel auswählen. Die Zeilenauswahl erfolgt über die *for*-Schleife in Zeile *24*, die die Werte von *0* bis *7* durchläuft. Bedenke, dass wir wieder mit *0* und nicht mit *1* beginnen. Zuerst versehen wir in Zeile *26* alle aufzuleuchtenden LEDs über die *matrix*-Variable an Port A mit den entsprechenden Pegeln und aktivieren anschließend in Zeile *29* die betreffende Zeile. Um alle 8 Zeilen zu erreichen, schieben wir bei jedem Schleifendurchlauf (*0* bis *7*) schrittweise eine *1* von rechts nach links durch das Register B. Abschließend deaktivieren wir in Zeile *33* die zuvor aktivierte Zeile. Die Aktionen werden durch kurze Pausen in den Zeilen *31* und *35* unterbrochen. Spiel ein wenig mit diesen Werten, damit du siehst, wie sich das Flackern der einzelnen LEDs verstärkt oder vermindert. Schauen wir uns zum Abschluss den kompletten Schaltungsaufbau an.

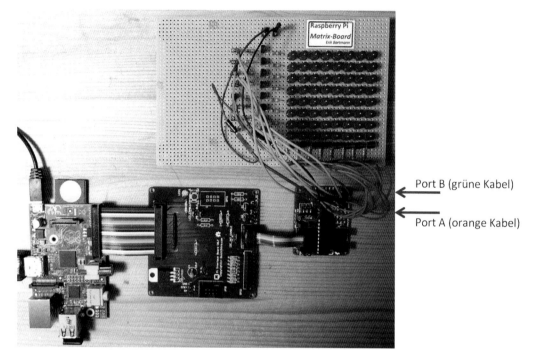

Port B (grüne Kabel)

Port A (orange Kabel)

Natürlich kannst du auch das Analog-Board und das Port-Expander-Board gleichzeitig am Interface-Board betreiben, denn jedes der beiden Boards besitzt 2 I^2C-Buchsen, die das Signal weiterleiten.

▲ **Abbildung 17-4-45**
Der Schaltungsaufbau mit dem Matrix-Board

◀ **Abbildung 17-4-46**
Port-Expander- und Analog-Board sind mit dem Interface-Board verbunden

Wenn wir *i2cdetect* aufrufen, sehen wir, dass beide Boards auf dem I^2C-Bus verfügbar sind.

Abbildung 17-4-47 ▶

Beide Boards sind mit Adresse 0x20
und 0x48 sichtbar

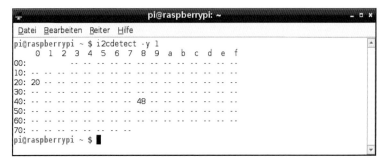

Was hast du gelernt?

- Du hast gelernt, wie du deinen Raspberry Pi mit den 3 Quick-2Wire-Boards Interface-, Analog- und Port-Expander-Board ganz einfach erweitern kannst, um analoge Spannungen zu messen oder die begrenzte Anzahl von GPIO-Pins des Raspberry Pi zu erweitern.

- Du hast gesehen, wie du PyGame unter Python 3 installieren kannst, um auch dort die grafischen Fähigkeiten zu nutzen.

- Mit Hilfe des Port-Expander-Boards hast du über das Matrix-Board 64 LEDs angesteuert, um unterschiedliche Muster einer Matrix anzuzeigen. Du hast gesehen, wie du über Transistoren, die als Schalter arbeiten, Spannungen schalten kannst, um so die Zeilen und Spalten der LED-Matrix anzusteuern.

Projekt 17-5:
Das Pi Cobbler-Board

Mein Simple-Board hast du inzwischen schon kennengelernt. Falls du dir nicht die Mühe mit dem Bau einer eigenen Platine machen möchtest, hilft dir möglicherweise eine kleine Platine mit Namen *Pi Cobbler* weiter, die es beim Anbieter *Adafruit* (*http://adafruit.com/*) gibt. Du kannst über ein mitgeliefertes Flachbandkabel die Anschlüsse der GPIO-Schnittstelle sehr einfach auf ein Breadboard leiten, um dort die benötigten Verbindungen für eine elektronische Schaltung herzustellen. In diesem Kapitel besprechen wir folgende Themen:

- Was ist das Pi Cobbler-Board?
- Wie stellst du eine Verbindung zum Raspberry Pi und einem Breadboard her?
- Was ist bei der Verwendung des Boards zu beachten?

Das Pi Cobbler-Board

Werfen wir zu Beginn einen Blick auf das von mir schon zusammengelötete Board, das im Moment noch als Bausatz geliefert wird. Du musst aber lediglich den Wannenstecker und die Stiftleisten anlöten. Das ist in 5 Minuten erledigt und erfordert keine allzu großen Lötkenntnisse. Detailinformationen findest du unter der folgenden Adresse:

http://learn.adafruit.com/adafruit-pi-cobbler-kit/overview

Abbildung 17-5-1 ▶
Das Pi Cobbler-Board mit dem
Flachbandkabel

Es ist recht schwierig und auch sehr fehleranfällig, wenn du bei elektronischen Experimenten mit der GPIO-Schnittstelle die einzelnen Pins abzählen musst, um den richtigen für die benötigte Funktion zu erwischen. Deswegen habe ich auf meinem *Simple-Board* eine kleine Schablone angebracht, die die Funktion der einzelnen Pins wiedergibt. Das Pi Cobbler-Board hat ebenfalls eine derartige Beschriftung auf der Oberseite.

Abbildung 17-5-2 ▶
Die Beschriftung des
Pi Cobbler-Boards

Auf dem folgenden Bild habe ich eine Verbindung vom Raspberry Pi zu meinem Breadboard hergestellt und dort eine einfache Schaltung aufgebaut.

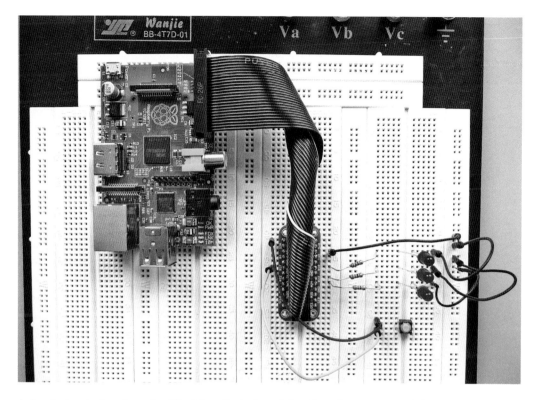

Achte beim Aufstecken des Flachbandkabels auf den Raspberry Pi auf den korrekten Sitz der 26 einzelnen Verbindungen über die Buchsenleiste. Man kann leicht um eine Pinreihe danebenliegen, was den Raspberry Pi beschädigen könnte. Ich hätte mir gewünscht, dass dort wie auf dem Pi Cobbler-Board ein Wannenstecker vorhanden ist, der über eine Aussparung auf einer Seite ein falsches Aufstecken theoretisch verhindert. Da das Pi Cobbler-Board wie auch die GPIO-Schnittstelle über 26 Pins verfügt, müssen diese auch über die Stiftleisten mit dem Breadboard verbunden werden. Der erforderliche Kraftaufwand beim Einstecken des kleinen Boards auf das Breadboard ist schon relativ groß. Darum würde ich ein spezielles Breadboard dafür verwenden, auf dem das Pi Cobbler-Board immer bleibt, denn auch beim Entfernen musst du ganz schön ziehen. Ich würde einen kleinen Schraubendreher als Hebel einsetzen und abwechselnd von beiden Seiten das Pi Cobbler-Board vom Breadboard abheben. Mach das aber nicht zu oft, denn das Material leidet unter der ständigen Beanspruchung des Aufsteckens bzw. Abziehens vom Breadboard. Wie du ebenfalls auf dem Bild erkennen kannst, habe ich das Flachbandkabel ein wenig

▲ **Abbildung 17-5-3**
Die Verbindung zwischen Raspberry Pi und Pi Cobbler-Board

zusammengerollt, damit du leicht an die linke Seite der Boards herankommst. Andernfalls würde das Flachbandkabel mit seiner Breite alle auf der linken Seite befindlichen Pins bzw. Beschriftungen verdecken und die Gefahr einer fehlerhaften Verdrahtung wäre recht hoch.

Was hast du gelernt?

- Du hast in diesem Kapitel gesehen, wie du mit dem kleinen Pi CobblerBoard eine Verbindung zwischen der GPIO-Schnittstelle des Raspberry Pi und einem Breadboard herstellen kannst, um dort deine elektronischen Schaltungen aufzubauen.
- Das Pi Cobbler-Board verfügt über eine Beschriftung auf der Oberseite, so dass du sehr gut die Funktionen der einzelnen GPIO-Pins ablesen kannst. Die Gefahr einer falschen Verdrahtung wird damit verringert.

Projekt 17-6:
Das Prototyping-Board

Ein weiteres sehr interessantes Board gibt es ebenfalls beim Anbieter *Adafruit* (*http://adafruit.com/*). Es nennt sich *Prototyping Pi Plate* und ist mit einem Arduino-Shield zu vergleichen. Es wird oben auf deinen Raspberry Pi aufgesteckt und hat somit eine direkte Verbindung über die GPIO-Schnittstelle. In diesem Kapitel besprechen wir folgende Themen:

- Was ist das Prototyping Pi Plate-Board?
- Wie stellst du eine Verbindung zum Raspberry Pi her?

Das Prototyping Pi Plate

Dieses Board wird im Moment nur als Bausatz geliefert; hier siehst du es im fertig zusammengelöteten Zustand.

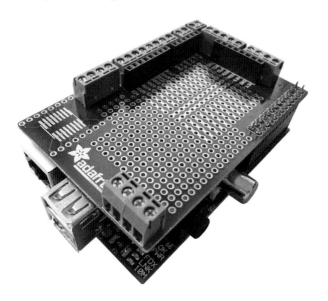

◀ **Abbildung 17-6-1**
Das Prototyping Pi Plate-Board

Es besitzt auf dem Rand der Oberseite eine Reihe schraubbarer Klemmverbindungen sowie einige Buchsenleisten, über die du sehr einfach externe elektrische bzw. elektronische Elemente anschließen kannst. Über die Buchsenleiste auf der Unterseite wird eine Verbindung zum Raspberry Pi hergestellt.

Abbildung 17-6-2 ▶
Das Prototyping Pi Plate-Board
(Unterseite)

Verbindungsleiste zur
GPIO-Schnittstelle

Puffer

An der rechten unteren Ecke befindet sich ein kleiner Gummi-Puffer, der nach dem Aufstecken des Prototyping-Boards auf der Netzwerk-Buchse zu liegen kommt und dort für einen festen Sitz sorgt. Wir werfen am besten einen Blick direkt von oben auf das Board. Ich habe das Board einmal so belassen, wie es geliefert wird, und dann mit einem kleiner Breadboard versehen, was eine interessante und praktische Erweiterung darstellt.

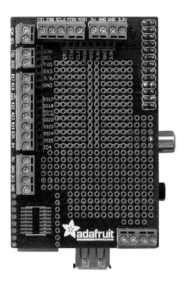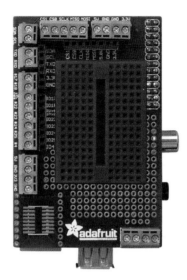

Das Bild auf der linken Seite zeigt dir einen relativ großen Bereich in der Mitte des Boards, auf dem du die unterschiedlichsten Schaltungen und Bauteile aufstecken kannst. Dafür gibt es zahlreiche Lochreihen in der oberen Hälfte, die eine elektrisch leitendende Verbindung untereinander vorweisen. In der unteren Hälfte erkennst du lediglich einzelne Lötösen, die keine Verbindung zueinander haben. Ich rate dir jedoch, ein kleines Breadboard, wie du es auf der rechten Seite siehst, aufzukleben, denn dann ist es sehr einfach, über flexible Steckbrücken die erforderlichen Verbindungen zwischen den Bauelementen herzustellen. Ein derartiges Breadboard kostet knapp *4 Euro* und leistet in diesem Fall sehr gute Dienste. Jede der einzelnen schraubbaren Klemmverbindungen bzw. Buchsenleisten besitzt eine Beschriftung, so dass sich das Verkabeln sehr einfach gestaltet und fehlerhafte Verbindungen aufgrund von falsch positionierten Kabeln der Vergangenheit angehören.

Spezial-Verbindungen

Wenn ich hier von Spezial-Verbindungen rede, meine ich folgende Signale, die ich zum größten Teil im Buch schon angesprochen habe:

- *SPI* (CS, SCLK, MISO, MOSI)
- Spannungsversorgung (3,3V, 5V, Masse)
- I^2C (SDA, SCL)

- *UART* (TXD, RXD)

Auf den folgenden beiden Bildern erkennst du sehr gut die nach draußen geführten Anschlüsse.

SPI und Spannungsversorgung

Abbildung 17-6-4 ▶
SPI und Spannungsversorgung

I2C und UART

Abbildung 17-6-5 ▶
I²C und UART (TXD, RXD)

Was hast du gelernt?

- Du hast in diesem Kapitel gesehen, wie du mit Hilfe des Prototyping Pi Plate-Boards eine Platine für eigene Schaltungen auf deinen Raspberry Pi stecken kannst, um dort deine Versuchsschaltungen aufzubauen. Wenn es darum geht, relativ kleine Schaltungen zu testen, ist das Board unbedingt einen Blick wert.

Projekt 17-7:
Das Gertboard

Kommen wir zu einem weiteren Board, um dein *Raspberry Pi*-Board zu erweitern. Natürlich haben wir das schon über die *GPIO-Schnittstelle* und über diverse andere Boards gemacht, doch ich möchte es nicht versäumen, auch dieses Board vorzustellen. Der Entwickler mit Namen *Gert van Loo* hat ein Erweiterungsboard entwickelt, das seinen Namen trägt und einige sehr interessante Möglichkeiten der Erweiterung bietet, was andere Boards in diesem Umfang nicht zu leisten vermögen.

- Was ist das Gertboard?
- Welche Möglichkeiten werden dir mit dem Board geboten?
- Wozu gibt es *Buffer* auf dem Gertboard?
- Die auf dem Gertboard vorhandenen *Leuchtdioden* werden über ein von uns geschriebenes *C-Programm* angesteuert.
- Wir fragen die auf dem Gertboard vorhandenen *Taster* ab und geben den Status aus.

Riskieren wir einen ersten Blick auf das *Gertboard*.

Abbildung 17-7-1 ▶
Das Gertboard – benannt nach seinem Entwickler Gert van Loo

Dieses Board wird mittlerweile fertig zusammengebaut angeboten und muss nicht erst in mühsamer Kleinarbeit wie das Vorgänger-modell zusammengelötet werden. Musste das erste Board noch über ein mitgeliefertes Flachbandkabel mit der GPIO-Schnittstelle des Raspberry Pi verbunden werden, besitzt dieses eine Buchsen-leiste auf der Unterseite der Platine, so dass das Board nun Hucke-pack oben auf deinem Raspberry Pi sitzt.

Abbildung 17-7-2 ▶
Das Gertboard obenauf

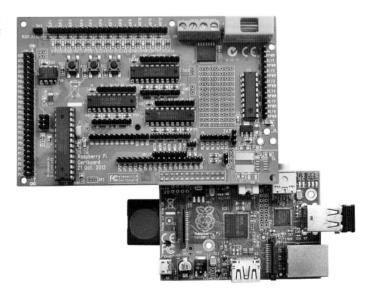

Achte darauf, dass du es genau in der hier gezeigten Orientierung aufsteckst und nicht etwa wie andere Erweiterungsboards so, dass es den Raspberry Pi mehr oder weniger verdeckt. Das hätte fatale Folgen, denn es führt auf jeden Fall zu einem Kurzschluss bzw. zur Zerstörung von mindestens einem der beiden Boards. Auf den ersten Blick sehen wir eine Reihe von *integrierten Schaltkreisen*, *Leuchtdioden* und *Pfostenstiftleisten* u.v.a.m., die allesamt die Funktionalität des Boards ausmachen. Wir werden im Detail auf etliche Komponenten eingehen, damit du verstehst, wie das *Gertboard* funktioniert. Ich möchte nicht alle auf dem Board vorhandenen Komponenten auf einmal benennen, sondern Schritt für Schritt die beiden zu Beginn des Kapitels genannten Themenbereiche ansprechen.

Die grundlegenden Funktionen

Anhand der folgenden Stichpunkte kannst du vielleicht erahnen, was du alles mit dem Board anstellen kannst:

- *12 x* gepufferte I/O-Pins
- *3 x* Taster
- *6 x* Open-Collector-Treiber (*50V, 0,5A*)
- *18V, 4A* Motor-Controller
- *28*-pin dual in line *ATmega* Mikrocontroller
- *2*-Kanal *8/10/12* Bits Digital/Analog-Wandler
- *2*-Kanal *10* Bits Analog/Digital-Wandler

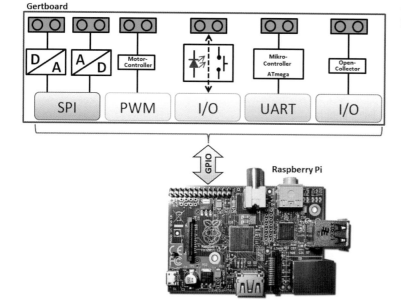

◀ **Abbildung 17-7-3**
Das Gertboard-Schema

Dieses Schema zeigt dir die einzelnen Funktionsblöcke des *Gertboards*, die wir mehr oder weniger detailliert besprechen wollen. Wir beginnen dabei mit einem ganz einfachen Beispiel zur Ansteuerung von Leuchtdioden und schauen uns dazu die entsprechende Programmierung in der Programmiersprache C an. Du hast im Kapitel über die Programmierung mit C schon einige interessante Grundlagen kennengelernt, die wir weiter ausbauen wollen. Da dies aber kein erschöpfendes Programmierhandbuch ist und ich nicht vorab alle notwendigen Details erklären kann, spreche ich die erforderlichen Sprachkonstrukte erst dann an, wenn sie gebraucht werden. Im Übrigen muss ich auf die weiterführende Literatur verweisen.

Was brauchen wir an Material?

Damit wir die Versuche durchführen können, wird zusätzliches Material benötigt, das dem Board beiliegt. Die Kabel reichen bei Weitem nicht für umfangreiche Experimente aus, doch du kannst sie recht einfach selbst herstellen oder günstig erwerben.

Abbildung 17-7-4 ▶
Jumper und flexible Steckbrücken

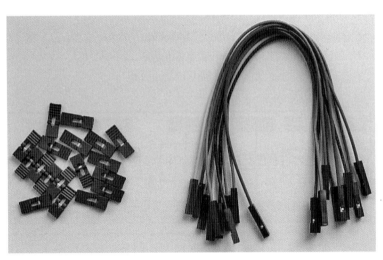

- Jumper: *18 x*
- Flexible Steckbrücken: *10 x*

Hier ein kleiner Tipp, denn die Jumper haben ein Eigenleben und das unwiderstehliche Bestreben, von der Arbeitsfläche zu verschwinden, um früher oder später eine endgültige Wohnstätte in einem Staubsaugerbeutel zu finden. Stecke am besten alle Jumper auf die Steckleisten auf, ohne sie jedoch zur Herstellung einer aktiven elektrischen Verbindung zu nutzen, so wie du das auf dem folgenden Bild siehst.

◀ **Abbildung 17-7-5**
Jumper parken

Das Gertboard im Detail

Bevor du mit dem *Gertboard* arbeiten kannst, musst du eine vorbereitete Software-Collection zum Testen der einzelnen Funktionsblöcke aus dem Internet herunterladen.

Installation der benötigten Software

Die im Moment aktuelle Version lautet:

`gertboard_sw_20130106.zip`

Lade sie dir aus dem Internet z.B. von der folgenden Adresse

http://www.element14.com/community/docs/DOC-51726/ l/assembled-gertboard-for-raspberry-pi

herunter und beachte die darin enthaltenen Hinweise. In naher Zukunft werden sicherlich Updates zur Verfügung stehen, so dass sich das Datum *06.01.13* ändern wird. Entpacke die gezippte Datei, so dass du ein Unterverzeichnis mit dem Namen *gertboard_sw* erhältst. Darin sind zahlreiche Programmdateien enthalten, die in der Programmiersprache C geschrieben sind und Beispiele zur

Ansteuerung des Gertboards bereitstellen. Du kannst über den Befehl *make all* alle vorhandenen C-Quellcode-Dateien auf einen Schlag kompilieren. Wechsle zuerst in das genannte Unterverzeichnis.

```
                 pi@raspberrypi: ~/gertboard_sw              _ □ x

 Datei  Bearbeiten  Reiter  Hilfe
pi@raspberrypi ~/gertboard_sw $ make all
gcc -c gb_common.c
gcc -c buttons.c
gcc -o buttons gb_common.o buttons.o
gcc -c butled.c
gcc -o butled gb_common.o butled.o
gcc -o leds gb_common.o leds.o
gcc -c ocol.c
gcc -o ocol gb_common.o ocol.o
gcc -c gb_spi.c
gcc -c atod.c
gcc -o atod gb_common.o gb_spi.o atod.o
gcc -c dtoa.c
gcc -o dtoa gb_common.o gb_spi.o dtoa.o
gcc -c dad.c
gcc -o dad gb_common.o gb_spi.o dad.o
gcc -c gb_pwm.c
gcc -c motor.c
gcc -o motor gb_common.o gb_pwm.o motor.o
gcc -c potmot.c
gcc -o potmot gb_common.o gb_pwm.o gb_spi.o potmot.o
gcc -c decoder.c
gcc -o decoder gb_common.o decoder.o
pi@raspberrypi ~/gertboard_sw $ █
```

Abbildung 17-7-6 ▲
Alle Quellcode-Dateien mit
make all kompilieren

Eine Sicherheitsvorkehrung

Im Kapitel über die *GPIO-Grundlagen* hatte ich schon gesagt, dass diese Pins direkt mit deinem Prozessor verbunden sind, der bei unsachgemäßer Handhabung Schaden nehmen könnte. Das *Gertboard* verfügt über *12* Pins, die als *Ein-* bzw. *Ausgänge* geschaltet werden können, aber nicht direkt mit dem Prozessor deines *Raspberry Pi* verbunden sind. Dazwischen befinden sich sogenannte *Buffer* (*Puffer*), die quasi einen Schutz darstellen. Dies wurde über den integrierten Schaltkreis *74HC244* realisiert, wovon drei Stück (*U3*, *U4* und *U5*) auf der Platine verbaut wurden. Aus diesem Grund müssen vor jedem Schaltungsprojekt diverse Steckverbindungen auf dem Board platziert werden, einfach *out of the box* klappt das nicht mit dem Gertboard. Das Grundschaltbild für einen einzelnen *Buffer* schaut wie folgt aus:

Projekt 17-7 Das Gertboard

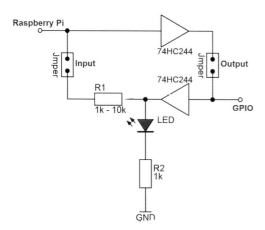

◀ **Abbildung 17-7-7**
Die Buffer-Schaltung der I/O-Ports

> Das ist mir zu hoch. Wie soll das funktionieren? Und was bedeuten diese *Jumper*? Sind das Unterbrechungen?

Mit den Unterbrechungen hast du vollkommen Recht, *RasPi*. Standardmäßig handelt es sich um offene Verbindungen, die keinen Strom durchlassen. Schau dir dein *Gertboard* einmal aus der Nähe an. Direkt neben den Buffer-Bausteinen *74HC244* befinden sich *Stiftleisten*, die offene Verbindungen darstellen.

Stiftleisten

◀ **Abbildung 17-7-8**
Buffer-Baustein U4 mit offenen Verbindungen

Diese Stiftleisten warten nur darauf, von dir entsprechend überbrückt zu werden, damit die von dir gewünschten bzw. erforderlichen Verbindungen zustande kommen. Das wird mit sogenannten *Jumpern* bewerkstelligt.

> Ok, das ist verständlich, doch wenn ich mir die Schaltung anschaue, sehe ich einen *Input*- und einen *Output*-Jumper. Welchen muss ich denn jetzt verwenden?

Das hängt immer davon ab, wie deine Schaltung funktionieren soll, *RasPi*. Sehen wir uns das an zwei Beispielen genauer an.

Der Input-Mode

Du erreichst den *Input-Mode*, indem du den linken Jumper mit der Bezeichnung *Input* einsetzt. Das bedeutet, dass du ein Signal von dem *I/O-Pin* zum *Raspberry Pi* leitest. Der Strom nimmt den gezeichneten Verlauf.

Abbildung 17-7-9 ▶
Der Input-Mode

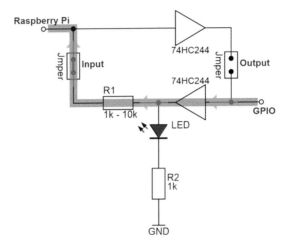

Der Output-Mode

Du erreichst den *Output-Mode*, indem du den rechten Jumper mit der Bezeichnung *Output* einsetzt. Das bedeutet, dass du ein Signal vom *Raspberry Pi* zum einem *I/O-Pin, also zum Gertboard* leitest. Der Strom nimmt nun den gezeichneten entgegengesetzten Verlauf.

Abbildung 17-7-10 ▶
Der Output-Mode

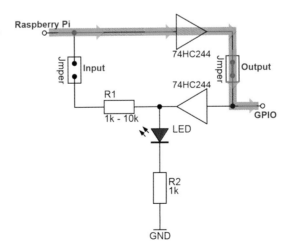

Projekt 17-7 Das Gertboard

Gertboard-Projekte

Da du jetzt über genug Vorwissen bezüglich der Buffer verfügst, wollen wir zwei Experimente durchführen. Wenn du die C-Programme der Software-Collection verwendest, erhältst du zu Beginn des Programmlaufs immer einen Hinweis über die notwendigen Steckverbindungen, die du händisch herstellen musst. So wird sichergestellt, dass die Programme auch mit den korrekten Verkabelungen laufen. Eine sehr sinnvolle und durchdachte Vorgehensweise.

Das Ansteuern der Leuchtdioden

Fangen wir wieder mit etwas sehr Einfachem an. Auf dem Board befinden sich 12 LEDs (D1 bis D12), von denen wir ein paar ansteuern wollen.

◄ **Abbildung 17-7-11**
Die LEDs D1 bis D12

Aufgrund der dichten Beschriftung sind die Bezeichnungen der einzelnen Leuchtdioden nicht gut zu erkennen. In der Software-Collection des Gertboards gibt es bereits ein fertiges Programmierbeispiel mit dem Namen *leds.c*, das du sofort ausführen kannst, wenn du über *make all* alle Quellcode-Dateien kompiliert hast. Machen wir uns zuerst Gedanken über die notwendige Verkabelung auf dem *Gertboard*. Dazu schauen wir uns noch einmal die Buffer-Schaltung an.

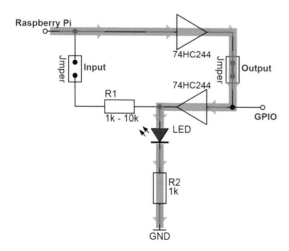

◄ **Abbildung 17-7-12**
Die Ansteuerung einer LED vom
Raspberry Pi aus

Du siehst, dass wir zur Ansteuerung der LEDs den Output-Jumper an jeder LED platzieren müssen, die wir vom *Raspberry Pi* aus ansteuern möchten.

Abbildung 17-7-13 ▶
Die erforderlichen Verbindungen
auf dem Gertboard (Jumper und
Kabel)

Was habe ich gemacht?

- Die notwendigen Verbindungen von *Anschlussleiste J2* mit *Anschlussleiste J3* hergestellt
- An allen Buffer-Bausteinen (*U3*, *U4* und *U5*) die Jumper im *out-Bereich* gesetzt

> Ok, das habe ich verstanden. Wie ich sehe, hast du eine Lücke bei der Verkabelung gelassen und die *Pins 14* und *15* nicht verwendet. Warum machst du das? Das sind doch ebenfalls *GPIO-Pins*, die wir verwenden können.

Korrekt erkannt, *RasPi*! Das Ganze hat aber folgenden Hintergrund, auf den ich im GPIO-Grundlagenkapitel schon ganz kurz eingegangen bin. Manche Pins der *GPIO-Schnittstelle* haben eine *Zweitfunktion*. Es gibt also eine *alternative Funktionalität*, die wir zusätzlich zu den uns schon bekannten *I/O*-Funktionen nutzen können. Pin *14* und *15* können zur Ansteuerung einer *seriellen Schnittstelle* verwendet werden. Auf diese *UART*-Funktionalität (*Universal Asynchronous Receiver Transmitter*) kann bei Bedarf zugegriffen werden. Ich habe sie ausgelassen, weil jedem dieser beiden Pins eine bestimmte Datenflussrichtung von Linux aus vorgegeben ist. *GPIO14* arbeitet als *TXD* (*Sendeleitung*), wogegen *GPIO15* als *RXD* (*Empfangsleitung*) arbeitet. Durch eine von uns umprogrammierte Konfiguration würde diese Funktionalität ggf. beeinträchtigt. Weil uns noch genügend andere Pins zur freien Verfügung stehen, lassen wir diese beiden Pins außen vor.

Wenn du möchtest, kannst du jetzt über ein Terminal Fenster das kompilierte Programm, das sich *leds* nennt, laufen lassen. Du benötigst aber erweiterte Rechte, so dass du den Zusatz *sudo* verwenden musst. Ich zeige dir die hilfreichen Informationen nach dem Start des Programms in einem Terminal-Fenster.

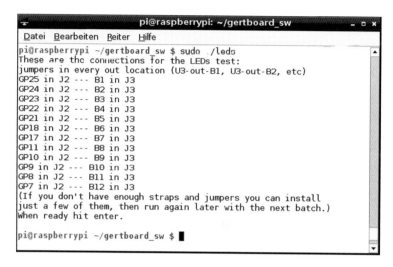

◀ **Abbildung 17-7-14**
Der Programmstart von leds

> Wie kann ich eigentlich in der Geany-Entwicklungsumgebung mein Programm starten? Ich habe das probiert, doch es kommt immer zu einem Fehler bei der Kompilierung.

Stimmt, *RasPi*. Darauf sollte ich kurz eingehen, denn du musst eine vorkompilierte Library in den Kompilierungsvorgang mit einbinden. Öffne dazu über den Menüleisteneintrag *Erstellen* das hier markierte *Build-Konfigurationsmenü*.

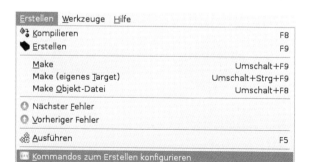

◀ **Abbildung 17-7-15**
Das Build-Konfigurationsmenü öffnen

891

Dann füge zum einen den Eintrag *gb_common.o* im *Build*-Bereich hinzu. Es handelt sich dabei um die vorkompilierte Objekt-Datei der Datei *gb_common.c*. Sie muss während des *Build-Prozesses* mit berücksichtigt werden, weil dort viele Funktionen bzw. Makros vorhanden sind, auf die wir zugreifen müssen. Zum anderen muss jedes C-Programm für das *Gertboard* mit erweiterten Rechten ausgeführt werden, was du durch das Hinzufügen des Wörtchens *sudo* im *Execute*-Bereich erreichst.

Abbildung 17-7-16 ▶
Hinzufügen der gb_common.o-
Datei bzw. sudo

Ok, das wäre geschafft. Wir sollten jetzt einen Blick auf das Programm werfen, damit du verstehst, was da – und das ist nicht gerade wenig – alles gemacht wird. Da das Programm *leds.c* in meinen Augen recht komplex ist, möchte ich dir eine leicht abgespeckte Variante zeigen, mit der wir den Einstieg wagen können. Werfen wir zuvor einen Blick auf das Ablaufdiagramm.

Abbildung 17-7-17 ▶
Ablaufdiagramm zur Ansteuerung
der LED(s)

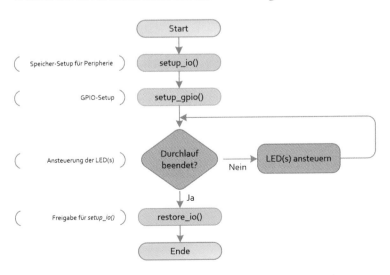

Bevor wir mit dem *setup_io*- bzw. *setup_gpio*-Block starten, müssen wir uns dem vorangestellten Definitionsblock widmen, der wie folgt ausschaut und ohne den das Ganze nicht funktioniert.

> Einige Blöcke verstehe ich überhaupt nicht. Was haben *setup_io*, *setup_gpio* und *restore_io* zu bedeuten?

Dabei handelt es sich um Funktionsaufrufe innerhalb des Quellcodes, die die Kommunikation mit dem Raspberry Pi-Board bzw. mit der GPIO-Schnittstelle vorbereiten. Darauf wollte ich gerade zu sprechen kommen.

setup_io()

Über diese Funktion werden die notwendigen Speicherbereiche für die Ansteuerung der Peripherie bereitgestellt.

setup_gpio()

An dieser Stelle werden die *12* benötigten GPIO-Pins als *Ausgänge* programmiert. Dabei muss Folgendes beachtet werden: Bevor ein Pin als *Ausgang* arbeitet, muss er bereits als Eingang definiert sein.

restore_io()

Abschließend werden die zuvor benötigten Speicherbereiche freigegeben. Dieser Block ist das Gegenstück zur *setup_io*-Funktion. Kommen wir zum konkreten Programm.

```
1   #include "gb_common.h"
2   // Output Bits an die richtige Stelle schieben
3   #define L1    (1<<25)
4   #define L2    (1<<24)
5   #define L3    (1<<23)
6   #define L4    (1<<22)
7   #define L5_1  (1<<21)
8   #define L5_2  (1<<27)
9   #define L6    (1<<18)
10  #define L7    (1<<17)
11  #define L8    (1<<11)
12  #define L9    (1<<10)
13  #define L10   (1<<9)
14  #define L11   (1<<8)
15  #define L12   (1<<7)
16
17  static int ALL_LEDS;
```

◀ **Abbildung 17-7-18**
Die Definition der einzelnen LEDs auf Bitebene

In *Zeile 1* binden wir die benötigte *Header-Datei gb_common.h* ein, deren Inhalt uns nicht zu interessieren braucht. Das für uns Wichtige befindet sich in den Zeilen *3* bis *15*. Die einzelnen LEDs werden durch bestimmte Bitkombinationen angesteuert. Jedes einzelne Bit eines *32-Bit* langen Wertes ist für eine bestimmte LED verantwortlich. Hat dieses Bit den Wert *1*, dann leuchtet die LED, ist der Wert *0*, verlischt sie. Um nun ein einzelnes Bit innerhalb des *32-Bit*-Wertes zu setzen, bedienen wir uns des *Schiebebefehls*, den du schon kennengelernt hast. Die Technik ist ganz einfach und funktioniert nach dem Motto *?Nimm eine 1, platziere sie rechts außen vom 32-Bit-Wert und schiebe sie nach links an die gewünschte Position?*. In Zeile 17 wird eine Variable mit Namen *ALL_LEDS* deklariert, der später Werte zugewiesen werden, um sehr schnell alle LEDs auf einmal anzusprechen. In der folgenden Funktion werden die GPIO-Pins vorbereitet, die allesamt als Ausgänge arbeiten. Es handelt sich um den Codeblock, den ich eben schon erwähnt hatte, als es um die Datenflussrichtung ging, wobei ein Ausgang zuvor als Eingang programmiert sein muss.

Abbildung 17-7-19 ▶
Der gpio_setup-Block –
Programmierung der GPIO-Pins als
Ausgänge

```
19  void setup_gpio(int pin21){
20      INP_GPIO(7);      OUT_GPIO(7);
21      INP_GPIO(8);      OUT_GPIO(8);
22      INP_GPIO(9);      OUT_GPIO(9);
23      INP_GPIO(10);     OUT_GPIO(10);
24      INP_GPIO(11);     OUT_GPIO(11);
25      // 14 und 15 befinden sich schon im UART Modus
26      // von Linux. Sie sollten nicht geändert werden
27      INP_GPIO(17);     OUT_GPIO(17);
28      INP_GPIO(18);     OUT_GPIO(18);
29      INP_GPIO(pin21);  OUT_GPIO(pin21);
30      INP_GPIO(22);     OUT_GPIO(22);
31      INP_GPIO(23);     OUT_GPIO(23);
32      INP_GPIO(24);     OUT_GPIO(24);
33      INP_GPIO(25);     OUT_GPIO(25);
34  } // setup_gpio
```

Das erreichst du über die beiden Makros *INP_GPIO* und *OUT_GPIO* in der gezeigten Reihenfolge. Bevor ich mit dem nächsten Block fortfahre, muss ich noch zwei Funktionen definieren, die zur Ansteuerung der LEDs verwendet werden.

> Warum ist Pin *21* hier speziell erwähnt worden und sogar als Parameter Bestandteil der Funktion?

Gute Frage, *RasPi*! Das rührt daher, dass es Unterschiede zwischen den Revisionen *1* und *2* hinsichtlich der GPIO-Belegung gibt. Wir werden das gleich noch genauer sehen. Einen kleinen Augenblick Geduld bitte.

Projekt 17-7 Das Gertboard

```
36  ⊟void leds_off(void){
37        // GPIO_CLR0 bestimmt die Output Pins
38        GPIO_CLR0 = ALL_LEDS; // Alle LED's ausschalten
39  └}
40
41  ⊟void show_LEDs(int value){
42        leds_off();        // Alle LED's ausschalten
43        GPIO_SET0 = value; // Welche LED soll leuchten?
44  └}
```

◀ **Abbildung 17-7-20**
Die beiden Funktionen zur
Ansteuerung der LEDs

Die *leds_off*-Funktion nutzt das Makro *GPIO_CLR0*, um alle LEDs
auszuschalten. Dafür wird die definierte Variable *ALL_LEDS* übergeben, die alle anzusteuernden Bits der *12* LEDs beinhaltet. Im
Gegensatz dazu verwenden wir die *show_LEDs*-Funktion zum
Ansteuern der einzelnen LEDs, die wiederum das Makro *GPIO
SET0* verwendet. Ihr wird eine Bitkombination übergeben, die entsprechend ihren Setzungen die LEDs leuchten lässt. Kommen wir
jetzt zum Aufruf der *main*-Funktion, die beim Programmstart aufgerufen wird.

LED(s) ansteuern

Zu Beginn der *main*-Funktion werden ein paar benötigte Variablen
definiert.

```
46  ⊟int main(void){
47        int rev, pin21;
48        int i;      // Laufvariable
49        int d = 5;  // Anzahl der Durchläufe
50        int w = 10; // Wartezeit
```

◀ **Abbildung 17-7-21**
Erforderliche Variablendeklaratio-
nen (Beginn der main-Funktion)

Die Variablen in Zeile *47* haben folgende Bedeutung:

- *rev*: speichert die Revisions-Nummer
- *pin21*: speichert in Abhängigkeit der Revisionsnummer die
  korrekte GPIO-Bezeichnung für Pin *21*

```
52        rev = pi_revision(); // Pi Revision 1 oder 2?
53  ⊟     if (rev == 1){ // GP21 on Gertboard is controller by GPIO21
54            pin21 = 21;
55            ALL_LEDS = (L1|L2|L3|L4|L5_1|L6|L7|L8|L9|L10|L11|L12);
56        }
57  ⊟     else{ // GP21 on Gertboard is controller by GPIO27
58            pin21 = 27;
59            ALL_LEDS = (L1|L2|L3|L4|L5_2|L6|L7|L8|L9|L10|L11|L12);
60        }
```

◀ **Abbildung 17-7-22**
Ermittlung der Revisionsnummer
mit den nachfolgenden Variablen-
zuweisungen

In Zeile *52* wird die *pi_revision*-Funktion aufgerufen, um die vorherrschende Revision deines Raspberry Pi-Boards zu ermitteln. Die
nachfolgenden Codeblöcke verwenden dementsprechend die richtigen GPIO-Bezeichnungen, so dass das Programm unter beiden

Revisionen lauffähig ist. Es folgen die GPIO-Pin-Vorbereitungen in Zeile 62 und 63, deren Sinn ich schon erklärt habe.

Abbildung 17-7-23 ▶
GPIO-Pin-Vorbereitungen und
Ansteuerung der Pins (Ende der
main-Funktion)

```
62      setup_io();          // Mapping von I/O
63      setup_gpio(pin21); // 12 GPIO Pins als Ausgänge programmieren
64
65 ┌    for(i=0; i<d; i++){
66         leds_off();          // Alle LED's aus
67         long_wait(w);        // Warten
68         show_LEDs(L1|L2|L3); // Anschalten der LED's
69         long_wait(w);        // Warten
70      }
71      leds_off();          // Alle LED's aus
72      restore_io();
73      return 0;
74 └} // main
```

Innerhalb der *for*-Schleife, deren Schleifendurchläufe über die Variable *d* gesteuert werden, werden die LEDs *1*, *2* und *3* zusammen blinken. Der Blinkrhythmus wird über die Funktion *long_wait* gesteuert. Je kleiner der Wert der Variablen *w* ist, desto schneller erfolgt das Blinken. Die Ansteuerung der LEDs erfolgt in *Zeile 68*, wobei der *show_LEDs*-Funktion die Bitkombinationen der Konstanten *L1*, *L2* und *L3* übergeben werden. Möchtest du weitere LEDs hinzufügen, kannst du dies mit Hilfe des | *Pipe*-Zeichen erreichen. Also z.B.

```
show_LEDs(L1|L2|L3|L10|L11);
```

> Du hast mir gezeigt, wie ich einzelne LEDs ansteuern kann, so dass sie anfangen zu leuchten. Wenn es darum geht, die LEDs auszuschalten, haben wir lediglich die Funktion *leds_off*, die aber alle LEDs auf einmal ausschaltet. Gibt es auch eine Möglichkeit, einzelne LEDs auszuschalten?

Na klar, *RasPi*! Eine gute Frage an dieser Stelle. Innerhalb der *leds_off*-Funktion übergeben wir ja die Bitkombinationen aller *12* LEDs (*ALL_LEDS*). Das kannst du variabel handhaben. Mit der folgenden Zeile schaltest du nur *LED 1* dunkel.

```
GPIO_CLR0 = L1;
```

Auch hier sind wieder die unterschiedlichsten Bitkombinationen denkbar. Probier das selbst ein wenig aus und spiel mit verschiedenen Werten. Nach dem Verlassen der *for*-Schleife werden über die *leds_off*-Funktion alle LEDs dunkel geschaltet und über den Aufruf der *restore_io*-Funktion die zuvor benötigten Speicherbereiche freigegeben. Dieser Block bedeutet ja das Gegenstück zur *setup_io*-Funktion.

Das Abfragen der Taster

Das *Gertboard* verfügt standardmäßig über *drei Taster*, die sich – je nachdem, wie herum du das Board drehst – ggf. am oberen Rand befinden.

◀ **Abbildung 17-7-24**
Die drei Taster auf dem Gertboard

Taster 1   Taster 2   Taster 3

Diese Taster sind mit den Bezeichnungen *S1*, *S2* und *S3* versehen (*S = Switch*). Diese drei Taster sind über je einen Widerstand direkt mit den Pins *1*, *2* und *3* der *Steckerleiste J3* (*Header*) verbunden. Schauen wir uns den Schaltplan für einen einzelnen Taster an.

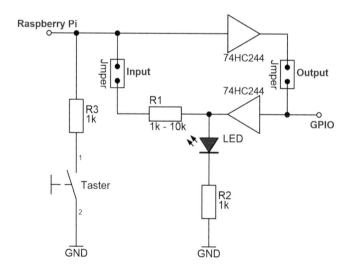

◀ **Abbildung 17-7-25**
Ein einzelner Taster auf dem Gertboard

Du siehst, dass der Taster das Massesignal über den Widerstand weiterleitet. Ich habe eben gesagt, dass die Taster direkt mit der *Steckerleiste J3* verbunden sind. Du findest sie direkt über dem *Raspberry Pi*-Schriftzug. Doch schau her:

Abbildung 17-7-26 ▶
Die Steckerleiste J3 auf dem
Gertboard

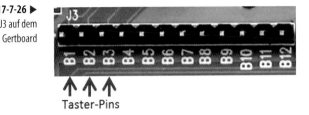

Taster-Pins

Werfen wir dazu einen Blick auf einen Teil des offiziellen *Gert-board-Schaltplans* und suchen nach den drei Tastern.

Abbildung 17-7-27 ▶
Die drei Taster des Gertboards auf
dem Schaltplan

RN7A

BUF_1 $\rangle\!\rangle$ 2 $\quad$ 1 $\quad$ 1 S1 $\quad$ 2

3 $\qquad$ 4

1k

Switch

RN7B

BUF_2 $\rangle\!\rangle$ 4 $\quad$ 3 $\quad$ 1 S2 $\quad$ 2

3 $\qquad$ 4

1k

Switch

RN7D

BUF_3 $\rangle\!\rangle$ 8 $\quad$ 7 $\quad$ 1 S3 $\quad$ 2

3 $\qquad$ 4

1k

Switch

RN7C

6 $\qquad$ 5

1k

Wir sehen, dass die Massesignale über je einen Taster und den ent-sprechenden Widerstand geleitet werden. Doch wie geht es weiter? Suchen wir die Anschlüsse *BUF_1*, *BUF_2* und *BUF3* im Schaltplan.

Abbildung 17-7-28 ▶
Die Steckerleiste J3 im Schaltplan

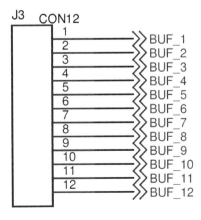

J3 CON12

1 — BUF_1
2 — BUF_2
3 — BUF_3
4 — BUF_4
5 — BUF_5
6 — BUF_6
7 — BUF_7
8 — BUF_8
9 — BUF_9
10 — BUF_10
11 — BUF_11
12 — BUF_12

Hey, das sind genau *die* Anschlüsse, die du auf dem Foto der *Steckerleiste J3* ein paar Abbildungen zuvor gesehen hast. Dort kommen also die Tastersignale an. Die Anschlüsse der *Steckerleiste J3* stehen in direkter Verbindung mit den Treiberbausteinen *U3*, *U4* und *U5*. Im folgenden Diagramm siehst du die Aufteilung der Pins auf diese Bausteine.

▼ **Abbildung 17-7-29**
Die Steckerleiste J3 und die Verteilung auf die Treiberbausteine U3, U4 und U5

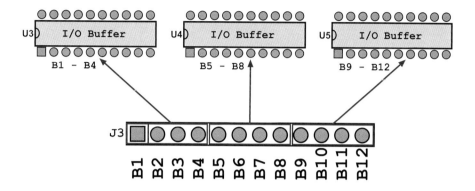

Aber wie geht es weiter? Enden hier die Signale? Wir müssen sie doch irgendwie zum *Raspberry Pi* leiten, damit sie dort ausgewertet werden können.

Vollkommen richtig *RasPi*. Aus diesem Grund müssen wir Verbindungsleitungen zu den *GPIO-Anschlüssen* legen. Das machen wir wieder mit den flexiblen Steckbrücken.

◀ **Abbildung 17-7-30**
Die erforderlichen Verbindungen auf dem Gertboard

Mir ist aufgefallen, dass du dich überhaupt nicht für einen Modus entschieden hast. Ich meine damit entweder den *Input-* oder den *Output-*Modus.

Gut aufgepasst *RasPi*! Wenn du noch einmal einen Blick auf das Schaltbild mit den Buffern und den Tastern wirfst, siehst du, dass das für die vorhandenen drei Taster nicht unbedingt notwendig ist und sogar zu Problemen führen kann. Wenn du den *Input-*Jumper setzt, behindert der Ausgang des unteren Buffers das korrekte Funktionieren des *Tasters*. Es kommt zur Kollision zweier Signale. Auf dem folgenden Bild kannst du das gut erkennen. Es geht dadurch nichts kaputt, doch die gewünschte Funktionalität wird beeinträchtigt.

Abbildung 17-7-31 ▶
Probleme beim Setzen des
Input-Jumpers

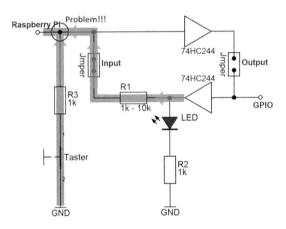

Du könntest dagegen den *Output-*Jumper platzieren, so dass das Tastersignal sowohl über den *oberen* als auch über den *unteren* Buffer geleitet würde, um dann endlich bei der Leuchtdiode anzukommen. Sieh her:

Abbildung 17-7-32 ▶
Keine Probleme beim Setzen des
Output-Jumpers

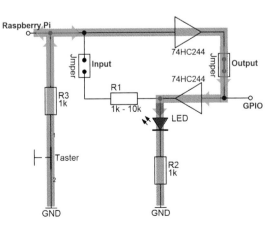

Kommen wir zur Programmierung, um die drei Taster abzufragen. Als Einstieg werden wir einen Blick auf das *Ablaufdiagramm* werfen, das die Funktionsweise des Programms *buttons.c* aus der angesprochenen Software-Collection widerspiegelt, damit du in groben Zügen erkennst, welche Schritte in der Programmierung notwendig sind.

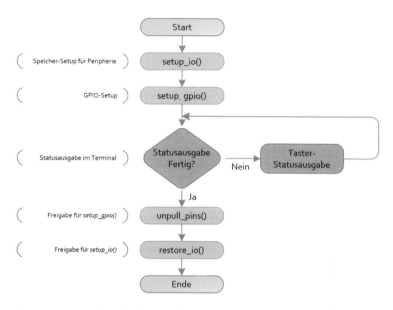

◀ **Abbildung 17-7-33**
Ablaufdiagramm zur
Taster-Statusabfrage

Bevor es zur eigentlichen Abfrage der einzelnen Taster kommen kann, sind wieder einige Vorbereitungen notwendig, die in einzelnen Funktionen ausgelagert wurden, die du schon kennst.

setup_io()

Über diese Funktion werden wieder die notwendigen Speicherbereiche für die Ansteuerung der Peripherie bereitgestellt.

setup_gpio()

An dieser Stelle werden die benötigten GPIO-Pins programmiert. Die drei Taster sind an den GPIO-Eingängen *23*, *24* und *25* angeschlossen, so dass sie dementsprechend programmiert werden müssen.

```
67    void setup_gpio()
68  ⊟{
69        // for this test we are only using GP23, 24, & 25
70        INP_GPIO(23);
71        INP_GPIO(24);
72        INP_GPIO(25);
73
74        // enable pull-up on GPIO 23,24&25, set pull to 2 (code for pull high)
75        GPIO_PULL = 2;
76        short_wait();
77        // setting bits 23, 24 & 25 below means that the GPIO_PULL is applied to
78        // GPIO 23, 24, & 25
79        GPIO_PULLCLK0 = 0x03800000;
80        short_wait();
81        GPIO_PULL = 0;
82        GPIO_PULLCLK0 = 0;
83  └} // setup_gpio
```

Abbildung 17-7-34 ▲
Der setup_gpio-Block Du kannst in den Zeilen *70, 71* und *72* den Aufruf des Makros *INP_GPIO* erkennen. Das Makro teilt dem Prozessor mit, dass die als Argumente übergebenen Werte genau die *GPIO-Pins* sind, die als *Eingänge* arbeiten sollen. Die weitere Programmierung ist dafür zuständig, interne *Pull-up-Widerstände* zu aktiviert, so dass bei nicht gedrücktem Taster ein *HIGH-Pegel* anliegt. Drückst du einen der Taster, wird der Pegel gegen *Masse* gezogen, so dass ein *LOW-Pegel* vorherrscht. Auf diese Weise sparst du dir eine Beschaltung mit externen Widerständen. Zahlreiche Mikrocontroller bieten diese Funktionalität, wie z.B. der *Arduino*. Eine weitere Funktion mit Namen *unpull_pins* wird vor Beendigung des Programms aufgerufen, um die vormals benötigten Pins wieder freizugeben bzw. die Pull-up-Widerstände zu deaktivieren, so dass es für folgende Experimente keine Konfigurationsleichen aus vorhergehenden Programmen gibt.

```
84
85    // remove pulling on pins so they can be used for somnething else next time
86    // gertboard is used
87    void unpull_pins()
88  ⊟{
89        // disable pull-up on GPIO 23,24&25, set pull to 0 (code for no pull)
90        GPIO_PULL = 0;
91        short_wait();
92        // setting bits 23, 24 & 25 below means that the GPIO_PULL is applied to
93        // GPIO 23, 24, & 25
94        GPIO_PULLCLK0 = 0x03800000;
95        short_wait();
96        GPIO_PULL = 0;
97        GPIO_PULLCLK0 = 0;
98  └} // unpull_pins
```

Abbildung 17-7-35 ▲
Der unpull_pins-Block Kommen wir zur *main*-Funktion, die den Status der einzelnen Taster ausgibt.

Nun ist der Prozessor derart vorbereitet, dass er auf die Tastendrücke reagieren kann. Innerhalb der *main*-Funktion werden zu
Beginn einige erforderliche Variablen deklariert.

```
100    int main(void)
101    { int r,d;
102      unsigned int b,prev_b;
103      char str [4];
```

◄ **Abbildung 17-7-36**
Beginn der main-Funktion

Anschließend erfolgen die Initialisierungen der GPIO-Schnittstelle.

```
116      // Map the I/O sections
117      setup_io();
118
119      // Set GPIO pins 23, 24, and 25 to the required mode
120      setup_gpio();
```

◄ **Abbildung 17-7-37**
GPIO-Initialisierungen über
setup_io und setup_gpio

Innerhalb der nun folgenden *while*-Schleife wird der Status der einzelnen Taster abgefragt.

```
127      prev_b = 8;
128
129      r = 20; // number of repeats
130
131    while (r)
132    {
133      b = GPIO_IN0;
134      b = (b >> 23 ) & 0x07; // keep only bits 23, 24 & 25
135      if (b^prev_b)
136      { // one or more buttons changed
137        make_binary_string(3, b, str);
138        printf("%s\n", str);
139        prev_b = b;
140        r--;
141      } // change
142    } // while
143
144      // disable pull up on pins & unmap gpio
145      unpull_pins();
146      restore_io();
147
148      return 0;
149    } // main
```

◄ **Abbildung 17-7-38**
Abfrage der Taster
(Ende der main-Funktion)

In einem *Terminal-Fensters* kannst du dir den Status der einzelnen
Taster anschauen.

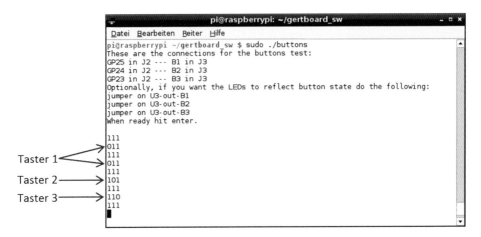

Taster 1

Taster 2

Taster 3

Abbildung 17-7-39 ▲
Die Ausgaben im Terminal-Fenster

Wird *kein* Taster gedrückt, so erscheint in der Ausgabe die *111*. Das bedeutet *HIGH-Pegel* für alle drei Taster. Erinnere dich an die *Pull-up-Widerstände*, die den Spannungswert bei nicht gedrückten Tastern auf *HIGH-Pegel* ziehen. Je nach Tasterdruck wird die betreffende Ziffernstelle eine *0*, also *LOW-Pegel* anzeigen. Die linke Ziffer steht für *Taster 1*, die mittlere für *Taster 2* und die rechte Ziffer für *Taster 3*.

> Boah, wie soll ich denn den Code in der *while*-Schleife verstehen? Das ist ja ein Hammer!

Du hast vollkommen Recht, *RasPi*. Das sollte ich ein wenig beleuchten. Damit du den Status der einzelnen Taster abfragen kannst, müssen wir uns auf *Bit-Ebene* begeben. Aus diesem Grund wird über die Befehlszeile

```
b = GPIO_IN0;
```

die *GPIO-Schnittstelle* abgefragt und die Input-Bits *0-31* werden über das Makro *GPIO_IN0* gelesen, und dann der Variablen *b* zugewiesen werden. Da sich aber die auszuwertenden Bits an bestimmten Stellen innerhalb der *32-Bits* befinden, müssen wir eine besondere Strategie anwenden, um die für uns wichtigen Informationen zu isolieren.

- Die Bits um eine festgelegte Anzahl nach *rechts schieben*
- Die rechts befindlichen Bits *ausmaskieren*

Was bedeutet das im Detail? Die folgende Befehlszeile erledigt die beiden genannten Punkte:

```
b = (b >> 23 ) & 0x07;
```

Über *b >> 23* werden alle Bits um *23* Stellen nach rechts verschoben. Diese Aufgabe übernimmt der *Shift-Operator >>*. Anschließend wird das Ergebnis mit dem Hex-Wert *0x07 UND*-verknüpft, was über das *Kaufmanns-Und &* erfolgt. In binärer Schreibweise wäre das der Wert *b00000111*. Du erkennst, dass die *3* niederwertigsten Bits den Wert *1* haben und somit der Wert in *b* durch die bitweise *UND*-Verknüpfung nur an diesen *3* Stellen Berücksichtigung findet. Falls du dir nicht mehr ganz sicher bist, wie das mit den bitweisen Operatoren funktioniert, wirf nochmal einen Blick in das Python-Programmierkapitel. Dort erkläre ich u.a. die Grundlagen der bitweisen UND-Verknüpfung. In Python und C gibt es dabei keine Unterschiede. Die folgenden Zeilen

```
make_binary_string(3, b, str);
printf("%s\n", str);
prev_b = b;
r--;
```

sind nun noch dazu da, das Ergebnis in einem *Terminal-Fenster* auszugeben. Die Funktion *make_binary_string* übernimmt nur die *3* niederwertigsten Bits, die dann über die *printf*-Funktion zur Anzeige gebracht werden. Anschließend wird über *prev_b = b* der aktuelle Statuswert zum alten Statuswert gemacht und über *r--* (gleichbedeutend mit: *r = r -1*) die Variable *r* um den Wert *1* vermindert. Am Ende werden über die Zeilen *145* bzw. *146* die zuvor aktivierten Pull-up-Widerstände deaktiviert und die Ressourcen freigegeben.

Was hast du gelernt?

- Du hast in diesem Kapitel gesehen, was das Gertboard ist uns wozu du es nutzen kannst.

- Wir haben ein Programm in C geschrieben, um damit einige auf dem Board befindlichen LEDs anzusteuern. Die dafür notwendigen elektrischen Verbindungen wurden über mitgelieferte Jumper bzw. flexible Steckbrücken hergestellt.

- Du hast gelernt, was ein Buffer ist und wie du ihn hardwaremäßig über Jumper konfigurieren kannst.

- Wir haben das mitgelieferte Programm *buttons.c* aus der Software-Collection zur Abfrage der drei Taster auf dem Gertboard analysiert und die Auswirkungen in einem Terminal-Fenster gesehen.

Linux-Grundlagen

18

Da wir im Buch einige Linux-Kommandos bzw. -Programme verwenden, möchte ich sie hier detaillierter vorstellen. Ebenso ist es interessant zu wissen, wo sich was im Dateisystem befindet, denn unter Linux wird ein bisschen anders gearbeitet als z.B. unter Windows. Bei der Installation eines Programms unter Windows kannst du normalerweise über einen Dialog auswählen, an welcher Stelle du das jeweilige Programm installieren möchtest. Unter Linux gibt es vordefinierte Pfade bzw. Orte, an der die Software platziert wird. Am Ende dieses Kapitels zeige ich dir, wie du kopflos mit deinem Raspberry Pi arbeitest. *Kopflos?* Du hast richtig gehört! Aber keine Sorge, du erleidest keinen Schaden!

Das Linux-Filesystem

Der Versuch, die Software unter Linux systematisch zu organisieren, führte zu einem Quasi-Standard, dem sich viele Linux-Distributionen angeschlossen haben. Über den Suchbegriff *Filesystem Hierarchy Standard* findest du dazu einige Informationen im Netz. Schauen wir uns die einzelnen Pfade und ihre Inhalte etwas genauer an.

Pfad	Erklärung
/	Das Wurzelverzeichnis (root), das den Ursprung im Filesystem darstellt.
/bin	In diesem Verzeichnis befinden sich die Standardprogramme, die von jedem Benutzer verwendet werden können. Das sind Programme wie *ls*, *cp*, *mkdir* usw., die zur Administration bzw. Systemwartung erforderlich sind.
/boot	Jedes Betriebssystem benötigt zum Booten die unterschiedlichsten Dateien, die sich in diesem Verzeichnis befinden.

◀ **Tabelle 18-1**
Das Filesystem unter Linux

Tabelle 18-1 ▶

Das Filesystem unter Linux

Pfad	Erklärung
/dev	Hier werden die Gerätedateien (Devices) verwaltet. Wenn du z. B. ein I^2C-Device anschließt, findest du in diesem Pfad die erforderlichen Objekte.
/etc	Viele Programme benötigen zum einwandfreien Funktionieren eine Konfigurationsdatei, die Informationen darüber enthält, wie sich das Programm zur Laufzeit verhalten soll. Diese Datei wird in der Regel einmalig zum Programmstart gelesen. In diesem Verzeichnis bzw. eigenen Unterverzeichnissen werden diese Konfigurationsdateien abgelegt.
/etc/init.d	Bei jedem Systemstart werden automatisch die unterschiedlichsten Programme im Hintergrund gestartet, von denen du keine Rückmeldung über ihren Start bekommst. Da ist z. B. der *ssh*-Server, der automatisch gestartet wird, wenn du das beim erstmaligen Konfigurieren der SD-Karte so eingestellt hattest. Im genannten Verzeichnis befinden sich die sogenannten Start-/Stop-Skripte, die auch nach dem Booten des Systems aufgerufen werden können. Alle funktionieren nach dem gleichen Schema: `# /etc/init.d/command option` Dabei gibt die *option* eine Aktion vor, was mit dem Programm passieren soll, etwa • start • stop • restart • reload • force-reload
/etc/X11	In diesem Verzeichnis befinden sich die Sources, die für das X-Windows System, die für die grafische Benutzeroberfläche erforderlich sind.
/home	Fast jeder Benutzer verfügt im Filesystem über einen eigenen Bereich, in dem er seine Dateien ablegen kann. Für den Benutzer *pi* ist es das Verzeichnis */home/pi*.
/lib	Der Kernel bzw. das System benötigen zum Betrieb die unterschiedlichsten Module bzw. Treiber, die in diesem Verzeichnis zu finden sind.
/media	Wenn du z. B. eine externe Festplatte oder einen USB-Stick mit deinem Raspberry Pi verbindest, wird das Gerät in der Regel automatisch erkannt und in das Filesystem eingebunden. Unterhalb des genannten *Mount-Points* sind diese Geräte zu finden, so dass du dann darauf zugreifen kannst.
/proc	Dieses Verzeichnis ist nicht Teil des Standards. Hier befindet sich ein virtuelles Verzeichnis, das Hinweise über laufende Prozesse des Betriebssystems liefert.
/sbin	Hier befinden sich Dienstprogramme für den Administrator, um das System zu warten.
/sys	Dieses Verzeichnis stellt für den Raspberry Pi die Hardware-Devices bereit. Da sind z. B. • /sys/module/i2c_dev • /sys/module/snd_bcm2835
/tmp	Wie oft kommt es vor, dass man kurzzeitig an irgendeiner Stelle im Filesystem etwas ablegen muss, sei es zum Entpacken von Dateien oder irgendwelche Notizen, die später nicht mehr benötigt werden. Im genannten Verzeichnis, auf das jeder Zugriff hat, kannst du das alles tun.

Pfad	Erklärung
/usr	An dieser Stelle befindet sich fast die gesamte installierte Software, die von den Benutzern des Systems aufgerufen werden kann. Dort befinden sich noch weitere Unterverzeichnisse, die ebenfalls Programme bzw. Bibliotheken beinhalten: • /usr/bin • /usr/games (Spiele) • /usr/lib (Bibliotheken) • /usr/local (spezialisierte Software) • /usr/sbin (weitere administrative Programme) • /usr/share (Ressourcen, die gemeinsam von Programmen genutzt werden)
/var	Das Betriebssystem bzw. einige Programme protokollieren ihre Aktivitäten in unterschiedlichen Dateien (veränderliche Daten), die Aufschluss über Erfolg oder Misserfolg in der Ausführung geben und gerade bei der Fehlersuche sehr hilfreich sind. Es existieren wieder einige Unterverzeichnisse. • /var/cache (Zwischenspeicher für einige Programme) • /var/log (System-Logs – siehe z. B. /var/log/messages) • /var/mail (Speicherort für E-Mails) • /var/spool (Speicherort für temporäre Daten, die verarbeitet werden müssen. Sie werden nach der Abarbeitung normalerweise wieder entfernt. Ein Beispiel: Druckerdaten, die nach dem Ausdrucken nicht mehr benötigt werden)

◀ **Tabelle 18-1**
Das Filesystem unter Linux

Linux-Kommandos und -Programme

Wenn ich versuchen würde, auf alle möglichen und unmöglichen Linux-Kommandos und -Programme einzugehen, hätte ich einiges zu tun, und dieses Buch würde aufgrund seines großen Gewichts jedes Bücherregal zum Einsturz bringen. Das kann ich nicht verantworten und allein aus diesem Grund habe ich mich entschlossen, ein wenig Rücksicht zu nehmen und nur die grundlegenden Dinge zur Sprache bringen. Eine sehr gute Übersicht über die Linux-Kommandozeile findest du im Buch *Linux - Kurz & Gut* aus dem O'Reilly-Verlag. Aber hey ... du kannst über die folgende Syntax eine entsprechende Hilfe zu jedem Befehl abrufen. Das erfolgt mit dem Zusatz *--help* nach einem Kommando. Gib einmal die folgende Befehlszeile ein:

```
ls --help
```

Du bekommst alle notwendigen Informationen, wie du das *ls*-Kommando verwenden kannst. Die Hauptanlaufstelle, wenn es um Linux-Referenzen geht, sind die sogenannten *Man*-Pages. Für das *ls*-Kommando gibst du die folgende Zeile ein:

```
# man ls
```

Die Informationen sind sehr umfassend und detailliert. Ich habe die einzelnen Kommandos in unterschiedliche Gruppen aufgeteilt, so dass du bei der Suche schneller zum Ziel kommst.

- Datei- und Verzeichnisoperationen
- Benutzerverwaltung
- Netzwerk
- System

Datei- und Verzeichnisoperationen

Dateien und Verzeichnisse anzeigen

Über das *ls*-Kommando kannst du dir Dateien und Verzeichnisse im Filesystem anzeigen lassen.

```
# ls
```

Über die Option *-l* (*long*) werden detailliertere Informationen angezeigt. Fügst du noch die Option *-h* (*human readable*) hinzu, bekommen sogar nicht mit dem Computer verwachsene Mitmenschen ein lesbares Format angezeigt.

```
# ls -lh
```

Fügst du dem Befehl keine Pfadangabe hinzu, wird er immer in dem Verzeichnis ausgeführt, in dem du dich gerade befindest. Du musst nicht unbedingt aktiv mit dem *cd*-Kommando in ein anderes Verzeichnis wechseln, um von dort die Dateien und Verzeichnisse anzeigen zu lassen. Füge deinem ls-Kommando einfach den gewünschten Pfad am Ende hinzu:

```
# ls -lh /etc/apt
```

In welchem Verzeichnis befindest du dich gerade?

Wenn du über die Kommandozeile unterwegs bist, wird dir zwar in vielen Shells der aktuelle Pfad vor dem Prompt angezeigt, doch aufgrund von Längenbeschränkungen erscheint er nicht immer komplett oder überhaupt nicht. Über das *pwd*-Kommando (*print working directory*) bekommst du den absoluten Pfad angezeigt.

```
# pwd
```

In ein Verzeichnis wechseln

Über das *cd*-Kommando (*change directory*) kannst du in ein anderes Verzeichnis wechseln. Es gibt zwei unterschiedliche Ansätze:

- die Angabe des absoluten Pfades
- die Angabe des relativen Pfades

Der absolute Pfad

Ein absoluter Pfad beginnt stets mit einem Schrägstrich / und hat somit seinen Ursprung im Wurzelverzeichnis (Root-Verzeichnis). Er enthält den kompletten Pfad bis hin zum Zielverzeichnis.

```
# cd /home/pi
```

Der relative Pfad

Ein relativer Pfad beginnt niemals mit der Angabe des Root-Verzeichnisses und basiert immer auf dem gerade aktuellen Pfad, in dem du dich befindest, also z.B. die Eingabe.

```
# cd programme
```

Unter Linux gibt es zwei besondere Verzeichnisse, die eine spezielle Bezeichnung besitzen. Ein einzelner Punkt . steht für das aktuelle Verzeichnis und zwei aufeinanderfolgende Punkte .. repräsentieren das übergeordnete Verzeichnis. Um also eine Ebene höher zu navigieren, gib das folgende Kommando ein:

```
# cd ..
```

Jeder Benutzer, der sich an einem Linux-System anmelden kann, erhält in der Regel ein eigenes HOME-Verzeichnis, in dem er seine Dateien ablegen kann. Für den Benutzer *pi* ist es das Verzeichnis */home/pi*. Wenn du dieser Benutzer bist und dich irgendwo außerhalb dieses Verzeichnisses befindest und schnellstmöglich in dein HOME-Verzeichnis wechseln möchtest, gib das *cd*-Kommando ohne weitere Optionen an.

```
# cd
```

Das HOME-Verzeichnis wird durch ein Sonderzeichen repräsentiert, so dass du in der Angabe eines Pfades die Sache etwas abkürzen kannst. Verwende dazu das Tilde-Zeichen ~ wie z.B. hier:

```
# cd ~/programme
```

Diese Angabe wäre gleichbedeutend mit der folgenden Zeile:

```
# cd /home/pi/programme
```

Hier noch ein kleiner, aber sehr nützlicher Tipp. Wenn du dich in einem Verzeichnis befindest und in ein darunterliegendes wechseln möchtest, kannst du dir über die Eingabe von *cd* gefolgt von *zweimal* kurz hintereinander gedrückter *TAB*-Taste alle Verzeichnisse anzeigen lassen. Existiert nur ein einziges, wird es sofort hinter das *cd*-Kommando geschrieben. Darüber kannst du dir eine Menge Tipparbeit sparen.

Das Anzeigen der Partitionen und ihrer Größen

Über den *df*-Befehl (*disk free*) kannst du dir die Größe, den belegten und den freien Speicherplatz der zur Verfügung stehenden bzw. eingehängten Partitionen anzeigen lassen. Auch hier ist es sinnvoll, die Option *-h* zu verwenden.

```
# df -h
```

Die Ausgabe der Werte erfolgt in *KByte*, *MByte* oder *GByte*. Das ist sicher einfacher zu verstehen.

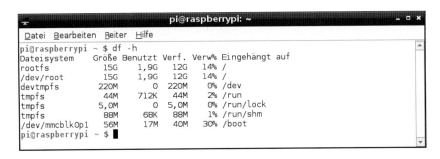

Abbildung 18-1 ▲
Das df –h-Kommando

Den Inhalt einer Textdatei anzeigen lassen

Um dir den Inhalt einer Textdatei anzeigen zu lassen, kannst du unterschiedliche Kommandos verwenden. Das *cat*-Kommando (*concatenate*) schickt den Inhalt in seiner kompletten Länge an die Konsole, und wenn nicht alles auf einmal ins Fenster passt, wird der Text eben durchgescrollt, wobei natürlich alles Vorangegangene oben heraus verschwindet. Für kurze Textpassagen ist das vollkommen ok. Das Kommando wird fälschlicherweise – ich bin auch darauf hereingefallen – mit *catalog* übersetzt, doch es handelt sich um eine Möglichkeit, Dateien zu verketten. Wird nur eine einzige Datei angegeben, erfolgt nur die Ausgabe dieser einen Datei.

```
# cat datei1.txt
```

Möchtest du aber den Inhalt mehrerer Dateien ausgeben, um sie vielleicht in einer neuen zusammenzuführen, mach das wie folgt. Angenommen, es gibt zwei Dateien mit den Namen

- datei1.txt
- datei2.txt

Wenn du ihre Inhalte in der Datei *datei3.txt* zusammenführen möchtest, gib das folgende Kommando ein:

```
# cat datei1.txt datei2.txt > datei3.txt
```

Mit dem Zeichen > wird die Ausgabe des Kommandos an die angegeben Datei umgelenkt. Führst du den Befehl erneut aus, wird jedes Mal eine neue Datei erstellt und die alte überschrieben. Möchtest du jedoch den Inhalt einer einzigen Datei zur Anzeige bringen lassen, gibt es ein viel besseres Kommando. Verwende *less*. Die Ausgabe der Zeilen beschränkt sich auf die Höhe des Terminal-Fensters, so dass nur der Teil angezeigt wird, der auch hineinpasst. Nun kannst du entweder über die *Auf-* und *Ab-*Tasten zeilenweise oder über die *BildAuf* bzw. *BildAb-*Tasten seitenweise blättern.

```
# less datei3.txt
```

Wenn du etwas innerhalb der Datei suchst, nutze die Tastatureingabe */Suchbegriff* – und alle möglichen Treffer werden farblich hervorgehoben. Du verlässt das Programm über die *Q*-Taste.

Die letzten 10 Zeilen einer Datei ausgeben

Wenn du dir den Inhalt von Log-Dateien anschauen möchtest, ist es meistens von großem Interesse, was als Letztes in einer Datei an Informationen auflaufen. Um die letzten Zeilen zu lesen, kannst du natürlich immer wieder die betreffende Datei öffnen und ganz ans Ende zu scrollen. Diese Vorgehensweise ist recht mühsam, und deshalb gibt es ein spezielles Kommando für diese Aufgabe. Über *tail* kannst du dir die letzten *10* Zeilen anschauen. Das ist zwar ganz nett, aber du musst dieses Kommando in regelmäßigen Zeitabständen ausführen. Es gibt jedoch eine sehr nützliche Option, die die

Datei geöffnet hält und immer die zuletzt angefügten Zeilen ausgibt:

```
# tail -f /var/log/messages
```

Über einen Parameter kannst du Einfluss auf die Anzahl der auszu-
gebenden Zeilen nehmen, die standardmäßig bei *10* liegt. Verwende *-n Anzahl*. Das folgende Kommando gibt die letzten *20*
Zeilen aus:

```
# tail -fn 20 /var/log/messages
```

Der Abbruch erfolgt über *Strg-C*.

Eine Datei kopieren

Über das *cp*-Kommando (*copy*) kannst du von einer vorhandenen
Datei eine Kopie erstellen. Das erste Argument gibt die Quelle, das
zweite das Ziel an. Natürlich eignet sich das Kommando auch zum
Speichern einer Datei in einem anderen Verzeichnis. Das folgende
Kommando kopiert die Datei *test.txt* aus dem HOME-Verzeichnis
des Pi-Benutzers in das Verzeichnis */tmp*:

```
# cp /home/pi/test.txt /tmp
```

Es kann auch zum Kopieren von Verzeichnissen mit ihren Inhalten
verwendet werden. Möchtest du das Verzeichnis *programme* mit
allen enthaltenen Dateien nach */tmp* kopieren, verwende die folgende Kommandozeile:

```
# cp -r programme /tmp
```

Es kann sein, dass du spezielle bzw. erweiterte Rechte benötigst,
um auf eine Datei zugreifen zu können. Stell in diesem Fall dem *cp*-
Kommando das *sudo* voran:

```
# sudo cp /etc/network/interfaces /etc/network/interfaces.org
```

Eine Datei verschieben bzw. umbenennen

Eine Datei kann über das *mv*-Kommando (*move*) im Filesystem an
eine andere Stelle verschoben werden. Wenn du z.B. eine vorhandene Datei von einem Verzeichnis in ein anderes verschieben
möchtest, dann kannst du Folgendes schreiben:

```
# mv file001.c programme/c
```

Es wird dabei die im aktuellen Verzeichnis existierende Datei *file001.c* in das Verzeichnis *programme/c* verschoben. Über den Stern * kannst du mehrere Dateien auf einmal verschieben. Willst du z.B. alle Dateien, die die Endung *.c* haben, in das Verzeichnis *programme/c* verschieben, verwende die folgende Syntax:

```
# mv *.c programme/c
```

Gibst du jedoch als Ziel anstelle des Verzeichnisses eine Datei an, wird diese Datei im selben Verzeichnis umkopiert und unter neuem Namen dort abgelegt. Dieser Vorgang kommt einer Umbenennung gleich, also z.B.

```
# mv file001.c file002.c
```

Eine Datei anlegen

Um eine Datei im Filesystem neu anzulegen, kannst du natürlich einen Texteditor wie *Nano* oder *Leafpad* bemühen. Das ist durchaus gängige Praxis. Es kann jedoch Situationen geben, in denen lediglich eine leere Datei zur weiteren Verarbeitung erstellt werden muss. Das geht am schnellsten über das *touch*-Kommando. Über die folgende Zeile legst du die Datei *leer.c* im aktuellen Verzeichnis an. Voraussetzung: Die Datei darf unter dem angegebenen Namen nicht schon im aktuellen Verzeichnis existieren.

```
# touch leer.c
```

Ein Verzeichnis anlegen

Verzeichnisse lassen sich auf die gleiche Weise anlegen wie Dateien. Nutz dazu das *mkdir*-Kommando (*make directory*). Voraussetzung: Das Verzeichnis darf unter dem angegebenen Namen nicht schon im aktuellen Verzeichnis existieren.

```
# mkdir geheimesverzeichnis
```

Eine Datei oder ein Verzeichnis löschen

Eine vorhandene Datei kann, sofern die entsprechenden Rechte vorliegen, auch wieder gelöscht werden. Dieser Vorgang erfolgt über das *rm*-Kommando (*remove*). Die folgende Zeile löscht die Datei leer.c:

```
# rm leer.c
```

Du musst sehr vorsichtig beim Ausführen eines derartigen Kommandos sein, denn es erfolgt keinerlei Rückfrage vom System, ob du es auch wirklich ernst mit deinem Vorhaben meinst. Wenn du eine Rückfrage bevorzugst, nutze die *-i* Option, die eine Interaktivität erzwingt:

```
# rm -i leer.c
```

Für das Löschen mehrerer Dateien, die z.B. einer bestimmten Namenskonvention entsprechen oder die gleiche Endung haben, kannst du wieder den Stern * bemühen. Zum Löschen aller Dateien, deren Namen mit dem Buchstaben *a* beginnen und die Endung .c haben, schreibe die folgende Zeile:

```
# rm -i a*.c
```

Über den interaktiven Modus wirst du bei jeder Datei, die in das angegebene Schema passt, eine Bestätigung zum Löschen abgeben müssen. Wenn du das nicht möchtest, lass den Modus weg. Sei aber gewarnt, denn darüber ist schon viel Schlimmes passiert, gerade wenn der Root-User am Werk ist und mal eben schnell ein oder zwei Dateien löschen möchte; ganze Betriebssysteme wurden schon in Schutt und Asche gelegt. Richtig riskant wird es beim Vorhaben, ganze Verzeichnisse zu löschen. Das kannst du ebenfalls mit dem *rm*-Kommando machen. Nutze dazu die *-r* Option (*rekursiv*). Um das Verzeichnis *programme/python* zu löschen, gib die folgende Zeile ein:

```
# rm -r programme/python
```

Es werden alle enthaltenen Dateien und Unterverzeichnisse ohne die Möglichkeit einer Wiederherstellung vernichtet. Eine sehr machtvolle und gefährliche Aktion. Sei also sehr vorsichtig! Zum Löschen leerer Verzeichnisse gibt es das *rmdir*-Kommando, das vor der Ausführung überprüft, ob das angegebene Verzeichnis wirklich leer ist.

```
# rmdir schrott
```

Ist das nicht der Fall, bekommst du einen entsprechenden Hinweis, und es passiert nichts weiter.

Eine Datei suchen

Bei den vielen Dateien, die sich im Laufe der Zeit ansammeln, kann man schon mal den Überblick innerhalb der Verzeichnisstruktur verlieren. Es gibt einen sehr nützlichen Befehl, der sich auf die Suche nach dem begibt, was du zu finden beabsichtigst. Nutze dafür den *find*-Befehl. Er findet Dateien und Verzeichnisse gleichermaßen. Als Parameter gibst du über die Option -*name* den Namen des gesuchten Objektes an.

```
# find /home/pi -name '*.txt'
```

Es wird ab dem HOME-Verzeichnis nach Dateien gesucht, deren Endung *.txt* lautet.

Anzeigen des Speicherplatzverbrauchs von Verzeichnissen

Es kann vorkommen, dass eine verwendete SD-Karte mit der Zeit an die Grenzen ihrer Kapazität gelangt. Gerade wenn du viele zusätzliche Programme installiert hast oder große Dokumente ihr Dasein in irgendwelchen Verzeichnissen fristen, ist guter Rat teuer. Über das *du*-Kommando (*disk usage*) kannst du dir einen Überblick darüber verschaffen, wie viel Platz die einzelnen Verzeichnisse in Beschlag nehmen. Schreibe dazu die Zeile:

```
# du -h
```

Du bekommst eine Übersicht des Speicherverbrauchs des aktuellen Verzeichnisses inklusive aller darin enthaltenen Unterverzeichnisse. Du kannst aber auch einen Pfad angeben, der dann hinsichtlich der benötigten Informationen untersucht wird:

```
# du -h /home/pi
```

Möchtest du dir den Speicherverbrauch verschiedener Dateien in einem Verzeichnis anzeigen lassen, verwende die Option –*s*:

```
# du -sh *.c
```

Damit werden alle im aktuellen Verzeichnis befindlichen Dateien mit der Endung *.c* mit ihrem Speicherverbrauch angezeigt. Die Option -*h* sorgt wieder für eine verständliche Anzeige.

Suchen in Textdateien

Gerade Programmierer kommen sehr häufig in die Situationen, dass sie in diversen Textdateien nach bestimmten Stichwörtern suchen müssen. Der Quellcode wird in solchen Textdateien abgelegt und für das Aufspüren von Befehlen oder bei der Fehlersuche ist es bei umfangreichen Projekten recht mühsam, jede Zeile in Augenschein zu nehmen. Programme mit einer grafischen Oberfläche bieten recht komfortable Such-Optionen an, doch für das

Arbeiten auf der Kommandozeile ist das natürlich nicht verwendbar. Aus diesem Grund gibt es das *grep*-Kommando, das in der Standardeinstellung zwischen Groß- und Kleinschreibung unterscheidet. Du kannst dieses Verhalten mit der Option *-i* deaktivieren. Es gibt zwei unterschiedliche Ansätze. Möchtest du innerhalb einer bestimmten Datei nach einem Schlüsselwort suchen, verwende das *grep*-Kommando wie folgt:

```
# cat print.c | grep main
```

Über das *cat*-Kommando gibst du den Inhalt normalerweise nach Standard-Out aus. Über das *Pipe*-Zeichen | wird diese Ausgabe jedoch an das *grep*-Kommando weitergeleitet. Grep durchsucht dann den ihm zugeschobenen Inhalt nach dem angegebenen Schlüsselwort. Das Pipe-Zeichen erreichst du über die Taste links von Y. Nutze sie zusammen mit der *Alt-Gr*-Taste. Wenn du nicht weißt, in welcher Datei das zu suchende Schlüsselwort vorkommt, ist es sehr zeitaufwendig, alle möglichen Kandidaten zu untersuchen. Nutze dafür die folgende Syntax:

```
# grep main *
```

Nun werden alle Dateien im aktuellen Verzeichnis – das übernimmt der Stern * – nach dem Schlüsselwort *main* durchsucht. Wird ein Treffer erzielt, bekommst du den Dateinamen und den Inhalt angezeigt. Möchtest du in allen darunterliegenden Verzeichnissen die Suche fortführen, verwende die Option *-r* (*rekursiv*).

Wo befindet sich ein Programm im Filesystem?

Wenn du ein Programm über die Kommandozeile starten möchtest, ist es unerlässlich, dass du den korrekten Namen kennst. Achte dabei auf jeden Fall auf die Groß- bzw. Kleinschreibung, obwohl die meisten Linux-Kommandos in Kleinbuchstaben gehalten sind. Möchtest du aber den genauen Ort im Filesystem wissen, verwende das *which*-Kommando. Es gibt dir den absoluten Pfad des gesuchten Programms zurück. Wenn du also den Pfad des Python-Interpreters wissen möchtest, schreibe:

```
# which python
```

und du bekommst als Antwort

```
/usr/bin/python
```

zurück. Auf diese Weise erfährst du auch die Version, die sich hinter einem Programmnamen verbirgt.

Entpacken komprimierter Dateien

Viele Softwareprojekte bestehen aus mehreren Dateien, die in einer bestimmten Verzeichnisstruktur ihren Platz haben. Eine gängige Vorgehensweise ist das Zusammenfassen bzw. Packen von Dateien in eine *tar*-Datei und das spätere Komprimieren z.B. mit *gzip*. Damit du an die ursprünglichen Dateien gelangst, musst du den umgekehrten Weg gehen, also zuerst dekomprimieren und dann entpacken. Um eine Datei mit der Endung *.gz* zu entkomprimieren, verwende das *gunzip*-Kommando:

```
# gunzip wusel.tar.gz
```

Das Ergebnis ist eine Datei mit der verbleibenden Endung *.tar*, die noch gepackte Dateien enthält. Entpacke den Rest mit dem *tar*-Kommando:

```
# tar xfv wusel.tar
```

Die Optionen haben folgende Bedeutungen:

- x: extract (auspacken)
- f: file (auspacken aus einer Datei)
- v: verbose (gesprächig)

Textdatei auf Zeilen, Wörter und Bytes hin untersuchen

Möchtest du die Anzahl der in einer Textdatei enthaltenen Zeilen ermitteln, verwende das *wc*-Kommando (*word count*). Du kannst das Kommando direkt aufrufen oder z.B. die Ausgabe von *cat* an *wc* weiterleiten:

```
# wc .bash_history
```

oder

```
# cat .bash_history | wc
```

In beiden Fällen bekommst du drei numerische Werte angezeigt, wobei im ersten Fall noch der Dateiname angehängt wird. Die Reihenfolge ist:

1. Zeilen
2. Wörter
3. Bytes
4. Dateiname (nur bei wc .bash_history)

Die Ausgabe

```
95  249  1193 (.bash_history)
```

hat demnach die folgende Bedeutung:

- *95* Zeilen
- *249* Wörter
- *1193* Bytes

Möchtest du nur einen bestimmten numerischen Wert angezeigt bekommen, verwende eine der folgenden Optionen:

- *-l* (*lines*) für Zeilen
- *-w* (*words*) für Wörter
- *-c* (*count bytes*) für Bytes

Benutzerverwaltung

Welche Benutzer sind gerade angemeldet?

Linux ist ein Multi-User-System, an dem sich mehrere Benutzer gleichzeitig anmelden können. Vielleicht wirst du immer alleiniger Nutzer deines Raspberry Pi sein, doch falls du z. B. den Raspberry Pi in einem internen Netzwerk betreiben möchtest, kann es durchaus sinnvoll sein, sich einen Überblick über die angemeldeten Benutzer zu verschaffen. Dafür kannst du das *who*-Kommando verwenden:

```
# who
```

Mit welchem Benutzernamen ist man angemeldet?

Natürlich bist du dir darüber im Klaren, mit welchem Benutzernamen du im System unterwegs bist. Dennoch kann es in manchen Situationen, wie z. B. bei der Shell-Programmierung, wichtig sein, ihn zu ermitteln. Nutze dafür das *whoami*-Kommando.

```
# whoami
```

Einen Benutzer anlegen

Möchtest du einen oder mehrere zusätzliche Benutzer auf deinem Raspberry Pi anlegen, verwende das *useradd*-Kommando.

```
# sudo useradd -m superpi
```

Über die Option *-m* wird erreicht, dass im HOME-Verzeichnis ein weiteres Unterverzeichnis angelegt wird, das gleich dem Benutzernamen ist. Nun ist der Benutzer zwar angelegt worden, doch er besitzt noch kein Passwort. Das vergeben wir im nächsten Schritt.

Das Passwort für einen Benutzer anlegen bzw. ändern

Damit ein Benutzer ein neues Passwort bekommt oder sein bestehendes geändert wird, nutze das passwd-Kommando. Mit dem folgenden Kommando vergeben wir dem gerade angelegten Benutzer superpi ein erstes Passwort.

```
# sudo passwd superpi
```

Nach der zweimaligen Eingabe des gleichen Passwortes können wir versuchen, uns mit diesem Benutzer anzumelden. Schreibe dazu die folgende Zeile:

```
# su - superpi
```

Du wirst nun aufgefordert, das gerade vergebene Passwort einzutippen. Funktioniert alles, hast du dich am System mit dem neuen Benutzer authentifiziert. Möchtest du wieder zu deinem alten Benutzer zurückkehren, tippe *exit* ein oder drücke die Tastenkombination *Strg-D*. Ein neuer Benutzer steht erst einmal ziemlich verlassen da und ist keiner bekannten Gruppe zugehörig. Möchtest du gleich beim Anlegen eines neuen Benutzers eine Gruppenzugehörigkeit erzielen, kannst du das wie folgt machen:

Einen neuen Benutzer anlegen und einer Gruppe zuweisen

Über das *useradd*-Kommando kannst du im gleichen Schritt zum Anlegen eines neuen Benutzers seine initiale Gruppenzugehörigkeit beim Login bestimmen:

```
# sudo useradd -m -g pi superpi
```

Über die Option *-g* kannst du eine Gruppe angeben, der der neue Benutzer angehören soll. Diese Gruppe muss natürlich schon existieren. Für weitere Gruppenzugehörigkeiten verwende die Option -G und liste alle erforderlichen Gruppen durch Komma getrennt hintereinander auf:

```
# sudo useradd -m -g pi -G i2c,www-data superpi
```

Hast du dich mit dem neuen Benutzer am System angemeldet und möchtest sehen, welchen Gruppen dieser Benutzer angehört, verwende das *groups*-Kommando:

```
# groups
```

Für den Benutzer superpi sollte die Ausgabe wir folgt lauten:

```
pi www-data i2c
```

Einen Benutzer löschen

Einen angelegten Benutzer kannst du auch wieder löschen. Verwende dazu das *userdel*-Kommando:

```
# sudo userdel superpi
```

Das HOME-Verzeichnis wird jedoch mit dieser Aktion nicht gelöscht.

Netzwerk

Ist ein Rechner im Netz zu erreichen?

Fast jeder Rechner verfügt heutzutage über einen Netzwerkadapter mit einer Anbindung zum Intra- bzw. Internet. Über das *ping*-Kommando kannst du versuchen herauszufinden, ob ein Rechner, dessen IP-Adresse bzw. Hostnamen du kennst, im Netz verfügbar ist. Besitzt z. B. einer deiner Rechner die IP-Adresse *192.168.178.1*, kannst du versuchen, ihn über die folgende Zeile zu erreichen:

```
# ping 192.168.178.1
```

Unterbreche die fortlaufende Ausgabe mit der Taste *Strg-C* oder lege fest, wie viele Anfragen bzw. Pakete ins Netz gesendet werden sollen. Nutze dazu die Option *-c Paketanzahl*:

```
# ping -c 3 192.168.178.1
```

Es kann vorkommen, dass ein Rechner im Netz existent ist, aber keine Antwort auf ein *ping*-Kommando liefert. Das kann z. B. damit zusammenhängen, dass eine installierte Firewall diese Anfrage blockiert. Nachfolgend ein paar Ergebnisse, die ein *ping*-Kommando liefern kann:

Erfolgreiches Ping

Die folgende Ausgabe zeigt dir, dass der angegebene Netzwerkteilnehmer im Netzwerk zu erreichen ist.

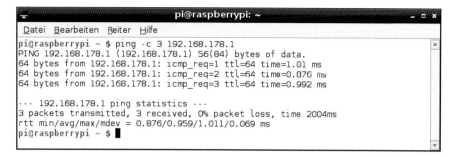

Dadurch, dass eine Verbindung besteht, bekomme ich angezeigt, wie lange ein abgesetztes Testpaket unterwegs ist, bis eine Antwort erfolgt (siehe *time*-Werte).

▲ **Abbildung 18-2**
Das ping-Kommando
(eine erfolgreiche Antwort)

Netzwerk ist nicht erreichbar

Verfügst du über kein Netzwerk oder versuchst das *ping*-Kommando in ein unbekanntes oder nicht erreichbares Netzwerk abzusetzen, bekommst du u.U. die folgende Meldung zurückgeliefert:

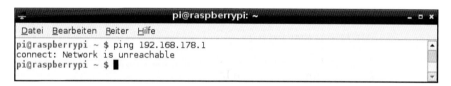

Die Nachricht *Network is unreachable* sagt aus, dass das Netzwerk nicht erreichbar ist.

▲ **Abbildung 18-3**
Das ping-Kommando
(Netzwerk nicht erreichbar)

Host nicht erreichbar

Besteht jedoch ein funktionierendes Netzwerk und du konntest nur einen einzelnen Rechner oder Router nicht erreichen, erhältst du die folgende Meldung.

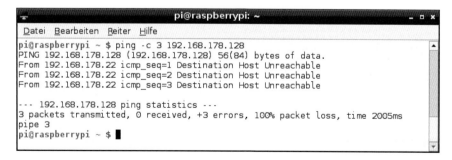

▲ **Abbildung 18-4**
Das ping-Kommando
(Host nicht erreichbar)

Die Nachricht *Destination Host unreachable* sagt dir, dass der angesprochene Rechner im Moment nicht zu erreichen ist. Das kann mehrere Ursachen haben.

- Stimmt die IP-Adresse?
- Ist der angesprochene Rechner überhaupt eingeschaltet?
- Verfügt der angesprochene Rechner über eine Netzwerkanbindung?

Die Gründe können mannigfaltig sein, manchmal ist ein wenig Detektivarbeit angesagt, doch durch logisches Denken kommt man der Sache meistens auf die Spur.

Netzwerkadapter konfigurieren

Damit dein Raspberry Pi Zugriff zum Netzwerk hat, ist ein Netzwerkadapter notwendig. Damit erzähle ich dir sicherlich nichts Neues. Über das *ifconfig*-Kommando (*interface configurator*) kannst du den Adapter konfigurieren. Standardmäßig ist dieser Adapter so konfiguriert, dass er via DHCP automatisch eine IP-Adresse vom Router bezieht. Die Konfiguration erfolgt über die Datei

```
/etc/network/interfaces
```

Möchtest du Netzwerkinformationen aller Adapter inklusive *localhost* bekommen, gib das Kommando ohne Argument an.

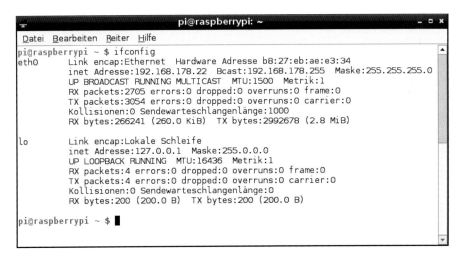

Abbildung 18-5 ▲
Das ifconfig-Kommando

Der physikalische Netzwerkadapter besitzt standardmäßig den Namen *eth0*, und die aktuellen Informationen können über die folgende Zeile abgefragt werden:

```
# ifconfig eth0
```

Du erhältst u.a. Werte für

- Hardwareadresse
- IP-Adresse
- Broadcast-Adresse
- Netzwerkmaske

System

Welche Prozesse laufen gerade auf dem System?

Auf einem Linux-System und jedem anderen Betriebssystem laufen in der Regel eine Menge Programme, die nicht unbedingt ein grafisches Frontend besitzen und ihre Arbeit im Verborgenen verrichten. Unter Linux werden diese Programme bzw. Prozesse *Daemons* genannt. Auf den ersten Blick sind diese Prozesse vor uns verborgen, und wir können nur mit speziellen Hilfsprogrammen eine Liste erstellen. Das Programm *top* (*table of processes*), das auf fast allen Linux-Distributionen vorhanden ist, liefert statistische Daten über die Auslastung (Speicher und CPU) des Systems. Wenn du es über die Eingabe von

```
# top
```

startest, bedenke, dass nur so viele Informationen angezeigt werden, wie in das gerade geöffnete Terminal-Fenster hineinpassen.

▼ **Abbildung 18-6**
Das top-Kommando

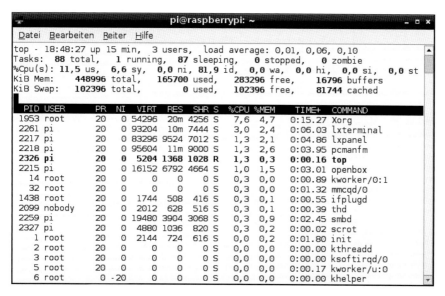

Im oberen Bereich kannst du z.B. Hinweise darüber finden, wie lange der Rechner schon ununterbrochen läuft (*up*), wie viele Benutzer angemeldet (*users*), wie viele Prozesse aktiv sind (*tasks*) und so einiges andere mehr. Unterhalb der Spaltenüberschriften befindet sich die Liste der Prozesse, die in das Fenster passen. Der Inhalt wird standardmäßig alle drei Sekunden aktualisiert. Du kannst das Programm über die Taste Q beenden. In diesem Zusammenhang gibt es ein interessantes Programm namens *pstree*, das die laufenden Prozesse in Form einer Baumstruktur ausgibt, wodurch eine hierarchische Anzeige entsteht. Auf diese Weise sind sehr gut über- bzw. untergeordnete Prozesse zu erkennen. Gib dazu das folgende Kommando ein, wobei ich empfehlen würde, die Ausgabe nach *less* umzuleiten:

```
# pstree | less
```

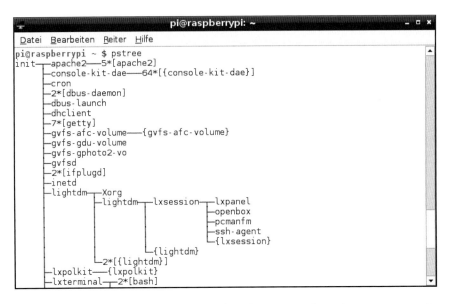

Abbildung 18-7 ▲
Das pstree-Kommando (Ausschnitt)

Du kannst das Programm über die Taste Q beenden. Was wäre die Auflistung der Programme zur Prozessanzeige ohne *ps*? Über das *ps*-Kommando kannst du ebenfalls die laufenden Prozesse zur Anzeige bringen. Es werden standardmäßig jedoch nur die Prozesse gelistet, die in der gerade geöffneten Shell laufen. Um eine Liste aller Prozesse zu erhalten, füge die Option *x* hinzu. Die Option *u* zeigt die Prozesse an, die ein bestimmter Benutzer gestartet hat:

```
# ps xu
```

Das *ps*-Kommando wird sehr oft dazu verwendet, eine sogenannte *Process ID* (PID) zu ermitteln, die in der ersten Spalte zu finden ist. Ist ein Programm auf normale Weise nicht mehr zu stoppen, kann es auf die harte Tour über das *kill*-Kommando beendet werden. Siehe dazu den folgenden Abschnitt *Einen Prozess beenden*.

Einen Prozess beenden

Programme mit einer grafischen Benutzeroberfläche besitzen in der Regel einen Menüpunkt wie *Exit* oder *Beenden*, über die du sie verlassen kannst. Manche Skripte können über die Tastenkombination *Strg-C* beendet werden. Doch wenn beides nicht mehr funktioniert und keine Reaktion erfolgt, gibt es nur eine Möglichkeit, ein Programm, ein Skript oder einen Prozess quasi *abzuschießen*. Verwende dazu das *kill*-Kommando. Es kann unter der Angabe einer *Process-ID* (PID) kurzen Prozess machen. Mit dem schon vorgestellten *ps*-Kommando kommst du an diese ID heran. Wenn du den Namen des Programms oder des Prozesses kennst, filtere die Ausgabe über *grep*. Angenommen, du hast ein Python-Skript mit dem Namen *status.py* laufen und aus ungeklärter Ursache reagiert es nicht mehr. Zur Ermittlung der PID gib die folgende Zeile in einer neuen Shell ein:

```
# ps x | grep status.py
```

Wundere dich nicht, dass du als Antwort zwei Zeilen zurückgeliefert bekommst.

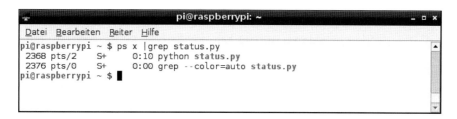

Das hat folgenden Grund: Zum einen liefert *ps* die gesuchte PID zurück, doch auch *grep* ist ein Prozess, der als Argument den Skript-Namen von *ps* übergeben bekommen hat. Deshalb erscheint auch *grep* in der Ausgabe. Du kannst *grep* über die folgende Zeile herausfiltern:

▲ **Abbildung 18-8**
Das ps-Kommando

```
┌──────────────────────────────────────────────────────────┐
│  ▲                    pi@raspberrypi: ~            _ □ x    │
├──────────────────────────────────────────────────────────┤
│ Datei  Bearbeiten  Reiter  Hilfe                          │
│ pi@raspberrypi ~ $ ps x |grep status.py | grep -v grep   ▲│
│  2368 pts/2    S+    0:47 python status.py                │ │
│ pi@raspberrypi ~ $ ■                                       │ │
│                                                           │ │
│                                                           ▼│
└──────────────────────────────────────────────────────────┘
```

Abbildung 18-9 ▲
Das ps-Kommando
(grep wird herausgefiltert)

Vorneweg steht die gesuchte PID *2368*. Um den Prozess abzuschie-ßen, gib die folgende Zeile ein:

```
# kill -9 2368
```

Die *-9* gibt an, dass das Programm bzw. der Prozess unmittelbar beendet und der Anwendung keine Zeit eingeräumt wird, selbst zu reagieren. In der Shell, in der das Skript lief, erscheint nach dem Absetzen des *kill*-Kommandos der Hinweis: *Getötet*. Wahrlich gewalttätig, dieses Linux!

Ein Programm oder ein Skript mit Root-Rechten ausführen

Du musst dich nicht unbedingt als Root-User am System anmelden, damit du Programme oder Skripte ausführen kannst, die eine erwei-terte Berechtigung erfordern. Es gibt ein *sudo*-Kommando, das die Ausführung mit Root-Rechten ermöglicht. Schreibe dazu z.B.

```
# sudo python mcp3008.py
```

Das Python-Skript *mcp3008.py* wird mit den erforderlichen Root-Rechten gestartet. Machst du das ohne *sudo*, erhältst du ggf. die Meldung *permission denied*. Voraussetzung zur Ausführung des *sudo*-Kommandos ist natürlich eine Berechtigung seitens des Root-Users. Das Kommando liest Informationen aus der Datei

```
/etc/sudoers
```

aus, die natürlich nur vom Root-User gelesen und editiert werden kann.

 Achtung

> Wenn du als Root-User irgendwelchen Mist in diese Datei hin-einschreibst, so dass sie nicht mehr zu lesen ist, und du keinen weiteren Root-User auf dem System besitzt, über den eine alternative Anmeldung erfolgen kann, hast du wirklich schlechte Karten. Über den *sudo*-Zusatz ist es keinem mehr gestattet, sich Root-Rechte zu verschaffen, und dein System kann nicht mehr administriert werden.

Den Rechner sicher herunterfahren oder rebooten

Natürlich kannst du deinen Raspberry Pi einfach durch Ziehen des Netzteilsteckers ausschalten, doch das ist nicht die feine Art. Durch diese Vorgehensweise können Daten verloren gehen oder Dateiinhalte korrupt werden, weil z. B. einem laufenden Schreibprozess der Boden unter den Füßen weggezogen wurde. Möchtest du deinen Raspberry Pi herunterfahren, beende zuvor alle noch laufenden Programme und speichere alle offenen und nicht abgespeicherten Dokumente ab. Dann kannst du über die Zeile

```
# sudo shutdown -h now
```

das System herunterfahren. Das *shutdown*-Kommando erfordert Root-Rechte und Option *-h* bedeutet System-Halt. Das Wörtchen *now* gibt an, dass der Shutdown unmittelbar erfolgen soll. Ebenso kannst du die Zeile

```
# sudo shutdown -r now
```

anwenden, denn die Option *-r* steht für Reboot. Du kannst auch das folgende Kommando verwenden:

```
# sudo reboot
```

Der Rechner wird sauber heruntergefahren und bootet unmittelbar im Anschluss.

Lange Befehlseingabe verkürzen

Wer hat nicht schon einmal eine mittelschwere Krise bei der Eingabe langer Befehlszeilen erlitten? Gerade beim mehrfachen Absetzen ist das nervig. Du kannst zwar durch die Cursortasten *Auf* bzw. *Ab* in der Historie der zuletzt verwendeten Shell-Kommandos blättern und so wieder an die gewünschte Zeile gelangen, doch es gibt eine viel elegantere Lösung. Das *alias*-Kommando weist einer langen Befehlszeile einen kurzen Namen, eben einen Alias, zu:

```
# alias mess="sudo tail -f /var/log/messages"
```

Diese Aliasvergabe ist aber nicht von Dauer, und spätestens nach dem nächsten Reboot ist alles wieder beim Alten. Aus diesem Grund passen wir die Shell entsprechend an. Die Datei *.bashrc* wird beim Öffnen der Bash gelesen und die in ihr enthaltenen Kommandos werden ausgeführt. Dort befinden sich schon ein paar nützliche Aliase, die jedoch noch auskommentiert sind. Bevor du diese Datei editierst, lege eine Kopie über

```
# cp .bashrc .bashrc.org
```

an. Wenn etwas schiefgeht, kannst du die Originaldatei einfach zurückkopieren. Jetzt editiere die Datei über

```
# nano .bashrc
```

Abbildung 18-10 ▲
Das Einfügen einer neuen alias-Zeile

Dort, wo sich der Cursor befindet, habe ich die neue alias-Zeile eingefügt. Wenn du jetzt eine neue Shell öffnest, brauchst du lediglich den Buchstaben *m* einzugeben und zu bestätigen. Das hat dieselbe Wirkung wie das Kommando, das hinter dem Alias steht. Sehr komfortabel, nicht wahr!?

Anzeige des Speicherverbrauchs

Über das *free*-Kommando kannst du dir Informationen zum aktuellen Speicherverbrauch im Hauptspeicher anzeigen lassen. Folgende Details werden in 3 Zeilen geliefert:

- Zeile 1: Hauptspeicher (*Mem*)
- Zeile 2: Zwischenspeicher (*buffers/cache*)
- Zeile 3: Auslagerungsdatei (*Swap*)

Alle Angaben erfolgen in *KByte*.

```
# free
```

Für die Anzeige der Werte in MByte verwende die Option *-m*. Unter Umständen kann es sinnvoll sein, das Speicherverhalten über einen gewissen Zeitraum zu beobachten. Gerade wenn neue Anwendungen gestartet oder laufende beendet werden, ist es interessant zu sehen, wie sich die Werte ändern, und für Programmierer ist das ein gutes Mittel, um ein neues Programm hinsichtlich der benötigten Speicherressourcen zu testen. Wird nach dem Beenden des Programms der Speicher wieder freigegeben? Nutze zum regelmäßigen Aktualisieren der Anzeige die Option *-s Sekunden*:

```
# free -m -s 3
```

Die Historie der Bash-Shell anzeigen

Die einzelnen abgesetzten Befehle innerhalb einer *Bash*-Shell werden über eine Historienliste in der Datei *.bash_history* vorgehalten. Du kannst dir den Inhalt über das *history*-Kommando anzeigen lassen:

```
# history
```

Über die Tastenkombination *Strg-R* (*Reverse-Search*) kannst du nach zuvor eingegebenen Kommandos suchen. Standardmäßig werden *500* Kommandos in der Liste vorgehalten. Die Liste kann über

```
# history -c
```

geleert werden.

Das aktuelle Datum anzeigen lassen bzw. ändern

Wenn du die Zeitinformationen deines Raspberry Pi nicht über einen Time-Server automatisch aktualisieren lässt, kann es sinnvoll sein, das Datum bzw. die Zeit anzupassen. Nutze dafür das *date*-Kommando. Die folgende Zeile zeigt dir das aktuell auf deinem Raspberry Pi eingestellte Datum mit Zeit an:

```
# date
```

Möchtest du das Datum bzw. die Zeit anpassen, schreibe

```
# sudo date -s "02/19/2013 11:45"
```

Die Angaben innerhalb der Zeichenkette (MM/DD/YYYY HH:MM) setzen sich wie folgt zusammen:

- MM: zweistellige Monatsangabe
- DD: zweistellige Tagesangabe
- YYYY: vierstellige Jahresangabe
- HH: zweistellige Stundenangabe
- MM: zweistellige Minutenangabe

Über die Option -s (*set*) wird das Setzen von Datum und Zeit erreicht.

Headless Raspberry Pi

Hoffentlich stört dich die Überschrift dieses Kapitels nicht, denn wir wollen, wie zu Beginn schon vorgewarnt, kopflos mit dem *Raspberry Pi* arbeiten. Was mag das wohl bedeuten? Nun, ganz einfach: Wenn sich dein *Raspberry Pi* in einem Netzwerk befindet, kannst du ihn auch von einem anderen Computer aus, der sich ebenfalls in diesem Netzwerk(-Segment) befindet, ansprechen. Was benötigen wir, um dieses Vorhaben in die Tat umzusetzen? Das Freeware-Tool *PuTTY* ist ein Programm für das Windows Betriebssystem und stellt einen *Telnet-Client*, der das *SSH-Protokoll* unterstützt, zur Verfügung. *SSH* ist dabei sowohl eine Bezeichnung für das Netzwerkprotokoll als auch für entsprechende Programme, die eine sogenannte *Secure-Shell* unterstützen. Darüber kann eine sichere Netzwerkverbindung zu einem entfernten *Client* hergestellt werden. Auf dem Rechner, zu dem eine Verbindung aufgebaut werden soll, muss ein entsprechender Dienst laufen, um eine Anfrage zu bearbeiten. Im Kapitel *Grundlegenden Vorbereitungen* hast du gelernt, wie du diesen Dienst aktivierst, so dass er bei jedem Booten zur Verfügung steht. Falls du das noch nicht gemacht hast, schaue dort noch mal nach. Natürlich kannst du ihn auch nur bei Bedarf starten bzw. stoppen. Du machst das über die folgenden Kommandos:

SSH-Server starten

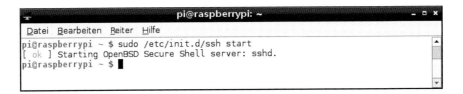

Abbildung 18-11 ▲
Starten des ssh-Dienstes auf dem
Raspberry Pi

932

SSH-Server stoppen

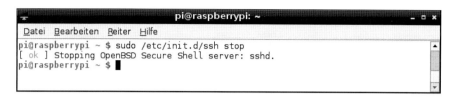

```
pi@raspberrypi ~ $ sudo /etc/init.d/ssh stop
[ ok ] Stopping OpenBSD Secure Shell server: sshd.
pi@raspberrypi ~ $
```

Nach dem erfolgreichen Start kannst du über das Programm *PuTTY* eine Verbindung zu deinem *Raspberry Pi* aufnehmen. Starte *PuTTY* und gib die *IP-Adresse* des *Raspberry Pi* ein. Du weißt hoffentlich noch, wie du diese Adresse ermitteln kannst? Ich sage nur: *ifconfig*!

▲ **Abbildung 18-12**
Stoppen des ssh-Dienstes auf dem Raspberry Pi

◀ **Abbildung 18-13**
PuTTY mit der IP-Adresse meines Raspberry Pi

Die *IP-Adresse* meines *Raspberry Pi* lautet *192.168.178.22* in diesem Beispiel und muss bei dir angepasst werden. Nach einem Klick auf die *Open*-Schaltfläche wird eine Verbindung hergestellt und du musst dich - ganz so, als würdest du direkt vor Deinem *Raspberry Pi* sitzen – normal anmelden.

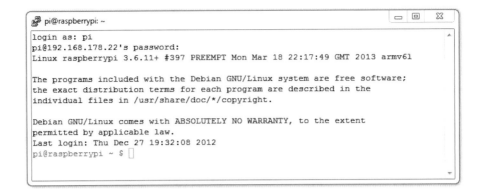

```
  pi@raspberrypi: ~                                    □ ▣ ⌗

login as: pi
pi@192.168.178.22's password:
Linux raspberrypi 3.6.11+ #397 PREEMPT Mon Mar 18 22:17:49 GMT 2013 armv6l

The programs included with the Debian GNU/Linux system are free software;
the exact distribution terms for each program are described in the
individual files in /usr/share/doc/*/copyright.

Debian GNU/Linux comes with ABSOLUTELY NO WARRANTY, to the extent
permitted by applicable law.
Last login: Thu Dec 27 19:32:08 2012
pi@raspberrypi ~ $ ▯
```

Abbildung 18-14▲
Die Anmeldung an deinem
Raspberry Pi

Vielleicht ist diese Frage vollkommen überflüssig und abwegig, aber wenn ich mich von meinem Windows-Rechner auf meinen Raspberry Pi verbinde, ist es auf Dauer ganz schön lästig, immer den Benutzernamen plus Passwort einzugeben. Kann das für einen derartigen Fall nicht einfacher gestaltet werden? Es handelt sich doch um eine vertrauenswürdige Verbindung. Oder sehe ich das falsch?

RasPi, kannst du Gedanken lesen!? Das Thema dazu lautet: *Public Key-Verschlüsselung*, eine absolut gängige Praxis, die oft verwendet wird. Die Vorgehensweise ist die folgende: Der Benutzer muss ein sogenanntes *Schlüsselpaar* generieren. Es handelt sich dabei um

- einen geheimen Schlüssel
- einen öffentlichen Schlüssel

Der geheime Schlüssel darf unter keinen Umständen einer fremden Person zugänglich gemacht werden. Der öffentliche Schlüssel wird auf den Server – sprich den Raspberry Pi – kopiert. Wird nun versucht, von einem entfernten Computer über den Benutzernamen auf den Raspberry Pi via SSH zuzugreifen, werden der geheime und der öffentliche Schlüssel miteinander verglichen, um eine mögliche Zusammengehörigkeit festzustellen. Ist das der Fall, erfolgt keine weitere Authentifizierung und du bist sofort mit deinem Raspberry Pi verbunden.

Wo soll ich denn ein derartiges Schlüsselpaar herbekommen?

Immer mit der Ruhe, *RasPi*! Wir verwenden dazu ein spezielles Tool, das ebenfalls auf der Seite zu finden ist, von der du *PuTTY* geladen hast. Der Name lautet *PuTTYGen*.

Ich habe schon auf den *Generate*-Button geklickt und die Maus kräftig bewegt, denn dadurch wird ein quasi zufälliges Schlüsselpaar generiert, wie du das hier schon siehst. Über die Schaltflächen

- Save public key
- Save private key

musst du das Schlüsselpaar speichern. Vergib vorher ggf. noch eine Passphrase, die du in die entsprechenden Zeilen einträgst. Den privaten Schlüssel benötigst du später auf deinem Windows-Rechner für PuTTY, den öffentlichen (*public*) Schlüssel musst du auf den Raspberry Pi kopieren. Gehen wir die Schritte für den *Public-Key* schrittweise durch.

Schritt 1: Terminal-Fenster auf dem Raspberry Pi

Damit du den Public-Key an die richtige Stelle im Dateisystem deines Raspberry Pi platzieren kannst, musst du ein Terminal-Fenster öffnen. Beim Einloggen befindest du dich normalerweise schon in deinem HOME-Verzeichnis. Falls du bereits ein Fenster geöffnet hast und dich in einem anderen Verzeichnis befindest, wechsle über den folgenden Befehl in das HOME-Verzeichnis:

```
# cd ~
```

Schritt 2: Verzeichnis anlegen und Rechte vergeben

Der Public-Key muss in einem versteckten Verzeichnis abgespeichert werden, das *.ssh* lautet. Unter Linux beginnen diese Verzeichnisse immer mit einem Punkt. Tippe also folgende Zeilen ein:

```
# mkdir .ssh
# chmod 700 .ssh
```

Schritt 3: Kopieren des Public-Key auf den Raspberry Pi

Nun musst du deinen zuvor über PuTTYGen generierten und abgespeicherten Public-Key auf deinen Raspberry Pi kopieren. Mach das entweder über das schon eingerichtete Samba oder über einen USB-Stick.

Schritt 4: Erstellen der Datei für den Public-Key

Die Datei, in der der Public-Key gespeichert werden muss, lautet:

```
~/.ssh/authorized_keys
```

Lege sie mit dem folgenden Kommando an:

```
# touch .ssh/authorized_keys
```

Schritt 5: Abspeichern des Public-Key an die korrekte Position im Dateisystem

Über das *cat*-Kommando fügst du den Inhalt der Public-Key-Datei an die *authorized_keys*-Datei an:

```
# cat RasPi_public_key.txt >> .ssh/authorized_keys
```

Die Datei hatte bei mir den Namen *RasPi_public-key.txt*. Pass diesen Namen entsprechend deinen Verhältnissen an und überprüfe den Inhalt mit:

```
# cat .ssh/authorized_keys
```

Schritt 6: Anpassen der Leserechte des Public-Keys

Pass über das folgende *chmod*-Kommando die Zugriffsrechte dieser Datei so an, dass nur du sie noch lesen kannst:

```
# chmod 600 .ssh/authorized_keys
```

Schritt 7: Der Hack!

Leider gibt es Inkompatibilitäten zwischen dem *RSA Type* des Public-Keys, der durch *ssh-keygen* auf Linux-Seite normalerweise erzeugt wird, und *PuTTYGen*. Du kannst aber den über PuTTYGen generierten Public-Key auf dem Raspberry Pi sehr leicht modifizieren, so dass er trotzdem zu verwenden ist.

1. Öffne die Datei ~/.ssh/authorized_keys z.B. mit dem Nano-Editor.

2. Entferne die ersten beiden und die letzte Zeile.

```
1  ---- BEGIN SSH2 PUBLIC KEY ----
2  Comment: "rsa-key-20130401"
3  AAAAB3NzaC1yc2EAAAABJQAAAIB/M60ubMcJ5TK/cVnFBtCcM/WnmZIVmavYnvbM
4  OBQWjyqo+sNjNXsjsmdnoEvIufS5FCnoPWftJ0tUK3rJNRciLzEi23RenOdd861D
5  XaVBjpVV8xi+WMP15bqGszjF4QqW4gDVGyaNG+RrpVv7pAswHniefxFqXzFHGAyx
6  9sWzAw==
7  ---- END SSH2 PUBLIC KEY ----
```

3. Füge alle verbleibenden Zeilen zu einer einzigen zusammen (entferne also alle Zeilenumbrüche).

4. Füge am Anfang den Zusatz *ssh-rsa* + *Leerzeichen* hinzu. Das Ganze schaut dann wie folgt aus.

▲ **Abbildung 18-16**
Die rot umrandeten Zeilen müssen entfernt werden

▲ **Abbildung 18-17**
Der PuTTYGen-Hack

Schritt 8: PuTTY-Session mit Private-Key starten

Nun kannst du deine PuTTY-Session mit der Angabe deines Private-Keys starten.

Abbildung 18-18 ▶
Die Auswahl des Private-Keys

Lade zuerst deine Raspberry Pi-Einstellungen in der Eingangsmaske von PuTTY über den *Open*-Button und navigiere dann über die Baumstruktur auf der linken Seite in das markierte *Auth*-Menü. Nun kannst du über den *Browse*-Button den erstellten Private-Key auswählen und deine PuTTY-Session öffnen. Nach der Eingabe des Benutzernamens *pi* sollte keine Passwortabfrage erscheinen. Ist eine erfolgreiche Verbindungsaufnahme zustande gekommen, erscheinen folgende Informationen im Terminal-Fenster:

Abbildung 18-19 ▼
Die erfolgreiche Verbindungsaufnahme

```
pi@raspberrypi: ~

login as: pi
Authenticating with public key "rsa-key-20130401"
Linux raspberrypi 3.6.11+ #397 PREEMPT Mon Mar 18 22:17:49 GMT 2013 armv6l

The programs included with the Debian GNU/Linux system are free software;
the exact distribution terms for each program are described in the
individual files in /usr/share/doc/*/copyright.

Debian GNU/Linux comes with ABSOLUTELY NO WARRANTY, to the extent
permitted by applicable law.
Last login: Mon Apr  1 09:59:40 2013 from eriks-pc.fritz.box
pi@raspberrypi ~ $ 
```

In der zweiten Zeile findest du einen Hinweis über den akzeptierten Public-Key mit seinem Namen. Du bist über SSH mit deinem Raspberry Pi verbunden.

Wenn du es leid bist, immer nur innerhalb der Kommandozeile zu arbeiten, kannst du dir sogar den kompletten grafischen Desktop des *Raspberry Pi* auf die Windows-Maschine herüberholen. Dazu benötigst du nicht viel. *PuTTY* hast du schon installiert, so dass du nur noch einen X-Server auf deinem Windows-Rechner installieren musst. *Xming* ist ein recht schlanker Vertreter dieser Gattung, den ich für das folgende Beispiel benutze. Du findest ihn unter

http://sourceforge.net/projects/xming/

Nach der Installation musst du lediglich deinen *PuTTY* etwas anpassen. Folgende Einstellungen sind dafür notwendig:

◀ **Abbildung 18-20**
Die erweiterte Konfiguration von PuTTY

Unter dem *Konfigurations-Menu* auf der linken Seite von *PuTTY* musst du den Punkt *Connection|SSH|X11* auswählen und *Enable X11 forwarding* aktivieren. Jetzt stell ganz normal eine Verbindung zu deinem *Raspberry Pi* her, wie du es eben schon gemacht hast. Log dich ein und gib danach den Befehl

```
startlxde
```

ein – schon hast du dir den *Desktop* des *Raspberry Pi* auf deinen Windows-Rechner geholt und kannst dort ganz normal arbeiten.

Abbildung 18-21 ▶
Der Raspberry Pi-Desktop unter
Windows

Coole Sache, was!?

Cases

19

Ganz zu Beginn des Buches habe ich ein paar Worte darüber verloren, dass es bestimmt cool wäre, ein schickes Gehäuse, also ein *Case*, für den *Raspberry Pi* zu haben. In diesem Kapitel möchte ich dir einige dieser Möglichkeiten vorstellen.

Selbst gemacht

Ich finde es immer gut, wenn man sich Gedanken über Dinge macht, die eigentlich keinen direkten Nutzen mehr haben. Bevor ich etwas wegschmeiße, muss schon einiges – zum Leidwesen meiner Frau und in Anbetracht des nur begrenzt zur Verfügung stehenden Kellerplatzes – passieren. Es gibt so schöne alte Dinge und irgendwann einmal in nicht allzu ferner Zukunft, braucht man sicher dies und das.

> Alter Messie!

Ein bisschen mehr *Respekt* bitte!

Das Lego-Case

Als ich vor kurzem im Keller war und nach Ich-weiß-nicht-mehr-was gesucht habe, bin ich über ein paar Kisten *Lego* meiner Kinder gestoßen. Da ist mir die Idee gekommen, mir ein paar Steine auszuborgen, um damit ein *Case* für meinen *Raspberry Pi* zu bauen. Der Rasterabstand der Legosteine ist nahezu perfekt, und nach ca. *1 Stunde* hatte ich die passenden Steine bzw. Basisplatten zusammengesucht. Die folgenden Fotos geben dir eine ungefähre Vorstellung vom Aufbau des *Cases*.

Abbildung 19-1 ▶
Das Lego-Case

Alle benötigten Anschlüsse mit Ausnahme der *GPIO*-Stiftleiste sind zugänglich. Es wäre aber kein großer Akt, auch sie zugänglich zu machen. Ein bisschen Arbeit musst du schon selbst erledigen.

Abbildung 19-2 ▶
Lego-Case mit Blick auf Netzwerk-
und USB-Anschlüsse

Auf dem folgenden Bild erkennst du die komplette Verkabelung mit allen notwendigen Anschlüssen, um das Board zu betreiben.

◀ **Abbildung 19-3**
Lego-Case mit verkabeltem Board

Wie du siehst, ist das Ganze mit ein wenig Kreativität und Ignoranz gegenüber den Spielsachen der Kinder wunderbar zu realisieren. Ich bin mir sicher, dass du das noch besser hinbekommst, und ich denke, wir sollten einen Wettbewerb mit den verrücktesten Ideen für ein *Raspberry Pi-Case* eröffnen. Natürlich alles *Selfmade* und nicht fix und fertig erworben!

Fertig gekauft

Natürlich gibt es die Gehäuse auch fertig zu kaufen – und es spricht ja auch nichts dagegen.

Adafruit

Ich habe von *Adafruit Industries* (*http://adafruit.com/*) freundlicherweise das nachfolgende Case zur Verfügung gestellt bekommen. Es hat ein cooles Design, da es vollkommen transparent ist und du das komplette Board im Blick hast. So kannst du immer sofort sehen, wenn eine Rauchwolke aufsteigt.

Abbildung 19-4 ▶
Das transparente Adafruit-Case

Hier der Blick auf die Seite, an der sich der *Audio-* und *RCA-Video-*Ausgang befindet. Auf der rechten Seite befinden sich die *GPIO-*Pins.

Abbildung 19-5 ▶
Das Adafruit-Case

Alle Anschlüsse sind nach draußen geführt und leicht zugänglich. Dort, wo sich die *GPIO-Pins* befinden, ist ein breiter Schlitz vorhanden, um ein Flachbandkabel durchzuführen.

◄ **Abbildung 19-6**
Das Adafruit-Case mit angeschlossenen Kabeln

ModMyPi

Ich war ebenfalls von der Farbenvielfalt der Cases der Firma *Mod-MyPi* (*https://www.modmypi.com*) beeindruckt, die mir gleich alle Cases in allen zur Verfügung stehenden Farben geschickt haben. Da ist sicher für jeden etwas dabei. An dieser Stelle auch einen herzlichen Dank dafür!

◄ **Abbildung 19-7**
Die farbenfrohen ModMyPi-Cases

Auf dem folgenden Foto siehst du ein Case in schickem Rot, in dem der Raspberry Pi steckt. Sieht auch richtig cool aus, nicht wahr!?

Abbildung 19-8 ▶
Der Raspberry Pi in schickem Rot

Weißt du, was wirklich abgefahren aussieht? Wenn du die Ober- bzw. Unterseite von verschiedenfarbigen Cases mischst.

Abbildung 19-9 ▶
Ein Mix aus Rot und Blau

Wenn du dich für ein Case entscheidest, solltest du folgende Punkte bei der Auswahl berücksichtigen: Es gibt mittlerweile eine große Anzahl Cases, die mehr oder weniger ihren Zweck erfüllen und deinen Raspberry Pi verpacken. Da wir in diesem Buch sehr viel mit der GPIO-Schnittstelle arbeiten, ist es sinnvoll, ein Case auszusuchen, das über die Möglichkeit verfügt, das Flachbandkabel durch einen Schlitz herauszuführen. Alles andere wäre nicht praktikabel, und du möchtest sicher nicht selbst einen Schlitz hineinfräsen. Verwendest du jedoch deinen Raspberry Pi als reinen Multimedia-Server, kannst du natürlich auf den Schlitz verzichten, obwohl es vielleicht zukunftsträchtiger ist, für alle Fälle einen Case mit einem Schlitz auszusuchen. Vielleicht überkommt dich ja doch irgendwann die Lust, einiges mit der GPIO-Schnittstelle anzustellen.

Da der Raspberry Pi von Haus aus eine Übertaktung anbietet, hat das bei entsprechend hoher Taktfrequenz zur Folge, dass die Temperatur der CPU bzw. GPU steigt. Bei einem geschlossenen Case kann also die Wärme nicht in dem Maße abgeführt werden, wie das u.U. notwendig wäre. Eine Überhitzung macht sich nicht unmittelbar bemerkbar, doch hat sie Auswirkungen auf die Lebensdauer, die sich dadurch verkürzt. Ziehe also auch diesen Umstand in Betracht, wenn du dir ein schickes und cooles Case aussuchst. Cool heißt nicht unbedingt praxistauglich. Einige Modelle verfügen über Belüftungsschlitze auf der Unterseite, die den erforderlichen Wärmeaustausch jedoch nicht ermöglichen; bei den Cases mit Schlitzen direkt über der CPU bzw. GPU ist er gewährleistet. Die Entscheidung liegt ganz bei dir.

Das Simple-Board

20

Inzwischen hast du schon so oft das Simple-Board verwendet, dass ich ein paar Worte darüber verlieren möchte, wie du dir selbst ein derartiges Board zusammenbauen kannst.

Benötigte Bauteile

Nachfolgend zeige ich dir die gesamten Bauteile, die du zum Erstellen des Simple-Boards benötigst.

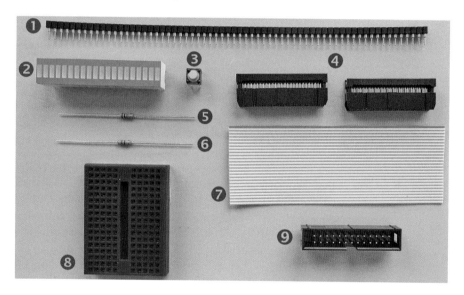

1. 2 x Buchsenleiste (64-polig, RM 2,54mm)
2. 1 x Bargraph-Anzeige (Kingbright, 20 LEDs)
3. 8 x Mikro-Eingabetaster (für Leiterplattenmontage, Maße 6x6mm)
4. 2 x Pfostenbuchsen (2 x 13-polig)

▲ **Abbildung 20-1**
Die erforderlichen Bauteile für das Simple-Board

5. 8 x Widerstand 10KOhm (braun/schwarz/orange)
6. 20 x Widerstand 470 (gelb/lila/braun)
7. Flachbandkabel (26-polig)
8. 2 x Breadboard
9. 1 x Wannenstecker (2 x 13-polig)
10. Loch- bzw. Punktrasterplatine (Maße 160x100mm)

Das Simple-Board selbst gemacht

Schauen wir uns das Board noch einmal aus der Nähe an.

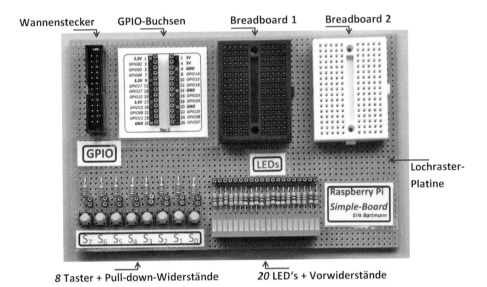

Abbildung 20-2 ▲
Das Simple-Board (voll bestückt)

Über einen Wannenstecker wird mittels eines Flachbandkabels inklusive Pfostenbuchsen – was wir gleich noch sehen – die Verbindung zum Raspberry Pi hergestellt. Somit hast du alle einzelnen Pins der GPIO-Schnittstelle auf das Simple-Board geleitet, die dort über Buchsenleisten abgegriffen werden können. Zum Aufbau elektronischer Schaltungen stehen auf der rechten Seite 2 kleine Breadboards (blau und weiß) zur Verfügung. Über passende flexible Steckbrücken kannst du sehr leicht die erforderlichen elektrischen Verbindungen herstellen. Am unteren Rand befinden sich auf der linken Seite 8 Taster mit den passenden *10Kohm*-Pull-down-Widerständen. Rechts daneben sind 20 LEDs über *Bargraph*-Anzeigen mit *470Ohm*-Vorwiderständen vorhanden. Sehen wir uns zunächst das Flachbandkabel etwas genauer an und wie du es selbst herstellen kannst.

Das Flachbandkabel

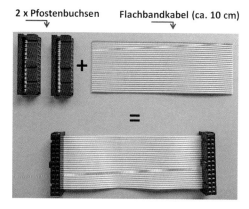

2 x Pfostenbuchsen   Flachbandkabel (ca. 10 cm)

Du benötigest zur Herstellung des Flachbandkabels inklusive Buchsenleisten folgendes Material:

- 2 x Pfostenbuchsen (2 x 13-polig – RM 2,54mm)
- Flachbandkabel (26-polig)

Das Flachbandkabel geht über Quetschverbinder in den Pfostenbuchsen eine elektrisch leitende Verbindung mit diesen ein. Achte darauf, dass die Pfostenbuchsen auf einer Seite eine kleine Nase haben, die nur in einer Position in den Wannenstecker passt. Stell das Flachbandkabel mit den Buchsen genauso her, wie du es auf diesem Foto siehst. Auf dem folgenden Bild siehst du, wie ein Flachbandkabel in eine einzelne geöffnete Pfostenbuchse geklemmt wird.

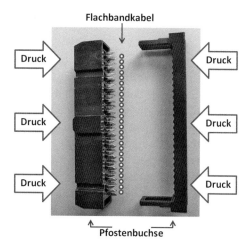

Flachbandkabel

Druck

Pfostenbuchse

Das Flachbandkabel muss sehr sorgfältig zwischen den Quetsch-kontakten positioniert werden. Zudem musst aufpassen, dass du nicht um eine Anschlussreihe verrutscht. Wenn das Flachbandka-bel perfekt zwischen den beiden Hälften der Pfostenbuchse liegt, übe von beiden Seiten einen gleichmäßigen Druck entweder mit einer breiten Flachzange oder noch besser in einem Schraubstock aus. So wird das Flachbandkabel langsam und gleichmäßig in die Klemmen gedrückt.

Der Wannenstecker

Kommen wir zurück zu unserem Simple-Board. Die Ausrichtung des Wannensteckers auf dem Simple-Board ist auf dem folgenden Bild zu erkennen ist. Er muss wie die Pfostenbuchsen *2 x 13*-polige Anschlüsse vorweisen.

Abbildung 20-5 ▶
Der Wannenstecker mit der Ausspa-rung auf der linken Seite

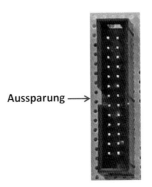

Aussparung ⟶

Die Schablone mit den Buchsenleisten

Rechts neben dem Wannenstecker befinden sich die beiden Buch-senleisten, über die du die elektrischen Verbindungen zur GPIO-Schnittstelle herstellen kannst. Ich habe dazu eine Schablone in Word erstellt, die ich auch zum Download auf meiner Internetseite anbiete. Passend ausgeschnitten wird sie zur besseren Haltbarkeit noch durch ein Laminiergerät geschickt und schließlich mit den Bohrungen versehen, in die dann die Buchsenleisten hineingesteckt werden, um sie auf der Lochrasterplatine aufzulöten.

ohne Bohrungen	mit Bohrungen (ca. 1mm)

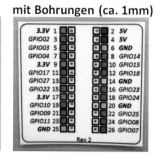

◀ **Abbildung 20-6**
Die Schablone ohne und mit
Bohrungen

Hast du die Löcher mit einem ca. *1mm* starken Bohrer hergestellt, benötigst du noch die Buchsenleisten mit je *13* Kontakten. Diese Leisten werden z.B. mit *64* Kontakten im Rastermaß *2,54mm* angeboten. Kürze sie einfach durch vorsichtiges Abknicken auf die erforderliche Kontaktanzahl.

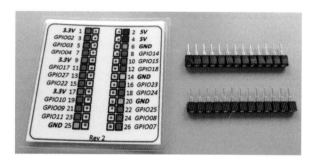

◀ **Abbildung 20-7**
Die Schablone mit den beiden
13-poligen Buchsenleisten

Die Breadboards

Auf der rechten Seite befinden sich die beiden Breadboards, die auf der Rückseite mit einer Klebefläche versehen sind. Es gibt sie in unterschiedlichen Farben.

◀ **Abbildung 20-8**
Das Mini-Breadboard (hier in Rot)

Ziehe die Schutzfolie ab und positioniere sie so, wie auf dem Foto des Simple-Boards zu sehen ist.

Die Taster

Ich habe mich auf dem Simple-Board für 8 Taster mit entsprechenden Pull-down-Widerständen entschieden. Du kannst die Anzahl nach deinen Wünschen anpassen.

Abbildung 20-9 ▶
Die Taster mit
Pull-down-Widerständen

Je Taster habe ich 2 Anschlussbuchsen angebracht, um dort ein wenig flexibler bei mehreren benötigten Anschlüssen zu sein. Es ist auch ratsam, eine entsprechende Beschriftung wie hier gezeigt vorzunehmen, denn man kann sich schnell beim Drücken eines Tasters vertun und um eine Position nach links oder rechts verrutschen. Alle Beschriftungen wurden ebenfalls ausgedruckt und mit einem Laminiergerät versiegelt.

Die LEDs

Um ein wenig Platz zu sparen, habe ich bei den Anzeigeelementen keine *5mm*-LEDs verwendet, sondern mich für sogenannte *Bargraph-Anzeigen* entschieden. Es gibt sie in unterschiedlichen Farben und Breiten. Sie sind von der Firma *Kingbright* und werden von diversen Anbietern vertrieben.

Abbildung 20-10 ▶
Das Bargraph-Element (hier
20 LEDs am Stück)

Zur Befestigung wurden Buchsenleisten verwendet, so dass sie nicht direkt auf die Platine gelötet wurden. Auf diese Weise kann ich sie recht schnell austauschen.

◀ **Abbildung 20-11**
Die Bargraph-Anzeigen (hier 2 x 10) mit Vorwiderständen

Oberhalb der *20* Vorwiderstände befindet sich eine Buchsenreihe, um darüber flexibel die erforderlichen Verbindungen zur GPIO-Schnittstelle herzustellen.

Das Simple-Board von der Lötseite her gesehen

Möglicherweise fragst du dich, welch gewaltigen Aufwand es bedeutet, alles zusammenzulöten. Aber das ist wirklich nicht viel. Du musst lediglich die notwendige Sorgfalt walten lassen, damit es bei den dicht beieinanderliegenden Kontakten nicht zu Kurzschlüssen kommt. Bevor du das Board mit dem Raspberry Pi verbindest, überprüfe sicherheitshalber noch einmal – oder auch zweimal – die Lötverbindungen, damit auch alles stimmt. Am Schluss würde ich vorschlagen, mit einem Multimeter im Durchgangsprüfermodus (also mit Piepston bei einem Leitungsschluss) alle direkt benachbarten Kontakte auf einen etwaigen Schluss zu kontrollieren. Es darf in keinem Fall an irgendeiner Stelle piepsen!

Es ist ein wenig Fleißarbeit angesagt, die ganzen Verbindungen des Wannensteckers mit den Buchsenleisten herzustellen, und die Gefahr eines Fehlers ist recht hoch. Pass also gut auf! Liegen 2 Lötpunkte direkt nebeneinander und müssen sie verbunden werden, ist es nicht notwendig, in diesen sehr kleinen Zwischenraum ein Kabel zu quetschen. Führ einfach ein bisschen mehr Lötzinn als gewohnt an diese Stelle, so dass sich beide Punkte miteinander verbinden.

2 x 13polige Buchsenleisten   Wannenstecker

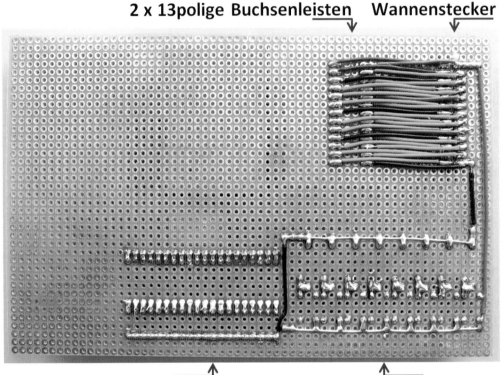

Bargraph-Anzeige +
Pull-down-Widerstände

8 Taster + Vorwiderstände

Abbildung 20-12 ▲
Das Simple-Board von der Lötseite
gesehen

Der Schaltplan

Damit du weißt, wie du was zu verbinden hast, ist ein Schaltplan nützlich, obwohl ich denke, dass du auch ohne diesen Plan recht gut klar kommen würdest.

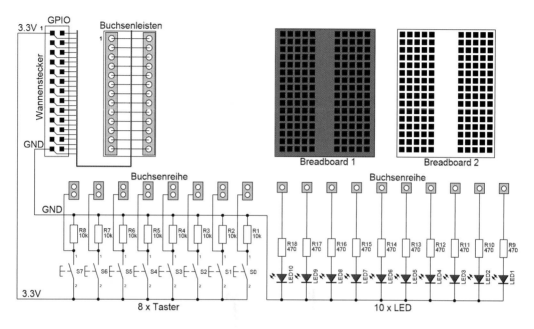

▲ **Abbildung 20-13**
Der Schaltplan des
Simple-Boards

Interessante Links

21

Manchmal kann es recht mühsam sein, sich durch das Internet auf der Suche nach *den* Dingen zu begeben, die man gerade benötigt. Deshalb präsentiere ich in diesem Kapitel eine Reihe interessanter Links.

Wo finde ich was?

Natürlich kann man bei der Suchmaschine *Google* die hoffentlich richtigen Suchbegriffe eingeben, doch ich habe mich dazu entschieden, hier ein paar Hilfestellungen zu geben:

http://www.erik-bartmann.de

Raspberry Pi-Blog

http://www.raspberrypi.org/

Wo bekomme ich diverse Betriebssystem-Images her?

Die Hauptanlaufstelle für die *Raspberry Pi*-Betriebssystem-Images ist die Seite:

http://www.raspberrypi.org/downloads/

Aber auch unter

http://raspberrypidiskimages.com/

http://raspberrycenter.de/handbuch/links-downloads/

findest du sehr interessante und nützliche Hinweise.

Wo finde ich hilfreiche Programme und Tools?

Ich habe während des *SD-Karten-Setups* diverse Tools verwendet, die eine große Hilfe darstellen. Ebenso half mir die Installation eines *Linux*-Betriebssystems in einer virtuellen Umgebung unter *Windows* mit *VirtualBox* sehr weiter.

USB-Image-Tool

Das *USB-Image Tool* dient zum z.B. Erstellen eines Speicherabbilds aus einem Image. Zusätzlich kannst du auch deine *SD-Karte*, die du mit weiterer Software versehen hast, darüber sichern und ein eigenes Image erstellen, um es später wieder zu verwenden, falls etwas mit dem Betriebssystem oder einigen Programmen schiefgegangen ist. So musst du nicht die vorhandene Installation von Beginn an mit einem frischen und nackten Image neu aufsetzen. Du findest es unter:

http://www.alexpage.de/usb-image-tool/

Win32 Disk Imager

Mit dem *Win32 Disk Imager* kannst du ebenfalls eine Betriebssysteminstallation aus einem Image herstellen. Du findest es unter:

http://www.raspberrypi.org/downloads/

SDFormatter

Das *SDFormatter*-Tool ist imstande, z.B. eine *SD-Karte* zu formatieren, um einen definierten Ausgangszustand herzustellen. Anschließend kannst du ein frisches Image aufspielen. Es ist unter der folgenden Adresse zu finden:

https://www.sdcard.org/downloads/formatter_3/

VirtualBox

VirtualBox ist eine fantastische Möglichkeit, Betriebssysteme in einer *virtuellen Umgebung* laufen zu lassen. Du kannst – ohne dein Betriebssystem zu gefährden – Dinge mit deiner Software ausprobieren oder parallel zu deinem Hauptbetriebssystem weitere Betriebssysteme nutzen, ohne einen neuen physikalischen Rechner aufzusetzen. *VirtualBox* ist auf diversen Plattformen wie *Windows*, *Linux*, *Mac OS X* und *Solaris* lauffähig.

Es ist unter

https://www.virtualbox.org/

zu finden.

Packprogramm 7-Zip

Um unter *Windows* mit gepackten Dateien zu hantieren, kannst du das Packprogramm *7-Zip* verwenden. Es steht kommerziellen Programmen kaum nach und ist einfach zu bedienen. Du findest es unter:

http://www.7-zip.de/

Wo finde ich nützliche Online-Hilfen?

Python

http://docs.python.org/tutorial/

Linux

http://www.oreilly.de/online-books/

Hardware

Natürlich kommst du ohne die entsprechende Hardware nicht aus und es ist nützlich zu wissen, wo du zumindest das *Raspberry Pi*-Board beziehen kannst.

Raspberry Pi Board

http://www.raspiprojekt.de/

http://www.vesalia.de/

http://www.watterott.com/de/Raspberry-Pi

https://www.pollin.de/

http://de.rs-online.com/web/

http://www.element14.com/

SD-Karten

Da nicht jede *SD-Karte* für den *Raspberry Pi* geeignet ist, hier ein Link, der eine Liste einiger erfolgreich getesteter Karten zeigt:

http://raspberrycenter.de/handbuch/sd-karten-raspberry-pi/

Wenn es Probleme mit der einen oder anderen SD-Karte geben sollte, ist die folgende Seite einen Blick wert:

http://raspberrycenter.de/handbuch/warum-funktioniert-meine-sd-karte-nicht-raspberry-pi/

Raspberry Pi-Arduino-Bridge

http://www.cooking-hacks.com/

AlaMode-Board

http://wyolum.com/projects/alamode/

PiFace-Board

http://pi.cs.man.ac.uk/interface.htm

Quick2Wire-Boards

http://quick2wire.com/

PiCobbler und Prototyping-Board

http://adafruit.com/

Gertboard

http://www.element14.com/community/docs/DOC-51726/l/assembled-gertboard-for-raspberry-pi

WiFi-Adapter

Möchtest du deinen *Raspberry Pi* nicht über ein Netzwerkkabel mit dem Internet verbinden, kann das auch drahtlos über *WLAN* erfolgen. Eine Liste der unterstützten *WLAN-Adapter* findest du auf der Seite:

http://raspberrycenter.de/handbuch/wlan-adapter-usb-raspberry-pi

Cases
- Adafruit (*http://adafruit.com/*)
- ModMyPi (*https://www.modmypi.com*)

- Arbofaktur (*http://www.arbofaktur.de/*)
- PiBow (*http://www.pibow.com/*)
- BerryBox (*http://www.berrybox.co.uk/*)
- RaspBox (*https://www.yoctopuce.com/EN/products/raspbox/*)

Das EEBoard

Das *EEBoard* der Firma *Digilent* bietet für einen Bastler eine Menge wunderbarer Messgeräten in einem einzigen Gerät vereint. Wolltest du jedes Gerät einzeln erwerben, hättest du einiges zu tun. Du bekommst:

- ein 4-Kanal-Oszilloskop
- einen 2-Kanal-Waveform-Generator
- ein programmierbares Power-Supply
- einen 32-Kanal-Logic-Analyzer
- einen Digital-Pattern-Generator
- zahlreiche statische I/O-Features wie *Schalter*, *LEDs*, *7-Segmentanzeigen* usw.

Weitere Informationen findest du unter:

http://www.digilentinc.com/

http://www.trenz-electronic.de/

Elektronische Bauteile und Komponenten (Inland)

http://www.raspiprojekt.de/

http://www.watterott.com/

https://www.pollin.de/

http://www.komputer.de/

http://www.reichelt.de/

http://www.voelkner.de/

http://www.roboter-teile.de

Elektronische Bauteile und Komponenten (Ausland)

http://adafruit.com/

Weiterführende Literatur

Zu vielen in diesem Buch angesprochenen Themen kannst du dich selber weiterbilden. Der *O'Reilly-Verlag* hat zu jedem Thema das Passende *in petto*.

Linux

http://www.oreilly.de/topics/linux.html

Programmiersprachen

Python

http://www.oreilly.de/topics/python.html

C/C++

http://www.oreilly.de/topics/cplus.html

Mikrocontroller

Der Arduino

http://www.oreilly.de/catalog/elekarduinobasger/

http://www.erik-bartmann.de/

Index